Jan Kviala

Neue Beiträge zur Erklärung der Äneis

nebst mehreren Excursen und Abhandlungen

Jan Kviala

Neue Beiträge zur Erklärung der Äneis
nebst mehreren Excursen und Abhandlungen

ISBN/EAN: 9783743431058

Hergestellt in Europa, USA, Kanada, Australien, Japan

Cover: Foto ©ninafisch / pixelio.de

Manufactured and distributed by brebook publishing software (www.brebook.com)

Jan Kviala

Neue Beiträge zur Erklärung der Äneis

NEUE BEITRAEGE

ZUR

ERKLAERUNG DER AENEIS

NEBST MEHREREN

EXCURSEN UND ABHANDLUNGEN.

VON

JOHANN KVÍČALA,

ORD. PROF. DER CLASSISCHEN PHILOLOGIE AN DER PRAGER UNIVERSITAET.

PRAG 1881.

VERLAG VON F. TEMPSKY.

HERRN GEHEIMEM HOFRATH

PROFESSOR DR. GEORG CURTIUS

IN LEIPZIG,

HERRN PROFESSOR

DR. WILHELM HARTEL

IN WIEN.

VORWORT.

Gegen Ende des Jahres 1878 habe ich meine „Vergilstudien" (Prag, Tempsky) der Oeffentlichkeit übergeben mit der Bemerkung, dass dieselben einen Theil einer grösseren Sammlung von Erörterungen zu den Gedichten Vergil's bilden.

Dieser erste Versuch auf einem Gebiete, das ich bis dahin nur in akademischen Vorträgen, und auch dies verhältnissmässig nur selten, cultivirt hatte, mit einer Publication aufzutreten, fand eine sehr freundliche Aufnahme. Es sind mir (abgesehen von gelegentlichen Erwähnungen) folgende Besprechungen meiner „Vergilstudien" bekannt geworden: 1. Lit. Centralblatt 1879, 81, 82 (von W. W.). — 2. Jenaer Literaturzeitung 1879, Nr. 9, S. 123 f. (von E. Glaser). — 3. Eine zweite Besprechung (ebenfalls von E. Glaser) in der Jenaer Literaturzeitung 1879, Nr. 39 S. 531 f. — 4. Zeitschrift f. d. öst. Gymnasien, 1879, S. 253—257 (von Prof. A. Zingerle in Innsbruck). — 5. Jahrbücher für classische Philologie 1879, S. 465—471 (von C. Schaper). — 6. Berliner Zeitschrift für das Gymnasialwesen. XXXIV. S. 112—117 (von F. Jasper). — 7. Philologischer Anzeiger X, S. 170—178 (eine sehr gründliche Anzeige von einem ungenannten Recensenten). — 8. Bursian's Jahresbericht (von Prof. Baehrens).

Alle diese Anzeigen, von denen manche in genauer Weise auf das Detail eingehen, haben mich zu lebhaftem Danke verpflichtet und zwar sowol durch die in denselben sich aussprechende freundliche Anerkennung, als auch durch die mir vielfach gebotene Belehrung, die ich nach ihrem vollen Werthe zu würdigen weiss, und dies auch da, wo vielleicht die Form einzelner Bemerkungen in der einen oder anderen Anzeige etwas anders hätte lauten können. Jedenfalls fühle ich mich gedrungen, an dieser Stelle auszusprechen, dass die viri Vergiliani im Ganzen und Grossen neuen Mitarbeitern in viel höherem Masse eine unparteiische Würdigung angedeihen lassen, als es auf vielen anderen Gebieten der philologischen Forschung der Fall ist. Während in gar manchen anderen Sphären eine ignoble Obtrectation keine seltene Erscheinung ist, eine Obtrectation, welche notorisch den Zweck verfolgt, diejenigen, die ausserhalb gewisser geschlossener Kreise stehen, als unbefugte Eindringlinge zurückzuweisen und von der Bearbeitung der betreffenden Specialgebiete abzuschrecken: habe ich — und nicht bloss ich — bei den Vergilmännern eine musterhafte Bereitwilligkeit, das von anderen gelieferte Brauchbare anzuerkennen, gefunden und eine ernste Wahrheitsliebe, die gleich weit entfernt ist von unbegründeter Lobrednerei wie von egoistischer Verketzerungssucht.

Die freundliche Aufnahme der „Vergilstudien" war nicht ohne Einfluss auf das frühzeitige Erscheinen der vorliegenden Schrift. Ursprünglich gedachte ich die in dem Vorwort der Vergilstudien angedeutete Fortsetzung erst beiläufig im Jahre 1882 erscheinen zu lassen, da ich vorher ausser den mittlerweile erschienenen „Studien zu Euripides" (I., II. Theil. 1879) noch andere Euripidea und ferner neue Sophoclea veröffentlichen wollte. Das wolwollende Urtheil so vieler trefflicher Vergilkenner veranlasste mich jedoch mein Arbeitsprogramm zu ändern und unter Aufschiebung aller Arbeiten, die sich überhaupt aufschieben liessen, eifrigst an der Fortsetzung der Vergiliana zu arbeiten. Und so lege ich schon jetzt eine zweite Schrift den Vergilkennern vor mit dem Wunsche, es möge auch diese Arbeit als ein brauch-

VII

barer Beitrag zur Erklärung eines Dichters erscheinen, den ich
bei fortgesetzter Beschäftigung mit demselben ungeachtet aller
seiner Mängel doch immer mehr zu lieben und zu schätzen ge-
lernt habe.

In einer dritten meine Vergiluntersuchungen vorläufig abschliessenden Arbeit gedenke ich in kürzerer Weise die übrigen
Bücher der Aeneis und ebenso die übrigen Gedichte Vergil's zu
behandeln, wobei ich zugleich angeben werde, welche von den
früher aufgestellten Erklärungen und Conjecturen ich im Anschlusse an die von anderen erhobenen Einwendungen zurück-
nehme und welche ich aufrecht halten zu sollen glaube.*)

In den „Vergilstudien" habe ich in einzelnen Fällen Ansichten dargelegt, die, wie ich später ersah, bereits von anderen
vor mir aufgestellt worden waren. Insbesondere hat der Verfasser
der sehr eingehenden und belehrenden Recension im philologischen
Anzeiger solche Beispiele hervorgehoben. Sollten nun in dem
vorliegenden Buche Fälle einer ähnlichen Nichtbeachtung der
Priorität anderer sich finden (ich hoffe jedoch, dass diese Fälle
nur spärlich sein dürften), so bitte ich an meiner bona fides nicht

---

*) Beispielsweise beeile ich mich zu bemerken, dass bezüglich der Verse
Aen. I 453 ff. Gebhardi (Jahrb. f. Phil. 1879, S. 570 ff.) in einem wichtigen Punkte gegen Weidner und mich Recht behält. Ich habe nämlich
Weidner's Annahme plastischer Bildwerke auf einem Giebelfelde gebilligt und dies, wie ich gestehen muss, ohne nähere Prüfung, die hier
geboten und durch V. 464 nahegelegt war. Wenn nun nach Gebhardi
auch Herr Konrad Zacher (Jahrb. f. Phil. 1880, S. 578) diesen Irrthum
darzulegen unternommen hat, so kann ich nur sagen, dass er Gethanes
wieder thut; ich muss aber auch sagen, dass er es mit unberechtigtem
Selbstgefühl thut, und dass ich gerade ihn, dessen jugendliche Lei-
stungen ich ja genau kenne, nicht für befugt halte, einen solchen Ton
anzuschlagen, wie er ihn S. 578 anschlagen zu sollen geglaubt hat, was
seinerzeit nachzuweisen ich mir vorbehalte. Ich werde übrigens noch
Gelegenheit haben darzulegen, wie ich mir jetzt die Anordnung und
Vertheilung der Bilder denke, wenn auch Herr Zacher am Schlusse
seines Aufsatzes den charakteristischen Ausspruch thut „diese Frage sei
in letzter Zeit oft genug behandelt worden, so dass (!) es überflüssig erscheine, von neuem darauf einzugehen".

zu zweifeln und für solche Unterlassungsfehler die Entschuldigung
theils in der kaum zu bewältigenden Masse der einschlägigen
Literatur, theils in meiner mitunter unglaublich grossen Ueber-
häufung mit zahlreichen anderen Arbeiten zu finden.

Den kritischen Bemerkungen über Stellen des II., III.,
IV. Buches der Aeneis habe ich eine Reihe von Excursen hinzu-
gefügt, von denen ich den fünften „über die Alliteration in der
Aeneis" besonderer Beachtung, aber auch besonderer Nachsicht,
empfehle, letzteres darum, weil gerade auf diesem Gebiete die
Meinungen sehr auseinandergehen und weil allerdings im einzelnen
manches unsicher und schwankend ist. Es würde mir zu lebhafter
Genugthuung gereichen, wenn diese Abhandlung wenigstens als
Anregung zu weiteren Untersuchungen betrachtet würde. Ich selbst
werde es nicht unterlassen, diesen Punkt weiter zu verfolgen und
das reiche Material, das ich für andere Dichter, römische wie
griechische, gesammelt habe, zu verarbeiten.

Schliesslich erfülle ich eine angenehme Pflicht, Herrn Dr.
Rob. Novák, Professor am hiesigen I. böhmischen Staatsreal-
gymnasium für die umsichtige Abfassung der Register zu diesem
Buche und Herrn stud. phil. Korec für die sorgfältige Sammlung
des Materials zu dem IV. Excurse „über die Wortsymmetrie in
der Aeneis" meinen Dank abzustatten.

PRAG, den 22. November 1880.

J. Kvičala.

Aen. II 24.

huc se provecti deserto in litore condunt.

Gegen die Auffassung huc provecti se deserto in litore condunt wenden manche ein, dass die Stellung des s e dagegen spreche, und dass man darum *huc* mit *condunt* verbinden müsse. Die Construction huc se condunt ist natürlich an und für sich zulässig, (vgl. Plaut. Truc. III 1 9 minas viginti in crumenam, Liv. XXXI 23 condere aliquem in custodiam; vgl. auch se abdere, z. B. Verg. Aen. XI 810 ac velut ille, prius quam tela inimica sequantur, continuo in montes sese avius abdidit altos); aber sehr ungefällig wäre innerhalb d e s s e l b e n k u r z e n Satzes die verschiedene Bezeichnung des Ortes h u c se d e s e r t o i n l i t o r e condunt. Da ist denn doch ungeachtet der Wortstellung wahrscheinlicher die Verbindung huc provecti. Vielleicht beabsichtigte der Dichter ursprünglich zu sagen hic se provecti deserto in litore condunt, wobei zu provecti ein huc zu denken wäre; aber die Nähe des provecti übte auf das Adverbium eine Attraction aus. Uebrigens finden sich bei Dichtern ja mitunter Beispiele einer noch kühneren Wortstellung; vgl. Hor. Sat. I 3 60 f. cum genus hoc inter vitae versemur, ubi acris invidia atque vigent ubi crimina; ebd. I 6 66 f. purus et insons (ut me collaudem) si et vivo carus amicis. Vgl. auch Aen. X 420 quem sic Pallas petit ante precatus (sic zu precatus gehörig).

Eussner (N. Jahrb. f. Phil. 1876 S. 77) wollte i n getilgt und deserto litore auf die Küste, welche die Griechen verlassen hatten, bezogen wissen. Richtig bemerkt dagegen Schaper, dass die Oede des Ufers mit der V. 23 erwähnten Blüthe in keinem Widerspruch stehe, da diese Blüthe schon während des Krieges durch Achilleus

(Hom. *A* 625) zerstört worden sei.*) Auch entsteht durch Eussner's Conjectur ein lästiger Ueberfluss, indem die Abfahrt auf doppelte Weise, durch provecti u n d deserto litore, bezeichnet wäre.

Uebrigens ist sehr richtig, was Servius bemerkt: „aut certe ideo deserto, ut facilius latere possint". Die Griechen suchten eine einsame Gegend auf, damit niemand von den Einheimischen sie sähe und ihren Plan den Troern verriethe.

Aen. II 25.

nos abiisse rati et vento petiisse Mycenas.

Für diese seltene Ellipse von s u m u s führt man als Analogie an die ebenfalls seltene Auslassung von e s t i s Aen. I 201 f. vos et Cyclopia saxa experti, Aen. V 191 f. nunc illas promite vires, nunc animos, quibus in Gaetulis Syrtibus usi und von e s V 687 f. Iuppiter omnipotens, si nondum exosus ad unum Troianos. Mit der Auslassung der ersten Person von esse kann man vergleichen dieselbe Erscheinung, welche im Griechischen bei ἕτοιμος und πρόθυμος nicht selten sich findet, freilich gewöhnlich im Singular, z. B. Eur. Med. 612 ἕτοιμος ἀφθόνῳ δοῦναι χερί (näml. εἰμί) oder Dem. IV 29 ἐγὼ πάσχειν ὁτιοῦν ἕτοιμος Eur. Hel. 1523 εἰδέναι πρόθυμος. Vgl. Plat. Lach. 180 A. Phaidr. 238 C. Euthyd. 285 C. Parm. 137 B. Doch auch im Plural: Plat. Rep. VI 499 D περὶ τούτου ἕτοιμοι τῷ λόγῳ διαμάχεσθαι.

Eine noch genauere Entsprechung bietet für unsere Stelle eine im Böhmischen in der Umgangssprache sehr übliche Wendung, nämlich die Verbindung des Personalpronomen j á (ego), m y (nos) mit dem Participium der Vergangenheit im Sinne eines Praeteritums, z. B. já to řekl (wörtlich = ἐγὼ τοῦτο εἰρηκώς) = ἐγὼ τοῦτο εἶπον. Já slyšel (wörtlich ἐγὼ ἀκηκοώς) statt já jsem slyšel (= ἐγώ εἰμι ἀκηκοώς) = ἐγὼ ἤκουσα. My slyšeli (wörtlich ἡμεῖς ἀκηκοότες) statt my jsme slyšeli (= ἡμεῖς ἐσμεν ἀκηκοότες) = ἡμεῖς ἠκούσαμεν.

---

*) Natürlich erstreckt sich die mit den Worten Priami dum regna manebant im V. 22 bezeichnete Zeit nicht bis zur Eroberung Troias, sondern nur bis zur Ankunft der Griechen vor Troia. Mit der Ankunft der Griechen und der Einschliessung der Troer in der Stadt hörte factisch die Herrschaft über die Umgegend von Troia auf.

Unsere Stelle würde darnach ganz genau wiedergegeben werden
my (noз) myslili (rati) že odešli (ὅτι ἀπεληλυϑότες scil. εἰσί = ὅτι
ἀπῆλϑον). Nothwendig ist jedoch im Böhmischen in diesem Falle
(nämlich in der ersten Person) die Setzung des Personalpronomens
zu dem Participium. Noch viel häufiger, ja geradezu ganz regelmässig ist diese Anwendung des Particips ohne j e s t (est), j s o u
(sunt) in der dritten Person, wobei das Subject, wenn es aus dem
Zusammenhange bekannt ist, nicht ausdrücklich bezeichnet werden
muss, z. B. otec (pater) napomenul (hortatus) syna (filium) = pater
hortatus est filium. Otcové (patres) napomenuli (hortati) syny
(filios) = patres hortati sunt filios. Ohne ausdrücklich gesetztes
Subject z. B.: kdy odešel? = πότε ἀπεληλυϑώς d. i. πότε ἀπῆλϑε;

Aen. II 45 ff.

> aut hoc inclusi ligno occultantur Achivi,
> aut haec in nostros fabricata est machina muros
> inspectura domos venturaque desuper urbi,
> aut aliquis latet error; equo ne credite Teucri.

Ribbeck bezeichnet die Verse 45 46 47 mit Sternchen und
spricht die Meinung aus: „poetam ipsum arbitror dubium utrum
v. 45 an 46 sq. versui 48 opponeret, interim utraque adposuisse,
ut tamen in edendo textu aut v. 45 aut 46 sq. omissurus esset“.
Diese Ansicht ist von manchen (z. B. Ladewig) gebilligt, von anderen
verworfen worden. Weidner meinte (S. 281), dass Ribbeck's Ansicht eine Stütze erhalte durch Priscian XVI 7, der den Vers 45
nicht gekannt zu haben scheine. „Es ist wenigstens nicht unmöglich,“ sagt er, „dass in seinem Exemplar dieser Vers ganz fehlte
oder mit einem Obelus (cf. Ribb. Prol. p. 152) versehen war.“
Weidner's Ansicht über diese Stelle war aber eine schwankende;
er bemerkt weiter „ganz unmöglich ist freilich die Ueberlieferung
nicht,“ wobei er den Gedankenzusammenhang nach der Ueberlieferung in vortrefflicher Weise angibt. Und S. 282 findet Weidner
die Ueberlieferung „sogar sehr wahrscheinlich.“
    Ich finde Ribbeck's Vermuthung nicht wahrscheinlich. Dass
V. 46 f. und V. 45 wesentlich verschiedene Dinge bezeichnen,
haben Weidner und andere dargethan. Dazu kommt, dass das

dritte mit aut eingeleitete Glied *aut aliquis latet error* „oder es
steckt überhaupt irgend ein Betrug dahinter"*), welches allgemein gehalten ist, seine volle Wirkung erst dann thut, wenn
mehr als ein specielles Glied vorausgeht. Es finden sich
zwar auch solche Beispiele, in welchen schon auf ein einziges specielles Glied ein zweites allgemeines mit *aut aliquid* (oder überhaupt
irgend etwas) folgt, z. B. Cic. off. I 7 23 nam qui iniuste facit
impetum in quempiam, facit aut ira aut aliqua perturbatione in-
citatus. Sall. Cat. 17 5 quos magis dominationis spes hortabatur
quam inopia aut aliqua necessitas. Aber gewöhnlich gehen in
diesem Falle (zumal wenn schon das erste Glied mit der dis-
junctiven Conjunction eingeleitet ist) wenigstens zwei specielle
Glieder voraus, wie ja auch theoretisch betrachtet es natürlich ist,
dass man, wenn man abbrechend vom speciellen Ausdruck zu einem
allgemeinen übergehen will, vorher wenigstens zwei specielle
Punkte namhaft macht. Vgl. Plaut. Aul. pr. 24 aut ture aut vino
aut aliqui semper supplicat. Ennius fragm. trag. 275 f. (Vahlen):
astrologorum signa in caelo quaesit, observat, Iovis cum capra
aut nepa aut exoritur lumen aliquod beluae. Cic. de orat. II 42
178 plura enim multo homines iudicant odio aut amore aut
cupiditate aut iracundia aut dolore aut laetitia aut spe aut
timore aut errore aut aliqua permotione mentis. Cic. Verr.
Act. sec. I 27 70 cum seditionem sedare vellem, cum frumentum
imperarem, cum stipendium cogerem, cum aliquid denique
rei publicae causa gererem. Vgl. noch Cic. Tusc. III 14 30;
ders. Tim. 5; ders. de rep. III 14 23; ders. Brut. 90 310.
Att. VII 12 extr. — Da nun die Ueberlieferung eine Ausdrucksweise darbietet, wie man sie eben erwartet, so ist anzunehmen,
dass der Dichter absichtlich die Stelle gerade so, und nicht
anders, gestaltete.

Was V. 45 betrifft, so vergleiche man Quintus Sm. XII 393
f., wo es von Laokoon heisst πάντας δ' ὀτρύνεσκε θοῶς ἐμπρησέμεν
ἵππον, ἵππον δουράτεον, καὶ γνώμεναι εἴ τι κέκευθε. Und bei

---

*) Vgl. über diesen Gebrauch von aliquis meine „Untersuchungen auf dem
Gebiete der Pronomina" S. 11 (Sitzungsberichte der philos.-hist. Cl. der
Wiener Akad. LXV Band S. 87).

Tryphiodoros sagt Kassandra von dem hölzernen Rosse V. 413
δολόεντα δὲ σώματα κεύϑων ὀλλύσϑω.

Aen. II 86 f.

illi me comitem et consanguinitate propinquum
pauper in arma pater primis huc misit ab annis.

Bezüglich der Worte *primis ab annis* war schon Servius ungewiss, ob dieselben auf das Alter Sinon's oder auf den Krieg zu beziehen seien. „*Primis annis;* aut adolescentiae, aut belli". Gegen die zweite Auffassung hat schon Peerlkamp mit Grund eingewendet: „Quod cur Sinon memoraret, non video. omnes enim Graeci ad Troiam profecti sunt primo belli anno, nihil in eo erat memoratu dignum. fuisset, si quarto quintove vel sequentibus annis venisset". Von vornherein ist es übrigens wahrscheinlich (vgl. auch VIII 515 ff. sub te tolerare magistro militiam et grave Martis opus, tua cernere facta adsuescat primis et te miretur ab annis), dass primis ab annis auf Sinon zu beziehen ist. Doch stellen sich, wenn man die Ueberlieferung beibehält, auch dieser Auffassung gewichtige Bedenken entgegen. Wenn nämlich Sinon von seinem Vater schon primis ab annis huc (d. i. nach Troia) als Begleiter des Palamedes geschickt wurde, wie kann er V. 137 f. sagen nec mihi iam patriam antiquam spes ulla videndi, n e c d u l c i s natos? und wie kann er V. 88 sagen dum stabat regno incolumis ... et nos aliquod nomenque decusque gessimus?

Diese Schwierigkeiten suchte Weidner*) dadurch zu beheben, dass er *primis ab annis* nicht mit *misit*, sondern mit *comitem* verband und *propinquum* als Begründung dieses Verhältnisses auffasste: „Mein Vater gab mich ihm, da ich sein Verwandter war, von Jugend auf zum Begleiter und hat mich dadurch, ob er es wollte oder nicht, auch hieher vor Troia gebracht. Dadurch dass der Vater den Sohn dem Palamedes zum Begleiter, zum Contubernalen

---

*) Ich ersehe aus Ladewigs Bemerkung, dass vor Weidner schon Friedrich (in seinen Teschen 1868 erschienenen Beiträgen) diese Stelle in dieser Weise erklärt hat. Die Beiträge Friedrichs stehen mir nicht zu Gebote; doch bemerkt Ladewig, dass Weidner in allem Wesentlichen mit Friedrich übereinstimmt.

gab, hat er ihn gewissermassen schon in seiner frühen Jugend, ehe noch an den Krieg mit Troia zu denken war, eo ipso mit nach Troia geschickt.“ Doch ist diese Erklärung wegen der Wortstellung (welche die Verbindung primis ab annis misit erheischt) und wegen der gekünstelten Erklärung des huc misit so unwahrscheinlich, dass ich lieber eine Corruptel der Ueberlieferung annehme. Es dürfte vielleicht commisit statt huc misit zu lesen sein; vgl. Ter. Hec. 212 qui illum decrerunt dignum, suos quoi liberos committerent. ders. And. 241 qui denegarat se commissurum mihi gnatam suam uxorem. Doch ist natürlich die Heilung unsicher; man könnte auch permisit, iam misit u. a. vermuthen. Jedenfalls ist daran festzuhalten, dass Vergil durch irgend eine Wendung klar und bestimmt anzeigte, dass Sinon von seinem Vater dem Palamedes schon frühzeitig als θεράπων zugewiesen wurde.

Im V. 86 würde et besser fehlen (wie es in einer Hamburger Handschrift fehlt). Wird es beibehalten, so müsste man es etwa „et quidem, et insuper, cum etiam propinquus essem“ (nach Forbiger; vgl. Wagner Quaest. V. XXXIV 2) erklären.

Aen. II 105 ff.

Tum vero ardemus scitari et quaerere causas,
ignari scelerum tantorum artisque Pelasgae.
prosequitur pavitans et ficto pectore fatur.

Prosequitur wird in der Bedeutung „er fährt fort“ genommen. Da aber *prosequi* in dieser Bedeutung ἅπαξ λεγόμενον wäre, so bezog Ameis das Verbum auf die *ars Pelasga* und erklärte „er verfolgt sie (die artes Pelasgae) weiter, also: er bleibt seiner Rolle getreu.“ Gegen diese Deutung wird mit Recht eingewendet, dass sie zu gesucht sei (Forbiger). Gegen die gewöhnliche Erklärung könnte man vielleicht einwenden, dass, wenn prosequitur = pergit narrare sein sollte, dann fatur ganz überflüssig und matt wäre. Doch finden sich zuweilen solche Wendungen und namentlich ist zu vergleichen Cic. Verr. II 3 20 51 pergam atque insequar longius. Ders. Brut. 74 sed perge, Pomponi, de Caesare et redde quae restant. Ebd. 43 pergamus ergo ad reliqua et institutum ordinem persequamur. An der ersten dieser Stellen findet sich auch als passendes Analogon das absolute *insequi* = das Gespräch weiter verfolgen.

Allerdings kann man an unserer Stelle mit leichter Aenderung schreiben persequitur. *Persequi* und *prosequi* sind (wie auch andere Composita mit *per* und *pro*) in den Handschriften nicht selten verwechselt worden. So wird bei Cicero Rosc. Am. § 83 statt des überlieferten non prosequar longius gelesen non persequar longius. Diese Worte non persequar longius bieten zugleich ein Beispiel für den absoluten Gebrauch von *persequi*, während das so absolut gebrauchte *prosequi* bedenklich ist.

Ich vermuthete früher

    tum vero ardemus scitari et quaerere caussas,
    ignari scelerum tantorum artisque Pelasgae
    persequimur. Pavitans et ficto pectore fatur.

Hiebei wäre persequimur quaerere caussas parallel den Worten ardemus scitari. Der Infinitiv quaerere wäre das Object von persequimur, wie Aen. III 31 insequi mit dem Infinitiv steht: rursus et alterius lentum convellere vimen insequor. Vgl. die Verbindung von pergere, perstare, perseverare mit dem Infinitiv. Persequimur quaerere caussas wäre passend gesagt mit Rücksicht darauf, dass es schon V. 74 hiess: hortamur fari, quo sanguine cretus, quidve ferat. Doch würde man dann allerdings erwarten: tum ille pavitans oder ergo ille pav. oder eine ähnliche Einleitung.

Aen. II 119 ff.

    volgi quae vox ut venit ad auris,
  obstipuere animi gelidusque per ima cucurrit
  ossa tremor, cui fata parent, quem poscat Apollo.

Manche nehmen *fata* als Nominativ, wobei als Object von *parent* zu verstehen wäre *hoc* (d. i. ut eius sanguine quaerantur reditus, vgl. 118). Am meisten liess sich Weidner angelegen sein, diese Auffassung zu vertheidigen. Er wies nicht nur darauf hin, dass der Parallelismus zwischen *fata* und *Apollo* ein beabsichtigter sei, sondern auch, dass die Römer selbst *fata* als Nominativ nahmen, nämlich Servius (der fata mit responsa erklärt) und die Verfasser der beiden poetischen Declamationen Alcesta und Alea iu der Anthol. lat. I 172 70 und III 81 102, da die letzeren den Vers in einer Verbindung vorbringen, welche nur den Nominativ fata zulässt. Das Object werde nicht ausgesprochen, meinte Weidner, weil der Gedanke daran zu grausenhaft sei. Nun ist allerdings die euphemistische Bezeichnung des Todes bei den Alten sehr beliebt,*) da man darauf hielt, ein böses Omen zu vermeiden. Aber an unserer Stelle ist eine solche Scheu zwecklos und unwahrschein- lich, nachdem bereits die Nothwendigkeit des Opfertodes eines Griechen mit klaren und entschiedenen Worten (sanguine quae- rendi reditus animaque litandum Argolica) bezeichnet wurde. Die Auslassung des Objects hoc aber bei parent wäre jedenfalls hart und unklar. Auch ist von mehreren Erklärern darauf hingewiesen worden, dass der Ausdruck fata parare = mortem parare vorkommt bei Ovidius Met. XIV 213 talia fingebam misero mihi fata parari (vgl. auch Aen. II 132 mihi sacra parari). So nehmen denn andere *fata* als Object und verstehen als Subject von *parent* entweder *Graeci* (was aus mittimus im V. 115 ergänzt werden soll) oder *duces Graecorum*, oder *haec tristia dicta* (V. 115). Die erste und dritte **) Erklärung ist offenbar sofort entschieden zurückzuweisen.

Die zweite Erklärung empfiehlt Schaper: „wem sie d. h. die Führer des Heeres, den Tod bereiten. Die Worte schildern die Furcht des Volkes, dass diejenigen, in deren Hand das Geschick des Heeres liegt (qui fata parent), sich zur Erreichung ihrer Zwecke der Hülfe des Gottes (quem poscat Apollo) bedienen.“

---

*) Vgl. Caes. B. G. I 18 si quid accidat Romanis (und Herzog's Bemerkung z. d. Stelle) Cic. Phil. I 4 si quid mihi humanitus accidisset, und so schon Ennius Ann. 128 si quid me fuerit humanitus. Vgl. das grie- chische ἐάν τι πάϑω und ἐάν τι συμβῇ vom Tode, z. B. Dem. XXIII 12, LIX 58, II 16, IX 18 u. a.

**) Die Ergänzung Graeci unter der Voraussetzung, dass parent der ge- wöhnliche Conjunctiv der indirecten Frage ist, ist deshalb unmöglich, weil die grosse Mehrzahl der Griechen selbst von Furcht ergriffen ist. Die Auffassung aber quem poscat Apollo, cui (d. i. ut ei) fata parent Graeci ist nicht nur in hohem Grade geschraubt, sondern auch unpassend, weil (wie Ladewig bemerkt) das Grausen, das die Griechen erfasst, nicht aus Mitleid mit dem Geschick anderer, sondern aus Furcht für das eigene Leben hervorgeht. — Das Zurückgreifen aber auf haec tristia dicta im V. 115 ist nicht bloss kühn, sondern auch wegen des näheren quae vox (119) unstatthaft, da man vielmehr paret (näml. haec vox) erwartet.

Im Anhange sucht Schaper diese Auffassung noch weiter zu stützen durch den Hinweis auf die Sprache des gemeinen Soldaten, der von der Armeeleitung nie anders als im Plural spreche.

Dieser Hinweis auf die Manier der Soldaten, der unter anderen Umständen allerdings geltend gemacht werden könnte, ist aber hier nach dem mittimus im V. 115 unzulässig; denn es hätte in diesem Falle jedenfalls schon im V. 115 mittunt gesagt werden müssen. Auch muss jedenfalls die Vorstellung, dass Apollo irgendwie im Einverständniss mit den Feldherren der Griechen gehandelt und ihnen zu liebe seinen Spruch kundgegeben hätte, absolut ferngehalten werden, während Schaper's Bemerkung diesem Verdacht Raum zu lassen scheint. Die Anschauung des Dichters ist aber vielmehr folgende: Die Griechen schicken in ihrer Bedrängniss, geschreckt durch Unglückszeichen (113 toto sonuerunt aethere nimbi), den Eurypylus zum Orakel des Phoebus. Damals hatten sie noch keine Ahnung davon, dass der Gott den Bescheid ertheilen werde, die Rückkehr müsse durch den Opfertod eines Griechen erkauft werden; damals existierte also noch kein Anschlag der Heeresfürsten gegen Sinon's Leben, sondern die Absendung des Eurypylus fand vollkommen bona fide statt; darum steht auch mittimus. Als nun Eurypylus den Spruch Apollons meldete, da erst fasste Ulixes den Plan, diesen Spruch zu benutzen, um den verhassten Sinon zu verderben. Während jeder zitterte, ob nicht etwa gerade ihn das Los treffen würde (es hätte ja auch wirklich das Los entscheiden können), verlangte Ulixes von Calchas Auskunft. Da ahnten schon viele mit Rücksicht auf die ihnen bekannte Feindschaft zwischen Ulixes und Sinon, dass Calchas im Einverständniss mit Ulixes den Sinon als das von Apollon ausersehene Opfer bezeichnen werde, welche Vermuthung auch wirklich in Erfüllung gieng. In dieser Weise müssen wir uns die ganze Sachlage (die natürlich durchaus nur eine Fiction Sinon's ist) vorstellen und es muss jede Vermuthung, dass etwa Sinon ein Einverständniss des Orakels mit Ulixes hätte andeuten wollen, abgelehnt werden.

Es bleibt nichts anderes übrig, als die Ueberlieferung zu ändern, und nach meiner Meinung braucht die Emendation dieser

Stelle nicht erst gesucht zu werden, sondern sie ist schon von Madvig (Adv. crit. II 34) gegeben, nämlich p a r e t (d. i. Apollo) statt p a r e n t. Der Dichter hat nach einer ihm sehr geläufigen Weise das Subject der beiden parallelen Sätze c u i f a t a p a r e t und q u e m p o s c a t erst im zweiten Satze angegeben. Ich habe diese Eigenthümlichkeit in meinen „Vergilstudien" S. 70 besprochen; vgl. z. B. Aen. XI. 783 f.

> telum ex insidiis cum tandem tempore capto
> concitat et superos Arruns sic voce precatur.

Die Corruptel *parent* wurde durch Verkennung dieses Verhältnisses und durch die falsche Auffassung von *fata* als Nominativ herbeigeführt.

Aen. II 132 ff.

iamque dies infanda aderat, mihi sacra parari
et salsae fruges et circum tempora vittae:
eripui, fateor, leto me et vincula rupi.

Ladewig bemerkt zu V. 134: „Die Worte vincula rupi dürfen wegen V. 57 und 146 nicht in eig. Bedeutung genommen werden, sondern stehen hier und A. VIII 651 in der übertragenen Bedeutung e n t f l i e h e n." Diese Bemerkung beruht auf der irrigen Voraussetzung, dass die im V. 57 und 146 erwähnten Fesseln dieselben seien, welche dem Sinon von den Griechen, um seine Flucht zu verhindern, angelegt wurden. Wir haben aber vielmehr anzunehmen, dass ihm von den troischen Hirten die Hände auf den Rücken gebunden worden waren. Gegen diese Auffassung könnte man freilich einwenden, dass es V. 59 ff. heisst qui se ignotum venientibus u l t r o . . . obtulerat, wie schon bei Servius die Bemerkung vorkommt „sed huic expositioni illud occurrit: Unde iste ligatus fuerit? quia eum Troiani non ligarunt; ultro enim se obtulerat." Aber wenn man auch dies u l t r o erklären wollte „ohne sich zu wehren oder ohne auch nur den Versuch zu machen, den Hirten zu entfliehen": so wäre damit doch die Annahme, dass Sinon von den Hirten gebunden wurde, nicht ausgeschlossen; die Hirten konnten ja meinen, dass Sinon, weil er augenblicklich an der Möglichkeit, ihnen zu entkommen, verzweifelte, sich ihnen freiwillig stellte, dass er aber bei der ersten sich darbietenden Gelegenheit einen Fluchtversuch machen könnte. Doch kann jenes ultro auch anders erklärt werden; es kann die Absicht Sinon's bezeichnen, welche erst später den Troern zu ihrer Ueberraschung klar werden sollte, die Absicht, welche durch die hinzugefügten Worte hoc ipsum ut strueret Troiamque aperiret Achivis näher bezeichnet wird. Dass Sinon als ein den Troern verhasster Grieche von den Hirten feindlich behandelt und gefesselt wurde, erscheint um so natürlicher, da auch die anderen Troer ihn anfangs feindselig behandeln, certant inludere capto (V. 64). Auch liegt die Vermuthung nahe, dass der Dichter mit den Worten, die des Priamus Benehmen schildern (V. 146 ipse viro primus manicas atque arta levari iubet Priamus), andeuten wollte, dass Priamus die ihm von den Troern angelegten Fesseln zu lösen befahl.

Was den Ausdruck *vincula rupi* und den Zeitpunkt der Flucht betrifft, so glaube ich, dass kein Grund vorhanden ist, von der eigentlichen und strengen Bedeutung der Worte *vincula rupi* abzugehen. Wenn schon in alter Zeit die Einwendung erhoben wurde „atqui solutae sunt hostiae. Nam piaculum est, in sacrificio aliquid esse religatum“ (Servius), so ist schon längst darauf die Antwort gegeben worden, dass jene Worte sich nicht auf die Zeit unmittelbar vor der Opferung beziehen*), sondern darauf, dass Sinon früher gefesselt im Gewahrsam gehalten wurde, um nicht entfliehen zu können. Diese leichte λύσις der ἀπορία findet sich schon bei Servius: „Unde intelligendum a Graecis magis ligatum ante tempus sacrificii. Nam consuetudo illa, quam supra diximus, erat in ipso tempore sacrificiorum.“ Also der von den Griechen gefangen gehaltene Sinon brach kurze Zeit**) bevor die Opferung stattfinden sollte (nicht etwa erst als er schon zur Opferung geführt wurde), seine Fesseln.

* * *

---

*) Wie hätte nämlich Sinon vor dem Altar oder als er zum Altar geführt wurde, seine Fesseln brechen und den zahlreich versammelten Griechen entfliehen können? (Peerlkamp.)

**) Kurze Zeit vorher; denn iamque dies infanda aderat, mihi sacra parari cet. V. 132 f.

Auch Aen. VIII 651 (et fluvium vinclis innaret Cloelia ruptis)
liegt keine Nöthigung vor, von der eigentlichen Bedeutung der
Worte *vinclis ruptis* abzugehen. Wol bemerkt Servius: „atqui obsides non ligantur; sed vincla pro custodiis accipiamus“ — aber
konnte Vergil nicht an eine minder schonende Behandlung der
Geisseln von Seite des Königs der Etrusker (im Gegensatze zu
der römischen Sitte) denken? Livius sagt II 13 6 von der Cloelia
allerdings anders: frustrata custodes Tiberim tranavit; aber bekanntlich gibt uns die Erzählung des Livius kein richtiges Bild
von dem Friedensschlusse zwischen Porsenna und den Römern.
Porsenna behandelte die Römer nicht so mild und schonend, als
man nach dieser Erzählung meinen könnte. Schon die von Livius
selbst II 14 *) erwähnte römische Sitte gibt einen Beweis, wie
gross der Hass der Römer gegen Porsenna war und beweist folglich indirect, wie drückend die von Porsenna dictirten Bedingungen
waren. Dazu kommt, dass bei Livius auch eine Andeutung wenigstens in dem Sinne sich findet, dass die römischen Geisseln bei
Porsenna Unbilden ausgesetzt sein konnten, nämlich II 13 10
productis omnibus elegisse impubes dicitur, quod et virginitati
decorum et consensu obsidum ipsorum probabile erat eam aetatem
potissimum liberari ab hoste, quae maxime opportuna iniuriae
esset. Auch glaube ich, dass erst dann, wenn man eine drückende
und unwürdige Behandlung der Geisseln von Seiten der Etrusker
annimmt, das Unternehmen der Cloelia gerechtfertigt erscheint.
Wenn die Geisseln von den Etruskern in anständiger Weise
behandelt wurden, so war die Flucht der Cloelia mit den übrigen
Geisseln ein Vertragsbruch, der keine Entschuldigung zuliess
und der absolut kein Lob und keine Bewunderung weder bei Porsenna noch bei den Römern hätte finden können. — Auch haben
wir ja mancherlei Beispiele dessen, dass das internationale Recht
von erbitterten Feinden nicht immer respectirt wurde; ja dass

---

*) Huic tam pacatae profectioni ab urbe regis Etrusci abhorrens mos, tra-
ditus ab antiquis, usque ad nostram aetatem inter cetera sollemnia manet
bona Porsennae regis vendendi. Livius sucht dies freilich zu erklären:
cuius originem moris necesse est aut inter bellum natam esse neque
omissam in pace, aut a mitiore crevisse principio, quam hic prae se
ferat titulus bona hostiliter vendendi.

selbst Gesandte gefangen gehalten wurden; vgl. Caes. B. G. III
9 3. Vgl. ferner Caes. B. G. I 31 12 Ariovistum autem, ut semel
Gallorum copias proelio vicerit, . . . superbe et crudeliter imperare,
obsides nobilissimi cuiusque liberos poscere et in eos omnia
exempla cruciatusque edere, si qua res non ad nutum aut ad
voluntatem eius facta sit.

* * *

Zu *fateor* im V. 134 bemerkt Gossrau: „Vide quam religio-
sum se simulet Sino, qui quod ad sacra destinatus effugerit, tan-
quam nefas fatendum putat." Jedenfalls muss das auf den ersten
Blick auffallende *fateor* vom Dichter mit irgend welcher Absicht
gesetzt sein. Ich finde es aber angemessener, in *fateor* nicht das
von Gossrau hervorgehobene Moment zu suchen, sondern vielmehr
dies Wort auf V. 139 f. zu beziehen:

quos illi fors et poenas ob nostra reposcent
effugia et culpam hanc miserorum morte piabunt.

Dazu gehörte eine grosse Ueberwindung Sinon's, zu gestehen,
dass er bei seiner Flucht keine Rücksicht auf seine Kinder und
auf seinen Vater genommen habe, die nun wol mit ihrem Leben
Sinon's That werden büssen müssen. Wenn Sinon nun selbst ein
solches ihm zur Schmach gereichendes Geständniss zu machen
sich entschloss, so mussten dadurch auch seine übrigen Aussagen
den Schein um so grösserer Glaubwürdigkeit erwecken.

Aen. II 176 ff.

extemplo temptanda fuga canit aequora Calchas,
nec posse Argolicis exscindi Pergama telis,
omina ni repetant Argis numenque reducant,
quod pelago et curvis secum avexere carinis.

Welche Schwierigkeiten V. 179 verursacht, ersieht man aus
den verschiedenen Erklärungsversuchen, die derselbe hervorgerufen
hat, von denen die meisten bei Forbiger verzeichnet erscheinen.
Man hat auch daran gedacht, durch Transposition (ein Mittel, das
oft gewagter ist als die Athetese), und zwar durch Umstellung
des Verses 179 nach 183, zu helfen (so Ladewig nach Büchner).

Ich glaube, dass die Unechtheit des in mehr als einer Hinsicht auffallenden Verses, den schon Dietsch und später Gossrau getilgt wissen wollte, erwiesen werden kann.

1. Nach der Ueberlieferung müsste man *numen* von dem geraubten Palladium verstehen. Da ist nun der Zusatz *quod pelago et curvis secum avexere* *) *carinis* unrichtig, weil zu der Zeit, als Calchas den noch vor Troia weilenden Griechen seinen Spruch kundgab (canit 176), auch das Palladium noch im Lager der Griechen — also nicht *avectum* — war. Die Annahme aber, dass Sinon von seinem eigenen Standpunkte und mit Rücksicht auf die jetzt bereits vollführte Wegführung des Palladiums quod avexere carinis gesagt habe, setzt eine sehr harte und ungefällige Verquickung des Kalchasspruches mit einer gelegentlichen Bemerkung Sinons voraus.

2. Auch in sprachlicher Hinsicht erweckt die Verbindung der heterogenen Ablative *pelago* und *curvis carinis* mittelst der coordinirenden Conjunction *et* ein gerechtfertigtes Bedenken.

3. Für ganz besonders wichtig halte ich aber das indirecte Zeugniss des Servius. Gossrau bemerkt: „Servius hunc versum non explicat, quod mirum si legit. In aliquod Mss. legitur v. 180 'quod: Palladium'. Probabilius autem est explicatum id esse hoc versu ab alio, quam in ceteris Mss. versum 179 esse omissum, si quidem a Servio explicatus erat." Nun muss man freilich die Glosse '*quod*: Palladium' beziehen auf das *quod* im V. 179, und nicht im V. 180. Aber es ist dies eine Glosse, die in den meisten Serviushandschriften fehlt. Wichtiger aber ist ein anderer Umstand, den Gossrau nicht hervorgehoben hat. Die in einigen Serviushandschriften sich findende Glosse '*reducant; placent, reconcilient*' rührt offenbar von einem Erklärer her, dem der Vers 179 n i c h t vorlag. Hätte nämlich dieser Erklärer V. 179 gelesen, so hätte er *numen reducant* nicht von der B e s ä n f t i g u n g und V e r s ö h n u n g d e r G o t t h e i t verstehen können, sondern er hätte

---

*) Durch die Leseart einiger Handschriften *advexere* werden die Schwierigkeiten nicht behoben, sondern neue — und grössere — Schwierigkeiten geschaffen.

diese Worte wegen des folgenden *quod avexere carinis* auf die
Zurückführung des Palladiums beziehen müssen.

4. Der V. 179 wurde von einem Interpolator hinzugefügt,
der *numen reducant* fälschlich von der Zurückführung des Palladiums verstand.

Wie sich der Interpolator den Sinn der ganzen Stelle dachte,
dafür lassen sich zwei Möglichkeiten denken.

a) Er kann dieselbe Vorstellung gehabt haben, die dem Erklärungsversuche Weidners zu Grunde liegt: „die Griechen sollen
von Argos das Palladium wieder (gesühnt) mitnehmen, welches sie
jetzt über das Meer auf ihren Schiffen mit sich geführt haben =
omina repetant Argis numenque navibus avectum reducant." Diese
ganze Vorstellung des von mir hochgeschätzten Vergilerklärers ist
aber schief und geradezu zwecklos. Wir begreifen die Aufforderung
des Calchas omina repetere Argis; aber welchen Zweck und welchen
Grund hätte die Weisung haben sollen, das Palladium nach Argos
mitzunehmen und dort zu sühnen und das gesühnte Palladium
wieder bei der Rückkehr mit sich zu führen und ins Lager vor
Troia zu bringen? Warum hätte das Palladium nicht gleich vor
Troia gesühnt werden können? und war es einmal nach Argos
gebracht, warum sollte es nicht schon in Griechenland in Sicherheit bleiben?

b) Für wahrscheinlicher halte ich es, dass der Interpolator
numenque reducant in dem Sinne nahm „das Palladium wieder an
Ort und Stelle bringen, es dorthin bringen, woher es geraubt
worden war." Natürlich ist auch diese Voraussetzung falsch. Mit
Recht sagt Weidner: „Einen solchen Rath konnte Calchas nicht
geben, weil dann jeder weitere Feldzug gegen Troia nutzlos gewesen wäre, da an den Besitz des Palladiums für die Troianer
die Existenz und das Wohl ihrer Stadt geknüpft war."*) Dass
Vergil nicht an die Zurückbringung des Palladiums nach Troia
denken konnte, geht namentlich klar daraus hervor, dass nach

---

*) Vgl. Quintus Smyrn. X 355 ff.
οὐδὲ γὰρ οὐδὲ θεῶν τις ἀπειρέσιον χαλεπήνας
ἔσθενεν ὄλβιον ἄστυ διαρραθέειν Πριάμοιο,
ἀθανάτης ἔντοσθεν ἀκηδέος ἐμβεβαυίης.

Sinons Bericht eben das hölzerne Ross eine Sühne und ein Ersatz
sein sollte, und dass nach demselben Bericht dies einen Ersatz
bietende Ross in gewaltigen Dimensionen ausgeführt wurde, ne
recipi portis aut duci in moenia posset, neu populum a n t i q u a
sub r e l l i g i o n e t u e r i (187 f.). Wenn also nicht einmal dies,
hölzerne zu Ehren der Pallas gebaute Ross nach Troia kommen
sollte, um wie viel weniger durfte Calchas daran denken, den
Griechen die Weisung zu geben, das echte und mächtigere Palladium wieder an Ort und Stelle zu schaffen?

Nach der Vorstellung des Dichters bestand das Verbrechen
des Diomedes und Ulixes, wie ich glaube, nicht in der Entführung
des Palladiums überhaupt, sondern i n d e r A r t u n d W e i s e,
w i e dies geschah: caesis summae custodibus arcis und manibus
cruentis virgineas ausi divae contingere vittas. — Schon der Umstand, dass die Griechen es unternahmen, sich des Palladiums
zu bemächtigen, schliesst die Vorstellung, dass jede Entführung
und Uebertragung eines Götterbildes überhaupt absolut frevelhaft
sei, aus.*) Hier kommt nun noch der Umstand hinzu, dass Pallas
Feindin der Troer war, und dass sie somit den Griechen, deren
eifrige Beschützerin sie war, nicht gezürnt hätte, wenn sie
das Palladium, an welches das Heil Troias sich knüpfte, aus Troia
fortschafften; aber es durfte dies nicht so geschehen, wie es Diomedes und Ulixes thaten. Bei Quintus Smyrn. heisst es auch
ausdrücklich X 353 f. von Diomedes ἁρπάξας ἐθέλουσαν
εὔφρονα Τριτογένειαν, ἥ τ᾿ ἔρυμα πτόλιός τε καὶ αὐτῶν ἔπλετο
Τρώων. Und nach Tryphiodoros brachte Athene selbst den Danaern
das Bild, 55 f. ἦλθε δὲ καὶ Δαναοῖσιν ἑὸν βρέτας ἁγνὸν ἄγουσα,
ληϊστὴ μὲν ἐοῦσα, φίλοις δ᾿ ἐπίκουρος Ἀθήνη.

* * *

---

*) Auch Aeneas trägt kein Bedenken, die Penaten von ihrem Orte fortzu-
nehmen; wol aber hält er es für *nefas*, sie zu berühren, ohne seine
blutbefleckten Hände vorher in fliessendem Wasser gereinigt zu haben
(718 ff.). — Orestes bekam von Apollon selbst die Weisung, das vom
Himmel herabgefallene Bild der Artemis aus dem taurischen Tempel zu
entführen und nach Attika zu bringen, natürlich ἢ τέχναισιν ἢ τύχῃ τινί
(Eur. Iph. Taur. 89).

Nach Tilgung des Verses 179 *) erklärt Gossrau die Worte
numen reducere: „*Numen reducant* re idem est quod *omina repetant* verbis modo variatis; est enim voluntatem deae et propitium
animum, qui iam ab iis recessit, reducere et reconciliare, quod
factum esse bonis declaratur ominibus.“

Ich sehe ebenfalls *numen reducant* nur als eine Variation
des durch *omina repetant* ausgesprochenen Gedankens an, möchte
aber geradezu daran denken, dass die Griechen wieder die Gottheit
mit sich führen und bei sich haben sollen. Die Griechen hatten
früher die Götter auf ihrer Seite, mit ihnen sind sie ausgezogen;
jetzt haben in Folge des von Diomedes und Ulixes begangenen
Frevels die Götter sich von ihnen abgewandt und sie verlassen;
darum sollen die Griechen wieder von vorn anfangen und nochmals
im Bunde mit den Göttern von Griechenland ausziehen. Nichts ist
ja häufiger als die Vorstellung und Ausdrucksweise, dass die
Götter diejenigen, denen sie wohlwollend gesinnt sind, b e g l e i t e n
und b e i i h n e n w e i l e n ; die Ungnade der Götter zeigt sich
darin, dass sie den Menschen v e r l a s s e n . Vgl. z. B. Aen. VIII 678 f.

hinc Augustus agens Italos in proelia Caesar
cum patribus populoque, Penatibus et magnis dis.

II 396 vadimus inmixti Danais haud numine nostro. Prop. IV 3 16
nupsi non comitante deo. Herod. I 50 von Kroisos: ἐλπίζων τὸν θεὸν
μᾶλλόν τι τούτοισι ἀνακτήσεσθαι.

Numen ist nicht von einem speciellen Gotte, sondern von
der Gottheit und göttlichen Majestät überhaupt gesagt. Für diesen
collectiven Gebrauch von n u m e n ist besonders belehrend Ovid.
Met. IV 451 f. illa sorores nocte vocat genitas, grave et implaca-
bile numen (von den drei Furien).

Aen. II 183 ff.

hanc pro Palladio moniti, pro numine laeso,
effigiem statuere, nefas quae triste piaret.
hanc tamen immensam Calchas attollere molem
roboribus textis caeloque educere iussit,
ne recipi portis aut duci in moenia posset.

---

*) Durch diese Tilgung erwächst auch der Vortheil, dass man für *numen*
nicht die unerweisliche Bedeutung „Götterbild“ anzunehmen braucht.

Wenn Weidner *hanc tamen* im V. 185 erklärt „et eam quidem immensam", so muss ich gestehen, dass mir die Berechtigung und der eigentliche Sinn dieser Bemerkung nicht einleuchtet. Nach meiner Meinung ist eine doppelte Erklärung des t a m e n möglich. Entweder kann man annehmen, dass t a m e n eigentlich zu dem durch den Finalsatz *ne — posset* ausgedrückten Gedanken gehört = ne tamen recipi portis aut duci in moenia posset, hanc immensam Calchas attollere molem iussit.*) Oder es kann t a m e n auf einen leicht zu ergänzenden Gedanken bezogen werden = ne tamen ignoretis, quo m o l e m hanc i m m a n i s equi statuerint (vgl. die Frage des Priamus V. 150), hanc immensam Calchas attollere molem iussit, ne recipi portis aut duci in moenia posset. Diese zweite Auffassung ist wahrscheinlicher, da Wendungen wie „ne tamen ignores, ne vero ignores, ne tamen quaeras, ne vero quaeras" u. ähnl. den Römern sehr geläufig waren.

Aen. II 290.

hostis habet muros: ruit alta a culmine Troia.

Die von Orville aufgestellte Conjectur a l t a (statt des handschriftlichen a l t o) ist von vielen Erklärern als sehr annehmbar bezeichnet, von einigen auch geradezu in den Text aufgenommen worden (in neuerer Zeit z. B. auch von Ladewig und Schaper) — ich glaube, sehr mit Recht. Gewichtiger nämlich, als die handschriftliche Ueberlieferung (auf die in solchen Fällen, wie der vorliegende ist, nicht zu sehr vertraut werden darf), ist das homerische νῦν ὤλετο πᾶσα κατ' ἄκρης Ἴλιος αἰπεινή, da wir doch wol hier eine beabsichtigte Nachahmung anzunehmen haben. Auch bei Horaz Carm. IV 6 3 findet sich T r o i a e a l t a e, und es ist längst bemerkt worden, dass Acro bei der Erklärung dieser Stelle auch für Vergil a l t a bezeugt. Man darf aber wol auch für Servius dasselbe annehmen. In einigen Serviushandschriften findet sich die Bemerkung: „A culmine: vel a dignitate sua, vel vere culmine, i. e. a tectis suis." Daraus darf man schliessen, dass dem Servius *altus* nicht als Attribut von *culmine* vorlag; denn er würde sonst n dieser Bemerkung, welche die Worte *a culmine* betrifft, gewiss

---

*) So scheint Heyne *tamen* aufgefasst zu haben.

alto nicht übergangen haben. Man weist auch darauf hin, dass II 603 auch nur *a culmine* vorkommt. Ich möchte noch vergleichen II 56 Priamique arx alta maneres, IV 343 Priami tecta alta manerent, VI 515 cum fatalis equus saltu super ardua venit Pergama et armatum peditem gravis attulit alvo, was eine Nachahmung von Ennius fragm. trag. 97 f. (Vahl.) ist

nam maximo saltu superabit gravidus armatis equus,
suo qui partu . . . . . perdat Pergama ardua.

Arduus ist ein so bezeichnendes Wort und entspricht dem homerischen αἰπεινός so genau, dass man auch hierin gewiss eine homerische Reminiscenz anzunehmen hat. Auch Quintus Smyrn. gebraucht gern Ἴλιον αἰπύ (so VI 62; X 153; XIII 487).

Aen. II 347 f.

quos ubi confertos audere in proelia vidi,
incipio super his

Die Ueberlieferung *audere in proelia* ist durch das Vorkommen derselben Construction bei Statius Theb. I 439 und Gratius Fal. 498 in erwünschter Weise gegen die Conjectur *ardere* gesichert. Auch die Verbindung *meditari in proelia* bietet eine passende Analogie, Aen. X 455 meditantem in proelia taurum und Silius XVII 439 haec dicens Silarum meditantem in proelia telo praevenit. Uebrigens kann man auch *ardere in* mit Accusativ vergleichen: Aen. XII 71 ardet in arma magis. Manil. IV 220 in bellum ardentes animos. Silius VI 209 in pugnas et Martem et proelia et hostem igneus. Eine etwas weiter abliegende Analogie, die aber doch immerhin erwähnt werden kann, bieten solche Stellen wie Liv. V 20 avidae in direptiones manus; ebd. XXII 21 avida in novas res ingenia; ebd. VII 40 nondum erant tam fortes ad sanguinem civilem.

Was den absoluten oder intransitiven Gebrauch von *audere* betrifft, so findet sich derselbe, wie die Erklärer bemerken, auch sonst bei Vergil, z. B. IX 320 audendum dextra; XII 159 auctor ego audendi; ebenso bei anderen Schriftstellern. Zu vergleichen ist hiemit der ähnliche Gebrauch von τολμᾶν Hom. K 232 αἰεὶ γάρ οἱ ἐνὶ φρεσὶ θυμὸς ἐτόλμα.

* * *

Der jetzt meist gebilligten Erklärung von super im Sinne
eines Adverbiums nach Servius' Vorgang*) kann ich nicht beipflichten. Man findet unter der Voraussetzung, dass *super = insuper*
ist, in der Stelle den Sinn, dass Aeneas die Männer, obzwar sie
ohnehin schon kampfbegierig waren, mit seinen Worten noch mehr
anfeuerte. So sagt Weidner, der Sinn sei „viros in proelia audentes
insuper his verbis accendit." Forbiger: „quamquam videbam satis
illos per se audere, ideoque non multo hortatu opus esse, incipio
tamen eos his verbis alloqui." Aber zur Bezeichnung dieses
Verhältnisses hätte der Dichter eben auch die passende Construction, d. i. *quamquam — tamen*, wählen müssen. Die einfache und
gewiss auch richtige Erklärung ist die, nach welcher zwischen der
Protasis quos ubi confertos audere in proelia vidi und der Apodosis
incipio super his nicht ein concessives Verhältniss, das Verhältniss
des Gegensatzes, sondern das der Uebereinstimmung gefunden wird: „Als ich die Männer kampfmuthig und kampfbegierig
sah, so forderte ich sie eben weil ich sie kampfbegierig sah, auf,
sich mit mir in das Kampfgetümmel zu stürzen und den Tod zu
suchen." Hätte Aeneas die Männer furchtsam und verzagend gesehen, so würde er ihnen den Vorschlag „moriamur et in media
arma ruamus" nicht gemacht haben.

Es ist aber die Erklärung von *super = insuper* auch in
sprachlicher Hinsicht gekünstelt und unnatürlich, mag man nun
his als Ablativ „mit diesen Worten" oder als Dativ „ich begann
zu diesen zu sprechen" nehmen. Die letztere Erklärung, bei
welcher man das homerische τοῖσι δ' ἦρχ' ἀγορεύειν und τοῖσι δὲ
μύθων ἦρχε vergleicht, ist noch weniger zulässig als die erste,
weil die Construction *incipere alicui* nicht annehmbar ist. Jedenfalls haben wir a priori die Berechtigung, die Worte *super his*,
die unmittelbar neben einander stehen, auch grammatisch als eine
praepositionale Construction zu verbinden, wenn diese Verbindung
überhaupt sprachlich zulässig ist. Und zulässig ist dies sicher.
Doch möchte ich *super his* nicht mit Heyne „post haec, inde" er-

---

*) *Super:* insuper; quia iam audebant, unde paulo post: *furor additus.*

klären, sondern vielmehr „bei dieser Sachlage, unter diesen Umständen" (wörtlich eigentlich = in Betreff dessen). Mit super his wird das durch quos ubi confertos audere in proelia vidi bezeichnete Moment recapitulirend hervorgehoben. — Mit der hiebei für *super* c. abl. angenommenen Bedeutung vgl. I 750 multa super Priamo rogitans, super Hectore multa; IV 233; X 839; Cic. Att. X 8 10 sed hac super re nimis; ebd. XVI 6 1 hac super re scribam ad te Regio.

Incipio steht nach dieser Erklärung hier ohne jeglichen Zusatz. Irrig ist Weidner's Behauptung, bei *incipio* fehle niemals sic (Sall. Iug. 109 4) oder hunc in modum (Tac. ann. XII 10).*) Bei Vergil steht incipere ohne jeden Zusatz noch an folgenden Stellen der Aeneis: VI 103 incipit Aeneas heros; X 5 incipit ipse.

Aen. II 359 f.

vadimus haud dubiam in mortem mediaeque tenemus
urbis iter; nox atra cava circumvolat umbra.

Die Worte *nox atra cava circumvolat umbra* sind von Peerlkamp, Gossrau u. a. für eine zur Ergänzung des von Vergil unvollendeten Verses bestimmte Interpolation erklärt worden. Bedenken schien besonders zu erregen der vermeintliche Widerspruch zwischen dieser Stelle und V. 340 oblati per lunam und besonders 254 f.

et iam Argiva phalanx instructis navibus ibat
a Tenedo tacitae per amica silentia lunae
litora nota petens.

Auch bemerkt Gossrau: „cui accedit, quod Androgeo sociisque eius occisis arma mutant, quod atra nocte facere nihil opus erat." Aber die Tilgung jener Worte würde ja nicht ausreichen, da das Dunkel der Nacht in ähnlicher Weise auch an anderen Stellen erwähnt wird, nämlich 397 multaque per caecam congressi proelia noctem conserimus, 420 si quos obscura nocte per umbram fudimus

---

*) Weidner beruft sich auf diese angebliche Thatsache, um zu erweisen, dass *his* = *his dictis* ein den Begriff incipio näher bestimmender Zusatz und somit ein Ersatz „für das sonst bei incipio nie fehlende sic oder hunc in modum" sei.

iusidiis, 569 dant clara incendia lucem erranti, 621 dixerat et spissis noctis se condidit umbris, 725 ferimur per opaca locorum, 768 per umbram.

Es sind zur Beseitigung des oben erwähnten Widerspruches vom exegetischen Standpunkte zwei verschiedene Erklärungen versucht worden. Die eine (schon von Servius angegebene „et hinc apparet occidise iam lunam") hat besonders Thiel empfohlen: „Dass ein Virgil Mondhelle, bei der man sich erkennt und schwarze Nacht unter einander mischen sollte in einem so ausgeführten Buche ist schwer zu glauben und auffallend, dass von jetzt an des Mondes nicht weiter gedacht, vielmehr nun immer mit besonderer Absichtlichkeit die dunkle Finsterniss erwähnt wird, V. 397 420 569 621 725. Mir scheint es daher, als ob V. für diesen Act des früher, etwa um Mitternacht untergehenden Mondes gedacht habe, so dass ihm für den Anzug der Griechen und das erste Zusammentreffen der Freunde, V. 255 340, die Mondhelle ein begünstigender Umstand, für die nachherigen Schrecken und Mühen die Nachtschwärze, deren volles Eintreten eben in V. 360 ausdrücklich angekündigt wird, ein schauderbeförderndes Bild war, das er von jetzt festhält bis V. 801 surgebat Lucifer." Aber wenn dies des Dichters Vorstellung war, so hätte er es ganz gewiss nicht unterlassen, das Untergehen des Mondes irgendwo ausdrücklich zu bezeichnen; V. 360 kann man durchaus nicht für eine genügende und klare Bezeichnung dessen halten.

Einen anderen, und gewiss mehr annehmbaren, Weg der Erklärung hat Ladewig eingeschlagen: „Allerdings erhellt der Mond die Nacht, aber er wird, wie aus V. 397, 420 u. 621 zu schliessen ist, zeitweise durch Wolken verhüllt." Doch glaube ich, dass man an unserer Stelle und an anderen dieses Buches, wo die Dunkelheit der Nacht hervorgehoben wird, dies mit der V. 254 f. und 340 erwähnten Mondhelle durch die Annahme in Uebereinstimmung bringen kann, dass die Dunkelheit im Schatten der Häusern und Mauern gemeint sei. Bei dieser Annahme leuchtet es ein, warum gerade im V. 254 f. bei der Erwähnung der Fahrt auf dem Meere der Mondschein erwähnt wird. Ebenso müsste man auch V. 340 an einen freien Platz denken.

Uebrigens ist wol anzunehmen, dass Vergil bei der Erwähnung der Mondhelle jener für Troia verhängnissvollen Nacht der
alten Sage folgte und dass er insbesondere den Vers des Lesches

νὺξ μὲν ἔην μέσση, λαμπρὴ δ' ἐπέτελλε σελήνη

vor Augen hatte. — Vgl. Tzetzes zu Lykophr. 344 τότε καὶ ἀπατηθέντων δόλοις τοῦ Σίνωνος καὶ ἑλκυσάντων τοῦτον περὶ τὴν
πόλιν καὶ μέθῃ καὶ χαρᾷ καὶ ὕπνῳ συσχεθέντων αὐτός ὁ Σίνων,
ὡς ἦν αὐτῷ συντεθειμένον, φρυκτὸν ὑποδείξας τοῖς Ἕλλησιν,
ὡς ὁ Λέσχης φησίν, ἡνίκα

νὺξ μὲν ἔην μέσση, λαμπρὴ δ' ἐπέτελλε σελήνη.

Schol. Eurip. Hec. 892: Καλλισθένης ἐν δευτέρῳ τῶν Ἑλληνικῶν
οὕτω γράφει· Ἑάλω δ' ἡ Τροία Θαργηλιῶνος μηνὸς ὡς μέν τινες
ἱστορικῶν ὀγδόῃ ἱσταμένου, ὡς δὲ ὁ τὴν μικρὰν Ἰλιάδα πεποιηκὼς
ὀγδόῃ φθίνοντος. Διορίζει γὰρ αὐτὸς τὴν ἅλωσιν φάσκων συμβῆναι
τότε τὴν κατάληψιν, ἡνίκα

νὺξ μὲν ἔην μέσση, λαμπρὴ δ' ἐπέτελλε σελήνη.

Μεσονύκτιος δὲ μόνον τῇ ὀγδόῃ φθίνοντος ἀνατέλλει. Vgl. Clemens
Alex. Strom. I 381. — Tzetzes hat diesen Vers mit geringer Aenderung in seine Posthomerica aufgenommen (773); νὺξ δ' ἄρ' ἔην
μέσση, λαμπρὴ δ' ἐπέτελλε σελήνη.

Aen. II 420 ff.

illi etiam, si quos obscura nocte per umbram
fudimus insidiis totaque agitavimus urbe,
apparent; primi clipeos mentitaque tela
adgnoscunt atque ora sono discordia signant.

Dass unter *illi* die V. 399 f. (diffugiunt alii ad navis et litora
cursu fida petunt) bezeichneten Griechen gemeint sind, ist unzweifelhaft; der Ausdruck totaque agitavimus urbe entspricht der
früher gebrauchten Bezeichnung diffugiunt ad navis etc. Was den
Sinn dieser ganzen Stelle betrifft, so ist Weidner's ausführliche Erörterung richtig, mit Ausnahme der die Worte *atque ora sono discordia
signant* betreffenden Bemerkung. Auf die Frage, warum gerade die
V. 399 bezeichneten Griechen und nicht die anderen 414 erwähnten
zuerst die falsche Waffenrüstung der Troianer erkennen, muss mit
Weidner geantwortet werden: „Einfach weil die letzteren noch gar

nicht wussten, mit wem sie es zu thun hatten, sie kämpften nur
um Cassandra, welche man ihnen entrissen hatte; die ersteren aber
erkannten in den als Griechen verkleideten Troianern sofort ihre
Verfolger wieder, sie wurden aufmerksam, als sie sahen, dass dieselben scheinbaren Griechen jetzt um die Befreiung der Cassandra
kämpften, was doch wahre Griechen nicht gethan haben würden"
u. s. w.

Die Worte *atque ora sono discordia signant* beziehen manche,
indem sie *sono* für den Ablativ halten, entweder auf die Verschiedenheit der Sprache, andere wenigstens auf eine in der Aussprache
sich irgendwie zeigende Verschiedenheit. So meinte Weidner, dass
die früher getäuschten Griechen ihre Stammesgenossen, weil die
Ausrüstung Griechen und Troianer nicht mehr unterscheiden liess,
auf die Verschiedenheit der Sprache aufmerksam machten. „Diese
Verschiedenheit," fügt er hinzu, „wird nicht etwa gefunden in einer
ganz verschiedenen Sprache, sondern nur in der Verschiedenheit
des Tones, des Klanges der Stimme, also ganz wie bei Homer,
wo das Organ der Troer auch rauher erscheint, als das der Griechen."
Und Ladewig erklärt: „an dem Tone, dem Accent, machen sie (die
illi in V. 420) den übrigen Griechen die mit der ihrigen nicht
übereinstimmende Rede kenntlich." — Daran, dass der Dichter die
Verschiedenheit der Sprache der Griechen und der Troer bezeichnen
wollte, ist natürlich am allerwenigsten zu denken. Es wäre dies
das einzige Beispiel nicht bloss in der Aeneis, sondern überhaupt
das einzige in der älteren epischen Poesie. *) Es mag uns noch

---

*) Bei Homer haben manche in den Worten B 867 Καρῶν βαρβαροφώνων
eine derartige Hindeutung auf Sprachverschiedenheit gefunden. Aber im
Hinblick auf Thuk. I 3 und da bei Homer die Griechen mit den Troern
und diese mit ihren Bundesgenossen wie mit ihren eigenen Landsleuten
sich unterreden und da Odysseus auf seinen Irrfahrten sofort mit
den Bewohnern jedes Landes ohne Schwierigkeit spricht, können die
„fremdzüngigen Karer" (wie manche übersetzen) für einen über-
wundenen Standpunkt gelten. Das Wort bezeichnet vielmehr nur die
„raubstimmigen Karer", sowie die Σίντιες ἀγριόφωνοι Θ 294 die
wildstimmigen Sintier sind. Es beziehen sich diese Epitheta auf die
Stimme, und es ist dies um nichts auffallender, als wenn andererseits
durch mancherlei Ausdrücke die liebliche Stimme bezeichnet wird, z. B.
μειλιχόγηρυς (von der Zunge des Adrastos bei Tyrt. 3 8), μελίγηρυς

so sehr auffallen, dass im griechischen und römischen Epos*) der
Verkehr zwischen Griechen und anderen Völkern oder zwischen
Troern und anderen Völkern u. s. w. so durchaus glatt vor sich
geht und dass auf das trennende Hinderniss der Sprachverschiedenheit durchaus keine Rücksicht genommen wird: die Thatsache
selbst lässt sich nicht läugnen, dass die alten Dichter dies Moment
gar nicht berücksichtigten und dass ihnen gar nicht die Befürchtung
aufstieg, die Hörer oder Leser könnten die Frage aufwerfen: Wie
kommt es denn, dass die Griechen so ohne weiteres mit Troern
und den Bundesgenossen derselben (Ilias), dass sie mit den Bewohnern der verschiedensten Länder reden (Odyssee), dass Troer
mit Griechen, Karthagern, Latinern u. s. w. (Aeneis) ungehindert
verkehren, ebenso Griechen mit den Kolchern und anderen Völkern
(Argonautika des Apollonios und G. Valerius Flaccus)? Es ist dies
eine ideale Ignorierung der in der Wirklichkeit vorkommenden
Hindernisse, eine Ignorierung, wie sich dieselbe der Realismus
neuerer Romandichter nicht gestatten dürfte, ohne von dem lesenden
Publicum hierüber zur Rede gestellt zu werden.

Aber auch die Auffassung Weidner's, Ladewig's u. a. erscheint
nicht annehmbar. Ladewig scheint gemeint zu haben, dass die
wahren Griechen diese falschen und maskirten Griechen an dem
fremdländischen Accent (dies Wort gebraucht ja Ladewig), mit
dem sie das Griechische sprachen, erkannten. Dies wäre aber
ebenso sonderbar und einzig in seiner Art, wie die Annahme, dass
die verkappten Griechen an der Verschiedenheit der Sprache erkannt
wurden. Auch Weidner's Meinung, dass bei sonus bloss an eine
Verschiedenheit des Klanges der Stimme zu denken ist, ist nicht
stichhaltig. Weidner dachte daran, dass die Troer sich dadurch
verriethen, dass ihr Organ rauher war; aber an eine Rauhheit oder
Härte des Organs (wie sie etwa durch Καρῶν βαρβαροφώνων oder
Σίντιας ἀγριοφώνους bezeichnet wird) kann Vergil, bei dem sich

---

(ebenfalls von Adrastos bei Plat. Phaidr. 269 A), μειλιχόφωνος oder
μελίφωνος (bei der Sappho frg. 129 Bergk, vgl. Aristainetos I 10 und
Philostr. Imagg. II 1), ἀδυφώνοις ὄρτυξι (Pratinas bei Ath. IX 392 F)
u. s. w.

*) Dasselbe gilt aber auch von den Epen anderer Völker.

sonst nicht der leiseste Anhaltspunct hiefür findet, auch nicht gedacht haben. Wir gehen gewiss nicht fehl, wenn wir annehmen, dass Vergil Rauhheit im Klange der Stimme h ö c h s t e n s als Eigenschaft e i n z e l n e r Troianer (aber eben so gut auch einzelner Griechen) hätte annehmen können; als unterscheidendes Merkmal des g a n z e n troischen Volkes gegenüber den Griechen hätte er dies sicherlich nicht gelten lassen. Wie Weidner dazu kam, zu behaupten, dass bei Homer das Organ der T r o e r rauher erscheine als das der Griechen, ist mir unklar. Vielleicht liegt hier eine Verwechslung mit den *Κᾶρες βαρβαρόφωνοι* zu Grunde? oder vielleicht eine i r r t h ü m l i c h e Reminiscenz an den von Lessing (im Laokoon I) hervorgehobenen Unterschied, der aber g a n z a n d e r e r Art ist, Ilias *Γ* 2

$$\text{Τρῶες μὲν κλαγγῇ τ' ἐνοπῇ τ' ἴσαν, ὄρνιθες ὥς}$$

und ebend. 8 *οἱ δ' ἄρ' ἴσαν σιγῇ μένεα πνείοντες Ἀχαιοί,*

ἐν θυμῷ μεμαῶτες ἀλεξέμεν ἀλλήλοισι.

Aber eine homerische Stelle, die Weidner's Behauptung rechtfertigen würde, ist mir nicht bekannt.

Ich erkläre die Stelle: „und sie zeigen an,[*] dass das Aussehen dieser Männer ihrer Rede widerstreite, d. i. dass sie in der Rede für Griechen sich ausgeben, aber, wenn man genauer zusieht, anders aussehen, dass man trotz ihrer Rede sie als Troianer erkennen könne." Ich nehme es als eine selbstverständliche Voraussetzung an, dass die als Griechen sich gebärdenden Troianer auch durch ihre W o r t e (etwa durch kurze Ausrufe u. dgl.) die Griechen täuschen wollten, dass sie sich auch s o n o für Griechen ausgaben. Allerdings führt Vergil keine derartigen Äusserungen und Ausrufe dieser Troianer ausdrücklich an; sie können aber nichts destoweniger v o r a u s g e s e t z t werden, da es unnatürlich gewesen wäre, wenn die Troer, ohne einen Laut von sich zu geben, stumm gekämpft hätten. Auch bei der Begegnung mit Androgeos, der die Troianer für Griechen hielt, verhielten sie sich n i c h t s t u m m,

---

[*] *Signant* bezeichnet eine weitere Folge des *adgnoscunt*. Sowie sie selbst die List der Troer erkannten, so gaben sie auch den anderen Griechen dies kund, worauf dann alle Griechen vereint auf die Begleiter des Aeneas einstürmen (ilicet obruimur numero V. 424).

wie aus V. 376 f. neque enim responsa dabantur fida satis hervorgeht. Den vom Dichter hier gesetzten Ausdruck *sonus* halte ich für einen absichtlich und passend gewählten; es soll damit bezeichnet werden, dass die Worte, mit denen die Troer sich für Griechen ausgaben, nichts anderes als *leerer Schall* seien, der im Widerspruch zur Wirklichkeit stehe; vgl. z. B. Cic. Tusc. V 26 73 dicatque nos in vocibus occupatos inanes sonos fundere; vgl. inani voce sonare Cic. Fin. II 15 48. Wenn man einwenden sollte, warum der Dichter nicht lieber statt *sono* etwa *armis* setzte, um die wichtigste Disharmonie zwischen der falschen Rüstung und der Wirklichkeit zu bezeichnen; so ist leicht zu antworten, dass eben dies Moment bereits in den Worten primi clipeos mentitaque tela adgnoscunt berührt wurde. — Auch *ora* ist sehr passend; die anderen Griechen wurden von denjenigen, welche die List durchschaut hatten, aufgefordert, sie sollten sich doch nur diese für Griechen sich ausgebenden Männer genauer ansehen, um bekannte Gesichter zu finden; einen Aeneas, einen Epytus u. a. troische Helden mussten ja die Griechen aus früheren Kämpfen sehr gut dem Aussehen nach kennen.

  Sono halte ich, wie aus der obigen Darstellung hervorgeht, für einen von *discordia* abhängigen Dativ. Vgl. für diese Construction z. B. Vell. II 37 2; Tac. Ann. III 42; XI 6; XIV 38; ferner die Verbindung von discrepare und distare mit dem Dativ z. B. Hor. Carm. I 27 6; Sat. I 6 92; II 3 108. Ep. II 2 194; Ep. I 18 4 (infido scurrae distabit amicus); Carm. IV 9 29 (paullum sepultae distat inertiae celata virtus).

Aen. II 442 ff.

haerent parietibus scalae postisque sub ipsos
nituntur gradibus clipeosque ad tela sinistris
protecti obiciunt, prensant fastigia dextris.
Dardanidae contra turris ac tota domorum
culmina convellunt; his se, quando ultima cernunt,
extrema iam in morte parant defendere telis.

Ich halte im V. 445 das von der Minderzahl der Handschriften dargebotene *tota* für die echte Leseart. Das in den meisten Handschriften sich findende *tecta* würde nämlich ein überflüssiger und nichtssagender Zusatz sein, während *tota* sehr bezeichnend ist: Gegen diejenigen, welche schon preusant fastigia dextris, vertheidigen sich die Troianer damit, dass sie nicht etwa bloss einzelne Steine und Ziegel herabwerfen, sondern ganze Giebelmassen des Palastes (wie Weidner sich ausdrückt) losreissen und herabstürzen. Durch Servius ist nicht bloss *tecta*, sondern auch das Vorhandensein der Lesart *tota* bezeugt. *Tecta* sehe ich für eine Corruptel an, welche durch einen äusseren Anlass entstand, nämlich durch den Einfluss des vorausgehenden *protecti* oder vielleicht auch durch den Ausgang des Verses 440 *tecta* ruentis.

Aen. II 577 ff.

scilicet haec Spartam incolumis patriasque Mycenas
aspiciet partoque ibit regina triumpho
coniugiumque domumque patres natosque videbit
Iliadum turba et Phrygiis comitata ministris?

In dem von Wagner **früher** für unecht erklärten V. 579 würde der Hauptanstoss beseitigt werden durch die in einer untergeordneten Handschrift (Menagianus II) sich findende Lesart *patris*, welche aber natürlich nur für eine Conjectur zu halten ist. Man könnte, wenn man *patris* für die echte Lesart hielte, sagen, dass die Corruptel *patres* durch den Einfluss von *natosque* enstand. Man könnte auch weiter zur Rechtfertigung von *patris* sagen, dass vielleicht schon die Form *patris* irrthümlich für den Accusativus pluralis gehalten wurde*) und dass daher die Änderung in patres um so näher lag. Schliesslich könnte man sich auch darauf berufen, dass domum patris eine homerische Reminiscenz ist; vgl. Hom. α 276 ἄψ ἴτω ἐς μέγαρον πατρὸς μέγα δυναμένοιο. Z 428 πατρὸς ἐν μεγάροισι, ebenso Φ 475. Aber es bleiben auch nach Beseitigung von *patres* und wenn man auch den Plural *natos* (von der einen Tochter Hermione) zulässig findet, noch zwei gewichtige Bedenken übrig.

---

*) In manchen Handschriften, besonders in Plautushandschriften, findet sich nämlich auch von notorisch konsonantischen Stämmen der Accus. plur. III decl. auf -is, so z. B. moris (Plaut. Mil. 40), legionis (ebd. 224), hominis (ebd. 660), piscatoris (ebd. 1183).

Erstlich ist nicht zu verkennen (und es hat besonders Wagner dies hervorgehoben), dass V. 580 an den unmittelbar vorausgehenden Vers sich nicht passend anschliesst, während der Anschluss an V. 578 nach Tilgung des Verses 579 ganz trefflich wäre, und zwar wegen des Wortes *triumpho.* Sowie im Triumphzuge eines römischen Imperators Kriegsgefangene einherschritten, so enthalten die Worte Iliadum turba et Phrygiis comitata ministris eine treffende Illustration des Ausdruckes partoque ibit triumpho. Dies wird zerstört durch V. 579. Und wenn man sagt, dass V. 579 nicht getilgt zu werden brauche, sondern dass man über denselben hinweg doch 580 mit 578 verbinden könne, so ist dies nur eine willkürliche grammatische Annahme; denn in Wirklichkeit wird doch jeder Leser und Hörer *comitata* mit dem zunächst stehenden *videbit* verbinden.

Zweitens ist V. 579 deshalb ungehörig, weil er nicht stimmt zu dem in dieser ganzen Partie sich kundgebenden Hasse des Aeneas (und sagen wir auch: des Dichters) gegen Helena. Es würde ja nach diesem Vers den Anschein haben, als ob Helena sich während ihres Aufenthaltes in Troia nach dem früheren Gatten, nach ihrem Vater (wenn wir *patres* beibehalten) und nach ihrem Kinde gesehnt hätte und als ob nun mit *videbit coniugium* cet. ein Herzenswunsch von ihr in Erfüllung gehen sollte. Nach des Dichters Vorstellung ist aber Helena ein schuldvolles Weib, dem wir solche zartere Regungen nicht zutrauen dürfen.*) — Auch ist

---

*) Auch in der VI 509 ff. vorkommenden Erzählung erscheint Helena nicht etwa als ein im Bewusstsein ihrer Schuld reuiges, sondern als ein verschlagenes Weib, das den früheren Frevel durch einen neuen Frevel gut machen wollte; VI 526 f.

scilicet id magnum sperans fore munus amanti
et famam extingui veterum sic posse malorum.

Vgl. auch VI 511 scelus exitiale Lacaenae und VI 523 egregia coniunx. Vergil folgte hierin der nachhomerischen Anschauung, die z. B. besonders Euripides vertrat. Bei Homer dagegen ist es freilich wesentlich anders. Die homerische Helene sehnt sich aufrichtig nach ihrem früheren Gatten Γ 139 f.

ὡς εἰποῦσα θεὰ γλυκὺν ἵμερον ἔμβαλε θυμῷ
ἀνδρός τε προτέροιο καὶ ἄστεος ἠδὲ τοκήων.

Vgl. δ 259 ff.

coniugium ein ungenügender Ausdruck für *coniugium antiquum* (vgl.
IV 458 coniugis antiqui), da Helena ja auch coniunx (VI 523) des
Deiphobus war.

Da also im V. 579 kein einziges Wort ganz unbedenklich
ist — ausser patres, natos, coniugium ist nämlich auch d o m u m
und v i d e b i t auffallend (da bereits im V. 577 f. Spartam patriasque
Mycenas aspiciet steht) — da ferner der ganze Vers bei der Helena
eine nach des Dichters Darstellung nicht wahrscheinliche Senti-
mentalität zeigen würde und da durch diesen Vers ein passender
Zusammenhang zwischen 578 und 580 zerstört wird: soll man da
Bedenken tragen, denselben zu beseitigen?

Aen. II 567—588.

Ich stimme bezüglich dieser Verse, die freilich in den besten
Handschriften fehlen und von Servius nicht erklärt werden, der
Ansicht bei, dass dieselben, wie die weitere Erzählung zeigt, u n -
e n t b e h r l i c h und sowol in Bezug auf Inhalt als Diction des
Dichters n i c h t u n w ü r d i g sind. U n e n t b e h r l i c h sind sie, weil
nach ihrer Ausscheidung manches im folgenden geradezu unbegreiflich wäre, so namentlich die Frage der Venus V. 594 f.

nate, quis indomitas tantus dolor excitat iras?
quid furis cet.

dann V. 601 ff.

non tibi Tyndaridis facies invisa Lacaenae
culpatusve Paris, divom inclementia, divom
has evertit opes sternitque a culmine Troiam.

Auch könnte natürlich nach der Tilgung dieser Partie im
V. 589 nicht das am besten überlieferte *cum* bestehen, sondern es
müsste das schlechter bezeugte *tum* *) aufgenommen werden.

Es sind diese Verse aber auch des Dichters n i c h t u n w ü r -
d i g, und ich glaube nicht ohne Grund Weidner's **) ungünstiges

---

*) In der Prager Handschrift steht Cūmihi und C ist von später Hand in
T verändert.
**) Weidner gibt freilich zu, dass diese Verse von Vergil herrühren; aber
Vergil hat nach seiner Meinung diese 22 Verse beim ersten Entwurf des
II. Buches schnell hingeworfen, dann aber dieselben sofort getilgt, weil
sie ihm unter allen Umständen unpassend erschienen. „Varius und Tucca",

Urtheil über diese Partie für unberechtigt erklären zu können.
Weidner meint, dass die Charakteristik des Aeneas durch diese
Verse eher beeinträchtigt als gefördert wird. „Die alte Bemerkung
turpe viro forti est contra feminam irasci," sagt er, „ist in der
That nicht so futilis als man gewöhnlich glaubt" u. s. w. Wie
kann man so rigoros den Zorn des Aeneas und seine Absicht,
seine Vaterstadt an der Urheberin des Unglücks zu rächen — und
es ist ja bei der blossen Absicht geblieben — beurtheilen? Er
hatte alle die Schrecken, die in dieser verhängnissvollen Nacht
über Troia hereinbrachen, mit eigenen Augen gesehen, er war
so eben Zeuge des tragischen Endes des Priamos gewesen: es
gereicht dem Aeneas nicht zur Schande, wenn, wie er sagt, subit
ira cadentem ulcisci patriam et sumere poenas (V. 575 f.). Auch
ist ja Aeneas sich dessen bewusst, dass nullum memorabile
nomen feminea in poena est nec habet victoria laudem; aber sein
Zorn und sein Verlangen, das unglückliche Vaterland an derjenigen,
die dies Unglück verschuldet hat, zu rächen, ist menschlich.
Auch bleibt es uns ja vollkommen unbenommen, anzunehmen, dass
Aeneas, wenn auch Venus nicht dazwischen getreten wäre, die
beabsichtigte That doch nicht ausgeführt hätte, dass er, der pius
Aeneas, doch im letzten Augenblicke durch die Scheu, die am
Altare sitzende Helena zu tödten, von seinem Vorhaben zurück-
gehalten worden wäre, da ja durch die Sage, von welcher Vergil
nicht abweichen konnte, die Rückkehr der Helena nach Griechenland gegeben war. Dass es aber eine effectvolle Scene ist,
wenn Helena (Troiae et patriae communis Erinys) am Altar sich
verbirgt sibi infestos eversa ob Pergama Teucros et poenas Danaum
et deserti coniugis iras praemetuens, und wenn sie zusammenge-

---

sagt er weiter, „folgten natürlich dem Willen des Dichters und ihnen
schlossen sich die folgenden Recensionen an; aber wie es in unserer Zeit
mit unseren grossen Dichtern zu geschehen pflegt, so war es gewiss auch
in Rom: das Publikum wird durch emsige Litteratoren nicht allein mit der
Speise versorgt, welche die Dichter selbst zubereitet haben, man spendet
ihm auch mit grosser Zuvorkommenheit die Brocken, welche die Verfasser längst bei Seite geworfen. In die besseren Recensionen des Ver-
gilischen Textes fand dieses Flickwerk mit seiner nothdürftigen Blösse
keine Aufnahme" u. s. w.

kauert da sitzend dem Aeneas durch die von ihr verschuldete und furchtbar gegen sie zeugende Feuersbrunst sichtbar wird, das lässt sich gewiss nicht läugnen.

Übrigens schwebten dem Dichter bei dieser Scene vielleicht Stellen älterer Dichter vor, welche von dem Unwillen der Troer und Griechen gegen Helena als Ursache des Krieges und alles dessen, was der Krieg im Gefolge hatte, Zeugniss ablegten. Schon die berühmten homerischen Verse οὐ νέμεσις κτλ. (Γ 156 f.) verrathen, dass es in Troia manchen gab, bei dem sich der Unwille über die Urheberin des πολὺν χρόνον ἄλγεα πάσχειν regte. Besonders klar aber geht dies hervor aus den Worten der Helena Ω 767 ff., die dem todten Hektor gelten:

ἀλλ' οὔπω σεῦ ἄκουσα κακὸν ἔπος, οὐδ' ἀσύφηλον·
ἀλλ' εἴ τίς με καὶ ἄλλος ἐνὶ μεγάροισιν ἐνίπτοι
δαέρων ἢ γαλόων ἢ εἰνατέρων εὐπέπλων,
ἢ ἑκυρή — ἑκυρὸς δε πατὴρ ὣς ἤπιος αἰεί —
ἀλλὰ σὺ τόνγ' ἐπέεσσι παραιφάμενος κατέρυκες

und besonders 774 f.

οὐ γάρ τίς μοι ἔτ' ἄλλος ἐνὶ Τροίῃ εὐρείῃ
ἤπιος οὐδὲ φίλος· πάντες δέ με πεφρίκασιν.

Und was die Griechen betrifft, so wollte nach der kleinen Ilias Menelaos die Helena, nachdem sie in seine Hände gefallen war, tödten. Vgl. Aristoph. Lysistr. 155 f.

ὁ γῶν Μενέλαος τᾶς Ἑλένας τὰ μᾶλά πα
γυμνᾶς παρεσιδὼν ἐξέβαλ', οἰῶ, τό ξίφος

wozu der Scholiast bemerkt: ἡ ἱστορία παρ' Ἰβύκῳ· τὰ δὲ αὐτὰ καὶ Λέσχης ὁ Λέσβιος ἐν τῇ μικρᾷ Ἰλιάδι. Vgl. Eur. Androm. 629 ff. und Quintus Smyrn. XIII 387 ff.

Euripides gibt bekanntlich seinem Hasse gegen Helena oft und in nachdrücklicher Weise Raum. Sie wird nach seiner Darstellung gehasst ebenso von den Troern (Androm. 103 ff., 229 ff. Hek. 943 ff. Tro. 130 ff. 766 ff. 890 und die ganze Rede der Hekabe Tro. 969 ff.) wie von den Griechen (Hel. 53 ff., 72 ff. 116. Iph. T. 439 ff. Or. 57 ff. 101 ff. 130 ff. Tro. 861. 869 ff. 878 f.).

Auch in sprachlicher und metrischer Hinsicht bietet diese Partie keinen Anhaltspunct, um sie dem Vergil abzusprechen. Ich pflichte hierin ganz dem Urtheil Weidner's bei S. 402: „Dazu kommt, dass der ganze Stil mit dem Vergils übereinstimmt und die Partie in metrischer und grammatischer Hinsicht nicht mehr Besonderheiten enthält, als jede andere von ähnlicher Ausdehnung, nur muss man V. 579 als Interpolation ausscheiden." Dass im V. 576 585 587 sich ungewöhnliche Wendungen finden, thut nichts zur Sache. Man nehme doch irgend welche Partie der Aeneis von 20 und mehr Versen und man wird überall mindestens ebensoviel Ungewöhnliches und Schwieriges finden.

Auf einen Punkt aber muss ich ganz besonders aufmerksam machen, der ganz entschieden dafür spricht, dass diese Verse aus der Hand Vergils selbst hervorgegangen sind, ich meine die Alliteration, die in dieser Partie ebenso hervortritt, wie sie in der Poesie Vergils überhaupt eine wichtige Rolle spielt. Die ausserordentliche Wichtigkeit der Alliteration bei Vergil suche ich in der dieser Schrift beigegebenen Abhandlung nachzuweisen. Wenn nun in dieser Hinsicht diese angefochtene Partie mit den sonstigen Theilen der Aeneis übereinstimmt, so ist dies kein gering anzuschlagender Beweis für die Echtheit; ein späterer Interpolator hatte schwerlich eine Ahnung von der Vorliebe Vergils für die Alliteration und wenn auch in einer solchen Interpolation vielleicht hie und da eine zufällige und unbeabsichtigte Alliteration sich eingestellt hätte, in so hohem Masse würde sie sich gewiss nicht zeigen. Wenn man von den unsicheren, zu wenig prägnanten und vielleicht nicht beabsichtigten Beispielen absieht, wie V. 570 passimque oculos per cuncta ferenti oder 586 poenas animumque explesse iuvabit, so finden sich hier folgende sichere oder doch wenigstens wahrscheinliche Fälle:

568 servantem et tacitam secreta in sede latentem
571 illa sibi infestos eversa ob Pergama Teucros
572 et poenas Danaum et deserti coniugis iras
573 praemetuens, Troiae et patriae communis Erinys
574 abdiderat sese atque aris invisa sedebat
575 exarsere ignes animo; subit ira cadentem
576 ulcisci patriam et sceleratas sumere poenas

577 scilicet haec Spartam incolumis patriasque Mycenas
582 Dardanium totiens sudarit sanguine litus
583 non ita. namque etsi nullum memorabile nomen
588 talia iactabam et furiata mente ferebar

Also unter 21 Versen (579 betrachte ich entschieden als
unecht) finden sich 11, welche die Alliteration in entschiedener
Weise zeigen. Diese Alliteration ist namentlich da, wo sie zugleich durch eine Übereinstimmung oder einen Zusammenhang dem
Sinne nach oder durch einen formalen Parallelismus unterstützt
wird, sehr wirksam. *)

Von den übrigen 10 Versen, welche keine Alliteration oder
nur eine unsichere haben, zeigen einige doch eine andere dem
Ohre sich deutlich wahrnehmbar machende Symmetrie in ihrem
äusseren Bau. So ist gewiss beabsichtigt der Parallelismus im
V. 570 erranti — ferenti,**) der um so weniger dem Ohre entgehen kann, als er unterstützt wird durch den gleichen Auslaut
und ferner dadurch, dass die beiden parallelen Wörter an der
Spitze und am Ende des Verses stehen und so den ganzen Vers

---

*) Uebereinstimmung dem Sinne nach: 572 Danaum — deserti, 575 Ignes
(Flamme des Zornes) — ira, 588 furiata — ferebar. Gedankenzusammenhang: 568 secreta — sede, 576 sceleratas sumere, 582 sudarit
sanguine, 583 nullum — nomen. Grammatischer Parallelismus der durch
die Alliteration hervorgehobenen Worte: 572 Danaum — deserti, 575
ignes — ira, 576 patriam — poenas. — Neben der Alliteration findet
sich in diesen Versen auch hie und da Gleichklang im Auslaut oder
Parallelismus in der grammatischen Construction, oder beides vereint, so
568 servantem — latentem, 572 poenas — iras, 573 Troiae — patriae,
574 abdiderat — sedebat, 576 patriam — poenas, 577 Spartam —
Mycenas, 588 iactabam — ferebar. — Besonders kräftig ist die Alliteration im V. 568, nicht bloss, weil sie dreimal sich zeigt, sondern weil
stets die beiden ersten Buchstaben se alliteriren. — Für die Absicht
des Dichters zeugt, dass er im V. 582, um die Alliteration durchzuführen,
den ungewöhnlichen Ausdruck litus sanguine sudat gebrauchte, während
doch sudare eigentlich nur angemessen ist in solchen Verbindungen wie
signa sanguine sudant (Liv. XXVII 4). Allerdings gieng Ennius hierin
voran fragm. trag. 213 aes sonit, franguntur hastae, terra sudat sanguine.

**) Die Conjectur Friedrich's (die im Anhang von Ladewig's Ausgabe er-
wähnt wird) ist schon darum, weil sie diese Symmetrie zerstört, nicht
zu billigen.

einschliessen *), ferner im V. 578 aspiciet — ibit, im V. 581 occid**erit** — ar**serit****), 585 extinx**isse** — sump**sisse**, 586 laudabor — iuvabit (an der Spitze und am Ende), auch 580 (turba = ministris, Iliadum = Phrygiis).

Somit bleiben von 21 Versen nur 4, in welchen die äussere Symmetrie nicht irgendwie zur Geltung gelangt. Ich glaube somit behaupten zu können, dass Vergil diesen Versen in der Alliteration und in der sonst sich zeigenden Symmetrie gewissermassen einen ihre Authenticität verbürgenden Geleitschein mitgegeben hat.

* * *

Wenn nun aber diese Verse wirklich aus der Hand des Dichters hervorgegangen sind, wie kommt es, dass sie in den besten Handschriften fehlen und wie soll man sich das Verhältniss dieser Scene zu der Erzählung Aen. VI 510 ff. denken?

Servius war offenbar der Ansicht, dass diese Verse von Tucca und Varius getilgt wurden. Seine Bemerkung: „Post hunc versum (näml. 566) fuerunt, quos Tucca et Varius obliti sunt: iamque adeo... mente ferebar" ist allerdings, wie aus der Vergleichung mit anderen Bemerkungen des Servius hervorgeht, corrupt; aber was Servius sagen wollte, ist klar und der Sinn wird richtig getroffen durch Bergk's Conjectur: qui a Tucca et Vario sublati sunt. Ribbeck will dagegen lieber qui a Tucca et Vario obliti sunt geschrieben wissen, bei welcher Annahme sich allerdings die Entstehung der Corruptel leichter erklärt. Für Bergk's Conjectur lässt sich anführen, dass Servius weiter sagt: „Ut enim in primo diximus, aliquos hinc versus constat esse sublatos, nec immerito" und weiter: „Hinc autem versus esse sublatos, Veneris verba declarant

---

*) Ich habe die ganz ungemeine Vorliebe Vergil's für diese Art des Parallelismus in meinen Vergilstudien S. 35 ff. hervorgehoben. In unserer Partie findet sich dies Einschliessen des Verses durch zwei parallele an der Spitze und am Ende stehenden Wörter im Ganzen sechsmal, nämlich 568, 570, 573, 574, 582, 586.

**) Abgesehen von dem Gleichklang im Auslaut tritt die Symmetrie im Bau dieses Verses namentlich auch durch die ganz genaue Entsprechung der beiden Fragen hervor (occiderit = arserit, ferro = igni, Priamus = Troia) und durch den Chiasmus (1 2 3 = 3 1 2).

dicentis: Non tibi Tyndaridis facies invisa Lacaenac." Aber es kann
Servius trotzdem früher den mit *sublati* synonymen Ausdruck *obliti*
gebraucht haben, wie er in der Vita, wo er von unserer Stelle
spricht, wiederum einen anderen Ausdruck, nämlich *detractos,* gebraucht hat. Letztere Stelle lautet: „Augustus vero, ne tantum
opus periret, Tuccam et Varium hac lege iussit emendare, ut
superflua demerent, nihil adderent tamen. Unde et semiplenos eius
invenimus versiculos ut Hic cursus fuit; et aliquos detractos, ut in
principio; nam ab armis non coepit, sed sic: Ille ego — cano.
Et in secundo hos versus constat esse detractos: iamque... ferebar."
Servius spricht also an dieser Stelle davon als von einer bekannten
Thatsache (constat) und man muss ihm gewiss glauben. Zweifelhaft bleibt nur, ob Tucca und Varius auf eigene Faust diese Ausscheidung vornahmen oder ob schon Vergil selbst in seiner Handschrift seine Absicht, diese Verse zu tilgen, ersichtlich machte.
Ich entscheide mich für das letztere, ohne jedoch mit Weidner
anzunehmen, dass „Vergil diese Verse beim ersten Entwurf des
II. Buches schnell (?) hinwarf (?), dann aber sie sofort (?) wieder
tilgte." Diese Verse sind ja aber (wie aus der in denselben in
hohem Masse durchgeführten Alliteration und sonstigen formalen
Symmetrie hervorgeht) sorgfältig ausgearbeitet. Ich nehme vielmehr an, dass der Dichter erst nachträglich bei der Ausarbeitung des sechsten Buches sich entschloss, der Helena in jener
Schreckenssucht eine andere Rolle zuzuweisen, als er im zweiten
Buche gethan hatte. Und zwar schloss sich der Dichter im VI.
Buche theilweise an die ältere Sage an, *) theilweise steigerte er
durch eigene Invention die Ruchlosigkeit der Helena.**) Ich bin

---

*) Aen. VI 517 ff. illa chorum simulans euantis orgia circum
          ducebat Phrygias; flammam media ipsa tenebat
          ingentem et summa Danaos ex arce vocabat
ist zu vergleichen mit Tryphiod. Hal. Il. 495 f. und 512 f.
          παννυχίη δ’ ἑτάροισιν ὑπὲρ θαλάμοιο καὶ αὐτή
          εὐειδὴς Ἑλένη χρυσέην ἐπεδείκνυτο πεύκην.
Ich glaube, dass beides aus einer und derselben älteren Quelle geschöpft ist.
**) Hieher rechne ich die Verse Aen. VI 523 f.
          egregia interea coniunx arma omnia tectis
          amovet et fidum capiti subduxerat ensem cet.

nun weiter der Meinung, dass Vergil bei der Ausarbeitung des
sechsten Buches selbst die Unverträglichkeit dieser Scene mit der
im zweiten Buche gegebenen Darstellung fühlte, dass er sich jetzt
erst entschloss, jene Partie des zweiten Buches aufzugeben, dass er
aber vorläufig diese seine Absicht in dem Texte des zweiten
Buches sich irgendwie ad futurum usum anmerkte, ohne die dadurch nothwendig werdenden Aenderungen im zweiten Buche durchzuführen. An der späteren Durchführung dieser Aenderungen
hinderte ihn der Tod. Dass Vergil den Widerspruch zwischen
II 567—588 und VI 511 ff. nicht sollte gemerkt haben, halte ich
für durchaus unwahrscheinlich. Dieser Widerspruch ist sehr
auffallend*) und er betrifft nicht etwas nebensächliches,
sondern einen Punkt, der dem Dichter gewiss wichtig erschien,
nämlich das Benehmen der Helena während der Katastrophe. Auch
hat ja die Erzählung der letzten Schicksale des Deiphobos, welche
ihm selbst im sechsten Buche in den Mund gelegt wird, augenscheinlich den Charakter eines Nachtrages zum zweiten Buche,
eines Nachtrages, der dem Dichter nothwendig erschien; und unter
solchen Verhältnissen ist es gar nicht denkbar, dass ihm die betreffende Scene des zweiten Buches nicht hätte lebhaft vor Augen
schweben sollen; wenn aber dies der Fall war, dann kann an ein
Uebersehen des Widerspruches nicht gedacht werden.

---

*) Allerdings hat man auch diesen Widerspruch auf exegetischem Wege zu
beseitigen versucht. Ladewig sagt zu VI 524: „Wenn die Helena nach
Aen. II 567 die Rache der Griechen fürchtend im Tempel der Vesta
sass, so steht diese Angabe mit der hier von ihr berichteten Thätigkeit
nicht in Widerspruch; denn hier wird erzählt, wie sie die Trojaner und
den neuen Gemahl verrieth, Aen. II 567 aber angegeben, welche Gefühle
sich ihrer nach vollbrachtem Verrathe bemächtigt hatten." Dass dieser
Versuch kein gelungener ist, lehrt aber ein Blick auf VI 520 summa
Danaos ex arce vocabat und VI 525 intra tecta vocat Menelaum et
limina pandit cet. Nachdem sie dem Menelaos das Haus verrätherisch ge-
öffnet hatte scilicet id magnum sperans fore munus amanti, war sie ja
in der Macht und unter dem Schutze der Griechen und brauchte nicht
am Altar der Vesta furchtsam Schutz zu suchen. Uebrigens wie sollen
sich denn die eben angeführten Stellen VI 520 und 525 vertragen mit
II 572, wo die Furcht der Helena vor den Griechen und Menelaos so
nachdrücklich hervorgehoben wird: et poenas Danaum et deserti coniugis
iras praemetuens?

Wenn nun Tucca und Varius die Verse II 567—588 tilgten,
so respectierten sie damit allerdings die Intention des Dichters,
ohne jedoch selbst weiter helfen und alles in Uebereinstimmung
bringen zu können. Die bessere Recension des Vergiltextes folgte
der Autorität dieser beiden Männer; doch erhielten sich jene von
Vergil ursprünglich gedichteten Verse anderweitig.

Aen. II 594 ff.

nate, quis indomitas tantus dolor excitat iras?
quid furis aut quonam nostri tibi cura recessit?
non prius aspicies, ubi fessum aetate parentem
liqueris Anchisen?

Die Worte *aut quonam nostri tibi cura recessit* hat Heyne
nicht eben unrichtig, aber doch mit zu enger Beschränkung auf
Anchises erklärt: „nostri cura pietas esse videtur matri Veneri
praestanda in eo, ut Anchisen, ab ipsa amatum, tueatur ac servet."
Richtiger hat wol schon Servius die Worte aufgefasst. Wenn er
nämlich sagt „Nostri cura; et hoc loco, ut solet, unam se de
Aeneae familia facit," so ist daraus ersichtlich, dass er n o s t r i
nicht im Sinne von m e i bloss auf Venus bezog, sondern dass er
den Plural nostri in strengstem Sinne nahm, weil eben Venus
sich mit zur Familie rechnete (wie an der auch schon von Servius
citirten Stelle I 251 unius ob iram prodimur atque Italis longe
disiungimur oris, ebenso I 252 sic n o s in sceptra reponis). Es
sind also jene Worte nicht bloss auf 596 f., sondern auf 596—600
zu beziehen. Peerlkamp's Einwendung „fateor me non intelligere,
in qua re Aeneas Venerem non curaret, pietatem erga illam obli-
visceretur. De amore Veneris et Anchisae, confecti aetate parentis,
ridiculum est" ist natürlich nicht nur schief, sondern auch — un-
zart. In formeller Hinsicht hat Thiel verglichen Georg. IV 324
aut quo tibi nostri pulsus amor (wo aber nostri natürlich verschieden ist von dem nostri an unserer Stelle). Aehnlich ist auch
VIII 395 fiducia cessit quo tibi, diva, mei? Es schwebte wol dem
Dichter die homerische Phrase πῇ δή τοι μένος οἴχεται (E 472)
vor. — Sehr zu beachten ist übrigens der Gegensatz, in welchem

zu diesen Worten die weiter folgende Aeusserung der Venus 599
steht: ni mea cura resistat.

* * *

Ueber *prius* im V. 596, das die Erklärer gewöhnlich unberücksichtigt lassen, bemerkt Thiel: „prius, nämlich quam haec
curas, quae tantas excitant iras." Es ist aber die Bedeutung von
prius nicht so zu urgiren, als ob damit Venus ihrem Sohne frei
stelle, später vielleicht das zu thun, was er jetzt vorhabe; sondern
prius ist im Sinne des genaueren *potius* = eher, vielmehr, lieber.
Uebrigens ist die Frage non prius adspicies ähnlich dem griechischen οὐκ ἂν φθάνοις ἐφορῶν; auch kann man οὐ θᾶσσον οἴσεις
(Soph. Trach. 1173) vergleichen.

Aen. II 644.

ipse manu mortem inveniam; miserebitur hostis
exuviasque petet.

Manu hat verschiedene Erklärungen gefunden, von denen
keine ganz befriedigt. Dass man schon im Alterthum über die
Stelle nicht glatt hinweggieng, zeigt der gekünstelte Erklärungsversuch des Servius „ego inveniam mortem manu hostis; ille
miserebitur et petet exuvias" — vorausgesetzt dass diese Erklärung (wie Ribbeck meint) wirklich darauf hinweist, dass Servius
die Stelle grammatisch aufgefasst habe: ipse manu mortem inveniam (miserebitur) hostis (Genitiv). Es wäre nämlich auch denkbar,
dass in der Erklärung des Servius *hostis* bloss dem Sinne nach
zu *manu* hinzugefügt ist und dass sodann Servius *ille miserebitur*
statt *hostis miserebitur* sagte.

Wie die Worte überliefert sind, wäre die natürlichste Erklärung des Satzes *ipse manu mortem inveniam*, wenn man sich eben
bloss auf diesen Satz beschränken würde, die, an den Entschluss
des Anchises sich selbst zu tödten, zu denken (= ipse manu mea
mortem inveniam). Aber diese Erklärung ist unzulässig, weil
Aeneas in seiner Rede 657 ff. einen solchen Entschluss des Vaters
nicht erwähnt, sondern nur sagt: „si . . . . sedet hoc animo peri-
turaeque addere Troiae teque tuosque iuvat: patet isti ianua leto
iamque aderit . . . Pyrrhus, . . . patrem qui obtruncat ad aras."

Auch verträgt sich mit diesem Sinne der Worte nicht das folgende
miserebitur hostis exuviasque petet, was vielmehr darauf hinweist,
dass im vorausgehenden Satze von dem Tode des Anchises durch
fremde Hand die Rede ist.*)

Nun kann man aber manu auf keinen Fall von der Hand
des Feindes verstehen. Und so hat denn Ladewig die Erklärung
versucht, dass *manu* (eig. durch meine Hand) hier bedeute „durch
die Werke meiner Rechten“ und dass es sich auf den geleisteten
Widerstand beziehe. Im Anhange bemerkte Ladewig dazu: „Wenn
Anchises sich selbst durch seinen dem Feinde geleisteten Widerstand (manu) den Tod zuziehen will, so steht dieser Entschluss
nicht geradezu in Widerspruch mit der Lage, die er nach dem
vorhergehenden Verse eingenommen hat; auch der römische Senator,
der nach der Schlacht an der Allia auf seinem Stuhle sass und
den ihn neckenden Gallier mit seinem Stabe schlug, zog sich
seinen Tod manu sua zu.“ Aber wenn man *manu* auf „den geleisteten Widerstand“ bezieht, so könnte darunter füglich nur der
Widerstand mit den Waffen in der Hand gemeint sein, und man
müsste annehmen, dass Anchises, wenn auch ein schwacher Greis,
doch ähnlich wie Priamus den Kampf versuchen wolle.**) Aber
wie kann er, wenn er eine solche Absicht hatte, unmittelbar vorher
die Lage eines Todten annehmend sagen sic o sic positum adfati
discedite corpus? Diese Worte schliessen vielmehr das Vorhandensein jeder solchen Absicht (auch der von Ladewig angenommenen) aus.

Da nun das Wort *manu,* wohin man sich auch wenden mag,
Schwierigkeiten verursacht und ungeachtet vieler Versuche noch

---

*) Gossrau sucht freilich die Erklärung von der Selbsttödtung festzuhalten:
„Itaque videtur dicere Anchises: Ipse me interficiam, hostis autem, qui
sua manu necatum videbit senem, miserebitur nec insultabit aut foedabit
mortuum, sed exuviis contentus abibit. Facile autem careo sepultura.“
Aber abgesehen davon, dass die Rede des Aeneas diese Erklärung nicht
zulässt, ist doch wol nicht zu bezweifeln, dass das miserebitur hostis
von dem Gnadenstosse des Feindes zu verstehen ist.

**) II 509 ff. und 544 ff.
sic fatus senior telumque imbelle sine ictu
coniecit, rauco quod protinus aere repulsum
ex summo clipei nequiquam umbone pependit.

keine befriedigende Erklärung gefunden hat, so halte ich es für corrupt und lese:

ipse m a n e n s mortem inveniam; miserebitur hostis

Die, Conjectur *manens* wird durch die von Anchises an seine Angehörigen gerichtete Aufforderung *vos agitate fugam* (640) und *discedite* (644) ungemein empfohlen: „ihr möget gehen; ich selbst werde bleiben und den Tod finden." Zur Entstehung der Corruptel hat vielleicht eine alte Abbreviatur von *manens* Anlass gegeben.

Aen. II 710 f.

mihi parvus Iulus
sit comes et longe servet vestigia coniunx.

Longe ist trotz der Vertheidigung Schapers,*) der sich auf Thuk. III 22 2 ἅμα δὲ καὶ διέχοντες πολὺ ᾔεσαν und auf Classen's Erklärung des hier überlieferten Textes beruft, nicht unbedenklich. Dass Aeneas das getrennte Vorwärtsgehen anbefahl, um nicht durch das Zusammengehen die Aufmerksamkeit der Feinde zu erregen, hat schon Servius bemerkt**); aber zu diesem Zwecke bedurfte es doch nicht einer w e i t e n Entfernung, und dass Aeneas so wenig besorgt um Creusa ist und so wenig an die Möglichkeit des traurigen Ereignisses, das wirklich eintrat, denkt, berührt jedenfalls u n a n g e n e h m. Soll man nun diese Bedenken beseitigen durch die Aenderung h a u d longe servet vestigia coniunx? (wie *haud, aut, et* öfter als Varianten vorkommen). Dies Auskunftsmittel wäre nicht wahrscheinlich im Hinblick auf V. 739 erravitne via seu lassa resedit; denn wenn Aeneas an diese Möglichkeiten denkt, so muss die Entfernung, in welcher Creusa von Aeneas gieng, doch eine e r h e b l i c h e gewesen sein. Wäre nämlich Creusa verhältnissmässig nahe gewesen, so hätte sie, wenn ihr die Füsse den Dienst versagten und sie lassa residere wollte, dem Aeneas zugerufen, sie könne nicht nachkommen.

---

*) Er sagt: „Das Maass des *longe* darf natürlich nicht grösser, als zu dem Zwecke nöthig, angenommen werden."

**) „Et bene ire singulos facit; scit enim multitudinem facile posse deprehendi."

Man kann wohl nicht umhin anzuerkennen, dass Servius auch
hier das richtige getroffen habe: „Vel longe ideo, ut sit prooeconomia, quod errare potuerit." Aber allerdings hat Weidner
ganz Recht, wenn er diese anticipative Motivierung dessen, was
wirklich eintrat, als einen nicht eben glücklichen Griff des
Dichters bezeichnet. Man merkt die Absicht, aber man kann das
vom Dichter gebrauchte Mittel nicht loben, zumal da man doch
die Einwendung erheben muss, dass es doch keinen Unterschied
gemacht hätte, wenn noch eine Person mehr mit Aeneas gieng;
und wenn schon durchaus diese, wie es scheint, überflüssige Vorsicht angewandt werden sollte, so hätte doch jedenfalls die Weisung
des Aeneas, Creusa soll zwar etwas weiter rückwärts, aber nur nicht
zu weit rückwärts, gehen, auch genügt. Es hat also nach meiner
Meinung Weidner Recht, wenn er zu dem Resultate gelangt: „in
ein psychologisches Verhältniss drängt sich kalt und starr ein
äusseres Motiv ein." *)

Aen. II 747 ff.

Ascanium Anchisenque patrem Teucrosque penates
commendo sociis et curva valle recondo;
ipse urbem repeto et cingor fulgentibus armis
stat casus renovare omnes omnemque reverti
per Troiam et rursus caput obiectare periclis.

Den Vers 749 haben Peerlkamp und Ribbeck getilgt, gewiss
mit Unrecht oder wenigstens ohne dazu gezwungen zu sein. Es
ist eingewendet worden, dass *cingor armis* nicht auf den Schild
bezogen werden könne, sondern nur vom Schwerte gesagt sei; das
Schwert aber habe Aeneas (vgl. 671 hinc ferro accingor rursus)
nicht abgelegt und nicht abzulegen gebraucht; ferner sei die Erwähnung cingor fulgentibus armis nach den Worten ipse urbem
repeto unrichtig; auch sei die Wiederholung von repeto (749 und
753) ungefällig. Mehreres hat Weidner in seiner Vertheidigung
des Verses gut widerlegt. Ich glaube, man müsse sich vorstellen,

---

*) Boshaft lässt Ovid (Heroid. VII, 83 f.) die Dido sagen:
si quaeras, ubi sit formosi mater Iuli,
occidit a duro sola relicta viro.

dass Aeneas, der 671 mit Schwert und Schild sich waffnete, diese Waffen (auch das gewaltige Schlachtschwert konnte ihm hinderlich sein) ablegte, als Anchises seinen früheren Entschluss zu bleiben aufgab. Vergil erwähnt allerdings nicht ausdrücklich, dass Aeneas das Schwert, das er 671 nahm, ablegte; aber diese reticentia ist sehr natürlich.

Auch vorher hatte ja Aeneas, als er nach Hause kam mit der Absicht den Vater tollere in altos montis (635 f.), das S c h w e r t abgelegt, da er 671 sagt hinc ferro accingor r u r s u s , und a u c h d i e s e A b l e g u n g d e s S c h w e r t e s u n d d e r W a f f e n ü b e r - h a u p t h a t V e r g i l n i r g e n d s e r w ä h n t . Fragt man aber, woher dann Aeneas V. 749 die Waffen nahm, so kann man nur antworten: Von seinen Gefährten, die mittlerweile sich an dem bestimmten Orte eingefunden hatten; jemand von den Gefährten (vgl. 712) konnte übrigens die eigenen Waffen des Aeneas ihm an den bestimmten Ort hinbringen. Dies alles hätte der Dichter frei- lich ausdrücklich bemerken können; dass er es aber nicht that, wer könnte ihn darob tadeln?

Zur Vertheidigung des Verses 749 ist aber auch noch zu bemerken, dass i p s e einen sehr passenden und — man darf wol auch sagen — e r w ü n s c h t e n Gegensatz zu den vorausgehenden Worten Ascanium Anchisenque patrem ... commendo sociis bildet und dass man ohne diesen Vers eine Bezeichnung des Gegensatzes vermissen würde. Endlich kann man auch sagen, dass die aus- drückliche Erwähnung cingor fulgentibus armis einem sonst mög- lichen Einwande vorbeugt. Es wäre nämlich von Aeneas, der sich jetzt wieder in die Stadt zurückbegeben und rursus caput obiectare periclis wollte, unvorsichtig gewesen, diesen Gang o h n e W a f f e n zu unternehmen; und dies Bedenken, welches man bei der Tilgung des Verses erheben müsste, dürfte wol schwerer wiegen als die von Peerlkamp gegen die Echtheit des Verses geltend gemachten Gründe.

Aen. II 771 ff.

quaerenti et tectis urbis sine fine furenti
infelix simulacrum atque ipsius umbra Creusae
visa mihi ante oculos et nota maior imago.

obstipui steteruntque comae et vox faucibus haesit.
tum sic adfari et curas his demere dictis.
'quid tantum insano iuvat indulgere labori 'cet.

Ribbeck's Mittheilung über die Ueberlieferung im V. 771 lautet:
„RVENTI *P c γ 1* fuenti (*in mg.* al furenti) *γ²* FVRENTI *Mb* furenti *a 1.*" Ribbeck nahm *ruenti* auf. Zu Gunsten von *furenti* spricht aber ein Moment, das überhaupt bei der Feststellung des Vergiltextes eine sorgfältigere Berücksichtigung verdient, als es sie bisher gefunden hat, nämlich die Alliteration fine furenti, die durch *ruenti* zerstört wird. Besonders beliebt, aber auch besonders kräftig ist die Alliteration, wie sie hier vorkommt, nämlich in den letzten zwei Worten des Verses. Dieser Fall findet sich beispielsweise im zweiten Buche der Aeneis 46mal vor *), nämlich 9 sidera somnos, 34 fata ferebant, 40 comitante caterva, 46 machina muros, 60 aperiret Achivis, [76 formidine fatur], 83 proditione Pelasgi, 85 lumine lugent (2 Buchstaben), 105 quaerere causas **), 124 crudele canebant, 125 ventura videbant, 154 violabile vestrum, 160 servataque serves, 201 sorte sacerdos, 237 machina muros, 271 effundere fletus ***), 303 auribus adsto, 312 lata relucent, 325 Ilium et ingens, 348 fortissima frustra, 354 sperare salutem, 361 funera fando, 370 comitante caterva, 380 repente refugit, 396 numine nostro, 414 acerrimus Aiax, 429 plurima Panthu, 433 fata fuissent, 465 repente ruinam, 476 agitator Achillis, 504 spoliisque superbi, 507 convolsaque vidit, 517 simulacra sedebant, 542 exsangue sepulcro, 543 regna remisit, 561 volnere vidi, 597 coniunxne Creusa, 651 coniunxque Creusa, 680 mirabile monstrum, 712 advertite vestris, 717 patriosque Penatis, 742 sedemque sacratam, 754 lumine lustro, 771 fine furenti, 775 demere dictis, 794 simillima somno.

---

*) Also fast 6⁰/₀ aller Verse; ich sehe hiebei ab von den Stellen 2 ab alto, 41 ab arce, 81 ad auris, 87 ab annis, 119 ad auris, 202 ad aras, 259 ad auras, 425 ad aram, 624 in ignis, 654 in isdem, 663 ad aras, 699 ad auras.

**) Das qu mit den anderen Gutturalconsonanten alliterirt, werde ich weiter unten nachweisen.

***) Dass durch die Composition die Alliteration nicht gehindert wird, wird später dargelegt werden.

Dass *furenti* in manchen Handschriften durch *ruenti* verdrängt wurde, mag seinen Grund darin haben, dass manche *furere* mit Rücksicht auf die gewöhnliche Bedeutung des Wortes anstössig fanden. Auch IV 42 findet sich *furentes* in einigen Handschriften statt *vagantes*. Es dürfte auch das in der Prager Handschrift XII 535 statt *ruenti* sich findende *furenti* (wegen der Alliteration mit fremcnti) Beachtung verdienen.

Über den Gebrauch von *furere* bei Vergil vgl. meine Vergil-studien S. 137.

* * *

Dass Ribbeck den Vers 775 (der III 153 und VIII 35 wiederkehrt) auf Grund des alten Zeugnisses bei Servius *) als eine spätere Interpolation beseitigt hat, finde ich sehr berechtigt. Ribbeck und Weidner machen darauf aufmerksam, dass die Unechtheit dieses Verses sich auch dadurch verrathe, dass an unserer Stelle *tum* ganz unvermittelt erscheine. Man müsste dies *tum* über den V. 774 hinweg auf *visa mihi aute oculos* (773) beziehen. Jedenfalls ist an den beiden anderen Stellen, an denen der Vers vorkommt, *tum* ungleich passender gesetzt.

Nach meiner Meinung wurde dieser Vers von denjenigen eingeschoben, welche eine Einleitung der Rede der Creusa vermissten. Dies ist aber durchaus nicht beispiellos, wenn es auch dem Interpolator auffallend erscheinen mochte. Es kommt noch in mehreren anderen Fällen vor, dass der Dichter die Rede einer Person unmittelbar ohne eine einleitende, irgend ein verbum dicendi enthaltende Formel mittheilt. Zwei Fälle sind hier zu unterscheiden.

a) Gewöhnlich folgt dann nach dem Schlusse der Rede eine recapitulierende Wendung, in welcher auf die Rede zurückgewiesen und die Person, welche die Rede sprach, bezeichnet wird. Hieher gehören folgende Beispiele: Aen. II. 322, 577 ff., 675 ff., 689 ff., 707 ff.; IV 416 ff., 675 ff., 702 f.; VI 756 ff.; VIII 293 ff.; IX 634 ff., 747 ff.; X 597 f., 846 ff.; XI 715 ff.; XII 620 f., 676 ff., 872 ff. Es folgt z. B. II 323 vix ea fatus eram; ebenso 588 talia iactabam, 679 talia vociferans u. s. w. Ebenso an unserer Stelle haec ubi dicta dedit.

---

*) „hic versus dicitur in plerisque non fuisse."

b) Zuweilen fehlt sogar auch nach dem Schlusse der Rede eine recapitulierende Wendung. So bei der Rede II 657—670, VI 560—561, ebd. 719—721, wo (wie in einem dramatischen Dialog) die kurze Rede des Aeneas unvermittelt auf die Rede des Anchises folgt.

* * *

Da nun an dieser Stelle ein plausibler Erklärungsgrund für die Interpolation angegeben werden kann, da dieser Vers hier wegen des **tum** nicht passend erscheint und da Servius bestimmt das Fehlen dieses Verses in den meisten Exemplaren bezeugt: so können unbedenklich auch conservative Kritiker der Ansicht, dass dieser Vers zu tilgen ist, sich anschliessen.

Aen. II 790 ff.

haec ubi dicta dedit, lacrimantem et multa volentem
dicere deseruit tenuisque recessit in auras.
ter conatus ibi collo dare bracchia circum;
ter frustra comprensa manus effugit imago,
par levibus ventis volucrique simillima somno.
sic demum socios consumpta nocte reviso.

L. Müller (de re metrica p. 370 sq.) erklärte die drei Verse 792—794 für einen fremden Zusatz. Ich schliesse mich auch dieser Athetese (welche Müller und Weidner mit guten Gründen stützen) an. Kann man den Worten Müllers „nam quis negarit et insani esse hominis non modo semel sed ter conari eum amplecti a quo sit relictus nec omnino posse fieri, ut ille manibus comprehendat umbram quae in auras evanuerit" eine triftige Widerlegung entgegenstellen? Ja wenn im V. 791 bloss gesagt wäre, dass die Erscheinung der Creusa zu verschwinden begann (etwa descrebat tenuisque recedebat in auras), dann könnte allenfalls der Versuch des Aeneas (collo dare bracchia circum) einen Sinn haben; aber nachdem das Verschwinden der Creusa bestimmt und energisch schon bezeichnet wurde, ist allerdings Müllers Frage gar sehr berechtigt. Wie ganz anders ist die Situation im sechsten Buche, wo dieselben Verse stehen (700—702)? Dort will Aeneas nach

den Worten da, genitor, teque amplexu ne subtrahe nostro (698)
den Anchises, der vor ihm steht, umarmen.*)

Gegen die Tilgung der Verse 792—794 hat Ribbeck (Fleck-
eisens Jahrb. f. Phil. LXXXV 385) eingewendet, dass dann die Worte
sic demum keine passende Beziehung haben. Aber mit sic demum
wird in sehr passender Weisse abgeschlossen die ganze Erzählung
von dem Suchen der Creusa. Gerade auf die Worte tenuisque
recessit in auras folgt sehr passend sic demum socios consumpta
nocte reviso, während die Beziehung dieser Worte auf die unmittelbar vorausgehenden Verse ter conatus ibi cet. befremdlich ist.

Weidner wollte wenigstens V. 794 beibehalten wissen, weil
sich V. 794 sehr gut an V. 791 anschliesse. Auch die Richtigkeit
dieser Behauptung muss aber bestritten werden. Wenn auf die
Worte tenuisque recessit in auras unmittelbar folgt par levibus
ventis, so läge in dieser unmittelbaren Wiederholung (da ventis
= auras, levibus = tenuis) etwas eckiges und unbeholfenes.**)

Aen. III 13.

Terra procul vastis colitur Mavortia campis

Auf die relative Bedeutung des Wortes *procul*, welche Thiel
in der Bemerkung zu dieser Stelle hervorhebt, hat schon Servius
aufmerksam gemacht: „potest et *satis longe* significare et *non valde*,
ut in quinto: *Est procul in pelago saxum*, quod satis longe fuisse
intelligi non potest, ne voluptas pereat spectaculi; quamquam et
hic similis possit esse significatio; brevis est enim Hellesponti
transitus." Vgl. den ähnlichen Gebrauch von τῆλε, τηλοῦ, νόσφι,

*) Weniger Gewicht mag darauf gelegt werden, dass im zweiten Buche
conatus = conatus sum, während es im sechsten Buche = conatus est
ist. Doch kann auch dies für ein indicium der Interpolation angesehen
werden.

**) Ribbeck, der die drei Verse im II. Buche für echt hält, tilgte im VI. Buche
den Vers par levibus ventis volucrique simillima somno (702), weil derselbe in P b ursprünglich fehle und von Servius nicht erklärt werde.
Aber der Schluss, dass dem Servius Vers VI 702 nicht vorlag, ist
nicht so ohne weiteres gestattet. Dies ergibt sich schon aus dem
Umstande, dass Servius von diesen drei Versen im VI. Buche nur
701 und im II. Buche wieder nur 793 und 794 erklärt. Auf den ersten
dieser drei Verse hat Servius an keiner Stelle Rücksicht genommen. Gewiss las er alle drei Verse an beiden Stellen.

χωρίς. Es kann was in einem Falle als nahe bezeichnet wird, in einem anderen Falle und von einem anderen Gesichtspuncte bei völlig derselben Entfernung als fern bezeichnet werden. Es gilt hier dasselbe Princip des subjectiven Beliebens, wie bei dem Gebrauch der Pronomina demonstrativa hic, ille, ὅδε, ἐκεῖνος. Der Sprechende bezeichnet mit hic, ὅδε, was in seiner Sphäre liegt; mit ille, ἐκεῖνος, was ausserhalb dieser Sphäre, an einem anderen Orte sich befindet. Wie eng aber oder wie weit der Sprechende seine Sphäre gezogen wissen will, das hängt von der jeweiligen subjectiven Auffassung ab.

Es kommt übrigens bei der Erklärung des *procul* an unserer Stelle neben der Frage, welche Localität unter der terra Mavortia zu verstehen sei, auch die Frage nach dem terminus a quo in Betracht. Was die erstere Frage betrifft, so glaube auch ich, dass man mit den meisten Erklärern an die Stadt Ainos an der Mündung des Flusses Hebros zu denken habe *); vgl. V. 19 und den Excursus I (de Aeneae erroribus) in Heyne's Ausgabe. In Betreff der zweiten Frage aber könnte man für das Wort procul als terminus a quo entweder Troia oder Antandros oder Carthago, wo Aeneas dies erzählt, annehmen. Das natürlichste aber scheint zu sein, die Entscheidung hiefür zu suchen in III 5 f.

classemque sub ipsa
Antandro et Phrygiae molimur montibus Idae.

Da Aeneas von Antandros ausfährt (11 feror exul in altum), so ist wol eben diese südöstlich von Troia liegende Stadt jener Ort, den wir als terminus a quo bei der Erklärung von procul zu berücksichtigen haben. Von Antandros nach Ainos beträgt die Fahrt um das Vorgebirge Lekton herum nicht viel über 1000 Stadien. Dies ist nun wol keine eben sehr grosse Entfernung und der Weg konnte bei günstigem Winde in etwa zwei Tagen zurückgelegt

---

*) Euripides freilich dachte sich den Ort der Ermordung des Polydoros (wie aus dem Prologe der Hekabe hervorgeht), im thrakischen Chersones, und auch Ovid hatte den Chersones im Sinne Met. XIII 429 ff.

est, ubi Troia fuit, Phrygiae contraria tellus,
Bistoniis habitata viris. Polymestoris illic
regia dives erat, cui te commisit alendum
clam, Polydore, pater Phrygiisque removit ab armis.

werden*); aber bei der Relativität der Begriffe „fern" und „nah" konnte das Ziel der Fahrt mit *procul* bezeichnet werden. Es darf auch nicht auffallen, dass an einer anderen Stelle bei einer noch grösseren Entfernung (wo es sich um die Fahrt von Delos nach Creta handelt) wiederum darauf hingewiesen wird, dass die Fahrt nicht weit sei.**)

* * *

Mehr als an unserer Stelle kann *procul* an einigen anderen Stellen bei Vergil auffallen, so namentlich X 833 ff.

interea genitor Tiberini ad fluminis undam
volnera siccabat lymphis corpusque levabat
arboris acclinis trunco. Procul aerea ramis
dependet galea et prato gravia arma quiescunt.

Servius erklärt hier (und auch noch an einigen anderen Stellen, näml. III 14; V 124; VI 10) *procul* mit *iuxta*, welche Erklärung Gossrau als „notionum inversio plane absurda" zurückweist. Natürlich wäre die Auffassung des Servius, als sprachliche Erklärung betrachtet, falsch; aber Servius wollte damit doch wol nur so viel sagen, dass das, was ungewöhnlicher Weise mit *procul* bezeichnet sei, eigentlich mit Rücksicht auf die wirkliche Nähe des Gegenstandes mit *iuxta* bezeichnet werden konnte. Und darin kann man ihm ja nicht Unrecht geben. — Man muss aber, wenn es sich um eine genaue Erklärung des auf den ersten Blick auffallenden procul handelt, sagen, dass mit diesem Worte überhaupt nur bezeichnet wird, dass Mezentius nicht mehr den Helm auf dem Kopfe hatte, sondern dass dieser in einer gewissen Entfernung (gleichgiltig ist es, welcher) von ihm sich befand. Aehnlich findet sich zuweilen auch τῆλε, τηλοῦ, νόσφι, χωρίς gebraucht.

---

*) Diese Berechnung beruht auf der Angabe, dass die Troer den Weg von Delos nach Creta bei günstiger Fahrt binnen drei Tagen zurücklegen können; vgl. III 117 *tertia lux classem Cretaeis sistet in oris.* Die Entfernung zwischen Delos und jener Gegend Creta's, in welcher muthmasslich die Stadt Pergamea (133) gegründet wurde, beträgt etwa 1300 Stadien.

**) Aen. III 115 ff.

placemus ventos et Gnosia regna petamus.
nec longo distant cursu; modo Iuppiter adsit,
tertia lux classem Cretaeis sistet in oris.

Dieselbe Erklärung ist VI 9 ff. anzuwenden

> at pius Aeneas arces, quibus altus Apollo
> praesidet, horrendaeque procul secreta Sibyllae,
> antrum immane, petit.

Während die Gefährten des Aeneas am Ufer in der Nähe des Hafens blieben, entfernte sich Aeneas und gieng zu dem in einer gewissen (aber nicht grossen) Entfernung vom Hafen liegenden Tempel.

Bucol. VI 14 ff.

> Silenum pueri somno videre iacentem,
> inflatum hesterno venas, ut semper, Iaccho;
> serta procul, tantum capiti delapsa, iacebant.

Der Kranz war nicht mehr auf dem Kopfe, sondern lag abseits, aber ganz nahe.

Georg. IV 423 f.

> hic iuvenem in latebris aversum a lumine Nympha
> collocat, ipsa procul nebulis obscura resistit.

d. i. nicht unmittelbar bei ihm, sondern etwas abseits, jedoch nicht in zu grosser Entfernung von dem Jüngling.

Ebenso Ovid. Met. V 114 procul astantem = etwas abseits, in einer gewissen (aber nicht grossen) Entfernung. Ter. Hec. IV 3 1 quem cum istoc sermonem habueris, procul hinc stans accepi, uxor.

Aen. III 253 ff.

> *Italiam cursu petitis ventisque vocatis*
> *ibitis Italiam portusque intrare licebit;*
> *sed non ante datam cingetis moenibus urbem,*
> *quam vos dira fames nostraeque iniuria caedis*
> *ambesas subigat malis absumere mensas.*

So interpungiren Ladewig, Forbiger, Kappes u. a. Ribbeck setzt nach petitis ein Komma, Gossrau nach petitis und ibitis Italiam ein Komma. Alle diese Herausgeber verbinden also ventisque vocatis mit den folgenden Worten ibitis Italiam und betrachten alle drei Sätze als coordinirt. Es muss aber vielmehr nach der in einigen Handschriften sich findenden Interpunction geschrieben werden

Italiam cursu petitis ventisque vocatis:
ibitis Italiam portusque intrare licebit;
sed non ante cet.

d. i. nach Italien strebet ihr zu gelangen: gut, ihr werdet nach Italien gehen (oder vielleicht: kommen) und ihr werdet in den Hafen einlaufen können; aber u. s. w. Es ist darnach V. 254 zu 253 im Verhältnisse einer Apodosis zur Protasis, und diese Gliederung empfiehlt sich auch durch die Verschiedenheit der Tempora (ibitis und licebit opp. petitis). Einigermassen ähnlich sind solche Stellen wie I 553; IV 312. Mit Vers 253 ist zu vergleichen V 211 agmine remorum celeri ventisque vocatis prona petit maria. Auch an dieser Stelle ist ventis vocatis mit petere verbunden. Die Aehnlichkeit beider Stellen geht aber noch weiter. Sowie petit maria = Italiam petitis, sowie ventisque vocatis an beiden Stellen vorkommt, so ist auch agmine remorum celeri = cursu.

Ibitis kann man mit Thiel in dem Sinne *venietis* nehmen. Thiel führt als Beispiel dieser Bedeutung des ire Aen. II 375 an. Vgl. auch Aen. VI 392, Bucol. I 64 at nos hinc alii sitientis ibimus Afros (wo das parallele pars Scythiam et rapidum Cretae veniemus Oaxen im nächsten Verse zeigt, dass auch ibimus = veniemus), Silius XII 368 Sardoos isse recessus. — In diesem Falle wären die Worte portusque intrare licebit nur eine Variation des Ausdruckes ibitis Italiam.

Doch wäre es nicht unmöglich, *ibitis* in der gewöhnlichen Bedeutung zu nehmen, und zwar von der Fortsetzung der Reise nach Italien, so dass das Erreichen des Zieles in diesem Falle erst mit den Worten portusque intrare licebit bezeichnet wäre: „Nach Italien strebet ihr zu gelangen: gut, ihr werdet eure Reise nach Italien fortsetzen und auch an das Ziel gelangen; aber" u. s. w.

Aen. III 321 ff.

o felix una ante alias Priameia virgo
hostilem ad tumulum Troiae sub moenibus altis
iussa mori, quae sortitus non pertulit ullos
nec victoris heri tetigit captiva cubile!
nos patria incensa diversa per aequora vectae

stirpis Achilleas fastus iuvenemque superbum
servitio enixae tulimus.

In Betreff des Ausdruckes *servitio enixae* sind drei unter
einander wesentlich verschiedene Erklärungen aufgestellt worden,
indem jene Worte aufgefasst wurden:

entweder „labore exercitae" (so Nonius 391 3 und 279 10;
Voss übersetzt: „uns anstrengend zum Sclavendienst")

oder „semper enitentes, ut servitio exiremus: herausstrebend
aus dem Sclavendienst"; (so Jahn)

oder „in der Sklaverei gebärend" (Thiel). In diesem Sinne
hat schon Servius die Worte aufgefasst: *Servitio enixae tulimus;*
hoc est pertulimus, donec in servitio positae eniteremur. Et bene
plurali utitur numero, ad excusandum pudorem." In neuerer Zeit
ist diese Auffassung die herrschende. So bemerkt z. B. Ladewig:
„*servitio enixae,* indem ich in meinem Sklavenstande dem Pyrrhus
einen Sohn (den Molossus) gebar. Dass dies der Sinn der von der
Andromache absichtlich dunkel gesprochenen Worte sei, geht aus
V. 333 u. 334 hervor, denn nur so erklärt es sich, warum Helenus
nur einen Theil vom Reiche des Pyrrhus erhält (das Uebrige nämlich fiel an den Molossus)." Aber warum soll der Dichter eine so
dunkle und zweideutige Aeusserung gebraucht haben? Man findet
den Grund davon darin, dass „in dem Munde der ehrbaren Frau
das Wahre in dieser zweideutigen Fassung nur angedeutet
werden sollte" (Thiel). Aber abgesehen davon, dass mit V. 324
Andromache zugleich ihr eigenes Loos nicht zweideutig, sondern
deutlich bezeichnet, könnte man dies doch nur als Erklärung des
euphemistischen Ausdrucks nos stirpis Achilleae fastus iuvenemque
superbum tulimus gelten lassen; der dunkle, schwerfällige und
wol auch grammatisch unrichtige Ausdruck *enixae* wird dadurch
nicht gerechtfertigt. Es ist nämlich für die klassische Zeit das
absolute *eniti* in der Bedeutung „gebären" nicht nachweisbar, und
ausserdem ist die Verbindung des Particips *enixae* mit *tulimus* in
dem hier verlangten Sinne „indem ich in meinem Sklavenstande dem
Pyrrhus einen Sohn gebar" unzulässig. Diese Verbindung sollte ja
bedeuten „nachdem (oder: weil) ich dem Pyrrhus einen Sohn
geboren hatte." In dem Sinne aber „iuvenem superbum tulimus

ita ut servitio partum eniteremur (od. enixae simus)" kann jene
Construction nicht stehen. — Dass natürlich die beiden anderen
Erklärungen noch weniger annehmbar sind, scheint mir eines Be-
weises nicht zu bedürfen.

Ich bin überzeugt, dass hier das in einigen Handschriften
sich findende und durch Donatus (zu Ter. Andr. IV 1 52) bezeugte
Adverbium e n i x e zu lesen ist.*) Das echte e n i x e wurde frühzeitig fälschlich für eine andere Schreibung von e n i x a e gehalten
(wie in den Handschriften unzähligemal e = ae ist); es ist natürlich auch möglich, dass selbst in den Handschriften, in denen
e n i x e steht, dies den Plural des Particips bedeuten soll. Nos
iuvenem superbum servitio enixe tulimus = nos iuveni superbo
enixe servivimus, und es ist e n i x e gerade so mit einem Verbum
des Gehorsams verbunden bei Livius IV 26 12 utrimque enixe
obeditum dictatori est. Vgl. Liv. VI 40 4 enixe operam dedisse.
XXXVII 16 2 imperata enixe fecerunt. Caes. B. C. III 35. — Sollte
man nun aber einwenden, dass vielleicht der Ausdruck des Eifers
und der Dienstbeflissenheit hier nicht am Platze ist, so würde
darauf erwidert werden können, dass eben dies die Sklaverei der
Andromache zu einer traurigen machte, dass sie eifrig und bereit-
willig dem hochmüthigen und verhassten Feinde dienen musste.
Der Gegensatz zum glücklichen Loose der Polyxena, welche durch
den Tod davon verschont blieb, lässt den Ausdruck enixe tulimus
gerade als einen sehr angemessenen erscheinen.

Aen. III 333 ff.

morte Neoptolemi regnorum reddita cessit
pars Heleno, qui Chaonios cognomine campos
Chaoniamque omnem Troiano a Chaone dixit
Pergamaque Iliacamque iugis hanc addidit arcem.

Die Schwierigkeiten, [welche *reddita* verursacht, sind nicht
gering. Mit der einfachen Bemerkung, die sich bei Servius findet,
dass *reddita* = *data* stehe (*re* ergo abundat) haben sich manche

---

*) Unter den von Ribbeck verglichenen Handschriften hat Bern. *a* diese
Leseart. Ferner sollen drei codd. Burm. dies haben. — Man könnte auch
s e r v i t i o e n i x o lesen; doch verdient natürlich e n i x e schon aus
äusseren Gründen entschieden den Vorzug.

zufrieden gestellt; aber eine innere Wahrscheinlichkeit und Berechtigung hat diese Ansicht nicht. Und so hat Forbiger die Erklärung aufgestellt: „Poterat Helenus, ipse regis filius, iure quodam suo exspectare, ut sibi, qui tam diu in servitute fuisset, domino e medio sublato, pars certe eius regni obtingeret." Aber die Ansicht von einer solchen dem Helenus gebührenden Compensation ist an und für sich unwahrscheinlich, und sie erscheint vollends unglaublich, wenn man bedenkt, dass ja Helenus auch in seiner Heimat nicht Herrscher (sondern nur der Sohn eines Herrschers) war. — Noch weniger wahrscheinlich dürfte aber Ladewig's Auffassung sein: „Epirus wurde nach dem Tode des Pyrrhus nicht frei, sondern erhielt wieder (reddita) einen Herrscher." Zu diesem Gedanken fehlt in der Ueberlieferung das Haupterforderniss, nämlich ein solcher Ausdruck, wie regi oder domino reddita. Ladewig führt in seiner Erklärung den Ausdruck „einen Herrscher" ein, aber ohne Berechtigung. — Eher könnte man vielleicht den Begriff des debitum regnum, der durch reddita angedeutet wird, durch die Hinweisung auf V. 329 me famulo famulamque Heleno transmisit habendam rechtfertigen. Da Helenus die frühere Gattin des Neoptolemus, Andromache, zur Ehe erhielt und da er nach dem Tode des Neoptolemus als Stiefvater des Molossus der natürliche Beschützer und Vormund des Molossus war, so war es auch natürlich, dass er während der Minderjährigkeit des Molossus in dem Lande herrschte, dessen Herrschaft später dem Molossus zufallen sollte.

In dieser Weise könnte also vielleicht reddita gerechtfertigt werden und an der Annahme, dass im V. 333 dies Moment als Rechtstitel des Helenus auf die Herrschaft enthalten war, möchte ich auf jeden Fall festhalten und nicht etwa die Erklärung darin suchen, dass Helenus ein Königssohn war. Vgl. zur Bestätigung dieser Auffassung V. 295 ff.

Priamiden Helenum Graias regnare per urbes
coniugio Aeacidae Pyrrhi sceptrisque potitum
et patrio Andromachen iterum cessisse marito.

Doch ist wol zuzugeben, dass der Ausdruck *reddita* nicht sonderlich deutlich ist. Entschuldigen könnte man ihn vielleicht

durch das Streben des Dichters, die Alliteration **regnorum reddita**
zu erzielen. Aber die Alliteration (und eine noch wirksamere)*)
wäre vorhanden, wenn man lesen würde
morte Neoptolemi regnorum c r e d i t a cessit
pars Heleno
Der Ausdruck c r e d i t a wäre hier zur Bezeichnung des Umstandes, dass dem Helenus als Reichsv e r w e s e r während der
Minderjährigkeit des eigentlichen Erben die Regierung zufiel, der
denkbar a n g e m e s s e n s t e; und dass die Aenderung · c r e d i t a
auch äusserlich wahrscheinlich ist, leuchtet ein.

* * *

Was die von Vergil an dieser Stelle V. 327—336 in sehr
gedrängter und zum Theile unvollständiger Darstellung berührten
Schicksale des Neoptolemus, Helenus und der Andromache betrifft,
so gehe ich von der Voraussetzung aus, dass, s o w e i t e s t h u n-
l i c h i s t, eine U e b e r e i n s t i m m u n g zwischen Vergil und Euripides (in der Andromache) gesucht werden muss. Nach meiner
Meinung hat Vergil sich in dieser Hinsicht folgende Vorstellung
gebildet:
Als Neoptolemus die Hermione zur Gattin nahm, überliess
er die Sklavin Andromache zur Ehe dem Sklaven Helenus.**)
Neoptolemus wurde in Delphi, wohin er sich aus einem von Vergil

---

*) **credita cessit**. Wie beliebt diese in den zwei letzten Worten des Verses
sich zeigende Alliteration bei Vergil war, darüber vgl. die Bemerkung
zu Aen. II 771 (S. 44), wo aus dem zweiten Buche 46 Beispiele angeführt werden. Ausserdem vgl. die Abhandlung über die Alliteration in
diesem Buche.

*) Hierin wich Vergil von Euripides ab, bei welchem am Schlusse des
Dramas Thetis erst nach dem Tode des Neoptolemos die Vermählung
der Andromache mit Helenos und die Auswanderung derselben mit
Molossos nach Molossien anbefiehlt; V. 1243 ff.

γυναῖκα δ' αἰχμάλωτον, Ἀνδρομάχην λέγω,
Μολοσσίαν γῆν χρή κατοικῆσαι, γέρον,
Ἑλένῳ συναλλαχθεῖσαν εὐναίοις γάμοις,
καὶ παῖδα τόνδε τῶν ἀπ' Αἰακοῦ μόνον
λελειμμένον δή · βασιλέα δ' ἐκ τοῦδε χρή
ἄλλον δι' ἄλλου διαπερᾶν Μολοσσίας.

Nach Euripides blieb Andromache bei Neoptolemos, wurde aber von ihm
verschmäht und von der Hermione gehasst und verfolgt; V. 29 ff.

nicht näher bezeichneten Grunde begeben hatte,*) von Orestes, dem die Hermione schon früher zugesagt worden war, heimtückisch ermordet und zwar an dem von ihm selbst errichteten Altare seines Vaters Achilles. Hierauf kam ein Theil des Reiches des Neoptolemus, nämlich Epirus,**) unter die Herrschaft des Helenus, der dieselbe während der Minderjährigkeit des Molossus führte (regnorum credita cessit pars Heleno).

Was mit den anderen Theilen des Reiches des Neoptolemus geschah, sagt Vergil nicht. Nach Euripides herrschte Neoptolemos in Phthia, während der greise Peleus im Pharsalischen Lande herrschte; Androm. 22 f.

> Πηλέα δ' ἀνάσσειν γῆς ἐᾷ Φαρσαλίας,
> ζῶντος γέροντος σκῆπτρον οὐ θέλων λαβεῖν.

Also behielt Peleus die Herrschaft über Pharsalos natürlich auch nach dem Tode des Neoptolemos. Auch die Herrschaft über Phthia fiel wol nach Euripides Voraussetzung nach dem Tode des Neoptolemos dem Peleus zu. Dies alles dürfen wir wol auch bei Vergil als stillschweigende Voraussetzung annehmen, und daraus erklärt sich der Ausdruck regnorum p a r s.

* * *

Ich habe oben vorläufig ohne Beweis die Behauptung hingestellt, dass Neoptolemus in Delphi an dem von ihm selbst errich-

---

*) Doch dürfen wir wol hierin eine Uebereinstimmung zwischen Vergil und Euripides annehmen V. 49 ff.

> ὁ γὰρ φυτεύσας αὐτὸν οὔτ' ἐμοὶ πάρα
> προσωφελῆσαι, παιδί τ' οὐδέν ἐστ', ἀπὼν
> Δελφῶν κατ' αἶαν, ἔνθα Λοξίᾳ δίκην
> δίδωσί μανίας, ἦ ποτ' ἐς Πυθὼ μολὼν
> ᾔτησε Φοῖβον πατρὸς οὗ 'κτίνειν δίκην,
> εἴ πως τὰ πρόσθε σφάλματ' ἐξαιτούμενος
> θεὸν παράσχοιτ' εἰς τὸ λοιπὸν εὐμενῆ.

**) Ich glaube, dass Chaonia bei Vergil (V. 334 f.) nicht in engem Sinne auf den schmalen Küstenstrich zu beziehen ist, sondern in weiterem Sinne ganz Epirus bezeichnet, wie Vergil auch wirklich V. 292 und 503 Epiri und Epiro sagt. Es ist nämlich nicht zu bezweifeln, dass Euripides (Androm. 1243 ff.) annahm, dass Helenos während der Minderjährigkeit des Molossos in Molossien herrschen sollte. Da ich Uebereinstimmung zwischen Vergil und Euripides annehme, so muss ich sowol bei Vergil Chaonia, als bei Euripides *Μολοσσία* in weiterem Sinne = Epirus nehmen.

teten Altare seines Vaters Achilles von Orestes ermordet wurde
(patriasque obtruncat ad aras). Es nehmen manche Erklärer an,
dass Neoptolemus von Orestes im heimischen Phthia getödtet
wurde, andere versetzen in Uebereinstimmung mit Euripides diesen
Mord nach Delphi. Jedenfalls dürfte man, ob man den einen oder
den anderen Ort annimmt, patriae arae in keinem anderen Sinne
nehmen, als „arae patris" d. i. „arae patri constitutae", wie schon
Servius erklärt: „Pyrrhus . . . . in numinis insultationem in
templo eius Delphico aras patri constituit et illic ei coepit sacrificare." Vgl. Heyne's XII excursus zum dritten Buche. Von ent-
scheidendem Gewichte für diese Auffassung des Ausdruckes patrias
aras*) ist der Umstand, dass dann die Darstellung des Endes des
Neoptolemus in voller und ergreifender Uebereinstimmung mit der
Verwünschung des Priamus II 535 ff. steht:

'at tibi pro scelere' exclamat 'pro talibus ausis
di, si qua est caelo pietas, quae talia curet,
persolvant grates dignas et praemia reddant
debita, qui nati coram me cernere letum
fecisti et patrios foedasti funere voltus'.

Es ist ja als sicher anzunehmen, dass Vergil diese Worte,
welche die letzten sind, die der zum Sterben entschlossene und
seinen Tod voraussehende Priamus sprach, zugleich als eine prophetische Voraussagung aufgefasst wissen wollte, so wie
dasselbe von einer ähnlichen Verwünschung der Dido (IV 622 ff.)
gilt. Die Verwünschung des Priamus geht aber mit ergreifender Genauigkeit in Erfüllung, wenn Neoptolemus ebenfalls so
zu sagen vor den Augen seines Vaters den Tod findet, wie
er den Polites vor den Augen des Priamus tödtete und so
patrios voltus funere foedavit. Wie Priamus den Tod seines Sohnes
mit eigenen Augen ansehen musste, so musste der als Heros ver-
ehrte Achilles Zeuge dessen sein, wie an seinem Altare sein
Sohn den Tod durch Orestes erlitt. Dies sind dann in vollem

---

*) Bezüglich der Bedeutung patrius = patris, paternus vgl. Aen. I 643
patrius amor, VI 33 patriae manus und besonders Ovid. Met. XV 723
patrias aras (d. i. des Vaters Apollo).

Sinne grates dignae et praemia debita. Der Heros Achilles wird natürlich an seiner Cultusstätte als anwesend und wirkend gedacht. Auch bei Tryphiodoros (Hal. Il. 640 ff.) wird der Tod des Neoptolemos in Beziehung gesetzt zu dem Schicksal des Priamus. Nach der Erwähnung der Tödtung des Priamos durch Neoptolemos heisst es nämlich

σχέτλιος, ἦ μὲν ἔμελλε καὶ αὐτῷ πότμος ὅμοιος
ἔσσεσθαι παρὰ βωμὸν ἀλαθέος Ἀπόλλωνος
ὕστερον, ὁππότε μιν, ζαθέου δηλήμονα νηοῦ
Δελφὸς ἀνὴρ ἐλάσας ἱερῇ κατέπεφνε μαχαίρῃ.

Bei aller sonstigen Verschiedenheit im Detail ist doch die Uebereinstimmung in der Grundidee der Vergeltung und des Zusammenhanges zwischen dem Schicksal des Neoptolemos und des Priamos sehr bemerkenswerth.

Was den Ort betrifft, an dem Neoptolemos seinen Tod fand, so verdient natürlich die von den meisten Erklärern gebilligte Annahme den Vorzug, dass Vergil im Anschlusse an die gewöhnliche Sage und besonders im Anschlusse an Euripides den Tod des Neoptolemos nach Delphi versetzte.

Aen. III 362 ff.

fare age — namque omnem cursum mihi prospera dixit
relligio et cuncti suaserunt numine divi
Italiam petere et terras temptare repostas;
sola novum dictuque nefas Harpyia Celaeno
prodigium canit et tristis denunciat iras

Ribbeck hat im V. 362 aus den Handschriften **Pγ1** die Leseart o m n i s aufgenommen. Dass o m n e m nicht passend ist, hat schon Servius erkannt, der dazu bemerkt: „hypallage est: nam non omnem cursum prospera dixit religio; sed omnis religio dixit prosperum cursum." Ladewig bemerkt: „Uebrigens liegt in den Worten nicht der Gedanke, die ganze Fahrt werde glücklich sein, sondern nur, dass ihm die prospera relligio die glückliche Erreichung seines Zieles verkündet habe." Aber diese Erklärung enthält ein Postulat, das anzunehmen man nicht verpflichtet ist. O m n e m c u r s u m könnte füglich doch nur die ganze Fahrt bedeuten.

Während nun aber gegen o m n e m der Sinn spricht, empfiehlt sich o m n i s durch den Parallelismus zwischen o m n i s r e l l i g i o und c u n c t i d i v i *) und den Gegensatz dieser Ausdrücke zu sola Celaeno ganz ausserordentlich. Wenn Ladewig im Anhang bemerkt, dass auch er o m n i s billigen würde, wenn nur nicht p r o s p e r a folgte, so scheint es mir, dass das Bedenken, das Ladewig hiebei haben mochte, beseitigt wird durch die p r ä d i c a t i v e Auffassung von prospera = namque omnis relligio, quae mihi cursum praedixit, prospera erat.

* * *

Kappes bemerkt (zur Erkl. v. Verg. Aen., Beilage zum Donau-esch. Progr. für 1865—66, S. 15): „Nur wenn wir hier cuncti divi nicht buchstäblich nehmen, sondern einzig (?) auf die Prophezeiung der dem Aeneas im Traume erscheinenden Penaten (V. 147 ff.) beziehen, lässt sich der Widerspruch dieser Stelle mit den bereits erzählten Schicksalen und missverstandenen göttlichen Verkündigungen heben." Und in der Ausgabe sagt Kappes: „*cuncti divi* scheint dem V. 147 nicht ganz zu entsprechen, wo nur die Penaten genannt werden. Alle Götter, will Aeneas sagen, so weit ich ihren Willen erfahren habe." Ich glaube nicht, dass die Sammlung der unleugbar oft in der Aeneis vorkommenden Incongruenzen und Ungenauigkeiten auch mit diesem Beispiele vermehrt werden darf. Selbst wenn wir uns nur auf die bereits im II. und III. Buche über das dem Aeneas verheissene Ziel seiner Fahrt vorkommenden Andeutungen beschränken, so finden wir, dass durch die Zahl derselben der Ausdruck cuncti divi (und omnis relligio) gerechtfertigt erscheint. Es finden sich unter diesen Stellen freilich einige, welche nicht von einem directen Eingreifen der Götter (divi suaserunt) sprechen; da dieselben aber wenigstens indirect auf die Aeusserung des Götterwillens hinweisen und da sie wenigstens sicherlich zur

---

*) Welch wichtige Rolle die äussere Symmetrie bei Vergil spielt, zeigt sich an dieser Stelle dadurch, dass in vier auf einander folgenden Versen jedesmal das erste und letzte Wort in einer gewissen Wechselbeziehung steht (relligio — divi, Italiam — terras repostas, sola — Celaeno, prodigium — iras).

Erklärung des Ausdruckes omnis relligio beitragen, so mögen sie
hier auch aufgeführt werden.

1) Hektor erscheint im Traume dem Aeneas und sagt II 294 f.
hos (näml. Penates) cape fatorum comites, his moenia quaere,
magna pererrato statues quae denique ponto

2) Der dem Aeneas erscheinende (und gewiss auch mit Wissen
und Willen der Götter erscheinende) Schatten der Creusa sagt
II 780 ff.

longa tibi exsilia et vastum maris aequor arandum.
et terram Hesperiam venies, ubi Lydius arva
inter opima virum leni fluit agmine Thybris.

3) III 4 f. werden auguria divom erwähnt, welche dem Aeneas
die Fahrt befahlen

diversa exsilia et desertas quarere terras
auguriis agimur divom

4) Apollo gibt auf der Insel Delos den Troern die Weisung
III 94 ff.

Dardanidae duri, quae vos a stirpe parentum
prima tulit tellus, eadem vos ubere laeto
accipiet reduces. Antiquam exquirite matrem.
Dies bezieht freilich Anchises irrthümlich auf die Insel Creta.

5) Die Penaten verkündigen in bestimmter Weise III 163 ff.
dem Aeneas, er solle Italien aufsuchen, und hiebei sagen sie
auch 171:

Dictaea negat tibi Iuppiter arva.
Darin liegt implicite auch der Gedanke, dass auch Iuppiter
die Fahrt nach Italien gutheisst.

6) Anchises erinnert sich nachträglich, dass Kassandra (also
eine Prophetin Apollons) oft es aussprach, den Troern sei Italien
(Hesperien) beschieden, III 183 ff.

sola mihi talis casus Cassandra canebat.
nunc repeto haec generi portendere debita nostro
et saepe Hesperiam, saepe Itala regna vocare.
sed quis ad Hesperiae venturos litora Teucros
crederet? aut quem tum vates Cassandra moveret?

Zu diesen Stellen des II. und III. Buches kommt aber noch die wichtige Aeusserung IV 345 f.

> sed nunc Italiam magnam Gryneus Apollo,
> Italiam Lyciae iussere capessere sortes.

Es muss als sicher gelten, dass diese Worte sich nicht auf die dem Aeneas von Apollon auf der Insel Delos gegebene Weisung III 94 ff. *) beziehen und auch nicht auf die Weisung, welche im Namen des delischen Apollo **) die Penaten III 154 ff. geben; sondern der Bescheid des Gryneus Apollo und die Lyciae sortes gehören zu den auguria divom, welche III 4 f. erwähnt werden. Diese Stelle im IV. Buche, an welcher nachträglich bei passender Gelegenheit auf etwas hingewiesen wird, was in der Erzählung des Aeneas selbst nicht erwähnt oder wenigstens nicht bestimmt dargelegt wurde, zeigt, dass der Dichter seine Erzählung als eine nicht alles erschöpfende angesehen wissen wollte; folglich müssten wir auch den Ausdruck cuncti suaserunt divi ruhig hinnehmen, auch wenn in der vorausgehenden Erzählung des Aeneas ein mehrfacher göttlicher Einfluss und ein Einfluss von verschiedenen Göttern nicht ausdrücklich vorkäme. Nun aber sind obendrein in der Erzählung des Aeneas wirklich verschiedene Götter bestimmt genannt oder angedeutet, welche die Fahrt nach Italien guthiessen, nämlich ausser Apollo auch Iuppiter (III 171), die Penaten (III 163 ff.); und dass auch Venus zustimmte, versteht sich natürlich von selbst. Allerdings mochten die früheren göttlichen Weisungen betreffs des den Troern beschiedenen Landes unbestimmt lauten und erst die Penaten gaben dem Aeneas III 163 ff. einen klaren und bestimmten Bescheid. ***) Doch dieser Umstand macht die Behauptung cuncti suaserunt numine divi Italiam petere et terras temptare repostas nicht unmöglich. Aeneas

---

*) So hat Servius irrthümlich zu Gryneus Apollo bemerkt: „Inde ergo nunc epitheton dedit, licet in Delo acceperit oraculum." Und zu Lyciae sortes: „nec hinc accepit responsum; sed sic dixit *Lyciae*, ac si diceret Apollineae."

**) Vgl. III 154 f.
> quod tibi delato Ortygiam dicturus Apollo est,
> hic canit et tua nos en ultro ad limina mittit.

***) Aber Kassandra hatte doch schon Hesperia und Itala regna genannt, und der Schatten der Creusa II 780 ff. ebenfalls Hesperia und Thybris.

meint: „Alle Götter riethen mir, ein fernes Land aufzusuchen, und zwar, wie sich später herausstellte und wie ich jetzt weiss, Italien." — Uebrigens ist mit unserer Stelle zu vergleichen X 33 f. tot responsa secuti, quae Superi Manesque dabant.

Dass unter cuncti divi alle Götter, soweit Aeneas ihren Willen erfuhr, zu verstehen sind (wie Kappes bemerkt), ist selbstverständlich und natürlich.

Aen. III 464 ff.

dona dehinc auro gravia ac secto elephanto
imperat ad navis ferri stipatque carinis
ingens argentum Dodonaeosque lebetas,
loricam consertam hamis auroque trilicem
et conum insignis galeae cristasque comantis,
arma Neoptolemi. sunt et sua dona parenti.
addit equos, additque duces;
remigium supplet; socios simul instruit armis.

Forbiger bezeichnet die von Kloucek (Leitmer. Progr. 1868, S. 3) im V. 470 gemachten Aenderungsvorschläge d e c u s oder p e c u s (für duces) als „infelices coniecturae". Aber wenigstens die erste dieser Conjecturen wäre gewiss viel annehmbarer als die Erklärung von d u c e s, welcher Forbiger folgt, nämlich „Wegweiser". Allerdings sagt Dionys I 32 ἡγεμόνας τῆς ναυτιλίας συνεκπλεῦσαι Αἰνείᾳ, aber dass Vergil nicht an Wegweiser, die dem Aeneas mitgegeben worden wären, dachte, geht hervor aus Vers 569, 690 f. und überhaupt aus der ganzen im III. Buche folgenden Erzählung, in welcher nirgends auf solche Wegweiser Rücksicht genommen wird, obzwar sich z. B. auch V. 558 und besonders 584 die Gelegenheit dazu dargeboten hätte. An letzterer Stelle würde dann wol Vergil gesagt haben, dass die Wegweiser den Troern, die nicht wussten quae sonitum det caussa, die erwünschte Aufklärung gaben.

Nun glauben freilich manche, dass es auf eine Discrepanz mehr oder weniger in der Aeneis nicht ankomme und dass Vergil diesen Widerspruch bei der Durchfeilung des Gedichtes vielleicht behoben haben würde. Aber unnöthiger Weise darf man denn

doch die Zahl der Widersprüche und Incongruenzen in diesem Gedichte nicht vermehren, zumal da an der vorliegenden Stelle noch
mehrere andere Gründe jene Erklärung ausschliessen, nämlich

1. Wenn es der Dichter überhaupt für nothwendig gehalten
hätte, die Nothwendigkeit einer Führung hervorzuheben, so hätte
doch ein Wegweiser genügt. Wozu duces?

2. Die verhältnissmässig ausführliche Beschreibung des Weges
von Seiten des Helenus wäre dann unnöthig gewesen; und wenn
schon der Dichter beides durchaus hätte anwenden wollen, so
wäre in der Rede des Helenus nach der Schilderung des Weges
der geeignete Ort gewesen, den Helenus sagen zu lassen: „doch
zu grösserer Sicherheit werde ich dir auch einen Wegweiser mit-
geben."

3. Die Ausführung dieses Versprechens aber hätte Vergil erst
bei der Erzählung von der Abfahrt der Troer von Epirus erwähnt.
Wozu diese Erwähnung schon früher?

4. Mitten in der Aufzählung der Geschenke des Helenus *)
nimmt sich die Erwähnung der Wegweiser, die doch nicht geschenkt
werden, sonderbar aus.

Für die Conjectur decus (natürlich decus equorum) könnte
man anführen, dass z. B. auch V 310 Aeneas als Kampfpreis nicht
ein blosses Ross, sondern equum phaleris insignem (also equum et
equi decus) bestimmt. Und Latinus schenkt den Troern auch nicht
bloss die Pferde, sondern dazu gleich auch die ganze Ausstattung
VII 276 ff.

> omnibus extemplo Teucris iubet ordine duci
> instratos ostro alipedes pictisque tapetis;
> aurea pectoribus demissa monilia pendent,
> tecti auro fulvum mandunt sub dentibus aurum.

Mit decus aber könnte man vergleichen Hom. Δ 141 ff.

> ὡς δ' ὅτε τίς τ' ἐλέφαντα γυνὴ φοίνικι μιήνῃ
> Μῃονὶς ἠὲ Κάειρα, παρήϊον ἔμμεναι ἵππων·
> κεῖται δ' ἐν θαλάμῳ, πολέες τέ μιν ἠρήσαντο

---

*) Auch remigium supplet bezeichnet ein Geschenk; Helenus schenkte dem
Aeneas einige Ruderer.

ἱππῆες φορέειν· βασιλῆϊ δὲ κεῖται ἄγαλμα,
ἀμφότερον, κόσμος θ' ἵππῳ ἐλατῆρί τε κῦδος.

So geneigt ich nun aber wäre, die Conjectur decus (die ja
ausserdem nur eine blosse Metathese der zwei Vocale bedeutet)
zu befürworten, wenn nämlich eine Conjectur nöthig wäre, so
scheint es mir doch, dass d u c e s in dem Sinne d u c e s e q u o r u m
zulässig ist. Es hat schon Haeckermann (Berl. Ztschft. f. d. Gymn.
1865. XIX, S. 113) und Ladewig darauf hingewiesen, dass auch
der römische Senat auswärtigen Fürsten Pferde mit Stallknechten
schenkte; vgl. Liv. XLIII 5 8. Nun ist allerdings die von Forbiger
nach Klouček's Vorgang erhobene Einwendung „agasones, qui equos
in naves impositas curarent, vix duces appellari poterant" nicht
unbegründet. Aber muss man denn an Stallknechte denken? Kann
nicht d u c e s die Rosselenker, die Wagenlenker bezeichnen? Die
Möglichkeit der Bedeutung ist nicht zu bezweifeln, da das Wort
X 574 (effunduntque ducem) in derselben Bedeutung vorkommt
und da auch *ἡγεμών* so vorkommt Soph. O. T. 804 *κἀξ ὁδοῦ μ'*
ὅ θ' ἡγεμὼν αὐτός θ' ὁ πρέσβυς πρὸς βίαν ἠλαυνέτην. Es fragt
sich also nur, ob diese Bedeutung sachlich angemessen ist. Auch
diese Frage kann man wol bejahen. Helenus sah voraus, dass
Aeneas in Italien harte Kämpfe werde bestehen müssen (vgl. 458
venturaque bella), und zu diesem Zwecke gab er ihm Pferde. Pferde
dienten aber im Kampfe nicht bloss den Reitern, sondern auch
den Wagenkämpfern. Allerdings sollte man auch die Erwähnung
der Wagen erwarten. Aber der Vers ist unvollständig und vielleicht würde der Dichter bei der Ergänzung auch erwähnt
haben, dass Helenus dem Aeneas currus mitgab. Oder es konnte
Helenus annehmen, dass Aeneas sich Kampfwagen in Italien ver-
schaffen würde.

Theilweise lässt sich übrigens vergleichen Aen. XI 80 addit
equos et tela, quibus spoliaverat hostem.

Aen. III 525 ff.

tum pater Anchises magnum cratera corona
induit implevitque mero divosque vocavit
stans celsa in puppi.

'di, maris et terrae tempestatumque potentes,
ferte viam vento facilem et spirate secundi."

Ich pflichte hier mit Entschiedenheit der Bemerkung Ladewig's bei: „Anchises wendete sich in seinem Gebete an alle Götter,
insofern sie allmächtig sind und also auch über die Stürme gebieten. Lässt man das Komma hinter *di* aus, so würden die Worte
et terrae ungehörig sein; denn wollte Anchises sich an bestimmte
Götter wenden, so genügten die Götter, welche über das Meer
und die Stürme gebieten." Servius hat nun allerdings behufs der
Erklärung von terrae das Auskunftsmittel angewandt „*di maris;*
per quod navigo. *Terrae,* ad quam iturus sum." Aber diese Auffassung ist mit Rücksicht auf den Inhalt des Gebetes ferte viam
vento facilem et spirate secundi unzulässig. Vielleicht noch unzulässiger aber ist Forbiger's Bemerkung „sed in hac universa deorum
invocatione minime haerendum, cum venti in terra oriri soleant."
Für Ladewig's Auffassung spricht auch die Uebereinstimmung des
a l l g e m e i n gesagten d i mit dem ebenso a l l g e m e i n e n divos-
q u e vocavit. Natürlich ist auch nach Ladewig's Auffassung das
Komma nach d i eigentlich nicht nothwendig, sondern nur als
äusseres Zeichen der Deutlichkeit wegen empfehlenswerth. — Wie
hier die Götter überhaupt angerufen werden, so auch von Anchises III 265

di, prohibe minas; di, talem avertite casum

wo es auch im vorausgehenden Verse heisst numina magna vocat,
wie an unserer Stelle divosque vocavit.

Aen. III 539 ff.

et pater Anchises 'bellum, o terra hospita, portas;
bello armantur equi, bellum haec armenta minantur.
sed tamen idem olim curru succedere sueti
quadrupedes et frena iugo concordia ferre:
spes et pacis' ait.

Dass die Worte bellum haec armenta minantur „eine ver-
wässerte Wiederholung" des Gedankens „bellum, o terra hospita,
portas" enthalten, wie Kloucek, zu Verg. und Hor. S. 4 f. behauptet,
kann ich nicht zugeben und ich halte den aus dieser Behauptung,

sowie aus einem anderen (auch unhaltbaren) Bedenken gezogenen
Schluss, dass die Worte bellum haec armenta minantur unecht
seien, für unrichtig. Selbst in dem Falle, wenn man wirklich in
diesen Worten nichts anderes, als nur eine Variation des Gedankens
bellum, o terra hospita, portas finden sollte, die mit den Worten
bellum portas parallel liefe, so wäre doch eine solche Wiederholung
und Rückkehr zu dem früher ausgesprochenen Gedanken nicht
beispiellos und nicht ungefällig.*)

Es kommt aber an unserer Stelle noch ein anderer Umstand
in Betracht, der die Annahme einer lästigen Tautologie beseitigt.
Der ganze Vers 540 gibt eine Begründung des Ausspruches bellum,
o terra hospita, portas. Diese Begründung selbst aber besteht aus
zwei Theilen, von denen der eine (bello armantur equi) dem zweiten
(bellum haec armenta minantur) logisch untergeordnet ist; der
erste Theil gibt nämlich die Begründung des zweiten, und der
zweite bezeichnet eine aus dem ersten sich ergebende Folgerung.
Man kann keinen Anstoss nehmen an der Verbindung: bellum,
o terra hospita portas; nam bellum haec armenta, quae videmus,
minantur; und ebensowenig ist anstössig bellum haec armenta
minantur; nam bello equi armantur (oder quia bello equi armantur,
idcirco haec armenta, quae videmus, bellum minantur). Hier sind
nun diese beiden Reihen mit einander zu einem Ganzen vereinigt,
das sicherlich auch tadellos ist = bellum, o terra hospita portas;
nam, quia bello armantur equi, bellum haec armenta minari coni-
cere licet. Hiebei hat der Dichter grammatische Bindemittel (Con-
junctionen) verschmäht, wodurch aber (wie auch sonst durch das
Asyndeton) die Kraft und Eindringlichkeit des Ganzen erhöht wird.
Vgl. übrigens Schaper's Bemerkung (im Anh.), an welche sich diese
Darlegung zum Theile anlehnt.

---

*) Vgl. bezüglich solcher Wiederholungen z. B. Aen. I 390 f. und 399 f.
oder IV 99 ff. An letzterer Stelle bietet Iuno der Venus ein friedliches
Uebereinkommen an quin potius pacem aeternam pactosque hymenaeos
exercemus? (= pacem exerceamus); darauf folgt habes, tota quod mente
petisti; ardet amans Dido und hierauf spricht Iuno das im V. 99 gemachte Anerbieten eines friedlichen Uebereinkommens nochmals, freilich
in anderer Form, aus: communem hunc ergo populum paribusque regamus
auspiciis.

Ausserdem ist aber noch ein Moment zu erwägen, welches uns die Worte bellum haec armenta minantur mit voller Beruhigung als echt ansehen lässt. So wie wir oben (S. 33 ff.) bezüglich der Verse II 567—588 behaupteten, dass Vergil diesen Versen in der Alliteration und in der sonst sich zeigenden Symmetrie gewissermassen einen ihre Authenticität verbürgenden Geleitschein mitgegeben habe, so erblicke ich auch hier in der kräftigen und schönen Alliteration **armantur** — **armen**ta, ferner in der Anaphora bello — bellum und in dem Gleichklang **armantur** — **minantur** eine Bürgschaft für die Echtheit der Stelle; es sind dies Mittel, von denen Vergil einen ganz ausserordentlich ausgedehnten Gebrauch gemacht hat.

Schliesslich bemerke ich, dass ich die Worte spes et pacis in eine Parallele und Correspondenz mit bellum minantur bringe (und nicht mit bellum portas), gerade so wie der Satz sed tamen idem olim curru succedere sueti quadrupedes cet. parallel ist mit bello armantur equi. Die Richtigkeit dieser Annahme scheint mir durch den passenden Gegensatz zwischen spes und minantur (was eben das Gegentheil der spes ist) bewiesen zu werden. Natürlich ist auch dies ein wichtiger Grund für die Echtheit der Worte bellum haec armenta minantur. Wäre es nicht ein überaus seltsamer Zufall, wenn irgend ein „verwässernder" Interpolator schon durch die Alliteration und den Gleichklang so glücklich den echten Ton Vergils getroffen und ausserdem eine so passende Wechselbeziehung zu Wege gebracht hätte? An das Stattfinden eines solchen Zufalls glaube ich nicht.

Aen. III 558 f.

et pater Anchises 'nimirum haec illa Charybdis;
hos Helenus scopulos, haec saxa horrenda canebat.

Ladewig las h i c i l l a und bemerkte: „Andere Lesart haec illa Char., allein Anchises hatte die Charybdis noch nicht gesehen, konnte also in ihr nicht die vom Helenus bezeichnete Charybdis erkennen, vielmehr erregte die Beschaffenheit des Meeres an dieser Stelle in ihm die Vermuthung, hier sei jene Charybdis, von der Helenus gesprochen." Schaper hat diese Lesart und Bemerkung

Ladewig's noch beibehalten; es wäre aber sehr zu wünschen, wenn dies in der nächsten Auflage anders würde. Längst hat ja Wagner (Quaest. Virg. XX 8) haec illa trefflich erklärt: haec, quam nunc cernimus, est illa, quam Helenus olim canebat, Charybdis. Zugleich hat Wagner als Beispiele der Verbindung hic ille angeführt IV 675; VII 255 und 272. Eine solche unhaltbare Bemerkung, wie die, dass Anchises, weil er früher die Charybdis noch nicht gesehen hatte, in ihr nicht die von Helenus bezeichnete Charybdis erkennen konnte, nimmt sich in dem Ladewig'schen Commentar, der doch im Ganzen gerechtes Lob verdient und der durch Schaper's Bearbeitung noch gewonnen hat, sonderbar aus. Warum hätte denn Anchises nach der Beschreibung des Helenus nicht erkennen können, dass der Strudel, den er sah, die von Helenus beschriebene Charybdis sein müsse? An den häufigen hier zu vergleichenden Gebrauch der griechischen Verbindung ὅδε ἐκεῖνος, οὗτος ἐκεῖνος hat Ladewig hiebei auch nicht gedacht. Vgl. Soph. Oid. Kol. 138 ὅδ᾽ ἐκεῖνος ἐγώ. Phil. 261 ὅδ᾽ εἴμ᾽ ἐγώ σοι κεῖνος, ὃν κλύεις ἴσως τῶν Ἡρακλείων ὄντα δεσπότην ὅπλων. Besonders häufig ist τόδ᾽ ἐκεῖνο, τοῦτ᾽ ἐκεῖνο, z. B. Arist. Ach. 41 τοῦτ᾽ ἐκεῖν᾽, οὑγὼ 'λεγον. Soph. El. 1115 τοῦτ᾽ ἐκεῖν᾽ ἤδη σαφές. Eur. Med. 98 τόδ᾽ ἐκεῖνο, φίλοι παῖδες· μήτηρ κινεῖ κραδίαν. Plat. Phaidr. 241 D. Symp. 223 A. Das Princip dieser Verbindung ist im Griechischen wie im Latein die Unterscheidung der Zeitsphären der Vergangenheit und Gegenwart. Mit ille, ἐκεῖνος wird auf die Vergangenheit, in welcher von irgend einem Gegenstande (der damals noch unbekannt sein konnte) gesprochen wurde, hingewiesen, mit hic, ὅδε, οὗτος aber auf die Gegenwart, in welcher sich der schon früher besprochene oder erwähnte Gegenstand zeigt. So bedeutet z. B. Aen. IV 675 hoc illud, germana, fuit: „Jene Ceremonie also, von welcher du sprachst (478 ff.), war eigentlich das, als was sie sich jetzt herausstellt, nämlich dein Selbstmord; jene Worte hatten also den Sinn, der sich jetzt gezeigt hat!"

Für die Leseart haec spricht ganz entschieden die Uebereinstimmung mit hos scopulos, haec saxa. Diese Uebereinstimmung fällt bei einem Dichter, der auf die Symmetrie und den Parallelismus so grosses Gewicht legte, entschieden in's Gewicht.

Aen. III 599 f.

per sidera testor,
per superos atque hoc caeli spirabile lumen

Der Ausdruck spirabile lumen hat mancherlei emsige aber
zugleich gekünstelte und unwahrscheinliche Erklärungen gefunden,
und es ist sogar auch dessen Echtheit bezweifelt worden.*) Man
will namentlich die Verbindung des Attributs der Luft spirabilis
mit lumen durch die Annahme erklären, dass der Dichter hiemit
Luft und Licht als die beiden Bedingungen des Lebens bezeichnen
wollte (vgl. Kappes Progr. III S. 23 f. und seine Bemerkung in
der Ausgabe). Hätte der Dichter dies beabsichtigt, dann würde er
gewiss in ähnlicher Weise sich ausgedrückt haben, wie VI 363
per caeli iucundum lumen et auras. Es muss vielmehr eine Erklärung gesucht werden, bei welcher die Möglichkeit der Verbindung des spirabile mit lumen an und für sich (ohne Rücksicht
auf den spirabilis aer) einleuchtet; denn schon a priori darf man
die Ansicht, dass das lumen mit Rücksicht auf die Verbindung
desselben mit dem spirabilis aer selbst spirabile genannt werde,
zurückweisen. Nun kann man aber recht gut den Ausdruck spirabile lumen (der allerdings ungewöhnlich ist) begreifen, wenn man
spirabilis nicht in der ursprünglichen Bedeutung nimmt, sondern
vielmehr = zum Leben gehörig, gerade so wie spirare neben der
Bedeutung „athmen" die Bedeutung „leben" erlangt hat.**) Es ist
also spirabile lumen = lumen vitale, welchen Ausdruck Ovid in
derselben Erzählung von Achaemenides gebraucht;***) und dass
Ovid hiebei die Stelle Vergil's im Sinne hatte, darf man, da er
überhaupt die Erzählung Vergil's von Achaemenides nachahmte,

---

*) Ribbeck schreibt numen nach dem Mediceus; aber auch in dieser Hand-
schrift ist neben numen bezeugt lumen, da geschrieben ist N̄VMEN, und
im Pal. NOMEN (LV m. rec., N eras., O corr. m. ant. in V). Die Echtheit von lumen aber ist verbürgt durch Ovid's Nachahmung Met. XIV
175 lumen vitale.

**) In dieser Bedeutung kommt besonders das Participium spirans vor; vgl.
Aen. IV 64 spirantia exta. Auch spiritus (der Lebenshauch) zuweilen =
Leben.

***) Den Ausdruck vitalia lumina hat übrigens schon Cicero in seinem Ge-
dichte de suo consulatu (vgl. de div. I 11 18) gebraucht.

und öfters auch in einzelnen Ausdrücken nachahmte, nicht bezweifeln.*)

Fragt man aber, warum Vergil diesen doch immerhin ungewöhnlichen Ausdruck statt vitale lumen gebrauchte, so glaube ich auch hier wieder auf das Streben, die Alliteration durchzuführen, hinweisen zu müssen. Und zwar nehme ich nicht bloss für superos und spirabile eine beabsichtigte Alliteration an, sondern auch für sidera im vorausgehenden Verse, so dass alle die Factoren, bei denen Achaemenides schwört (sidera, superos, spirabile lumen caeli) durch die Alliteration äusserlich mit einander verbunden werden.

Aen. III 623 ff.

vidi egomet, duo de numero cum corpora nostro
prensa manu magna medio resupinus in antro
frangeret ad saxum sanieque adspersa natarent
limina; vidi atro cum membra fluentia tabo
manderet et trepidi tremerent sub dentibus artus.

Im V. 625 haben einige Handschriften *adspersa* (auch *II*), andere *expersa* oder *exspersa*. Servius billigte letzteres: „exspersa: haec fuit vera lectio, i. e. madefacta. Nam si aspersa dixeris, i. e. irrorata, tapinosis et hyperbole iunguntur." Aber exspersa in dem hier nothwendigen Sinne ist wol sprachlich nicht zulässig (vgl. Gossrau), und **adspersa** wird durch die Alliteration mit **ad** saxum geschützt.

---

*) Vgl. Ovid. Met. XIV 166 spinis conserto tegmine mit Aen. III 594 consertum tegumen spinis, Met. XIV 219 mit Aen. III. 598 f., Met. XIV 159 comes experientia Ulixi mit Aen. III 613 comes infelicis Ulixi, Met. XIV 205 vidi bina meorum ter quater afflixi sociorum corpora terrae mit Aen. 623 f. vidi egomet, duo de numero cum corpora nostro prensa manu magna medio resupinus in antro frangeret ad saxum, Met. 209 semianimesque artus avidam condebat in alvum mit Aen. 627 trepidi tremerent sub dentibus artus, Met. 211 f. eiectantemque cruentas ore dapes et frusta mero glomerata vomentem mit Aen. 632 f. saniem eructans et frusta cruento per somnum commixta mero, Met. 214 omnemque tremescens ad strepitum mit Aen. 648 sonitumque pedum vocemque tremesco, Met. 216 glande famem pellens et mixta frondibus herba mit Aen. 649 f., Met. 197 lucis ademptae mit Aen. 658 lumen ademptum.

Die homerische Stelle, welche Vergil im V. 623 vor Augen
hatte, lautet ι 288 ff.

ἀλλ' ὅγ' ἀναΐξας ἑτάροις ἐπὶ χεῖρας ἴαλλεν·
σὺν δὲ δύω μάρψας ὥστε σκύλακας ποτὶ γαίῃ
κόπτ'.

Mit ποτὶ γαίῃ stimmt überein Ov. Met. XIV 205 f. vidi bina
meorum ter quater affligi sociorum corpora terrae. Bei Vergil
steht ad saxum, wobei wieder das Streben nach Alliteration (saxum
sanieque) massgebend war.

Im V. 627 schwankt die handschriftliche Ueberlieferung
zwischen *trepidi* und *tepidi*. Servius zog *tepidi* vor: „Melius tepidi,
quasi adhuc vivi, quam trepidi i. e. trementes, ne sit iteratio."
Aber für trepidi sprechen folgende Gründe:

1. Zu vidi (626) passt besser trepidi, als tepidi.

2. In der Imitation Ovid's findet sich XIV 209 semianimes
artus, woraus hervorgeht, dass er trepidi las.

3. Die Alliteration **trepidi tremerent** ist noch kräftiger, als
bei der Leseart tepidi.

Tepidi ist wol nur eine Aenderung, durch welche der Pleo-
nasmus beseitigt werden sollte (vgl. Servius). Uebrigens vgl. noch
Ladewig's Bemerkung.

Aen. III 651 f.

omnia conlustrans hanc primum ad litora classem
conspexi venientem

Die im Med. und am Rande des Gud. sich findende Leseart
prospexi (sonst conspexi) könnte, wie Forbiger bemerkt, durch
prospicio (am Anfang des V. 648) veranlasst worden sein. Auch
scheint für **conspexi** zu sprechen die Uebereinstimmung mit **con-**
lustrans, da Vergil auf eine solche äusserliche Uebereinstimmung mit
grossem Eifer bedacht war. Aber von grösserem Gewicht dürfte
doch wohl Ovid's Nachahmung sein Met. XIV 218

hanc procul aspexi longo post tempore navim.

Da Ovid auch hanc beibehalten hat und da longo post
tempore dem primum entspricht, so sind wir auch berechtigt,
in procul aspexi eine Bestätigung von prospexi zu erblicken.

Aen. III 666 ff.

nos procul inde fugam trepidi celerare recepto
supplice sic merito tacitique incidere funem;
verrimus et proni certantibus aequora remis.
sensit et ad sonitum vocis vestigia torsit.

Ganz richtig sagt Servius über *vocis* im V. 669: „Remorum sonitum vocem dixit. Vox enim est omne quod sonat; sic alibi 'fractasque ad litora voces'. Nam de hominibus non dixit, quia supra est: tacitique incidere funem.“ Die von Servius citirte Stelle III 556 und andere, wie z. B. VII 519

> tum vero ad vocem celeres, qua buccina signum
> dira dedit, raptis concurrunt undique telis

bieten für diesen Gebrauch vollkommen genügende Beispiele. Zu letzterer Stelle bemerkt Servius: „Ad vocem, buccinae scilicet; ut 'sensit et ad sonitum vocis vestigia torsit'. Nam quicumque sonus dici vox proprie potest.“ — Uebrigens war für die Wahl dieses gewöhnlichen Ausdrucks auch hier die Alliteration vocis vestigia massgebend, wie auch VII 519 vero — vocem.

Aen. III 682 ff.

praecipites metus acer agit quocumque rudentis
excutere et ventis intendere vela secundis.
contra iussa monent Heleni, Scyllam atque Charybdim
inter, utramque viam leti discrimine parvo
ni (oder ne) teneant cursus: certum est dare lintea retro.
ecce autem Boreas angusta ab sede Pelori
missus adest.

Ich muss, um nicht allzu weitläufig zu werden, an dieser schwierigen und so oft und in verschiedenem Sinne besprochenen Stelle auf eine polemische Erörterung der manigfachen Erklärungs- und Aenderungsversuche verzichten. Mir selbst sind zu verschiedenen Zeiten verschiedene Hypothesen in den Sinn gekommen, und wenn ich auch den Grundsatz (der auch mir gegenüber hie und da geltend gemacht wurde), dass der Kritiker mit éiner festgebildeten Ansicht vor die Leser treten solle, im Princip als berechtigt anerkenne, so ist doch wol in solchen Fällen, wie der vorliegende ist, eine Ausnahme gestattet. Wie soll der Kritiker da, wo er selbst trotz redlicher Mühe nicht dazu gelangen konnte, sich ein endgiltiges und entschiedenes Urtheil zu bilden, mit Entschiedenheit sprechen? Darf er nicht verschiedene Möglichkeiten den Mitforschern zur Prüfung vorlegen?

Ich habe früher unter Acceptierung der Conjectur Madvig's *contra ac* (statt *contra*) eine zwiefache Constituirung des Textes für zulässig gehalten, nämlich

a) mit Tilgung des Verses 686

praecipites metus acer agit quocumque rudentis

excutere et ventis intendere vela secundis,

contra ac iussa monent Heleni, Scyllam atque Charybdim

inter, utramque viam leti discrimine parvo.*)

b) mit Tilgung bloss des Halbverses certum — retro

praecipites metus acer agit quocumque rudentis

excutere et ventis intendere vela secundis,

contra ac iussa monent Heleni, Scyllam atque Charybdim

inter, utramque viam leti discrimine parvo,

ne teneant cursus.**)

ecce autem Boreas angusta ab sede Pelori cet.

Es ist aber auch möglich — und dies halte ich jetzt für das wahrscheinlichste, wenn ich es auch nicht mit voller Bestimmtheit als die einzig richtige Auffassung hinstellen will — die Ueberlieferung vollständig beizubehalten und, natürlich unter Annahme der Variante *ne***) im V. 686 zu erklären: Heftige Furcht treibt die Gefährten, um nur den Cyclopen zu entkommen, lieber

---

*) Hiebei wäre Scyllam atque Charybdim inter eine Epexegese des vorausgehenden quocumque.

**) Hiebei wären, obzwar bei *quocumque* auch an die Fahrt zwischen der Scylla und Charybdis zu denken wäre, die Worte Scyllam atque Char. inter nicht mehr eine Epexegese zu *quocumque*, sondern die Worte ne teneant cursus Scyllam atque Charybdim inter cet. wären eine Erläuterung von contra ac iussa monent Heleni.

***) Das freilich handschriftlich am besten verbürgte *ni* halte ich für unmöglich. Mit ni = nisi ist hier absolut nichts anzufangen. Es müsste also ni (nei) = ne sein; aber warum hätte Vergil gerade an dieser einzigen Stelle ni = ne gebraucht? Man kann doch nicht so ohne weiteres eine blosse archaistische Schrulle als für ihn massgebend ansehen.

wohin immer die Richtung einzuschlagen und also selbst zwischen
der Scylla und Charybdis hindurchzufahren. Dagegen mahnen die
Weisungen des Helenus, dass sie (die Gefährten) den Weg nicht
einschlagen sollen zwischen der Scylla und Charybdis hindurch,
utramque viam leti discrimine parvo; und so stand es denn bei
mir fest, zurückzufahren (geradezu den Rückweg anzutreten). Da
stellte zu rechter Zeit ein günstiger Nordwind sich ein, der uns
rasch an der Küste vorbei gegen Süden vorwärts trieb.

Zur Erläuterung dessen bemerke ich folgendes. Wir müssen
hiebei voraussetzen, dass, als die Troer der Cyklopen ansichtig
wurden, gerade ein Wind blies, der sie in die Meerenge zwischen
der Scylla und Charybdis trieb. Die Troer wollten nun, nur um
der nächsten und ihnen so schrecklich vor die Augen tretenden
Gefahr zu entrinnen, jeden Wind benutzen, also auch diesen, der
sie in die Meerenge trieb. Dem Aeneas dagegen tritt lebhaft vor
die Seele die Mahnung des Helenus (410 ff.), dass seine Gefährten
nicht den Cours zwischen der Scylla und Charybdis nehmen sollen.
Helenus hatte gerathen, den Weg links um Sicilien herum zu
nehmen; also hätten sie zunächst gegen Süden an der sicilischen
Küste entlang fahren sollen. Aber dazu war der Wind nicht günstig;
und ohne einen günstigen Wind (Nordwind) wäre die Fahrt bloss
mit Hilfe der Ruder langsam vor sich gegangen und die Cyklopen
hätten sie, wenn sie unfern von der Küste sich gehalten hätten,
vielleicht erreichen können. Und so war Aeneas (zu *certum* ist
mihi hinzuzudenken) schon entschlossen, direct zurückzufahren.
Dazu war allerdings der Wind auch nicht günstig; aber hier
konnten die Troer doch verhältnissmässig bald d a s o f f e n e M e e r
erreichen und sich noch in verhältnissmässig kurzer Zeit von der
Küste und von den furchtbaren Cyklopen entfernen. Während aber
Aeneas dazu sich entschloss, da kam plötzlich der rettende Boreas,
so dass nun die Troer die von Helenus empfohlene Richtung einschlagen und schnell an der Küste gegen Süden fahren konnten.

Aen. III 700 ff.

et fatis numquam concessa moveri
apparet Camerina procul campique Geloi
immanisque Gela fluvii cognomine dicta.

Ich stimme ganz der Meinung Peerlkamp's, Wagner's und
Gossrau's bei, welche den V. 702 für unecht erklären; vgl. besonders die gründliche Bemerkung Gossrau's. Es sind hier auf
kleinem Raume so viele Bedenken gehäuft, dass man denjenigen, die die Echtheit des Verses läugnen, nicht den Vorwurf
zu grosser Kühnheit machen kann. Von den fünf Wörtern, aus
denen der Vers besteht, sind nicht weniger als vier anstössig,
nämlich *immanisque* (ein sonderbares Epitheton des Flusses, das
sich angeblich auf die Wirbel und Stromschnellen bezieht), *Gelā*
(wo die griechische Quantität beibehalten ist), *fluvii* (aber diese
Form des Genet. sing. der Substantiva auf — ius und — ium
kommt sonst bei Vergil nicht vor)*), und *cognomine* (wo nomine
stehen soll). Dazu kommt die unerträgliche Tautologie nach
dem vorausgehenden *campique Geloi*, worunter Vergil gewiss auch
schon die Stadt Gela selbst (sammt Umgegend) verstanden wissen
wollte. — Man könnte diesen Vers nur dann beibehalten, wenn
man sich entschlösse im V. 701 *Geloi* zu ändern (etwa *campique
palustres*)**) und wenn man sich ausserdem über die anderen Bedenken hinwegsetzen könnte. Es erscheint da aber wol bei weitem
mehr empfehlenswerth die Athetese des Verses 702.

Das einzige ernste Bedenken gegen die Athetese ist die
scheinbare Nachahmung bei Silius XIV 218 (venit, ab amne trahens nomen, Gela) und Claudian Rapt. Pros. II 58 nomenque
Gelan qui praebuit urbi concelebrant. Aber diese Stellen sind
derart, dass sie durchaus nicht als eine Imitation des Verses
Aen. III 702 aufgefasst werden müssen; denn die einzige Aehnlichkeit (nämlich der Gedanke, dass die Stadt Gela nach dem
Flusse Gelas benannt worden ist) lässt sich ja auch anders erklären. Es ist die Vergleichung von Gela mit Gelas so nahe-
liegend, dass Silius und Claudian auch selbstständig darauf kommen
konnten. Oder (und dies ist mir noch wahrscheinlicher) es können
diese Stellen eine Nachahmung eines verlorenen älteren Gedichtes

---

*) Der einzige Vers, in welchem sonst bei Vergil eine solche Form vor-
kommt (Palladii), näml. IX 151 ist ohne Zweifel unecht.

**) campique palustres müsste auf Camerina und die dortige Sumpfgegend
bezogen werden.

irgend eines Dichters sein, und es kann auch die Interpolation
unserer Stelle diesem Gedichte seinen Ursprung verdanken.

Aen. III 705.

teque datis linquo ventis, palmosa Selinus

Ribbeck (Proleg. p. XI und 275) vermuthete *velis* für *ventis*
und Ladewig billigte diese Conjectur aus dem Grunde, weil die
Latinität des Ausdruckes *datis ventis* angeblich bezweifelt werden
müsse. Aber datis ventis wäre ja schon durch solche Verbindungen
wie *data occasione*, hinlänglich gerechtfertigt; vollends aber kann
man die Zulässigkeit des Ausdrucks im Hinblick auf die Stellen
III 253, 688; V 59, 211 nicht bezweifeln. Wenn Vergil sagt ventis
vocatis, Boreas angusta ab sede Pelori missus adest, poscamus
ventos: warum hätte er nicht auch datis (doch wol a deo) ventis
sagen können? Uebrigens vergleicht Schaper sehr passend Hom.
H 4 ὡς δὲ θεὸς ναύτῃσιν ἐελδομένοισιν ἔδωκεν οὖρον.

Aen. IV 9 ff.

Anna soror, quae me suspensam insomnia terrent!
quis novus hic nostris successit sedibus hospes,
quem sese ore ferens, quam forti pectore et armis!

Die unschöne Erklärung des Wortes *armis* (von armus!) hat
im Ganzen wenig Anklang und von manchen Seiten (vgl. besonders
Gossrau's Bemerkung) mit Recht eine entschiedene Verurtheilung
gefunden. *Armis* müsste man in diesem Falle (da ein tropischer
Gebrauch von armus nicht angenommen werden kann)*) als Bezeichnung einer körperlichen Eigenschaft nehmen, woraus folgen
würde, dass auch pectore in körperlichem Sinne (und fortis
= validus, robustus, wie es hier Forbiger nimmt) zu nehmen wäre.
Die Vertheidiger dieser Auffassung berufen sich auf Hom. *Γ* 194

---

*) *Armus* kommt freilich auch in der Bedeutung „Arm" vor (Lucan IX 831);
aber trotzdem könnte man doch fortibus armis nicht = forti manu mit
Bezug auf tapfere Thaten nehmen, da dieser Gebrauch gewiss auf manus
beschränkt blieb, ebenso wie im Griechischen nur χείρ in dieser Weise
gebraucht wird, nicht aber βραχίων, noch viel weniger natürlich ὦμος.
Ebenso wenig im Latein brachium.

εὐρύτερος δ᾽ ὤμοισιν ἰδὲ στέρνοισιν ἰδέσθαι und Valerius Flaccus
433 ff.

> at tibi collectas solvit iam fibula vestes
> ostenditque umeros fortes spatiumque superbi
> pectoris Herculeis aequum, Meleagre, lacertis.

Aber was bei Homer und Valerius Flaccus passend ist, muss
darum nicht bei Vergil im Munde der Dido passend sein, in einer
Rede, in welcher Dido zurückhaltend und gegen ihre eigene
Neigung ankämpfend den Eindruck erwähnt, welchen Aeneas auf
sie gemacht hat. Eines schickt sich eben nicht für alle und nicht
für alles. Es liegt hier ja einer von jenen Fällen vor, in welchen
Vergil sehr zu seinem Vortheil von seinem Vorbilde Apollonios
abgieng. Es unterliegt nämlich, wie längst bemerkt wurde, keinem
Zweifel, dass dem Vergil die Verse des Apollonios vorschwebten
III 453 ff.

> *προπρὸ δ᾽ ἄρ᾽ ὀφθαλμῶν ἔτι οἱ ἰνδάλλετο πάντα,*
> *αὐτός θ᾽ οἷος ἔην, οἵοισί τε φάρεσιν ἔστο,*
> *οἷά τ᾽ ἔειφ᾽, ὥς θ᾽ ἕζετ᾽ ἐπὶ θρόνου, ὥς τε θύραζε*
> *ἤϊεν.*

Während Apollonios das Aussehen Iasons, seine Kleidung,
die Art und Weise, wie er sass und wie er gieng, so nachdrücklich
hervorhebt, tritt bei Vergil die äussere Erscheinung in der Rede
der Dido fast ganz zurück; denn auch die Worte quem sese ore
ferens sind ja zugleich auf den Adel, der sich in der ganzen
äusseren Erscheinung des Aeneas kundgab, zu beziehen.

Dass *armis* von *arma* kommt, lehrt auch der Zusammenhang
mit dem folgenden degeneres animos timor arguit; demnach muss
früher die Rede gewesen sein von der Tapferkeit und dem Muthe
des Aeneas, nicht von seinem körperlichen Aussehen. Auch ist es
natürlich, dass die Römer bei armis sofort an arma dachten, und
der Dichter durfte ihnen nicht zumuthen, an armus zu denken,
zumal da dies Wort vorherrschend von Thieren gebraucht wird,
wie namentlich die Stelle in Ovid's Met. X 700 (ex humeris armi
fiunt) lehrt.

* * *

Zu V. 9 hat Wagner als Vorbild passend angeführt Apoll.
III 636 οἷόν με βαρεῖς ἐφόβησαν ὄνειροι. Vgl. auch schon Apoll.
III 617 f. ἄφαρ δέ μιν ἠπεροπῆες, οἷά τ' ἀκηχεμένην, ὀλοοὶ ἐρέθεσκον
ὄνειροι. An einer anderen Stelle spricht Apollonios freilich von
der Schlaflosigkeit der Medeia, III 751 ἀλλὰ μάλ' οὐ Μήδειαν ἐπὶ
γλυκερὸς λάβεν ὕπνος: aber es unterliegt keinem Zweifel, dass
insomnia (womit Haug treffend ἐνύπνιον vergleicht) hier „Träume"
bezeichnet und dass Vergil nicht Apoll. III 751, sondern vielmehr
die beiden anderen Stellen im Sinne hatte, sowie er mit suspensam
wiedergab περί μοι ξείνῳ φρένες ἠερέθονται (Apoll. III 638).

Aen. IV 25 f.

vel Pater omnipotens adigat me fulmine ad umbras,
pallentes umbras Erebi noctemque profundam.

Der Ausdruck *noctem profundam* (der auch VI 462 sich findet)
kann in doppelter Weise erklärt werden. Da profundus zuweilen
auch das dichte (vgl. profunda silva Lucr. V 42) oder reichlich
vorhandene (vgl. profundum merum Stat. Theb. V 262) bezeichnet,
so könnte darunter die dichte Finsterniss verstanden werden. Vgl.
spissae umbrae noctis (Aen. II 621), spissa caligo (Ov. Met. VII
528), spissae tenebrae (Petron. Sat. 114) und den Gebrauch des
griech. βαθύς, so βαθεῖα ἀήρ von dem dichten Dunkel Hom. Υ 446,
Φ 7, ι 144.

Indessen scheint hier dem Zusammenhange zufolge einfacher
die Erklärung Thiel's zu sein „locum inferorum profundum, ubi
semper nox est." Thiel vergleicht unter anderem Georg. I 243
Manes profundi, Sen. Agam. 486 et dirae Stygis inferna nox. Ich
füge hinzu Aisch. Prom. 1028 f. εἰς ἀναύγητον μολεῖν Ἅιδην
κνεφαῖά τ' ἀμφὶ Ταρτάρου βάθη, wo also derselbe Begriff in
umgekehrter Weise (obscura profunditas) bezeichnet wird.

Aen. IV 51 ff.

indulge hospitio caussasque innecte morandi,
dum pelago desaevit hiemps et aquosus Orion,
quassataeque rates, dum non tractabile caelum.

An den zwei letzten Versen haben mehrere Kritiker Anstoss
genommen. So tilgte Peerlkamp V. 52 und vermuthete im folgenden

Verse quassatasque rates et non tractabile caelum (als Apposition
zu caussas). Ribbeck klammert die Worte dum non tractabile
caelum ein *) und bemerkt: „Mihi orationem post rates inper-
fectam reliquisse videtur poeta: desideratur enim reficiendi
aliquod verbum. Sequentia post v. 52 ferri omnino non possunt,
ut ficta videantur ex ge. I 211. Ceterum optimum erat v. 51 Annae
orationem concludere, et poterat interpolator pannos desumere ex
Aen. I 535 et 551." Von den zwei Vermuthungen Ribbeck's, die
in dieser Bemerkung vereinigt sind, muss man wol die zweite (dass
beide Verse eine Interpolation sein könnten) als eine zu weit
gehende und ganz unwahrscheinliche bezeichnen. Dass Anna ihrer
Schwester nicht bloss den allgemeinen Rath caussas innecte morandi
gibt, sondern dass sie — klug und gewandt wie sie ist — auch
gleich einige solcher Gründe ihr an die Hand gibt, ist ja sehr
natürlich; und es ist dies um so wahrscheinlicher, als der Dichter
offenbar die Anna sagen lassen wollte: Du hast es auch leicht,
Gründe anzuführen; du brauchst nicht lange nach Gründen zu
suchen; die ungünstige Witterung und der Zustand der Schiffe bieten
dir ja von selbst solche Gründe dar.

Aber die andere Ansicht von einer kürzeren Interpolation ist
allerdings sehr beachtenswerth und nach meiner Meinung kaum
abzuweisen. Ist schon die Tautologie dum non tractabile caelum
nach V. 52 geeignet, Bedenken zu erregen **), so ist vollends die
Unzulänglichkeit des Ausdruckes quassataeque rates (man erwartet
vielmehr „und so lange die beschädigten Schiffe noch nicht aus-
gebessert sind") eine Bestätigung des Verdachtes. Abgeholfen wird
diesen Bedenken sowol durch Peerlkamp's als durch Ribbeck's
Athetese. Aber die letztere hat eine grössere äussere Wahrscheinlichkeit. Auch sieht der von Peerlkamp verworfene Vers nach
seiner ganzen Ausdrucksweise (besonders der Ausdruck desaevit
ist elegant) einer Interpolation nicht ähnlich. Nach Ribbeck's Athe-

---

*) Schon Wunderlich nahm an diesen Worten Anstoss.
**) Beispiele einer Variation desselben Gedankens, die sich besonders bei
Ovid häufig finden, kommen freilich auch bei Vergil vor; aber hier
kommt dazu, dass man nach dem kräftig wiederholten dum doch wol
einen neuen Gedanken zu erwarten berechtigt ist.

tese ist anzunehmen, dass dem Dichter eine passende Ergänzung des Verses, in welcher die Ausbesserung der Schiffe erwähnt würde (vgl. I 552, IV 289), nicht gleich einfiel und dass er dieselbe späterer Zeit vorbehielt.

Aen. IV 60 ff.

ipsa tenens dextra pateram, pulcherrima Dido,
candentis vaccae media inter cornua fundit,
aut ante ora deum pinguis spatiatur ad aras
instauratque diem donis pecudumque reclusis
pectoribus inhians spirantia consulit exta.
heu vatum ignarae mentes! quid vota furentem,
quid delubra iuvant? est mollis flamma medullas
interea et tacitum vivit sub pectore volnus.

Weil *instaurare* der technische Ausdruck von der Wieder-holung der Opfer, Feste und überhaupt heiligen Handlungen ist, so glauben die meisten Erklärer auch hier diese Bedeutung zu Grunde legen zu müssen. Hiebei wird angenommen, dass eigentlich *dona* das Object von *instaurare* sein sollte und dass auf diese Weise die ganze Phrase *instaurare diem donis* den Sinn hat instau-ratis donis (d. i. sacrificiis) diem celebrem reddere. So sagt auch Schaper: „Inst. diem donis: sie feiert den Tag mit Opfern." — Aber vor allem muss man doch wol den Versuch machen, der Ver-bindung instaurat diem an und für sich einen Sinn abzugewinnen, bevor man zu einer solchen Hypallage seine Zuflucht nimmt. Und ich glaube, dass instaurat diem donis an und für sich einen befriedi-genden Sinn gewährt. Instaurare hat ausser jener speciellen tech-nischen Bedeutung auch mehrmals den allgemeinen Sinn „erneuern, wiederholen." So erscheint es als Synonymum neben renovare z. B. Cic. Prov. Cons. 8 19 periculum sit, ne instauratas maximi belli reliquias ac renovatas audiamus, oder Verr. I 4 11 cum in Gn. Dolabellam scelus suum illud pristinum renovavit et instauravit quaestorium. So ist denn instaurare diem donis „den Tag mit Opfern wieder erneuern" d. i. „den neuen Tag wieder mit Opfern beginnen." Der Dichter will das fortwährende Opfern bezeichnen, indem er sagt, dass mit Anbruch des neuen Tages die erste Handlung wieder im Opfern besteht. In dieser Weise hat schon Schirach die Stelle erklärt; doch möchte ich mich zur Rechtfertigung des Ausdruckes nicht mit Schirach*) auf I 632 berufen, wo bereits die Darbringung von Opfern von Seiten der Dido erwähnt wurde, sondern ich glaube, dass die Verse 54 ff. nicht bloss auf einen einzigen Tag sich beziehen, sondern dass hier an mehrere Tage zu denken ist, wie dies später V. 77 80 86 ff. deutlich hervortritt. Es ist also aus diesem Grunde die Berechtigung vorhanden, anzunehmen, der Dichter habe sagen wollen, dass Dido es bei den Opfern des einen Tages nicht bewenden liess. — Bezüglich der Construction instaurare diem donis (in Sinne von novum diem incipere donis) kann man vergleichen die deutschen Wendungen „den Tag mit einer Arbeit beginnen, schliessen", ausserdem einigermassen Tacit. Germ. 22 continuare diem noctemque potando (wo wir erwarten würden continuare potationem die nocteque) und Ann. XIV 20 ne... theatro dies totos ignavia continuaret.

* * *

Heyne hat in der Bemerkung zu dieser Stelle die Ansicht ausgesprochen, dass bei instaurare in der Dichtersprache die eigentliche Bedeutung zuweilen so zurücktrete, dass das Wort überhaupt nur „facere, instituere" bedeute, wie Aen. III 62; IV 145; VII 146; VIII 283. Diese Ansicht, die hie und da auch bei neueren Erklärern sich findet, ist entschieden unrichtig. Der Begriff der Erneuerung und Wiederholung lässt sich bei Vergil überall leicht nachweisen. So steht III 62 ergo instauramus Polydoro funus, weil die Leiche des Polydoros schon früher ein funus erhalten hatte, freilich nicht ein förmliches und gebührendes. IV 145 ist instauratque choros nicht bloss instituit, sondern = denuo instituit choros antea intermissos. VII 146 ist certatim instaurant epulas „sie erneuern den Schmaus" mit Bezug auf das frühere instituuntque dapes (109). Auch VIII 283 müsste instaurant epulas denselben Sinn haben; doch ist diese Stelle — und vielleicht mit Recht — von mehreren Kritikern verdächtigt worden.

---

*) Auch schon Servius sagt: Instaurat autem ideo quia iam supra sacrificaverat ut: Simul Aenean in regia ducit tecta, simul divum templis indicit honorem.

* * *

Die neueren Versuche, V. 65 zu erklären, führt Schaper im Anhang an. Man hat nun bereits wol alle Möglichkeiten erschöpft und ist auch sogar auf die ganz unwahrscheinliche Vermuthung verfallen, v a t u m als objectiven Genitiv mit i g n a r a e zu verbinden. Ich halte nur die Verbindung vatum mentes für zulässig. Dabei ist nun aber freilich eine doppelte Auffassung möglich. Man könnte den Ausruf heu vatum ignarae mentes als aus dem Sinne der Dido gesagt betrachten (wie Ladewig urtheilte). Doch ist dies nicht wahrscheinlich, weil gleich darauf der D i c h t e r selbst spricht quid vota furentem cet. Ich fasse die Stelle im Wesentlichen so auf wie Schaper.*) Dido sucht in den Tempeln veniam (d. i. die Erlaubniss, den Segen der Götter zu ihrem Vorhaben) nach dem Rathe der Anna (50). Die Seher, an die sie sich wendet, sehen ihre Aufregung und Unruhe, aber sie kennen bisher die Ursache derselben nicht. Sie wollen die Königin beruhigen, aber die Unruhe legt sich nicht; die Mittel der Priester, die sonst sich wirksam erweisen, nützen hier nichts. Und da gebraucht der Dichter von seinem Standpunkte aus ein von seiner ethischen Theilnahme zeugendes Epiphonema**) heu vatum ign. mentes! quid v. f. cet.

Bezüglich des absoluten Gebrauches von ignarus vergleiche Ov. Met. I 658 at tibi ego ignarus thalamos taedasque parabam; ebd. III 3 pater ignarus; ebd. III 242 f. at comites rapidum solitis hortatibus agmen ignari instigant oculisque Actaeona quaerunt; ebd. III 287 talibus ignaram Iuno Cadmēida dictis formarat. Auch Sall. Cat. 51 27 omnia mala exempla ex rebus bonis orta sunt: sed ubi imperium ad ignaros aut minus bonos pervenit, novum

---

*) Schaper erklärt: „Wie ohnmächtig ist die Kunst der Wahrsager! Gelübde und Heiligthümer vermögen nichts gegen die Raserei der Liebe.“

**) Bekanntlich tritt Vergil häufiger als Homer aus dem epischen Hintergrunde des Erzählers hervor und gibt seine subjective Ansicht kund. Eine der berühmtesten dieser Stellen ist das Epiphonema im 9. Buche V. 446 ff., das von den späteren öfter nachgeahmt worden ist, so von Silius II 696 ff. und IV 396 ff. Vgl. auch Aen. IV 412 improbe Amor, quid non mortalia pectora cogis? Die ähnliche Stelle III 56 quid non mortalia pectora cogis, auri sacra fames kann, da dieser Ausruf in der Erzählung des Aeneas vorkommt und also nicht unmittelbar vom Dichter selbst ausgeht, hier nicht angeführt werden.

illud exemplum ab dignis et idoneis ad indignos et non idoneos transfertur. So auch inscius Cic. Acad. II 7 22 artem si subtraxeris, qui distingues artificem ab inscio? — Dieser absolute Gebrauch ist allerdings eigentlich nur ein scheinbarer; in Wirklichkeit ist nämlich immer das betreffende Object leicht aus dem Contexte zu ergänzen. So bezeichnet an unserer Stelle ignarae mentes den Geist der Seher, der die bei ihm vorausgesetzte Kenntniss nicht hat. Dass auch Silius, der unsere Stelle nachahmt, in Vergil's Worten einen den Sehern geltenden Vorwurf einer mangelhaften Kenntniss und des Irrthums fand, zeigen seine Worte VIII 100 ff.
heu sacri vatum errores! dum numina noctis eliciunt spondentque novis medicamina curis, quod vidi decepta nefas!

Aen. IV 127 f.

non adversata petenti
adnuit atque dolis risit Cytherea repertis.

Die schon von Servius aufgestellte Erklärung „sie lacht über die durchschaute List der Juno, weil sie von Jupiter erfahren hat (s. Aen. I 263 sq.), dass das fatum die Ausführung des Anschlags der Juno verhindern wird" (so Ladewig-Schaper), kann nicht gebilligt werden. Reperire ist nicht = deprehendere, und die natürliche Erklärung ist gewiss die, dass Venus aus Freude über die von der Juno ersonnene List lachte. Venus ist ja die Göttin der Liebe; Liebespläne und Liebeshändel sind ja die Lust und Freude der Venus; und da sie nun einen solchen Plan vernahm, bei welchem sie auch mitwirken sollte (vgl. 125 tua si mihi certa voluntas), so lachte sie vergnügt darüber. Ueberhaupt macht es ja den Göttern Freude, wenn sie ihres Amtes walten und eine ihrem Berufe entsprechende Thätigkeit entfalten können. So sagt der Dichter auch von der Fama 189 f.

haec tum multiplici populos sermone replebat
gaudens et pariter facta atque infecta canebat.

Entscheidend ist der Umstand, dass durch atque offenbar eine Uebereinstimmung der beiden Sätze bezeichnet wird. Hätte der Dichter sagen wollen, dass Venus über die durchschaute

84

List lachte*), so wäre eine adversative Conjunction angemessen
gewesen „Venus stimmte zwar (scheinbar) dem Plane und der Bitte
der Juno zu, aber zugleich lachte sie über die durchschaute
List." Die Uebereinstimmung der beiden Sätze ist ausserdem
äusserlich noch durch ein Mittel gekennzeichnet, von welchem Vergil
gern Gebrauch machte; das gemeinsame Subject von adnuit und
risit steht nämlich erst im zweiten Satze, wodurch in praegnanter
Weise die Zusammengehörigkeit der Sätze bezeichnet wird; diese
Zusammengehörigkeit spricht aber eben auch für die Gleichartig-
keit und Uebereinstimmung der Gedanken, während zwischen dem
Gedanken „sie lacht über die durchschaute List der Juno" und
non adversata petenti adnuit ein starker Gegensatz ist.

Aen. IV 133 f.

reginam thalamo cunctantem ad limina primi
Poenorum exspectant.

Die Bemerkung des Servius: „cunctantem: morabatur studio
placendi, accommodate ad illud Terentianum 'dum moliuntur, dum
comuntur, annus est' hat Forbiger mit Unrecht gebilligt. Die
richtige Erklärung gab Thiel an: „die Untergebenen warten natürlich auf die königliche Herrin, die eben deshalb als cunctans d. i.
später kommend, zu betrachten ist." Dass die Hauptperson zuletzt
kommt, ist eine so natürliche und allgemeine Etikette, dass man
sich unbedenklich dieser Erklärung anschliessen kann. Auch bei
Homer erscheint Agamemnon *T* 51 δεύτατος, ebenso bei Apollonios
Iason I 317 ff.

Aen. IV 158 f.

spumantemque dari pecora inter inertia votis
optat aprum aut fulvum descendere monte leonem.

Man verbindet votis optat und erklärt den Ablativ „unter
Gelübden", wobei man daran denkt, dass die Göttin der Jagd
Diana angerufen wird. Ich glaube, dass der Dichter, wenn er
diesen Gedanken hätte aussprechen wollen, ihn auch klarer und

---

*) Den Gedanken, dass Venus die Absicht der Juno durchschaute, hat ja
der Dichter übrigens schon V. 105 f. ausgesprochen, so dass die Wiederholung hier keinesfalls nothwendig, ja nicht einmal angemessen war.

mit bestimmter Bezeichnung der Diana (vgl. Bucol. VII 29) ausgesprochen hätte. Ich glaube, dass hier vielmehr votis als Dativ
zu fassen und mit dari zu verbinden ist „er sehnt sich darnach,
dass seinem Wunsche ein Eber sich darbieten möge." Votis dari
ist eine poëtische Ausdrucksweise statt des nüchternen sibi voventi
(εὐχομένῳ, expetenti) aprum dari. Vgl. Liv. XXXIV 3 negastis
hoc piis precibus earum. Cic. Verr. II 5 14 ut semper omnia, quae
iucunda esse videntur, ea non modo his extraordinariis cupidita-
tibus, sed etiam ipsi naturae ac necessitati denegarem. Ein ähnlicher Dativ ist auch Aen. II 145 his lacrimis vitam damus „diesen
Thränen schenken wir das Leben" statt Sinoni has lacrimas fun-
denti vitam damus. Dass an dieser Stelle lacrimis nicht der Ablativ
ist, halte ich für sicher.

Aen. IV 203 ff.

isque amens animi et rumore accensus amaro
dicitur ante aras media inter numina divom
multa Iovem manibus supplex orasse supinis.

Die Handschriften bieten im V. 204 *numina,* aber Servius
bezeugt neben *numina* auch die Leseart *munera* als eine von vielen
angenommene: „Sane multi m u n e r a legunt, hoc est in media
precatione deorum; et est invidiosius, si inter munera, quae ipse
sacraverat." *) Dies *munera* hat bei den neueren Erklärern wenig
Anklang gefunden,**) und doch verdient nach meiner Meinung diese
Leseart grosse Beachtung. Freilich dürfte man media inter munera
nicht mit Servius temporal nehmen = in media precatione deorum
(während des Opferns und Darbringens der Geschenke), sondern es
müsste in localem Sinne genommen werden „mitten zwischen den
von ihm selbst dargebrachten Geschenken sich befindend."

Wenn die Frage aufgeworfen würde, was an und für sich
b e s s e r wäre, so würde man sich wol unbedingt für *munera* entscheiden; denn

---

*) Zu Aen. I 447 und II 178 citirt Servius diese Worte, und da sagt er
freilich beidemal numina.

**) Aber Heyne sagte: haec lectio valde arridet. Wakefield billigte munera.
Wagner erklärt: „probarem et ipse, ni inventum grammaticorum videretur."

1. media inter numina divom „unter den Augen der Götter"
ist nach ante aras überflüssig; jedes Opfern und Beten im Tempel
findet „unter den Augen der Götter" statt.

2. Es ist kräftiger und, um den Servianischen Ausdruck zu
gebrauchen, invidiosius, wenn es heisst, dass Iarbas unter den
von ihm dargebrachten Gaben stehend sich über Jupiter beschwerte.

Nun entscheidet freilich in der Kritik nicht das Princip des
Besseren, und oft ist das minder gute echt; aber ich glaube, dass
im vorliegenden Falle auch die Frage 'was ist wahrscheinlich echt?'
zu Gunsten von munera beantwortet werden kann, worauf gewisse
Indicien hinzuweisen scheinen.

1. V. 201 f. (pecudumque cruore pingue solum et variis
florentia limina sertis) kommt wirklich eine Bezeichnung der
munera vor, und es ist nicht unwahrscheinlich, dass media inter
munera div. eine Zurückweisung auf 201 f. enthält.

2. Die Worte des Iarbas 217 f. nos munera templis quippe
tuis ferimus sprechen auch für munera; Iarbas konnte bei diesen
Worten auf jene munera, die um ihn herum sich befanden, hinweisen.

3. Auch das Princip der Alliteration spricht zu Gunsten von
munera; dann ist in diesem Verse eine dreifache Alliteration
dicitur — divom; ante — aras; media — munera. Wenn man
nun berücksichtigt, dass der Dichter gerade in diesen drei Versen
die Alliteration sorgfältig durchgeführt hat,*) so wird man sich
gegen numina, wodurch die eine Alliteration im V. 204 zerstört
wird, entscheiden.

4. Dagegen ist der Ausdruck media inter numina divom, da
doch nur an Jupiter zu denken ist (vgl. besonders den folgenden V.
multa Iovem . . . orasse, ausserdem auch 199, 206 u. a.), nicht
gerechtfertigt; denn wenn man auch den Plural numina divom
etwa als sogenannten dichterischen Plural von Jupiter gelten.
lassen wollte, so könnte man doch media und inter nur von einer
Mehrheit der Götter und Götterbilder sagen. Da nun aber nicht

---

*) Im V. 203 amens, animi, accensus, amaro; im V. 205 multa, manibus;
supplex, supiniis.

anzunehmen ist, dass der Dichter etwa auch an andere Götter dachte, die neben Jupiter im Tempel eine Cultusstätte gehabt hätten, so muss media inter numina div. für incorrect gelten.

5. Wenn Wagner bemerkte, ihm scheine munera ein inventum grammaticorum zu sein, so könnte man nach meiner Meinung auch umgekehrt sagen, dass die Verdrängung des echten munera durch die falsche Auffassung des Genetivs divom als subjectiven Genetivs bedingt sein konnte; und vielleicht kann man mit mehr Wahrscheinlichkeit numina als Correctur der Grammatiker betrachten.

Aen. IV 208 ff.

aspicis haec? an te, genitor, cum fulmina torques,
nequiquam horremus, caecique in nubibus ignes
terrificant animos et inania murmura miscent?

Der Gedankenzusammenhang ist: „Siehst du, Jupiter, diese mir angethane Schmach? oder fürchten wir uns umsonst vor den Blitzen?" Iarbas will sagen, für die Thatsache, dass Jupiter die seinem Sohne angethane Schmach mit dem Blitze nicht räche, gebe es nur einen doppelten Erklärungsgrund; entweder sieht und berücksichtigt Jupiter dies überhaupt nicht; oder, wenn er es sieht, dann bleibt nur die Annahme übrig, dass er nicht die Macht hat, seinen Sohn zu rächen und dass die Blitze, vor denen die Menschen sich fürchten, cacci in nubibus ignes sind.*)

Aber eine grosse Schwierigkeit, welche von den Erklärern nicht berücksichtigt wird, bieten die Worte cum fulmina torques.

Von vorn herein erwartet man nämlich hier den Gedanken: „vielleicht fürchten wir uns ohne Grund vor Jupiter; vielleicht sind die Blitze gar nicht in der Macht Jupiter's, sondern es sind vielmehr blinde Flammen, die aus irgend einer Ursache in den Wolken entstehen." Dass man schon im Alterthum an eine solche Erklärung dächte, geht aus der Bemerkung des Servius hervor, in welcher freilich, wie so oft, verschiedene Erklärungen neben ein-

---

*) Einigermassen kann man vergleichen den Ausruf des Chors Soph. El. 823 ff.
ποῦ ποτε κεραυνοὶ Διὸς ἢ
ποῦ φαέθων Ἅλιος, εἰ ταῦτ' ἐφορῶντις
κρύπτουσιν ἕκηλοι;

ander erscheinen. Unter anderem heisst es bei Servius zu h o r -
r e m u s : aut quia existimamus ea non emitti manu tua. An n e -
q u i q u a m pro n o n? ut sit: Tu fulmina non torques. Und zu
caecique ignes: non quia non videntur, sed quorum origo non
apparet. [An quorum rationem ignorantes timemus.] Alii enim de
ventis dicunt fieri, alii de nubibus, alii de aëre fulmen. Dazu
citirt Servius eine Stelle aus Iuvenal, welche vollständig lautet
(XIII 223—226):

hi sunt, qui trepidant et ad omnia fulgura pallent,
cum tonat, exanimes primo quoque murmure caeli;
non quasi fortuitus nec ventorum rabie, sed
iratus cadat in terras et iudicet ignis.*)

Weiter sagt Servius zu i n n u b i b u s : ac si diceret, non ex te
fiunt. Und zu V. 210: latenter secundum Epicureos locutus est.

Dass nicht wenige Stellen bei Vergil Reminiscenzen aus dem
Gedicht des Lucretius oder Anspielungen auf dasselbe sind, ist
bekannt. Wie sehr Vergil auf jenen philosophischen Dichter Rücksicht nahm, zeigen besonders die Verse Georg. II 475 ff. und
II 490 ff.

felix, qui potuit rerum cognoscere caussas,
atque metus omnis et inexorabile fatum
subiecit pedibus strepitumque Acherontis avari

Vgl. Lucr. I 67 ff. 79 103 ff., III 14 37, V 1193 ff.

Von der Entstehung des Donners und Blitzes handelt Lucretius in verhältnissmässig sehr ausführlicher Weise im VI. Buche
von V. 96 an und V. 379—422 entwickelt er die Gründe, welche
gegen den Volksglauben, dass Jupiter die Blitze schleudere, sprechen.

Dass nun Vergil an unserer Stelle secundum Epicureos locutus
est, wie Servius sagt, und dass er auf die Ansicht über die natürliche Entstehung der Blitze Rücksicht nahm, halte ich für sehr
wahrscheinlich. Hiebei wären caeci ignes = ignes, qui nullo consilio reguntur = ignes fortuiti, um den Ausdruck Juvenals zu ge-

---

*) Dazu bemerkt der Scholiast: „Physici nam adserunt, ex conflictu ven-
torum vel nubium tonitrua et fulgura fieri. nam ex nimio flatu vel certamine ventorum nubes inter se conlisae tonitrua et coruscos faciunt, ac
veluti saxa inter se conlisa ignem excutiunt.“

brauchen. Dieser Auffassung stehen aber die Worte cum fulmina torques im Wege; denn mit denselben wird ja ausgesprochen, dass Jupiter die Blitze in seiner Macht habe. Das von Servius gebrauchte Auskunftsmittel, nequiquam in der Bedeutung non zu nehmen und mit torques zu verbinden (= cum fulmina non torques), ist natürlich absolut unzulässig. Ebenso wenig kann man die Worte cum fulmina torques mit einer Einschränkung in dem Sinne „da du angeblich (wie man glaubt) Blitze schleuderst" verstehen. So muss man denn, wenn man eine epikureische Reminiscenz an dieser Stelle finden will, in den dieser Ansicht im Wege stehenden Worten eine Corruptel annehmen. Man könnte denken z. B. an die Aenderung an te, genitor cum fulmine torto, nequiquam horremus cet. Mit diesem Gebrauch der Praeposition cum wäre zu vergleichen Aen. VIII 72 tuque, o Thybri tuo genitor cum flumine sancto, wobei es vielleicht nicht zufällig ist, dass an dieser Stelle auch der Vocativ genitor vorkommt. Ennius Ann. 55 (Vahl.) teque pater Tiberine tuo cum flumine sancto. An unserer Stelle würde te genitor cum fulmine torto mit Unwillen gesagt sein, wie Ter. Eun. IV 3 9 abi hinc cum donis tuis tam lepidis; vgl. ebend. I 2 73; Andr. V 4 38 dignus es cum tua religione; Hec. I 2 59; Phorm. III 1 1. Allerdings steht in diesem Falle gewöhnlich das Pronomen tuus oder iste; dass es aber nicht unumgänglich nothwendig war, lehrt Liv. I 26 4 abi hinc cum immaturo amore ad sponsum.

Unsere Auffassung der Stelle wird durch die Schilderung, welche Silius von dem Skepticismus Hannibals im XII. Buche entwirft, bestätigt. Als Hannibal den Angriff auf Rom unternehmen will, da erregt Jupiter ein furchtbares Gewitter, und V. 622 ff.:

celsus summo de culmine montis
regnator Superum sublata fulmina dextra
libravit clipeoque ducis, non cedere certi,
incussit. Summa liquefacta est cuspis in hasta,
et fluxit, ceu conreptus fornacibus ensis.

Hannibal aber belehrt seine Soldaten, dass kein göttliches Eingreifen hier anzunehmen sei, und Silius gebraucht hiebei Ausdrücke, welche zeigen, dass ihm Vergil's Stelle vorschwebte, nämlich caecum e nubibus ignem und murmura misceri vana, V. 627 ff.

> ambustis sed enim ductor Sidonius armis
> sistebat socios, et caecum e nubibus ignem
> murmuraque a ventis misceri vana docebat.

Und V. 633 sagt Hannibal

> ventis debebis nimirum hiemisque procellis
> unum, Roma, diem.

Als dann am zweiten Tage Hannibal den Angriff erneuern will und Jupiter wiederum mit einem Gewitter die Karthager schreckt, da sucht abermals Hannibal seine Krieger zu ermuthigen, V. 668 ff.

> durat et adfirmans non ultra spondet in ipsos
> venturam caeli rabiem, modo patria virtus
> in dextras redeat, nec Romam exscindere Poeni
> credant esse nefas. ubi nam tunc fulmina tandem
> invicti latuisse Iovis, cum sterneret ensis
> Aetolos campos? ubi, cum Tyrrhena natarent
> stagna cruore virum? pugnat pro moenibus, inquit,
> si rector Superum tot iactis fulmine telis,
> inter tot motus cur me contra arma ferentem
> adflixisse piget? ventis hiemique fugaces
> terga damus.

* * *

Will man an der Ueberlieferung der Worte cum fulmina torques durchaus festhalten, so müsste man freilich die Auffassung, die ich eben zu empfehlen versuchte, aufgeben. Dann bliebe nichts anderes übrig, als anzunehmen, dass Iarbas sagte, Jupiter schleudere zwar die Blitze, aber diese Blitze Jupiters seien caeci, d. i. solche, welche Jupiter blindlings und ohne ein bestimmtes Ziel schleudere; sie seien also nur ein Spielzeug in der Hand Jupiters und er bediene sich derselben nicht, um die Schuldigen zu strafen.

Aen. IV 211 ff.

> *femina, quae nostris errans in finibus urbem*
> *exiguam pretio posuit, cui litus arandum*
> *cuique loci leges dedimus, conubia nostra*
> *reppulit ac dominum Aenean in regna recepit.*

Von den beiden Erklärungen, die Servius gibt (aut quam tributariam fecimus; aut cui ideo concessimus civitatem, ut in nostrum veniret matrimonium, ut iusta ira sit), ist keine annehmbar. Ueberhaupt kann leges hier nicht die Bestimmungen und Bedingungen bezeichnen, unter welchen Dido die Herrschaft ausüben darf; denn da dedimus auch zu litus arandum gehört und hier „verleihen" bedeutet, so muss auch in der Verbindung loci leges dedimus das Verbum dare „verleihen" bedeuten und kann nicht vom Auferlegen gewisser Bedingungen verstanden werden. Ganz richtig erklärt Ladewig-Schaper: „wir haben ihr das Recht gegeben, Gesetze für diesen Platz zu erlassen, also wir haben ihr die Herrschaft über diesen Platz verliehen." Fragt man aber, warum Vergil statt imperium oder regnum den ungewöhnlichen Ausdruck leges gebraucht hat, so ist auch hier der Grund hievon in dem Streben nach Alliteration (loci leges) zu suchen.

Mit conubia nostra reppulit vgl. Ovid Fasti III 554 quem toties reppulit illa, wobei Ovid auch in der Dehnung der ersten Sylbe von reppuli folgte. Doch steigerte Ovid nach seiner Weise die Abweisung des Iarbas mit totiens.

Aen. IV 235 ff.

quid struit? aut qua spe inimica in gente moratur,
nec prolem Ausoniam et Lavinia respicit arva?
naviget! haec summa est; hic nostri nuntius esto.

Mit V. 235 vgl. XII 796
  quid struis? aut qua spe gelidis in nubibus haeres?

In Mercur's Rede entspricht diesem Verse V. 271
  quid struis? aut qua spe Libycis teris otia terris?

Da nun an diesen beiden Stellen auf den Vers quid struis cet. nichts folgt, was den Worten nec prolem Ausoniam et Lavinia respicit arva entsprechen würde, so gewinnt dadurch Ribbeck's Vermuthung, dass V. 236 auszuscheiden ist, an Wahrscheinlichkeit. Ribbeck sagt: „236 post v. 225 et 230 abundare videtur." Und in der That ist das Vorkommen des Ausdruckes fatisque datas non respicit urbes und zugleich nec pr. Aus. et Lav. respicit arva in einer und derselben Rede lästig. Auch erregt der Ausdruck proles Ausonia Bedenken.

Dagegen ist an der (von Peerlkamp u. a. bezweifelten) Echtheit der Worte hic nostri nuntius esto nicht zu zweifeln. Diese Worte werden durch die Alliteration (naviget, nostri, nuntius) geschützt und ein Interpolator würde sicherlich nicht die schwierigere Form nostri (die jedoch durch IV 654 u. a. Beispiele gesichert ist), sondern das geläufigere noster gesetzt haben.

Aen. IV 238 ff.

Dixerat. Ille patris magni parere parabat
imperio; et primum pedibus talaria nectit
aurea, quae sublimem alis sive aequora supra
seu terram rapido pariter cum flamine portant.
tum virgam capit; hac animas ille evocat Orco
pallentis, alias sub Tartara tristia mittit,
dat somnos adimitque et lumina morte resignat.
illa fretus agit ventos et turbida tranat
nubila; iamque volans apicem et latera ardua cernit
Atlantis duri, caelum qui vertice fulcit,
Atlantis, cinctum adsidue cui nubibus atris
piniferum caput et vento pulsatur et imbri.

Zu et im V. 239 bemerkt Ladewig: „Das explicative *et* leitet öfter die Angabe der einzelnen Thätigkeiten, die zu einer im Vorhergehenden angegebenen Handlung gehören, ein und entspricht dann unserem drum, vgl. A. III 62." Passender vergleicht wol Forbiger das deutsche und so — denn. Das Verhältniss zwischen dem Satze ille patris magni parere parabat imperio und dem folgenden ist nämlich derart, dass der zweite Satz die specielle Ausführung des allgemeinen parere parabat enthält. Zu vergleichen ist übrigens bezüglich der Wendung et primum ... tum z. B. Aen. VIII 541 ff.

haec ubi dicta dedit, solio se tollit ab alto
et primum Herculeis sopitas ignibus aras
excitat hesternumque Larem parvosque Penatis
laetus adit; mactant lectas de more bidentis

Euandrus pariter, pariter Troiana iuventus;
post hinc ad navis graditur cet.
Aehnlich im Griechischen καὶ πρῶτον μὲν .... ἔπειτα δέ.

* * *

Die Worte *et lumina morte resignat* haben in alter[*]) und
neuer Zeit verschiedene Erklärung gefunden. Zwei Punkte lassen
sich nach meiner Meinung wol sofort constatieren. Erstens ist
morte nicht von „dem Zustand einer starren, dem Tode ähnlichen
Unthätigkeit" zu verstehen[**]), sondern vielmehr von dem wirk-
lichen Tode selbst, so dass diese Worte nicht bloss eine weitere
Ausführung des vorhergehenden adimit somnos sein können. Da
nämlich an unserer Stelle vom Tode und vom Schlafe die Rede
ist und die doppelte verschiedene Zauberkraft der Zauberruthe
einerseits in Bezug auf Tod und Leben und andererseits auf Schlaf
und Wachen erwähnt wird, so kann, wenn an einer so beschaffenen
Stelle das Wort mors vorkommt, dasselbe natürlich nicht sensu
improprio gesagt sein, sondern es muss seine regelmässige Bedeutung haben. Auch ist es nicht wahrscheinlich, dass gegenüber dem
Ausdrucke dat somnos der Dichter sich nicht hätte mit adimit
begnügen sollen. Wenn keine andere Erklärung dieser Worte
gegeben werden könnte, wäre es von diesem Standpunkte aus wahrlich wahrscheinlicher, diese „Ausführung" des adimit somnos
als eine spätere Interpolation zu bezeichnen.[***])

Zweitens ist unbedingt anzunehmen, dass lumina resignare vom Oeffnen (Entsiegeln) der Augen gesagt ist, nicht vom
Schliessen (Versiegeln) derselben. Die Römer waren ja durchaus
gewohnt, resignare im Gegensatze zu signare zu gebrauchen;
und zwar gilt dies nicht bloss von der ursprünglichen Bedeutung,
sondern auch von dem übertragenen Gebrauche. So geht die Bedeutung „offenbaren" (Ovid Fast. VI 535 resignare venientia fata)

---

[*]) Servius: Lumina morte resignat: claudit, perturbat. Dann weiter: Resignat,
hoc est aufert signa luminibus. Und weiter: Alii tradunt resignare
vetuste ita dictum, ut nos adsignare dicimus pro damus.

[**]) So später Ladewig nach Henry (Jahrb. f. Phil. Bd. 95, S. 722).

[***]) Schon Heyne hat die zweite Hälfte des Verses 244 als verdächtig bezeichnet, später Peerlkamp mit grösserer Entschiedenheit.

auf die Bedeutung „entsiegeln" zurück; ebenso die Bedeutung „auflösen, verderben" (= rescindere, dissolvere). Wie hätte nun der Dichter seinen Lesern zumuthen sollen, den Ausdruck lumina resignat nicht vom Oeffnen der Augen, sondern vom Schliessen derselben zu nehmen? Es ist daran um so weniger zu denken, als bei Statius Theb. III 129 signare lumina = die Augen schliessen.

Ich glaube also, dass der Dichter mit diesen Worten, welche die Schilderung der Wunderkraft der virga abschliessen, wieder zu dem gleich im Beginn der Schilderung bezeichneten Gedanken hac animas ille evocat Orco pallentis zurückkehrt. Für einen solchen orbis narrationis finden sich mancherlei Beispiele. So kehrt Vergil in der Schilderung des dem Aeolus anvertrauten Amtes mit den Schlussworten I 62 f. qui foedere certo et premere et laxas sciret dare iussus habenas zu dem im Eingange dieser Schilderung V. 53 f. Gesagten zurück. Der Schilderung der Fama IV 174— 188 geht der Vers extemplo Libyae magnas it Fama per urbes voraus, und dasselbe wird nach jener Schilderung in variirter Form gesagt V. 189 haec tum multiplici populos sermone replebat. Den eigentlichen Grund aber davon, dass der Dichter die streng genommen überflüssigen Worte et lumina morte resignat hinzufügte, dürfen wir wol darin suchen, dass er, nachdem er zuletzt die erweckende Kraft der Zauberruthe mit adimitque (somnos) erwähnt hatte, sich veranlasst fühlte, für diese erweckende Kraft jene noch stärkere Wirkung, welche aber ein Analogon des adimere somnos ist, nochmals als Beweis anzuführen. So schliesst sich die Erwähnung der vom Tode erweckenden Kraft an die unmittelbar vorausgehende Hervorhebung der aus dem Schlafe weckenden Kraft passend an, und beide Ausdrücke bilden ein Ganzes.

Was nun die grammatische Erklärung betrifft, so kann ich den Ablativ morte nur für einen separativen halten, den Vergil nach Analogie der Verba liberare, solvere, privare u. a. auch mit resignare in praegnanter Weise verband. „Die Augen vom Tode entsiegeln" ist = durch Entsiegelung (Oeffnung) die Augen vom Tode befreien, resignando lumina morte liberare. Die Augen werden durch den Tod versiegelt, verschlossen (signantur); wer dies Siegel löst und die Augen wieder zum Leben öffnet, von dem kann, allerdings mit dichterischer Kühnheit, gesagt werden: oculos morte resignat. So findet sich z. B. auch resolvere, das sonst gewöhnlich „etwas auflösen" bedeutet, verbunden mit dem separativen Ablativ virginem catenis (Ov. Met. IV 738), crura vinclis (Ov. A. A. III 272). Die Construction resignare lumina morte ist übrigens vielleicht nicht einmal so kühn wie Aen. VI 353 (navis) excussa magistro (also activ excutere navem magistro) nach Analogie von spoliata magistro = excusso magistro navis spoliata magistro.

* * *

Wie sonderbar der im V. 245 überlieferte Ausdruck *agit ventos* ist, zeigt schon ein Blick auf die Bemühungen der alten Erklärer, diesen Worten einen Sinn abzugewinnen. Servius: „Agit ventos; non vocat aut transit, nam sequitur... an ergo ducit atque moderatur? ut *Mulcentem tigris et agentem* ... an exludit ac pellit? ut *Ac membris agit atra venena:* an sequitur? ut *Palantes Troas agebat?.* an ante se agit, ne reflectant? ut *equos agit,* quia illis, defertur; nam dixit: *Rapido pariter cum flamine portant.* An agit in actu est? Sallustius: *Inter certamina dominationis aut libertatis agit.*" Auch die Meinungen neuerer Erklärer gehen aus einander. Während Wagner erklärte „impellit, ut volatum suum secundent", nahmen andere *agit* in der Bedeutung „treibt vor sich her", Ladewig „setzt in Bewegung", Henry dagegen wollte das Verbum von dem Lenken und Beherrschen der Winde verstanden wissen, wie der Feldherr agmen agit.

Da keine von diesen Erklärungen befriedigt, so muss, wie es scheint, durch Aenderung geholfen werden. Jedoch ist nicht Wakefield's *adit ventos* (d. i. non timet ingredi) anzunehmen, sondern der Fehler ist nach meiner Meinung vielmehr in ventos zu suchen. Man könnte vermuthen agit ventis, wie agere (= se agere) in intransitiver Bedeutung bei Plautus Bacch. V 1 20 unde agis? vorkommt. Man könnte sich hiefür vielleicht auf die letzte der bei Servius vorkommenden Erklärungen berufen. Wenn nämlich auch diese Erklärung agit, in actu est jedenfalls verkehrt ist, so weist sie doch (wie auch das Citat aus Sallustius zeigt) auf die intransitive Bedeutung von agit hin. Indessen ist durch die Plautusstelle nicht auch zugleich schon für Vergil die Bedeutung agere $=$ ἐλαύνειν erwiesen; vielmehr kann agere in diesem Sinne sehr wol nur der gewöhnlichen Sprache und der Sprache der Komiker angehört haben. Und die Veranlassung zu jener Erklärung des Servius kann auch darin gefunden werden, dass er ventos als ein mit nubila paralleles und von tranat abhängiges Object nahm, also illa fretus agit, ventos et turbida tranat nubila.

Ich glaube, dass an unserer Stelle das bei Dichtern oft vorkommende s e a g e r e in den Text einzuführen ist:

illa fretus agit v e n t o s e et turbida tranat nubila.

Vgl. VI 337; VIII 465; IX 696. Aehnlich se ferre (φέρεσθαι) V 290; VII 492; VIII 199, oder se inferre, se mittere IV 254 oder IX 644 ab alto aethere se mittit; X 634 caelo se protinus alto misit. Vollkommen genau entsprechend den Worten agit vento se ist das böhmische: žene se větrem.

* * *

Für eine solche nachdrückliche Wiederholung, wie Atlantis duri — Atlantis *) finden sich bei Vergil mehrfach Beispiele. Es wird durch diese Wiederholung in sinniger Weise das Verweilen bei dem betreffenden Gegenstande, der die Aufmerksamkeit erregt, bezeichnet; man verweilt eben nur bei einem Gegenstande, der unser Interesse und unsere Aufmerksamkeit in Anspruch nimmt. Aehnlich V. 173 f.

extemplo Libyae magnas it F a m a per urbes,
F a m a, malum qua non aliud velocius ullum

IV 24 ff. sed mihi vel tellus optem prius ima dehiscat,
vel Pater omnipotens adigat me fulmine ad u m b r a s,
p a l l e n t i s u m b r a s E r e b i noctemque profundam.

VIII 71 Nymphae, Laurentes Nymphae, genus amnibus unde est
Vgl. Quintus Sm. XII 393 f.

πάντας δ' ὀτρύνεσκε θοῶς ἐμπρησέμεν ἵππον,
ἵππον δουράτεον, καὶ γνώμεναι εἴ τι κέκευθε.

---

*) Silius Ital., der diese Schilderung des Atlas I 201 ff. nachbildete, behielt auch diese Wendung Vergil's bei

nec patitur nomen proferri longius Atlas,
Atlas subducto tracturus vertice caelum

Ov. Met. XII 171 ff.

> at ipse olim patientem vulnera mille
> corpore non laeso Perrhaebum Caenea vidi,
> Caenea Perrhaebum, qui factis inclitus Othryn
> incoluit.

Etwas anders, aber doch einigermassen vergleichbar ist I 108 f.

> tris Notus abreptas in s a x a latentia torquet —
> s a x a vocant Itali, mediis quae in fluctibus, Aras.

* * *

Das Epitheton des Atlas d u r u s erklärt Servius mit l a b o-
r i o s u s. Es bezeichnet hier nicht bloss den „in Wind und Wetter
ausdauernden" (wie Kappes das Wort erklärt), sondern bezieht
sich auch, und zwar in e r s t e r Reihe auf die harte Arbeit, die
mit caelum qui vertice fulcit angegeben wird. Vergleichen kann
man einen ähnlichen Gebrauch des griechischen στερεός, abge-
härtet (im Gegensatze zu μαλθακός). Dem Sinne nach entspricht
aber durus am besten dem homerischen τλήμων, worüber der
Scholiast zu K 231 bemerkt ἡ διπλῆ ὅτι· τλήμονα οἱ νεώτεροι τὸν
ἀτυχῆ, ὁ δὲ Ὅμηρος τὸν τλητικόν, τὸν ὑπομενητικόν. Aehnlich
wie an unserer Stelle steht durus bei Vergil auch Aen. III 94
Dardanidae duri, IX 468 Aeneadae duri, V 730 gens dura atque
aspera cultu. Besonders wichtig aber ist IX 603 ff.

> durum a stirpe genus natos ad flumina primum
> deferimus saevoque gelu duramus et undis u. s. w.

Vgl. noch Hor. Carm. II 12 2 durum Hannibalem, Sat. I 7
29 durus vindemiator und Ep. I 16 70 sine pascat durus aretque.

Aen. IV 283 ff.

> *heu quid agat? quo nunc reginam ambire furentem*
> *audeat adfatu? quae prima exordia sumat?*
> *atque animum nunc huc celerem, nunc dividit illuc,*
> *in partisque rapit varias perque omnia versat.*
> *haec alternanti potior sententia visa est:*
> *Mnesthea Sergestumque vocat fortemque Serestum,*
> *classem aptent taciti u. s. w.*

Manche Kritiker hielten die Verse 285 und 286 (welche VIII
20 f. wiederkehren) für unecht, einige tilgten wenigstens den V.
286, der in *FPγ* fehlt. Aber er ist in *Fγ* am Rande von jüngerer
Hand hinzugefügt; und dass auf das Fehlen dieses Verses im Vati-
canus *(F)* kein Gewicht zu legen ist, hat Wagner mit Recht behauptet, da mit V. 287 ein neues Fragment dieser Handschrift
beginnt, so dass also V. 286 mit den vorausgehenden verloren
gegangen sein kann. Ich halte mit Wagner V. 285 für nothwendig:
„debuit enim inter summam consilii inopiam, quae vss. 283 et
284, certamque et fixam animo sententiam, quae vs. 287 declaratur,
interpositum esse aliquid, unde, quid tantam rei conversionem
effecisset, cognosceretur.“ Auch ist die Echtheit mindestens des
Verses 285 durch das auf huc — illuc zurückweisende alternanti
(287) verbürgt (vgl. Kappes).

Es lässt sich aber auch aus Homer ein Argument für die
Echtheit des Verses 285 entnehmen. V. 287 ist nämlich unzweifelhaft eine Nachahmung des homerischen ὧδε δέ οἱ φρονέοντι δοάσ-
σατο κέρδιον εἶναι. Da nun aber dieser homerischen Wendung
regelmässig die Bezeichnung einer Alternative vorausgeht*), so
darf man für Vergil dasselbe voraussetzen; und wenn nun wirklich
die Handschriften Vergils etwas der homerischen Alternative entsprechendes bieten, so liegt in dieser Entsprechung eine Bürgschaft
für die Echtheit.

Dies alles spricht freilich nur für die Echtheit des Verses
285; da aber im VIII. Buche mit diesem Verse ebenfalls in partisque cet. verbunden ist, so ist die Echtheit des ersten Verses
zugleich ein Argument zu Gunsten des zweiten.

Diejenigen, die die Echtheit der Verse 285 f. bezweifeln,
könnten sich freilich darauf berufen, dass Servius dieselben nicht
erklärt. Aber dies Argument ist an und für sich, wenn nicht andere
verlässliche Anhaltspunkte dazu kommen, immer von zweifelhaftem

---

*) z. B. N 455 ff. ὣς φάτο· Δηΐφοβος δὲ διάνδιχα μερμήριξεν,
ἤ τινά που Τρώων ἑταρίσσαιτο μεγαθύμων,
ἂψ ἀναχωρήσας, ἢ πειρήσαιτο καὶ οἶος,
ὧδε δέ οἱ φρον. κτλ.

Werthe. So ist im Commentar des Servius der zweite dieser Verse auch im VIII. Buche (21) nicht berücksichtigt.

* * *

Im V. 288 habe ich in den „Vergilstudien" (S. 186 ff.) die Leseart fortemque Cloanthum empfohlen, von deren Richtigkeit ich auch jetzt überzeugt bin.

Aen. IV 291 ff.

sese interea, quando optima Dido
nesciat et tantos rumpi non speret amores,
temptaturum aditus et, quae mollissima fandi
tempora, quis rebus dexter modus. ocius omnes
imperio laeti parent ac iussa facessunt.

Optima erklärt Servius 'pro adhuc optima'. Er wollte damit ohne Zweifel darauf hinweisen, dass die Troer bisher von der Dido nur lauter Beweise ihrer Güte und Freundlichkeit erhalten haben. Im Munde des Aeneas ist es also ein theilnehmender Ausdruck, durch den zugleich angedeutet wird, wie schwer es ihm falle, so viel Liebe und Güte mit Undank lohnen zu müssen. Bezüglich der Bedeutung von optimus vgl. I 195 bonus Acestes und V 770 quos bonus Aeneas dictis solatur amicis, und ebenso XI 106. Besonders von Göttern boni divi; vgl. Buc. V 61; Aen. I 734; XII 179 und 647.

* * *

Die Worte quis rebus dexter modus erklärt Kappes passend und genau „welches die rechte Art sei für die Lage, welche Weise der Sache am besten diene". Im Griechischen = τίς ὁ δεξιὸς τρόπος. Von mehreren modi wird nur éiner als dexter gedacht; diesen éinen gilt es herauszufinden, und das ist keine leichte Aufgabe.

* * *

Ocius erklärt Forbiger durch Ergänzung von dicto, wie Aen. I 142 dicto citius tumida aequora placat. Diese Ellipse ist aber unzulässig, was daraus hervorgeht, dass ja zuweilen statt des erwarteten Positivs der Comparativ ocius in einer Weise steht, welche die Ergänzung dicto überhaupt ausschliesst. Vgl. Ter. Heaut. IV 7 1 sequere hac me ocius. Hor. Sat. II 7 34 nemon oleum fert

7*

ocius? Verg. Buc. VII 8 ocius, inquit, huc ades, o Meliboce. Aen.
V 827 f. hic patris Aeneae suspensam blanda vicissim gaudia pertemptant mentem; iubet ocius omnis attolli malos. Zu diesem
Comparativ wurde ursprünglich ein leicht verständlicher Gedanke
ergänzt, z. B. Verg. Buc. VII 8 komme noch schneller, als du es
sonst thun würdest. Ter. Heaut. IV 7 1 folge mir schneller, als
du es sonst thätest. Besonders klar ist dies z. B. Aen. XII 556
hic mentem Aeneae genetrix pulcherrima misit, iret ut ad muros
urbique adverteret agmen ocius et subita turbaret clade Latinos,
wo ocius = noch schneller, als er es sonst gethan hätte. Doch
ist wol anzuerkennen, dass eine solche oder ähnliche Ergänzung
nicht überall anwendbar ist; man muss vielmehr zugeben, dass
der ursprünglich relative Comparativ später factisch ohne dass
man an ein zweites Glied dachte, in absolutem Sinne statt des
Positivs gebraucht würde. Ociter war ja obendrein ungebräuchlich. —
Derselbe Gebrauch findet sich im Griechischen, wo zuweilen ϑᾶσσον
scheinbar für den Positiv steht, zuweilen aber, indem man nämlich
nicht mehr an die ursprünglich anzunehmende Ergänzung dachte,
wirklich im Sinne des erwarteten Positivs gesetzt ist. Hom. B 440
ἴομεν, ὄφρα κε ϑᾶσσον ἐγείρομεν ὀξὺν Ἄρηα. Δ 64 σὺ δὲ ϑᾶσσον
Ἀϑηναίῃ ἐπιτεῖλαι. β 307 ἵνα ϑᾶσσον ἵκηαι. κ 130 ἄττα, σὺ δ'
ἔρχεο ϑᾶσσον, ἐχέφρονι Πηνελοπείῃ εἴφ' κτλ. Soph. O. T. 430
οὐκ εἰς ὄλεϑρον; οὐχὶ ϑᾶσσον; Trach. 1183 οὐ ϑᾶσσον οἴσεις
μηδ' ἀπιστήσεις ἐμοί; Vgl. auch das besonders bei späteren übliche
ἐὰν ϑᾶττον.

* * *

Laeti lässt an und für sich eine doppelte Auffassung zu. Es
könnte die Freude bezeichnen, welche die Troer darüber empfanden,
dass endlich einmal die Fahrt nach dem eigentlichen Ziele, dem
ihnen verheissenen Italien, unternommen werden sollte. — Servius
dagegen erklärt laeti: alacres, festini. Nach dieser Auffassung
würde das Wort also die geschäftige Eile bezeichnen, welche freilich
auch eine frohe Stimmung voraussetzt; denn thut man etwas nicht
gern, so zeigt sich Verdrossenheit bei der Arbeit. Man könnte in
diesem Falle auch auf den Gebrauch des häufig vorkommenden
impiger hinweisen. Es ist aber die erste Erklärung vorzuziehen

und somit der Begriff der Freude darüber, dass der Befehl des Aeneas mit ihrem Wunsche übereinstimmte, zu betonen. Die Gründe dafür sind:

1. Es ist ein allgemein giltiger Grundsatz der Exegese, dass ceteris paribus die einfachste und zunächst sich darbietende Erklärung den Vorzug verdient. Hier nun steht dieser Auffassung (laeti d. i. froh über den erhaltenen Befehl)*) nichts entgegen, sondern dieselbe wird im Gegentheil durch andere Momente unterstützt.

2. Die unserer Stelle ähnlichsten Parallelen sind III 189 et cuncti dicto paremus ovantes und IV 577 imperioque iterum paremus ovantes, wo also ein das Frohlocken bezeichnender Ausdruck steht. Ausserdem vgl. IV 543 sola fuga nautas comitabor ovantis, ferner I 35 vix e conspectu Siculae telluris in altum vela dabant laeti **); V 34 et tandem laeti notae advertuntur arenae.***) Vgl. auch das homerische γηθόσυνος κῆρ Δ 272, 326 und ε 269 γηθόσυνος δ' οὔρῳ πέτασ' ἱστία.

* * *

Sehr passend hat der Dichter zur Bezeichnung der geschäftigen Eile in der Ausführung des Befehles das Verbum *facessere* gebraucht. Das Verbum ist eine Desiderativform, wie viso (aus vid-so)†), incesso, arcesso, capesso, lacesso, incipisso (Plaut.), petesso o. petisso. Zu vergleichen sind hiemit griechische Formen

---

*) Der Gegenstand der Freude ist aus dem Dativ imperio zu entnehmen. An und für sich wäre freilich auch möglich, imperio als Ablativ mit laeti zu verbinden und paremus absolut zu nehmen (mit Ergänzung des Dativs imperio aus dem Ablativ); aber die Parallele III 189 und der sonstige absolute Gebrauch von laeti, z. B. I 35, V 34 zeigt, dass imperio der Dativ ist.

**) Die richtige Erklärung ist ja hier „froh darüber, dass sie endlich an ihr Ziel gelangen sollten."

***) d. i. froh darüber, der Gefahr entronnen zu sein und rasten zu können.

†) viso hat schon Pott, Etym. Forsch. II 75 als Desiderativform der Wurzel vid erkannt = sehen wollen, besuchen. Vgl. über diese Verba und verwandtes in anderen Sprachen: Düntzer, Wortbildungslehre S. 135 f., Savelsberg in Kuhn's Ztschft. XVI 362 ff., der diese Formen mit den Inchoativverben auf -sco, -σκω in Zusammenhang bringt, indem er annimmt, dass sowol -sco als -sso, -esso auf ursprüngliches -sjāmi, asjāmi zurückgeht.

wie *ἀγρώσσω, ὑπνώσσω* (wo die desiderative Bedeutung „schläfrig
sein" sehr deutlich hervortritt), *λαιμάσσω.* Capesso ist demnach
eigentlich = zu erfassen trachten, lacesso = herauslocken wollen,
facesso = *ἐργασείω.* Der Begriff des Strebens, Trachtens nimmt
aber leicht eine prägnante Färbung an, es gesellt sich leicht dazu
der Begriff des Eifers, der Geschäftigkeit, der Eile. So ist facesso
stärker als facio; es ist = eifrig und mit Eile betreiben. Dieser
Begriff ist auch bei dem intransitiv gebrauchten facessere nicht zu
verkennen. Die Aufforderung facesse hinc ist nicht ein schlichtes
abi hinc, sondern man fordert damit den angeredeten auf, sich
eilig fortzumachen.

Aen. IV 296 ff.

At regina dolos — quis fallere possit amantem? —
praesensit motusque excepit prima futuros
omnia tuta timens. eadem impia Fama furenti
detulit armari classem currumque parari.

Die Vermuthung, dass *impia* Accus. plur. sein könnte, ist
nicht bloss aus dem von Gossrau angegebenen Grunde abzulehnen,
sondern auch darum, weil Aeneas ja gerade durch die Befolgung
des göttlichen Gebotes, welche ihm selbst Schmerz verursachte,
sich in hohem Grade als p i u s erwies. Dass auch Valerius Flaccus
(V 82) und Silius (IV 5) impia als Epitheton von Fama nahmen,
zeigt ihre Nachahmung improba Fama.

Schwieriger ist die Beantwortung der Frage, ob *eadem* Object
von *detulit* oder mit *impia Fama* zu verbinden ist. Die meisten
Erklärer nehmen eadem als Nominativ und erklären wie Servius:
„e a d e m f a m a, quae et Iarbae nuntiaverat." So z. B. Kappes:
„die gleiche lieblose, unbarmherzige Fama, wie sie V. 173—197
geschildert worden ist. Nicht genug, dass sie böse Gerüchte über
Dido ausgestreut hat, ist sie auch unbarmherzig genug, ihr den
weiteren Schmerz, die vorbereitete Abreise des Aeneas zuzutragen."
Man könnte nun allerdings von vornherein geneigt sein, eadem
als Nominativ zu nehmen, da die ausführliche Schilderung der
Fama dem Leser noch in frischer und lebendiger Erinnerung sein
muss. Aber bei genauerer Erwägung muss man sich wol der

anderen Auffassung anschliessen, welche in neuerer Zeit besonders Gossrau und Schaper vertreten. Der Dichter wollte ohne Zweifel sagen, dass der Verdacht, den die argwöhnische und überall Gefahr sehende (omnia tuta timens) Dido schöpfte (dolos praesensit), durch die unbarmherzige Fama eine Bestätigung erfuhr; und als sie nun diese Bestätigung erhielt, da steigerte sich ihre frühere Aufregung (saevit inops animi cet.) und sie brach endlich in die Worte aus: 'dissimulare etiam sperasti' cet. Nun sagt Schaper in treffender Weise, dass man, um eine Verbindung des Satzes eadem impia F. cet. mit dem vorhergehenden zu gewinnen, eadem als Object nehmen muss. Bei der anderen Auffassung würde es nämlich den Anschein haben, als sei mit den Worten eadem impia Fama furenti detulit armari classem nicht eine von dolos praesensit der Zeit nach verschiedene Wahrnehmung bezeichnet, sondern als sei das Fama detulit die Ursache des praesensit. Man würde ja den Zusammenhang sich denken müssen: regina praesensit dolos; nam cadem impia Fama furenti detulit armari classem. Diese Auffassung ist aber nicht zulässig, weil der Dichter ganz deutlich etwas anderes als Ursache des praesensit betrachtet wissen wollte, nämlich quis fallere possit amantem? Man muss also an dem früher hervorgehobenen Gedankenzusammenhang „dass die Fama nachträglich die eigene Vermuthung der Dido bestätigte" festhalten. Daran könnte man aber nicht festhalten, wenn man cadem als Nominativ nähme, da in diesem Falle eine Verbindung des zweiten Satzes mit dem ersten fehlt. Man würde nämlich dann etwa folgende Fassung verlangen: At regina ipsa dolos praesensit; tum impia Fama (oder Fama quoque impia) furenti detulit armari classem.

Aen. IV 321 ff.

te propter eundem
extinctus pudor et, qua sola sidera adibam,
fama prior.

Ich finde *sola* sehr auffallend. Soll man zur Rechtfertigung mit Kappes sagen, dass „durch den guten Ruf allein das Weib seine Geltung behauptet?" Aber Dido „behauptete ihre Geltung" nicht bloss durch den guten Ruf des Weibes, sondern auch dadurch, dass sie an die Spitze der tyrischen Auswanderer sich stellte (I 363), dass sie Karthago gründete und für die Macht und das Aufblühen des neuen Staates weise und thatkräftig sorgte. Wie konnte nun der Dichter dies alles ausschliessen und die Dido sagen lassen, dass sie einzig und allein durch den guten Ruf der dem Sychaeus bewahrten Treue (darauf nämlich muss man ohne Zweifel fama prior beziehen) zu den Sternen sich erhob?

Das Bedenkliche einer solchen Auffassung scheint Forbiger gefühlt zu haben, weshalb er die Erklärung versuchte „qua sola maxime florebam, etiamsi alias virtutes non habuissem.“ Aber hiemit wird den Worten ein Sinn untergeschoben, den sie offenbar nicht haben können, nämlich „und der frühere Ruf, durch den schon allein — auch abgesehen von allem anderen — ich zu den Sternen mich erhob.“ Dies hätte der Dichter in klarerer Weise ausdrücken müssen.

Ich halte sola für corrupt und vermuthe

extinctus pudor et, qua solem ac*) sidera adibam,
fama prior

Die Aenderung solem ac entfernt sich, wenn man die wirkliche Aussprache berücksichtigt, von dem überlieferten sola in sehr unbedeutender Weise.

Allerdings kommt in ähnlichen Phrasen, welche das Glück oder den Ruhm bezeichnen, gewöhnlich nur sidera oder caelum vor; aber darum wird man die Zulässigkeit der Verbindung solem ac sidera wol nicht bestreiten, da die Zusammenstellung der Sonne und der übrigen Gestirne nicht selten ist und da hiebei für Vergil auch das Streben nach Alliteration (solem ac sidera adibam) massgebend sein konnte. Zudem ist zu bemerken, dass durch das gewöhnliche Vorkommen solcher Wendungen, wie feriam sidera vertice (Hor.), vertice sidera tangam (Ovid) u. s. w. die Anwendung anderer nicht ausgeschlossen war. So sagt z. B. Ovidius Fasti I 210 in ungewöhnlicher Weise et tetigit summos vertice Roma deos.

---

*) Man könnte auch qua caeli sidera adibam vermuthen; doch ziehe ich solem ac entschieden vor.

Aen. IV 365 ff.

nec tibi diva parens, generis nec Dardanus auctor,
perfide; sed duris genuit te cautibus horrens
Caucasus Hyrcanaeque admorunt ubera tigres.
nam quid dissimulo aut quae me ad maiora reservo?
num fletu ingemuit nostro? num lumina flexit? '
num lacrimas victus dedit aut miseratus amantem est?
quae quibus anteferam? iam iam nec maxima Iuno,
nec Saturnius haec oculis pater aspicit aequis.

Mit dem Indicativ *dissimulo* vgl. IV 534 cn quid ago und besonders XII 637 nam quid ago? — Die Worte *nam quid dissimulo* können auf doppelte Weise erklärt werden:

Entweder kann man *quid* als Object nehmen = quid est hoc, quod dissimulo = id, quod dissimulo, apertum est. Sie hat sich früher gestellt, als glaube sie an die Möglichkeit einer Sinnesänderung.

Oder (und dies ist viel natürlicher) *quid* ist adverbial zu nehmen: 'wozu verhehle ich meinen Zorn? ich erreiche doch nichts damit.'

Mit den Worten *quae me ad maiora reservo* sagt Dido, dass das Schlimmste schon eingetroffen ist, und da nun nichts schlimmeres mehr nachkommen kann, und sie nichts mehr hoffen darf, so ist für sie kein Grund mehr vorhanden, ihre Meinung zu verbergen und den Aeneas zu schonen.

* * *

In der Erklärung der Worte *quae quibus anteferam* schliessen sich die neueren Erklärer gewöhnlich an Heyne an: „scil. tamquam leniora durioribus? his quid praeferam? quid magis pati velim? h. e. Annon haec extrema sunt? durissima et gravissima, quibus contumeliosius quicquam ne cogitari quidem possit? ut adeo illud locum habere nequeat, ferenda esse haec tamquam modica, ne graviora experiar." Ich glaube, dass man von dieser gekünstelten Erklärung wieder zu der einfachen Servianischen zurückkehren muss: „quid prius, quid posterius dicam? Quod fieri solet, ubi omnia et paria et magna sunt." Es entspricht diese

Frage dem homerischen τί πρῶτόν τοι ἔπειτα, τί δ' ὑστάτιον
καταλέξω; (ι 14). Vgl. Eur. El. 907

εἶεν· τίν' ἀρχὴν πρῶτά σ' ἐξείπω κακῶν,
ποίας τελευτάς; τίνα μέσον τάξω λόγον;

Dido will sagen, dass sich so viel zu sagen darbiete und
dass alles gleich schlimm sei; darum ist sie in Verlegenheit, was
sie voranstellen soll.

* * *

Uebrigens ist eine doppelte Beziehung der Worte quae
quibus anteferam, wenn man sie in dem eben angegebenen Sinne
nimmt, möglich. Man könnte den Sinn dieser Worte aus dem
vorangehenden V. 369. 370 erklären. Dann müsste man, da die
Frage quae quibus anteferam auf die Fragen num fletu ingemuit
nostro u. s. w. f o l g t, und nicht derselben vorausgeht, annehmen, dass
jene Worte nur im allgemeinen auf die Herzlosigkeit des Aeneas und
auf alle ähnlichen Aeusserungen dieser Herzlosigkeit sich beziehen,
wie sie beispielsweise schon im V. 369, 370 erwähnt worden sind.

Man kann aber auch (und dies erscheint mir jetzt als
das einfachere) nach V. 370 eine Pause annehmen, so dass
Dido die im V. 369, 370 enthaltene Schilderung der Gefühllosigkeit des Aeneas plötzlich abbrechend im V. 371 zu etwas
neuem, nämlich zur Schilderung der Undankbarkeit des Aeneas,
welche die Götter nicht ruhig mit ansehen können, übergehen
würde. Die leidenschaftlich erregte Stimmung der Dido zeigt sich
in dieser Rede auch sonst durch plötzliche Uebergänge.

* * *

Die Worte iam iam nec maxima Iuno — aspicit aequis lassen
sich in doppelter Weise auffassen. Kappes erklärt: „Ich bin verloren; denn nicht mehr schauen die Götter auf mich hier, auf
mein Schicksal (haec) mit gnädigem Blick herab." Dann wäre es
natürlich angemessen, auch das folgende nusquam tuta fides als
einen den Göttern geltenden Vorwurf zu nehmen: „nirgends, auch
nicht einmal bei den Göttern, findet die fides Schutz", wie schon
Servius erklärte: N u s q u a m t u t a f i d e s; hoc est nec apud deum
nec apud hominem. Dann wären diese Aeusserungen der Dido ein
Seitenstück zu den skeptischen Aeusserungen des Iarbas 208 ff.

Nach der zweiten Auffassung haben die Worte iam iam nec max. I. cet. den Sinn „Iupiter ipse hoc non potest probare", und die Worte nusquam tuta fides = cuinam fidere possumus, si vel is fallit, qui tot tantaque beneficia accepit? (Forbiger). Diese Auffassung wird durch den Zusammenhang mit dem vorausgehenden, wie ich schon oben andeutete, empfohlen; es sprechen dafür aber auch noch folgende Gründe:

1. Es ist viel natürlicher, haec im V. 372 auf das Benehmen des Aeneas zu beziehen, als auf Dido und ihr Schicksal.

2. Ebenso ist es natürlicher, oculis aequis in der gewöhnlichen Bedeutung „mit gelassenen Augen" zu nehmen, als „mit gnädigem Blicke", zumal da jene Auffassung durch so passende Parallelen unterstützt wird, wie Val. Fl. IV 1 atque ea non oculis divum pater amplius aequis sustinuit.

3. Der Hauptgrund aber ist, dass Dido fest darauf vertraut, dass Aeneas für seine Treulosigkeit von den Göttern gestraft werden wird, wie aus V. 382 si quid pia numina possunt hervorgeht;[*] folglich können die Worte iam iam cet. nicht den Sinn haben, den ihnen Kappes beilegt, und ebensowenig kann in nusquam tuta fides mit Servius eine Beziehung auf die Götter gefunden werden.

4. Auch kann man vielleicht in Catull's 64. Gedichte eine Bestätigung der empfohlenen Auffassung finden. Von vornherein ist es nämlich wahrscheinlich, dass bei der Schilderung der unglücklichen Liebe der Dido dem Dichter das Schicksal der von Theseus verlassenen Ariadne, wie es Catull schildert, vorschwebte. Diese Vermuthung wird durch einige Vergilstellen, die sich deutlich als Reminiscenzen aus jenem Gedichte Catull's kundgeben, bestätigt. Man vergleiche z. B. die Verse 365 ff. mit Catull 154 ff.

quaenam te genuit sola sub rupe leaena,
quod mare conceptum spumantibus expuit undis,
quae Syrtis, quae Scylla rapax, quae vasta Charybdis

---

[*] Auch V. 608 wird Iuno von der Dido in einer Weise angerufen, dass man ersieht, Dido hege das feste Vertrauen, dass diese Göttin sie rächen werde.

ferner V. 307 f. mit Catull 137 f., V. 373 f. mit Cat. 149 f.,
V. 532 magnoque irarum fluctuat aestu mit Cat. 62 et magnis
curarum fluctuat undis, V. 657 f. si litora tantum numquam
Dardaniae tetigissent nostra carinae mit Cat. 171 f. Iuppiter omnipotens, utinam ne tempore primo Gnosia Cecropiae tetigisset litora
puppis, V. 534 ff. mit Cat. 177—183, die Verwünschungen des
Aeneas bei Vergil mit Cat. 188—191 und besonders Aen. 610 mit
Cat. 192 ff., Aen. IV 1 gravi iamdudum saucia cura mit Cat. 250
multiplices animo volvebat saucia curas, Aen. IV 79 pendetque
iterum narrantis ab ore mit Cat. 69 f. toto ex te pectore, Theseu,
toto animo, tota pendebat perdita mente.

Zu diesen und ähnlichen Parallelen darf man nun wol auch
die Worte nusquam tuta fides rechnen vergl. mit Cat. 143 f.

nunc iam nullo viro iuranti femina credat,
nulla viris speret sermones esse fideles.

Aen. IV 376 ff.

heu furiis incensa feror! nunc augur Apollo,
nunc Lyciae sortes, nunc et Iove missus ab ipso
interpres divom fert horrida iussa per auras.

Bezüglich des mit Hohn wiederholten *nunc — nunc — nunc*
darf auch nicht unberücksichtigt bleiben, dass dieser Hohn um so
bitterer ist, da Aeneas ebenfalls sagte 345 f. sed nunc Italiam
magnam Gryneus Apollo, Italiam Lyciae iussere capessere sortes
und 356 nunc etiam interpres divom Iove missus ab ipso. Dido
greift besonders jenes nunc des Aeneas auf, das ihr ja die beste
Handhabe zu einer höhnisch ungläubigen Abfertigung der Gründe
des Aeneas bot, als ob sie sagen wollte: „Ja sehr richtig hast du
gesagt nunc; denn erst jetzt, wo du mich verlassen willst, muss
Apollo, muss Jupiter es sein, dem du nicht widerstehen darfst;
früher aber hast du nichts davon gesagt." Schon Servius hat auf
dies Aufgreifen des nunc gebührend Rücksicht genommen.

Aen. IV 380 f.

neque te teneo neque dicta refello;
i, sequere Italiam; ventis pete regna per undas.

Servius: „Sane multi Italiam distinguunt, ut sequatur: ventis pete regna per undas." Diese Interpunction wird von manchen neueren Herausgebern der früher allgemein üblichen sequere Italiam ventis, pete regna per undas vorgezogen, aber mit Unrecht. Man könnte wol darauf sich berufen, dass sequere Italiam ohne den Zusatz ventis den Worten des Aeneas 361 Italiam non sponte sequor besser entspricht; aber obzwar man natürlich die Beziehung der Worte der Dido 381 auf die Worte des Aeneas 361 zugeben muss, so ist dies doch für die Entscheidung der Frage, ob ventis mit sequere oder mit pete zu verbinden ist, unerheblich, und zwar aus dem Grunde, weil in der Rede des Aeneas der Zusatz ventis füglich nicht anwendbar war, was aber für die Dido durchaus kein Hinderniss zu sein brauchte, sequere mit der Amplification ventis zu verbinden.

Die vorliegende Frage kann man mit Sicherheit beantworten, wenn man auf das Gesetz der Symmetrie Rücksicht nimmt. Wie ich schon in meinen Vergilstudien und jetzt auch in diesem Buche an zahlreichen Beispielen nachgewiesen habe, ist dies Gesetz der symmetrischen Anordnung für die Poesie Vergil's von durchgreifeder Wichtigkeit und von einer unermesslichen, bisher nicht gehörig gewürdigten Tragweite. Mit Rücksicht darauf muss gelesen werden

$$\text{sequere} \quad \text{Italiam} \quad \text{ventis;}$$
$$\text{pete} \qquad \text{regna} \qquad \text{per undas.}$$

Dido setzt von ihrem Standpunkte aus zu sequere Italiam (= 361 Italiam sequor) die bezeichnende Amplification ventis, gerade so wie sie zu pete regna die ähnliche ebenfalls auf das Gefahrvolle des Unternehmens hinweisende Amplification per undas hinzufügt, während in den entsprechenden Worten des Aeneas V. 350 et nos fas extera quaerere regna dieser Zusatz nicht vorkommt.

Wenn man genauer zusieht, so wird man auch finden, dass die Verbindung des Ausdrucks pete regna mit den zwei Bestimmungen ventis und per undas ohne Vermittlung einer Conjunction lästig und nicht gefällig wäre. Man darf sich nicht berufen auf

V. 310 mediis properas aquilonibus ire per altum, da hier natürlich ire per altum eng zu verbinden ist und den einheitlichen Begriff navigare bietet.

Aen. IV 382 ff.

spero equidem mediis, si quid pia numina possunt,
supplicia hausurum scopulis et nomine Dido
saepe vocaturum. sequar atris ignibus absens
et, cum frigida mors anima seduxerit artus,
omnibus umbra locis adero.

Für die Worte *sequar atris ignibus absens* finden sich bei
Servius drei Erklärungen, nämlich

1. Alii furiarum facibus dicunt
2. Alii sociorum facibus dicunt, ut paulo post (näml. 594):
   Ferte citi flammas.
3. Melius tamen est, ut secundum Urbanum accipiamus
   Atris ignibus rogalibus, qui visi tempestatem significant,
   ut Aeneae, sicut in quinto (näml. V. 7) legimus, contigit.
   Hoc ergo nunc quod factura est, dicit, i. e. occidam me,
   et rogalibus te persequar flammis.

Ernstlich kommt offenbar nur die erste und dritte Erklärung
in Betracht; denn die zweite stellt sich natürlich mit Rücksicht
auf den Gedankenzusammenhang als absolut unmöglich dar. Was
nun die beiden möglichen Erklärungen betrifft, so gilt es hier,
sich für die eine oder die andere zu entscheiden; der Versuch,
durch Annahme eines Doppelsinnes beide Erklärungen zu vereinigen, ist nicht zulässig.*)

Zu Gunsten der Auffassung, welcher im Alterthum ein trefflicher Vergilerklärer, Urbanus, folgte und welche auch Servius als
die richtige anerkannte, lässt sich manches anführen;**) namentlich
scheinen für diese Erklärung zu sprechen die Stellen IV 661

---

*) Diesen Versuch machte Thiel: „atris ignibus durfte und sollte Aeneas
fassen von den den verfolgenden Furien eigenthümlichen Fackeln . . . .
Dido aber deutet auf ihren Flammentod."

**) Atri ignes stünde bei dieser Erklärung von dem Feuer des Scheiter-
haufens, wie an der Horazischen Stelle, welche schon Servius anführt,
Carm. IV 12 26 nigrorumque memor dum licet ignium.

hauriat hunc oculis ignem crudelis ab alto
Dardanus et nostrae secum ferat omina mortis
und V 3 moenia respiciens, quae iam infelicis Elissae
conlucent flammis. quae tantum accenderit ignem
caussa, latet; duri magno sed amore dolores
polluto notumque, furens quid femina possit,
triste per augurium Teucrorum pectora ducunt.

Aber andererseits sprechen gewichtige Gründe gegen diese
Erklärung und zu Gunsten der von Servius an erster Stelle erwähnten. In treffender Weise bemerkte Wunderlich: „Imagine
demta sensus est: tum mala te conscientia torquebit. Quam sententiam more antiquitatis enuntiavit, quae a laesis illos, qui
iniuriam attulerunt, vexari finxit. Illam vero notionem vexari
ornavit metaphora a furiis petita, quae persequentes, ultrices,
facibus armantur."

Gegen die von Urbanus und Servius angenommene Erklärung spricht ganz besonders der Umstand, dass die von Vergil gewählte Ausdrucksweise in diesem Falle unklar und auch incorrect
wäre. Man soll hiebei daran denken, dass „aus den lodernden
Flammen dem Aeneas das Bild der Dido aufsteigen wird, auch
wenn sie ferne ist" (dies sind Kappes' Worte): aber atris ignibus
ist ja doch kein Ablativ des Woher? sondern ein schlichter Ablativ instrumenti, der das Feuer bezeichnet, mit welchem Dido
dem Aeneas folgen und ihn verfolgen wird; somit ist an die Vergleichung mit einer Furie zu denken. Für diese Auffassung spricht
auch der Parallelismus mit dem folgenden omnibus umbra locis
adero. „Lebend und todt werde ich dich wie eine Furie verfolgen, wird mein Bild dir vor der Seele stehen" (Ladewig). So
lange Dido lebt,*) wird ihr Bild den Aeneas wie eine Furie verfolgen; und auch ihr Tod soll ihm keine Erlösung bringen; auch
nach dem Tode wird ihr Schatten ihn nie verlassen.

---

*) Als Dido diese Worte sprach, dachte sie noch nicht daran, sich zu tödten
vgl. 451; am wenigsten aber dachte sie an einen so baldigen Tod. Vers 308
nec moritura tenet crudeli funere Dido darf man nicht auf einen beabsichtigten Selbstmord beziehen, sondern damit ist vielmehr ein von den
Feinden drohender Tod gemeint; vgl. 323 cui me moribundam deseris,
hospes?

Wollte man atris ignibus auf das Feuer des Scheiterhaufens beziehen, so müsste man annehmen, dass Dido schon jetzt die feste Absicht, sich zu tödten, hatte und dass hiemit das im V. 661 f. und V 3 ff. gesagte im voraus angedeutet wäre. Aber diesen festen Entschluss fasst sie erst 451 (vgl. 475). Und wenn man auch bereits im V. 384 diesen Entschluss voraussetzen wollte, so wäre das sequi atris ignibus (d. i. ignibus rogi) nur auf eine gewisse Entfernung von Karthago beschränkt; bei weiterer Entfernung[*]) konnte Aeneas das Feuer des Scheiterhaufens nicht sehen, und es wäre also in diesem Falle die Drohung sequar gegenstandslos gewesen.

Als Parallelstelle für die Vergleichung mit einer Furie hat schon Heyne Suet. Ner. 34 angeführt; andere Erklärer führen sehr passend auch Hor. Epod. V 91—96 an. Dass Vergil Apoll. Rhod. IV 385 f. ἐκ δέ σε πάτρης αὐτίκ' ἐμαί σ' ἐλάσειαν Ἐρινύες vor Augen hatte, wie ebenfalls Heyne vermuthete, ist nicht unwahrscheinlich. Dagegen lässt sich aus der Nachahmung Ovid's Her. VII 69 f.

> coniugis ante oculos deceptae stabit imago
> tristis et effusis sanguinolenta comis

weder pro noch contra ein Argument entnehmen; denn diese Worte sind eine Nachahmung der folgenden Drohung et cum frigida mors anima seduxerit artus, omnibus umbra locis adero (vgl. sanguinolenta und die Worte V. 68 et Phrygia Dido fraude coacta mori). Eine passende Parallele aber bietet Aen. IV 471 aut Agamemnonius scaenis agitatus Orestes armatam facibus matrem et serpentibus atris cum fugit, ultricesque sedent in limine Dirae. Ferner vergleiche man den häufigen Gebrauch von Ἐρινύς in Verbindung mit einem die Unrecht leidende Person bezeichnenden Genetiv, wie Aisch. Sept. 70 Ἀρά τ' Ἐρινὺς πατρὸς ἡ μεγασθενής. 721 πατρὸς εὐκταίαν Ἐρινύν, ebenso 887; Soph. O. Kol. 1299 τὴν σὴν Ἐρινὺν αἰτίαν εἶναι λέγω. Vgl. auch die ähnliche Verbindung von ἀρά mit dem Genetiv, z. B. Soph. O. T. 417 und ἀλάστωρ, z. B.

---

[*]) Und auf eine weitere Entfernung weisen die Worte spero equidem mediis . . . supplicia hausurum scopulis hin.

Aisch. Ag. 1501 *ὁ παλαιὸς δριμὺς ἀλάστωρ Ἀτρέως.* Soph. O. Kol.
788. Im Latein z. B. Liv. I 48 7 agitantibus furiis sororis ac viri
und Liv. I 59 13 invocantibusque parentum furias viris mulieri-
busque. Auch werden im Latein wüthende und Unheil stiftende
Personen geradezu mit furia bezeichnet; vgl. Liv. XXI 10 11 hunc
iuvenem (näml. Hannibal) tamquam furiam facemque huius belli
odi ac detestor. Hor. Sat. II 3 141. So wird Clodius mehrmal von
Cicero furia genannt.

＊ ＊ ＊

Die Worte *anima seduxerit artus* bezeichnet schon Servius
als eine Hypallage; und so bemerken auch die neueren Erklärer,
die überhaupt über diesen Ausdruck sich äussern, dass die Worte
für animam ab artubus, a corpore seduxerit, seiunxerit stehen. Allerdings erwartet man, wenn man die u r s p r ü n g l i c h e Bedeutung
von seducere berücksichtigt, die Construction animam seducere
(ab) artubus, weil bei dem Tode die Seele es ist, welche als sich
entfernend, davonfliegend gedacht wird. Die Verbindung anima
seducere artus war eben bloss nach Abschwächung der ursprünglichen Bedeutung möglich; sobald nämlich seducere den allgemeinen Sinn „trennen" erhielt, da konnten beide Constructionen
in demselben Sinne gebraucht werden.

Denselben Wechsel der Construction findet man bei prohibere und defendere. So prohibere praedones ab insula Sicilia
(Cic. Verr. II 4 64 144), vim hostium ab oppidis (Caes. B. G. I 11),
hostem rapinis (ebend. I 15), aber auch rem publicam prohibere
a periculo (Cic. Manil. 7), adultam virginem ab armatorum impetu
(Cic. Brut. 96), tenuiores iniuriā (Cic. Off. II 12). Natürlich ist
die ursprüngliche Construction die, bei welcher die gefahrdrohende
Person oder Sache im Accusativ steht, da prohibere eigentlich
„fern halten" bedeutet. Die umgekehrte Construction, bei welcher
die bedrohte Person im Accusativ steht, entwickelte sich erst, als
der Begriff „beschützen, vertheidigen, zu bewahren oder zu befreien suchen" sich einstellte (vgl. die Construction liber ab aliqua
re und liber metu). — Auch bei defendere (da de-fendere = abstossen, depellere) ursprünglich defendere periculum ab aliquo.

Doch ist gerade diese Construction factisch selten nachweisbar, und die spätere defendere aliquem ab iniuria war die herrschende, z. B. Caes. B. G. I 31 defendere Galliam omnem ab Ariovisti iniuria, Cic. Manil. 6 14 defendere provinciam non modo a calamitate, sed etiam a metu calamitatis. Die seltene, aber ursprüngliche Construction z. B. Quadrigarius bei Gell. N. A. IX 1 1 a pinnis hostes defendebant oder Ovid. Rem. Am. 625 proximus a tectis ignis defenditur aegre, was die active Construction ignem a tectis defendere voraussetzt. — Erkennbar ist aber die ältere Bedeutung von defendere in der dichterischen Construction defendere aliquid alicui und in der sowol in der Poesie als in der Prosa vorkommenden Verbindung des defendere mit dem blossen Accusativ, z. B. defendere ictus (Caes. B. C. II 9 3), ignis iactus et lapides (ebend. II 2 4), furorem (Verg. Aen. X 905). — Vgl. auch Hor. Ep. I 1 10 cur me funesto properent arcere veterno oder Hor. A. P. 64 sive receptus terra Neptunus classes aquilonibus arcet gegenüber der Construction Verg. Georg. IV 168 ignavum fucos pecus a praesepibus arcent. Aehnliches im Griechischen bei εἴργειν u. s. w.

Aen. IV 388 f.

his medium dictis sermonem abrumpit et auras
aegra fugit

Servius bemerkt über *his dictis:* „Sane multi dictis participium, non appellationem, volunt, hoc est, cum haec dicta essent." Man kann aber aus dem Sprachgebrauch Vergil's den Nachweis führen, dass *dictis* hier Substantivum ist.

In der Erklärung der Worte *medium sermonem abrumpit* folgen die meisten neueren Erklärer dem Servius, der das abrumpere medium sermonem darin fand, dass Dido die Erwiderung des Aeneas nicht abwartete. Diese Auffassung geht daraus hervor, dass Servius hiebei auf die Worte multa metu cunctantem et multa parantem (oder volentem) dicere hinweist. In ganz bestimmter Weise wendet Servius dieselbe Erklärung an zwei anderen Stellen an. Zu IV 277 (tali Cyllenius ore locutus mortalis visus medio sermone reliquit) bemerkt er: „Atqui exsecutus est omnia

quae Iupiter dixerat: sed sermo est consertio orationis et con-
fabulatio duorum vel plurium. Medius ergo sermo est, cum
persona cum qua quis loquitur, non respondet, ut nunc fecit
Aeneas." Und zu IX 657 (sic orsus Apollo mortalis medio aspectus
sermone reliquit): „Medio sermone; ideo medio, quia non
respondit Ascanius. Sermo est enim duorum vel plurium oratio,
et ex dicente respondenteque conficitur."

A priori könnte es nun allerdings scheinen, dass die natürlichste Erklärung von medium sermonem abrumpere ist „die Rede
abbrechen, d. i. nicht zu Ende führen," und man könnte für diese
Erklärung als Parallele anführen Aen. I 385

> nec plura querentem
> passa Venus medio sic interfata dolore est

oder XII 318 has inter voces, media inter talia verba,

> ecce, viro stridens alis adlapsa sagitta est

Aber bei genauer Betrachtung der drei Stellen IV 277 388
und IX 657 wird man auch hier die feine Beobachtung des Servius
anerkennen und ihm Recht geben müssen. Sowie auf die erste
Rede der Dido 305—330 eine Erwiderung des Aeneas 333—361
folgte, so würde Aeneas auch auf die zweite Rede der Dido erwidert haben (wie Servius mit Recht auf die Worte multa volentem
dicere hinweist); aber Dido kam ihm durch plötzliches Weggehen
zuvor. Nur muss man dann natürlich zugleich auf die von Servius
so sehr hervorgehobene Bedeutung von sermo = colloquium Gewicht legen; denn z. B. mediam orationem abrumpit würde natürlich jenen Sinn nicht haben können. Es ist natürlich auch nichts
zufälliges, dass an allen den drei angeführten Stellen gerade das
Wort sermo vorkommt. Servius hatte vielleicht bei seiner Angabe
der Bedeutung Varro L. L. VI 7 68 vor Augen: „Sermo est
a serie; sermo enim non potest in uno homine esse solo, sed
ubi oratio cum altero coniuncta." Vgl. für diese Bedeutung die
bei Plautus einigemal vorkommende Wendung sermonem (sermones)
alicui serere oder Plaut. Poen. III 3 42 sermonem nobiscum ibi
copulat und das ebenfalls bezeichnende Verg. Aen. VI 160 multa
inter sese vario sermone serebant.

Aen. IV 391 f.

suscipiunt famulae conlapsaque membra
marmoreo referunt thalamo stratisque reponunt.

Schaper und Kappes weisen darauf hin, dass die mit re zusammengesetzten Verba oft das Pflichtmässige bezeichnen, und sie
meinen, dass auch hier in referunt und reponunt die Sorgfalt angedeutet sei, mit welcher die Dienerinnen ihre Herrin ins Gemach
bringen und auf das Lager hinlegen. Ich halte diese Erklärung
an unserer Stelle für zu künstlich und unnöthig. Dido hatte
den Aeneas, dem sie endlich ihre Meinung sagen wollte, draussen
getroffen; das Gespräch 304 ff. wurde draussen (im Hofraum)
geführt. Dies geht aus den Worten et auras aegra fugit im V. 388 f.
hervor. Also bringen sie jetzt die Dienerinnen ins Gemach zurück.
Dies ist der Sinn von referunt; und reponunt bezieht sich auf
suscipiunt zurück. Reponere kann nämlich auch bedeuten „eine
Person, die man früher aufgehoben hat, wiederum niederlegen, wie
sie schon auch früher lag." So ist auch V. 403 tectoque reponunt
von den Ameisen gesagt, die die Körner, welche sie trugen,
wiederum niederlegen.

Aen. IV 413 ff.

ire iterum in lacrimas, iterum temptare precando
cogitur et supplex animos submittere amori,
ne quid inexpertum frustra moritura relinquat.

Nicht geringe Schwierigkeiten bieten die Worte *frustra moritura* dar. Gewöhnlich findet man in den Worten frustra moritura
eine Brachylogie und ergänzt zu denselben aus den Worten ne
quid inexpertum relinquat die Protasis si quid inexpertum reli-
quisset. Es wird aber mit dieser Annahme dem Dichter eine ungemein abstruse und ungefällige Ausdrucksweise zugemuthet.

Bei Servius findet sich ein anderer Erklärungsversuch „Et
frustra ex iudicio poetae dictum est." Eben denselben Sinn hat
wol auch die nur in einigen Serviushandschriften sich findende
Bemerkung „ne derelinqueret medium aliquod intemptatum, et
hoc frustra, quia moritura erat." Diesen Bemerkungen liegt wol
die Annahme zu Grunde, dass zu den Worten ne quid inexpertum

moritura relinquat der Dichter parenthetisch seine eigene Bemerkung „frustra" hinzufügen wollte in dem Sinne „und das wäre unnötig gewesen, einen Versuch zu unterlassen, da sie ohnehin zu sterben entschlossen war." Diese Erklärung ist nun wol nicht zulässig. Eher könnte man unter Verzichtleistung auf die Annahme, dass frustra „ex iudicio poetae" gesagt sei, frustra mit ne quid inexpertum relinquat verbinden und erklären „damit sie, da sie ja ohnehin sterben wollte und da sie demnach ein Misslingen ihres Versuches riskiren konnte, nicht unnöthiger Weise etwas unversucht liesse."

Aber auch diese Erklärung scheint mir wenigstens nicht ganz befriedigend zu sein. Wenn nämlich mit moritura bezeichnet wird, dass Dido fest entschlossen war zu sterben, so würde sich damit vertragen ne quid inexpertum relinquat (vgl. die von Servius angeführte Stelle Ter. Andr. II 1 11 omnia experiri certum est, priusquam pereo), aber es verträgt sich damit nicht frustra. Dies Wort wäre vielmehr passend, wenn angedeutet wäre, dass Dido doch einige Hoffnung hatte und dass sie eben deshalb nichts unversucht lassen wollte. — Auch scheint mir moritura überhaupt unpassend, da doch der feste Entschluss zu sterben, der Dido erst später kam, nämlich 450 ff. Man darf dagegen nicht einwenden, dass sie schon V. 308 sagte nec moritura tenet crudeli funere Dido. Diese Worte sind, wie ich glaube, in natürlicher Weise auf den von ihren Feinden ihr drohenden Tod zu beziehen; vgl. 320 f. und besonders 323 und 325 f. Entscheidend sind hiefür besonders die Worte der Dido 323 cui me moribundam deseris, hospes?

Dagegen wäre es durchaus angemessen, monitura zu schreiben und bei dieser Conjectur frustra monitura als „ex iudicio poetae" gesagt zu betrachten:

ne quid inexpertum (frustra monitura!) relinquat.

Frustra monitura wäre nach dieser Conjectur eine im voraus gegebene Hinweisung des Dichters selbst, dass die Bitten ohne Erfolg bleiben sollten, ähnlich wie es bei Ovid Met. XIII 410 f. heisst:

tractata comis antistita Phoebi
non profecturas tendebat ad aethera palmas.

Allerdings würde man eher frustra rogatura oder ein anderes Verbum des Bittens erwarten. Aber es scheint mir auch monitura nicht unmöglich, da die Begriffe des Bittens und Mahnens eng zusammenhängen und da mit den Bitten auch wieder erneuerte Mahnungen verbunden sein konnten.

Vielleicht darf ich mich zur Bestätigung dieser Vermuthung auch auf Servius berufen. Es steht nämlich im Serviuscommentar zu dieser Stelle zuerst die Bemerkung: „rogabat, non spe impetrandi, sed ne esset, quod sibi posset imputare, si non rogasset, quamquam frustra rogaret." Diese Bemerkung, in welcher merkwürdiger Weise auf moritura gar keine Rücksicht genommen wird, scheint auf eine andere Leseart hinzuweisen, und in den Worten quamquam frustra rogaret kann man eben eine Bestätigung der Conjectur frustra monitura erblicken. — Dass der Dichter monitura und nicht rogatura oder einen anderen gewöhnlichen Ausdruck des Bittens gebrauchte, mag durch metrisches Bedürfniss veranlasst worden sein.

Aen. IV 418.

puppibus et laeti nautae imposuere coronas.

Servius: „Probus sane sic adnotavit: Si hunc versum omitteret, melius fecisset." Dies Urtheil ist ein vollkommen zutreffendes. Denn diese Aeusserung der Freude ist dem Leser sicherlich unangenehm, da sie zugleich der Dido noch grösseren Schmerz bereitet und als undankbare Gefühllosigkeit des Aeneas, der dieses imponere coronas puppibus hindern konnte, aufgefasst werden kann.

Auch noch aus einem anderen Grunde hätte der Dichter diesen Vers besser weggelassen. Zwischen dem Augenblicke, in welchem nautae imposuere coronas, und der Abfahrt liegt noch ein Tag und eine Nacht; und wenn man bedenkt, dass diese Abfahrt noch später stattgefunden hätte, wäre sie nicht durch Mercurius beschleunigt worden, so erscheint die Bekränzung der puppis als verfrüht.

Soll man nun annehmen, dass dieser Vers aus Georg. I 304 unrechtmässiger Weise von den Abschreibern hieher versetzt wurde? Es wäre dies, da in den Worten des Probus zugleich ein Zeugniss

für die Echtheit liegt, gewagt. Und so bleibt denn nichts anderes
übrig, als anzunehmen, dass der Dichter wirklich die Absicht hatte,
darauf hinzuweisen, dass der Schmerz der Dido noch durch diese
Kundgebung der Freude erhöht werden musste; vgl. die Bemerkung Thiel's, dem ich jedoch darin nicht zustimmen kann, dass
er Probus' Tadel zurückweist.

Aen. IV 419 f.

hunc ego si potui tantum sperare dolorem,
et perferre, soror, potero.

Es sind für diese Stelle zwei geradezu entgegengesetzte Erklärungen aufgestellt worden. Die meisten Erklärer verstehen
nämlich die Worte in dem Sinne „so gut als ich dies ahnen
konnte, so gut werde ich es auch ertragen können" (Forbiger,
Ladewig-Schaper, Kappes u. a.). Diese Erklärung ist aber nicht
zulässig. In welche Zeit soll diese „Ahnung" versetzt werden?
Ahnte dies Dido gleich damals, als Liebe zu Aeneas ihr Herz zu
erfüllen begann? Nein! die ganze Darstellung der Aeneis widerspricht dieser Annahme. Dido fühlte Gewissensbisse über die Verletzung der dem Sychaeus gelobten Treue, aber sie ahnte nicht,
dass Aeneas sie verlassen könnte. Sie stimmte überein mit der
von ihrer Schwester ausgesprochenen Hoffnung V. 47 ff. quam tu
urbem, soror, hanc cernes, quae surgere regna coniugio tali!
Teucrum comitantibus armis Punica se quantis attollet gloria
rebus! Vgl. damit V. 55 spemque dedit dubiae menti; 172 coniugium vocat.

Da dies unzulässig ist, so müsste man diese „Ahnung" auf
jene Zeit beziehen, als Aeneas schon Vorbereitungen zur Abreise
traf. Es heisst nun freilich V. 296 f. at regina dolos .... praesensit cet. Aber wie sollte dies praesentire (welches zu spät
stattfand) ein hier in Betracht kommendes und die Behauptung
et perferre potero rechtfertigendes Moment sein?

Da nun diese Erklärung in dem einen wie in dem anderen
Falle mit nicht zu beseitigenden Schwierigkeiten verbunden ist,
so finde ich es vollkommen begreiflich, dass andere Erklärer auf
eine andere Interpretation verfielen.

Peerlkamp fand in der Stelle den Sinn: „Non potui exspectare hunc dolorem, ergo non perferre potero. Si potuissem exspectare, me ad eum ferendum praeparare potuissem.“ An eine ähnliche Auffassung hat, wie ich glaube, schon Servius gedacht: „Si potui autem pro si potuissem .... Hoc autem dicit: Si scirem (d. h. wenn ich gleich anfangs gewusst hätte) abiturum Aenean, non tantum diligerem (d. h. so würde ich ihn nicht so geliebt haben); si non dilexissem, minus dolerem.“ Ich wenigstens kann diese Worte nicht anders verstehen, als dass Servius interpretirte „wenn ich hätte voraussehen können, dass Aeneas mich verlassen würde, so würde ich jetzt den Schmerz ertragen können, weil ich nicht so heftige Liebe zu Aeneas gefasst hätte und weil folglich der Schmerz kleiner und erträglich wäre.“*) Diese Erklärung ist aber sprachlich unzulässig; denn die Apodosis könnte auf keinen Fall potero enthalten, sondern müsste anders lauten, und zwar possem.

Wenn die Ueberlieferung richtig wäre (was ich nicht glaube), so müsste man eine zwischen den beiden entgegengesetzten Erklärungen gewissermassen in der Mitte stehende wählen, d. h. man müsste mit Heyne erklären „so gut als ich diesen Schmerz hätte ahnen können, ohne ihn leider in Wirklichkeit zu ahnen, so gut werde ich ihn jetzt ertragen können und müssen.“

Nach dieser Erklärung würde Dido sich selbst einen Vorwurf machen, dass sie durch dasjenige, was sie hätte ahnen können (da Aeneas von Italien als dem Lande seiner Bestimmung sprach; vgl. II 781, III 163 und 171 364), nicht dazu vermocht wurde, die aufkeimende Liebe zu bemeistern. Zugleich würde sie dann in der Apodosis mit Resignation sagen, dass sie jetzt tragen müsse, was sie selbst verschuldete.

So würde, wie gesagt, die Stelle erklärt werden müssen, wenn sie richtig überliefert wäre. Da aber auch diese Erklärung

---

*) Thiel wollte beide Erklärungen vereinigen, indem er annahm, dass Dido die Worte in dem Sinne sprach „nimmer hätte ich das denken können, dass Aeneas untreu werden würde, also kann ich es auch nicht tragen“; Anna dagegen habe die Worte in entgegengesetztem Sinne genommen „so gut ich es habe denken können, so gut werde ich es tragen“.

dem Dichter eine dunkle und gezwungene Ausdrucksweise zumuthet, so dürfte zu schreiben sein

hunc ego si potui tantum s u p e r a r e dolorem,
et perferre, soror, potero.

Ich setze voraus, dass perferre hiebei nicht in der schlichten Bedeutung „ertragen", sondern in der kräftigen, dem Worte eigentlich zukommenden Bedeutung „b i s z u E n d e e r t r a g e n" zu nehmen ist. So erhalten wir einen passenden Gegensatz zwischen s u p e r a r e, dem ersten Ueberwinden des Schmerzes, als ihr die Treulosigkeit des Aeneas klar wurde, und, p e r f e r r e, dem weiteren Ertragen bis ans Ende.

Aen. IV 423.

sola viri mollis aditus et tempora noras

Die Erklärer vergleichen besonders IV 293, wo ebenfalls *aditus* und *tempora* verbunden wird und auch mollissima (tempora) vorkommt, ferner Hor. Sat. I 9 56 difficiles aditus primos habet... tempora quaeram. Ovid Met. IX 610 non adiit apte, non legit idonea, credo, tempora. Grat. Cyneg. 334 accessus et agendi tempora belli.

Mollis aditus wird für eine Enallage gehalten, indem eigentlich vir mollis aditu erwartet würde. Thiel erklärte „modos et tempora eum ita adeundi ut mollis sit". Doch ist auch hier, wie so oft bei der angeblichen Enallage und Hypallage, zu constatiren, dass auch mollis aditus an und für sich einen Sinn gewährt und dass eben daraus die Berechtigung der Verbindung mollis aditus resultirt. Nicht jeder aditus zu Aeneas ist mollis, d. h. nicht jede Art und Weise, sich dem Aeneas zu nähern, ist ohne Schwierigkeiten, ist leicht. Da mollis (im Gegensatze zu durus und asper) auch das leichte, leicht und spielend zu bewerkstelligende bezeichnet und da facilis aditus (opp. difficilis aditus) die regelmässige Ausdrucksweise ist, so ist auch hier molles aditus in demselben Sinne zu nehmen. Vgl. Silius IV 489 dumque vada et molles aditus... petit, der mollis ohne Zweifel = facilis nahm und hiebei vielleicht die Stelle Vergils nachahmte. So sagt auch Quintilian I 6 22 mollis via.

Was den Gebrauch von tempora hier und 293 betrifft, so kann man auch das griechische καιροί vergleichen, welches zuweilen die günstigen Augenblicke und Gelegenheiten bezeichnet, die jemand anderen darbietet, die sich ihm nähern oder einen Angriff auf ihn machen wollen. So erscheint das Wort in feindlichem Sinne z. B. Dem. III 7 πόλιν μεγάλην ἐφορμεῖν τοῖς ἑαυτοῦ καιροῖς (vgl. Cic. Verr. I 6 qui meum tempus obsideret); ebenso Dem. VIII 42 οὔκουν βούλεται τοῖς ἑαυτοῦ καιροῖς τὴν παρ' ὑμῶν ἐλευθερίαν ἐφεδρεύειν; Dem. IV 18 ἐὰν ἐνδῷ καιρόν XXIII 173 καιροφυλακεῖ τὴν πόλιν ἡμῶν.

Aen. IV 424 ff.

i, soror, atque hostem supplex adfare superbum:
non ego cum Danais Troianam exscindere gentem
Aulide iuravi, classemve ad Pergama misi,
nec patris Anchisae cinerem manesve revelli:
cur mea dicta negat duras demittere in auris?
quo ruit? extremum hoc miserae det munus amanti:
exspectet facilemque fugam ventosque ferentis

Ladewig-Schaper zu V. 424: „Die eigentliche Bitte folgt erst V. 430. Der kummervolle Eifer der Dido ist so gross, dass sie sich im Geiste selbst vor Aeneas gestellt glaubt und ihre Bitten selbst motivirt; erst im Laufe der Rede besinnt sie sich, dass sie zur Schwester redet". Diese Auffassung scheint mir zu künstlich zu sein. Nach der Einleitung hostem supplex adfare superbum haben wir das Recht, die gleich darauf folgenden Verse non ego cum Danais cet. als einen integrirenden Theil der Ansprache zu betrachten, welche Anna nach der Intention der Dido an Aeneas richten soll. Anna soll sagen: „non Dido cum Danais Troianam exscindere gentem Aulide iuravit..... cur illius dicta negas duras demittere in auris? quo ruis?" cet. So vermeidet der Dichter die lästige oratio obliqua. Es ist sehr angemessen und ergreifend, dass Dido die Art und Weise, wie Anna die Bitte motiviren soll, nicht der Schwester überlässt, sondern dass sie selbst diese Motivirung auch im Detail der Schwester an die Hand gibt. — So wollte auch Jupiter, dass Mercurius auch die Worte 232—236 dem Aeneas mittheilen solle, was Mercurius auch wirklich 271 ff. ausführt. So soll bei Homer der Oneiros zu Agamemnon nicht bloss B 11 sprechen sondern auch die ganze Motivirung bis V. 16, was V. 28—32 geschieht.

Dass auch Ovidius und Silius schon die Verse 425 ff. als einen Theil der Botschaft, welche Anna von der Dido dem Aeneas bringen sollte, betrachteten, geht aus der Art und Weise, wie sie diese Stelle nachahmten, deutlich hervor. Bei Ovid schreibt Dido selbst dem Aeneas Epist. VII 165 f.

non ego sum Phthia magnisque oriunda Mycenis,
    nec steterunt in te virque paterque meus.

Und bei Silius ruft dem Regulus seine Gattin zu VI 504 ff.:

non ego Amyclaeum ductorem in proelia misi,
    nec nostris tua sunt circumdata colla catenis.
Cur usque ad Poenos miseram fugis?

* * *

Was die Auffassung der Worte *hostem supplex adfare superbum* betrifft, so hat schon Servius treffend bemerkt: „*Hostem superbum;* postquam ex aperto denegavit se Carthagini esse mansurum, et reddit causas, ob quas suppliciter adloquatur, quod et h o s t i s e t s u p e r b u s, quasi dicat aequo animo patiamur nos supplices esse, quoniam incidimus in hostem superbum".*) Hostem ist von Dido mit schmerzlicher H y p e r b e l gesagt, indem der Entschluss des Aeneas, Dido zu verlassen, geradezu als ein Akt der Feindseligkeit betrachtet wird. Das Bild des Kampfes mit einem Feinde schwebte übrigens dem Dichter auch bei dem Ausdrucke v i c t a m im V. 434 vor.**) Dido ist in dem Kampfe unterlegen und sowie der besiegte Feldherr an den Sieger Gesandte schickt, um demüthig günstige Bedingungen der Unterwerfung zu erbitten, so schickt Dido ihre Schwester als Vermittlerin zu dem Sieger Aeneas. — Die Ermahnung der Dido, Anna solle supplex den stolzen Feind und Sieger anreden, steht im Gegensatze zu der stolzen und heftigen

---

*) Eine zweite Erklärung, die bei Servius sich findet „nonnulli autem iuxta veteres hostem pro hospite dictum accipiunt," welche Thiel auch für zulässig hielt, ist natürlich unstatthaft.

**) Auch 549 gebraucht Dido den Ausdruck hostis von Aeneas.

Sprache, welche sie früher, nämlich in der zweiten Rede V. 365—
387 führte, in welcher sie unter anderem auch erklärte: neque te
teneo neque dicta refello; i, sequere Italiam ventis cet.

Beachtenswerth ist, um dies bei dieser Gelegenheit hervorzuheben, die Wandlung der für das Verhältniss des Aeneas zur
Dido gebrauchten Bezeichnungen im IV. Buche. Dido sah früher
Aeneas als ihren coniunx an (vgl. 172 coniugium vocat und 192,
214). Später nennt sie ihn schmerzlich ergriffen hospes (323).
Jetzt ist die richtigste Bezeichnung, die Dido wählen zu können
glaubt, hostis superbus. Dies „von Stufe zu Stufe" ist von
ergreifender Wirkung. Man könnte freilich zweifeln, ob der Dichter
wirklich die Absicht hatte, durch die Verschiedenheit dieser
Ausdrücke den oben angedeuteten Effect zu erzielen. Aber auch
wenn die directe Absicht nicht nachweisbar wäre, so lässt sich
doch nicht bestreiten, dass die Darstellung des Dichters von der
Art ist, dass man ihm dies Motiv leihen könnte. Dass aber die
Annahme jener Absicht nicht so ganz in der Luft schwebt, dafür
kann man zwei Stellen anführen, an denen auf den früheren Ausdruck coniugium von der Dido selbst hingewiesen wird, nämlich
323 (cui me moribundam deseris, hospes? hoc solum nomen
quoniam de coniuge restat) und 431 non iam coniugium antiquum, quod prodidit, oro.

Aen. IV 437 ff.

Talibus orabat, talisque miserrima fletus
fertque refertque soror. sed nullis ille movetur
fletibus aut voces ullas tractabilis audit.

Servius bemerkt zu fletibus: „mire autem fletibus repetit".
Er hätte sagen sollen „praeclare". Doch vielleicht hat Servius
mire in dem Sinne „bewunderungswürdig" (admirabiliter) und
nicht „sonderbar" gesagt. In der That liegt in dieser Wiederholung,
die von den Erklärern nicht beachtet wird, eine grosse Kraft und
es ist die Repetition keine Nachlässigkeit, sondern eine absichtliche
und auf Effect berechnete Wendung „solche Bitten bringt und
bringt abermals Anna; doch keine Bitten vermögen Aeneas zu
rühren".

Aen. IV 447 ff.

haud secus adsiduis hinc atque hinc vocibus heros
tunditur et magno persentit pectore curas;
mens inmota manet; lacrimae volvuntur inanes.

Statt *magno* ist wol *magnas* zu lesen; denn *curas* würde ohne ein Epitheton zu kahl und nüchtern da stehen, während *pectore* einer Bestimmung nicht bedarf (vgl. curis ingentibus 1 208, pectore ohne Zusatz I 227, magnoque animum labefactus amore IV 395, magnoque irarum fluctuat aestu IV 532).*)

Zu V. 449 hat schon Servius die Frage aufgeworfen, wessen lacrimae gemeint seien: „quidam tamen lacrimas inanes vel Aeneae vel Didonis vel Annae vel hominum accipiunt". Die letzte Annahme ist selbstverständlich unmöglich; man kann nur wählen zwischen „Thränen des Aeneas" (und dann wären lacrimae inanes „blosse Thränen ohne den von der Dido beabsichtigten Erfolg tieferer Rührung") oder „Thränen der Anna und Dido" (wobei inanes = wirkungslos).

Ladewig folgte der Erklärung und Motivirung Thiel's: „Ich nehme lacrimae im Gegensatz zu mens nur von Aeneas, dem Bilde entsprechend, nämlich *ipsa haeret quercus, frondes sternuntur* so *Aeneae mens manet, lacrimae volvuntur*. Wie schön passt dies zu den placidis auribus 440, zu V. 395, zu cura sub corde 332".

Es scheint nun freilich die Erklärung, dass die lacrimae des Aeneas der mens inmota ebenso entgegen stehen, wie in dem Bilde die frondes der quercus ipsa (Ladewig), auf den ersten Blick bestechend zu sein, aber eben nur auf den ersten Blick. Bei genauerer Erwägung stellt es sich nämlich heraus, dass gewichtige Gründe vorhanden sind, welche uns hindern müssen, hier den Aeneas uns weinend vorzustellen. Nicht als ob überhaupt Thränen für Aeneas ungeziemend wären! Es ist ja bekannt, dass die homerischen Helden

---

*) Darf man vielleicht für m a g n a s curas auch eine Bestätigung darin erblicken, dass es in dem Bilde entsprechend heisst a l t a e frondes? Es ist nämlich nicht zu bezweifeln, dass an dieser Stelle altae die richtige Leseart ist, und nicht alte.

sich der Thränen nicht schämen,*) und so weint auch Aeneas bei
Vergil beim Anblicke der Bilder im Tempel der Juno I 459, und
zwar vergiesst er reichliche Thränen (I 465 largoque humectat
flumine voltum); weinend empfiehlt er V 771 die in Sicilien zurück-
gelassenen Troer der Fürsorge des Acestes, er weint über das
Schicksal des Palinurus VI 1 und bei den Vorbereitungen zur
Bestattung des Misenus VI 177 (denn unter fleutes ist hier Aeneas
mit begriffen). Vgl. auch VI 359, XI 29 und 41, besonders aber
VI 455 und 476, wo Aeneas beim Anblick der Dido in der Unterwelt weint. Auch erwähnt Aeneas in seiner Erzählung einigemal,
dass er Thränen vergoss, nämlich II 790, III 10 und 492; vgl.
auch III 7 ff.

Aber dass wir an unserer Stelle den Aeneas beim Anhören
der Bitten der Anna uns nicht weinend zu denken haben, geht,
glaube ich, mit ziemlicher Sicherheit aus den Worten des Dichters
V. 438 ff. hervor. Es wird Vergil, der so eben die starre und
durch göttliche Einwirkung veranlasste Unbeugsamkeit des
Aeneas so kräftig geschildert hat, doch nicht so zu sagen in éinem
Athem zugleich eine solche Weichheit der Stimmung erwähnt
haben. Ich kann mir wenigstens nicht denken, dass Aeneas zu
gleicher Zeit

nullis ille movetur

fletibus aut voces ullas tractabilis audit;

fata obstant placidasque viri deus obstruit auris,

und dass er andererseits dabei zugleich lacrimas volvit.**) Man
darf auch nicht vergessen, dass Aeneas schon früher in einer
ähnlichen Situation, nämlich bei den rührenden Bitten der Dido
305—330, keine Thränen hatte und dass ihm diese Gefühllosigkeit
von der Dido vorgeworfen wird V. 369

---

*) Achilleus weint, als Agamemnon's Herolde die Briseis wegführen A 349
und seine Mutter fragt ihn τέκνον, τί κλαίεις; (A 362); ebenso Σ 73
u. s. w.; Agamemnon weint I 14 ὥστε κρήνη μελάνυδρος κτλ., ebenso
Patroklos Π 3, Antilochos Σ 17.

**) Es muss dies um so unzulässiger erscheinen, wenn man bedenkt, dass
lacrimae volvuntur ein sehr starker Ausdruck ist, der jedenfalls ein Her-
vorstürzen reichlicher Thränen bezeichnet.

num fletu ingemuit nostro? num lumina flexit?
num lacrimas victus dedit aut miseratus amantem est?

. Diese Parallele geht noch weiter. Auch früher wurde die
Festigkeit und scheinbare Kälte des Aeneas auf Jupiter's Einfluss
zurückgeführt, V. 331 f.

ille Iovis monitis inmota tenebat
lumina et obnixus curam sub corde premebat.

Da nun an unserer Stelle ähnlich gesagt wird placidasque
viri deus obstruit aures, so müssen wir neben dieser Aehnlichkeit
auch die zweite Aehnlichkeit annehmen, dass Aeneas jetzt eben
so wenig weinte, wie früher.

Wir müssen also in Betreff des Vergleiches 441 ff. uns damit
begnügen, anzunehmen, dass die Entsprechung des Bildes folgende ist:

1. haud secus adsiduis hinc atque hinc vocibus heros tunditur = velut annoso validam cum robore quercum Alpini Boreae
nunc hinc nunc flatibus illinc eruere inter se certant (adsiduis
vocibus = flatibus, hinc atque hinc = nunc hinc nunc illinc,
heros = validam quercum, tunditur = eruere certant)

2. magno (oder magnus?) persentit pectore curas = it stridor
et altae consternunt terram concusso stipite frondes (hier darf man
die Vergleichung nicht im Detail ausbeuten, um nicht in Künstelei
zu verfallen).

3. mens inmota manet (und dazu gehört noch als eine weitere
Bezeichnung der Unbeugsamkeit des Aeneas, auf den die Thränen
nicht die von der Dido und Anna gewünschte Wirkung ausüben:
lacrimae volvuntur inanes) = ipsa haeret scopulis.

Dies ist wahrlich auch eine so durchgeführte Entsprechung,
dass man sich an derselben genügen lassen kann. Die Hauptsache
ist: Die Stürme üben auf die Eiche nur so weit einen Einfluss
aus, dass stipes concutitur (die Worte altae consternunt terram
frondes darf man für den Vergleich wol berücksichtigen, aber
nicht zu sehr ausbeuten); so hatten die wiederholten Bitten nur
die Wirkung, dass Aeneas persentit pectore curas. Aber wie es
den Boreasstürmen nicht gelingt, die Eiche zu entwurzeln, so blieb
auch der Sinn des Aeneas fest und unbeugsam.

Der Dichter hatte offenbar in der ganzen Schilderung, die er von dem Benehmen des Aeneas nach dem Auftreten des Mercurius gibt, die Absicht, seinen Helden wie umgewandelt erscheinen zu lassen. Er ist zwar nicht gefühllos (vgl. 283 332 393 395 448), wie ihm Dido vorwirft, aber er ist ein ruhiger, fest und unbeugsam sein Ziel ins Auge fassender und seine Lage kalt erwägender Heros, der des Schicksals unwandelbare Bestimmung ohne unnütze Thränen zu verwirklichen entschlossen ist. Und ich glaube, dass hier kein noch so strenger Kritiker gegründeten Anlass zum Tadel finden dürfte, zumal da göttliche Macht im Spiele ist. (440 = 331).

Einigermassen ähnlich ist das Verhalten des verwundeten Aeneas XII 398 ff.

> stabat acerba fremens, ingentem nixus in hastam,
> Aeneas, magno iuvenum et maerentis Iuli
> concursu, lacrimis immobilis.

Es scheint hier im Alterthum auch von manchen lacrimis auf Aeneas bezogen worden zu sein, wenn man nämlich in der Bemerkung des Servius „non suis, sed illorum" eine Polemik gegen eine wirklich aufgestellte Erklärung finden darf. Auch hier sind die Thränen der Umgebung ohnmächtig gegen Aeneas Festigkeit.

Aen. IV 450 ff.

Tum vero infelix fatis exterrita Dido
mortem orat; taedet caeli convexa tueri.
quo magis inceptum peragat lucemque relinquat,
vidit, turicremis cum dona imponeret aris —
horrendum dictu — latices nigrescere sacros.

Die Erklärung „fatis sei von den Schicksalssprüchen gesagt, welche Dido zwar von Aeneas vernommen hätte, deren Glaubwürdigkeit ihr aber jetzt erst zum Bewusstsein gekommen sei" (Ladewig) ist zu künstlich. Die natürlichste Erklärung, auf die man beim Lesen zunächst verfällt, ist doch „durch ihr Schicksal (d. i. durch das ihr vom Schicksal bestimmte Unglück) aufgeregt." *)

---

*) Grammatisch zulässig wäre wol auch die Verbindung infelix fatis, wobei dann exterrita absolut stünde, wie XII 600; aber der sonstige Sprachgebrauch des Dichters (vgl. z. B. IV 596, V 3 infelicis Elissae) verlangt die Trennung des Ablativs fatis von infelix.

Schon Servius hat es „malis suis" erklärt. Ich möchte jedoch auch bei dieser Erklärung den Begriff des Verhängnisses nicht aufgeben. Dido sah jetzt ein, dass sie zum Unglück geboren sei*) und dieser Gedanke regte sie so auf, dass sie, um der Verfolgung des Schicksals zu entgehen, nach dem Tode sich sehnte.

Exterrita ist nicht in der gewöhnlichen Bedeutung, sondern vielmehr „excita, turbata, aufgeregt" zu nehmen. Von den Stellen, die in dieser Beziehung angeführt werden, ist Georg. III 434 und besonders Aen. XII 659 f. wichtig. Hier heisst es von dem Selbstmord der Amata

praeterea regina, tui fidissima, dextra
occidit ipsa sua lucemque exterrita fugit,

womit zu vergleichen ist XII 599, wo der Dichter von demselben Ereignisse sprechend sagt subito mentem turbata dolore.

* * *

Mortem orat kann, je nachdem man orare in der Bedeutung „bitten, anflehen" oder „erbitten" nimmt, erklärt werden

1. entweder „Dido bittet den Tod, er möge sie von ihren Leiden erlösen," oder

2. „Dido erbittet sich den Tod."

Im ersten Falle würde, da natürlich die Personification sich von selbst einstellt, an den Todesgott gedacht werden können, wie derselbe Aen. XI 197 erscheint. Diese von Dietsch herrührende Erklärung hat Wagner mit der Parallele Soph. Ai. 840 ὦ Θάνατε, Θάνατε, νῦν μ' ἐπίσκεψαι μολών stützen wollen. Aber natürlicher ist und bleibt doch die zweite Erklärung. Auf die Frage, von wem sich Dido den Tod erbitte, ist die Antwort leicht. Da nämlich fatis vorausgeht, so lässt sich leicht ergänzen „von dem Schicksal, von den Göttern." Dido vom Schicksal verfolgt und in verzweiflungsvoller Aufregung darüber wünscht, das Schicksal möge ihr

---

*) Ihr Gatte Sychaeus fiel durch die Hand ihres Bruders; sie musste fliehen; und jetzt ein neuer, schwerer Schicksalschlag! Sie bezeichnet ja auch wirklich die Ankunft der troischen Flotte als ein unglückliches Verhängniss V. 657 f. Konnte da nicht mit Fug und Recht der Dichter fatis exterrita sagen?

auch den Tod gewähren. — Auch Servius hat orat = desiderat
genommen und II 655 mortemque miserrimus opto verglichen.

* * *

Was die Erklärung der Worte *quo magis* cet. betrifft, so ist
es nicht ganz richtig, wenn man für die gewöhnliche Construction,
die hier erwartet würde, hält „quo magis perageret et relinqueret,
vidit" (Heyne). Vielmehr sind die Tempora hier offenbar mit lebhafter Vergegenwärtigung aus dem Sinne und vom Standpunkte
der Dido gesetzt. Dido musste sich selbst sagen: „quo magis
inceptum peragam lucemque relinquam, vidi" cet., und
genau dieselben Tempora hat der Dichter beibehalten trotzdem
dass die Sache vom Dichter als eine vergangene referirt wird.*)
Also die gewöhnliche Construction, bei welcher nämlich das Referat
des Dichters auch äusserlich und formell als Referat gekennzeichnet wäre, müsste lauten „quo magis inceptum perageret
lucemque relinqueret, viderat;" es müsste eben auch das
Tempus der Apodosis um eine Stufe höher gerückt werden.

Sehr wirksam ist übrigens in diesen Worten die eigenthüm-
liche Kraft des Ausdrucks. Dem Sinne nach ist nicht unrichtig
die Erklärung Wagner's „quo magis inceptum peragat, eo impel-
litur, quod vidit," welche andere (z.B. Forbiger, Kappes) wiederholen. Aber wenn man, um den von Wagner gebrauchten Ausdruck anzuwenden, die „ratio" dieser Ausdrucksweise sucht, so
ist die eigentliche „ratio" dieselbe, wie wenn man im Deutschen
sagt „um in ihrem Entschlusse noch mehr bestärkt zu werden,
sah sie, musste sie sehen" u. s. w. Es ist nämlich mit quo magis
inceptum peragat u. s. w. die Absicht jener dunklen, nicht genannten, höheren Macht bezeichnet, welche das videre veranlasste,
welche der Dido das furchtbare omen schickte. Eine solche pathe-
tische Ausdrucksweise ist in neueren Sprachen allerdings gewöhn-
licher, als in den antiken. Vgl. z. B. die ganz geläufigen modernen

---

*) Es ist dies dasselbe Princip, auf welchem die Anwendung des historischen
Praesens beruht, dasselbe Princip, vermöge dessen der Dichter V. 283
sagt heu quid agat? (gerade so wie Aeneas zu sich selbst sagte heu
quid agam?), während man erwartet heu quid ageret? = was sollte
er da thun? was hätte er da thun sollen?

Wendungen „um vollends der Verzweiflung anheimzufallen, musste er sehen, wie auch seine Kinder gegen ihn sich auflehnten" oder „um das Mass des Unglücks voll zu machen, starb ihm auch sein einziger Sohn" u. dgl.

So wie durch quo magis die durch vidit veranlasste Beförderung der Absicht „ut Dido inceptum peragat" bezeichnet wird, so wird umgekehrt durch das in der Prosa häufige (aber in der höheren Poesie seltene) quo minus die Verhinderung der Verwirklichung der Absicht bezeichnet. Mit quo magis vgl. Hor. Sat. II 2 112 quo magis his credas und aus dem Griechischen z. B. Hom. Ξ 97 ὄφρ' ἔτι μᾶλλον Τρωσὶ μὲν εὐκτὰ γένηται, Τ 232, ι 13 σοὶ δ' ἐμὰ κήδεα θυμὸς ἐπετράπετο στονόεντα εἴρεσθ', ὄφρ' ἔτι μᾶλλον ὀδυρόμενος στεναχίζω, wo auch mit schmerzlicher Erregung Odysseus die Sache so darstellt, als ob die Frage des Alkinoos auf eine Vermehrung des Jammers des Odysseus abzielen würde, λ 214, π 195, σ 347, υ 285.

Mit lucem relinquere vergleicht man X 855, ausserdem Enn. Ann. III 3 (Vahl.) postquam lumina sis oculis bonus Ancus reliquit, Aen. XII 62, Lucr. III 541. Vgl. auch Cic. Divin. I 11 18 (dichterische Stelle aus Ciceros II. Buche de suo consulatu) vitalia lumina liquit. Es ist aber besonders noch zu vergleichen das homerische λείπειν φάος ἠελίοιο (Σ 11).

Zu horrendum dictu bemerkt Servius „quanto magis visu, quod Didoni contigit", welche Bemerkung vielleicht der Beachtung neuerer Erklärer nicht unwerth ist.

Aen. IV 457 ff.

praeterea fuit in tectis de marmore templum
coniugis antiqui, miro quod honore colebat,
velleribus niveis et festa fronde revinctum;
hinc exaudiri voces et verba vocantis
visa viri, nox cum terras obscura teneret;
solaque culminibus ferali carmine bubo
saepe queri et longas in fletum ducere voces;
multaque praeterea vatum praedicta priorum
terribili monitu horrificant.

Ovid und Silius haben die Verse 457—459 nachgeahmt, und zwar mit zwei bemerkenswerthen Variationen, von denen jedoch nur die eine eine wirkliche Verschiedenheit ist.

Ovid. Epist. VII 99 f. est mihi marmorea sacratus in aede Sychaeus:
oppositae frondes velleraque alba tegunt.

Silius I 81 ff. urbe fuit media sacrum genetricis Elissae
manibus et patria Tyriis formidine cultum,
quod taxi circum et piceae squalentibus umbris
abdiderant coelique arcebant lumine, templum.
Hoc sese, ut perhibent, curis mortalibus olim
exuerat regina loco. stant marmore maesto
effigies . . . .
90 ipsa sedet tandem aeternum coniuncta Sychaeo.

Während also bei Vergil nur von dem Marmortempel die Rede ist, und nicht von einer Marmorstatue des Sychaeus, wird bei Ovid zwar auch die marmorea aedes erwähnt, aber zugleich weisen die Worte sacratus Sychaeus auf eine Statue hin, und bei Silius ist die Rede von mehreren Marmorstatuen, unter denen sich auch die des Sychaeus befand. Nichts ist natürlicher, als anzunehmen, dass auch Vergil an ein Bild des Sychaeus dachte, wenn er auch dasselbe nicht ausdrücklich erwähnt; aber wenn Dido aus dem Tempel die Stimme des rufenden Gatten zu vernehmen glaubte, so deutet dies auf das Vorhandensein eines Bildes hin, und die beiden Nachahmer haben es offenbar so verstanden.

Die zweite Variation aber ist eine wirkliche Verschiedenheit. Bei Vergil ist der Tempel mit festlichem Laub geschmückt. Bei Ovid lässt sich dagegen oppositae frondes nicht von einem solchen Laubgewinde verstehen, sondern der Ausdruck oppositae weist auf einen vor dem Tempel stehenden Hain hin (vgl. den lucus I 441); bei Silius ist das, was bei Ovid kurz mit tegunt ausgesprochen ist, weitläufiger ausgeführt. Da man natürlich nicht annehmen kann, dass Ovid Vergil's fronde revinctum missverstanden hätte, was wegen des Zusatzes festa gar nicht missverstanden werden konnte, so ist eine absichtliche Abweichung anzunehmen.

Vielleicht fand sich Ovid dazu veranlasst durch die Wahrnehmung, dass Vergil's Schilderung in diesem Punkte nicht eben
sehr passend ist. In welche Zeit soll das miro honore colere und
revincire festa fronde versetzt werden? Als Dido den Aeneas
liebte, da wurde eben durch diese Liebe in ihrer Seele die Erinnerung an Sychaeus zurückgedrängt, wie dies der Dichter ja schon
I 720 angedeutet hat (paulatim abolere Sychaeum incipit) und wie
dies durch das IV. Buch bestätiget wird.*) Sollen wir also an die
frühere Zeit denken? Dies könnte man allenfalls bei den Worten
miro quod honore colebat versuchen (= quod antea colebat); aber
das festliche Laub hätte da längst welk sein müssen, da Aeneas
geraume Zeit in Karthago weilte (vgl. 193 nunc hiemem inter se
luxu, quam longa, fovere). Oder sollen wir annehmen, dass Dido
trotz der Liebe zu Aeneas und trotz der non servata fides (V. 552)
doch die Gewohnheit coniugis templum colere und festa fronde
revincire beibehielt? Es ist dies durchaus unwahrscheinlich,
namentlich wegen des Ausdruckes miro quod honore colebat.

* * *

Statt des durch alle Vergilhandschriften und auch durch
Servius bezeugten *solaque* (462) citirt Nonius 194 3 *seraque*. Dies
könnte, wie die Erklärer meinen, veranlasst sein durch Georg. I
403 nequiquam seros exercet noctua cantus und Aen. XII 864
nocte sedens serum canit inportuna per umbras. Man könnte aber
a priori auch den umgekehrten Schluss machen, dass durch diese
Vergilstellen die bei Nonius vorkommende Leseart ihre Bestätigung erhalte. Aber seraque würde nicht gut zu dem vorausgehenden nox cum terras obscura teneret passen. Da nämlich die
Zeit, in welcher Dido den Ruf ihres Gatten hörte und in welcher
der Uhu sich hören liess, dieselbe ist — es ist die Zeit der
nächtlichen Ruhe — so erwartet man nach den Worten nox cum
terras obscura tenet im folgenden Satze keine Zeitangabe mehr;

---

*) Dass schon Servius auf diesen Widerspruch achtete, zeigen seine Worte
zu V. 459 „si amabat Aeneam, utique non coleret extinctum maritum."
Servius nahm hiebei an, dass Vergil „latenter tangit historiam," weil
Aeneas 340 Jahre vor Erbauung Roms nach Italien gekommen sei,
während Karthago nur 40 Jahre vor der Gründung Roms erbaut wurde.

und wenn eine solche doch gegeben werden sollte, so müsste das sera an den vorausgehenden Satz anders angeknüpft sein, nämlich nicht mittelst des schwachen que, sondern durch einen stärkeren, die Identität der Zeit bezeichnenden Ausdruck, etwa z. B. „ebenso liess sich in der Nacht der Uhu hören." Der Ausdruck seraque würde dagegen den Anschein erregen, als ob hier eine von der früher bezeichneten Zeit verschiedene zu denken sei, was doch nicht der Fall ist.

Sola ist aber auch viel bezeichnender als das im Grunde genommen überflüssige sera. Nach Thiel bezeichnet sola den Unglücksvogel, der allein, während alle lebenden Wesen ruhen, die nächtliche Ruhe stört. Man könnte freilich auch an den „einsam und allein auf dem Dache sitzenden" Uhu denken, und sprachlich wäre diese Erklärung einfacher, zumal da Vergil von einem anderen Unglücksvogel Georg. I 389 wirklich sola gebraucht: et sola in sicca secum spatiatur harena.

* * *

Im V. 464 ist die durch die meisten Handschriften bezeugte Leseart *priorum*. Von den bei Ribbeck angeführten Handschriften hat bloss *M* piorum, alle anderen priorum. Henry (Tw. years IV 67 und Philol. XII 261) hat priorum in 41, piorum bloss in 5 Handschriften gefunden. Auch die Prager Handschrift hat priorum. Servius bezeugt beide Lesearten. Aber zu Gunsten von priorum spricht noch Priscian, ferner Servius zu IV 65 und die zweimalige Reminiscenz in der Anthologia Lat. I 178 88. 110 vatum praedicta priorum. Trotzdem findet piorum in neuerer Zeit viel Anklang, seit Wagner darauf hinwies, dass **priorum** durch den Einfluss von **praeterea** und **praedicta** aus piorum corrumpirt sein kann. Ich finde gerade in der kräftigen Durchführung der Alliteration einen Beweis für die Richtigkeit des **priorum**. Vgl. III 627 **trepidi tremerent**, wo auch die Leseart tepidi nicht zu billigen ist. Priorum ist auf V. 65 zu beziehen. Die Aussprüche der Seher müssen so gelautet haben, dass sie auf ein Unglück bezogen werden konnten. Damals verstand Dido den Sinn derselben nicht; jetzt ist ihr alles klar, jetzt sieht sie, dass schon jene Aussprüche das drohende Unglück andeuteten.

Aen. IV 477.

consilium voltu tegit ac spem fronte serenat.

Die Worte *spem fronte serenat,* über die man bei flüchtiger
Lecture rasch hinwegliest, bieten grosse Schwierigkeiten dar. Es ist
werthlos, wenn man sagt, spem fronte serenat sei zufolge einer
Hypallage gesagt für frontem spe (simulata) serenare (durch ge-
heuchelte Hoffnung die Stirn aufheitern, mit geheuchelter Hoffnung
eine heitere Stirn zeigen); denn wie will man rationell die Möglichkeit einer solchen Umkehrung erweisen?

Eher zulässig erscheint die Erklärung „serenam spem ostendit
fronte, sie zeigt heitere Hoffnung auf der Stirne." Man müsste hiebei
annehmen, dass die eigentliche Bedeutung von serenare = serenum
aliquid reddere sich modificirte zu der Bedeutung „facere ut aliquid
serenum appareat"; und so wäre, da auch der Ausdruck spes serena
möglich ist, spem fronte serenat = facit, ut spes serena fronte appareat.

Jedenfalls bleibt auch nach dieser Erklärung die Ausdrucksweise kühn. Aber an eine Aenderung (Heinsius conjicierte fronte
serena, was übrigens auch im Cod. Bern. c von erster Hand steht)
ist aus zwei Gründen nicht zu denken:

1. serenat ist geschützt durch die Nachahmung des Silius XI 369
tristia fronte serenant, des Calpurnius ecl. XI 17 quid vultu mentem
premis ac spem fronte serenas? und der anthol. Lat. III 81 18

2. es ist aber auch geschützt durch die von Kappes wahrge-
nommene ganz genaue Entsprechung der einzelnen Wörter der
beiden Vershälften, welche Entsprechung sich auch auf die Wort-
folge erstreckt.

Ich habe früher spem von der Befürchtung der Anna genommen = sie heitert die bange Befürchtung der Schwester durch
die Stirn, die sie ihr zeigt, auf; vgl. 476 maestam sororem. Spes von
der Befürchtung z. B. Stat. Theb. IX 129 dum spes nulla necis.
Lucan V 455 naufragii spes omnis abit. Dieser Gebrauch ist allerdings selten; häufiger ist sperare von der Erwartung eines ungünstigen Ereignisses. Diese Erklärung scheint in der Nachahmung
des Silius, bei welchem tristia als Object von serenare erscheint,
eine Stütze zu haben; aber man würde dabei doch die ausdrückliche Setzung von spem sororis erwarten.

Aen. IV 478 f.

inveni, germana, viam — gratare sorori —
quae mihi reddat eum, vel eo me solvat amantem.

Die Bezeichnung des Aeneas mit *eum, eo* wäre in den Commentaren der Erklärer einer Bemerkung werth. Servius hat auf diesen Ausdruck geachtet und er bemerkt: „E u m : Aeneam. quem, ut notum, noluit dicere." Dazu findet sich in einem geringen Theil der Handschriften der Zusatz „quasi eius fastidio nomen abhorreat." Dieser Zusatz ist natürlich nicht richtig. Das unbestimmte i s steht zur Bezeichnung der Person, welche das ganze Sinnen und Trachten der Dido so in Anspruch nahm, dass eben diese unbestimmte Bezeichnung genügte. Diejenige Person, von welcher fortwährend die Rede ist und die das Interesse in hervorragender Weise in Anspruch nimmt, kann in jeder Sprache mit dem blossen „er, sie" bezeichnet werden. Wie oft haben neuere Dichter Phantasien „an Sie" geschrieben! Aus der alten Literatur ist besonders zu vergleichen Theokr. III 37 f.

ἅλλεται ὀφθαλμός μευ δεξιός· ἦ ῥά γ' ἰδησῶ
αὐτάν;

Aen. IV 483 ff.

hinc mihi Massylae gentis monstrata sacerdos,
Hesperidum templi custos, epulasque draconi
quae dabat et sacros servabat in arbore ramos,
spargens umida mella soporiferumque papaver.

Die Worte *epulasque — papaver* enthalten so viel auffallendes, dass man mindestens annehmen müsste, der Dichter habe nur vorläufig diese Verse niedergeschrieben, mit der Absicht, sie bei der letzten Feile anders zu gestalten. Die Bedenken, welche die Worte epulasque — papaver hervorrufen, sind folgende:

1. Der Anschluss im V. 484 durch que ist incorrect. Man will dies nun freilich rechtfertigen, indem man sagt, es sei dies eine ungewöhnliche Construction für „quae Hesperidum templi custos e r a t epulasque draconi dabat." Damit constatirt man aber nur, wie die correcte Construction lauten sollte; für die hier vorliegende Construction müsste man aber doch wenigstens ein adä-

quates Beispiel suchen. Ich glaube, dass eben der incorrecte Anschluss durch que die unberechtigte Anfügung der Interpolation verräth.

2. Auffallend sind die Imperfecta dabat, servabat. Diese Priesterin war doch noch custos Hesperidum templi, wie sie 498 und 509 sacerdos heisst; Dido hat sie nur ad hoc kommen lassen (vgl. 483 monstrata); also erwartet man dat, servat.

3. Dass die Erwähnung des soporiferum papaver höchst unpassend ist, hat schon Servius bemerkt: „incongrue videtur positum, ut soporifera species pervigili detur draconi.“ Man hat hier zu manigfachen Mitteln seine Zuflucht genommen:

a) Servius versuchte die Erklärung: „Sed dicimus variam vim praebere victum [diversum ist hier wahrscheinlich hinzuzufügen] diversis animalibus. Nam salices hominibus amarae sunt, dulces capellis . . . . Item cicutae secundum Lucretium hominibus venenosae sunt, cum pingues reddant capellas. Ergo et papaver, licet det hominibus somnum, draconi adimit forsitan.“

b) Dieser Rechtfertigung traute Servius selbst offenbar sehr wenig; denn er macht einen zweiten Versuch: „Potest tamen melior esse sensus, si '*servabat in arbore ramos*' plena sit sententia, sequentia vero sic accipiamus: Haec se promittit carminibus curas solvere, spargens humida mella soporiferumque papaver. Natürlich auch unzulässig!

c) Jahn und Thiel nahmen an, spargens bedeute „auf den Weg streuend, um die Herannahenden abzuhalten“; es sei damit also die Art und Weise bezeichnet, wie die Priesterin ihres Amtes, servare in arbore ramos, waltete.

d) Waddel vermuthete für spargens ein das Gegentheil bezeichnendes Verbum, arcens.

e) Ribbeck versetzte V. 486 nach 517, wobei er zugleich im V. 517 molam schrieb.

f) Schrader und Haupt wollten den V. 486 getilgt wissen.

g) Regel, quaest. Verg. crit. p. 23 sq. vertheidigt (wie ich aus Ladewig's Mittheilung im Anhang ersehe) gegen Ribbeck die handschriftliche Stelle des V. 486, liest aber im V. 485 is für et und schreibt is sacros servabat in arbore ramos als Parenthese.

h) Gewöhnlich begnügt man sich mit der Annahme, dass Vergil auch hier „dormitat“. So sagte schon Heyne: „Excidisse hoc poetae ut credam facile adducor; quippe qui non meminisset offas papavere aliisve soporiferis succis conditas draconibus apud veteres obiici tum, cum somno illi opprimendi sunt. Nec tamen adeo absurdum, cum melle antiquitas in quotidiano victu uteretur, et papaver certe posterior Graecia in deliciis haberet, cibum serpenti lautiorem et dulciorem inde paratum dici, ut pascatur ille offis mellitis papavere mixtis.“ Diese Annahme wäre zulässig, wenn nur nicht das Epitheton soporiferum da wäre. Das „dormitare“ Vergil's wird eben durch die ausdrückliche Hervorhebung der einschläfernden Eigenschaft des Mohns zu einem schweren Fehler. Wenig hilft die Annahme, soporiferum sei hier ein blosses Epitheton ornans, wenig die Bemerkung, Vergil habe von den Epitheten nicht immer einen passenden Gebrauch gemacht. Dies ist eben nichts anderes, als ein verblümtes Geständniss, der Dichter habe hier aus Unachtsamkeit einen s c h w e r e n Fehler begangen. Ich kann ihm d i e s e n Fehler nicht zutrauen. Es handelt sich ja hier nicht um einen Widerspruch zwischen zwei von einander e n t f e r n t e n S t e l l e n der Aeneis (und meist ist ja das „dormitare“ des Dichters derart, dass er auf die Uebereinstimmung der Darstellung an v e r s c h i e d e n e n Stellen nicht gehörig geachtet hat), sondern das Unpassende und Absurde ist hier so zu sagen concentrirt. Es unterliegt ja keinem Zweifel, dass der Dichter sich dessen b e w u s s t s e i n m u s s t e, dass der Drache als Wächter der Hesperidenäpfel nicht schlafen durfte.*) Wie kann nun der Dichter i n e i n e m A t h e m den hütenden Drachen erwähnen und zugleich sagen, dass die Priesterin, die ihn zu füttern hatte, ihn mit schlafbringendem Mohn fütterte?

4. Sehr auffallend ist auch, dass man spargens über den zunächst voraufgehenden Satz sacros servabat in arbore ramos hinweg mit epulas draconi quae dabat verbinden müsste.

---

*) Vgl. die Schilderung des das goldene Vliess bewachenden Drachen bei Apollonios IV 127 ff. (ὀξὺς ἀΰπνοισιν προϊδὼν ὄφις ὀφθαλμοῖσιν) und Valerius Flaccus VIII 60 ff.

5. Auch lässt sich nicht läugnen, dass das servare sacros in arbore ramos eigentlich die Aufgabe des Drachen war und dass es darum von dem Drachen ausgesagt werden sollte. Damit findet man sich nun freilich ab, indem man annimmt, dass dies wenigstens in direct der Priesterin zugeschrieben werden konnte, weil sie durch Erhaltung des Drachen jenen Zweck erreichte. Aber das Hüten der Hesperidenäpfel ist eine durch den Mythos so allgemein bekannte Sache, dass unbedingt jeder, wenn er diesen Ausdruck hörte oder las, an den eigentlichen Wächter denken musste. Von der Priesterin, welche nicht fortwährend bei dem Drachen und bei den goldenen Aepfeln anwesend zu sein brauchte, sondern die nur zu gewissen Zeiten dem Drachen sein Mahl reichte, ist der Ausdruck sacros servabat in arbore ramos auffallend und ungeschickt. Apollonios sagt richtig Arg. IV 1396 von dem Drachen Ladon

$$ \text{ἱερὸν πέδον, ᾧ ἔνι Λάδων} $$
$$ \text{εἰσέτι που χθιζὸν παγχρύσεα ῥύετο μῆλα.} $$

Wie sonderbar wäre es z. B., wenn Valerius Flaccus darum weil Medea dem das goldene Vliess bewachenden Drachen das Futter reichte,*) von der Medea sagen würde, dass sie das goldene Vliess hütete!

* * *

Sollen wir nun auf Grund dieser Verdachtsgründe die Worte epulasque draconi — papaver für die Zuthat eines Interpolators halten, der zunächst den unvollendeten Vers Hesperidum templi custos ergänzen wollte? Es wäre dies möglich. Aber viel wahrscheinlicher ist die Annahme, dass Vergil schrieb

Hesperidum templi custos epulasque draconi
spargens umida mella.
haec se carminibus promittit solvere mentes cet.

Der Interpolator, der diese vom Dichter unvollendet gelassene Stelle zum Gegenstande seiner ergänzenden Thätigkeit wählte, that ein doppeltes. Er schob, indem er ein den Accusativ epulas**)

---

*) Argon. VIII 63 blanda poscit me pabula lingua und ebd. 95 ff.

**) Ich nehme epulas als praedicative Bestimmung von mella. Das Participium spargens, welches die gewohnte Thätigkeit der Priesterin bezeichnet, steht coordinirt dem templi custos.

regierendes Verbum vermisste, den Vers quae dabat — ramos ein und schuf damit eine Reihe von Bedenken, die oben dargelegt worden sind. Die Interpolation verräth sich hier durch den ungeschickten Anschluss der Worte epulasque — dabat an Hesperidum templi custos. Zweitens ergänzte der Interpolator, indem er schon einmal dieser Stelle sein Augenmerk zuwandte, auch die Vershälfte spargens umida mella und begieng dabei mit den Worten soporiferumque papaver, die vielleicht nicht sein Eigenthum sind, einen neuen schweren Fehler.

Abgesehen davon, dass durch diese Annahme ein Anlass zur Interpolation in probabler Weise nachgewiesen wird, sehe ich mich gerade zu dieser Annahme (und nicht zur Athetese der ganzen Partie epulasque — papaver) veranlasst durch die Stelle bei Valerius Flaccus Arg. VIII 95 ff., wo Medea von dem Drachen, den sie zu füttern pflegte, sagt:

> non ego te sera talem sub nocte videbam
> sacra ferens epulasque tibi, nec talis hianti
> mella dabam ac nostris nutribam fida venenis.

Ich bin überzeugt, dass dem Dichter der Argonautica gerade unsere Vergilstelle vorschwebte und dass durch diese Imitation die Worte epulasque draconi spargens umida mella auch als durch die Autorität des Valerius Flaccus bezeugt gelten können.

Aen. IV. 500.

novis praetexere funera sacris

Servius bezeichnet diese Construction als Antistrophe. Sonst ist dafür gewöhnlich der Ausdruck „Hypallage" üblich, den Servius selbst z. B. in der Bemerkung zu den Worten 506 intenditque locum sertis gebraucht. Es ist dieselbe Erscheinung, die sich bei circumdare, donare, adspergere findet. Vgl. meine Bemerkung in den „Vergilstudien" (S. 62 f. zu Aen. I 195). Von den zahlreichen Beispielen dieser sogenannten Hypallage führt Forbiger an IV 172 hoc praetexit nomine culpam, V 536 cratera impressum signis, VI 229 socios pura circumtulit unda. Zu diesen füge ich hinzu Aen. VI 60 praetentaque Syrtibus arva (also activ = praetendere arva Syrtibus), ebd. X 479 ferro praefixum robur acuto, Georg. III 399

ferratis praefiguut ora capistris, Silius VIII 487 Tyrio vestem prae-
texuit ostro, Ovid Met. XIV 798 portaque . . . fonte fuit prae-
structa novo, Georg. II 302 neve olea silvestris insere truncos, ebd.
IV 416 quo totum nati corpus perduxit. Vgl. ähnliches im Griechischen, z. B. bei περιβάλλειν neben der ursprünglichen Construction Aisch. Agam. 529 τοιόνδε Τροίᾳ περιβαλὼν ζευκτήριον
die abgeleitete Choeph. 576 ποδώκει περιβαλὼν χαλκεύματι (sc.
αὐτόν). Eur. Or. 906 ἀστοὺς περιβαλεῖν κακῷ τινι.

Die ratio dieser Erscheinung wird natürlich durch den
mechanischen Ausdruck „Hypallage" oder „Antistrophe" nicht bezeichnet. Die ratio beruht auf einer Veränderung der Bedeutung
und auf der Macht der Analogie. Wenn z. B. signa crateri impri-
muntur, so folgt daraus, dass crater impletur (praeditus est) signis,
und unter dem Einflusse dieser vorschwebenden Vorstellung entstand eben auch nach der Analogie die Construction crater impri-
mitur signis (Aen. V 536). — Wie gross die Macht der Analogie
ist, zeigt namentlich deutlich die lehrreiche Wendung Aen. VI 353
navis excussa magistro (wofür Ovid in seiner Nachahmung Met.
XIV 88 den gewöhnlicheren Ausdruck orbataque praeside pinus
setzt); weil excusso magistro ex navi (vgl. Curt. IV 4 med. ut
gubernator in mare excuteretur e puppi) zugleich navis privatur
magistro, so sagt der Dichter nach dieser Analogie auch navis
excutitur magistro. Manches merkwürdige derart findet sich besonders bei den Komikern, wie die plautinische Construction cir-
cumducere aliquem aliqua re (= fraudare aliquem aliqua re) Bacch.
V 264 quadrigentis Philippis filius me et Chrusalus circumduxerunt,
oder dieselbe Construction bei emungere, Ter. Phorm. IV 4 1
emunxi argento senes.

Aen. IV 509 ff.

stant arae circum, et crinis effusa sacerdos
ter centum tonat ore deos, Erebumque Chaosque
tergeminamque Hecaten, tria virginis ora Dianae.

Wenn man bezüglich der Auffassung des V. 510 die Ansichten
der Erklärer überblickt, so sollte man meinen, dass die Chancen

für die beiden*) hier aufgestellten Erklärungen (nämlich ter tonat
ore centum deos und ter centum deos = trecentos deos ore tonat)
ziemlich gleich sind und dass eben darum die Entscheidung schwierig
ist. Servius behauptete,**) dass ter mit tonat verbunden werden
müsse; aber aus seinen Worten scheint zugleich hervorzugehen,
dass ihm auch die andere Erklärung vorlag. Wagner hatte sich
in der grösseren Ausgabe (gegen Heyne) für die Verbindung ter
tonat entschieden, aber später gab er diese Ansicht auf und verband (in der kleineren Ausgabe) ter mit centum. Von den neueren
Erklärern nahm Ladewig die Auffassung ter tonat an (worin ihm
Schaper folgte); dagegen sagt Kappes „ter centum, eine hyperbo-
lische bestimmte Zahl".

Der Hauptgrund, den man für die Verbindung *ter tonat* geltend
machen kann, ist, dass die Dreizahl eine von den heiligen Zahlen***)

---

*) Es ist freilich auch noch eine dritte Erklärung aufgestellt worden (von
Schirach), nach welcher zwar ter mit centum verbunden, aber nicht auf
deos, sondern auf das Verbum bezogen werden sollte, so dass tercentum
in adverbialem Sinne stünde; aber diese Auffassung ist als eine sprachlich unzulässige abzulehnen.

**) Für Servius scheint auch hier, wie in manchen anderen Fällen, die
Etymologie massgebend gewesen zu sein. Wenigstens sagt er, ohne
irgend einen anderen Grund (z. B. den Umstand, dass die Dreizahl bei
Beschwörungen und in Zauberformeln für eine heilige Zahl galt) geltend
zu machen: „sed tonat tertio centum numina Hecates; unde et Hecate
dicta est, ἑκατόν, i. e. centum potestates habens;" aber natürlich ist
diese Etymologie ebenso verkehrt, wie die Beziehung der Worte centum
deos auf die centum numina Hecates.

***) Natürlich galten auch die höheren Potenzen der Dreizahl für heilige
Zahlen. So die Neunzahl. Vgl. Ovid. Met. XIII 952 f. et purgante nefas
novies mihi carmine dicto pectora fluminibus iubeor supponere centum.
Und noch höher hinauf Met. XIV 57 f. obscurum verborum ambage
novorum ter novies carmen magico demurmurat ore. — Auch die Sieben-
zahl erscheint oft als eine bedeutungsvolle; vgl. z. B. Ovid. Met. IX 292;
X 73. Bemerkenswerth ist, dass Ovid in der Erzählung von einer und
derselben Sache die Zahl variirt. Fasti IV 607 f.
rapta tribus, dixit, solvit ieiunia granis,
punica quae lento cortice poma tegunt.
Dagegen Met. V 536 ff.
puniceum curva decerpserat arbore pomum,
sumptaque pallenti septem de cortice grana
presserat ore suo.

war und dass sie besonders bei magischen Künsten üblich war.
Vgl. Verg. Buc. VIII 73 und Theokr. II 43 ἐς τρὶς ἀποσπένδω καὶ
τρὶς τάδε, πότνια, φωνῶ. Ferner Theokr. VI 39 ὡς μὴ βασκανθῶ
δέ, τρὶς εἰς ἐμὸν ἔπτυσα κόλπον. Aen. VI 229 idem ter socios
pura circumtulit unda. Ebd. 506 magna Manis ter voce vocavi
(wie schon Odyss. ι 65). Hor. carm. I 28 36 licebit iniecto ter
pulvere curras. III 22 2 ff. quae laborantes utero puellas ter vocata
audis, adimisque leto, diva triformis. Carm. secul. 23 f. ter die
claro, totiesque grata nocte frequentes. Epist. I 1 36 f. sunt certa
piacula, quae te ter pure lecto poterunt recreare libello. Ovid
Met. VII 189 ff. ter se convertit; ter sumptis flumine crinem irro-
ravit aquis; ternis ululatibus ora solvit. Ebd. 261 terque senem
flamma, ter aqua, ter sulfure lustrat. XIV 386 f. tum bis ad
occasum, bis se convertit ad ortum; ter iuvenem baculo tetigit;
tria carmina dixit. Fasti II 573 et digitis tria tura tribus sub
limine ponit. Tibull. I 2 56; I 5 11.

Aber dem gegenüber kann man doch sagen, dass, so beliebt
auch die Dreizahl als heilige Zahl war, doch daraus durchaus nicht
folgt, dass sie immer angewandt werden musste oder dass der
Dichter immer dies erwähnen musste. Während Vergil VI 506
sagt magna Manis ter voce vocavi, heisst es z. B. Aen. III 68
nur et magna supremum voce ciemus, und ebenso V 98 f. vinaque
fundebat pateris animamque vocabat Anchisae magni Manisque
Acheronte remissos. Vgl. auch VI 247 voce vocans Hecaten, Caeloque Ereboque potentem. Ebenso ist belehrend die Vergleichung
von Ovid. Met. XIV 387 mit Verg. Aen. VII 189 ff. Während
Ovidius in der Erzählung von der Verwandlung des Picus durch
die Circe ausdrücklich sagt ter iuvenem baculo tetigit; tria
carmina dixit, findet sich in der gleichen Erzählung Vergil's keine
Erwähnung der Dreizahl:

> quem capta cupidine coniunx
> aurea percussum virga versumque venenis
> fecit avem Circe sparsitque coloribus alas.

Hingegen lassen sich für die Verbindung ter centum deos
zwei Gründe anführen, welche meiner Meinung nach den Ausschlag geben:

1. Ter neben centum findet sich bei Vergil noch an mehreren anderen Stellen, und immer so, dass ter mit centum zusammen zu nehmen ist. So

Aen. I 272   hic iam ter centum totos regnabitur annos
VII 275   stabant ter centum nitidi in praesepibus altis.
VIII 714 ff. at Caesar triplici invectus Romana triumpho
              moenia dis Italis votum inmortale sacrabat,
              maxuma ter centum totam delubra per Urbem.
X 182   ter centum adiciunt
Georg. I 15   ter centum nivei tondent dumeta iuvenci.*)

Nun wäre es ohne Zweifel dem Dichter als Fehler anzurechnen, wenn er an unserer Stelle dem Leser zumuthen würde, ter nicht mit centum zu verbinden, sondern es auf tonat zu beziehen, während er selbst ter unmittelbar neben centum stellte und so den Leser förmlich in Versuchung führte, ter centum gerade so zu verbinden, wie an allen anderen Stellen, an denen beide Wörter neben einander erscheinen. Von diesen Stellen ist namentlich Aen. VIII 716 als Parallelstelle wichtig.

2. Noch wichtiger ist aber der bisher meines Wissens nicht berücksichtigte Umstand, dass der Dichter im V. 510 und 511 eine Anaphora anwendet, welche nur dann ihre volle Wirkung übt, wenn ter mit centum verbunden wird; denn nur dann wird die vom Dichter offenbar beabsichtigte Symmetrie und der nöthige Parallelismus gewahrt, wenn den beiden Gliedern tergeminam Hecaten, tria ora Dianae im ersten Gliede ter centum deos entspricht. Diese Symmetrie wird dagegen in bedauerlicher Weise zerstört, wenn ter von centum und hiemit auch von deos losgelöst und mit tonat verbunden wird; denn dann hätte dies ter in dem ganzen Satze eine vollständig andere Stellung als das ter in tergeminam und als tria.

Wenn von Wagner (früher) die Einwendung erhoben wurde, dass trecenti dii sonst nicht vorkomme und dass andererseits die Hundertzahl „in re ad deos spectante" geläufig sei, so ist dies

---

*) Ebenso bei anderen Dichtern, z. B. Ovid. Met. XIV 146
ter centum messes, ter centum musta videre.

von keinem Gewicht und es ist dagegen zu erinnern, dass die von Wagner angeführten Stellen Georg. III 18; Aen. I 417; IV 199 u. a. auch für centum deos keine vollkommen genügende Analogie darbieten, da an diesen Stellen nur centum currus, centum arae u. ähnl. sich findet, nicht aber centum dii. Man kann also mit demselben Recht für ter centum deos geltend machen die Parallele Aen. VIII ter centum delubra.*)

Was die Schreibung betrifft, so thut man wol besser daran, wenn auch ter zu centum gehört, doch die beiden Wörter getrennt zu schreiben, gerade so wie Aen. I 71 bis septem, ebd. 381 bis denis, ebd. 393 bis senos, II 126 bis quinos, Ovid. Fast. IV 614 bis tribus, Hor. Ep. I 20 27 quater undenos,' ebd. II 1 24 bis quinque viri; Ovid. Met. II 497 ter quinque fere natalibus actis; Fast. III 163 is decies senos ter centum et quinque diebus iunxit. Dies ist schon darum wahrscheinlich, weil das Adverbialzahlwort von dem Cardinale oder Distributivum zuweilen durch ein eingeschobenes Wort getrennt erscheint, z. B. Ov. Met. 242 f. natalibus actis bis puerum senis. Hes. Op. 250 τρὶς γὰρ μύριοί εἰσιν.

Bezüglich der Auffassung von ter centum deos könnte man nun allerdings meinen, dass hiemit eine unbestimmte grosse Zahl bezeichnet werde, wie Hor. carm. III 4 79 f. amatorem trecentae Pirithoum cohibent catenae, in welchem Falle auch die Schreibung tercentum zu empfehlen wäre. Wie wenig mitunter bei solchen Zahlwörtern die bestimmte Bedeutung urgirt werden darf, lehrt die Vergleichung von Ovid. Met. I 625

centum luminibus cinctum caput Argus habebat

und Ov. Amor. III 4 19 f.

centum fronte oculos, centum cervice habebat
Argus. et hos unus saepe fefellit Amor.**)

---

*) Eine gewisse Analogie für unser ter centum deos bietet Hes. Op. 250 f.
τρὶς γὰρ μύριοί εἰσιν ἐπὶ χθονὶ πουλυβοτείρῃ
ἀθάνατοι Ζηνὸς φύλακες θνητῶν ἀνθρώπων.

**) Vgl. Aisch. Prom. 677 ff.
βουκόλος δὲ γηγενὴς
ἄκρατος ὀργὴν Ἄργος ὡμάρτει, πυκνοῖς
ὅσσοις δεδορκὼς τοὺς ἐμοὺς κατὰ στίβους.

Aber an unserer Stelle muss man wol ter centum als bestimmte Zahl nehmen, weil nur unter dieser Voraussetzung die
oben erwähnte Symmetrie ter centum, tergeminam, tria in
Kraft bleibt.

* * *

Bemerkenswerth ist noch an dieser Stelle die nach der allgemeinen Einleitung ter centum deos folgende partielle Aufzählung und Erwähnung nur einiger Gottheiten. Diese Fassung
der Stelle entspricht streng genommn den logischen Anforderungen
nicht; die Logik verlangt entweder eine vollständige Aufzählung
(was hier natürlich unthunlich ist) oder eine Wendung wie z. B.
ter centum tonat ore deos, in his Erebumque Chaosque cet. oder
nach tria virginis ora Dianae die Hinzufügung aliosque oder
einen ähnlichen Ausdruck.

Indessen lassen sich für die in Rede stehende Fassung unserer
Stelle nicht wenige Beispiele anführen. Ich hebe aus meiner Sammlung folgende Analogien heraus.

Aen. I 610 ff.   sic fatus amicum
          Ilionea petit dextra laevaque Serestum,
          post alios, fortemque Gyan fortemque Cloanthum.
Aen. VI 481 ff. hic multum fleti ad superos belloque caduci
          Dardanidae, quos ille omnis longo ordine cernens
          ingemuit, Glaucumque Medontaque Thersilochumque,
          tris Antenoridas Cererique sacrum Polyphoeten
          Idaeumque etiam currus, etiam arma tenentem.

Auch Aen. II 159 ff. ist mit der Nennung von neun Helden
nicht die ganze Zahl der im Pferde eingeschlossenen Griechen
erschöpft:

          inclusos utero Danaos et pinea furtim
          laxat claustra Sinon. Illos patefactus ad auras
          reddit equus, laetique cavo se robore promunt
          Thessandrus Sthenelusque duces et dirus Ulixes,
          demissum lapsi per funem, Acamasque Thoasque
          Pelidesque Neoptolemus primusque Machaon
          et Menelaus et ipse doli fabricator Epeos.

* * *

Ueber tonat bemerkt Servius: „Tonat autem perite dixit. In talibus enim sacris imitabantur tonitrua; sed praecipue in Hecatae; aut tonat clara voce et cum fiducia invocat." Es ist nun aber die Frage, ob bei tonat an das dumpfe Rollen des Donners oder an die einzelnen krachenden Donnerschläge zu denken ist. Im ersten Falle hätte der Dichter ein dumpfes, dem Rollen des Donners vergleichbares, Murmeln der Zauberformel gemeint, im zweiten ein lautes, mächtiges Rufen, so dass das Hervorstossen jedes Götternamens gewissermassen einem Donnerschlag vergleichbar wäre. A priori sind beide Möglichkeiten denkbar. Und auch das, was wir von dem Vortragston bei der Recitirung solcher carmina wissen, lässt beide Möglichkeiten zu. So gebraucht Ovid Met. XIV 57 f. den Ausdruck demurmurare

et obscurum verborum ambage novorum
ter novies carmen magico demurmurat ore

und Appuleius sagt (Apol. p. 504 Oud.) magia carminibus murmurata. Dagegen ist von derselben Sache auch ululare üblich; so sagt Ovid von der Medea Met. VII 190 ternis ululatibus ora solvit und von der Circe Met. XIV 405 longis Hecaten ululatibus orat. Hor. Sat. I 8 25 (Canidiam) cum Sagana maiore ululantem. Und Vergil selbst Aen. IV 609 nocturnisque Hecate triviis ululata per urbes.

Da aber tonare im tropischen Gebrauche sonst immer von der mächtig donnernden Stimme gebraucht wird (vgl. Prop. IV 1 34. Martial VIII 3 14. Claudian Rapt. Pros. I 83) und da Vergil selbst in derselben Weise tonare gebraucht Aen. XI 383 proinde tona eloquio und ebenso intonare Aen. VI 607 atque intonat ore: so ist auch an unserer Stelle tonat von dem lauten Anrufen der Götter mit mächtiger Stimme zu verstehen. Gewiss hat aber auch hier, wie in vielen anderen Fällen, auf die Wahl gerade dieses Ausdrucks das Streben nach Alliteration (ter, tonat) Einfluss gehabt.

Aen. IV 517 ff.

ipsa mola manibusque piis altaria iuxta
unum exuta pedem vinclis in veste recincta
testatur moritura deos et conscia fati

sidera; tum, si quod non aequo foedere amantis
curae numen habet iustumque memorque, precatur.

Ich halte die Erklärung, nach welcher *mola* und *manibus piis* als Ablativ der Beschaffenheit aufgefasst wird, so dass damit Dido in ihrer äusseren Erscheinung beschrieben würde, für unwahrscheinlich; es wird damit dem Dichter eine harte und wol auch sprachlich unzulässige Construction zugemuthet. Viel natürlicher ist es doch jedenfalls diese Ablative mit testatur als instrumentale Ablative zu verbinden, wofür Wunderlich zwei passende Beispiele beigebracht hat, nämlich Plin. N. H. XVIII 2 2 mola salsa supplicare und Val. Fl. I 781 Stygiasque supremo obsecrat igne domos. Dido opfert und betet zu den Göttern; in testatur deos liegt jedenfalls (vgl. das folgende precatur) auch der Begriff des Bittens. Warum hätte also der Dichter nicht verbinden können mola manibusque piis testatur deos = molam spargens manusque pias tendens testatur deos, zu welcher Verbindung ihn auch die Alliteration mola manibusque veranlasste?

Zu den von Wunderlich angeführten Beispielen füge ich noch folgende hinzu, welche einen ähnlichen Ablativ enthalten: Aen. V 744 f. Pergameumque Larem et canae penetralia Vestae farre pio et plena supplex veneratur acerra (cf. Prop. II 20 33); ferner supplicare vino Plaut. Aul. prol. 24, supplicare ture*) Sall. fragm. bei Macrobius Sat. II 9, dann Plaut. Amph. II 2 108 Iovi aut mola salsa hodie aut ture comprecatam oportuit. Und sogar für die Verbindung testari deos mit dem Ablativ kann ich ein Beispiel anführen, das zwar sonst nicht ganz gleich ist, aber doch einigermassen ähnlich, näml. Cic. Cluent. § 194 quin etiam nocturna sacrificia, quae putat occultiora esse, sceleratasque eius preces et nefaria vota cognovimus; quibus illa etiam deos immortales de suo scelere testatur neque intellegit, pietate et religione et iustis precibus deorum mentes, non contaminata superstitione neque ad scelus perficiendum caesis hostiis posse placari.

*   *   *

---

*) Vgl. auch die ähnliche Wendung Sall. Iug. 63 1 G. Mario per hostias dis supplicanti.

Zu 520 f. bemerkt Servius: „Ordo est: Tunc (richtig tum) numen precatur, si quod curae habet amantes non aequo foedere. Si quod autem, bene dubitat, utrum et res malae praepositas habeant potestates." Eine andere Bemerkung des Servius weist auf den Anteros oder die Nemesis hin (nonnulli Nemesin significari putant). Aus dem Ausdrucke si quod hat hier Servius zu viel geschlossen. Richtig erklärt Kappes „sie fleht zu der Gottheit, welche." Wir müssen uns das Gebet der Dido in directer Form so denken: si quod numen non aequo foedere amantes curae habet, id numen precor. Darin liegt aber keine dubitatio, ob es auch wirklich solche Gottheiten gebe. Vielmehr wird si quis, si qui wie im Griech. εἴ τις zuweilen statt des erwarteten qui (quicunque), ὅστις gebraucht. Vgl. II 420 illi etiam, si quos obscura nocte per umbram fudimus (= illi etiam, quoscunque). Cic. Leg. II 23 58 credo, Tite, fuisse aut eos, quibus hoc ante hanc legem virtutis causa tributum est, ut Poplicolae, ut Tuberto, quod eorum posteri iure tenuerunt, aut eos, si qui hoc, ut G. Fabricius, virtutis causa soluti legibus consecuti sunt. Cic. Lael. § 74 nec si qui ineunte aetate venandi aut pilae studiosi fuerint, eos habere necessarios oportet, quos tum eodem studio praeditos dilexerunt.

Aen. IV 522 ff.

Nox erat et placidum carpebant fessa soporem
corpora per terras silvaeque et saeva quierant
aequora, cum medio volvuntur sidera lapsu,
cum tacet omnis ager, pecudes pictaeque volucres,   525
quaeque lacus late liquidos, quaeque aspera dumis
rura tenent, somno positae sub nocte silenti
lenibant curas et corda oblita laborum.
at non infelix animi Phoenissa, nec umquam
solvitur in somnos oculisve aut pectore noctem   530
accipit: ingeminant curae rursusque resurgens
saevit amor magnoque irarum fluctuat aestu.
sic adeo insistit secumque ita corde volutat.

Weil in der Nacht Wald und Meer nicht gerade ruhig sein muss, stellte Jahn die Erklärung auf, dass bei silvae und aequora vielmehr an die Thiere des Waldes und Meeres zu denken ist, die der Ruhe pflegen, gerade so wie diese Personification dann unzweifelhaft in den Worten cum tacet ager vorliegt. Dass diese Auffassung unzulässig ist, lehrt schon das Epitheton saeva, das hiebei zwecklos und auffallend wäre. Auch Ovid hat in seiner Nachahmung (Met. VII 187) den Worten silvae quierant entsprechend gesetzt immotaeque silent frondes. Vergil schildert eine Nacht, in welcher absolute und allgemeine Ruhe herrscht, Ruhe in der Thierwelt, Ruhe auch in der leblosen Natur.*) Das durfte er um so eher thun, als die Erfahrung wirklich lehrt, dass oft der bei Tage wüthende Sturm gegen Abend nachlässt, und eine Thatsache wenigstens ist es, dass Vergil von derselben Vorstellung III 568 ausgieng: interea fessos ventus cum sole reliquit; vgl. auch Rutilius Itin. I 343 sic festinantem ventusque diesque reliquit. — Es mochte übrigens der Dichter in den Worten saeva quierant aequora auch noch die specielle Absicht haben, durch den Gegensatz zwischen den Worten s a e v a quierant aequora und den folgenden s a e v i t amor magnoque irarum fluctuat aestu zu wirken. Es darf · bei Vergil, der ähnliche Mittel zur Erreichung eines Effectes häufig anwendet, die Annahme einer solchen absichtlichen Beziehung nicht für gekünstelt gelten.

* * *

Im V. 526 f. dachten manche an Fische und Schlangen — eine durchaus unglückliche Vermuthung! Man kann zu quacque nicht bestiae ergänzen; und wie hätte der Dichter sagen können cum pisces et serpentes tacent (dies muss aus tacet ergänzt werden), da doch die Fische und Schlangen immer tacent? Daran ist natürlich nicht zu denken, dass tacent hier etwa bloss quiescunt bedeuten sollte. Es sind unter quacque — tenent Vögel zu verstehen, Wasservögel und die Vögel in Büschen und Hecken (vgl. Ovid. Met. VII 186). Also = pictaeque volucres, et quae lacus liquidos, et quae aspera dumis rura tenent. Vgl. mit diesem Gebrauch von

---

*) Dass dies dem Zweck des Dichters förderlich ist, leuchtet ein. Gegenüber dieser allgemeinen Ruhe, die sich auch in der leblosen Natur zeigt, tritt die Unruhe und Aufregung der Dido um so stärker hervor. Contraria contrariis illustrantur!

que—que beim relativen Pronomen Liv. I 55 6 vates, quique in
urbe erant, quosque acciverant (vgl. Weissenborn's Bemerkung).
XXII 26 5 omnes eam rogationem, quique Romae quique in exer-
citu erant, in contumeliam eius latam acceperunt. Vell. II 113 1·
Quint. I 8 16 figuras, quaeque λέξεως quaeque διανοίας vocantur. —
Dass der Dichter aber gerade von den Vögeln so ausführlich
spricht, ist durchaus nicht unpassend; gerade die Vögel sind es
ja, welche am meisten sich hören lassen und durch ihren Gesang
oder ihr Geschrei die Landschaft am meisten beleben. So hebt
auch Sophokles (El. 17 ff.), um das mit dem Aufgang der Sonne in
der Natur neu erwachende Leben zu bezeichnen, gerade den
Morgengesang der Vögel hervor: ὡς ἡμῖν ἤδη λαμπρὸν ἡλίου
σέλας ἑῷα κινεῖ φθέγματ' ὀρνίθων σαφῆ, μέλαινά τ' ἄστρων
ἐκλέλοιπεν εὐφρόνη. — Besonders interessant aber ist es, unsere
Stelle zu vergleichen mit einer sehr ähnlichen Stelle bei Euripides,
nämlich Iph. Aul. 9 ff. οὔκουν φθόγγος γ' οὔτ' ὀρνίθων οὔτε
θαλάσσης· σιγαὶ δ' ἀνέμων τόνδε κατ' Εὔριπον ἔχουσιν. Agamemnon
wacht, während um ihn herum alles in tiefer Ruhe liegt; gerade so
Dido. Namentlich aber ist hervorzuheben, dass auch bei Euripides
neben dem Schweigen des Meeres und der Winde das Schweigen
der Vögel erwähnt wird.

* * *

Somno (527) halten manche Erklärer für den Dativ. Diese
Auffassung suchte Wagner zu stützen durch den Hinweis auf
Georg. IV 432 sternunt se somno phocae. Aen. VIII 566 ter leto
sternendus erat. XII 464 neque aversos dignatur sternere morti
(Wagner edlt. mai. zu Georg. IV 432 und Aen. VIII 566). Aber
mit Recht weisen andere Erklärer auf die näher liegende Analogie
somno iacentem (Buc. VI 14 und Georg. IV 404) hin. Namentlich
wichtig ist aber die Vergleichung der berühmten Verse des Varro
Atacinus, welche Vergil gewiss vorschwebten

desierant latrare canes urbesque silebant;
omnia noctis erant placida composta quiete.

Vgl. auch Verg. VIII 56 somnoque sepulti. Caes. B. C. II 38 hos
oppressos somno. Hom. μ 372 ἦ με μάλ' εἰς ἄτην κοιμήσατε
νηλέϊ ὕπνῳ.

* * *

Mit nox silens vgl. Ovid. Met. IV 84 nocte silenti; Tibull.
I 5 16 silente nocte; Lucr. IV 461 severa silentia noctis; Ovid.
Met. VII 184 per muta silentia noctis; ebenso Silius V 2 perque
alta silentia noctis, Verg. Aen. II 255 silentia lunae; ferner tacita
nox Ovid. Her. XVIII 78; Fast. II 552. Dass Vergil Apoll. III 750
σιγῇ δὲ μελαινομένην ἔχεν ὄρφνην vor Augen hatte, ist wahrscheinlich, da ihm überhaupt bei seiner Schilderung diese ganze
Stelle des Apollonios vorschwebte.

Der schönen Anwendung der Praeposition sub (nocte silenti)
liegt die Vorstellung zu Grunde, dass die Nacht vom Himmel
herniederfährt (Aen. II 8 nox humida caelo praecipitat) und alles
auf Erden einhüllt und deckt; IV 351 quoties humentibus umbris
nox operit terras. Im Gegensatze dazu Aen. IV 119 ubi Titan
radiis retexerit orbem; vgl. die Stellen, welche Forbiger zu
Aen. IV 119 anführt.

Deutlich erkennbar ist die ursprüngliche locale Bedeutung
auch in dem entgegengesetzten Ausdrucke Aen. I 431 sub sole,
Bucol. II 13 sole sub ardenti resonant arbusta cicadis, wo durch
die temporale Auffassung die schöne Sinnlichkeit des Ausdruckes
verwischt wird; ebenso sub die, sub luce. Vgl. das homerische ὑπ'
αὐγὰς ἠελίοιο und ὑπ' ἠελίῳ (Δ 44).

* * *

Die Echtheit des in den meisten und ältesten Handschriften
fehlenden Verses 528 wurde besonders von Wagner in gründlicher
Weise bekämpft, und mit Recht erklären die meisten Kritiker
diesen Vers für eine Interpolation. Eine einigermassen erträgliche
Construction der Worte könnte nur dann hergestellt werden, wenn
man mit Brunck und Thiel schriebe cum tacet omnis ager.
Pecudes pictaeque volucres cet., so dass man zu lenibant das
Subject pecudes pictaeque volucres gewänne. Aber so entsteht
wieder ein auffallendes Asyndeton. Und noch auffallender wäre
die ungehörige Trennung des Gedankens cum tacet omnis ager
von dem Satze pecudes — somno positae sub nocte silenti lenibant curas, da ja der in dem letzteren Satze ausgesprochene Gedanke gleichartig ist mit cum tacet omnis ager und da beide

Sätze nur verschiedene Erscheinungen schildern, welche zusammen
die nächtliche Ruhe bedingen. Construirt man aber, wie man muss,
cum tacet omnis ager, pecudes pictaeque volucres (sc. tacent) cet.,
so schweben die Worte lenibant — laborum zusammenhanglos in
der Luft. Man ist auch im Stande hier mit Wahrscheinlichkeit
eine Veranlassung zur Interpolation nachzuweisen. Manche vermissten nämlich ein Verbum finitum, das zu den folgenden Worten
at non infelix animi Phoenissa ergänzt werden könnte, und darum
schob man den· aus Aen. IX 223 bekannten Vers hier ein.*)

* * *

Was die Worte at non infelix animi Phoenissa betrifft, so
haben manche Erklärer auf die homerischen Parallelen hingewiesen.
So heisst es zu Anfang des zweiten Buches der Ilias, dass, während
alle Götter und Menschen schliefen, *Δία οὐκ ἔχε νήδυμος ὕπνος.*
Aehnlich zu Anfang des zehnten Buches der Ilias und Ω 677.
Diese homerischen Stellen waren wol das Vorbild für Apollonios
III 744 ff. Vergil aber hielt sich bei seiner Nachahmung nicht an
Homer, sondern an Apollonios, der von der homerischen Einfach-
heit abgehend das Bild der nächtlichen Ruhe weiter ausmalte und
dabei auch auf die in der Natur sich zeigende Ruhe Rücksicht
nahm; und so ist denn auch V. 529 zunächst zu vergleichen mit
Apollon. III 751 *ἀλλὰ μάλ' οὐ Μήδειαν ἐπὶ γλυκερὸς λάβεν ὕπνος.*

Das zu at non infelix animi Phoenissa nothwendige Prädicat
ist natürlich aus dem vorausgehenden zu ergänzen, wie Georg. III
349, IV 530. Aber, da mit der Beseitigung des Verses 528 die
Ergänzung leniebat entfällt, was ist zu ergänzen? Heyne ergänzte
at non carpit soporem, Kappes at non somno posita erat, andere

---

*) Die Variante lenibant (für laxabant) schützt freilich s c h e i n b a r den
V. 528, und man könnte meinen, dass ein Interpolator einen solchen
Archaismus nicht gebraucht haben würde, und somit könnte man wegen
dieser a r c h a i s t i s c h e n Form den Vers für echt halten. Aber dieser
Schluss trifft nicht zu; denn diese allerdings archaistische Form findet
sich n i c h t s e l t e n auch bei späten Schriftstellern, wie bei Gellius,
Appuleius und sogar bei Fulgentius. — Man könnte übrigens auch annehmen, dass schon frühzeitig manche Leser in P e c u d e s pictaeque
volucres den Anfang eines neuen Satzes erblickten und dass, weil man
dann das Prädicat vermisste, V. 528 interpolirt wurde.

ergänzen quiescebat aus quierant. Die ersten zwei Erklärungen sind unzulässig, da diese Worte und die unmittelbar folgenden nec umquam solvitur in somnos vollständig tautologisch wären; es bleibt nur die Beziehung auf saeva quierant aequora übrig, die sich denn auch am meisten empfiehlt. Quierant ist ja factisch das zunächst stehende Hauptverbum, während positae nur eine participiale Nebenbestimmung von pictae volucres bildet, die sich an tacet anlehnt. Auch ist gerade diese Zusammenstellung saeva quierant aequora, at non Dido quieta erat besonders effectvoll. Vgl. die ähnliche Zusammenstellung bei Theokrit II 38 f.

ἠνίδε σιγῇ μὲν πόντος, σιγῶντι δ' ἀῆται·
ἁ δ' ἐμὰ οὐ σιγῇ στέρνων ἔντοσθεν ἀνία.

Wesentlich unterstützt wird gerade diese Verbindung auch dadurch, dass im V. 532 s a e v i t amor folgt, was doch wol eine Rückbeziehung auf s a e v a quierant aequora enthält.

* * *

Solvitur ist zu vergleichen mit dem besonders bei Homer sich findenden Gebrauch von λύειν. Dies Verbum wird in Verbindung mit dem Object γυῖα, γούνατα, μένος u. a. in sehr verschiedenem Sinne gebraucht; es bedeutet besonders „tödten" *(Π 400* λῦσε δὲ γυῖα; vgl. *Δ 469, E 176* u. s., *γ 450* λῦσεν δὲ βοὸς μένος, *E 296* τοῦ δ' αὖθι λύθη ψυχή τε μένος τε), aber auch die Entkräftung, Schwächung, die eine Folge der Anstrengung *(Θ 233* τῷ μοι φίλα γυῖα λέλυνται und mit καμάτῳ *N 85* τῶν ῥ' ἅμα τ' ἀργαλέῳ καμάτῳ φίλα γυῖα λέλυντο), des Alters *(Θ 103* σὴ δὲ βίη λέλυται, χαλεπὸν δὲ σε γῆρας ὀπάζει), heftiger Affecte ist z. B. des Schreckens *(Φ 114* τοῦ δ' αὐτοῦ λύτο γούνατα καὶ φίλον ἦτορ), der Liebessehnsucht *(σ 212* τῶν δ' αὐτοῦ λύτο γούνατ', ἔρῳ δ' ἄρα θυμὸν ἔθελχθεν), der Freude *(ψ 205* τῆς δ' αὐτοῦ λύτο γούνατα καὶ φίλον ἦτορ). So auch vom Schlafe: *δ 794* und *σ 189* εὗδε δ' ἀνακλινθεῖσα, λύθεν δέ οἱ ἅψεα πάντα. Die zu Grunde liegende sinnliche Vorstellung ist „etwas lösen, was zusammengefügt ist, was in engem Zusammenhang ist und durch diesen Zusammenhang in Spannung sich befindet, dessen einzelne Theile thätig in einander greifen." Bei einem lebenden, wachenden, kräftigen Körper sind die einzelnen Glieder und Körpertheile in einer wechselseitig in einander greifenden Zusammenfügung und Spannung, durch welche eben die verschiedenen körperlichen Thätigkeiten ermöglicht oder erleichtert werden. Diese energische Spannung (vgl. dafür auch die Ausdrücke des Hippokrates εὐτονία und εὔτονος, welche den kräftigen Körper bezeichnen) wird gelockert oder „gelöst" durch den Tod, Schlaf, das Alter, heftige auf den Körper betäubend einwirkende Affecte, und der Körper sinkt durch diese Ursachen so zu sagen in sich zusammen.*) Am stärksten und am augenfälligsten zeigt sich diese „Lösung" bei den Knieen (vgl. z. B. Λ 578 f. καὶ βάλε . . . Ἀπισάονα . . . ἧπαρ ὑπὸ πραπίδων, εἶθαρ δ᾽ ὑπὸ γούνατ᾽ ἔλυσεν); die Knie des tödtlich verwundeten brechen, knicken zusammen (genua succidunt Plat. Curc. II 3 30) und der früher aufrecht stehende bricht zusammen. — Das Gegentheil davon ist εἰσόκε μοι φίλα γούνατ᾽ ὀρώρῃ (Ι 610, σ 133); vgl. Hor. Epod. 13 4 dumque virent genua.

Mit diesem Gebrauch von λύειν stimmt auch das schöne Adjectiv λυσιμελής „gliederlösend" überein, welches bei Homer als Epitheton des Schlafes erscheint (υ 57, ψ 343), aber bei Hes. Theog. 120 und Sappho vom ἔρως gesagt ist, bei Archilochos vom πόθος, bei Euripides (Hik. 48) vom Tode. Ueberhaupt ist der eben besprochene homerische Gebrauch von λύειν auch bei anderen Autoren keine Seltenheit. Besonders interessant ist Eur. Hipp. 199 λέλυμαι μελέων σύνδεσμα (vgl. das homerische λύθεν ἅψεα). Vgl. auch Aisch. Pers. 913 λέλυνται γὰρ ἐμῶν γυίων ῥώμη.

In derselben Weise nun wie λύειν, λύεσθαι wird im Latein solvere, solvi gebraucht. So in der homerischen Reminiscenz bei Verg. (Aen. XII 951) illi solvuntur frigore membra. Ebenso vom Tode Sil. VII 632 membris solutis und von dem durch Altersschwäche herbeigeführten Tode Curt. VIII 33 corpora senectus solvit. Nicht selten findet sich in diesem Sinne solvi mit dem die

---

*) Vgl. in dieser Hinsicht besonders den sehr belehrenden Ausdruck ἅψεα) der die compages membrorum bezeichnet: λύθεν δὲ οἱ ἅψεα πάντα δ 794 und σ 189. — Nicht unwichtig ist auch die Erscheinung, dass an mehreren homerischen Stellen der Ausdruck αὐτοῦ oder αὖθι vorkommt, wie Φ 114 τοῦ δ᾽ αὐτοῦ λύτο γούνατα; σ 212, ψ 205, Ε 296. Es wird dadurch bezeichnet, dass der Körper so wie er da ist, am selben Orte in sich zusammensinkt.

Ursache bezeichnenden Ablativ morbo, morte, inedia, oder auch ohne denselben, z. B. Ovid. Amor. II 10 36 medium solvar et inter opus.*) — Vom Schlafe Ovid. Met. VII 185 f. homines volucresque ferasque solverat alta quies. Die Erklärung solverat curis ist an dieser Stelle zurückzuweisen, sowie auch an unserer Stelle solvitur nicht ist solvitur vinculis curarum. Wir müssen uns, wie ich glaube, denken, dass Dido zwar ihr Lager aufgesucht hatte; aber der Schlaf floh sie und sie wälzte sich unruhig und aufgeregt auf dem Lager hin und her, und der λυσιμελὴς ὕπνος wollte ihr nicht erscheinen. Auch hier ist also solvitur von der Erschlaffung der Glieder im Schlafe zu nehmen. Die praegnante Construction nec umquam solvitur in somnos aber, bei welcher in somnos proleptisch ὥστε ἐν ὕπνῳ εἶναι bedeutet, ist zu vergleichen besonders mit Georg. IV 199 nec corpora segnes in Venerem solvunt und Propert. IV 4 79 Romulus excubias decrevit in otia solvi.

* * *

Von *noctem* im V. 530 sagt man gewöhnlich kurz, es stehe für *somnum*. Diese Erklärung gibt natürlich, was den Gedanken betrifft, keinen unrichtigen Sinn,**) sie ist aber doch formell ungenau und nicht erschöpfend. Wir müssen vielmehr hier wie in vielen anderen Fällen darauf Rücksicht nehmen, dass bei den Wörtern, welche Licht, Glanz und das Gegentheil, Dunkel, bezeichnen, neben dieser objectiven Bedeutung oft die correspondierende subjective der sinnlichen Wahrnehmung sich findet, so dass also die Ausdrücke für „Licht" auch „das Sehen" bezeichnen, und umgekehrt die Ausdrücke für das „Dunkel" auch „das Nichtsehen". So erscheint im Griechischen αὐγή vom sehenden Auge gebraucht (und zwar sowol in Verbindung mit einem das Auge bezeichnenden Wort, wie Eur. Phoin. 1564, oder auch geradezu an und für sich, ohne einen solchen Zusatz, wie Androm. 1179, Rhes. 737); αὐγάζειν und αὐγάζεσθαι == „sehen" Soph. Phil. 217,

---

*) Auf derselben Anschauung beruht vielleicht auch die Bedeutung des Tödtens und Unterganges bei interficere, interimere, interire. Interficere == ein Ganzes entzwei machen und dadurch auflösen und zerstören.

**) Man würde allerdings zunächst somnum accipere oculis erwarten, wie umgekehrt Aisch. Eum. 141 κἀπολακτίσασ' ὕπνον sagt.

Eur. Bakch. 596 f. und schon bei Homer Ψ 458 ἵππους αὐγάζομαι. Vgl. auch προσαυγάζειν und die lateinischen Ausdrucke lustrare, illustrare, collustrare. (Vgl. meine Studien zu Euripides. Wien 1879. S. 41 f.).

So ist auch hier noctem accipere von den Augen gesagt, welche durch Aufnahme des Nachtdunkels die ihnen zukommende Thätigkeit verlieren und in den Zustand des Nichtsehens gerathen. Derselbe Ausdruck könnte in einem anderen Contexte auch die wirkliche Blindheit bezeichnen (wie Ovid. Met. VII 2 perpetuaque trahens inopem sub nocte senectam Phineus) oder vom Tode gesagt sein, wie Verg. Aen. X 746 in aeternam clauduntur lumina noctem. Also die Augen der Dido blieben, indem sie das Nachtdunkel in sich nicht aufnehmen wollten, thätig und sehend. Eine solche Erklärung muss ja auch schon aus dem Grunde gesucht werden, weil durch die Annahme, dass noctem geradezu für somnum stehe, eine unerträgliche Tautologie mit dem vorausgehenden solvitur in somnos entsteht. Auch an den Stellen, welche die Erklärer zu unserer als Parallelen anführen, nämlich Silius III 216, Statius Theb. IX 599 (zu denen man noch hinzufügen kann Silius II 563, X 348, Stat. Theb. X 219) kann man nicht sagen, dass nox geradezu für somnus steht, sondern man muss diese Stellen unter Wahrung der Bedeutung „Nachtdunkel" oder der correspondirenden subjectiven Bedeutung des „Nichtsehens" erklären. Von diesen Stellen ist am meisten ähnlich der unsrigen Sil. III 216, da noctemque retractat = noctem non accipit ist.

Noch weniger zulässig ist die Annahme, die manche Erklärer so leicht hin aufstellen, dass auch umgekehrt somnus für nox vorkomme. Man beruft sich hiefür namentlich auf Silius III 200 neque enim sopor ille nec altae vis aderat noctis, virgaque fugante tenebras miscuerat lucem somno deus; aber eine genaue Erwägung der ganzen Stelle, an welcher das Traumgesicht Hannibals erzählt wird, zeigt, dass man hier unbedingt die Bedeutung „Schlaf" festhalten muss.

* * *

Was ist das Subject der Worte magnoque irarum fluctuat aestu? Dido oder amor? Für das letztere entschied sich Kappes;

und in der That scheint es auf den ersten Blick sich zu empfehlen, das unmittelbar vorausgehende Subject amor auch zum zweiten Satze zu ziehen. Aber bei genauerer Erwägung muss man doch diese Ansicht aufgeben, und zwar aus zwei Gründen:

1. Den Worten rursusque resurgens saevit amor (nach welchen auch Silius VIII 113 saevit amor sagt) liegt ohne Zweifel die bildliche Vorstellung eines Sturmes zu Grunde, der, nachdem er eine Zeitlang ruhte, sich wieder erhebt und von neuem wüthet.*) Ebenso unzweifelhaft ist aber das Bild magnoque irarum fluctuat aestu von dem stürmenden Meere entlehnt, wie auch Kappes anerkennt. Es wäre nun ein ungefälliges Ueberspringen von einem Bilde zu einem zweiten, verschiedenen, wenn innerhalb desselben Satzgefüges in zwei parallel und unmittelbar neben einander stehenden Sätzen der amor einmal mit dem Sturmwinde und gleich darauf mit dem aufgewühlten Meere verglichen würde. Ein solches Ueberspringen und eine solche Vermischung zeigt sich wol bei Aischylos (wie dies Frey in seinen Aeschylus-Studien an zahlreichen Beispielen gezeigt hat); für Vergil dürfte man dies aber nur dann annehmen, wenn es unbedingt nothwendig wäre, was man hier durchaus nicht behaupten kann. Vergil hat ohne Zweifel bei diesen zwei verschiedenen Bildern auch an verschiedene Comparata gedacht. Das Gemüth der Dido wird mit dem Meere verglichen, welches durch den rasenden Sturm der Liebe aufgewühlt wird.

*) Dies wird schon durch saevire nahegelegt; vgl. Caes. B. G. III 13 cum saevire ventus coepisset. Saevus ein häufiges Epitheton von ventus (Cic. Att. V 12, Ovid. Met. XII 8, Liv. XXVII1 18), procella (Lucr. III 806), tempestas (Lucr. VI 458), hiems (Val. Fl. VII 52). Freilich sehr häufig werden diese Ausdrücke auch vom Meere, aber eben von dem durch Stürme aufgeregten Meere, gebraucht, wie Sall. Iug. 78 3 ausdrücklich sagt ubi mare magnum esse et saevire ventis coepit. — Ganz unzweideutig weist resurgere auf das Bild des Sturmes hin; vgl. Aen. III 481 surgentis austros, V 777 surgens ventus und Hom. E 865 ἀνέμοιο . . . ὀρνυμένοιο, γ 176 ὦρτο δ' ἐπὶ λιγὺς οὖρος ἀῆμεναι. Und was den Vergleich der Liebe mit dem Sturme betrifft, so ist dies Bild überhaupt bei der Darstellung heftiger Affecte beliebt; insbesondere aber vgl. z. B. Ovid Amor. II 9 28 nescio quo miserae turbine mentis agor und ebend. 31 ff. ut subitus, prope iam prensa tellure, carinam tangentem portus ventus in alta rapit: sic me saepe refert incerta cupidinis aura, ferner Heroid. V 34 amoris hiemps.

2. Dies Resultat wird auch durch die Vergleichung anderer Vergilstellen bestätigt. Namentlich heisst es auch V. 564 von der Dido varioque irarum fluctuat aestu. Aehnlich VIII 19 von Aeneas magno curarum fluctuat aestu. XII 486 vario nequiquam fluctuat aestu; XII 831 irarum tantos volvis sub pectore fluctus. Vgl. auch Catull LXIV 62 magnis curarum fluctuat undis. Val. Fl. III. 637 ingenti Telamon fluctuat ira. Freilich auch fluctuat ira intus XII, 527, aber dies ist viel seltener.

Was den Wechsel der Subjecte von saevit und fluctuat betrifft, so wird der Uebergang zu dem zweiten Subjecte Dido wesentlich dadurch erleichtert, dass auch bei solvitur und accipit das Subject Dido ist und ebenso wiederum bei dem folgenden insistit und volutat. Uebrigens vgl. bezüglich dieses Wechsels Aen. VIII 376 ff. IX 777, und Wagner's Bemerkung zu dieser Stelle, ferner Ovid Met. XIV 67 und Bach's Bemerkung dazu.

* * *

Dunkel sind die Worte *sic adeo insistit*. Ich kann jedoch auf keinen Fall jenen Erklärungen zustimmen, die von der Voraussetzung ausgehen, dass insistere hier „beharren" bedeutet. So sagt Ladewig: „sic adeo insistit, gerade bei diesen Gedanken beharrt sie, d. h. in allem Hin und Her der Gedanken kommt sie doch immer wider zu demselben Resultat." Kappes: „So ganz beharrt sie (insistit) bei ihrem Entschluss, als sie wieder eine Wandelung ankommen will." Es erscheint mir der Ausdruck sic adeo insistit allzu unzulänglich, um dies bedeuten zu können. Auch kann hier, glaube ich, dieses angebliche feste Beharren bei einem Entschlusse nicht gefunden werden, weil das gleich darauf folgende volutat ein Hin und Her der Gedanken und der Ueberlegung bezeichnet und weil zu einem wirklich festen Entschluss Dido erst V. 547 mit den Worten quin morere gelangt.

Man könnte vielleicht, woran schon Wagner gedacht hat, insistit nach Analogie von Aen. XII 47 sic institit ore erklären, d. i. sic incipit, sic exorditur. Der Zusatz ore findet sich zuweilen bei ähnlichen Formeln, aber er fehlt auch. So steht XII 692 et magno simul incipit ore, sonst nur incipere, wie II 348, VI 103 X 5, XI 705. Ebenso VII 194 atque haec ingressis placido prior

edidit ore, aber V 799 tum Saturnius haec edidit. Aen. V 842
funditque has ore loquelas, aber ohne ore VI 55, XI 482. Aen. I
614 et sic ore locuta est, ähnlich IX 5 und 319; sonst loqui allein.
Aen. XI 251 auditis ille haec placido sic reddidit ore, sonst reddere ohne ore II 323, VI 672, X 530. Aen. VII 436 und XI 123
ore refert, sonst ohne ore IV 31, 333; VIII 154, X 16.

Es zeigt sich freilich noch ein anderer Weg der Erklärung.
Unzweifelhaft hatte Vergil bei dieser ganzen Scene die Schilderung
des Zustandes der Medeia Arg. III 744 ff. vor Augen. Bei Apollonios wird zuerst die allgemeine Nachtruhe geschildert 744—750,
ebenso bei Vergil 522—527. Hierauf folgt im Gegensatz zu dieser
Ruhe bei Apollonios 751 ἀλλὰ μάλ' οὐ Μήδειαν ἐπὶ γλυκερὸς λάβεν
ὕπνος, ebenso bei Vergil 529 at non infelix animi Phoenissa. Dann
wird die Unruhe der Medeia geschildert 752—769, ebenso, jedoch
kürzer, bei Vergil 530—532. Darauf folgt bei Apollonios 770

$$\text{ἑζομένη δ' ἔπειτα δοάσσατο φώνησέν τε.}$$

Wenn wir nun auch hier bei Vergil eine Entsprechung in
den Worten sic adeo insistit secumque ita corde volutat annehmen,
so scheint insistit etwas dem ἑζομένη entsprechendes zu sein.
Apollonios bezeichnet mit diesem Participium, dass Medeia von
qualvoller Unruhe gepeinigt sich endlich auf ihrem Lager auf-
richtete und sitzend den Monolog hielt, der mit V. 771 beginnt.
Ist die Vermuthung jener Entsprechung bei Vergil richtig, so wäre
anzunehmen, dass Dido, die auf ihrem Lager lag, aber den Schlaf
nicht finden konnte sondern im Zustande peinigender Aufregung
war, in diesem ihrem Zustande (sic adeo) endlich sich erhob
(insistit) und stehend oder auf und ab gehend den Monolog 534—
552 hielt. Darnach wäre also insistit in der ursprünglichen sinnlichen Bedeutung „sie stellt sich auf, sie richtet sich auf" zu
nehmen. — Hiefür könnte man auch aus dem Anfange des zehnten
Buches der Ilias eine Parallele anführen, mit welcher Stelle unsere
Vergilstelle ohnehin mancherlei Aehnlichkeit hat. Auch in der
Ilias folgt auf die Erwähnung K 1 f.

$$\text{ἄλλοι μὲν παρὰ νηυσὶν ἀριστῆες Παναχαιῶν}$$
$$\text{εὗδον παννύχιοι, μαλακῷ δεδμημένοι ὕπνῳ}$$

im V. 3 die Erwähnung der Schlaflosigkeit Agamemnons

ἀλλ' οὐκ Ἀτρείδην Ἀγαμέμνονα, ποιμένα λαῶν,
ὕπνος ἔχε γλυκερός, πολλὰ φρεσὶν ὁρμαίνοντα.

Hierauf wird die sorgenvolle Unruhe Agamemnons V. 5—20 geschildert und endlich heisst es 21

ὀρθωθεὶς δ' ἔνδυνε περὶ στήθεσσι χιτῶνα κτλ.

Aen. IV 534 ff.

> *en, quid ago? rursusne procos inrisa priores*
> *experiar Nomadumque petam conubia supplex,*
> *quos ego sim totiens iam dedignata maritos?*

Wunderlich und Jahn verstanden *inrisa* in dem Sinne *despecta ab Aenea.* Dieser Auffassung folgte, wie es scheint, auch Ladewig: „Obgleich in der That nur vom Aeneas verschmäht, glaubt Dido doch in ihrer leidenschaftlichen Aufgeregtheit, von aller Welt verschmäht zu sein." Andere nehmen dagegen inrisa proleptisch = ita ut inridear ab his procis prioribus. Für die Erklärung inrisa ab Aenea könnte man die Worte der Dido 591 nostris inluserit advena regnis anführen. Für die zweite Auffassung dagegen spricht

1. die Stellung von inrisa zwischen procos und priores,

2. der unverkennbare Parallelismus von inrisa und supplex,*)

3. der effectvolle Gegensatz zwischen inrisa und totiens dedignata.

Freilich thut man vielleicht nicht gut daran, inrisa geradezu als ein proleptisches, die Folge bezeichnendes Participium anzusehen. Diese Auffassung mochte eben wegen dieser ihrer Formulierung manchen unnatürlich erscheinen. Aber wenn wir sagen, dass die lateinische Sprache, die kein Participium praesentis passivi hat, zuweilen zum Participium perfecti greifen musste, um etwas gleichzeitig stattfindendes zu bezeichnen, so wird dadurch das Bedenken behoben. Es ist = πότερον πειρῶμαι τῶν προτέρων

---

*) Dieser Parallelismus würde durch die Erklärung inrisa ab Aenea zerstört werden. Wenn man aber bedenkt, welch wichtige Rolle die symmetrische Anordnung bei Vergil spielt, so wird man gewiss die Erklärung, durch welche dieser Parallelismus gewahrt wird, beipflichten.

μνηστήρων καταγελωμένη ὑπ᾽ αὐτῶν. Betreffs dieses Gebrauches des Partic. perf. vgl. Wagner Quaest. Virg. XXIX 3.

Totiens erhält seine Erklärung durch IV 36 f. despectus Iarbas ductoresque alii, quos Africa terra triumphis dives alit. Es bezieht sich also totiens nicht auf die wiederholte Abweisung desselben Freiers oder derselben Freier, sondern nur darauf, dass überhaupt viele Freier sich um Dido bewarben und dass sie alle zurückwies. Vgl. auch V. 320, wo ebenfalls auf eine Mehrzahl von Freiern hingewiesen wird. Anders hat dies totiens Ovid aufgefasst Fasti III 551 ff.

> protinus invadunt Numidae sine vindice regnum,
> et potitur capta Maurus Iarba domo
> seque memor spretum, 'thalamis tamen' inquit 'Elissae
> en ego, quem **totiens** reppulit illa, fruor'.

Dass Ovid unsere Stelle im Sinne hatte, kann wol nicht bezweifelt werden.

Aen. IV 537 ff.

Iliacas igitur classes atque ultima Teucrum
iussa sequar? quiane auxilio iuvat ante levatos
et bene apud memores veteris stat gratia facti?

Gewöhnlich wird zu *iuvat* ergänzt *eos* (vgl. Forbiger, Ladewig), wobei also iuvat die Bedeutung „es freut" (quiane eis iucundum est, eos a me ante auxilio levatos esse) hätte. Ich glaube, dass man vielmehr erklären muss: iuvat me = prodest mihi, wie schon Heyne erklärt: „quasi vero hoc iuvet et quicquam eo profecerim, quod ipsis ante auxilio fuerim, sc. e naufragio eos excipiendo." Die beiden Fragen quiane iuvat und stat sind ironisch und einander ganz parallel. So wie nun die zweite Frage quiane stat den negativen Sinn hat non stat apud eos veteris gratia facti, so muss auch die erste Frage den Sinn haben non iuvat, folglich muss iuvat = prodest sein; denn die Voraussetzung, dass Aeneas und die Troer sagen könnten: non iuvat nos auxilium tuum = non est iucundum auxilium tuum wäre unwahr und eine geschmacklose Uebertreibung.

Die hier anzunehmende Bedeutung des **unpersönlichen**
iuvat d. i. es frommt, es hilft ist allerdings selten im Vergleich
zu der Bedeutung „es freut, ergötzt"; aber da das persönlich gebrauchte iuvare die Bedeutung „helfen, frommen, unterstützen"
hat, so wäre es nicht unzulässig, diese Bedeutung an unserer Stelle
selbst in dem Falle anzunehmen, wenn sich an keiner zweiten
Stelle das unpersönliche iuvat in der Bedeutung συμφέρει fände.*) —
Aber auch Georg. II 37 f. ist wol

iuvat Ismara Baccho

conserere atque olea magnum vestire Taburnum
in ähnlicher Weise „es frommt, es nützt" zu erklären, da unter
Voraussetzung der anderen Bedeutung nur eine gekünstelte Erklärung zu Stande kommt. Dieselbe Bedeutung ist auch bei Hor.
Sat. I 1 41 f. anzunehmen.

quid iuvat immensum te argenti pondus et auri
furtim defossa timidum deponere terra?

Freilich nehmen hier die meisten Erklärer nach Kirchner die
Bedeutung „was ist das für ein Vergnügen?" an, nicht „was frommt
es dir?" Aber ich halte hier die letztere Bedeutung für natürlicher;
denn für den Geizigen ist es ja doch wirklich ein Vergnügen, wenn
auch ein thörichtes, immensum argenti pondus et auri defossa
deponere terra." Wenn man aber einwenden würde, dass der
Dichter sagen wollte, es sei dies kein wahres Vergnügen, so ist
darauf zu erwidern, dass erstlich der Gedanke „wie kann dich das
nur in Wahrheit freuen?" klarer hätte ausgedrückt werden müssen
und ferner, dass dieser Gedanke V. 44 folgt (at ni id fit, quid
habet pulchri constructus acervus?), und dass die so entstehende
Tautologie sich nicht empfiehlt.

In Betreff des passiven Infinitivs levatos (esse), statt dessen
die gewöhnliche Construction der active Infinitiv me eos auxilio
levasse wäre, ist besonders auf die analoge Construction bei den

---

*) Es ist bemerkenswerth, dass das persönliche iuvare gewöhnlich die Be-
deutung „helfen" und selten die Bedeutung „erfreuen" hat, während umgekehrt das unpersönliche iuvat gewöhnlich „es freut" und selten „es
hilft" bedeutet. Der Usus fördert oft merkwürdige Erscheinungen zu
Tage; denn dass eine ratio hier zu Grunde liegen sollte, glaube ich nicht.

Verben volo, nolo, cupio, oportct hinzuweisen: Ter. Heaut. 26 omnes vos oratos volo, Cic. Fin. III 17 57 liberis consultum volumus propter ipsos. Ter. Ad. 214 adulescenti morem gestum oportuit. Plaut. Cist. II 3 41 at non missam (näml. cam) oportuit. Diese Analogie ist um so passender, als ja in diesen Fällen auch r e g e l - m ä s s i g esse fehlt, wie an unserer Stelle. Auch das logische Sub-ject wird zuweilen nicht ausdrücklich bezeichnet, wie an der eben angeführten Plautusstelle, oder Ter. Andr. 239 nonne prius (näml. id) communicatum oportuit.

Stat im V. 539 erklärt Servius: permanet. Der jeweilige figürliche Sinn dieses an Bedeutungen so reichen Verbums ergibt sich am besten aus dem Gegensatze, an den man denken kann. Hier ist das Bestehen, Dauern der gratia im Gegensatze zum Ver-schwinden*) gedacht. Aehnlich von der Freude, welche Bestand hat, Sil. XV 466 sed stant nulla diu deceptis gaudia divis. Von der andauernden Ruhe Val. Fl. II 84 nec stare silentia pacis.

Besonders beliebt ist der Gebrauch des stare opp. cadere oder iacere. In diesem Falle bezeichnet stare nicht die blosse Fort-dauer überhaupt, sondern prägnant den ungeschwächten, kräftigen, festen, unversehrten Fortbestand. „Stare cum quadam firmitatis notione dicitur" (Goerenz zu Cic. Leg. II 11). So steht stare metaphorisch sowol von Städten und Staaten, als auch von einzelnen Personen, die in ihrer Macht, Würde, in ihrem Wolstand fort-dauernd verbleiben. Vgl. Enn. Ann. 492 moribus antiquis res stat Romana virisque. Cic. Phil. II 10 24 res publica staret. Ovid Met. III 549 stare diu Thebas. Verg. Aen. II 56 Troiaque nunc stares (opp. Ov. Met. VIII 114 patria superata iacet).

In anderen Fällen ist wiederum bei stare an den Gegensatz „unstät, unsicher hin und her schwanken" zu denken, und es be-deutet stare dann den festen Entschluss; z. B. Aen. II 750 stat casus renovare omnis. Vultus stans bei Sil. XV 29 ist die unbe-wegliche und unveränderliche Miene, wie ἡ ἑστηκυῖα ἡλικία (Plat. Nom. VII 882 E das mittlere Alter, in welchem der Körper des

---

*) Vgl. Soph. Ai. 1266 f. φεῦ· τοῦ θανόντος ὡς ταχεῖά τις βροτοῖς χάρις διαρρεῖ und ebend. 1271 ἀλλ' οἴχεται δὴ πάντα ταῦτ' ἐρριμμένα.

Menschen längere Zeit sich gleich bleibt, ohne merkliche Veränderungen zu zeigen.

Aen. IV 543 ff.

quid tum? sola fuga nautas comitabor ovantis?
an Tyriis omnique manu stipata meorum
inferar et, quos Sidonia vix urbe revelli,
rursus agam pelago et ventis dare vela iubebo?
quin morere, ut merita es, ferroque averte dolorem.

Quid tum? erklärt sehr gut Thiel: „gesetzt, es gienge, was dann weiter?" Was den Sinn betrifft, so kommt diese Formel auf dasselbe hinaus, wie esto und εἴεν. Besonders beliebt ist dies quid tum bei Terentius. Vgl. z. B. Phorm. III 3 8 An. Pater adest hic. Ge. Scio: sed quid tum? Eun. II 3 47; III 5 56.

Sola im V. 543 und *omnique manu* bildet offenbar einen beabsichtigten Gegensatz; ebenso entsprechen einander comitabor und inferar.

In Betreff der von der Dido durchgeführten Argumentation, deren Resultat der Entschluss zu sterben ist, bemerkt Servius zu V. 547: „Et bene omnis eius intentio tendit ad mortem. Nam si procos rogare turpe est, solam sequi impossibile et inhonestum, Tyrios trahere difficile, sola mors superest." Die Form aber, in welcher diese Argumentation durchgeführt erscheint, ist eine sehr bewegte und der leidenschaftlichen Erregung der Dido trefflich angemessene, so dass sich die Meisterschaft des Dichters in der Darstellung der Affecte auch hier zeigt.*)

---

*) Andere Beispiele dafür, wie trefflich es Vergil verstand, in der Bildung der Reden den verschiedensten Affecten einen gelungenen und oft einen ergreifenden Ausdruck zu geben, sind:
 Zorn und Unmuth I 37 ff. (der Juno), II 535 ff. (des Priamus), II 577 ff. (des Aeneas), IV 206 ff. (des Iarbas), VII 293 ff. (der Juno).
 Entrüstung I 132 ff. (Neptun's über die Uebergriffe des Aeolus und der Winde), II 42 ff. (Laokoon's über die Verblendung der Troer), IV 223 ff. (Jupiter's über die Pflichtvergessenheit des Aeneas).
 Verzweiflung II 69 ff. (fingirte Verzweiflung Sinon's), III 599 ff. (verzweifelte Resignation des Achaemenides).
 Schmerzliche Ergriffenheit und Trauer II 281 ff. (des Aeneas bei der Erscheinung Hectors), III 486 ff. (Schmerz bei der Ab-

Dido beginnt ihren Monolog in abrupter Weise mit dem
Selbstvorwurfe en quid ago?*) Dass der Anfang ein abrupter ist
und dass die Worte en quid ago nicht etwa als ein den Monolog
einleitendes kurzes Proömium anzusehen sind, hat schon Servius
gut bemerkt, der freilich irrthümlich agam las: „En quid agam?
en, ecce quasi demonstrantis particula est, per quam intelligimus,
eam multa cogitasse et sic prorupisse: ecce, quid actura sum?"
Und weiter: „Nam haec coniunctio multa eam cogitasse significat."
Es zeigen die Worte en, quid ago einen Gedanken an, der mitten
aus der Masse der auf Dido einstürmenden Gedanken plötzlich

schiednahme), IV 675 ff. (Schmerz der Anna über den Tod der Schwester),
VI 456 ff. (des Aeneas beim Anblick der Dido in der Unterwelt).
    Freude VI 687 ff. (des Anchises beim Wiedersehen des Sohnes),
III 310 ff. (freudiges Staunen der Andromache beim Anblicke des Aeneas).
    Kampf der Liebe und Pflicht IV 9 ff.
    Zorn, Liebe, Bitten IV 305 ff.
    Wilder Ausbruch des Zornes und Hohnes IV 365 ff.
    Mutterschmerz und Mutterliebe IX 481 ff.

*) Natürlich steht diese Frage nicht für en quid agam? was sich in einigen
Handschriften findet und freilich auch von Donatus und Servius bezeugt
ist. Gewiss waren auf die Veränderung des ago zu agam nicht ohne
Einfluss die folgenden Conjunctive experiar, sequar u. s. w. Wir müssen
nach der Darstellung des Dichters annehmen, dass Dido, obzwar sie
schon früher (vgl. z. B. 475) zum Tode sich entschlossen hatte, doch in
ihrer dem Monolog vorausgehenden Erwägung wiederum Unschlüssigkeit
zeigte. Wegen dieser ihrer Unschlüssigkeit und weil sie an die Möglichkeit zu leben gedacht hatte, tadelt sie sich mit den Worten en quid ago,
die also auf etwas wirklich stattfindendes sich beziehen. Sehr gut sagt
Ladewig: „Siehe, was mache ich da? Unwillige Frage des Selbstvorwurfes
über das eitle Bemühen einen Rettungsweg aufzufinden." So ist ja auch
in anderen Fällen, in denen der Indicativ statt des deliberativen Con-
junctivs zu stehen scheint, die dem Indicativ zukommende Geltung anzuerkennen. Vgl. besonders II 677 f. cui parvus Iulus, cui pater et coniunx quondam tua dicta relinquor? wo auch sogar im Mediceus von
erster Hand relinquar steht. Creusa sagt mit Rücksicht darauf, dass
Aeneas wirklich schon ins Schlachtgetümmel wieder eilen will (672
meque extra tecta ferebam) „wem gibst du mich durch dies dein Be
ginnen preis?" Sehr belehrend ist auch Aen. XII 637 nam quid ago?
aut quae iam spondet fortuna salutem? Diese Frage ist freilich nicht mit
Ladewig als Frage eines Selbstvorwurfes zu nehmen, wie an unserer
Stelle. Die Worte des Turnus nam quid ago sind eine rhetorische
Frage, die den Sinn hat nihil enim ago, nihil proficio, und Turnus gibt
also damit einen Ausdruck seiner schmerzlichen Verzweiflung, dass ihm

herausgegriffen wird. Vergil liebt ein solches Versetzen in medias res und einen solchen abrupten Anfang der Reden sehr.*)

Auf die erste Frage, die sich hierauf Dido vorlegt rursusne procos inrisa priores experiar — maritos, gibt sie keine formelle Antwort; aber dass diese Antwort nur negativ lauten kann, zeigen hinlänglich die Worte inrisa, supplex und quos ego sim totiens iam dedignata maritos. Da nun diese Möglichkeit der Dido benommen ist, fragt sie sich, ob sie also (igitur 537) den Troern folgen soll. Auch hier wird in der Frage selbst schon ein diese Handlungsweise verbietendes Moment angedeutet; die Worte ultima Teucrum iussa zeigen an, dass sie, die stolze Königin, damit zur Sklavin sich erniedrigen würde; denn wenn die Troer sehen, dass sie, obzwar von ihnen schnöde behandelt, ihnen doch folgt, so dürfen sie alles gegen sie sich erlauben. Ausser diesem Moment hebt aber Dido noch drei andere hervor, nämlich die Undankbarkeit der Troer, dann dass sie, wenn sie sich auch entschlösse, mit den Troern zu gehen, von ihnen nicht aufgenommen würde; und dass die Troer überhaupt treulos sind. Alle diese Momente werden aber wiederum in leidenschaftlich bitteren F r a g e n hervorgehoben und nicht in der Form eines Aussagesatzes eingekleidet. Doch gesetzt, dass sie sich entschlösse, mit den Troern zu gehen und dass sie von ihnen geduldet würde, quid tum? Und hier legt sich

nichts mehr nützt und dass ihm nicht zu helfen ist. Zum Beweis dessen führe ich die häufig vorkommende Formel nihil agere „nichts ausrichten" an, welche wol ursprünglich der Conversationssprache eigen gewesen sein mag, die aber auch bei classischen Schriftstellern nicht selten vorkommt. Ter. Ad. V 8 12 'nihil agis. Cic. Tusc. II 25 61 nihil agis dolor! quamvis sis molestus, nunquam te esse confitebor malum. Hor. Sat. I 9 14 f. misere cupis abire; iam dudum video. Sed nil agis. Usque tenebo; persequar. Ovid Met. VI 685 ast ubi blanditiis agitur nihil. Man könnte auch an unserer Stelle an diese Erklärung denken. Doch ziehe ich die oben erwähnte Auffassung vor.

*) Vgl. den abrupten Anfang der Rede der Juno I 37 mene incepto desistere victam nec posse Italia Teucrorum avertere ducem? II 535 at tibi pro scelere . . . pro talibus ausis di . . . . persolvant grates dignas. III 247 bellum etiam pro caede boum stratisque iuvencis, Laomedontiadae, bellumne inferre paratis. IV 93 egregiam vero laudem et spolia ampla refertis, ebd. 305 dissimulare etiam sperasti, perfide, tantum posse nefas tacitusque mea decedere terra? ebd. 365 nec tibi diva parens cet.

Dido wiederum zwei Fragen vor, auf die wiederum keine directe
Antwort von ihr gegeben wird; aber dass sie keinen der hier angedeuteten Wege einschlagen kann und dass die Antwort auf beide
Fragen entschieden negativ lauten muss und dass darum eine ausdrückliche und formelle Antwort überflüssig ist, wird wiederum
durch die der Frage selbst einverleibten Momente angedeutet,
welche als eine Anticipation der negativen Antwort aufzufassen
sind. Diese Momente sind in der ersten Frage sola, fuga und
nautas ovantis *); in der zweiten Frage aber wird die Unmöglich-
keit einer bejahenden Antwort durch quos Sidonia vix urbe revelli
angedeutet.

So bewegt sich denn der Monolog der Dido bis 546 in lauter
F r a g e n; es sind im Ganzen n e u n durch keinen Aussagesatz
unterbrochene Fragen. Man wird nicht leicht ein zweites ähnliches
Beispiel aus irgend einem Autor anführen können, welches eine
so ausgedehnte und energische Anwendung der Frageform zeigen
würde. Die hochgehende Erregtheit des Monologs wird ausserdem
dadurch gekennzeichnet, dass sich in demselben überhaupt kein
ruhiger Aussagesatz findet; denn die auf jene gehäuften Fragen
folgenden drei Sätze haben wiederum den Charakter einer E x c l a -
m a t i o n.

* * *

Zu V. 545 bemerkt Thiel: „V i x und r e v e l l i deuten hier
sehr schicklich die Mühe und List an, mit welcher Dido aus dem
Vaterlande eine Colonie ausführte, von der nicht zu erwarten stand,
dass sie sich gleich wieder würde in Bewegung setzen lassen.“
Gegen eine solche Auffassung hat freilich schon Servius ein Be-

---

*) Schon Servius bemerkte: „Et bene duo diversa posuit: f u g a et o v a n t i s,
ut gravius esset cum his qui ovarent ire fugientem.“ Und zu V. 547:
„solam sequi impossibile et inhonestum.“ Auch ist beachtenswerth Servius' Bemerkung: „N a u t a s, non Troianos. Nam iniuriose dixit nautas,
i. e. assuetos laboribus.“ Nur möchte ich lieber sagen, dass durch den
absichtlichen und cum contemptu gebrauchten Ausdruck nautas die Roh-
heit und Gefühllosigkeit dieser Menschen, unter welchen kein Platz für
eine Frau ist, bezeichnet wird. Vgl. Hor. Sat. I 5 3 Iuvenal. VIII 174
und meine Studien zu Euripides, II. Theil (1879) S. 73 f., wo griechische
Stellen angeführt werden.

denken geltend gemacht: „Quomodo vix, cum dicat ipse: Conveniunt, quibus cct. (nämlich Aen. I 361 ff.). Si ultro convenerunt, quomodo vix se dicit revellisse? Solvitur: quia vix non ad difficultatem retulit, sed ad tempus, ut vix dicat modo, i. e. nuper."*) Aber diese λύσις der erwähnten Aporie ist durchaus unzulänglich; denn wenn man auch auf diese Weise vix in Uebereinstimmung mit dem ersten Buche bringt, so bleibt ja noch immer der zweite von Servius nicht berücksichtigte Ausdruck revelli, der doch offenbar bezeichnet, dass Dido nur mit Mühe ihre Landsleute dazu brachte, die Heimat zu verlassen. Und da man nun die in revelli liegende Incongruenz nicht weginterpretieren kann, so ist es besser, auch für vix die zunächst sich darbietende Erklärung „mit Mühe" anzunehmen und nicht an die temporale Bedeutung zu denken.**)

* * *

Ein auffallender Irrthum war es, wenn manche Erklärer (so z. B. Forbiger) *inferar* in feindlichem Sinne von einem Angriff verstanden. Aber der ganze Gedankenzusammenhang weist darauf hin, dass Dido sich hier die Frage vorlegt, ob sie mit ihren Unterthanen dem Aeneas folgen und eine neue Heimat suchen soll.

---

*) Und so haben denn auch neuere Erklärer, wie Heyne, Forbiger u. a. vix auf die Zeit bezogen.

**) Die Incongruenz mit der Darstellung des ersten Buches muss man einfach hinnehmen, und zu den zahlreichen derartigen Beispielen, die sich in der Aeneis finden, hinzufügen. Denn wenn der Dichter I 360 ff. sagte: his commota fugam Dido sociosque parabat; conveniunt, quibus aut odium crudele tyranni aut metus acer erat: so hat er hiebei allerdings an irgend ein Widerstreben der Tyrier nicht denken können, da er im Gegentheil Momente anführt, welche der leichteren Durchführung des Planes der Dido günstig waren. — Aber auch an und für sich (ohne auf diese Stelle des ersten Buches Rücksicht zu nehmen) stellen sich die Worte vix revelli eigentlich als unangemessen heraus. Sie stehen nämlich mit der Geschichte der Phoenicier nicht im Einklang. Welches Volk des Alterthums unternahm lieber und häufiger Seefahrten in ferne Länder, und zwar nicht bloss des Handels wegen, sondern auch um Colonien zu gründen? Es war ja gerade dies so recht charakteristisch für dies strebsame und unternehmungslustige Volk. — Aber freilich eine Entschuldigung kann man dem Dichter damit leihen, wenn man sagt, dass die Leidenschaft die Gränzen der Wahrheit nicht streng einhält, sondern gerade der Uebertreibung huldigt.

Dass nur dies der Sinn sein kann, lehren die Worte quos Sidonia
vix urbe revelli und rursus agam pelago et ventis dare vela
iubebo. Die Troer waren ja noch im Hafen. Um sie anzugreifen,
musste sie jetzt wenigstens noch nicht ventis dare vela. Dass
schon Servius den Sinn richtig auffasste, ergibt sich daraus, dass
er als Parallelstelle Aen. I 439 infert se septus nebula citirt.

Dies inferri an unserer Stelle kann nun freilich in doppelter
Weise aufgefasst werden, nämlich entweder „unter die Troer sich
mischen und ihnen sich beigesellen" oder „hinter den Troern
drein fahren." Im ersten Falle wäre es mit dem griechischen
εἰσφέρεσθαι (vgl. Thuk. III 98 ἐς τὴν ὕλην ἐσφερομένους), im
zweiten mit dem griechischen ἐπιφέρεσθαι, ἐπακολουθεῖν zu vergleichen und es wäre = insequi (natürlich nicht in feindlichem
Sinne, sondern in dem Sinne „folgen, hinter jemandem drein gehen),
wie denn Servius das Vorhandensein einer alten Variante insequar
hier bezeugt. Die Stellen, an denen inferri oder vielmehr das gewöhnlich vorkommende se inferre sich zeigt, weisen einen doppelten
Gebrauch auf, nämlich

entweder in feindlichem Sinne „angreifen"; so Aen. IX 400,
X 66, 576, XI 742,

oder „in etwas sich hineinbegeben, unter irgend welche Personen sich begeben";
so Georg. II 145 bellator equus campo sese arduus infert, Aen. I
439 infert se saeptus nebula . . . per medios miscetque viris, Cic.
Pis. se in urbem inferre, Liv. V 43 se in contionem inf., Vell. II
74 4 se flammae inf., Val. Fl. I 487 se carinae inf., ebend. V 457
se penetralibus inf., Sil. XVI 138 se vallo inf., Liv. IV 33 in
medios ignes infertur.

Dagegen findet sich se inferre in der Bedeutung ἐπακολουθεῖν
nicht, so dass wir also auch hier inferar nicht mit insequar inter-
pretieren dürfen, sondern vielmehr miscear Troianis „soll ich von
meinen Tyriern begleitet unter die Troianer mich mischen?

Aen. IV 548 ff.

tu lacrimis evicta meis, tu prima furentem
his, germana, malis oneras atque obicis hosti.

non licuit thalami expertem sine crimine vitam
degere, more ferae, talis nec tangere curas!
non servata fides cineri promissa Sychaeo!

Ich schliesse mich ganz der Ansicht an, welche in den
Versen 548 und 549 nicht sowol einen Vorwurf gegen die Schwester
findet, als vielmehr die Klage, dass gerade ihre traute Schwester
im Dienste des fatum sie bereden musste, ihrem ersten Vorsatze,
die Treue dem Sychaeus zu bewahren, untreu zu werden und sich
dadurch in ihr jetziges Unglück zu stürzen (vgl. Ladewig's Bemerkung). Also „gerade du, theure Schwester, musstest die
erste sein" u. s. w. Dido gebraucht zwar einerseits Ausdrücke,
welche Anna als die Urheberin ihres Unglücks bezeichnen, prima
his malis oneras und ferner obicis hosti. Aber anderseits zeigen
die hier vorkommenden mildernden Momente die wahre Meinung
und Stimmung der Dido an, nämlich erstlich lacrimis evicta meis
(Anna konnte ihre Schwester nicht weinen sehen), dann furentem,
und endlich auch der Ausdruck germana. Es ist nämlich nicht zu
verkennen, dass germanus und germana (wie im Griech. $\varkappa\alpha\sigma\dot{\iota}\gamma\nu\eta\tau\varsigma$,
$\varkappa\alpha\sigma\iota\gamma\nu\dot{\eta}\tau\eta$) oft in praegnanter Weise als ein von Innigkeit des
Gefühls zeugender Ausdruck gebraucht wird. Vgl. Enn. Ann. 42
germana soror und Enn. Trag. 94 o lux Troiae, germane
Hector. Aen. V 412. Ovid Met. V 13; Ter. Ad. V 8 34. Eine
solche gewissermassen prägnante Anwendung lag um so näher,
als die Römer ja gewohnt waren, das Adjectivum germanus in
dem Sinne „echt, wahrhaft, wirklich" zu gebrauchen. Der Ausdruck obicis hosti ist allerdings ein solcher, der sonst von bös-
willigem Preisgeben gebraucht wird. Dadurch wird ein effectvoller Gegensatz zwischen der Gesinnung der Schwester Anna und
ihrer That bezeichnet, der seine Erklärung eben darin findet, dass
Anna in Folge eines unseligen Schicksals das thun musste, was
sonst nur ein böswilliger Feind thut. — Ovid hatte unsere Stelle
vor Augen Her. VII 191 Anna soror, soror Anna, meae male
conscia culpae.

* * *

Bezüglich der Erklärung der Worte *non licuit* cet. pflichte
ich besonders der Bemerkung Thiel's bei. Thalami bezeichnet als

beschönigender Ausdruck das Verhältniss zu Aeneas (Servius: Thalami expertem; non omnino, sed post Sychaeum). Non licuit „es sollte nicht sein, obschon ich wollte"; vgl. Servius: „Non licuit; quia aliud volebat, et aliud factum est, sicut solent dicere quibus aliter conata succedunt." More ferae nach Thiel „cui nec amandi nec nubendi necessitas est; anders als die ferae, die davon nichts wissen, blieb ich von der Liebe nicht unberührt; denn more ferae muss man auch zu tales nec tangere curas nehmen."

Fernhalten muss man von unserer Stelle einen solchen Sinn, wie er bei Hor. Sat. I 3 109 sich findet ignotis perierunt mortibus illi, quos Venerem incertam rapientes more ferarum viribus editior caedebat und Lucr. V 962 et Venus in silvis iungebat corpora amantum.

Bemerkenswerth ist, wie im Munde der Dido hier das Wort cineri ganz anders klingt, als im Munde der dem Grundsatz der Leichtlebigkeit huldigenden Anna V. 34 id cinerem aut manes credis curare sepultos. Dass der Dichter die Dido auf jenes cinerem im V. 34 absichtlich zurückblicken lässt, halte ich für wahrscheinlich; Dido aber meint im Gegensatze zu jener nicht rigorosen Auffassung, dass sie die der Asche des Sychaeus schuldige Pietät verletzt habe.

Aen. IV 553.

tantos illa suo rumpebat pectore questus.

Ein sehr glücklicher und bezeichnender Ausdruck für die stossweise aus der Brust hervorbrechenden Klagen ist *rumpebat*. Die Klagen ruhen, so lang sie nicht ausgesprochen werden, in der Brust; hier werden sie gewaltsam losgebrochen und aus der Brust herausgestossen; vgl. den deutschen Ausdruck „Klagen, Seufzer entringen sich der Brust." Vgl. für rumpere in diesem Sinne Aen. III 246 rumpitque hanc pectore vocem, XI 377 rumpitque has imo pectore voces, Val. Fl. I 508 an meritos fas et mihi rumpere questus? Bei Silius oft, z. B. I 95 rumpere sibila, III 558 r. querelas, IV 458 r. gemitum ad sidera, VIII 301 rumpere vocem. Besonders passend ist rumpere vocem von denjenigen, die nach langem Schweigen (wobei also das Wort in der Brust fest sass) endlich in Worte ausbrechen, wie Verg. Aen. II 129 composito rumpit vocem. Ganz so im Griechischen ῥηγνύναι. Vgl. Her. I 85 ὑπὸ δέους τε καὶ κακοῦ ἔρρηξε φωνήν (ein sehr bezeichnender Ausdruck von dem bisher stummen Sohne des Kroisos); ebd. II 2 ἥντινα φωνὴν ῥήξουσι πρώτην (von den Kindern, die bisher kein Wort gesprochen haben); ebd. V 93 ἅπας τις αὐτῶν φωνὴν ῥήξας αἱρέετο τοῦ Κορινθίου τὴν γνώμην. Eur. Hik. 710 ἔρρηξε δ᾽ αὐδήν. Dem. IX 61 οὐδεὶς ἐτόλμησε ῥῆξαι φωνήν.

Der Zusatz pectore ist ein Lieblingsausdruck Vergil's. So in Verbindung mit fundere oder effundere V 780 talisque effundit pectore questus, VI 55 funditque preces rex pectore ab imo, VII 292 haec effundit pectore dicta; in Verbindung mit dare V 434 pectore vastos dant sonitus, XI 840 deditque has imo pectore voces; in Verbindung mit referre V 409 talis referebat pectore voces; mit ducere II 288 graviter gemitus imo de pectore ducens; mit trahere I 371 imoque trahens a pectore vocem.

Aen. IV 554 f.

Aeneas celsa in puppi iam certus eundi
carpebat somnos rebus iam rite paratis.

Servius bemerkt zu *carpebat somnos:* „hoc est quod et paulo post culpat Mercurius dicens: *Nate dea, potes hoc sub casu ducere somnos?* Sed excusatur his rebus: nam et certus eundi fuerat, et rite cuncta praeparaverat: aut certe prooeconomia est, ut possit videre Mercurium." Servius hat mit gewohntem Scharfsinn wahrgenommen, dass der Dichter den behaglichen Schlaf des Aeneas durch die Zusätze iam certus eundi und rebus iam rite paratis entschuldigen wollte. Auf die Frage aber, ob diese Entschuldigung genügt, scheint Servius sich selbst eine verneinende Antwort gegeben zu haben, da er hinzufügt „aut certe prooeconomia est, ut possit videre Mercurium." In der That gab wol die Absicht, nochmals den Mercurius mit der Mahnung zu eiliger Abfahrt erscheinen zu lassen, den Ausschlag. Doch fühlte der Dichter offenbar selbst das Bedenkliche dieser Schilderung und wollte es mit jenen Zusätzen mildern. Aber wenn auch das Bedenkliche etwas gemildert wird, so wird es doch nicht ganz behoben. Der von Mer-

curius dem Aeneas gemachte Vorwurf, den auch Servius hervorhebt, ist nicht unbegründet; und wenn man auch dem gegenüber
an der Entschuldigung rebus iam rite paratis sich genügen lassen
wollte, so bleibt doch noch ein anderes Bedenken. Aeneas war
doch durch den Schmerz der Dido selbst erschüttert (395) und
durch die wiederholten Versuche der Anna schmerzlich bewegt
(447): erscheint es nun aber nicht als eine sonderbare Gefühllosigkeit, wenn er einen ruhigen und behaglichen Schlaf geniesst,
während er wissen konnte und wissen musste, dass die arme
Dido der Verzweiflung preisgegeben war? Es macht wol der Contrast zwischen der Schlaflosigkeit und Verzweiflung der Dido und
der behaglichen Ruhe des Aeneas einen gewissen Effect, aber
dieser Effect gereicht dem Dichter nicht zum Lobe, und es würde
uns ohne Zweifel mehr befriedigen, wenn es hiesse, dass auch
Aeneas, von schmerzlichem Mitgefühl bewegt, keinen Schlaf finden
konnte, wenn er auch certus eundi war und wenn er auch omnia
rite paraverat.

* * *

Der dem Dichter hier zu machende Vorwurf könnte, wenn auch
nicht gegenstandslos gemacht, so doch wesentlich gemildert werden,
wenn carpebat somnos nur einfach in der Bedeutung „schlafen"
genommen werden könnte. Dies ist aber wol nicht möglich, sondern
man muss sowol auf Grund der dem carpere eigentlich zukommenden
Bedeutung, wie auch mit Rücksicht auf den factischen Sprachgebrauch in carpere somnos den Begriff des ruhigen und behaglichen
Schlafes finden.

Ohne Zweifel liegt dem Ausdrucke carpere somnos das Bild
des Pflückens von Blüthen und Früchten zu Grunde. Der
Begriff des Geniessens gesellte sich in der natürlichsten Weise
von selbst dazu; denn Früchte pflückt man eben in der Absicht,
sie zu geniessen, sich an ihnen zu laben.*) Und was den Sprach-

---

*) Schon Freund verglich im Lexicon bezüglich dieser Bedeutung von car-
pere den Vers „Pflücket die Rosen, eh' sie verblühn." Vgl. auch Ovid
Met. X 85 aetatis breve ver et primos carpere flores und das wunder-
liebliche Fragment der Sappho, dessen Idee derselben Sphäre der Vor-
stellungen entlehnt ist, 93 (Bergk):

gebrauch betrifft, so zeigen alle Stellen, an denen carpere somnos*)
und ähnliche Verbindungen vorkommen, die Bedeutung „etwas
behaglich geniessen, einer Sache froh werden, sich an etwas
laben und erquicken." So Georg. III 435 mollis sub divo carpere
somnos; Aen. VII 414 iam mediam nigra carpebat nocte quietem
(in effectvollem Gegensatze dann das folgende Allecto torvam
faciem cet.); IV 522 placidum carpebant fessa soporem; ebenso
bei Silius XVI 119 huic fesso, quos dura fuga et nox suaserat
atra, carpenti somnos cet.; Val. Fl. V 48 carpere securas quis
iam iubet Aesona noctes? — Ebenso zeigt sich dieser Begriff in
Verbindungen, welche „sich des Lebens erfreuen" bedeuten:
Aen. I 387 f. auras vitalis carpis, was Silius III 712 nachahmt
dum carpet superas in terris Hannibal auras. Vgl. ferner Hor.
Carm. I 11 8 carpe diem; Ovid Fasti III 622 regni commoda
carpe mei; Martial. VII 46 11 fugitivaque gaudia carpe. — Vgl.
den ähnlichen Gebrauch von frui: Cic. Cluent. 61 170 vita frui.
Liv. XXI 3 4 florem aetatis Hasdrubal, quem ipse patri Hanni-
balis fruendum praebuit, iusto iure eum a filio repeti censet.

Mit diesem Gebrauch von carpere ist zu vergleichen der
ähnliche Gebrauch von δρέπειν und δρέπεσθαι: Pind. Pyth. I 49
τιμὰν δρέπειν, VI 18 ἥβαν δρέπειν, Pind. fragm. 193 (Bergk) ἀτελῆ
σοφίας καρπὸν δρέπειν. Plat. Politeia III 401 C πολλὰ ἀπὸ πολλῶν
δρεπόμενοί τε καὶ νεμόμενοι. Bemerkenswerth ist, dass δρέπεσθαι
eben wegen des sich zugesellenden Begriffes „geniessen" geradezu
auch in der Construction mit dem Genetiv der Analogie von
γεύεσθαι folgt, Pind. fragm. 100 1 χρῆν μὲν κατὰ καιρὸν ἐρώτων
δρέπεσθαι, θυμέ, σὺν ἁλικία.

Uebrigens dürfte vielleicht Vergil bei carpere somnos an das
homerische ὕπνον ἀωτεῖν gedacht haben, das sich zweimal findet,
und zwar K 159 τί πάννυχον ὕπνον ἀωτεῖς; und κ 548 μηκέτι
νῦν εὕδοντες ἀωτεῖτε γλυκὺν ὕπνον. Dies ἀωτεῖν wird im Scholion

οἷον τὸ γλυκύμαλον ἐρεύθεται ἄκρῳ ἐπ' ὕσδῳ
ἄκρον ἐπ' ἀκροτάτῳ· λελάθοντο δὲ μαλοδρόπηες,
οὐ μὰν ἐκλελάθοντ' ἀλλ' οὐκ ἐδύναντ' ἐπικέσθαι.

*) Ladewig bemerkt: „In der Verbindung mit carpere gebraucht V. nur den
pl. somnos, nie d. sing."

zu *K* 159 erklärt: ἀωτεῖς] ἀπανθίζεις, παρὰ τὸ ἄωτον, ὅ ἐστιν ἄνθος, ἢ κοιμᾷ παρὰ τὸ ἀέσαι τὸ κοιμᾶσθαι. Die neuere Etymologie nimmt die zweite Bedeutung an. Man setzt dabei von derselben Wurzel *ἀ F*, der die Bedeutungen „wehen, hauchen" und „ruhen, schlafen" zukommen*), ein doppeltes ἄωτος (ἄωτον) voraus, das eine = Gewehtes, Flocke, das Feinste, Schönste, Herrlichste, Blüthe; und ein zweites nicht vorkommendes ἄωτος Wehen = Athmen, Schlafen, von welchem ἀωτέω abgeleitet sein soll (vgl. Clemm in Curtius' Studien II 54 ff. und Vaníček etym. Wörterb. I 69 f.). Ich halte diese Ansicht für anfechtbar vom p h i l o l o g i - s c h e n Standpunkte. Ἀωτέω ist ein denominatives Verbum von ἄωτος oder ἄωτον.**) Dies Substantivum kommt g a r n i c h t s e l t e n vor und es sind nachweisbar folgende Bedeutungen:

a) Wolle, Hom. *N* 599 716; α 443, ι 434. Dass dies ursprünglich „Gewehtes" bedeutete (Wurzel *ἀ F*) und somit zur Bezeichnung der leichten, wehenden Wollflocke, des Wollflaums gebraucht wurde, ist sehr wahrscheinlich. Darum konnte es auch von anderen ähnlichen flockigen und flaumigen Stoffen gebraucht werden: Il. IX 661 λίνοιο λεπτὸν ἄωτον (Accus.)***)

b) Blüthe: Simonides fr. 150 (Bergk) ῥόδων ἀώτοις σοφῶν ἀοιδῶν ἐσκίασαν λιπαρὰν ἔθειραν. Der Zusammenhang dieser Bedeutung mit *a* ist klar.†)

c) An *b* lehnt sich die Bedeutung „das Schönste und Beste, Schmuck" u. s. w. an. (Vgl. ἄνθος, flos). So bei Pindar Pyth. IV

---

*) Vaníček, griech.-lat. etym. Wörterbuch I 69: „vom sichtbaren tiefen Athmen entsteht die Vorstellung des Ruhens, Schlafens."

**) Bei Homer ist das Geschlecht nicht zu erkennen; bei Pindar und Theokrit ist das Masculinum, bei späteren Dichtern das Neutrum.

***) Vgl. lana: Martial. XIV 161 lassus Amyclaea poteris requiescere pluma interior cycni quam tibi lana dedit, und ders. X 42 celantur simili ventura cydonia lana. Ulp. Dig. 32 1 70 lana legata etiam leporinam lanam et anserinam et caprinam credo contineri, et de ligno, quam Graeci ἐριόξυλον appellant. Ferner vellus auch von der Baumwolle (oder Seide?) Georg. II 121, von Schneeflocken Martial. IV 3 1.

†) Vgl. umgekehrt flos Pacuv. fr. nunc primum opacat flore lanugo genas. Verg. Aen. VIII 161 tum mihi prima genas vestibat flore iuventas. Ferner flos vom Weinschaum (Cato, Plinius, Columella), wie Suidas II 1 p. 452 Bernh. anführt κύματος ἄκρον ἄωτον ὁ ἀφρός.

188 ἐς δὲ Ἰωλκὸν ἐπεὶ κατέβα ναυτᾶν ἄωτος, ders. Nem. VIII 9 ἡρώων ἄωτοι und ebenso Theokr. XIII 27 ναυτιλίας μιμνάσκετο ὑεῖος ἄωτος ἡρώων. So bei Pindar, dessen Lieblingsausdruck dies Wort ist, noch z. B. in Verbindung mit ὕμνων, γλώσσης, ἀρετᾶν, σοφίας, ἵππων (ὕμνον, ἵππων ἄωτον das Loblied als Zierde) u. s. w. Mit den drei unter c zuerst angeführten Stellen vgl. besonders Eur. Hel. 1593 ὦ γῆς Ἑλλάδος λωτίσματα.

Nirgends aber ist ἄωτος oder ἄωτον in der Bedeutung „Schlaf, Ruhe" bezeugt. Soll man nun dem Verbum ἀωτέω zu liebe dies Nomen mit dieser Bedeutung annehmen? Hiefür liegt keine Nothwendigkeit vor.

An den beiden homerischen Stellen, die zunächst in Betracht kommen, ist es viel wahrscheinlicher, die Bedeutung c a r p e r e (vellere) anzunehmen, welche sich u r s p r ü n g l i c h an die unter a. angeführte homerische Bedeutung anlehnen konnte (vgl. umgekehrt den Zusammenhang von vellus mit vello); doch ist durchaus nicht ausgeschlossen die Möglichkeit, dass auch in der homerischen Zeit schon dem Gebrauch von ἀωτεῖν die Vorstellung von dem Zupfen, Pflücken der Blüthe zu Grunde gelegt werden konnte. Doch man vermisst den Beweis dafür, dass von einem die Blüthe bedeutenden Worte ἄωτος ein Verbum ἀωτέω in der Bedeutung ἀπανθίζω „die Blüthe abpflücken" gebildet werden konnte; man könnte sagen, dass in ἀωτέω gerade das wichtige ἀπό, durch welches erst jene Bedeutung ermöglicht würde, fehlt. Aber für die Zulässigkeit jener Annahme zeugt das interessante λωτίζομαι Aisch. Hik. 963 τούτων τὰ λῷστα καὶ τὰ θυμηδέστατα, πάρεστι, λωτίσασθε.[*]) Diesem Verbum liegt λωτός (Lotosklee, der in der Gegend von Sparta und Troia wuchs, dann auch der Lotos der Lotophagen) zu Grunde, und doch bedeutet λωτίζομαι „die Blüthe pflücken" (wo man also auch ἀπολωτίζομαι erwartet). Diese Analogie ist um so wichtiger, als daneben auch das von λωτίζομαι abgeleitete Substantivum λώτισμα (die Blüthe = das Schönste, Edelste in seiner

---

[*]) Hesychios führt das Activum λωτίζειν an und gibt hiefür unter anderem auch die Bedeutung ἀπανθίζεσθαι an. Ebenso erklärt Hesychios ἀωτεῖς auch mit ἀπανθίζεις. Und Zonaras 1326 erklärt λώτισμα mit ἀπάνθημα (d. i. doch ἀπάνθισμα).

Art) erscheint. Eine zweite Analogie bietet ἀνϑεμίζομαι γοεδνά Aisch. Hik. 73, das der Scholiast gewiss richtig erklärt τὸ ἄνϑος τῶν γόων ἀποδρέπομαι.

Aber freilich schon Simonides, kann man sagen, hat ἀωτεῖν in der Bedeutung „schlafen“ gebraucht. Es ist dies in dem schönen Fragment 37 (Bergk), wo Danae zu dem schlafenden Kinde spricht: ὦ τέκος, οἷον ἔχω πόνον· σὺ δ᾽ ἀωτεῖς γαλαϑηνῷ τ᾽ ἤτορι κνώσσεις ἐν ἀτερπεῖ δούρατι χαλκεογόμφῳ νυκτιλαμπεῖ κυανέῳ τε δνόφῳ σταλείς. Aber ἀωτεῖς ist hier nur eine Conjectur von Casaubonus, die man freilich gewöhnlich als verlässliche Emendation betrachtet. Wenn sie es wirklich wäre, so würde ich unbedenklich annehmen, dass schon Simonides das homerische ἀωτεῖν missverstand. Beispiele für einen auf Missverständniss beruhenden, irrthümlichen Gebrauch homerischer Wörter und Formen finden sich ja nicht bloss erst in der alexandrinischen Zeit und bei den Römern, sondern auch schon bei alten griechischen Schriftstellern. — Für wahrscheinlicher aber halte ich es, dass Simonides gar nicht ἀωτεῖς schrieb, wie denn wirklich Schneidewin σὺ δ᾽ ἀωρεῖς, Mehlhorn σὺ δ᾽ αὔτως conjicierte. Bei Dionys Hal. de verb. comp. c. 26 findet sich die corrupte Ueberlieferung πόνον, οὐ δ᾽ αὐταῖς ἐγαλασϑηνωϑεῖ ϑεικνοώσσεις oder σὺ δ᾽ αὐτὲ γαλαϑηνῷ ἤτορι κνώσσεις; bei Athenaios IX 396 E σὺ δ᾽ αὔτε εἰς γαλαϑηνῷ (γαλαϑηνῶν) δ᾽ ἤτορι κνώσσεις. Ich halte die Conjectur ἀωτεῖς darum für unrichtig, weil durch dieselbe eine unangenehme Tautologie (ἀωτεῖς und κνώσσεις) bewirkt wird. Viel wahrscheinlicher ist Mehlhorn's σὺ δ᾽ αὔτως, das eben auch ein homerischer Ausdruck ist.*)

Doch, um wieder zu Vergil zurückzukehren, mag es sich mit dem homerischen ἀωτεῖν wie immer verhalten, jedenfalls liegt nahe die Vermuthung, dass Vergil bei seinen Ausdrücken carpere somnos, quietem, soporem das homerische ὕπνον ἀωτεῖν im Sinne hatte und dass er ἀωτεῖν für carpere nahm. Diese Auffassung war ja jedenfalls im Alterthum sehr verbreitet. Vgl. ausser dem oben

---

*) Dass nämlich Simonides hier homerische Ausdrücke gehäuft hat, ist unverkennbar; vgl. γαλαϑηνός, ἤτορ, κνώσσω, ἀτερπής, δούρατι u. a.

angeführten Scholion noch Hesych. ἀωτεῖς, ἀπανθίζεις (daneben freilich κοιμᾷ), Etym. M. 117 46 ἀωτεῖς ἀντὶ τοῦ κάλλιστον τοῦ ὕπνου ἀπανθίζῃ καὶ συλλέγεις.

Aen. IV 556 ff.

> huic se forma dei voltu redeuntis eodem
> obtulit in somnis rursusque ita visa monere est,
> omnia Mercurio similis, vocemque coloremque
> et crinis flavos et membra decora iuventa.

Dass *forma dei* nicht etwa eine blosse Umschreibung für *deus* ist, hat schon Servius erkannt, welcher bemerkt: „*Forma dei;* bene non *deus*, sed *forma*. Raro enim numina sicut sunt, possunt videri.“ Es ist ja keine wirkliche Erscheinung, wie die erste Erscheinung Mercurs (265 276 vgl. 356 ff., besonders ipse deum manifesto in lumine vidi), sondern eine Traumerscheinung; daher heisst es auch 557 rursusque ita visa monere est,[*]) daher heisst es auch nur omnia Mercurio similis; darum sagt auch Aeneas 576 sequimur te, sancte deorum, quisquis es. Es sind also zu vergleichen homerische Stellen, wie namentlich β 795 ff., wo der schlafenden Penelope im Traume ein εἴδωλον erscheint, welches der Iphthime ähnlich ist oder Ψ 65 ἦλθε δ' ἐπὶ ψυχὴ Πατροκλῆος δειλοῖο, πάντ' αὐτῷ, μέγεθός τε καὶ ὄμματα κάλ', εἰκυῖα, καὶ φωνήν, καὶ τοῖα περὶ χροῒ εἵματα ἕστο.

---

[*]) Ebenso videri von dem, was im Traume erscheint II 270 f. in somnis ecce ante oculos maestissimus Hector visus adesse mihi; III 150 Penates ... visi ante oculos adstare iacentis. V 636 nam mihi Cassandrae per somnum vatis imago ardentis dare visa faces (hier imago = forma). Griechisch δοκεῖν c. nom. et inf. Plat. Krit. 44 A ἐδόκει τις μοι γυνὴ προσελθοῦσα καλὴ καὶ εὐειδής ... καλέσαι με καὶ εἰπεῖν. — In demselben Sinne das unpersönliche videtur Att. bei Cic. Divin. I 22 44 visum est in somnis pastorem ad me appellare. — Anders videor von der träumenden Person: Aen. II 279 ultro flens ipse videbar compellare virum; XII 908 f. velut in somnis ... nequiquam avidos extendere cursus velle videmur. Sil. XVII 162. Und mit dem Dativ des Pronomens Aen. IV 467, Sil. X 358 iamque videbatur multo sibi milite Thybrim cingere. Es ist natürlich anzunehmen, dass auch das von der träumenden Person gebrauchte videor eigentlich videor mihi ist, so wie ja auch sonst zur Bezeichnung des Begriffes „ich komme mir vor“ neben dem vollständigen videor mihi in demselben Sinne

Im V. 559 ist die Leseart unsicher. In den Handschriften *M b c F* ist iuventa, in *P y a II* iuventae. Handschriftlich ist also beides gut bezeugt. Iuventae hat vor der anderen Leseart das voraus, dass es auch durch das Scholion zu Hor. carm. I 10 3 und durch Servius (zu unserer St. und zu Aen. I 590) bezeugt ist, während der Ablativ wieder durch die anecd. Paris. beglaubigt ist. Aus Hom. x 277 ff. (ἔνϑα μοι Ἑρμείας χρυσόῤῥαπις ἀντεβόλησεν ... νεηνίη ἀνδρὶ ἐοικώς, πρῶτον ὑπηνήτῃ, τοῦπερ χαριεστάτη ἥβη), welche Stelle Vergil wol vor Augen hatte, lässt sich gar nichts für die eine oder andere Leseart entnehmen, da Vergil hier sein Original ziemlich frei nachahmte. Aber für iuventa sprechen doch mehrere Gründe:

1. Nimmt man iuventae an, so müsste erklärt werden „schmucke Glieder, wie sie die Jugend hat.“ Das wäre nun aber nichts besonderes, sondern etwas, was Mercurius mit jedem Jüngling theilen würde. Der Ablativ iuventa lässt dagegen eine specielle Beziehung auf die Jugendlichkeit Mercur's zu und ist darum besser.

2. Sowie vocem, colorem, crinis flavos die Stimme, die Farbe, die Haare bezeichnet, wie sie Mercurius hat, so erwartet man auch im letzten Gliede dieselbe Beziehung, nämlich „schmucke Glieder, wie sie eben Mercurius hat.“ Dies wird aber durch iuventae, was bedeuten würde „wie sie die Jugend überhaupt hat“ gestört.

3. Für membra decora iuventa spricht Georg. III 437 nitidusque iuventa, ferner Tacit. Hist. I 53 decorus iuventa und ebend.

auch v i d e o r vorkommt. So neben videor mihi perspicere ipsius animum (Cic. Fam. IV 13 5) oder atque etiam hoc mihi videor videre (Cic. Inv. 57 171) auch: videre iam videor populum a senatu disiunctum (Cic. Lael. 12 41) oder te vero, Caecili, quemadmodum sit elusurus, videre iam videor (Cic. Div. in Caec. 14 45). Es ist demnach mit Aen. II 279 und ähnlichen Beispielen zu vergleichen das griechische τεκεῖν δράκοντ' ἔδοξεν Aisch. Ch. 527, ferner Eur. Iph. Taur. 44. Orest. 408 (ἔδοξ' ἰδεῖν). Man könnte freilich im Griechischen in diesen Fällen δοκῶ auch einfacher in der Bedeutung „(im Traume) meinen“ nehmen (nicht = δοκῶ μοι), wie es wirklich genommen werden muss, wenn ein Accus. c. inf. davon abhängt, wie Iler. V 56 ἐδόκεε δ ῞Ιππαρχος ἄνδρα οἱ ἐπιστάντα μέγαν ... αἰνίσσεσϑαι; ders. VII 18 ταῦτά τε δὴ ἐδόκεε Ἀρτάβανος τὸ ὄνειρον ἀπειλέειν. — Natürlich kommt auch das Activum videre von der träumenden Person vor, wie Cic. N. D. I 29 82 und ebenso im Griechischen.

IV 1 procerus iuventa, wie sich denn überhaupt bei Tacitus mancherlei Wendungen finden, welche ein unverkennbares dichterisches
Colorit haben. Vgl. betreffs des poetischen Colorits des Tacitus
Draeger, über Syntax und Stil des Tacitus S. 102 und speciell
betreffs des Einflusses Vergil's auf die Sprache des Tacitus dieselbe Schrift S. 104 ff.

Verg. Aen. 560 ff.

nate dea, potes hoc sub casu ducere somnos,
nec quae te circum stent deinde pericula cernis?
demens! nec zephyros audis spirare secundos?

Ladewig erklärt *deinde*: „in nächster Zukunft, nach dieser
Nacht," und ebenso Kappes „in der Folge, nächstdem, von jetzt
ab." So scheint allerdings schon Servius dies Wort aufgefasst zu
haben, wie man aus seiner Bemerkung *„circumstent,* pro circum-
statura sint" schliessen darf. Aber diese Erklärung muss nach
meiner Meinung aufgegeben werden; denn

1. die Gefahr, von welcher gesprochen wird, ist schon jetzt
vorhanden; schon jetzt circum stant pericula und man hat also
kein Recht hier das Praesens für das futurum zu nehmen. Man
verwechselt hiebei das gegenwärtige Vorhandensein der
Gefahr und die zukünftige eventuelle Verwirklichung des
Unglücks, dessen Gefahr aber schon jetzt vorhanden ist. Der
Dichter sagt ja nicht mala, sondern pericula.

2. Auch passt ja zur Bezeichnung des Begriffes „nach dieser
Nacht, von jetzt ab" nicht deinde, sondern dies müsste vielmehr mit dehinc bezeichnet werden, gerade so wie hier das
Pronomen hic angemessen wäre (post hanc noctem) und nicht
is (post eam noctem). Man kann ja auch kein zutreffendes
Beispiel für einen solchen Gebrauch des deinde, dein anführen;
denn die von Ladewig angeführten Beispiele VI 756 und 890 sind
ja wesentlich verschieden. An der ersten Stelle nunc age, Darda-
niam prolem quae deinde sequatur gloria, qui maneant Itala de
gente nepotes . . . . expediam dictis bezeichnet ja deinde nicht
die nächste Zukunft, welche auf die mit hoc tempus zu bezeichnende Gegenwart folgt, sondern eine entferntere Zukunft.

Zwischen dem gegenwärtigen Augenblick und dieser entfernteren
Zukunft liegt ja noch ein Hauptereigniss, das erst sich verwirklichen muss. Aeneas befindet sich zwar schon im gegenwärtigen
Augenblick auf italischem Boden (in Cumae), aber noch nicht in
Latium, dem eigentlichen Ziele seiner Fahrt und dem Lande,
welches der Schauplatz seiner Thätigkeit sein soll. Von Cumae
aus muss er ja noch die Seefahrt nach Latium antreten (Anfang
des 7. Buches). Daraus ist klar, dass deinde hier (und ebenso
an der zweiten Stelle 890) nicht = dehinc, post hoc tempus
ist, sondern dass es von der entfernteren Zukunft gesagt ist, wobei
die Vorstellung von dem dazwischen liegenden Ereigniss, das sich
in der nächsten Zukunft vollziehen soll (näml. Ankunft in Latium),
vorschwebt.

Es ist also vielmehr *deinde* mit Heyne und anderen Erklärern aufzufassen „εἶτα, cum haec ita sint." Doch möchte ich nicht
mit Heyne den Sinn angeben εἶτ' οὐκ αἰσθάνῃ;*) sondern von
dem Grundsatze ausgehend, dass die zunächstliegende e i n f a c h e
Erklärung aufrecht erhalten werden muss, wenn man nicht durch
Gründe gezwungen ist dieselbe aufzugeben, nehme ich auch hier
die Worte, wie sie sind und verbinde deinde auch innerlich mit
te circum stent pericula, sowie es äusserlich mitten zwischen diesen
Worten steht; also = und du siehst nicht, welche Gefahren nach
dem, was vorgefallen ist, um dich herum sind? Genau gesagt,
bezieht sich also deinde auf die Vergangenheit und es ist ein dem
vorausgehenden hoc sub casu paralleler Ausdruck. Heyne hat Aen.
IX 781 quo deinde fugam, quo tenditis? und XII 889 verglichen,
welche Beispiele ganz zutreffend sind.

* * *

Demens ist eine Nachahmung des homerischen νήπιε, welchen
Ausruf (sowie auch νήπιος von der dritten Person) auch die spä-

---

*) An und für sich wäre freilich eine solche Transposition des deinde (Ver-
bindung mit cernis) nicht unmöglich; vgl. besonders Aen. I 195 vina
bonus quae deinde cadis onerarat Acestes .... dividit, wo unzweifelhaft deinde zu dividit gehören muss; ferner V 14, 400; VII 135 und
Wagner Quaest. Virg. XXVI 7. Doch ist, wie oben im Texte gesagt
wurde, die näher liegende Erklärung vorzuziehen.

teren griechischen Epiker gern nachgeahmt haben. Bei Vergil kommt dieses exclamative demens von allen drei Personen vor

a) von der ersten Person Aen. II 94 nec tacui demens,

b) von der zweiten Person an unserer Stelle,

c) von der dritten Person (= νήπιος) Aen. VI 590 ibat ovans divomque sibi poscebat honorem, demens! IX 728.

Aehnlich andere Exclamation, wie I 718 inscia Dido, VI 822 infelix. Gern erscheinen solche Exclamationen an bedeutsamer Stelle, also namentlich an der Spitze des Verses; so bei Homer das exclamative νήπιος regelmässig als erstes Wort im Verse, z. B. B 38 873; E 406; α 8 (νήπιοι); ebenso σχέτλιος B 212, Γ 19, γ 161 u. s. w. — Bei Vergil z. B. Aen. VI 590, IX 728 demens; andere Wörter, wie infelix VI 822, infandum Georg. I 479 (dagegen infandum mitten im Verse Aen. I 251).

Aen. IV 565 ff.

non fugis hinc praeceps, dum praecipitare potestas?
iam mare turbari trabibus saevasque videbis
conlucere faces, iam fervere litora flammis,
si te his attigerit terris Aurora morantem.

Wenig wird von den Erklärern die nachdrückliche und offenbar beabsichtigte Zusammenstellung p r a e c e p s — p r a e c i p i t a r e beachtet (von neueren Erklärern macht Kappes darauf aufmerksam), die doch als besonders effectvolle Wendung auch in einem knappen Commentar hervorgehoben zu werden verdient. Auch ist es wol nicht zufällig, dass praeceps V. 573 wiederkehrt.

Praecipitare kann entweder transitiv aufgefasst werden, also = praecipitare fugam, indem das Object aus fugis ergänzt wird, oder intransitiv = praecipitem esse, praecipitem festinare. Gewöhnlich zieht man die erste Erklärung vor; aber gerade die Absichtlichkeit in der Wiederholung fugis praeceps — praecipitare spricht dafür, dass praecipitare seiner Bedeutung nach den Worten fugis praeceps entspricht, dass es somit intransitiv ist, wie Aen. IX 670; II 9. Vgl. besonders noch Cic. de Or. III 55 209 his autem de rebus sol me ille admonuit, ut brevior essem, qui ipse iam p r a e c i p i t a n s me quoque haec p r a e c i p i t e m paene evolvere coegit.

* * *

Zu trabibus bemerkt Servius: „vel navibus vel remis." Es
werden natürlich Schiffe bezeichnet, und zwar die Schiffe der Karthager. Gossrau meinte zwar, dass trabes hier in der dem Worte
ursprünglich zukommenden Bedeutung gesetzt sei und die
Trümmer der troischen Flotte bezeichne; der Dichter habe sagen
wollen: „nisi celeriter aufugis, naves tuas fractas et incensas
a Poenis videbis." Aber gegen diese Auffasung sprechen folgende
Gründe:

1. Es wäre dies ein auffallendes Hysteron proteron, wenn im
ersten Glied gesagt wäre, dass die Trümmer der troischen Schiffe
mare turbabunt, während erst im zweiten und dritten Gliede die
Absicht der Karthager, die Schiffe in Brand zu stecken erwähnt wird.

2. Der Parallelismus verlangt, trabibus auf die feindlichen
Schiffe, die Schiffe der Karthager, zu beziehen. Wie im zweiten
Gliede faces die Fackeln der Feinde und im dritten flammis das
feindliche Feuer bezeichnet, so muss im ersten Gliede trabibus die
Schiffe der Feinde bezeichnen.

3. Auch die Rücksicht auf 593 f. empfiehlt die Beziehung
auf die Schiffe der Karthager; denn wenn auch inzwischen durch
Befolgung der göttlichen Weisung die Situation sich geändert hat,
so darf man doch annehmen, dass die Worte mare turbari trabibus
den Worten diripientque rates alii navalibus entsprechen, sowie
saevasque videbis conlucere faces cet. = ferte citi flammas.

4. Für sehr wichtig halte ich den Umstand, dass auch Silius
die Worte mare turbari trabibus auf die feindlichen Schiffe
bezog, nämlich III 174 ff.

> iam maria effusas cernes turbare carinas
> et Latiam toto pubem volitare profundo,
> dum lentus coepti terra cunctaris Ibera.

Diese Stelle wird zwar (wie auch viele andere) in der von
Woldemar Ribbeck gemachten Sammlung nicht angeführt; es ist
aber klar, dass Silius in der ganzen betreffenden Partie dem Muster
Vergils folgte und auch im einzelnen die Ausdrucksweise nach-
ahmte. Hannibal schläft in Gades; Mercurius erscheint ihm im
Traume ac monitis incessit amaris 171 (= Aen. IV 557). Turpe

duci totam somno consumere noctem 172 (= Aen. 560), dann folgen eben die oben citirten Verse (= Aen. 566). Die Parallele ist unverkennbar und die Auffassung des Silius ist natürlich für uns wichtig. — Auch noch an einer zweiten Stelle bei Silius findet sich eine ähnliche Wendung, nämlich XIV 497 et freta gaudebat celsa turbare Chimaera.

Was den Ausdruck mare turbatur trabibus betrifft, so könnte man allerdings annehmen, dass dasjenige, was eigentlich von den Troern und ihren Schiffen ausgesagt werden sollte (turbantur), von dem Meere gesagt werde, auf dem sich die Troer befinden = das Meer wird unruhig und unsicher. Aber näher liegt es natürlich an die Analogie caerula verrunt (Aen. III 208) zu denken, und in demselben Sinne hat augenscheinlich schon Silius die Stelle verstanden. Sowie mare verrere (vgl. auch Ennius Ann. fr. 1 Vahl., Catullus LXIV 7) von dem durch die Ruderschläge aufgewühlten Meere gebraucht wird, so ist auch turbare zu verstehen von dem Aufwühlen der früher ruhigen und glatten Oberfläche des Meeres; aber es ist freilich ein noch stärkerer Ausdruck, durch den zugleich die wilde Eile der Ruderschläge bezeichnet wird. Dass Vergil dadurch zugleich auch die erwünschte Alliteration turbari trabibus erzielte, mag nebenbei bemerkt werden. Aehnlich erscheint auch $\tau\alpha\varrho\dot{\alpha}\sigma\sigma\varepsilon\iota\nu$ gebraucht. Es wird dies Verbum zwar gewöhnlich von dem durch den Sturm aufgewühlten und aufgerührten Meere gebraucht (Odyss. ε 291 $\dot{\varepsilon}\tau\dot{\alpha}\varrho\alpha\xi\varepsilon$ $\delta\dot{\varepsilon}$ $\pi\dot{o}\nu\tau o\nu$, Eur. Tro. 88), aber vgl. Pind. Ol. II 63 f. $o\dot{v}$ $\chi\vartheta\dot{o}\nu\alpha$ $\tau\alpha\varrho\dot{\alpha}\sigma\sigma o\nu\tau\varepsilon\varsigma$ $\dot{\varepsilon}\nu$ $\chi\varepsilon\varrho\dot{o}\varsigma$ $\dot{\alpha}\varkappa\mu\tilde{\alpha}$ $o\dot{v}\delta\dot{\varepsilon}$ $\pi\dot{o}\nu\tau\iota o\nu$ $\ddot{v}\delta\omega\varrho$ von dem Umwenden, Pflügen der Erde und des Meeres.

Nun kann man freilich die Einwendung erheben: Aber, wenn die Flotte des Aeneas noch im Hafen am Gestade sich befindet*) (si te his attigerit terris Aurora morantem), so war es ja für die Dido, wenn sie die troischen Schiffe angreifen und in Brand setzen wollte, nicht nothwendig, die Schiffe der Karthager ins Meer zu lassen, sondern die Karthager konnten vom Ufer aus den Angriff unternehmen und eindringen. Da bleibt nun nicht anderes übrig als anzunehmen, was auch Kappes annimmt: „Die Schiffe der Dido

---

*) Nicht in einer gewissen Entfernung vom Lande, vgl. 580 und 582.

werden die Flotte des Aeneas umzingeln und Feuerbrände auf
sie werfen, und ebenso wird vom Lande aus Brand und Verderben
bereitet werden." Durch die Umzingelung würde jede Möglichkeit
des Entrinnens den Troern entzogen worden sein.

Aen. IV 571 ff.

Tum vero Aeneas subitis exterritus umbris
corripit e somno corpus sociosque fatigat:
'praecipites vigilate, viri, et considite transtris' cet.

So wird diese Stelle geschrieben. Und doch hat schon Servius
bemerkt: „Sane nonnulli ita distinguunt: *sociosque fatigat praeci-*
pites, ut allocutio hinc videatur incipere: *Vigilate viri et considite*
transtris, et est usitata figura, fatigat et praecipites facit." Ich
glaube, dass man unbedingt diese Interpunction annehmen und die
Ansprache des Aeneas erst mit vigilate beginnen lassen muss.[*]
Dadurch entgeht man der s e l t s a m e n Verbindung praecipites
vigilate. Man versuchte freilich diese Seltsamkeit dadurch zu
beheben, dass man sagte, praecipites gehöre eigentlich zu dem
zweiten Gliede considite transtris. Aber bei der Annahme solcher
Unregelmässigkeiten muss man überhaupt mit möglichster Vorsicht
vorgehen und zu ihnen nur da greifen, wo sie als absolut nothwendig sich herausstellen. Hier aber ist es durchaus nicht nothwendig,
ja überhaupt nicht wahrscheinlich. Dass nämlich praecipites eigentlich erst zu dem folgenden considite transtris ist unwahrscheinlich,
weil das zweite Glied vom ersten auch äusserlich durch den dazwischen tretenden Vocativ viri deutlich geschieden ist; somit
müsste man sich entschliesen, wirklich die Verbindung praecipites
vigilate anzunehmen. Aber auch zu c o n s i d i t e transtris würde
praecipites nicht eben sonderlich passen; während die Verbindung
socios fatigat praecipites eine durchaus tadellose und sehr bezeichnende ist: „Aeneas setzt seinen Gefährten, die über Hals und
Kopf rennen, mit seinen Befehlen zu." Vgl. die beliebte Verbindung
praecipitem agere aliquem.

*) Dass die Ansprache, wenn sie sofort mit vigilate, viri beginnt, besser
den Charakter hastiger Eile wahrt, ist natürlich, und vgl. auch II 373
festinate viri.

Gegen die von mir empfohlene Interpunction könnte man nur
dann eine begründete Einwendung erheben, wenn das Beginnen
der Rede mitten im Verse bei Vergil beispiellos wäre. Da aber
die Zahl der Beispiele, in denen der Anfang einer Rede mit dem
Versanfang nicht zusammenfällt, nicht eben gering ist (vgl. den
Excurs III), so entfällt die Möglichkeit einer solchen Einwendung.

* * *

Subitis umbris ist nicht „pro caligine subito exorta abeunte
deo, qui, ut mos est, in multa luce apparuerat, ut sup. v. 358"
(Heyne, Gossrau). Aber wenn Vergil dies beabsichtigt hätte, so
hätte er es gewiss ausdrücklich erwähnt, dass Mercur im hellen
Glanze erschien und dass jetzt nach seinem Verschwinden wieder
Dunkelheit eintrat. Und es handelt sich ja hier nicht um eine
wirkliche Erscheinung des Gottes, sondern um eine Traumerscheinung, so dass jeder Leser bei umbrae zunächst an die forma dei
(556) denken muss, worauf schon Servius hinwies. — Es wäre
ferner auch wahrlich in hohem Grade sonderbar, wenn der Dichter
nach Beendigung der Schilderung der Traumerscheinung es für
nothwendig gehalten hätte etwas zu bemerken, was doch sehr
nebensächlich ist, nämlich dass Aeneas durch das plötzlich ein-
tretende Dunkel aufgeschreckt wurde, während er unzweifelhaft
sagen sollte, dass er durch die plötzlich gekommene und plötzlich
verschwundene Traumerscheinung und d u r c h d i e M i t t h e i l u n g
„iam mare turbari trabibus saevasque videbis conlucere faces" cet.
aufgeschreckt wurde.

Für die Phrase corripere ex somno corpus, corripere e stratis
corpus (Aen. III 176), corripere se führen die Erklärer (besonders
Forbiger) zu III 176 mehrere Beispiele an. Für Vergil scheint
(wie Wold. Ribbeck annimmt) Lucr. III 163 corripere ex somno
corpus das Vorbild gewesen zu sein. — Einigermassen zu vergleichen ist das deutsche „sich aus dem Schlafe oder sich vom
Lager aufraffen" und die derselben Sphäre angehörige Wendung
Soph. Phil. 577 ἔκπλει σεαυτὸν ξυλλαβὼν ἐκ τῆσδε γῆς.

Aen. IV 574 ff.

deus aethere missus ab alto
festinare fugam tortosque incidere funis
ecce iterum stimulat. sequimur te, sancte deorum,
quisquis es, imperioque iterum paremus ovantes.

Zu *iterum paremus* bemerkt Servius „quia iam semel paruerat praeparatione navigiorum." Und so scheinen auch die neueren Erklärer, wenn man aus ihrem Stillschweigen einen Schluss ziehen darf, diese Worte aufzufassen. Aber wie kann Aeneas sagen iterum paremus, da es sich doch noch immer um die Befolgung des ersten Befehles, der noch nicht durchgeführt ist, handelt? Aeneas hat wol bisher Vorbereitungen zur Abreise getroffen, aber Mercurius hat ihm bei seinem ersten Erscheinen befohlen, Libyen zu verlassen und die Fahrt nach Latium wirklich anzutreten und nicht bloss die Vorbereitungen dazu zu treffen. Demnach ist der Ausdruck des Servius quia iam semel paruerat praeparatione navigiorum nicht richtig und demnach ist iterum paremus ebenfalls nicht richtig. Man würde vielmehr einen Ausdruck, der die beschleunigte Befolgung des noch nicht durchgeführten Gebotes bezeichnet, erwarten (citi oder cito paremus). — Der Ausdruck iterum scheint schon frühzeitig Bedenken erregt zu haben; wenigstens weist darauf die Leseart in „plerique Pieriani" imperioque tuo, welche nur eine Conjectur zu sein scheint, hin.

Doch ist eine Aenderung nicht nöthig, wenn man nur iterum nicht mit paremus, sondern vielmehr mit imperio (= imperio iterato) verbindet. Dafür scheint auch die Beziehung auf das vorausgehende iterum stimulat zu sprechen. Eine solche Wiederholung von iterum in zwei aufeinander folgenden Versen wäre lästig, wenn nicht eine bestimmte Absicht damit verbunden wäre; diese Absicht ist, wie ich glaube, die nachdrückliche Repetition des Gedankens, dass der Befehl, der eben noch nicht ganz durchgeführt ist, abermals gegeben wird. — Als Beispiele für diese Bedeutung von imperio iterum = τῷ αὖθις κελεύσματι kann man anführen.

a) Cic. Phil. VII 3 8 semper laudator; ders. N. D. II 66 166 saepe praesentia; ders. Caecin. 15 43 neque ictu comminus neque coniectione telorum; Liv. VIII 19 7 fugam magis retro quam proelium; XXV 9 2 ne quis agrestium, procul spectator agminis. Verg. Aen. I 21 populum late regem; Hor. carm. III 17 9 late tyrannus. Cic. Verr. II 64 156 legatum et publice testem.

b) Plaut. Pers. 385 non tu nunc hominum (= τῶν νῦν ἀνϑρώπων) mores vides. Ter. Andr. 175 heri semper lenitas verebar quorsum evaderet. Tib. III 1 23 haec tibi vir quondam, nunc frater . . . mittit. Liv. XXIV 32 5 ne proderent patriam tyranni ante satellitibus et tum corruptoribus exercitus; ders. VI 15 7 Vulscos, totiens hostis, XXI 26 4 per invia circa; II 5 2 ut spem in perpetuum cum iis pacis amitteret. Cic. Tusc. II 22 53 plane vir; Sest. 62 130 collacrimavit vir egregius ac vere Metellus. Vgl. ferner die ganz gewöhnliche Verbindung iterum consul, tertium consul u. ähnl.

Ich habe diese Beispiele (von denen ich die meisten der Sammlung Kühner's Lat. Gramm. II 165 entlehnt habe) gleich in zwei Kategorien getheilt, die sich von einander merklich unterscheiden. In den Beispielen der ersten Art folgen die Substantiva der Analogie der Verba, also semper laudator, populus late rex, sowie semper laudare, late regnare. In der zweiten Kategorie dagegen ist die Verbindung wol durch die Ergänzung des dem Latein fehlenden Particips von esse (ὤν oder γενόμενος) zu erklären oder durch einen Relativsatz mit esse; also nunc hominum = hominum, qui nunc sunt; Vulscos, totiens hostis = τοσάκις πολεμίους γενομένους.

An unserer Stelle wäre imperio iterum wol nach der zweiten Art zu erklären κελεύσματι αὖϑις γενομένῳ.

Aen. IV 581 f.

idem omnis simul ardor habet, rapiuntque ruuntque;
litora deseruere; latet sub classibus aequor.

Mehrere von den neueren Erklärern (Thiel, Ladewig, Forbiger) verstehen ruunt von dem raschen Abstossen und Abfahren. Aber die Verbindung durch que — que bezeichnet in der Regel eine enge Zusammengehörigkeit der durch die einzelnen Wörter bezeichneten Gegenstände oder Handlungen. Vgl. z. B. VIII 21, 277, 312 (exquiritque auditque virum monumenta priorum), IX 516 in manem Teucri molem volvuntque ruuntque; ebend. 787 miseretque pudetque. Hier nun wird diese Zusammengehörigkeit gewiss auch noch durch das beliebte Mittel der Alliteration energisch bezeichnet. Zusammengehörig aber sind die Ausdrücke rapiunt und ruunt, wenn ruunt nicht die Abfahrt selbst bezeichnet, sondern das der Abfahrt vorausgehende geschäftige und wilde Hin- und Herrennen. Dieselbe Erklärung wird übrigens auch durch ihre einfache Natürlichkeit empfohlen, sowie auch dadurch, dass das folgende litora deseruere das Abfahren vom Lande bezeichnet; und es ist nicht wahrscheinlich, dass dasselbe auch schon durch ruunt hätte bezeichnet werden sollen.

Aen. IV 584 ff.

Et iam prima novo spargebat lumine terras
Tithoni croceum linquens Aurora cubile.
 regina e speculis primum ut albescere lumen
 vidit et aequatis classem procedere velis . . . .

Ganz überflüssig und unbegründet war Peerlkamp's Vermuthung, dass die Verse 584 f., welche sich auch IX 459 f. finden, eben von dieser zweiten Stelle hieher versetzt worden seien. Man muss vielmehr anerkennen, dass Vergil auch durch solche Wiederholungen das homerische Vorbild nachzuahmen die Absicht hatte. Die Repetition einzelner Verse und ganzer Gruppen von Versen ist eine so augenfällige und bemerkenswerthe Erscheinung des homerischen Epos, dass es a priori wahrscheinlich ist, dass der eifrige Nachahmer der homerischen Weise auch diese Eigenthümlichkeit in die Sphäre seiner Imitation einbezog.

Abgesehen davon aber und abgesehen von der Autorität der Ueberlieferung muss man hier auch hervorheben, dass die Erzählung ohne diese zwei Verse den Eindruck kahler Unvollständigkeit machen würde. Diese Unvollständigkeit wäre hier um so auffallender, als der Dichter die Erzählung von wichtigen und entscheidenden Ereignissen mit einer umständlichen Zeitangabe einzuleiten liebt; vgl. IV 129, V 104 f., VII 25 f. Und auch hierin folgte Vergil der Weise Homer's. Speciell ist zu bemerken, dass gerade auch bei Homer an den beiden Stellen, an welchen die Zeitangabe durch die Erwähnung der den Tithonos verlassenden Eos stattfindet, die Schilderung wichtiger und entscheidender Ereignisse folgt, wie eben auch bei Vergil.

Die Worte aequatis velis haben verschiedene Erklärungen erfahren, die aufzuzählen und zu beurtheilen zu weitläufig wäre. Ich halte mit Rücksicht auf die eigentliche Bedeutung von aequata vela und mit Berücksichtigung des Ausdruckes procedere für richtig die Auffassung, dass der Ausdruck „mit gleichen (eig. gleichgemachten) Segeln" die gleichmässige Fahrt der Schiffe in einer Reihe und Linie neben einander bezeichne. Kein Schiff hat einen Vorsprung vor den andern, kein Schiff bleibt zurück, die Schiffe sind nicht von einander getrennt. Die Erwähnung dieses Umstandes ist nicht zwecklos; es wird dadurch eine ruhige, günstige Fahrt bezeichnet, eine Fahrt, welche auf die zuschauende Dido einen mächtig schmerzlichen Eindruck machen musste und welche die Hoffnung auf eine erfolgreiche Verfolgung und auf einen wirksamen Angriff vereitelte, da kein Schiff hinter den anderen zurückblieb.

Diese Erklärung wird besonders durch die Parallelstelle V 232 et fors aequatis cepissent praemia rostris (im Gegensatz dazu dann 241 von dem Schiffe des Cloanthus: et pater ipse manu magna Portunus euntem impulit cet.) empfohlen. In demselben Sinne hat auch Silius den Ausdruck aequatus gebraucht XVI 355 tertius aequata currebat fronte Peloro Caucasus und ebend. 378 ff. At postremus Atlas; sed non et segnior ibat | postremo Durio; pacis de more putares | aequata fronte et concordi currere freno. Vgl. auch Soph. El. 736 ff. ὅπως δ' ὁρᾷ (näml. Orestes) μόνον νιν (näml. den Athener) ἐλλελειμμένον, | ὀξὺν δι' ὤτων κέλαδον ἐνσείσας θοαῖς | πώλοις διώκει, κἀξισώσαντε ζυγὰ | ἠλαυνέτην. So kommt im Griechischen auch der Ausdruck ἐν ἴσῳ vor von dem Marsche in gleicher, gerader Linie; vgl. Xen. Anab. I 8 11 ἡσυχῇ ἐν ἴσῳ καὶ βραδέως προσῇεσαν (opp. § 18 ὡς δὲ πορευομένων ἐξεκύμαινέ τι τῆς φάλαγγος) und Kyr. VII 1 4 παρηγγύησε παρορᾶν πρός τὸ σημεῖον καὶ ἐν ἴσῳ παρέπεσθαι.

Aen. IV 592 ff.

non arma expedient totaque ex urbe sequentur
diripientque rates alii navalibus? ite
ferte citi flammas, date tela, impellite remos!

Man ergänzt aus dem zweiten Gliede diripientque rates alii
auch zu den Worten non arma expedient cet. als Subject alii
und verweist in dieser Beziehung auf die Stellen, welche für diesen
Gebrauch des einmal gesetzten alii statt alii — alii Gronovius
zu Liv. III 37, IX 56, Oudendorp zu Suet. Caes. 89 und Caes.
B. G. I 8, Ernesti zu Tac. Ann. I 63, Held zu Caes. B. G. III
110 anführen. Aber es darf hier zugleich nicht übersehen werden,
dass bei den Worten expedient und sequentur das Subject vertreten wird durch den Ausdruck tota ex urbe (= omnes urbis
incolae). Vgl. bezüglich dieses Gebrauches den Plural bei vulgo
(Cic. Tusc. I 35 86 vulgo ex oppidis publice gratulabantur; ad
Att. XVI 10 vulgo loquebantur. Caes. B. C. I 28 vulgo ex tectis
significabant. Cic. N. D. III 17 44 quem (näml. Saturnum) vulgo
maxime colunt ad occidentem.

Es ist also eigentlich das Subject von expedient und sequentur
nicht ein hinzuzudenkendes alii, sondern omnes (tota ex urbe).
Dass Dido dann alii sagt, während sie früher mit tota ex urbe
alle Einwohner bezeichnet hat, ist unlogisch, aber es ist eben für
die leidenschaftliche Erregung der Dido charakteristisch (vgl.
Thiel's Bemerkung).

Aen. IV 595 ff.

quid loquor? aut ubi sum? quae mentem insania mutat,
infelix Dido! nunc te facta impia tangunt?
tum decuit, cum sceptra dabas. — en dextra fidesque,
quem secum patrios aiunt portare penates,
quem subiise umeris confectum aetate parentem!

Der Gedankenzusammenhang ist: „Jetzt erst berührt d. i. regt
dich auf die Ruchlosigkeit (näml. die Treulosigkeit des Aeneas)?
Schon damals hättest du so gewissenhaft sein sollen (tum decuit
te factis impiis tangi), als du dem Aeneas sceptra dabas und
als du selbst im Begriffe warst, Ruchloses zu thun und treulos

den Sychaeus zu verrathen.*) Da du damals diese Gewissenhaftig-
keit nicht beobachtet hast, so hast du jetzt den gebührenden Lohn
(en dextra fidesque). Du darfst dich darüber nicht beklagen; dir
geschieht wie du es verdienst und du musst es hinnehmen."
Im V. 598 f. wird quem erklärt eius, quem. Diese Construction ist hart und ungefällig, und dies mag die alte, durch
Servius bezeugte Conjectur qui veranlasst haben. Servius: „quidam
in utroque versu pro quem legunt qui, ut sit vetus figura per
eclipsin, ubi sunt, qui aiunt patrios penates portasse et parentem
humeris subisse?"

Diese Conjectur ist freilich nicht zu billigen; aber vielleicht
könnte man in beiden Versen lesen quam mit Bezug auf fidem,
wobei von dem Abstractum fides vermittelst einer Personification
ausgesagt würde, was eigentlich von Aeneas gesagt werden sollte.
Beispiele für einen solchen Gebrauch des Abstractums sind: Ovid
Met. I 274 nec coelo contenta suo est Iovis ira. Aen. VI 687
venisti tandem, tuaque exspectata parenti vicit iter durum pietas?
Hor. carm. III 5 13 hoc caverat mens provida Reguli; ders. I 3 36
perrupit Acheronta Herculeus labor; III 21 11 f. narratur et prisci
Catonis saepe mero caluisse virtus (etwas anders Sat. II 1 72).
Vgl. Gossrau zu Aen. IV 132, der auch Schiller's „im Felde glüht
der Schnitter Fleiss" anführt. Besonders möchte ich aber als
Stütze der Conjectur quam anführen, dass Ovid an einer Stelle,

---

*) Zu den Worten tum decuit cet bemerkt Ladewig: „Freilich hatte sich
die Dido damals noch nicht über eine Treulosigkeit des Aeneas zu beklagen, aber er gehörte zum Volke des Laomedon und Dido hatte darum
Anlass genug zur Vorsicht und zum Misstrauen; vgl. V. 542." Und auch
Kappes: „damals hättest du dich rühren lassen, dich erinnern sollen,
dass er zu den treulosen Troianern gehört." Nach meiner Meinung (vgl.
Heyne's Bemerkung) hat facta impia hier eine doppelte Beziehung.
In den Worten nunc te facta impia tangunt wird auf die Treulosigkeit
des Aeneas hingewiesen, aber tum decuit sc. te factis impiis tangi geht
auf die Zeit, wo Dido im Begriffe stand das Andenken des Sychaeus zu
verrathen. Ich glaube, dass der ganze Gedankenzusammenhang diese
Auffassung verlangt, dass Dido der jetzigen Treulosigkeit des Aeneas
ihre eigene frühere Treulosigkeit gegen Sychaeus entgegenstelle. Die
Verdächtigkeit der Troianer (vide Laomedon!) wird allerdings V. 542
angedeutet, aber diese Verdächtigkeit des Aeneas könnte doch nicht mit
den Worten facta impia bezeichnet werden.

an welcher er von derselben That des Aeneas spricht (Fasti IV
37 f.), einer ähnlichen Wendung sich bedient: hinc satus Aeneas,
pietas spectata, per ignes | sacra patremque umeris, altera sacra,
tulit. Diese Stelle ist zwar insofern nicht ganz ähnlich, als pietas
spectata hier nicht direct als Subject, sondern nur als Apposition,
erscheint; aber doch erscheint auch hier das Abstractum statt des
eigentlich erwarteten concreten Ausdruckes vir pietatis spectatae.

Ovid hatte übrigens unsere Stelle sicherlich vor Augen Her.
VII 79 f. Dido sagt bei Vergil aiunt, um damit offenbar die
Vermuthung anzudeuten, dass die ganze Erzählung von der Heraus-
tragung der Penaten aus der brennenden Stadt und von der Rettung
des Anchises vielleicht eine unbegründete Sage ist. Es ist wenigstens bemerkenswerth (und es kann dies nicht ohne Absicht sein),
dass Dido, die doch durch die Erzählung des Aeneas II 717 ff.
davon unterrichtet worden ist, dieser Erzählung hier nicht gedenkt
sondern bloss auf das Gerücht (aiunt) Rücksicht nimmt. — Was
nun aber Vergil die Dido bloss skeptisch andeuten lässt, das hat
Ovid nach seiner Weise überboten, indem er die Dido sagen lässt:

quid puer Ascanius, quid di meruere Penates?
igibus ereptos obruet unda deos?
sed neque fers tecum, nec — quae mihi, perfide, iactas —
presserunt umeros sacra paterque tuus.

* * *

Aus den Worten des Servius „ubi sunt, qui aiunt patrios
penates portasse et parentem humeris subisse" schlossen manche,
dass Servius vielleicht portasse las, was sich im Mediceus wirklich findet. Aber die Bemerkung des Servius zu V. 597 (aut certe,
hic est quem dicunt portare deos) zeigt, dass er jedenfalls
portare vor sich hatte. Hätte er nun auch die Leseart portasse gekannt, so würde er wol nicht unterlassen haben, in ge-
wohnter Weise zu erwähnen, dass manche portasse lesen.

Die gewiss echte Leseart portare kann natürlich nur darauf
sich beziehen, dass Aeneas die Penaten mit sich führt; vgl. besonders I 68 Ilium in Italiam portans victosque penates (wo eben
auch portare vorkommt), ferner I 379; VI 68; Ovid Fast. III 615
perque deos comites. — Die Meinung, dass portare für portasse

steht (Wagner z. d. St. und zu I 99) ist nicht annehmbar; denn das Verbum p o r t a r e (welches seiner Bedeutung nach zu ferre wie ein Durativum und Iterativum sich verhält) begünstigt diese Erklärung nicht; man würde in diesem Falle vielmehr efferre (= extulisse) erwarten. — Dass die im Medic. vorkommende Lescart portasse durch subiisse veranlasst wurde, ist übrigens längst bemerkt und angenommen worden.

Aen. IV 600 ff.

non potui abreptum divellere corpus et undis
spargere? non socios, non ipsum absumere ferro
Ascanium patriisque epulandum ponere mensis?
verum anceps pugnae fuerat fortuna. fuisset:
quem metui moritura? faces in castra tulissem
implessemque foros flammis natumque patremque
cum genere extinxem, memet super ipsa dedissem.
Sol, qui terrarum flammis opera omnia lustras cet.

Dido stellt sich hier Fragen, ob sie sich nicht hätte an Aeneas in grausamer Weise rächen können für seine Treulosigkeit. Da die unmittelbar vorausgehenden Verse 597 ff. eben die Treulosigkeit des Aeneas hervorheben, so ist der Zusammenhang hier ganz klar. Dido macht sich dann selbst die Einwendung, dass der Erfolg eines Angriffes und Kampfes ungewiss war.[*]) Diese Einwendung widerlegt sie selbst mit den Worten, dass sie ja alles wagen konnte, weil sie, entschlossen zu sterben, vor nichts zurückzuschrecken brauchte. Jedenfalls hätte sie Tod und Verderben unter den Troern verbreiten können und nach Befriedigung ihrer Rache hätte sie dann selbst den Tod gesucht und gefunden. Die

---

[*]) Unrichtig bemerkt Kappes zu V. 603: „Wenn ich schon bei seiner Landung hätte grausam sein wollen, so hätte die Sache schlimm für mich ausfallen können.“ Es kann hier nicht die Rede sein von einem Angriff und Kampf schon bei der Landung der Troer, sondern Dido denkt an die pugna nach erwiesener Treulosigkeit des Aeneas. Dies ergibt sich mit Nothwendigkeit aus den Worten quem metui moritura? denn bei der Landung der Troer war ja Dido noch nicht moritura; sie ist es später geworden, als ihr klar wurde, dass sie von Aeneas schmählich verlassen wurde.

Worte memet super ipsa dedissem bedeuten nicht etwa, dass sie nur im Falle eines ungünstigen Ausganges des Kampfes sich selbst den Tod gegeben hätte, und dass sie also im günstigen Falle am Leben geblieben wäre. Sie war ja auf jeden Fall entschlossen, ihre Schmach und Schuld nicht zu überleben. Sie will also vielmehr sagen, dass sie, wenn sie sich gerächt hätte, b e f r i e d i g t hätte sterben können. D a e s i h r n u n a b e r n i c h t g e g ö n n t w a r, s i c h s e l b s t a n A e n e a s u n d d e n T r o e r n z u r ä c h e n, s o s o l l e n d i e G ö t t e r d i e R a c h e ü b e r n e h m e n. So denke ich mir den Zusammenhang zwischen der Partie 600—606 und der darauf folgenden Verwünschung Sol, qui terrarum u. s. w.

Man könnte nach V. 606 eine Aeusserung darüber vermissen, warum Dido die Rache nicht versuchte, da sie doch ohnehin entschlossen zum Tode war. Diese Aeusserung kann man aber leicht ergänzen. Dido hat die Zeit dazu versäumt, und jetzt ist es zu spät.*) Während es aber für die Dido zu spät ist, sich zu rächen, ist es für die Götter nicht zu spät, Rache zu üben.

* * *

Für die Worte *cum genere* finden sich bei Servius zwei Erklärungen: „Utrum omne genus, an morte Aeneae et Ascanii. Quoniam illis extinct isinteritura gens omnis esset." Die letztere Erklärung hat Thiel vorgezogen;**) da aber cum genere in diesem Sinne von dem noch ungeborenen, zukünftigen Geschlechte doch eine kühne und seltsame Ausdrucksweise wäre (man würde wenigstens umgekehrt erwarten cumque eis totum genus (futurum) extinxissem): so ist es besser, g e n u s von den Gefährten des Aeneas, die als reliquiae Danaum atque immitis Achilli jetzt das ganze

---

*) Dass der Dichter wirklich an einen solchen Racheversuch der Dido dachte, ergibt sich ja aus der an Aeneas im Traume ergangenen Mahnung 563 illa dolos dirumque nefas in pectore versat, certa mori u. s. w. Wenn diese Mahnung einen Sinn und eine Berechtigung haben soll, so müssen wir uns den Zusammenhang in der oben angegebenen Weise vorstellen.

**) Er sagt: „*cum genere* s. v. a. *cum stirpe* d. i. *radicitus*. Es liegt ihr an der gänzlichen Vernichtung. So genus III 86 von der Nachkommenschaft."

Volk der Troianer repräsentiren. zu verstehen, wie bei Ennius Ann. 149 Graium genus.

Aen. IV 620.

sed cadat ante diem mediaque inhumatus harena.

Zu *ante diem* bemerkt Servius gut: „et bene quod passura est, optat Aeneae." Es haben nämlich gewiss diese Worte eine Beziehung auf das eigene Schicksal der Dido. Die rächenden Götter sollen dem Treulosen gleiches mit gleichem vergelten,*) ja sein Schicksal soll noch trauriger sein. Dies letztere soll mit mediaque inhumatus harena angedeutet werden. Dido wird nämlich, wie sie weiss, mit allen zukommenden Ehren bestattet werden; des Aeneas Schicksal soll aber noch trauriger sein dadurch, dass ihm die Bestattung nicht zu Theil wird.**) Auch darin ist ein Unterschied, dass Dido auf ihrem Lager auf dem Scheiterhaufen das Leben aushauchen wird, Aeneas aber soll fallen media harena.

Aen. IV 622 ff.

tum vos, o Tyrii, stirpem et genus omne futurum
exercete odiis cinerique haec mittite nostro
munera. nullus amor populis nec foedera sunto.
exoriare aliquis nostris ex ossibus ultor,
qui face Dardanios ferroque sequare colonos,
nunc, olim, quocumque dabunt se tempore vires.
litora litoribus contraria, fluctibus undas
imprecor, arma armis: pugnent ipsique nepotesque.

Zu dem ersten dieser Verse bemerkt Servius: „non sunt mandata, sed imprecationes, ut dissentiant omnibus rebus, sicut

---

*) Vgl. die Verwünschung, welche bei Catull Ariadne gegen Theseus ausstösst LXIV 200 f. sed quali solam Theseus me mente reliquit, tali mente, deae, funestet seque, wie denn überhaupt die Erzählung von den letzten Schicksalen der Dido in manchen Punkten an dies Gedicht Catull's anklingt.

**) Man vergleiche in dieser Hinsicht, wie bei Ovid Fasti III 597 Anna, den Tod auf dem Meere fürchtend (weil sie dadurch der Bestattung verlustig gehen müsste) ihre unglückliche Schwester im Vergleiche zu sich glücklich preist:

tunc primum Dido felix est dicta sorori
et quaecumque aliquam corpore pressit humum.

et factum est. Nam si mandata sunt, quomodo *genus futurum?*"
Es könnte auf den ersten Blick allerdings auffallen, dass Dido in
directer Form eine Weisung den Tyriern ertheilt, während doch
niemand von ihnen da ist, um ihre Stimme zu hören. Aber die
Tyrier werden natürlich wissen, was die Ursache des Todes der
Dido ist und sie werden, was Dido als selbstverständlich voraussetzt, ihre unglückliche Königin rächen. Ausserdem sind ja die
Götter, welche Dido angerufen hat, diejenigen, welche die Tyrier
zur Rache immer und immer wieder antreiben sollen.

Eine angemessene Bemerkung hat Urbanus (vgl. Ribbeck,
Proleg. 169) zu V. 624 gemacht, wie aus dem Commentar des
Servius ersichtlich ist: „Urbanus dicit, verbo eum iuris usum
propter odia hereditaria." Doch könnte man vielleicht als noch
näherliegend annehmen, dass der Dichter die Weisung der Dido
in der strengen Form eines Gesetzes, das für alle Zeiten
Geltung haben solle, mittheile. Vgl. besonders Cic. Cato m. 22, 81,
wo ebenfalls eine von einem Sterbenden (Cyrus) vor seinem Tode
gegebene Weisung in ähnlich nachdrücklicher Weise ausgesprochen
wird: quare si haec ita sunt, sic me colitote ut deum. —
Sonst ist als Imitation der Vergilstelle zu vergleichen Sil. VIII
175 pax nulla Aeneadas inter Tyriosque manebit.

Unbegreiflich kann es erscheinen, dass von zwei Kritikern
der kräftige und schöne Ausdruck exoriare aliquis nostris ex
ossibus ultor bemängelt und verdächtigt wurde. Peerlkamp
argumentierte, dass ex ossibus nur bedeuten könnte ex prole
mea; da aber Dido keine Nachkommenschaft hatte, sei der Ausdruck falsch und es müsse lauten aliquis nostris hinc (= ex hac
terra, hoc populo) ossibus ultor. Gent conjicierte rex für ex. Wie
doch manche Kritiker einen dichterischen Ausdruck, der einigermassen ungewöhnlich ist und über die nüchterne Prosa sich erhebt,
gleich zu verdammen bereit sind! Und doch hat schon Heyne
eben so schlicht als richtig erklärt „ex ossibus pro vulgari, ex
cinere meo, h. e. post me veniat aliquis, qui persequatur." Oder
sollte jemand auch an dem Ausdrucke „aus meiner Asche (oder
aus meinem Grabe) soll ein Rächer erstehen" Anstoss nehmen?
Das kann natürlich nur ein Karthager sein, ein Mann, der aus

demselben Lande stammt, in welchem die Ueberreste der Dido
ruhen. — Bezüglich der Erklärung von ossibus vgl. die öfter
vorkommende Verbindung von ossa und cinis; z. B. Cic. Phil.
XIII 10 22 dedisse poenas sceleratum cineri atque ossibus claris-
simi viri; ders. Verr. Act. II 1 44 113 cur tantam iniuriam P.
Annio mortuo fecisti? cur hunc dolorem cineri eius atque ossibus
inussisti? Ovid. Met. VII 521 ossa cinisque iacent, memori quos
mente requiris.

* * *

Was die zwei letzten Verse betrifft, so halte ich die oben
gegebene Fassung, in welcher dieselben jetzt gewöhnlich gelesen
werden, nicht für richtig, und zwar aus folgenden Gründen:

1. Der hypermetrische Vers ist hier durchaus nicht unbedenklich. Es kann diese Unregelmässigkeit ja nur dann entschuldigt
werden, wenn zwischen dem Schluss des hypermetrischen Verses
und dem Anfange des nächsten keine bedeutende Pause stattfindet,
weil ja eben nur dann die Verschleifung der beiden Vocale denkbar ist. Wie soll aber hier, wo mit V. 629 eine lange Rede der
Dido schliesst und darauf eine ganz neue Partie beginnt, der hypermetrische Vers entschuldigt werden?*) Die zwei Beispiele, die
man etwa als einigermassen ähnliche anführen könnte, sind doch
von unserer Stelle erheblich verschieden. Auf den Vers X 895
(Troesque Latinique) folgt wol ein neuer Satz mit advolat Aeneas;
aber es ist doch unverkennbar, dass die hier geschilderten Handlungen mit grosser Raschheit auf einander folgen, wie dies auch
durch das Asyndeton advolat Aeneas angezeigt wird. Demnach ist
anzunehmen, dass bei einem die Intention des Dichters treu wieder-
gebenden Vortrag V. 896 eng an 895 angeschlossen werden müsste.

---

*) Kappes bemekt: „Der hypermetrische Vers deutet gleichsam den letzten
Hauch der von Aufregung Erschöpften an." Aber ich glaube, dass da
dieser verdiente Vergilerklärer doch zu weit geht und dass diese Annahme schon darum unzulässig ist, weil unmittelbar darauf Dido
nach diesem angeblichen „letzten Hauch" durchaus nicht als von Aufregung erschöpft hingestellt wird, sondern vielmehr unruhig hin und
her überlegt, wie sie ihrem Leben ein Ende machen könnte; V. 630 ff.
zeigen sicherlich nichts von dieser angeblichen „Erschöpfung."

Das zweite Beispiel Aen. VII 470 scheint nun allerdings die Annahme einer gewissen Pause nothwendig zu machen; aber es geht doch den Worten haec ubi dicta dedit nicht eine directe Rede voraus, sondern nur eine in d i r e c t e Inhaltsangabe der Rede, des Turnus, so dass eine erhebliche Pause zwischen V. 470 und 471 nicht angenommen zu werden braucht.*)

2. Die Construction, in welcher nach der Ueberlieferung imprecor erscheint (litora, undas, arma müssten darnach Objects-accusative sein und contraria in prädicativer Verbindung mit derselben stehen), ist hart und ungefällig.

3. Bezüglich der Worte ipsique nepotesque nahm Thiel (dessen Bemerkung Ladewig vollständig aufgenommen hat) an, dass *ipsi* die *populi nunc viventes* seien und *nepotes* deren Nachkommen. Aber diese populi nunc viventes, d. i. die zur Zeit des Aeneas lebenden Generationen der Troer und Karthager kämpften ja nicht mit einander, sondern erst die späten Nachkommen beider Völker. Der Dichter musste aber die Dido, und zwar ganz besonders hier am Schlusse der Rede, eine Verwünschung aussprechen lassen, welche in der Geschichte der Völker w i r k l i c h i n E r f ü l l u n g g i e n g, sowie die früher ausgesprochenen Verwünschungen (V. 615 ff.) in Erfüllung giengen.

Wollte man aber *ipsi* bloss auf die Troer (welche in Latium harte Kämpfe zu bestehen hatten) und *nepotes* bloss auf die Nachkommen der Troer, die Römer, beziehen und somit in diesen Worten eine Hinweisung darauf erblicken, dass Aeneas und seine Nachkommen immer Krieg führen mussten und nie des Friedens sich erfreuen konnten:**) so gewinnt man dadurch einen an und für sich befremdenden Gedanken***) und man verzichtet zugleich

---

*) Die anderen Beispiele hypermetrischer Verse, wie Aen. I 332, IV 558, V 753, IX 650 u. a. zeigen einen engen Zusammenhang.

**) So Wagner: „Quid tandem gravius Aeneae eiusque posteris imprecari Dido potuit, quam ut aeterno bello vexarentur, numquam sentirent otii pacisque dulcedinem? Quid etiam verius? aut qui populus pluribus agitatus est bellis?"

***) Befremdend, weil die kriegslustigen Römer das Kriegshandwerk an und für sich für kein Unglück betrachteten, sondern aus Eroberungssucht zur Führung neuer und immer neuer Kriege gern bereit waren. Was

auf einen angemessenen Zusammenhang mit den vorausgehenden Worten *litora litoribus contraria* cet.

So komme ich zu dem Resultat, dass nicht *nepotesque*, sondern vielmehr *nepotes* die richtige Leseart ist. Ribbeck's Mittheilung über die Ueberlieferung lautet: „NEPOTESQVE *Mbcm*, *Charisii cod.*, *testatur Donatus; cf.* VII 470 NEPOTESQVE (QVE *fere eras*). P *nepotef a nepotef* γχ *Beda, Servii exempl.*" In *II* findet sich *nepotef* mit ausradiertem ϙ. In weiterer Consequenz glaube ich dann lesen zu müssen:

litora litoribus contraria, fluctibus undae,

imprecor, arma armis pugnent, ipsique nepotes.

Ich nehme imprecor hiebei als Parenthese und erkläre: litora litoribus contraria pugnent, fluctibus undae (näml. contrariae), arma (näml. contraria) armis, ipsique nepotes (sibi contrarii pugnent).

Aen. IV 632 f.

tum breviter Barcen nutricem adfata Sychaei;
namque suam patria antiqua cinis ater habebat.

Ich bin von der Echtheit des von manchen verdächtigten Verses 633 überzeugt. Vgl. die Vertheidigung derselben bei Wunderlich, Wagner, Forbiger, Gossrau, die mit Recht darauf hinweisen, dass der vorausgehende Vers diesen erklärenden Zusatz n a m q u e cet. nothwendig mache, weil man ja fragen müsste, warum Dido nicht ihrer eigenen nutrix diesen Auftrag gegeben habe. Dido will, dass ihr bei dem dem stygischen Jupiter darzubringenden Opfer diejenigen Personen behilflich sein (d. h. bei ihrem Tode zu gegen sein) sollen, welche am meisten ihr Vertrauen genossen,*) d. i. die Schwester und die Amme des Sychaeus (da ihre eigene Amme schon in Tyrus gestorben war). — Allerdings hätte der Dichter, da die V. 633 enthaltene Angabe ohne Zweifel seine eigene

---

also Dido in dieser Verwünschung nach dieser Erklärung ausspräche, wäre für die, denen die Verwünschung gilt, nicht widerwärtig.

*) Die Erklärer weisen hiebei darauf hin, wie Aeneas (vgl. den Anfang des VII. Buches) seine Amme Caieta ehrte. Ferner muss man sich daran erinnern, wie in der griechischen Tragödie die τροφός ale vertraute Rathgeberin und Helferin eine wichtige Rolle spielt; besonders nahe liegt es an die Rolle der τροφός im euripideischen Hippolytos zu denken.

202

Invention ist, frei schalten können; er hätte eben so gut von der Voraussetzung ausgehen können, dass die Amme der Dido noch am Leben war. Es drängt sich also die Frage auf, warum er gerade die Amme oder Pflegerin des Sychaeus zu erwähnen sich entschloss, wodurch dann V. 633 als erklärende Zugabe nothwendig wurde. Auf diese Frage muss man nach meiner Meinung antworten, dass es sich bei dem darzubringenden Todtenopfer auch um eine dem Sychaeus zu leistende Genugthuung handeln sollte; Dido wollte ihre Schuld gegen Sychaeus mit dem Tode büssen, und wer war unter solchen Umständen mehr berechtigt und interessirt, bei dieser dem Sychaeus zu leistenden Genugthuung anwesend zu sein, als jene Person, welche den Sychaeus aufgezogen hatte, die ihm gewiss noch immer ein zärtliches Andenken bewahrte und die durch die Liebe der Dido zu Aeneas und die Verletzung der Pietät gegen Sychaeus am meisten gekränkt sein musste? Vielleicht darf man auch annehmen, dass der Dichter damit einen effectvollen Contrast beabsichtigte. Anna war es gewesen, welche die Liebe der Dido zu Aeneas begünstigte und rieth, den Sychaeus zu vergessen; von der Amme des Sychaeus dagegen muss man stillschweigend annehmen, dass sie in ihrem Herzen die neue Liebe der Dido nicht billigen konnte — diese beiden Personen, welche in dieser Sache einen entgegengesetzten Standpunkt einnahmen, sollen bei dem Todtenopfer zugegen sein.

In Betreff der sprachlichen Ausdrucksweise im V. 633 glaube ich nicht, dass die Rechtfertigung Wunderlichs genügt: „si dicitur: *redactus sum in cinerem, cinis sum*, cur improbatur: *cinis me habet?*" Der Ausdruck *habere* hindert die Annahme, dass *cinis* hier bloss die Asche der *nutrix* bezeichne. Anders ist es in den von Wagner angeführten Epigrammen des Aristoteles, wo der Ausdruck υἱὸν ὑπερθύμου Εὐαίμονος ... ἥδε κόνις κατέχει und Εὐρύπυλον κρύπτει δακρυόεσσα κόνις vorkommt. Hier bedeutet ja κόνις nicht die Todtenasche, sondern den die Ueberreste des Todten bergenden Staub, die einschliessende Erde. Diese Bedeutung kann man aber für *cinis* (wenn es auch etymologisch verwandt ist mit κόνις) nicht annehmen. So glaube ich denn, dass *cinis* hier nur die Asche des ganzen Scheiterhaufens, auf welchem die Leiche der nutrix verbrannt wurde, bezeichnen kann, wie denn *ater* ein gewöhnliches Epitheton derjenigen Gegenstände ist, die mit dem Todtencultus irgendwie in Verbindung stehen, vgl. atraque cupresso Aen. III 64, funeris atri Lucr. II 581, atras Esquilias Hor. Sat. II 6 32, nigrorum ignium vom Feuer des Scheiterhaufens Hor. carm. IV 12 26.

Einen wichtigen Beweis für die Echtheit des Verses 633 erblicke ich auch hier wieder in der Alliteration antiqua — ater — habebat (da h die Alliteration nicht hindert).

Den Namen B a r c e, aber eben auch nur den Namen, hat Silius in sein Epos aufgenommen; vgl. Sil. IV 356.

Aen. IV 638 ff.

sacra Iovi Stygio, quae rite incepta paravi,
perficere est animus finemque imponere curis
Dardaniique rogum capitis permittere flammae.

Servius wirft die Frage auf: 'curis: utrum amoribus an rei susceptae?' Ganz entschieden ist *curis* von dem Liebesgram gesagt, da die zweite Auffassung einen matten Sinn und eine Tautologie mit sacra — perficere darböte. Von ergreifender Wirkung ist hiebei der Doppelsinn.*) Barce muss verstehen, dass Dido sich von dem Opfer eine Beschwichtigung ihres Liebesgrams verspricht; Dido selbst meint ihren Tod, der allerdings allen curis,**) und also auch dem Liebeskummer, ein Ende macht. Dass *cura* bei den Dichtern ein beliebter Ausdruck für „Liebespein, Liebeskummer" ist, zeigen die Stellen, welche die Erklärer besonders zu Aen. IV 1 anführen. Vgl. ausser IV 1 noch ebend. 5, 488, 608; VI 444, 474; oft bei Ovidius, wie A. A. III 680. Rem. 311. Met. VI 493. Aehnlich findet sich im Griechischen μέριμνα, μελεδών in erotischem Sinne, wie Sappho 1 25 χαλεπᾶν δὲ λῦσον ἐκ μεριμνᾶν; ebend. 18 (Bergk).

---

*) Natürlich ist der Doppelsinn ein berechtigter, gerade so wie in der berühmten Rede des sophokleischen Aias (646—692) die wiederholten doppelsinnigen Aeusserungen des Heros eine beabsichtigte Anspielung und zugleich eine beabsichtigte Verhüllung der wahren Absicht enthalten.

**) Vgl. z. B. Aisch. Fragm. 244 ἄλγος δ' οὐδὲν ἅπτεται νεκροῦ. und ebenso Soph. O. Kol. 955 θανόντων δ' οὐδὲν ἄλγος ἅπτεται. Soph. Trach. 1174 τοῖς γὰρ θανοῦσι μόχθος οὐ προσγίγνεται.

Theokr. XVII 51 f. πᾶσιν δ' ἤπιος ἥδε βροτοῖς μαλακοὺς μὲν ἔρωτας | προσπνείει, κούφας δὲ διδοῖ ποθέοντι μερίμνας.

Im V. 640 verbanden manche den Genetiv *Dardanii capitis* mit *flammae*. Die richtige Verbindung mit *rogum* (auf die auch schon die Wortstellung hinweist) hat schon Servius angegeben 'Dardaniique rogum capitis: in quo eius imago fuerat'. Ausserdem macht Servius auch hier die feine Bemerkung 'et bene suum rogum illius dicit, ne suspicionem faciat'. Der Genetiv ist mit *rogum* in ähnlichem Sinne verbunden, wie schon bei Homer Α 52 πυραὶ νεκύων καίοντο θαμειαί.

Der gewählte, und man kann vielleicht sagen gesuchte, Ausdruck *rogum permittere flammae* ist mit Rücksicht darauf gesetzt, dass der Scheiterhaufen zwar schon fertig und vorbereitet dasteht (504 ff.), dass er aber bisher nicht angezündet worden ist; Dido will ihn jetzt der Flamme überlassen und preisgeben. *Permittere* nämlich steht hier, wie sonst oft, von demjenigen, was man der Macht und Gewalt eines anderen überlässt, und hier ist es mit einer Personification von dem Feuer gesagt, das den Scheiterhaufen in seine Macht bekommen soll. Vgl. das homerische Ψ 183 Ἕκτορα δ' οὔ τι δώσω Πριαμίδην πυρὶ θαπτέμεν, ἀλλὰ κύνεσσιν. Einigermassen ähnlich ist, was Silius mit Bezug auf ein anderes Element, die Luft, sagt I 316 permissum ventis abscondit in aëre telum.

Aen. IV 646 f.

ensemque recludit
Dardanium, non hos quaesitum munus in usus.

Ladewig bemerkt zu quaesitum: „erlangt, vgl. A. IV 507 und 498. Vielleicht hatte Dido sich das Schwert, das Aen. im trojanischen Kriege geführt hatte, zum Andenken erbeten (?) und ihm dafür ein anderes verehrt; vgl. oben v. 261—64. Es liegt etwas Verhängnissvolles darin, dass Dido durch das von ihr selbst zum Geschenk erbetene Schwert des Aeneas ihren Tod findet; gleichen Tod fanden Hercules, Hector und Ajax." Von derselben Voraussetzung gehen auch andere Erklärer, wie z. B. Kappes, Gossrau*)

*) Gossrau bemerkt unter anderem: „Nec absonum est, Didonem reginam gladium gestasse, si non in usum, certe ad ostentandam suam potestatem; quare potuit ab Aenea sibi petere (quaesitum) gladium illum, quo ad

aus. Gegen die Annahme, dass Dido das Schwert von Aeneas als Geschenk erhalten habe, hat Peerlkamp eine Einwendung erhoben, deren Giltigkeit zwar von vielen Erklärern nicht anerkannt wird, die aber doch beachtenswerth ist. Es kommt aber noch etwas anderes in Betracht. Wann soll Dido dies Schwert von Aeneas sich zum Andenken erbeten haben? Früher, so lange sie an die dauernde Liebe des Aeneas glaubte, gewiss nicht, da sie ja annahm, dass Aeneas selbst in Karthago bleiben werde; wozu hätte sie da ein Erinnerungszeichen gewünscht? Und später, als sie sich verrathen sah, war die ganze Situation und ihre ganze Stimmung, wie sie uns Vergil schildert, gewiss auch nicht derart, dass wir in diese Zeit die Bitte der Dido, ihr wenigstens das Schwert zum Andenken zurückzulassen, versetzen könnten.

Allerdings scheint es nun auf den ersten Blick, dass der Wortlaut der Stelle die Erklärung Ladewig's begünstigt (weil man geneigt ist *non* mit *hos* zu verbinden und zu erklären non in hos, sed in alios usus munus quaesitum); und dass die Nachahmer Vergil's die Worte in diesem Sinne aufgefasst haben, darf man als sicher annehmen. Aber man kann auch *non* auf den ganzen Gedanken beziehen und mit *quaesitum* verbinden, „das zu diesem Gebrauch nicht verlangte, sondern zufällig von Aeneas vergessene und zurückgelassene Geschenk", wobei natürlich *munus* in uneigentlichem Sinne und schmerzlich gesagt wäre, „ein solches munus und zu diesem Zwecke hatte Dido nicht verlangt, sondern es war von Aeneas zufällig zurückgelassen worden und musste ihr jetzt als Mordwerkzeug dienen, und so wurde das Schwert zu einem unseligen munus."

Durch diese Erklärung würden die oben hervorgehobenen Vorwürfe, die man bei der Annahme der Auffassung Ladewig's dem

---

Troiam certaverat, et dare alium 261." An ein gestare gladium im eigentlichen Sinne kann aber gewiss nicht gedacht werden; höchstens könnte man etwa daran denken, dass (wie es heutzutage der Fall ist) irgend ein Würdenträger bei feierlichen Anlässen das Schwert als Symbol der Macht voraustrug. Aber davon wissen wir sonst nichts und gesetzt dass es der Fall war, so hätte das zu diesem Zwecke bestimmte und gebrauchte Schwert nicht so ohne weiteres durch ein fremdes verdrängt werden können.

Dichter machen müsste, gegenstandslos werden und zugleich würde unsere Stelle in volle Uebereinstimmung gebracht mit V. 507 *ensemque relictum*. Zwar meint Forbiger „nonne etiam ensis Didoni muneri datus dici poterat *relictus* ab Aenea, qui abierat?" aber zunächst denkt man bei *relictum* doch an ein zufällig zurückgelassenes Schwert, und für die Richtigkeit dieser Auffassung scheint ja auch, und, wie ich glaube, ziemlich deutlich V. 495 arma viri, thalamo quae fixa reliquit impius, exuviasque omnis . . . . superimponas zu sprechen. Ich gehe zwar nicht so weit, um mit Servius*) hier *arma* mit *ensem* vollständig zu identificiren und ausschliesslich auf das Schwert zu beziehen; aber jedenfalls ist das Schwert mit unter den *arma* und es ist als das wichtigste Stück zu denken. Nun haben wir aber zwei Prämissen:

a) V. 495 zeigt der Ausdruck deutlich, dass Vergil von *arma* spricht, welche Aeneas zufällig (und vielleicht in der Eile der Flucht und da er nicht mehr in den Palast der Dido zurückkehren wollte) zurückgelassen hatte; es steht ja *arma* parallel mit *exuvias*, wobei man gewiss nicht ein Geschenk des Aeneas zum Andenken annehmen kann.

b) V. 507 ist aber ganz gleich dem V. 495; es kehrt im V. 507 der Ausdruck *exuviae* wieder, ebenso wird auch das Verbum *relinquere* wiederholt.

Aus diesen Prämissen ist der Schluss zu ziehen, dass *ensemque relictum* das zufällig zurückgelassene Schwert bezeichnet, und dies eben veranlasst uns wieder, V. 647 in der oben angegebenen Weise zu erklären, weil dadurch eine Uebereinstimmung zwischen 647 und zwischen 507 (495) erzielt wird. A priori ist man ja berechtigt, auch in der Aeneis eine unnöthige Annahme von Incongruenzen zu perhorresciren und man thut gut, die allerdings bedeutende Zahl derselben nicht überflüssiger Weise zu vermehren.

Die Nachahmer Ovidius und Silius haben nun freilich an ein wirkliches Geschenk gedacht; vgl. die Zusammenstellung bei Gossrau Ovid. Her. VII 184, 186, 195 und Sil. VIII 41 f., 52, 149

---

*) Servius zu 495: „*Et arma:* gladium dicit abusive; nam ait paulo post *ensemque relictum*."

(letztere Stelle ensem media in praecordia adegit, ensem Dardanii quaesitum in pignus amoris ist eine förmliche Interpretation der Vergilstelle und lässt an Bestimmtheit nichts zu wünschen übrig): aber kann nicht schon bei Ovid und Silius ein Missverständniss angenommen werden? Ich möchte mich doch jedenfalls lieber dazu entschliessen, als zu der anderen Annahme, durch welche dem Dichter ohne Noth ein schwerer Fehler imputirt wird.

Aen. IV 653 ff.

vixi et, quem dederat cursum fortuna, peregi;
et nunc magna mei sub terras ibit imago.
urbem praeclaram statui; mea moenia vidi;
ulta virum poenas inimico a fratre recepi;
felix, heu nimium felix, si litora tantum
numquam Dardaniae tetigissent nostra carinae!

V. 656 erscheint mir aus mehreren Gründen verdächtig. Dass schon den alten Erklärern dieser Vers Schwierigkeiten machte, zeigt der sonderbare Erklärungsversuch bei Servius: „Alii haec quasi per interrogationem volunt accipi, ut nihil dicat esse perfectum: *Numquid urbem statui? Numquid ulta sum virum? Numquid d' fratre poenas recepi?* Felix tamen fuissem, si vel hoc tantum contingeret, ut Carthaginem non veniret Aeneas." Dass diese Annahme von Fragesätzen im V. 655 und 656 absolut zu verwerfen ist, unterliegt natürlich keinem Zweifel. Man müsste den Vers 656, wenn man ihn beibehält, nach der anderen Bemerkung des Servius erklären: „*Ulta virum:* puniendo eius interfectorem. Nam ideo addidit: *poenas inimico a fratre recepi*; et re vera nulla avari maior est poena, quam amittere pecuniam, propter quam commiserat scelus." Dieser Auffassung folgte z. B. Kappes in seiner Bemerkung zu V. 656: „Die Strafe bestand darin, dass es der List der Dido gelang, die Schätze, die der geizige Pygmalion schon als gewonnen ansah, zu entführen." Aber ist denn wirklich die Hebung des verborgenen Schatzes (I 358 f.) und die Entführung desselben etwas, was Dido mit solchem Pathos*) als Rache

---

*) Das Pathos zeigt sich darin, dass die Rache in umständlicher Weise durch einen doppelten Ausdruck, nämlich *ulta virum* und *poenas inimico a fratre recepi* bezeichnet wird.

für die Ermordung des Sychaeus hinstellen durfte? Sehr ver-
driesslich musste dies natürlich für den habsüchtigen Pygmalion
sein; aber ist es wirklich streng genommen eine genügende
Rache für Sychaeus' Tod? Ich bezweifle dies, und zwar um so
mehr, als in der Erzählung der Venus (I 357 ff.) das Moment der
Rache auch nicht im geringsten angedeutet wird; es tritt dort
vielmehr die Idee hervor, dass Dido, dem im Traume von dem
verstorbenen Sychaeus gegebenen Rathe folgend, ihr eigenes Leben
durch eilige Flucht schützte. Wie konnte nun der Dichter nach
dieser im ersten Buche gegebenen Darstellung sich für berechtigt
halten, die Dido die hochtönenden Worte sprechen zu lassen, *ulta
virum — recepi?*

Auch erscheint mir neben dem stolzen Verse urbem praeclaram statui; mea moenia vidi, der eine wirkliche Grossthat der
Dido bezeichnet, V. 656 unangenehm kleinlich. Dido behauptet
im V. 653 und 654, dass sie genug gelebt und genug geleistet
habe, um schon jetzt das Leben abschliessen zu können; nicht
unrühmlich und nicht namenlos werde sie in die Unterwelt eingehen.*) Als Begründung dieses mit stolzem Selbstgefühl gemachten
Ausspruches passt trefflich V. 655, aber davon sticht Vers 656
als eine kleinliche Zuthat ab. — Auch kann man die Erwähnung
des Sychaeus hier noch aus einem anderen Grunde unangenehm
finden. Dido fühlt dem Sychaeus gegenüber sich schuldbeladen
(vgl. 552, 596 f.); wie kann sie nun dies vergessend, dies angebliche Verdienst um Sychaeus hervorheben, dass sie mit den
Schätzen entfloh und dieselben, sowie ihr Leben in Sicherheit
brachte? Wahrlich, es ist besser, wenn sie davon schweigt; hätte sie
den Sychaeus erwähnen wollen, so hätte es in Uebereinstimmung
mit früheren Aeusserungen doch nur wieder in der Form einer
Selbstanklage gestehen können!

Das wichtigste Bedenken aber gegen die Echtheit des Verses
656 ergibt sich aus dem Umstande, dass der schmerzliche Ausruf
felix, heu nimium felix cet. offenbar mit V. 655 eng und trefflich

---

*) Ich kann nämlich die Bemerkung Heyne's „ingloria morior; at non
vixi ingloria", welche auch Forbiger wiederholt, in ihrem ersten Theile
nicht billigen.

zusammenhängt und dass dieser Zusammenhang durch 656 in bedauerlicher Weise gestört wird. Diese Wahrnehmung scheint schon frühzeitig gemacht worden zu sein; so wenigstens erkläre ich mir den Umstand, dass in drei Handschriften (Mentel., Menag. alt., Sprot.) V. 656 vor V. 655 gestellt ist; diese Umstellung rührt nach meiner Meinung von jemandem her, der da merkte, wie gut sich 657 f. an 655 anschliesst.

Allerdings darf ich nun, indem ich alles, was gegen die Echtheit des Verses 656 spricht, darzulegen mich bemühe, nicht verschweigen, was zu Gunsten der Echtheit desselben zu sprechen scheint. Das ist der Vers des Silius VIII 143 Aeneae coniux, Veneris nurus, ulta maritum.*) Es wäre interessant zu wissen, wie sich Silius dies *ulta maritum* gedacht hat. An eine Tödtung Pygmalions kann er nicht gedacht haben, da VIII 63 f. zeigt, dass er an der gewöhnlichen Sage, nach welcher Pygmalion nach der Flucht der Dido in Tyros weiter herrschte, festhielt. Jedenfalls ist bei Silius Vers 143 noch unangenehmer als der Vers der Aeneis. Es ist geradezu widerwärtig, dass Dido mit unverkennbarem Stolze sich Aeneae coniux, Veneris nurus nennt und dass sie unmittelbar mit diesen Ausdrücken die Worte ulta maritum verbindet, ohne sich zu erinnern, wie schlecht es ist, in einem Athem Aeneae coniux, Veneris nurus und ulta maritum auszusprechen. Es ist die Ausdrucksweise dieses Verses eine solche, dass sie zu einer bitteren Satire Anlass zu geben geeignet wäre. Ausserdem ist aber dieser Vers auch in sprachlicher Hinsicht zu tadeln wegen des hier auffallenden Hysteron proteron und wegen der ungefälligen Verbindung des Particips ulta mit coniux und nurus.

Es sind nun mehrere Möglichkeiten von meinem Standpunkte (dem Standpunkte der Athetese des Verses Aen. IV 656) denkbar.

Entweder ist 656 in die Aeneis schon vor Silius interpoliert worden und Silius hat ohne Prüfung eine Reminiscenz aus Vergil auch hier aufgenommen.

---

*) Die Imitation bei Silius ist klar im V. 144 vidi constructas nostrae Carthaginis arces = Aen. IV 655 und im V. 145 nunc ad vos magni descendet corporis umbra = 654. So kann man auch in den Worten *ulta maritum* eine Bestätigung des Verses 656 finden.

Oder es ist erst aus Silius der Vers 656 mit einer Amplification gebildet worden.

Oder es ist auch bei Silius sowie bei Vergil von einem gemeinsamen Interpolator jener Zusatz eingefügt worden. Die Zahl der Interpolationen bei Silius ist nach meiner Meinung sehr ansehnlich.

* * *

Was die Imitation unserer Stelle betrifft, so hätte in W. Ribbeck's Sammlung zu V. 655 angemerkt werden sollen Ovid. Her. VII 119 f. urbem constitui, lateque patentia fixi | moenia finitimis invidiosa locis, wo Ovid nach seiner Weise den knappen Ausdruck Vergil's zu einem ganzen Distichon erweitert hat. — Ebenso soll in derselben Sammlung zu V. 657 f. unter den imitatores auch stehen Ovid Her. VII 139 f. vellem vetuisset (näml. deus) adire Punica nec Teucris pressa fuisset humus. In Betreff derselben Verse behauptet schon Servius, dass sie der Stelle Catull's LXIV 171 nachgebildet seien. Heyne hat auch auf die Aehnlichkeit mit Apollonios IV 33 hingewiesen. Man kann auch auf den Anfang der Euripideischen Medeia (und auf die Nachahmung des Euripides bei Ennius Trag. 280 ff. und 311 Vahl.) hinweisen.

Aen. IV 659 ff.

dixit et os impressa toro 'moriemur inultae,
sed moriamur' ait. 'sic, sic iuvat ire sub umbras.
hauriat hunc oculis ignem crudelis ab alto
Dardanus et nostrae secum ferat omina mortis.'

Servius bemerkt zu *os impressa toro:* „applicito ore ad lectulum, aut quasi amatrix, ut 'stratisque relictis incubat'; au certe quasi peritura insensibili rei dat sensum, et sic ad lectulum loquitur, ut ad hastam Turnus (näml. XII 97) *te Turni nunc dextra gerit.*" In ersterem Sinne hat besonders Henry (Tw. years IV 87 und Philol. XII 269) die Worte aufgefasst (= osculata lectum genialem). Heyne dagegen bemerkte: „*os impressa toro,* scil. percita furore, salute desperata, et morte iam vicina. Non enim is erat iam mentis habitus, ut exosculari illas exuvias velle videri posset, neque verba, quae effatur, tale quid arguunt; sed ore impresso, prae animi dolore in torum, cui incubat, immisso, haec eloquitur." Darin hat Heyne ohne Zweifel Recht, dass er die Stimmung der Dido in diesem Augenblicke als eine solche bezeichnet, nach welcher es nicht glaublich erscheint „ut exosculari illas exuvias velle videri posset"; sie kann in dem Augenblicke, in welchem sie die Worte moriemur inultae u. s. w. spricht, nicht jene exuviae küssen. Aber andererseits möchte ich auch die Worte Heyne's „percita furore" nicht billigen. Diese Annahme thut der Charakterzeichnung der Dido einen fühlbaren Eintrag und scheint nicht der Intention des Dichters zu entsprechen. Wol hiess es früher, nämlich V. 642 coeptis immanibus effera Dido und 646 conscendit furibunda rogos; aber ebenso muss man, glaube ich, annehmen, dass dieser „furor" in den letzten Augenblicken ihres Lebens einer gewissen Ruhe, der Ruhe der Entschlossenheit, Platz gemacht hat. Eine Wendung in ihrer Stimmung scheinen die Worte 648 f. zu bezeichnen, und die novissima verba der Dido zeigen keinen „furor." Wol gibt sie ihrem Hasse gegen Aeneas in den Worten moriemur — omina mortis nochmals einen lebhaften und energischen Ausdruck; sie geht aus dem Leben, ohne dem Aeneas zu verzeihen, und dies erscheint vom antiken Standpunkte betrachtet nicht ungewöhnlich und nicht anstössig; aber ihre Stellung unmittelbar vor dem Tode berechtigt doch auch nicht zu dem Urtheil „percita furore." Im übrigen könnte man allerdings mit Heyne annehmen, dass sie ihr Antlitz „prae animi dolore" auf das Lager drückte. Aber es hindert uns auch nichts, anzunehmen, dass die Worte os impressa toro bedeuten, dass sie ihr Lager (ich betone: ihr Lager, und nicht etwa die exuviae) küsste, um von demselben Abschied zu nehmen und dass sie die letzten Worte moriemur inultae zu ihrem torus, wie zu einem vertrauten Freunde sprach. Diese Ansicht*) lehnt sich also an Servius (der meiner Meinung nach dies bezeichnen

---

*) Eine ganz verschiedene Erklärung hat Thiel aufgestellt, nämlich dass Dido sich tief in den torus drückte, um gleichsam verhüllten Angesichts zu sterben, wie Sterbende thaten. Er vergleicht Suet. Caes. 82 und verweist auf Eur. Hek. 564, wo es von der Polyxene heisst καὶ θνήσκουσ' ὅμως πολλὴν πρόνοιαν εἶχεν εὐσχήμως πεσεῖν, auf welchen Vers sich Plin. Epist. IV 11 9 beruft.

wollte) und theilweise an Henry an. Und für diese Auffassung scheinen die von Henry angeführten zwei Parallelen zu sprechen, welche dem Dichter vorschweben konnten, nämlich Apollon. IV 26 κύσσε δ' ἑόν τε λέχος καὶ δικλίδας ἀμφοτέρωθεν σταθμούς, und Eur. Alk. 175 ff. κἄπειτα θάλαμον εἰσπεσοῦσα καὶ λέχος, | ἐνταῦθα δὴ 'δάκρυσε καὶ λέγει τάδε· | ὦ λέκτρον, ἔνθα παρθένει' ἔλυσ' ἐγώ· | χαῖρ'· οὐ γὰρ ἐχθαίρω σ'· ἀπώλεσας δέ με . . . . . 183 κυνεῖ δὲ προσπίτνουσα, πᾶν δὲ δέμνιον ὀφθαλμοτέγκτῳ δεύεται πλημμυρίδι κτλ. Noch wichtiger aber erscheint mir die Vergleichung mit Soph. Trach. 915, wo die Dienerin von den letzten Lebensaugenblicken der Deianeira erzählt: ὁρῶ δὲ τὴν γυναῖκα δεμνίοις | τοῖς Ἡρακλείοις στρωτὰ βάλλουσαν φάρη. | ὅπως δ' ἐτέλεσε τοῦτ', ἐπενθοροῦσ' ἄνω | καθέζετ' ἐν μέσοισιν εὐνατηρίοις, | καὶ δακρύων ῥήξασα θερμὰ νάματα | ἔλεξεν· ὦ λέχη τε καὶ νυμφεῖ' ἐμά, | τὸ λοιπὸν ἤδη χαίρεθ', ὡς ἔμ' οὔποτε | δέξεσθ' ἔτ' ἐν κοίταισι ταῖσδ' εὐνατρίαν. Die Vermuthung, dass Vergil gerade diese sophokleische Stelle im Sinne hatte, gewinnt dadurch an Wahrscheinlichkeit, weil auch sonst mancherlei Parallelen zwischen der Schilderung des Todes der Deianeira und der Dido sich finden. So bemerkt Servius zu V. 664: „Collapsam aspiciunt; non inducit occidentem se, sed ostendit occisam, et hoc tragico fecit exemplo, apud quos non videtur quemadmodum fit caedes, sed facta narratur." Auch bei Sophokles kommt Hyllos mit den anderen Hausbewohnern zu spät und sie finden die Deianeira schon tödtlich getroffen, V. 929 ff. κἄν ᾧ τὸ κεῖσε δεῦρό τ' ἐξορμώμεθα, | ὁρῶμεν αὐτὴν ἀμφιπλῆγι φασγάνῳ | πλευρὰν ὑφ' ἧπαρ καὶ φρένας πεπληγμένην. Auch die ganze Haltung der Anna und ihre Klagen bieten mancherlei Anklänge an die sophokleische Schilderung des Benehmens des Hyllos 932 ff.

Vergleichen kann man auch Val. Fl. VIII 6 ff., obzwar ich nicht behaupten will, dass dieser Dichter hiebei unsere Vergilstelle vor Augen hatte: ultima virgineis tunc flens dedit oscula vittis, quosque fugit complexa toros, crinemque genasque ante per antiqui carpsit vestigia somni, atque haec impresso gemuit miseranda cubili.

* * *

Was die Worte *sic, sic iuvat ire sub umbras* betrifft, so
scheint mir der von Ladewig angegebene Zusammenhang „obgleich
ich ungerächt sterbe, will ich doch sterben"; so grossen Reiz hat
für mich der Tod" nicht richtig zu sein, da *sic* diese Erklärung
nicht begünstigt. Anders Kappes: „*sic sic,* als Heldin, wenn auch
ungerächt für die erlittene Schmach." Thiel bezog es auf die
schickliche Lage, in die Dido sich gelegt, um mit Anstand zu
sterben. Ich glaube, dass der Dichter hier (anders II 644) sie im
Zusammenhange mit den folgenden Worten hauriat hunc oculis ignem
crudelis ab alto Dardanus cet. aufgefasst wissen wollte und dass
diese Worte eben die Erklärung des *sic* enthalten = hoc modo
iuvat ire sub umbras, ut crudelis Dardanus ab alto hunc ignem
oculis hauriat cet. Und so hat schon Heyne den Zusammenhang
aufgefasst.

* * *

Ein strittiger Punct ist es, ob Dido, bevor sie sich tödtete,
selbst den Scheiterhaufen anzündete. Einige Puncte scheinen diese
Annahme zu begünstigen, und zwar:

1. Dido sagt 661 hauriat h u n c oculis i g n e m . . . Dardanus.

2. Dido hatte schon vorher 639 f. gesagt: est animus . . .
Dardanii rogum capitis permittere flammae,

3. Auch Anna sagt 676 hoc rogus iste mihi, hoc ignes
araeque parabant?

4. Das von der Dido 661 erwähnte Feuer muss natürlich
unbedingt dasselbe sein, welches Aeneas V 3 ff. (moenia respiciens,
quae iam infelicis Elissae conlucent flammis. quae tantum accenderit
ignem caussa, latet; duri magno sed amore dolores polluto . . .
triste per augurium Teucrorum pectora ducunt) sieht. Folglich
konnte da die Flotte der Troer noch nicht gar zu weit von der
Küste Libyens entfernt sein. Aeneas verliess in Folge der Warnung des Mercurius die libysche Küste noch in der Nacht (571 ff.).
Beim ersten Morgengrauen (584 ff.) sah Dido die Flotte des Aeneas
aequatis procedere velis (587); bald darauf gab sie sich den Tod.
Wenn sie nun unmittelbar vor ihrem Tode sagt hauriat hunc oculis
ignem crudelis ab alto Dardanus, so musste sie die Gewissheit
haben, dass Aeneas noch nicht weit von Libyens Küste entfernt

sein wird. Es hätte nun der Scheiterhaufen gleich, nachdem Dido todt gefunden wurde, oder wenigstens sehr bald darnach angezündet werden müssen. Konnte Dido dies voraussetzen? Die der Todten gebührenden Feierlichkeiten konnten ja längere Zeit in Anspruch nehmen, und möglich war es, dass der Scheiterhaufen erst am nächsten Tage angezündet worden wäre. Kurz man könnte daraus schliessen, dass Dido, wie sie wirklich V. 639 erklärte est animus Dardanii rogum capitis' permittere flammae, den Scheiterhaufen selbst in Brand steckte und sich unmittelbar hierauf tödtete.

5. So scheint es auch Silius wirklich genommen zu haben II 422 ff.

> ipsa pyram super ingentem stans saucia Dido
> mandabat Tyriis ultricia bella futuris,
> ardentemque rogum media spectabat' ab unda
> Dardanus et magnis pandebat carbasa fatis.

Andererseits aber stehen der Annahme, Dido habe den Scheiterhaufen selbst angezündet, gewichtige Bedenken entgegen.

1. Vor Allem erwarten wir in diesem Falle eine ausdrückliche Erwähnung dieses Factums. Freilich könnte man dagegen einwenden, dass auch das Gegentheil nirgends ausdrücklich erwähnt wird, dass nirgends erzählt wird, wie der Scheiterhaufen mit dem Leichname der Dido von ihren Angehörigen angezündet wurde. Aber dies ist doch minder auffallend und die Worte V 3 moenia . . . quae iam infelicis Elissae coulucent flammis können als genügende Hinweisung auf das selbstverständliche Anzünden des rogus gelten.

2. Ebenso hätte im folgenden irgendwie das Brennen des rogus bezeichnet werden müssen, was auch nicht geschieht. Vielmehr schliessen die Worte 685 sic fata gradus evaserat altos cet. die Annahme, dass der Scheiterhaufen in diesem Augenblicke schon angezündet war, aus.

3. Ueberhaupt aber kommt die Pflicht, den Scheiterhaufen anzuzünden, den Angehörigen des Verstorbenen zu, und eine Abweichung davon hätte eben unter allen Umständen in ausdrücklicher und bestimmter Weise angegeben werden müssen.

Servius sucht die Chronologie in der Bemerkung zum ersten Verse des V. Buches folgendermassen in Ordnung zu bringen:

„Sane intelligendum, non potuisse fieri, ut una nec plena die
Aeneas ad Siciliam perveniret. Unde accipiendum est, sicut supra
legimus, quod circa primum ortum lucis navigavit, ut *regina e
speculis ut primum albescere lucem vidit et aequatis classem procedere velis*. Ergo tota die dum se Dido interemit, dum fletur,
paululum provectus est, leniter spirantibus ventis; et flammas
rogi circa vesperam (?) vidit, quo tempore et per naturam ignem
videre potuit et per pristinum morem quo per diem cadavera non
incendebantur. Deinde tota navigans nocte et alterius diei parte
ad Siciliam pervenit."

Diese Darstellung ist nach meiner Meinung vollständig un-
haltbar. Wir müssen bei aller sonstigen Undeutlichkeit der Chronologie Vergils doch an dem éinen Puncte unbedingt festhalten,
dass Aeneas an demselben Tage, an welchem er Libyen verlassen hatte, nach Sicilien zu Acestes gelangte. Ursprünglich war
das Ziel der Fahrt Italien, aber als die Flotte auf hoher See war,
entstand ein heftiger Sturm (V 9 f.), der vom Westen kam
(V 19 f.). Dieser Weststurm trieb die Flotte von der gegen Italien
eingeschlagenen nördlichen Richtung ab und gerade auf den West-
vorsprung Siciliens zu. Palinurus rieth dem Winde zu folgen, da
man an die sicilische Westküste zu Acestes bald gelangen könnte.
Aeneas nimmt bereitwilligst (V 26 ff.) diesen Vorschlag an und
so gelangt er etwa gegen Abend desselben Tages zu Acestes. Dass
wir hiefür nur einen einzigen Tag annehmen dürfen, ergibt
sich aus der ganzen Erzählung Vergils, der sonst das Ende des
ersten Tages irgendwo ausdrücklich hätte bezeichnen müssen. Der
nächste Tag wird aber erst V 42 f. angegeben. Servius behauptet
allerdings „non potuisse fieri, ut una nec plena die Aeneas ad
Siciliam perveniret." Und er hätte auch darauf hinweisen können,
dass V 2 (fluctusque atros aquilone secabat) der Nordwind,
also ein ungünstiger Wind, erwähnt wird, der die Raschheit
der Fahrt beeinträchtigte. Aber was nützen alle solche Einwendungen, wenn doch aus der ganzen Erzählung hervorgeht, dass
der Dichter das, was Servius bezweifelt, sich als möglich vor-
stellte? Entscheidend ist der Umstand, dass auch nach dem ersten
Buche Aeneas an demselben Tage, an welchem er Sicilien ver-

liess (I 34 f.), nach Libyen gelangte (I 158), und zwar noch geraume Zeit vor dem Anbruche der Nacht (welche I 305) erwähnt wird), weil auf denselben Tag noch alle die Ereignisse fallen, welche I 170—305 erzählt werden. Dazu kommt, dass der heftige Westwind, der V 19 f. erwähnt wird, die Fahrt nach der Westküste Siciliens zu ausserordentlich beschleunigen musste, so dass die früher durch den Nordwind (V 2) bewirkte Verzögerung dadurch aufgewogen wurde. Ferner liess ja der Dichter Aeneas noch in der Nacht von der libyschen Küste aufbrechen. Dies sind Momente, durch deren Aufnahme vielleicht der Dichter einer solchen Einwendung, wie sie von Servius erhoben wurde, begegnen wollte.

Auf keinen Fall kann man die von manchen unseren Erklärern gebilligte Meinung des Servius „flammas rogi circa vesperam vidit" (Aeneas) gelten lassen; die nox, welche V 11 erwähnt wird, ist natürlich nicht die wirkliche Nacht, sondern das Dunkel beim herannahenden Sturme (wie I 89 ponto nox incubat atra und III 195, ebenso νύξ bei Hom. ε 294). Dido tödtete sich nach dem im V. 586 (regina e speculis ut primum albescere lucem vidit et aequatis classem procedere velis) bezeichneten Zeitpunct bald (vgl. 631 invisam quaerens quam primum abrumpere lucem); ebenso müssen wir uns nach der Intention des Dichters denken, dass sehr bald nach dem Tode der Dido der rogus angezündet wurde und zwar, so lange Aeneas noch vom Meere aus den Brand sehen konnte. Um aber der Einwendung vorzubeugen, ob nicht Aeneas zu der Zeit, als der rogus angezündet wurde, schon viel zu weit von der libyschen Küste entfernt war, um den Brand sehen zu können, erwähnt der Dichter V 2 den eine schnelle Fahrt hindernden Nordwind. Und was ferner das sehr beschleunigte Anzünden des rogus betrifft, so hat auch in dieser Hinsicht der Dichter seine Absicht, das Auffallende dieses Umstandes zu beseitigen, deutlich zu erkennen gegeben. Erstlich waren von der Dido selbst noch bei ihren Lebzeiten alle Vorbereitungen getroffen worden, so dass eben nichts weiter nöthig war, als den rogus anzuzünden. Zweitens musste Barce der Anna melden „est animus ... Dardanii rogum capitis permittere flammae"; der wahre Sinn dieses

Auftrages wurde freilich erst jetzt der Anna klar; aber leicht konnte sie auch hinzudenken, dass ihre Schwester eine schleunige Ausführung jener Worte wünschte und aus welchem Grunde sie dieselbe wünschte. Jedenfalls hat der Dichter durch das V 3 gesetzte i a m (moenia respiciens quae iam infelicis Elissae conlucent flammis) ein sehr beschleunigtes Anzünden des Scheiterhaufens angezeigt. Der Ausdruck *hunc ignem* aber IV 661 ist in Uebereinstimmung mit der obigen Auseinandersetzung zu erklären „das Feuer, welches diesen Scheiterhaufen bald verzehren soll."

Aen. IV 672 ff.

audiit exanimis trepidoque exterrita cursu
unguibus ora soror foedans et pectora pugnis
per medios ruit ac morientem nomine clamat.
'hoc illud, germana, fuit? me fraude petebas?
hoc rogus iste mihi, hoc ignes araeque parabant!

Bezüglich der Worte *morientem nomine clamat* sagt Servius unter Anderem: „Et multi quaerunt, quomodo procedat hoc, cum eius nomen nusquam sequatur. Sed tractum est a iure, ubi dicitur nihil interesse, utrum quis unum filium habens dicat '*Fili, heres esto*', an '*Tite, heres esto*'. Ergo dicendo '*hoc illud germana fuit?* quasi nomen dixit." Natürlich ist diese ἀπορία, deren Lösung den alten Erklärern Schwierigkeiten verursachte (vgl. Servius, der noch andere Erklärungsversuche anführt), leicht zu lösen. *Nomine clamat* bedeutet, was es eben bedeuten muss, dass Anna die Schwester bei ihrem Namen rief; diese schmerzvollen und gewiss wiederholten Rufe D i d o! D i d o! hat der Dichter hiemit nur angedeutet und nicht dieselben ausdrücklich aufgenommen. Nach diesen Rufen folgte erst die Rede, die Vergil wirklich wiedergibt '*hoc illud*' cet. Es gehört demnach streng genommen die Rede der Anna zu denjenigen, die ohne ein einleitendes Verbum sofort unmittelbar mitgetheilt werden. Bei diesen ohne ein Verbum, wie fatur, ait, inquit u. dgl. und überhaupt ohne eine einleitende Formel sofort eingeführten Reden sind zwei Fälle zu unterscheiden:

a) es folgt nach dem Schlusse der Rede eine recapitulirende Wendung. Hieher gehören von den Reden der Aeneis folgende:

II 322 quo res summa loco Panthu? quam prendimus arcem?*)
II 577 ff. folgt auf die Worte subit ira cadentem ulcisci patriam
et sceleratas sumere poenas, die keine Einleitung einer Rede ent
halten, sofort 'scilicet haec Spartam incolumis patriasque Mycenas
aspiciet' cet. Ferner II 675 ff., 689 ff., 707 ff., IV 416 ff., 702 ff.,
VI 756 ff., VIII 293 ff., IX 634 ff., 747 ff., X 597 ff., 846 ff.,
XI 715 ff., XII 620 ff., 676 ff., 872 ff. Und zu diesen Stellen gehört auch unsere, da es nach dem Schlusse der Rede heisst *sic
fata* cet.

b) es fehlt nach dem Schlusse der Rede eine recapitulirende
Wendung. Hieher gehören nur 3 Reden der Aeneis: II 657 ff.,
VI 560 ff., 719 ff.

* * *

Die Formel *hoc illud fuit* (die in d i e s e r Fassung bei Vergil
bloss an dieser Stelle vorkommt) bezeichnet, dass Anna jetzt zur
Erkenntniss dessen gelangt ist, was die Vorbereitungen der Dido
eigentlich bedeuteten. Illud (das Pronomen der räumlichen und
zeitlichen Entfernung) bezieht sich auf die Vorbereitungen, welche
Dido früher traf und von denen Anna wusste, deren Sinn sie aber
nicht kannte; h o c dagegen (das Pronomen, welches das räumlich
und zeitlich nahe und vorliegende bezeichnet) bezieht sich auf den
ihr jetzt unverhüllt vor Augen tretenden Sinn jener Vorbereitungen,
auf den Selbstmord der Dido. In demselben Sinne erscheint bei
Vergil noch *hoc erat* (ohne illud) in einer anderen Verbindung
Aen. II 664 f. hoc erat, alma parens, quod me per tela, per ignis
eripis, ut mediis hostem in penetralibus . . . cernam? Hier ist
quod me per tela, per ignis eripis = illud (jene vergangene Handlung der Venus), der Sinn von hoc dagegen wird angegeben mit
ut — cernam. — Sonst findet sich die Verbindung von hic und
ille im ähnlichen Sinne bei Vergil noch Aen. III 558 (vgl. die
Bemerkung zu dieser Stelle), VII 128 und 255. Vgl. ausserdem
Ter. Andr. 125 attat hoc illud est, hinc illae lacrumae, haec illast
misericordia und Lucan. I 299 f. Im Griechischen ist die Formel

---

*) Darauf folgt 323 vix ea fatus eram; ebenso 588 talia iactabam, 679 talia
vociferans u. s. w.

τοῦτ᾽ ἐκεῖνο, τόδ᾽ ἐκεῖνο (mit dem Praesens und mit dem Imperfect
ἦν) eine sehr beliebte Ausdrucksweise.

Die Worte *me fraude petebas* hat Ovid nach seiner Weise
mit Anbringung einer Pointe nachgeahmt Met. XIV 81 deceptaque
decipit omnes.

Aen. IV 677 ff.

quid primum deserta querar? comitemne sororem
sprevisti moriens? eadem me ad fata vocasses:
idem ambas ferro dolor atque eadem hora tulisset.
his etiam struxi manibus patriosque vocavi
voce deos, sic te ut posita crudelis abessem.

So interpungiert diese Stelle Ladewig-Schaper. Hiebei wird
zu V. 678 bemerkt: „*vocasses*, Wunsch, vgl. A. X 854, an den sich
der folg. Vers als Nachsatz anschliesst." Diese Auffassung halte
ich nicht für empfehlenswerth, weil ich von der Ansicht ausgehe,
dass die beiden Sätze, in welchen das Pronomen *eadem, idem* an
der Spitze erscheint, einander vollkommen parallel und coordinirt
sind; durch die Annahme, dass V. 679 die Rolle eines Nachsatzes
zu dem in wünschender Form ausgedrückten Vordersatze eadem
me ad fata vocasses spiele, wird der, wie ich glaube, beabsichtigte
Parallelismus gestört. Entweder sind beide Sätze Nachsätze zu
einer aus den Worten comitemne sororem sprevisti moriens zu
ergänzenden Protasis, d. i. = nisi me comitem sprevisses, eadem
me ad fata vocasses, idem ambas ferro dolor . . . tulisset (wobei
eadem me ad fata vocasses etwa wäre = eadem fata ego a te
vocata subiissem), oder es sind beide Sätze als Wunschsätze zu
nehmen = utinam me ad eadem fata vocasses! utinam idem ambas
ferro dolor atque eadem hora tulisset! Diese letztere Erklärung
halte ich für die natürliche und richtige. Beispiele für eine solche
Wunschform sind Aen. X 854, XI 162 f., Silius XVII 560. Es
haben diese Conjunctive auch ohne utinam denselben euktischen
Sinn, den Ovidus Met. XI 696 deutlicher bezeichnet mit Hinzufügung von vellem: at certe vellem, quoniam periturus abibas, me
quoque duxisses.

Die Worte sic te ut posita crudelis abessem lassen nach meiner Meinung eine doppelte Auffassung zu. Entweder liess der Dichter wirklich die Anna so sprechen, dass sie, die doch selbst getäuscht wurde, im Uebermass ihres Schmerzes ihre Mithilfe bei der Errichtung des Scheiterhaufens und dann ihre Abwesenheit sich selbst zum Vorwurfe macht. Es wäre dies dann eine Ausdrucksweise, wie wir sie in den modernen Sprachen lieben: „mit diesen meinen Händen habe ich bei der Errichtung des Scheiterhaufens mitgeholfen, um dann bei deinem Tode abwesend zu sein!" Vgl. Ausdrücke wie „er gieng in die Schlacht, um nicht wiederzukehren" und ähnl., in welchen, obzwar keine wirkliche Absicht vorliegt, sondern vielmehr eine Fügung des Schicksals oder Zufalls, doch eine Construction gewählt wird, welche gewöhnlich die Absicht bezeichnet. Doch gestehe ich, dass mir dies zu m o d e r n klingt. Im Latein kommt wol in diesem Sinne das Participium futuri activi und im Griechischen μέλλειν vor zur Bezeichnung des durch einen fremden Willen, durch das Schicksal, durch den Zufall, durch die Verhältnisse bewirkten Einflusses,*) aber das auch u t so gebraucht worden wäre, dafür habe ich kein ganz zutreffendes Beispiel.

Ich glaube aber, dass man auch an dieser Stelle anders interpungieren kann, nämlich

his etiam struxi manibus patriosque vocavi

voce deos: sic te ut posita crudelis abessem?

Hiebei wäre sic te ut — abessem eine mit Indignation ausgesprochene Frage, mit welcher Anna die etwaige Vermuthung, dass sie den Tod ihrer Schwester nicht hätte theilen wollen, unwillig zurückweist: „Ich habe bei der Errichtung des Scheiterhaufens mitgeholfen! ist es denkbar, dass ich in grausamer Weise mich, wo du zum Tode dich hinlegtest (sic te posita), hätte abseits halten wollen?" **) Vgl. z. B. Ter. Heaut. 1050 mea dona *ut dem* Bacchidi

---

*) Vgl X. 811 quo moriture ruis? XI 856 huc periture veni, Hor. carm. II 3 4 moriture Delli. Hom. η 270 ἔμελλον ἔτι ξυνέσεσθαι ὀιζυῖ πολλῇ. Soph. O. T. 966 ὅρνις, ὧν ὑφηγητῶν ἐγὼ κτενεῖν ἔμελλον πατέρα τὸν ἐμόν.

**) Was diese unwillige Ablehnung einer fremden Insinuation, durch die sich der sprechende verletzt fühlt, betrifft, vergleiche man II 657 mene efferre pedem, genitor, te posse relicto sperasti?

dono sciens? Non faciam. Andr. 618 oh tibi ego *ut credam,* fur-
cifer. Hor. Epod. 17 56 ff. inultus *ut tu riseris* Cotyttia volgata,
sacrum liberi Cupidinis, et Esquilini pontifex venefici inpune *ut*
urbem nomine *impleris* meo? Cic. Planc. 13 31 'pater vero' inquit
'obesse filio debet'. O vocem duram atque indignam! Pater *ut* in
iudicio capitis obesse filio *debeat?* Auch erscheint in einem solchen
Fragesatze zuweilen die Fragepartikel *ne,* wie Hor. Sat. II 5 18
utne tegam spurco Damae latus? Liv. IV 2 12 illine ut impune
primo discordias serentis concitent finitima bella. V 24 10 victamne
ut quisquam victrici patriae praeferret, sineretque maiorem fortunam
captis esse Veis quam incolumibus fuerit? — Ohne *ut* und ohne *ne*
Cic. Qu. fr. I 3 1 ego tibi *irascerer?* tibi ego *possem* irasci? ders.
Sull. 16 45 mihi salus cuiusquam tanti *fuisset,* ut meam negle-
gerem? Liv. II 7 9 ego me, illum acerrimum regum hostem, ipsum
cupiditatis regni crimen subiturum *timerem?* ego metui me *crederem*
posse a civibus meis?

Aen. IV 688 f.

illa gravis oculos conata attollere rursus
deficit

Ueblicher als *gravis* ist von dem matten und brechenden
Blicke *languere, languidus.* Mit *gravis oculos* vgl. Ovid Met. IV
145 ad nomen Thisbes oculos iam morte *gravatos* Pyramus erexit
und vorher IV 144 exaudi vultusque attolle *iacentes.* Eur. Alk.
385 ὄμμα μου βαρύνεται.

Aen. IV 693 ff.

Richtig bemerkt Ladewig, wie auch andere Erklärer, dass die
Sterbenden als Opfer für die unterirdischen Götter betrachtet und
dass sie als solche denselben durch eine abgeschnittene Locke
geweiht werden, wie man auch den Opferthieren erst einige Haare
auf der Stirn abschnitt (vgl. Aen. VI 245). Wenn aber Ladewig
weiter bemerkt: „Weil aber Dido nicht eines natürlichen *(fato)*
noch eines verschuldeten *(merita m.),* sondern eines freiwilligen
Todes stirbt, so verrichtet die Weihung nicht Proserpina, die sonst
die Todten abfordert, sondern Iris auf Befehl der Juno, als Schutz-

patronin der Dido" — so bedarf diese Bemerkung einer gewissen
Modification. Die Ursache davon, dass Iris das Amt, das sonst
der Proserpina zusteht, übernehmen musste, liegt ausschliesslich
in den Worten Iuno longum miserata dolorem difficilisque
obitus (693 f.). Die Worte nondum illi flavum Proserpina vertice
crinem abstulerat Stygioque caput damnaverat Orco sind nur eine
poetische Bezeichnung für den Gedanken, dass Dido noch nicht
dem Tode verfallen war, also von der Proserpina auch nicht als
Opfer für die unterirdischen Mächte betrachtet wurde; darum
dauerte ihr Todeskampf so lange. Endlich aber hätte doch Proserpina ihr das Haar abgeschnitten; dies hätte jedoch zu lange
gedauert, und so wird durch ein ungewöhnliches Mittel der
Tod beschleunigt, indem Juno die Iris mit dem Auftrage ab-
schickte, die Dido durch das Abschneiden der Locke dem Tode
zu weihen.

EXCURSE

UND

ABHANDLUNGEN ZUR AENEIS.

I.

Erster Excurs zum zweiten Buche der Aeneis.

Ich gebe hier eine vergleichende Zusamenstellung einiger auf die Eroberung Troias bezüglichen Angaben im zweiten Buche der Aeneis und der entsprechenden Angaben, die sich bei anderen Autoren finden.

Aen. II 15 f. instar montis equum diviua Palladis arte aedificant

Hom. *Θ* 493 ἵππου κόσμον ἄεισον δουρατέου, τὸν Ἐπειός ἐποίησεν σὺν Ἀθήνῃ.

Hom. O 70 f. εἰσόκ' Ἀχαιοὶ Ἴλιον αἰπὺ ἕλοιεν Ἀθηναίης διὰ βουλάς.

Tryphiodoros 57 ἤδη καὶ β ο υ-λῆσι θεῆς ὑποεργὸς Ἐπειὸς Τροίης ἐχθρὸν ἄγαλμα π ε λ ώ-ρ ι ο ν ἵππον ἐποίει. ders. 121 βουλῆσιν Ἀθήνης.

Hyginus 108 Epeus monitu Minervae equum mirae maguitudinis ligueum fecit.

II 27 f. iuvat ire et Dorica castra desertosque videre locos litusque relictum.

Quintus Sm. XII 356 γηθό-συνοι δ' ἄρα πάντες ἐπέδραμον αἰγιαλοῖσι.

II 31 f. pars stupet innuptae donum exitiale Minervae et molem mirantur equi

Quint. Sm. XII 358 ἵππον δ' εἰσενόησαν ἐΰξοον· ἀμφὶ δ' ἄρ' αὐτῷ θάμβεον ἑσταότες· μάλα γὰρ μέγα ἔργον ἐτύχθη.

II 35 ff. at Capys et quorum melior sententia menti, aut pelago Danaum insidias suspectaque dona praecipitare iubent subiectisque urere flammis, aut terebrare cavas uteri et temptare latebras.

Tryphiodoros 247 f. οἱ δ', ὅτε τεχνήεντος ἴδον δέμας αἰόλον ἵππου, θαύμασαν ἀμφιχυθέντες.

Hom. θ 506 ff. τρίχα δέ σφίσιν ἥνδανε βουλή, ἠὲ διατμῆξαι κοῖλον δόρυ νηλέϊ χαλκῷ, ἢ κατὰ πετράων βαλέειν ἐρύσαντας ἐπ' ἄκρης, ἢ ἐαᾶν μέγ' ἄγαλμα θεῶν θελκτήριον εἶναι.

Proklos über den Inhalt der Iliu persis: ὡς τὰ περὶ τὸν ἵππον ὑπόπτως ἔχοντες περιστάντες βουλεύονται ὅ τι χρὴ ποιεῖν· καὶ τοῖς μὲν δοκεῖ κατακρημνίσαι αὐτόν, τοῖς δὲ καταφλέγειν, οἱ δὲ ἱερὸν αὐτὸν ἔφασαν δεῖν τῇ Ἀθηνᾷ ἀνατεθῆναι.

Quint. Sm. XII 393 f. πάντας δ' ὀτρύνεσκε θοῶς ἐμπρησέμεν ἵππον, ἵππον δουράτεον, καὶ γνώμεναι εἴ τι κέκευθε.*)

Tryphiod. 251 ff. οἱ μὲν γὰρ .... ἵππον ἀπεχθήραντες, ἐπεὶ πέλεν ἔργον Ἀχαιῶν, ἤθελον ἢ δολιχοῖσιν ἐπὶ κρημνοῖσιν ἀράξαι, ἠὲ καὶ ἀμφιτόμοισι διαρρῆξαι πελέκεσσιν· οἱ δὲ ... ἀθανάτοις ἐκέλευον ἀρήϊον ἵππον ἀνάψαι.

Tryphiod. 412 ff. ῥηγνύσθω πελέκεσσι δέμας πολυχανδέος

---

*) Bei Quintus Sm. geht diese Mahnung von Laokoon aus, nachdem bereits Sinon 375—386 seine List angewandt hat. — Bei Tryphiodor wird dieselbe Aufforderung der Kassandra in den Mund gelegt, aber auch bereits nach Sinon's Rede 292—303. Bei Vergil spricht Capys so vor dem Auftreten Sinon's.

ἵππου, ἢ πυρὶ καιέσθω· δολόεντα
δὲ σώματα κεύθων ὀλλύσθω.

Tzetzes Posth. 708 f. ἵππον
δ᾽ ὡς ἐνόησε καθελκόμενον Κασ-
σάνδρη, Τρωσὶ τορὸν βοάασκε
κατάξαι ἢ καταπρῆσαι.

Aen. II 45 aut hoc inclusi ligno occultantur Achivi

Qu. Sm. XII 394 καὶ γνώμεναι
εἴ τι κέκευθε.

Tryphiod. 413 δολόεντα δὲ
σώματα κεύθων.

Aen. II 54 f. et si fata deum, si mens non laeva fuisset, impulerat ferro Argolicas foedare latebras

Qu. Sm. XII 395 ff. καί νύ
κέν οἱ πεπίθοντο καὶ ἐξήλυξαν
ὄλεθρον, εἰ μὴ Τριτογένεια, κοτεσ-
σαμένη περὶ θυμῷ αὐτῷ καὶ
Τρώεσσι καὶ ἄστεϊ, γαῖαν ἔνερθεν
θεσπεσίην ἐλέλιξεν ὑπαὶ ποσὶ
Λαοκόωντος.

Aen. II 63 f. undique visendi studio Troiana iuventus circumfusa ruit

Qu. Sm. XII 361 f. καί μιν
ἀνειρόμενοι Δαναῶν ὕπερ ἄλλοθεν ἄλλος μέσσον ἐκυκλώσαντο
περισταδόν.

Aen. II 64 certantque inludere capto

Qu. Sm. XII 364 f. καὶ πολλὰ
δολόφρονα φῶτα δάϊζον πολλὸν
ἐπὶ χρόνον αἰέν.

Aen. II 74 hortamur fari, quo sanguine cretus

Tryphiod. 289 f. εἰπὲ δὲ σεῖο
οὔνομα καὶ γενεὴν, ὁπόθεν δέ
σε νῆες ἔνειand(κ)αν.

Aen. II 74 f. hortamur fari, quo sanguine cretus, quidve ferat.

Val. Fl. V 468 rogitantque,
quid ausi quidve ferant. Sil. XI
561 f. perpendite, quaeso, quid
ferat.*)

Aen. II 82 ff.

Tryphiod. 272 ἔκτειναν δὲ καὶ
αὐτὸν ἀγασσάμενοι Παλαμήδην
(ebenfalls Worte Sinon's).

---

*) Bei Vergil wird durch diese Parallelstellen die überlieferte Leseart gegen Conjecturen geschützt.

15*

Aen. II 103 f. iam dudum sumite poenas; hoc Ithacus velit et magno mercentur Atridae.

Aen. II 118 f. sanguine quaerendi reditus animaque litandum Argolica.

Aen. II 122 ff. hic Ithacus vatem magno Calchanta tumultu protrahit cet.

Aen. II. 132 f. mihi sacra parari et salsae fruges

Aen. II 148 f. quisquis es, amissos hinc iam obliviscere Graios; noster eris

Aen. II 149 f. mihique haec edissere vera roganti: quo molem hanc immanis equi statuere? quis auctor? quidve petunt? quae relligio? aut quae machina belli?

Aen. II 185 hanc tamen immensam Calchas attollere molem ... iussit

Aen. II 189 dona Minervae

Tzetzes Posthom. 691 f. Δαναοὶ δέ με ἔδρασαν οὕτως, ὑμέτερον καλέοντες ἀρηγόνα, ὡς Παλαμήδη (Worte Sinon's).

Tryphiod. 279 f. χάρμα γὰρ Ἀργείοισι γενήσομαι, εἴ κεν ἐάσῃς χερσὶν ὕπο Τρώων ἱκέτην καὶ ξεῖνον ὀλέσθαι.

Qu. Sm. XII 381 f. ὄφρα με δηώσωσι δυσηχέος ἄγχι θαλάσσης δαίμοσιν εἰναλίοις.*)

Qu. Sm. XII 379 f. ἀμφὶ δὲ νόστον ἐννεσίῃς Ὀδυσῆος ἐμοὶ μενέαινον ὄλεθρον.

Quint. Sm. XII 382 ἀλλ' ἀλεγεινὰς σπονδάς τ' οὐλοχύτας τε μάλ' ἐσσυμένως ὑπαλύξας κτλ.

Tryphiod. 284 ff. ξεῖνε, σὲ μὲν Τρώεσσι μεμιγμένον οὐκέτ' ἔοικε τάρβος ἔχειν· ἔφυγες γὰρ ἀνάψιον ὕβριν Ἀχαιῶν· αἰεὶ δ' ἡμέτερος φίλος ἔσσεαι.

Tryphiod. 288 f. ἀλλ' ἄγε, καὶ σύ μοι εἰπὲ τί τοι τόδε θαῦμα τέτυκται, ἵππος, ἀμειλίκτοιο φόβου τέρας.

Qu. Sm. XII 377 f. Κάλχαντος δ' ἰότητι δαΐφρονι Τριτογενείῃ ἵππον ἐτεκτήναντο.

Qu. Sm. XII 377 δαΐφρονι Τριτογενείῃ.

---

*) Anders bei Tryphiodor 273 ff. καὶ νῦν οἷά μ' ἔρεξαν ἀτάσθαλοι, οὕνεκα φεύγειν οὐκ ἔθελον σὺν τοῖσι, μένειν δ' ἐκέλευον ἑταίρους· οἱ δὲ νοοπλῆγεσσιν ἀτασθαλίῃσι δαμέντες εἵματα μέν μ' ἀπέδυσαν, ἀεικελίῃσι δ' ἱμάσθλαις πᾶν δέμας οὐτήσαντες, ἐπὶ ξείνῃ λίπον ἀκτῇ.

Aen. II 196 ff. captique dolis lacrimisque coactis (oder coacti), quos neque Tydides nec Larissaeus Achilles, non anni domuere decem, non mille carinae.

Aen. II 199 f. hic aliud maius miseris multoque tremendum obicitur magis

Aen. II 209 fit sonitus spumante salo

Aen. II 211 sibila lambebant linguis vibrantibus ora

Aen. II 212 diffugimus visu exsangues

Aen. II 212 f. illi agmine certo Laocoonta petunt

Aen. II 213 ff. et primum parva duorum corpora natorum serpens amplexus uterque implicat et miseros morsu depascitur artus.

Aen. II 234 dividimus***) muros et moenia pandimus urbis

Tzetzes Posth. 693 τόνδ᾽ ἄρα δούρεον ἵππον ἄγαλμ᾽ ἀνέθεντο Ἀθήνῃ.

Val. Fl. II 230 ff. prensosque toris mactatque trahitque femineum genus, inmanes quos sternere Bessi nec Geticae potuere manus aut aequoris irae.*)

Qu. Sm. XII 447 τῷ δ᾽ ἔπι κύντερον ἄλλο θεὰ μεγάθυμος Ἀθήνη δυστήνοις τεκέεσσιν ἐμήδετο Λαοκόωντος.

Qu. Sm. XII 456 f. ἐπεσμαράγησε δὲ πόντος νισσομένων.

Qu. Sm. XII 457 f. τοὶ δ᾽ ἐφέροντο αἰνὸν λιχμώοντες.

Qu. Sm. XII 463 f. κακὴ δ᾽ ἐπενίσσατο φύζα Τρῶας, ὅτ᾽ εἰσενόησαν ἀνὰ πτόλιν αἰνὰ πέλωρα κτλ.**)

Qu. Sm. XII 461 τοὶ δ᾽ ἄφαρ ἔξον ὅπη θεὸς ὀτρύνεσκε.

Qu. Sm. XII 474 οἱ δέ οἱ υἷας ὑποτρομέοντας ὄλεθρον ἀμφοτέρους ὀλοῇσιν ἀνηρείψαντο γένυσσι.

Ilias mikra (bei Proklos) οἱ δὲ Τρῶες ... τὸν δούρειον ἵππον

---

*) Diese Stelle fehlt bei Ribbeck; ich glaube aber, dass trotz sonstiger Verschiedenheit doch die Imitation klar hervortritt in der ganzen Fassung der Stelle.

**) Den Schrecken der Troer, den Vergil ganz kurz erwähnt, schildert hier Quintus sehr ausführlich, nämlich bis V. 472.

***) Der bemerkenswerthe Ausdruck dividere entspricht dem Ausdruck διελόντες μέρος τι τοῦ τείχους in dem Referat des Proklos sehr genau (vgl. Weidner). Dividere findet sich in diesem Sinne nur bei Vergil (denn bei Statius Silv. I 1 11 ist divisis ... muris nur eine Conjectur Mark-

εἰς τὴν πόλιν εἰσδέχονται διελόντες μέρος τι τοῦ τείχους.

Qu. Sm. XII 439 f. οἱ δὲ μο-
λόντες ἄστυ ποτὶ σφέτερον μεγά-
λης κρήδεμνα πόληος λυσάμενοι
λυγρὸν ἵππον ἐσήγαγον.

Dictys Cret. V 11 sed postquam magnitudine operis impe-
diri per portas ingressum animad-
vertere, consilium destruendorum
desuper murorum capiunt.

Aen. II 236 f. stuppea vincula   Qu. Sm. XII 422 ff. ἀγειρόμενοι
collo intendunt   δ' ἄρα πάντες σειρὴν ἀμφεβά-
λοντο θοῶς περιμήκεϊ ἵππῳ δησά-
μενοι καθύπερθεν.

Tryphiod. 305 f. τοὶ δὲ βοείαις
δησάμενοι σειρῇσιν ἐϋπλέκτοις
τε κάλοισιν κτλ.*)

---

lands für discissis), und es liegt die Vermuthung nahe, dass der Ausdruck
διελεῖν wirklich in der kleinen Ilias selbst vorkam und dass Vergil
eben diesen gewählten und sehr passenden Ausdruck mit dividere
wiedergab. Was den Sinn betrifft, so gibt denselben die Bemerkung
Ladewig's ganz richtig; vgl. Plaut. Bacchid. IV 9 31 cum
portae Scaeae limen superum scinderetur. Schon Servius bemerkte richtig
zu V. 234: „Muros superpositos Scaeae portae. Nam sequitur 'quater
ipso in limine portae'." — Während in der kleinen Ilias, bei Vergil,
Quintus Smyrn., Dictys übereinstimmend erwähnt wird, dass die Troer
selbst es waren, die einen Theil der Mauer einrissen, findet sich bei
Tryphiodoros keine Erwähnung dessen; vielmehr wird von diesem Dichter
das Freimachen der Bahn für das Ross dem Eingreifen Poseidons zugeschrieben V. 336 ff. αἱ δέ οἱ ἐρχομένῳ θυρέων πτύχες ἐστείνοντο· ἀλλ'
Ἥρη μὲν ἔλυσεν ἐπὶ δρόμον αὖθις ὁδοῖο πρόσθεν ἀναστέλλουσα· Ποσει-
δάων δ' ἀπὸ πύργων σταθμὸν ἀνοιγομένων πυλέων ἀνέκοπτε τριαίνῃ.

*) Bei dieser Gelegenheit bemerke ich, dass, während die Art und Weise,
wie das hölzerne Ross in die Stadt geschafft wurde und den Weg zurück-
legte, von Vergil mit verhältnissmässiger Kürze geschildert wird, bei
Quintus und vollends bei Tryphiodor diesem Punkte eine ausführlichere
Darstellung zugewendet wird. Bei Quintus (XII 422—443) findet sich in
dieser Darstellung auch ein Gleichniss 428 ff. ἠΰτε νῆα ἕλκουσιν μογέοντες
ἔσω ἁλὸς ἠχηέσσης αἰζηοὶ κτλ. Bei Tryphiodor reicht die entsprechende
Partie von V. 305 ff. (= Aen. II 235 f.) an bis 357 und es wird die

Aen. II 237 f. scandit fatalis
machina muros feta armis

Aen. II 238 f. pueri innuptaeque puellae sacra canunt funem-
que manu contingere gaudent

Qu. Sm. XII 443 ὁ δέ σφισιν
ἔκρυφε πῆμα.

Tryph. 307 f. εἷλκον ... ἵππον,
ἀριστήεσσι βεβυσμένον.

Tryph. 357 ἦγον ἐς ἀκρόπολιν
βεβαρημένον ἔνδοθεν ἵππον.

Qu. Sm. XII 434 ff.

Tryphiod. 340 ff. Τρωϊάδες δέ
γυναῖκες ἀνὰ πτόλιν ἄλλοθεν
ἄλλαι, νύμφαι τε πρόγαμοί τε
καὶ ἴδμονες Ἐλλειθυίης μολπῇ τ'
ὀρχηθμῷ τε περὶ βρέτας εἱλίσ-
σοντο.

Bezüglich des ausgelassenen
Jubels der Troer vgl. auch Dictys
Cret. V 11 itaque destructa mu-
rorum parte (vgl. Proklos διε-

Verblendung und der Jubel der Troer, die Zurücklegung des Weges und
Bewältigung der Hindernisse in umständlicher und mitunter schleppend
breiter Weise geschildert; auch ein ausgeführtes Gleichniss (352—355)
fehlt nicht. Ueberhaupt hat dieser Dichter seinen Stoff mit auffallender
Ungleichmässigkeit behandelt. Einzelne Momente, die er herausgreift,
werden ausführlich und zuweilen mit ungebührlicher und unverhält-
nissmässiger Ausführlichkeit behandelt; so z. B. gleich im Eingange
die Erschöpfung der Achaier und Troer im zehnten Jahre des Krieges
und die erlittenen Verluste 6—39, der Bau des hölzernen Rosses, wobei
der Dichter mit minutiöser Detailmalerei verfährt 57—102, wozu eigentlich auch noch als Nachtrag die Verse 103—107 gehören; die Vorberei-
tung des Odysseus zur Rede und sein Benehmen vor der Rede 111—119;
die Aufzählung der Helden, welche der Weisung des Odysseus folgend
sich anschicken, in das hölzerne Ross einzusteigen 152—183; das Einsteigen ins Ross und das Verhalten daselbst 184—203; dann die oben
erwähnte Beschreibung 305—357; die wahnsinnige Verzückung der Kassandra 358—375; die der Odyssee δ 271 entsprechende Partie 463—498
(bei Homer nur 16 Verse δ 274—289); die Schilderung der Nachtruhe
der Troer 498—505 (bei Vergil nur kurz 252 f.); die Beschreibung des
Blutbades, das die Griechen in Troia anrichten, und des Jammers der
Troer 539—612. Diese Partien bilden zusammen etwa ⅚ des ganzen Gedichtes. Von dieser Ausführlichkeit sticht seltsam ab die von einem
Gegenstande zum anderen rasch abspringende Kürze, welche sich am

λόντες μέρος τι τοῦ τείχους) cum
ioco lasciviaque induxere equum
feminis inter se atque viris certatim adtrahere festinantibus.

Aen. II 246 f. tunc etiam fatis
aperit Cassandra futuris orai dei
iussu non umquam credita Teucris

Qu. Sm. XII 525 ff., wo in
sehr ausführlicher Weise die
prophetische Raserei der Kassandra, ihre Warnung, die Verblendung der Troer dargestellt
wird (525—585). Vgl. besonders
527 f. ἀκούετο δ' ἔκ τινος αἴσης
ὡς ἀνεμώλιον αἰέν, ἵν' ἄλγεα
Τρωσί γένηται.

Tryphiod. 368—443; die Kas-
sandrascene in der Halosis Iliu
übertrifft also an Ausführlichkeit
noch erheblich die Darstellung
des Quintus. Vgl. mit Vergil be-

Schlusse des Gedichtes zeigt. So wird z. B. das unglückliche Ende des
Priamos (dem Vergil die Verse 506—558 widmet) in 10 Versen (634—643)
erledigt und hiebei hat der Dichter noch in 4 Versen (640—643) auf das
künftige Schicksal des Neoptolemos hingewiesen, so dass dem Priamos
eigentlich nur 6 Verse gewidmet werden. Die Schilderung des Todes des
Astyanax nimmt nur 3 Verse in Anspruch (644—646), das Schicksal der
Kassandra nur 4 Verse (647—650), die Rettung des Aineias 5 Verse
(651—655), die Rettung der Antenoriden 4 Verse (656—659). Der Dichter
eilt zu Ende und gibt sich auch keine Mühe, diese seine Eile zu ver-
hehlen; im Gegentheil er sagt 664 ff. πᾶσαν δ' οὐκ ἂν ἔγωγε μόθου
φύσιν ἀείσαιμι κρινάμενος τὰ ἕκαστα καὶ ἄλγεα νυκτὸς ἐκείνης· Μουσάων
ὅδε μόχθος· ἐγὼ δ' ἅπερ ἵππον ἐλάσσω τέρματος ἀμφιέλισσαν ἐπιφαύουσαν
ἀοιδήν. Die noch folgenden 24 Verse (668—691) beziehen sich noch auf
die Wegführung der Beute und auf das Schicksal der Polyxene. Aber
trotz unverkennbarer Hast findet der Dichter doch noch immer Zeit, dem
Aufgang der Eos (wofür dem Homer éin Vers genügt ἦμος δ' ἠριγένεια
φάνη ῥοδοδάκτυλος Ἠώς) drei Verse zu widmen: ἄρτι γὰρ ἀντολίηθεν
ἀπόσσυτος ὠκεανοῖο ἠρέμα λευκαίνουσα κατέγραψεν ἠέρα πολλήν, νύκτα
διαρρήξασα μιαιφόνον, ἱππότις Ἠώς — eine so umständliche Einleitung,
dass man hierauf noch eine lange epische Darstellung erwarten sollte!
Diese Einleitung und die summarisch gehaltene Schlusspartie, die nur
aus 21 Versen besteht, stehen zu einander in schreiendem Missverhältniss.

sonders 417 f. τῇ δ᾽ οὔτις ἐπεί-
θετο· τὴν γὰρ Ἀπόλλων ἀμφότερον μάντιν τ᾽ ἀγαθὴν καὶ ἄπι-
στον ἔθηκεν.

Hyginus Fab. 108 Priamus
equum in arcem Minervae duci
imperavit, feriatique magno opere
ut essent edixit. id vates Cassandra cum vociferaretur inesse
hostes, fides ei habita non est.
Quem in arcem cum statuissent cet.

Aen. II 248 f. nos delubra deum
miseri, quibus ultimus esset ille
dies, festa velamus fronde per
urbem.

Qu. Sm. XII 500 ff. Τρῶες δ᾽
ἀθανάτοισιν ἐπεντύνοντο θυηλὰς
λείβοντερ μέθυ λαρόν, ἐπεί σφισιν
ἦτορ ἐώλπει λευγαλέου πολέμοιο
βαρὺ σθένος ἐξυπαλύξειν.*)

Trypliod. 444 ff. οἱ δέ, πολισ-
σούχοιο θεῆς ὑπὸ νηὸν Ἀθήνης
ἵππον ἀναστήσαντες ἐϋξέστων ἐπὶ
βάθρων, ἔφλεγον ἱερὰ καλὰ πο-
λυκνίσσων ἐπὶ βωμῶν.

Qu. Sm. XII 549 (spricht Kassandra) ἐπ᾽ εἰλαπίνῃ δ᾽ ἀλεγεινῇ
δαίνυσθ᾽ ὕστατα δόρπα
(vgl. Verg. quibus ultimus esset
ille dies). Vgl. auch Qu. Sm.
XIII 27 ἀλλ᾽ οἱ μέν λεχέεσσι
πανύστατον ὕπνον ἴαυον.

Aen. II 252 f. fusi per moenia
Teucri conticuere; sopor fessos
complectitur artus.

Tryphiod. 448 ff. εἰλαπίνη δ᾽
ἐπιδήμιος ἔην καὶ ἀμήχανος
ὕβρις, ὕβρις ἐλαφρίζουσα μέθην
λυσήνορος οἴνου· ἀφραδίη τε βέ-

---

*) Es folgt hierauf bei Quintus noch eine ausführliche Schilderung der Un-
glückszeichen, die sich bei den Opfern zeigten, 503—520. Auch bei
Tryphiodor werden diese Unglückszeichen, jedoch nur kurz, erwähnt 447
ἀθάνατοι δ᾽ ἀνένευον ἀνηνύστους ἑκατόμβας.

βυστο μεθημοσύνῃ τε κεχήνει
πᾶσα πόλις· πυλέων δ' ὀλίγοις
φυλάκεσσι μεμήλει.

Qu. Sm. XIII 21 f. εὖτε γὰρ
ὕπνος ἔρυκεν ἀνὰ πτόλιν ἄλλοθεν
ἄλλον, οἴνῳ ἀναπλήθοντας ἀπειρεσίῳ καί ἐδωδῇ —

Dictys Cret. V 12 fessis deinde
multo vino atque somno barbaris,
quae utraque per laetitiam secu-
ritatemque pacis intervenerant.

Aen. II 254 ff. et iam Argiva
phalanx instructis navibus ibat
a Tenedo tacitae per amica silentia lunae litora nota petens

Qu. Sm. XIII 64 ff. καρπαλίμως
δ' ἐλθόντες ἐπ' ἠόνας Ἑλλησ-
πόντου ἔνθ' αὖθις στήσαντο νέας
(αὖθις = litora nota petens bei
Verg.).

Tryphiod. 523 ff. νῆας ἀνεκρού-
σαντο παλιγνάμπτοισι (vgl. αὖθις
bei Quint.) κελεύθοις Ἀργεῖοι
σπεύδοντες· ἅπας δ' ἠπείγετο
ναύτης, δηναίου πολέμοιο τέλος
διζήμενος εὑρεῖν. οἱ δ' αὐτοὶ πλω-
τῆρες ἔσαν κρατεροί τε μαχηταί,
ἀλλήλοις τ' ἐκέλευον ἐλαυνέμεν·
αἱ δ' ἄρα νῆες, ὠκύτεραι κραικ-
νῶν ἀνέμων ταχυπειθέϊ ῥιπῇ,
Ἴλιον εἰσανάγοντο Ποσειδάωνος
ἀρωγῇ.*)

Aen. II 258 f. pinea furtim
laxat claustra Sinon.

Bei Quintus XIII 35 ff. öffnen
Odysseus und Epeios das Ross
αὐτὸς δ' ἄρα χερσὶ θοῇσιν ἵππου
δουρατέοιο μάλ' ἀτρέμας ἔνθα

---

*) Auch hier zeigt sich deutlich das diesen Dichter charakterisirende
Streben, einzelnen Momenten eine breite Ausführung zuzuwenden.

καὶ ἔνϑα πλευρὰ διεξώϊξεν ἐΰμ-
μελίη ὑπ' Ἐπειῷ.*)

Auch bei Tryphiodor heisst es,
dass die Danaer selbst den Verschluss öffneten, 539 f. ὡς Δαναοὶ
κρυφίοιο λόχου κληῖδας ἀνέντες
θρῷσκον ἐπὶ Τρώεσσι.

Bei Lykophron 340 ff. (vgl.
Tzetzes Schol.) wird dies dem
Antenor zugeschrieben.

Mit Vergil stimmt Hyginus
überein 108: Achivi ex equo
aperto a Sinone exierunt.

Aen. II 265 invadunt urbem
somno vinoque sepultam

Quintus XIII 22 οἴνῳ ἀναπλήθοντας ἀπειρεσίῳ καὶ ἐδωδῇ.
ebend. 28 πολλῷ ὑπ' ἀκρήτῳ
βεβαρηότες.

Tryphiod. 540 θρῷσκον ἐπὶ
Τρώεσσι, καὶ εἰσέτι κοῖτον ἔχον-
τας χαλκείου θανάτοιο κακοῖς
ἐκάλυψαν ὀνείροις.

Dictys V 12 fessis deinde multo
vino atque somno barbaris cet.

Aen. II 341 ff. iuvenisque Coroebus Mygdonides. illis ad Troiam forte diebus venerat insano
Cassandrae incensus amore et
gener auxilium Priamo Phrygibusque ferebat, infelix, qui non sponsae praecepta furentis audierit.

Rhesos 539 f. τίς ἐκηρύχθη
πρώτην φυλακήν; — Μύγδονος
ὅν φασι Κόροιβον.

Pausan. X 27 1 ἀφίκετο μὲν
δὴ ἐπὶ τὸν Κασσάνδρας ὁ Κόροιβος γάμον κτλ.

Qu. Sm. XIII 169 αἰχμητῆρα
Κόροιβον, ἀγανοῦ Μύγδονος υἷα.

---

*) Dem Sinon weist Quintus die Rolle zu, dass er, nachdem er das Signal
mit der Fackel gegeben (XIII 23 f.), dann den im Rosse eingeschlossenen
Griechen leise zuruft, es sei Zeit herauszusteigen, 30 ff. αὐτὸς δ' ἄγχ'
ἵπποιο Σίνων κίεν· ἦκα δ' ἄϋσεν, ἦκα μάλ', ὡς μήπου τις ἐνὶ Τρώεσσι
πύθηται, ἀλλ' οἷοι Δαναῶν ἡγήτορες.

ebd. 173 ff. κάππεσε δ᾽ ἐς μέλαν
αἷμα καὶ ἄλλων ἔθνεα νεκρῶν,
νήπιος· οὐδ᾽ ἀπόνητο γάμων, ὧν
οὕνεχ᾽ ἵκανεν χθιζὸς ὑπὸ Πριάμοιο πόλιν cet.

Servius zu Aen. II 341: Coroebus Mygdonides hic filius
Mygdonis et Anaximenes. ergo
Mygdonides patronymicum est
. . . . hunc autem Coroebum
stultum inducit Euphorion, quem
et Vergilius sequitur, dans ei
'dolus an virtus, quis in hoste
requirat?' cum sit turpis dolo
quaesita victoria.

Aelian. Var. hist. XIII 15 καὶ
Κόροιβον δὲ καὶ Μελιτίδην καὶ
ἐκείνους ἀνοήτους φασίν.

Verg. Aen. II 355 ff. inde, lupi
ceu raptores atra in nebula, quos
improba ventris exegit caecos
rabies catulique relicti faucibus
expectant siccis —

Vgl. Hom. *II* 156 ff., 352 ff. (besonders λύκοι . . . σίνται = lupi
raptores).

Quintus Sm. XIII 44 ff. ὡς
δ᾽ ὅταν ἀργαλέῳ λιμῷ (improba
ventris rabies Verg.) βεβολημένος
ἦτορ ἐξ ὀρέων ἔλθῃσι λύκος χα-
τέων μάλ᾽ ἐδωδῆς κτλ.

Tryphiod. 615 ff.

Tryph. 598 f. οὐδὲ θεῶν ὄπιν
εἶχον ἀθεσμοτάτης ὑπὸ ῥιπῆς,
ἀθανάτων δ᾽ ἔχραινον ἀπενθέας
αἵματι βωμούς.

Aen. II 364 ff. plurima perque
vias sternuntur inertia passim
corpora perque domos et rel-
ligiosa deorum limina.

Dict. Cret. V 12 atque obtrun-
care passim per domos atque
vias, loca sacra profanaque.

Die auf die Wegführung der
Kassandra bezügliche Ueberliefe-

Verg. Aen. II 403 ff.

rung hat Heyne genau erörtert in dem Excursus X zum zweiten Buche.

Verg. Aen. II 506 ff.

Vgl. über die Angaben, die sich auf den Tod des Priamos beziehen, den lesenswerthen Excursus XI Heyne's. Zu den von Heyne angeführten Stellen füge ich noch hinzu Lykophr. 335 ff.
ὁ δ' ἀμφὶ τύμβῳ τἀγαμέμνονος (d. i. = beim Altar des Zeus) δαμεὶς κρηπῖδα πηγῷ νέρθε καλλυνεῖ πλόκῳ, ὁ πρὸς καλύπτρης τῆς ὁμαίμονος τάλας ὠνητὸς αἰθαλωτὸν ἐς πάτραν μολών κτλ.

Tzetzes zu Lykophr. 335 ff. ὁ Πρίαμος γὰρ ἐν τῷ Ἑρκείου Διὸς ναῷ καταφυγὼν ὑπὸ Νεοπτολέμου ἀνῃρέθη, ὅτι καὶ Ἀχιλλεὺς ὑπ' Ἀλεξάνδρου ἐν τῷ τοῦ Θυμβραίου Ἀπόλλωνος ναῷ ἀνῃρέθη.

Ennius Trag. 124 ff. haec omnia videi inflammari, Priamo vi vitam evitarei, Iovis aram sanguine turpari.

Sen. Agam. 652 (nach Ovid Met. XIII 409 f.)

Tryphiod. 399 f. σὺ μέν, πάτερ, οἰκτρὰ δεδουπὼς κείσεαι Ἑρκείοιο Διὸς μεγάλου παρὰ βωμῷ.

Dictys Cret. V 12 dein Priamum Neoptolemus sine ullo aetatis atque honoris dilectu retinentem utraque manu aram iugulat.

238

	Dares Phryg. 41 Neoptolemus ... Priamum persequitur, quem ante aram Iovis obtruncat.
Verg. Aen. II 526 ff.	Qu. Sm. XII 214 f. Dictys Cret. II 43 tum magna vis barbarorum trepida impedita- que inter se caesa extinctaque, in quis Priami filiorum Antiphus et Polites,*) Pammon Mestorque.
Verg. Aen. II 535 ff.	Qu. Sm. XIII 225 ff.

Das Zwiegespräch zwischen Priamos und Neoptolemos ist zwar hier wesentlich anders, aber eine gewisse Aehnlichkeit ist doch vorhanden, wenigstens darin, dass auch bei Quintus Priamos den Neoptolemos nicht fürchtet, sondern mit Todesverachtung ihm entgegentritt, ferner dass er (231 ff.) auf den Vater des Neoptolemos hinweist, und auch darin, dass Neoptolemos zwar nicht so höhnisch, wie bei Vergil, antwortet, aber doch mit einer gewissen Ironie. Auf die Worte des Priamos σὺ δ' ἡμετέροιο φόνοιο ἄασον ὄβριμον ἦτορ, ὅπως λελάθωμ' ὀδυνάων erwidert er spöttisch ὦ γέρον, ἐμμεμαῶτα καὶ ἐσσύμενόν περ ἀνώγεις.

Dagegen folgte Tryphiodoros einer anderen Version, nach welcher Priamos den Neoptolemos bat, sein Leben zu schonen, wie solche Scenen bei Homer öfter vorkommen.**) Tryph. 634 ff. Αἰακίδης δὲ γέροντα Νεοπτόλεμος βασιλῆα πήμασι κεκμηῶτα παρ' Ἑρκείῳ κτάνε βωμῷ, οἶκτον ἀπωσάμενος πατρώιον· οὐδὲ λιτάων ἔκλυεν, οὐ Πηλῆος ὁρώμενος ἥλικα χαίτην αἴδετο, τῆς

---

*) Nach Dictys kam also Polites schon bei einem der früheren Kämpfe um, und zwar als Hector bis zu den Schiffen vorgedrungen war, Aias aber wieder die Troer zurücktrieb. Aus welcher Quelle diese Angabe geflossen ist, wissen wir nicht. Sie steht im Widerspruche mit Ilias Ω 250, wo Polites als lebend erwähnt wird zugleich mit zwei anderen Priamiden, Pammon und Antiphonos (bei Dictys Antiphus), welche nach Dictys in demselben früheren Kampfe umkamen.

**) So bittet Adrestos den Menelaos, sein Leben zu schonen Z 46 ff., ebenso Dolon den Odysseus und Diomedes K 378 ff., der Priamide Lykaon den Achilleus Φ 74, der Freier Leiodes den Odysseus χ 312.

ὕπο θυμὸν ἀπέκλασεν ἠδὲ γέροντος, καίπερ ἐὼν βαρύμηνις, ἐφείσατο τὸ πρὶν Ἀχιλλεύς.

Natürlich ist die Darstellung bei Vergil und Quintus ungleich besser, da nach derselben Priamos auch in den letzten Augenblicken seiner Würde nichts vergab. Bemerkenswerth ist aber, dass bei allen drei Dichtern bei dieser Gelegenheit ein Hinweis darauf sich findet, dass sich Achilleus dem Priamos gegenüber anders benahm.

Aen. II 556 tot quondam populis terrisque superbum regnatorem Asiae

Qu. Sm. XIII 247 ὄλβῳ καὶ γενεῇ καὶ ἀπειρεσίοις τεκέεσσιν (vorher eine Lücke).

Aen. II 557 f. iacet ingens litore truncus avolsumque umeris caput et sine nomine corpus.

Qu. Sm. XIII 241 ὣς εἰπὼν ἀπέκοψε κάρη πολιοῖο γέροντος.

Aen. II 610 Neptunus muros magnoque emota tridenti fundamenta quatit totamque a sedibus urbem eruit. hic Iuno Scaeas saevissima portas prima tenet

Tryphiod. 567 ff. ἔτρεμε δ' αἰθήρ, Ἥρης σπερχομένης· ἐπὶ δ' ἔβραχε γαῖα βαρεῖα, παλλομένη τριόδοντι Ποσειδάωνος ἀκωκῇ.

Aen. II 615 f. iam summas arces Tritonia, respice, Pallas insedit limbo effulgens et Gorgone saeva.

Tryph. 566 ἴαχε δὲ γλαυκῶπις ἐπ' ἀκροπόληος Ἀθήνη αἰγίδα κινήσασα Διὸς σάκος.

Aen. II 648 f. ex quo me divom pater atque hominum rex fulminis adflavit ventis et contigit igni.

Hom. Hymn. Aphr. 287 ff. εἰ δέ κεν ἐξείπῃς καὶ ἐπεύξεαι ἄφρονι θυμῷ, ἐν φιλότητι μιγῆναι ἐϋστεφάνῳ Κυθερείῃ, Ζεύς σε χολωσάμενος βαλέει ψολόεντι κεραυνῷ.

Sophokl. Laok. fr. 342 (Dind.) ἐπ' ὤμων πατέρ' ἔχων (näml. Aeneas) κεραυνίου νώτου καταστάζοντα βύσσινον φάρος.

Hyginus fab. 94 Venus Anchisam Assaraci filium amasse et cum eo concubuisse dicitur. ex quo procreavit Aeneam eique praecepit, ne id apud homines enunciaret. quod Anchises inter sodales per vinum est elocutus: ob id a Iove fulmine est ictus.

Aen. II 717 tu, genitor, cape sacra manu patriosque penates; me bello et tanto digressum et caede recenti attrectare nefas, donec me flumine vivo abluero.

Etwas anders Ovidius Met. XIII 624 f. sacra et sacra altera,[*]) patrem fert humeris venerabile onus Cythereïus heros.

Aen. II 723 ff. succedoque oneri; dextrae se parvus Iulus implicuit sequiturque patrem non passibus aequis; pone subit coniunx.

Sophokles Laok. frg. 342 (Dind.) νῦν δ' ἐν πύλαισιν Αἰνέας ὁ τῆς θεοῦ πάρεστ', ἐπ' ὤμων πατέρ' ἔχων κεραυνίου νώτου καταστά- ζοντα βύσσινον φάρος.

Xenoph. Kyneget. init. Αἰνείας δὲ σώσας μὲν τοὺς πατρῴους καί μητρῴους θεούς, σώσας δὲ καὶ αὐτὸν τὸν πατέρα, δόξαν εὐσε- βείας ἐξηνέγκατο, ὥστε καὶ οἱ πολέμιοι μόνῳ ἐκείνῳ, ὧν ἐκρά- τησαν ἐν Τροίᾳ, ἔδοσαν μὴ συληθῆναι.

Lykophron Alex. 1263 ff. ἃ δή, παρώσας καὶ δάμαρτα καὶ τέκνα καὶ κτῆσιν ἄλλην ὀμπνίαν κει- μηλίων, σὺν τῷ γεραιῷ πατρὶ πρεσβειώσεται, πέπλοις περισχὼν, ἦμος αἰχμηταὶ κύνες, τὰ πάντα πάτρας συλλαφίξαντες πάλῳ, τούτῳ μόνῳ πόρωσιν αἵρεσιν,

---

*) Diese Pointe gefiel dem Ovidius selbst sehr; sie findet sich bei ihm auch in den Fasti, und zwar zweimal: I 527 iam pius Aeneas sacra, et sacra altera patrem, afferet und IV 38 Aeneas . . . sacra patremque humeris, altera sacra, tulit.

δόμων λαβεῖν ὃ χρῄζει κἀπενέγ-
κασθαι δάνος.

Dazu Tzetzes: φησὶ γὰρ οὗτος
ὁ Λυκόφρων, καὶ ἄλλοι τινὲς,
ὅτι πορθουμένης τῆς Τροίας ὑφ᾽
Ἑλλήνων Αἰνείας μόνος ἐλευθε-
ρωθεὶς ὑπ᾽ αὐτῶν ἐκελεύσθη
λαβεῖν ἐκ τῆς πόλεως, ὃ δὴ
βούληται. Προέκρινε δὲ τὰ τῶν
θεῶν ἀγάλματα καὶ τὸν αὑτοῦ
πατέρα, παρεάσας τὸν οἶκον, τὴν
γυναῖκα καὶ τὰ τέκνα, ἄγων δὲ
τὰ ἀγάλματα ἐκ τῆς Τροίας καὶ
Ἀγχίσην τὸν πατέρα αὐτοῦ ἀνῆλ-
θεν εἰς τὸν Ἄθω.

Hygin. fab. 254 Aeneas item
in Ilio Anchisen patrem humeris
et Ascanium filium ex incendio
eripuit.

Aelian Var. Hist. III 22 ὅτε
ἑάλω τὸ Ἴλιον, οἰκτείραντες οἱ
Ἀχαιοὶ τὰς τῶν ἁλισκομένων τύ-
χας καὶ πάνυ ἑλληνικῶς τοῦτο
ἐκήρυξαν, ἕκαστον τῶν ἐλευθέ-
ρων ἓν ὅ τι καὶ βούλεται τῶν
οἰκείων ἀποφέρειν ἀράμενον. ὁ
οὖν Αἰνείας τοὺς πατρῴους θεοὺς
βαστάσας ἔφερεν, ὑπεριδὼν τῶν
ἄλλων. ἡσθέντες οὖν ἐπὶ τῇ τοῦ
ἀνδρὸς εὐσεβείᾳ οἱ Ἕλληνες καὶ
δεύτερον αὐτῷ κτῆμα συνεχώ-
ρησαν λαβεῖν· ὁ δὲ τὸν πατέρα
πάνυ σφόδρα γεγηρακότα ἀναθέ-
μενος τοῖς ὤμοις ἔφερεν. ὑπερ-
εκπλαγέντες οὖν καὶ ἐπὶ τούτῳ
οὐχ ἥκιστα, πάντων αὐτῷ τῶν

242

οἰκείων κτημάτων ἀπέστησαν, ὁμολογοῦντες ὅτι πρὸς τοὺς εὐσεβεῖς τῶν ἀνθρώπων καὶ τοὺς θεοὺς καὶ τοὺς γειναμένους δι' αἰδοῦς ἄγοντας καὶ οἱ φύσει πολέμιοι ἥμεροι γίνονται.

Vgl. damit die Art und Weise, wie Kalchas bei Quintus Sm. XIII 344 ff. eine an die Griechen gerichtete Aufforderung, den Aineias zu schonen, motivirt: καὶ δ' ἄλλως τοῦδ' ἀνδρὸς ἑὰς ἀπεχώμεθα χεῖρας, οὕνεκα καὶ χρυσοῖο καὶ ἄλλ' ὅσ' ἐνὶ κτεάτεσσιν ἄνδρα σάοι φεύγοντα καὶ ἀλλοδαπὴν ἐπὶ γαῖαν, τῶν πάντων προβέβουλεν ἑὸν πατέρ' ἠδὲ καὶ υἷα.

Qu. Sm. XIII 317 ff. (Aeneas) υἱέα καὶ πατέρα σφὸν ἀναρπάξας φορέεσκε, τὸν μὲν ἐπὶ πλατύν ὦμον ἐφεσσάμενος κρατερῇσι χερσὶ πολυτλήτῳ ὑπὸ γηραϊ μοχ-. θίζοντα, τὸν δ' ἀπαλῆς μάλα χειρός, ἐπιψαύοντα πόδεσσι γαίης, οὐλομένου δὲ φοβούμενον ἔργα μόθοιο ἐξῆγεν πολέμοιο.

Aen. II 781 f. et terram Hesperiam venies, ubi Lydius arva inter opima virum leni fluit agmine Thybris cet.

Bei Quintus wird XIII 336 ff. eine ähnliche Prophezeiung dem Kalchas in den Mund gelegt, der die Achaier auffordert, den fliehenden Aineias zu schonen; τὸν γὰρ θέσφατόν ἐστι θεῶν ἐρικύδεϊ βουλῇ Θύμβριν ἐπ' εὐρυρέεθρον ἀπὸ Ξάνθοιο μολόντα τευξέμεν ἱερὸν ἄστυ.

II.
Zweiter Excurs zum zweiten Buche der Aeneis.

Zwischen den auf die letzten Schicksale der Stadt Troia bezüglichen Angaben bei Vergil und den Angaben bei anderen Autoren finden sich mehrfache interessante Differenzen, von, welchen hier einige hervorgehoben werden mögen.

Aen. II. 21 ff. est in conspectu Tenedos, notissima fama . . . . huc se provecti deserto in litore condunt.

Quintus Smyrn. XII 28 ff. räth Odysseus λαοὶ δ᾽ ἀπὸ νόσφι νέεσθαι ἐς Τένεδον σὺν νηυσὶν ἐνιπρῆσαι δ᾽ ἄρα πάντες ἃς κλισίας, ἵνα Τρῶες ἀπ᾽ ἄστεος ἀθρήσαντες ἐς πεδίον προχέωνται ἀταρβέες. Ferner ebd. 336 f. οἱ δ᾽ ἄλλοι νήεσσιν ἐπέπλεον εὐρέα πόντον, ἃς κλισίας πρήσαντες, ὅπη πάρος αὐτοὶ ἴαυον. Und ebd. 345 οἱ δὲ θοῶς ἀφίκοντο πρὸς ἠϊόνας Τενέδοιο.

Tryph. 214 ff. ἔνθα δὲ πευκήεντος ἀνασχόμενοι πυρὸς ὁρμὴν ἕρκεά τε πρήσαντες ἐϋσταθέων κλισιάων νηυσὶν ἀναπλώεσκον ἀπὸ Ῥοιτειάδος ἀκτῆς ὁρμὴν ἐς ἀντικέραιον ἐϋστεφάνου Τενέδοιο.

Tzetzes Posthom. 678 πῦρ ζαφλεγὲς προέηκαν, ὄφρα κλισίας ἀμαθύνῃ· τοὶ δ᾽ ἄρ᾽ ἐν εἰρεσίῃ περόωντες ψευδέα νόστον ἐς Τένεδον κατάγοντο.

Dictys Cret. V 12 interim Graeci, ubi cuncta navibus imposita sunt, incensis omnium tabernaculis ad Sigeum secedunt ibique noctem opperiuntur.

16*

Die Parallelstellen des Quintus Sm., Tryphiodoros, Tzetzes, Dictys enthalten übereinstimmend die Angabe, dass die Griechen, bevor sie ihre Scheinrückfahrt unternahmen, ihre Zelte anzündeten, offenbar, um die Troer besser zu täuschen. Diese Angabe geht auf die alte Sage zurück, welche, sowie sie in der Odyssee vorkommt (ϑ 500 ff. οἱ μὲν ἐνσσέλμων ἐπὶ νηῶν βάντες ἀπέπλειον, πῦρ ἐν κλισίῃσι βαλόντες, Ἀργεῖοι), so auch in der kleinen Ilias vorkam. Vgl. Photios' Excerpt aus Proklos Chrest. gramm. ἔπειτα εἰς τὸν δούρειον ἵππον τοὺς ἀρίστους ἐμβιβάσαντες τ ά ς τ ε σ κ η ν ὰ ς κ α τ α φ λ έ ξ α ν τ ε ς οἱ λοιποὶ τῶν Ἑλλήνων εἰς Τένε- δον ἀνάγονται. Vergil nahm dies Moment in seine Darstellung absichtlich nicht auf, und es hängt dies offenbar zusammen mit Sinon's Angabe Aen. II 180 ff. et nunc quod patrias vento petiere Mycenas, arma deosque parant comites pelagoque remenso improvisi aderunt. Wenn die Griechen wieder bald zurückkehren wollten, wozu hätten sie ihr Lager in Brand stecken sollen? Anders nach der alten Sage.

Aen. II 199 ff. hic ∧ aliud　　Qu. Sm. XII 444 ff. maius cet.

Bei Quintus folgt diese der Darstellung Vergils analoge Scene erst, nachdem das hölzerne Ross bereits in die Stadt gebracht war (XII 439 ff.), und der Schauplatz des schrecklichen Ereignisses ist in der Stadt; vgl. Qu. Sm. XII 463 f. κακὴ δ' ἐπενίσσατο φύζα Τρῶας, ὅτ' εἰσενόησαν ἀνὰ πτόλιν αἰνὰ πέλωρα. Quintus hielt sich in der Chronologie an die alte Ueberlieferung; denn auch nach der Iliu persis erfolgte der Tod des Laokoon und des einen seiner Söhne, nachdem schon das Ross bereits in der Stadt war und die Troer der Freude sich hingaben. Proklos: καὶ τέλος νικᾷ ἡ τούτων γνώμη (näml. τὸν ἵππον δεῖν τῇ Ἀθηνᾷ ἀνατεϑῆναι). τραπέντες δὲ εἰς εὐφροσύνην εὐωχοῦνται ὡς ἀπηλλαγμένοι τοῦ πολέμου· ἐν αὐτῷ δὲ τούτῳ δύο δράκοντες ἐπιφανέντες τόν τε Λαοκόωντα καὶ τὸν ἕτερον τῶν παίδων διαφϑείρουσιν. (Quintus wich freilich von der Iliu persis darin ab, dass bei ihm der früher des Augenlichtes beraubte Laokoon am Leben bleibt und dass seine beiden Söhne umkamen.) Diese Anordnung hat e i n e n Vortheil gegenüber der Darstellung Vergil's insofern, als durch dieselbe ein effectvoller Contrast erzielt wird. Einerseits die allgemeine Freude der Troer und der thörichte Jubel, andererseits die fürchterliche Katastrophe, von der Laokoon und seine Söhne betroffen werden. Vergil gab diesen Vortheil wol absichtlich auf, um etwas anderes zu erreichen, was ihm wichtiger erschien. Nach seiner Darstellung sollte das Erscheinen der Schlangen von den Troern als ein über Laokoon hereinbrechendes Strafgericht aufgefasst werden und erst dies sollte den Ausschlag geben für die Aufnahme des Rosses in die Stadt (229 ff. scelus expendisse merentem Laocoonta ferunt . . . . ducendum ad sedes simulacrum . . . conclamant. dividimus muros et moenia pandimus urbis). Aber so sehr diese Anordnung an und für sich Anerkennung verdient, so hat der Dichter doch hiebei etwas übersehen. Nach der ganzen vorausgehenden und nachfolgenden Darstellung des Dichters muss man doch wol annehmen, dass alles, was von V. 27 bis 237 erzählt wird, vor den Thoren der Stadt vor sich geht, dass auch Priamus vor die Stadt gegangen war, dass Sinon alles, womit er die Troer täuschte, vor der Stadt erzählte, dass Laokoon vor der Stadtmauer das Opfer darbrachte, dass die sollemnes arae (V. 202) vor der Stadt sind und dass Laokoon also vor der Stadt seinen Tod fand, worauf erst die Stadtmauer an einem Punkte niedergerissen wurde und alle Troer mit dem hölzernen Rosse in die Stadt zurückkehrten. Die Annahme, dass das V. 27—237 Erzählte vor der Stadt in der Nähe des hölzernen Rosses sich abspielt, wird dadurch nahegelegt, dass nach der Erwähnung 27 f. iuvat ire et Dorica castra desertosque videre locos nirgends bis 237 die Rückkehr in die Stadt erwähnt wird und ferner dadurch, dass durch das Pronomen hic zu wiederholtenmalen auf das Ross hingewiesen wird, so 112, 150, 183. Nun kann man aber andererseits die Annahme der sollemnes arae vor der Stadtmauer mit Recht auffallend finden; und V. 225 f. (gemini lapsu delubra ad summa dracones diffugiunt saevaeque petunt Tritonidis arcem cet.) hatte der Dichter offenbar wieder den Tempel auf der Burg, also in der Stadt, im Sinne. Offenbar findet hier eine Vermengung und Verwirrung zweier Localitäten (der Gegend vor der Stadtmauer

und des Burgplatzes) statt, welche dadurch veranlasst wurde, dass
der Dichter die Zeitfolge der Begebenheiten änderte. Würde er
die Katastrophe Laokoons erst nach der Aufnahme des hölzernen
Rosses in die Stadt erzählen, so wäre in topographischer Hinsicht alles in Ordnung. Er wich aber von der in der Iliu persis
angegebenen Zeitfolge ab, ohne bezüglich der Localität auf die
Herstellung einer Congruenz bedacht zu sein. — Diese Incongruenz liesse sich nur in dem Falle beheben, wenn man
annehmen könnte, dass V. 58 (iuvenem . . . pastores magno
ad regem clamore trahebant) die Akropolis gemeint sei, ferner
dass Laokoon (der nach V. 41 summa decurrit ab arce) wieder,
ohne dass der Dichter es ausdrücklich erwähnt, auf die Akropolis
zurückkehrte und dass er das V. 202 erwähnte Opfer auf der
Akropolis darbrachte. Aber jedenfalls hätte der Dichter dies alles
klar darstellen sollen; und wahrscheinlich ist die Annahme, dass
Sinon zu Priamus auf die Akropolis geführt wurde, nicht, weil
die Hinweisungen auf das Ross 112, 150, 183 dafür sprechen,
dass auch Priamus in der Nähe des Rosses sich befindet, welches
erst 245 auf den Burgplatz gebracht wird. — Dazu kommt als
ein besonders gewichtiges Argument, dass auf der tabula Iliaca
(vgl. Welcker, epischer Cyclus II 244 und Weidner's Bemerkung
zu II 234 ff. S. 330) Priamus dem festlichen Zuge voranschreitet.
Da nun die tabula Iliaca auf der Erzählung der Ilias mikra beruht und da es sehr wahrscheinlich ist, dass Vergil dem Dichter
der kleinen Ilias folgte (vgl. Weidner), so unterstützt dies die an
und für sich schon wahrscheinliche Meinung, dass auch nach
Vergil Priamus vor die Stadtmauern gieng, in ausserordentlicher
Weise. — Bei Tryphiodoros heisst es ebenfalls ausdrücklich 241 ff.
οἱ δὲ . . . ἐκ πόλιος κατέβαινον ἅμα Πριάμῳ βασιλῆι ἄλλοι δημο-
γέροντες, und das Zwiegespräch des Priamos und Sinon findet vor
der Mauer statt. Ebenso bei Tzetzes Posth. 689 ff. Dagegen findet
sich bei Quintus keine Unterredung des Priamos mit Sinon.

Aen. II 225 at gemini lapsu delubra ad summa dracones diffu- giunt saevaeque petunt Tritonidis	Qu. Sm. XII 478 ff. οἱ δ᾽ ἄρ᾽ Ἀθήνης προφρονέως τελέσαντες . . . ἐφετμὴν ἄμφω ἀϊστώθησαν

arcem sub pedibusque deae clipeique sub orbe teguntur.

Aen. II 235 f. acciugunt omnes
operi pedibusque rotarum subiciunt lapsus.

ὑπὸ χθόνα· τῶν δ᾽ ἔτι σῆμα
φαίνεϑ᾽ ὅπου κατέδυσαν ἐς ἱερὸν
Ἀπόλλωνος Περγάμῳ ἐν ζαθέῃ.

Qu. Sm. XII 424 ἐπεί ῥά οἱ
ἐσθλὸς Ἐπειὸς ποσσὶν ὑπὸ βρια-
ροῖσιν εὔτροχα δούρατα θῆκεν,
ὄφρα κεν αἰζηοῖσιν ἐπὶ πτολίε-
θρον ἕπηται ἑλκόμενος Τρώων
ὑπὸ χείρεσιν.

Tryphiod. 100 ff. (Ἐπειός) κύ-
κλον ἐυκνήμιδα ποδῶν ὑπέθηκεν
ἑκάστῳ, ἑλκόμενος πεδίοισιν ὅπως
πειθήνιος εἴη, μηδὲ βιαζομένοισι
δυσέμβατον οἶμον ὁδεύῃ.

Tryphiod. 307 εἷλκον ὑπὲρ πε-
δίοιο θοῶν ἐπιβήτορα κύκλων
ἵππον.

Dictys Cret. V 11 Interim
apud naves, uti Heleno placuerat,
equus tabulatis exstruitur per
Epium, fabricatorem eius operis,
cui edito in immensum ima, quae
sub pedibus erant, rotis inter-
positis suspenderat, scilicet quo
adtractu motus facilior foret.

Während nach Vergil erst die Troer Rollen oder Räder dem
hölzernen Rosse unterlegen, zeigt die Uebereinstimmung des
Quintus, Tryphiodoros und Dictys, dass nach der alten Sage schon
der Baumeister Epeios das Ross auf Rollen stellte. Vergil wich
von dieser Sage ab (wie ich glaube, ohne hierin einen Vorgänger
zu haben), offenbar deshalb, weil ihm dies Moment als ein solches
erschien, welches nicht geeignet war, das Gelingen der List zu
begünstigen. Die misstrauischen Troer, besonders Capys und
Laokoon, hätten nicht unterlassen können hervorzuheben, dass die
Rollen offenbar auf das Vorhandensein einer List der Griechen
hinweisen und dass die Griechen absichtlich den Troern die Mühe,

das Ross in die Stadt zu schaffen, erleichtern wollten. Die Worte Sinon's 185 ff. (hanc tamen immensam Calchas attollere molem roboribus textis caeloque educere iussit, ne recipi portis aut duci in moenia posset, neu populum antiqua sub relligione tueri . . . . sin manibus vestris vestram ascendisset in urbem, ultro Asiam magno Pelopea ad moenia bello venturam) hätten in diesem Falle keinen Glauben gefunden, da die Frage aufgeworfen werden musste, warum die Griechen an dem Rosse eine Vorrichtung anbrachten, welche den Troern das Fortschaffen desselben erleichtern musste. Darum gieng Vergil mit gutem Grunde von der alten Sage in diesem Punkte ab.

Tryphiodoros dagegen merkte die Unzukömmlichkeit der alten Sage nicht. Er lässt den Sinon sagen 296 ff. εἰ μὲν γάρ μιν ἐᾶτε μένειν αὐτοῦ ἐνὶ χώρῃ, Τροίην θέσφατόν ἐστιν ἑλεῖν πόλιν ἔγχος Ἀχαιῶν· εἰ δέ μιν, ἁγνὸν ἄγαλμα, λάβῃ νηοῖσιν Ἀθήνη, φεύξονται προφυγόντες ἀνηνύστοις ἐπ' ἀέθλοις — aber die Frage, was denn die von Epeios angebrachten Rollen zu bedeuten hatten, stellen sich bei ihm die Troer nicht.

Was die alte Sage betrifft, so zeigt sich in derselben nicht selten eine naive Behandlung mancher Momente, welche auf Wahrscheinlichkeit nicht die Rücksicht nahm, welche spätere Dichter beobachteten. Ein merkwürdiges Beispiel dieser Naivetät findet sich in der Odyssee δ 274 ff.; vgl. darüber Heyne's Excursus VII zum zweiten Buche.*)

Aen. II 256 ff. flammas cum regia puppis extulerat, fatisque deum defensus iniquis inclusos utero Danaos et pinea furtim laxat claustra Sinon.	Proklos (Iliu persis): καὶ Σίνων τοὺς πυρσοὺς ἀνίσχει τοῖς Ἀχαιοῖς, πρότερον εἰσεληλυθὼς προσποίητος.

---

*) Als Analogie kann man hiezu anführen, dass auch Aischylos manche Momente mit einer Naivetät behandelte, die schon zur Zeit des Sophokles und Euripides auffiel. Vgl. die Erkennungsscene in den Choephoren 168 ff. und 225 ff. und die dagegen gerichtete Kritik des Euripides in der Elektra 520 ff., die im Wesentlichen nicht unberechtigt, aber freilich in einem Drama unangemessen ist. Oder das lange Zwiegespräch des Eteokles und des Boten in den Sieben, welche Scene Euripides kritisirt Phoin. 751 f. ὄνομα δ' ἑκάστου διατριβὴ πολλὴ λέγειν, ἐχθρῶν ὑπ' αὐτοῖς τεί-

Aen. VI 517 ff. illa chorum simulans euantis orgia circum ducebat Phrygias; flammam media ipsa tenebat ingentem et summa Danaos ex arce vocabat.

Lykophrou. Alex. 340 ff. ὅταν χέλυδρος πυρσὸν ὠμόθριξ βαρὺν ἀπεμπολητὴς τῆς φυταλμίας χθονὸς φλέξας, τὸν ὠδίνοντα μορμωτὸν λόχον ἀναψαλάξῃ γαστρὸς ἑλκύσας ζυγά, τῆς Σισυφείας δ᾽ ἀγκύλης λαμπουρίδος λάμψῃ κακὸν φρύκτωρον αὐτανέψιος τοῖς εἰς στενὴν Λεύκοφρυν ἐκπεπλευκόσι.

Tzetzes zu Lykophr. 344: τότε δὲ τῶν Τρώων κατελθόντων καὶ ἀπατηθέντων δόλοις τοῦ Σίνωνος καὶ ἑλκυσάντων τοῦτον περὶ τὴν πόλιν καὶ μέθῃ καὶ χαρᾷ καὶ ὕπνῳ συσχεθέντων, αὐτὸς ὁ Σίνων, ὡς ἦν αὐτῷ συντεθειμένον, φρυκτὸν ὑποδείξας τοῖς Ἕλλησιν, ὡς ὁ Λέσχης φησίν, ἡνίκα 'νὺξ μὲν ἔην μέσση, λαμπρὴ δ᾽ ἐπέτελλε σελήνη', προσκαλεῖται αὐτοὺς διὰ τοῦ φρυκτοῦ εἰς τὴν Τροίαν καὶ οὕτως εἷλον αὐτήν.

χεσιν καθημένων. So behandelte Aischylos auch die Philoktetsage in viel einfacherer Weise als Sophokles und Euripides, ohne um die Wahrscheinlichkeit im Detail ängstlich besorgt zu sein. Vgl. darüber den vergleichenden Bericht des Dion Chrysostomos Orat. LII und besonders die Worte ἥ τε γὰρ τοῦ Αἰσχύλου μεγαλοφροσύνη καὶ τὸ ἀρχαῖον ... πρέποντα ἐφαίνετο τραγῳδίᾳ καὶ τοῖς παλαιοῖς ἤθεσι τῶν ἡρώων, οὐδὲν ἔχοντα ἐπιβεβουλευμένον οὐδὲ στωμύλον οὐδὲ ταπεινόν. ἐπεί τοι καὶ τὸν Ὀδυσσέα εἰσῆγε δριμὺν καὶ δόλιον, ὡς ἐν τοῖς τότε, πολὺ δὲ ἀπέχοντα τῆς νῦν κακοηθείας, ὥστε τῷ ὄντι ἀρχαῖον ἂν δόξαι παρὰ τοὺς νῦν ἁπλοῦς εἶναι βουλομένους καὶ μεγαλόφροιας· καὶ οὐδέν γε ἀλλαττούσης τῆς Ἀθηνᾶς προσεδεήθη πρὸς τὸ μὴ γνωσθῆναι ὅστις ἐστὶν ὑπὸ τοῦ Φιλοκτήτου .... ὥστε τυχὸν ἄν τις ἐγκαλέσαι τῶν οὐ φιλούντων τὸν ἄνδρα, ὅτι οὐδὲν αὐτῷ ἐμέλησεν ὅπως πιθανὸς ἔσται ὁ Ὀδυσσεὺς οὐκ ἐπιγιγνωσκόμενος ὑπὸ τοῦ Φιλοκτήτου. Ich habe diese Stelle hier absichtlich angeführt, weil das, was an derselben von der Einfachheit der Heroen gesagt wird, auch für den vorliegenden Zweck, nämlich für die Beurtheilung der alten Sage, instructiv ist.

Tzetzes zu Lykophr. 340: φασὶ
τὸν Ἀντήνορα προδοῦναι τὴν
Τροίαν τοῖς Ἕλλησιν ἐπὶ μισθῷ
τῆς μετὰ ταῦτα βασιλείας ....
Ἀντήνωρ δὲ φανὸν ἀνάπτει τοῖς
Ἕλλησι καὶ τὰ ὑπογάστρια τοῦ
ἵππου ἀνοίγει.

Qu. Sm. XIII 23 ff. δὴ τότ᾽
ἄρ᾽ αἰθαλόεντα Σίνων ἀνὰ πυρσὸν ἄειρεν δεικνὺς Ἀργείοισι
πυρὸς σέλας· ἀμφὶ δέ οἱ κῆρ
ἄσπετα πορφύρεσκε κατὰ φρένα,
μή μιν ἴδωνται Τρῶες ἐϋσθενέες,
τάχα δ᾽ ἀμφαδὰ πάντα γένηται.

Tryphiod. 510 ff. αὐτίκα δ᾽
Ἀργείοισιν Ἀχιλλῆος παρὰ τύμβον ἀγγελίην ἀνέφαινε Σίνων
εὐφεγγέϊ δαλῷ. παννυχίη δ᾽ ἑτά-
ροισιν ὑπὲρ θαλάμοιο καὶ αὐτὴ
εὐειδὴς Ἑλένη χρυσέην ἐπεδεί-
κνυτο πεύκην κτλ.

Dictys Cret. V 12 multo si-
lentio ad civitatem navigant,
servantes signum, quod igni elato
Sinon ad eam rem clam positus
sustulerat.

Dares Phryg. 41 postquam
pacta dicta demonstrata sunt,
Polydamas in oppidum redit, rem
peractam nuntiat dicitque Ante-
nori et Aeneae ceterisque, quibus
placitum erat, uti suos omnes
in eam partem adducant, noctu
Scaeam portam aperiant, l u m e n
o s t e n d a n t, exercitum indu-
cant. Antenor et Aeneas noctu

ad portam praesto fuerunt, Neo-
ptolemum susceperunt, exercitui
portam reseraverunt, lumen
ostenderunt cet.

Tzetzes Posthom. 719 ff. ἀλλ'
ὅτε δὴ κατέμαρψεν ἐπ' ἄμβροτος
ὕπνος ἅπαντας, νὺξ δ' ἄρ' ἔην
μέσση, λαμπρὴ δ' ἐπέτελλε σελήνη,
καὶ τότε δὴ Δαναοῖσι Σίνων
φλόγα δεῖξεν ἑταίροις.

Die alte Sage wies dem verrätherischen Sinon bei der Durchführung der List auch die Rolle zu, dass er den auf der Flotte
befindlichen Griechen mit erhobener brennender Fackel das ver-
abredete*) Signal gab.

In späterer Zeit kamen Variationen auf, nach denen dieser
verrätherische Act des Feuerzeichens anderen Personen zugeschrieben wurde, so namentlich der Helena, gegen die bei späteren
Dichtern ein der alten Poesie fremder Hass aufkam. Diese
Variante nahm Vergil an, aber erst nachträglich im sechsten
Buche. Im zweiten Buche behielt er von der alten Sage nur das
éine, dass in der für Troia verhängnissvollen Nacht ein die
Katastrophe beförderndes Feuerzeichen gegeben wurde; aber im
Gegensatze zu der alten Sage dichtete Vergil (ich glaube nämlich,
dass wir diese Modification geradezu auf ihn zurückführen müssen),
dass das Feuerzeichen vom Admiralschiffe aus dem Sinon gegeben
wurde als verabredetes Signal, wann er die im Bauche des Rosses
eingeschlossenen Griechen herauslassen sollte.**) Diese Modification,

---

*) Dass in diesem Puncte vorher eine Verabredung der Griechen mit Sinon
stattgefunden hatte, ist an und für sich wahrscheinlich, und es wird ausdrücklich von Tzetzes zu Lykophr. 344 ὡς ἦν αὐτῷ συντεθειμένον
erwähnt. Dass diese Verabredung auch in der Iliu persis vorkam, darauf
weist bei Proklos der Artikel τοὺς in den Worten τοὺς πυρσοὺς ἀνίσχει
(= die verabredeten Feuerzeichen) hin.

**) Heyne meinte zwar (Excursus VIII zum zweiten Buche) „sed hoc est
signum non proditionis, sed profectionis, classi ab imperatore datum";
und in der Anmerkung zu 256 „fax sublata, signum profectionis, e navi
practoria; nunc reditus versus litus Troianum"; aber dass man der Auffassung Ladewig's und anderer Erklärer beipflichten muss, ergibt sich

mit welcher Vergil ganz isolirt dasteht,*) ist nach meiner Meinung durch die Rücksicht auf das Wahrscheinlichkeitsprincip veranlasst. In der That lässt sich wol nicht bezweifeln, dass es der Wahrscheinlichkeit und Zweckmässigkeit mehr entspricht, wenn das Signal von der griechischen Flotte dem Sinon für die Oeffnung des Rosses gegeben wird, als wenn umgekehrt Sinon der Flotte das Signal gibt. Der Zweck des Signals konnte ja nur die Herstellung einer gleichzeitigen Operation und einer Vereinigung der bereits in Troia im hölzernen Pferde befindlichen Griechen und der Griechen auf den Schiffen sein (vgl. Aen. II 267 accipiunt socios atque agmina conscia iungunt). Nun ist es, da die Fahrt von Tenedos nach Troia ungleich längere Zeit in Anspruch nehmen musste, als das Heraussteigen der Helden aus dem Rosse, natürlich zweckmässiger, wenn die Griechen auf der Flotte dem Sinon das Zeichen geben, dass sie schon in der Nähe sind und dass er schon die Helden aus dem Rosse herauslassen soll, als wenn umgekehrt Sinon der Flotte das Zeichen gibt. Wie leicht hätte sich die Flotte etwas verspäten können! wie leicht hätte die rechtzeitige Vereinigung und die Cooperation dadurch vereitelt werden können! Von dieser Erwägung hat, wie ich glaube, Vergil bei seiner Darstellung sich leiten lassen.

Tryphiodoros bewies durch die Vereinigung beider Versionen (indem er sowol Sinon als auch Helena**) den Griechen mit der brennenden Fackel das Signal geben liess) keinen guten Tact; insbesondere aber ist die Angabe, dass Sinon Ἀχιλλῆος παρὰ

---

aus dem engen sprachlichen Zusammenhange, in welchen Vergil die Worte flammas regia puppis extulerat mit den folgenden Worten fatisque deum defensus iniquis . . . . laxat claustra Sinon bringt. Und so hat schon Servius erklärt „intelligendum est . . . . Agamemnonem signa Sinoni dedisse aperiendi equi!"

*) Seneca Agam. 427 signum recursus regia ut fulsit rate ist wol im Ausdrucke ähnlich der Vergilstelle, bezieht sich aber auf ein anderes Ereigniss, nämlich auf die wirkliche Abfahrt der Griechen nach der Zerstörung von Troia.

**) Nach seiner Weise schmückt Tryphiodor auch hier wieder die That der Helena in breiter Weise und mit Zuhilfenahme eines Gleichnisses aus 514—521.

τύμβον*) den Griechen das Signal gab (also bei Sigeion!) ein
bedeutender Verstoss sowol gegen die Sage als auch gegen die
Wahrscheinlichkeit.

Eine ähnliche Vereinigung zweier Versionen fand Tryphiodoros übrigens schon bei Lykophron vor, der den Antenor und
Sinon als Signalgeber bezeichnete.

Wie in später Zeit die ursprüngliche Sage ganz verschwand
und bloss die jüngere Version und Zuthat übrig blieb, lehrt Dares
Phrygius, bei welchem Sinon gar nicht mehr genannt wird, wol aber
Antenor (und Aeneas) als Verräther erscheint. Eine belehrende
Analogie für ein solches gänzliches Verschwinden der ursprünglichen
und früher verbreiteten Sage bietet Dares Phrygius auch noch in
anderer Hinsicht dar, da bei ihm merkwürdiger Weise von dem
hölzernen Rosse nicht die leiseste Erwähnung vorkommt. Bei Dictys
wird wol der Bau des hölzernen Rosses erwähnt; aber dasselbe
wurde nach Dictys nicht dazu gebaut, um Griechen in seinem
Inneren aufzunehmen, sondern lediglich nur dazu, damit die Troer,
um dasselbe in die Stadt aufzunehmen, einen Theil der Mauern
niederzureissen gezwungen wären, wodurch das nächtliche Eindringen der Griechen ermöglicht wurde. Dares behielt nicht einmal
dies bei, weil bei ihm Antenor und Aeneas verrätherischer Weise
den Griechen Nachts das Thor öffnen.

Weidner fand den Umstand, dass bei Vergil Sinon nicht das
Fackelzeichen den Griechen gab, so auffallend, dass er zwischen
V. 253 und 254 den Ausfall eines diese Angabe enthaltenden
Verses vermuthete, weil man nicht einsehe, warum Vergil von der
allgemeinen Ueberlieferung abgewichen sein sollte. Ich glaube im
vorausgehenden den Grund davon und somit auch die Entbehr-
lichkeit der Annahme Weidner's nachgewiesen zu haben.

*　*　*

Aen. II 260 ff. laetique cavo   Hom. θ 494 f. ὅν (näml. ἵππον)
se robore promunt Thessandrus   ποτ' ἐς ἀκρόπολιν δόλον ἤγαγε
Sthenelusque duces et dirus   δῖος Ὀδυσσεύς, ἀνδρῶν ἐμπλή-
Ulixes, demissum lapsi per fu-   σας, οἳ Ἴλιον ἐξαλάπαξαν.

---

*) Natürlich muss man, wie der Zusammenhang beweist, diese Worte mit
ἀνέφαινε und nicht mit Ἀργείοισι (= Ἀργ. παρὰ τύμβον οὖσι) verbinden.

nem, Acamasque Thoasque Pelidesque Neoptolemus primusque Machaon et Menelaus et ipse doli fabricator Epeos.

Vgl. Aen. II 18 ff. huc delecta virum sortiti corpora furtim includunt caeco lateri penitusque cavernas ingentis uterumque armato milite complent.

ϑ 512 δουράτεον μέγαν ἵππον, ὅϑ' εἵατο πάντες ἄριστοι Ἀργείων, Τρώεσσι φόνον καὶ Κῆρα φέροντες.

ϑ 514 f. ἤειδεν δ', ὡς ἄστυ διέπραϑον υἷες Ἀχαιῶν, ἵπποϑεν ἐκχύμενοι, κοῖλον λόχον ἐκπρολιπόντες.

δ 272 ἵππῳ ἔνι ξεστῷ, ἵν' ἐνήμεϑα πάντες ἄριστοι Ἀργείων, Τρώεσσι φόνον καὶ Κῆρα φέροντες. Von diesen Helden erwähnt Menelaos dann (280) speciell sich, den Diomedes, Odysseus und (286) den Antiklos.*)

Ilias mikra nach Proklos: ἔπειτα εἰς τὸν δούρειον ἵππον τοὺς ἀρίστους ἐμβιβάσαντες κτλ.

Iliu persis nach Proklos: οἱ δὲ ἐκ Τενέδου προσπλεύσαντες καὶ οἱ ἐκ τοῦ δουρείου ἵππου ἐπιπίπτουσι τοῖς πολεμίοις.

Eustathios zu Hom. λ 522 φασὶ δὲ τοὺς εἰς αὐτὸν καταβάντας τινὲς μέν, ὧν καὶ Στησίχορος, ἑκατὸν εἶναι.

Athen. XIII 610 C ἐὰν μέν τίς σου πύϑηται, τίνες ἦσαν οἱ εἰς τὸν δούριον ἵππον ἐγκατακλεισϑέντες, ἑνὸς καὶ δευτέρου ἴσως ἐρεῖς ὄνομα, καὶ οὐδὲ ταῦτ' ἐκ τῶν Στησιχόρου, σχολῇ γάρ, ἀλλ' ἐκ τῆς Σακάδα τοῦ Ἀρ-

---

*) Die fünf Verse 285—289, in welchen Antiklos erwähnt wird, verwarf Aristarch; und dieser Athetese stimmen die meisten neueren Kritiker zu.

γείου Ἰλίου πέρσιδος· οὗτος γὰρ
παμπόλλους τινὰς κατέλεξεν.

Hyginus 108 Epeus monitu
Minervae equum mirae magni-
tudinis ligneum fecit; eoque sunt
collecti Menelaus Ulysses Diomedes Thessander Sthenelus
Acamas Thoas Machaon Neoptolemus.

Qu. Sm. führt 29 Helden mit
Nennung des Namens in folgen-
den Gruppen an: Neoptolemos
Menelaos; Odysseus Sthenelos
Diomedes; Philoktetes Antiklos
Menestheus; Thoas Polypoites;
Aias Eurypylos Thrasymedes;
Meriones Idomeneus; Podaleirios
Eurymachos; Teukros Ialmenos;
Thalpios Amphilochos Leonteus;
Eumelos Euryalos; Demophoon
Amphimachos Agapenor; Akamas
Meges.

Darauf fährt Quintus fort:
ἄλλοι δ' αὖ κατέβαινον, ὅσοι
ἔσαν ἔξοχ' ἄριστοι, ὅσσους χάν-
δανεν ἵππος ἐΰξοος ἐντὸς ἐέρ-
γειν· ἐν δέ σφιν πύματος κατεβήσατο δῖος Ἐπειός, ὅς ῥα καὶ
ἵππον ἔτευξεν.

Tryphiodoros nennt ausser
Odysseus noch folgende 152 ff.:
Neoptolemos, Diomedes, Kyanip-
pos, Menelaos, Aias den Lokrer,
Idomeneus, Thrasymedes, Teukros, Eumelos, Kalchas, Eurypylos, Leonteus, Demophoon,

Akamas, Antiklos, Peneleos,
Meges, Antiphates, Iphidamas,
Eurydamas, Amphidamas, also
22 Helden; als dreiundzwanzig-
ster wird Epeios genannt: ὕστατος αὖτε τέχνης ἀγλαόμητις ἑῆς
ἐπέβαινεν Ἐπειός.

Tzetzes Posthom. 642 ff.
hält sich genau an Tryphiodoros.
Er sagt εἴκοσι τρεῖς τε ἔβαινον
ἐπίδμονες ἄνδρες Ἄρηος und
führt hierauf genau dieselben
Namen und (mit einigen durch
das Metrum gebotenen Ausnahmen) auch in derselben Reihen-
folge, wie Tryphiodoros, an. Bemerkenswerth ist bei Tzetzes die
strenge Gliederung nach Gruppen
von je drei Helden*) in den
ersten sieben Versen. Hierauf
werden (als 22. und 23. Held)
genannt Epeios und Odysseus.

Die Vergleichung dieser Angaben bietet zu mehreren Bemerkungen Anlass.

Vorerst muss man unbedingt Weidner zustimmen, wenn er
annimmt, dass Vergil ausser den V. 260 ff. genannten neun
Helden auch andere Griechen im Bauche des Rosses sich dachte,
und wenn er demzufolge V. 18 delecta virum corpora von den
hervorragenden Helden versteht, armato milite (V. 21) aber von

---

*) Dass auch bei Vergil die Helden in Gruppen von je drei angeführt werden,
hat schon Servius hervorgehoben. Bei der Aufzählung von Namen war
überhaupt Gleichmässigkeit und Symmetrie üblich und namentlich war
die Dreizahl (Vereinigung von drei Namen in einem Verse) sehr beliebt.
In der Theogonie werden die Nereiden (V. 243 ff.) in folgenden Gruppen
angeführt: 4 4 4 3 8 4 3 3 2 1 3 2 3 3 1 2 4 1. Die Flüsse (Theog.
338 ff.) in Gruppen 3 3 3 4 3 3 3 3. Die Okeaninen (Theog. 349 ff.) in
Gruppen 4 3 4 4 3 3 2 4 3 3 3 4 1.

den Bewaffneten, welche ihren principes folgten. Weidner beruft sich mit Recht darauf, dass V. 401 ganze Massen von Soldaten sich in das Ross flüchten können.

Dagegen ist es nicht begründet, wenn Weidner nach der Anführung anderer Angaben schliesslich das Resultat aussprechen zu müssen glaubt: „Man sieht daraus, wie in den ältesten Quellen sich immerhin nur eine mässige Zahl vorfand, später aber das Ernsthaftwunderbare in das Lästigungeheure übertrieben wurde." Aber bei Homer müssen wir offenbar an eine sehr erhebliche Zahl der in dem Rosse eingeschlossenen denken. Ich will mich zum Beweis dessen nicht auf πάντες ἄριστοι Ἀργείων (δ 272 und θ 512) berufen, da dieser Ausdruck neben der Erklärung „alle, welche ἄριστοι der Argeier waren, sassen in dem Rosse" auch die andere Erklärung zulässt, „alle, welche in dem Rosse sassen, waren ἄριστοι, d. i. es sassen keine unedlen darin." Wol aber muss ich hervorheben, dass bei Homer ganz entschieden die Eroberung der Stadt bloss den Griechen zugeschrieben wird, welche aus dem Rosse herausstiegen (θ 495 und noch bestimmter θ 514 f. ὡς ἄστυ διέπραθον υἷες Ἀχαιῶν, ἵππόθεν ἐκχύμενοι κτλ.); auf jene Argeier, welche ἐπὶ νηῶν βάντες ἀπέπλειον (θ 500 f.) wird hiebei gar keine Rücksicht genommen. Wenn nun aber nach der Odyssee die aus dem Rosse heraussteigenden Griechen zur Eroberung Troias genügten, so muss sich der Dichter die Zahl derselben als eine sehr erhebliche gedacht haben. Ich glaube nicht, dass man berechtigt wäre zu der Annahme, dass nach einer stillschweigenden Voraussetzung der Odyssee die Griechen, welche abgefahren waren, zurückkehrend an der eigentlichen Eroberung der Stadt sich betheiligten; vielmehr nehme ich an, dass diese zurückkehrenden Griechen schon Troia in der Macht der im Rosse zurückgebliebenen Griechen fanden. Ferner glaube ich, dass der Ausdruck δ 280 f. αὐτὰρ ἐγὼ καὶ Τυδείδης καὶ δῖος Ὀδυσσεύς, ἥμενοι ἐν μέσσοισιν, ἀκούσαμεν ὡς ἐβόησας auf eine erhebliche Gesammtzahl hinweist. Erst in der Ilii persis findet sich die Angabe, dass die vereinigten Schaaren der von Tenedos zurückfahrenden und der aus dem Rosse heraussteigenden Griechen die Stadt überfielen. Ferner ist gegen Weidner zu be-

merken, dass Stesichoros und Sakadas, welche doch auch noch
eine verhältnissmässig alte Ueberlieferung repraesentiren, eine ·be-
deutende Zahl angaben (Stesichoros 100, Sakadas παμπόλλους
τινάς); dagegen giengen Tryphiodoros und Tzetzes von der Annahme aus, dass n u r 23 Helden die Besatzung des Rosses
bildeten.*) Es bildet also nicht der von Weidner hervorgehobene
Punkt das unterscheidende Merkmal zwischen der alten und
späteren Ueberlieferung, sondern der Unterschied besteht vielmehr
darin, dass die älteste Sage sich damit begnügte, aus der grossen
Zahl der Helden, die im Rosse zu denken waren, bloss einige
wenige namentlich hervorzuheben, während man später ganz genau
die Namen aller der Helden wissen wollte.**)

Was nun die Namen der Helden betrifft, so stimmt mit
Vergil am meisten überein Hyginus. Der letztere unterscheidet
sich von Vergil nur dadurch, dass er statt des Baumeisters Epeos
den Diomedes nennt. Bei Quintus fehlen trotz der grossen Zahl
von Namen doch von den bei Vergil genannten Thessandrus und
Machaon;***) bei Tryphiodoros fehlen Thessandrus, Sthenelus.
Thoas, Machaon.

---

*) Dass wir bei Tryphiodor und Tzetzes nicht an andere Helden neben
diesen genannten denken dürfen, wie bei Quintus (der 327 noch sagt
ἄλλοι δ' αὖ κατέβαινον), ergibt sich aus der ganzen Darstellung dieser
Autoren in unzweifelhafter Weise.

**) Man vergleiche, wie Athenaios XIII 610 C über diese eitle Polymathie
und Neugierde spottet. Eine ähnliche Neugierde war es, wenn manche
die Länge und Breite des Rosses angeben wollten, worüber Servius sagt:
„hunc tamen equum quidam longum centum viginti (ulnas oder pedes
oder welches Mass?), latum triginta fuisse tradunt".

***) Bei Quintus erscheint statt Machaon der andere berühmte Arzt Podalei-
rios. Machaon kann natürlich bei Quintus hier nicht erscheinen, da er
von dem Bundesgenossen der Troer Eurypylos (im VI. Buche) getödtet
wird. Quintus folgte hiebei der kleinen Ilias; vgl. Pausan. III 26 7 Μα-
χάονα δὲ ὑπὸ Εὐρυπύλου τοῦ Τηλέφου τελευτῆσαί φησι ὁ τὰ ἔπη
ποιήσας τὴν μικρὰν Ἰλιάδα. Welcher Ueberlieferung bei der Nennung
des Machaon (und Thessandrus) Vergil (und zugleich Hyginus) folgte,
ist unbekannt. Dass die Angabe des Hyginus nicht einfach aus der
Aeneis ausgeschrieben ist, sondern dass die Angaben beider auf eine
ältere Quelle zurückgehen, ergibt sich aus der wichtigen Differenz, dass

Sehr auffallend ist es, dass bei Vergil D i o m e d e s, einer der
hervorragendsten Helden, gar nicht genannt wird. Es ist dies um so
auffallender, weil Diomedes sogar in der Odyssee (δ 280), wo doch
nur die Namen ganz weniger Helden vorkommen, ausdrücklich
genannt wird; ebenso bei Hyginus, Quintus, Tryphiodoros, Tzetzes.
Ausserdem verband ja die Sage seit alten Zeiten gern bei verschiedenen Unternehmungen den Odysseus und Diomedes, und
auch Vergil verbindet beide Aen. II 163 ff. impius ex quo Tydides
sed enim scelerumque inventor Ulixes fatale adgressi sacrato
avellere templo Palladium. Vollends muss das Fehlen des Diomedes bei Vergil befremden, wenn man sieht, dass Sthenelus ausdrücklich genannt wird, der freilich auch ein tapferer Held war,
aber der doch keinen Vergleich mit Diomedes aushält und der
ausserdem dem Diomedes in seiner Stellung untergeordnet war
(Hom. B 567 u. s.). Es ist natürlich die Annahme, dass Vergil
bloss aus metrischer Rücksicht den Diomedes übergangen habe,
absolut unzulässig; namentlich hätte er 261 statt T h e s s a n d r u s
Sthenelusque duces schreiben können T y d i d e s Sthenelusque duces.
Und diese Aenderung T y d i d e s für T h e s s a n d r u s verdient
wenigstens erwogen zu werden. Abgesehen davon, dass dadurch
der unbequeme *) Thessandrus beseitigt wird und der hervor-
ragende Held Diomedes zu seinem Rechte kommt, ist auch noch
zu bedenken, dass die Nennung des Tydiden Diomedes gerade
neben Sthenelus, der sein treuer Waffengenosse war, sehr passend
wäre. Diese Verbindung wäre um so passender, weil dann die g e -
m e i n s c h a f t l i c h e Bezeichnung dieser zwei Männer mit dem
Ausdrucke d u c e s darauf hinweisen würde, dass beide gemein-

---

Vergil den Epeos, Hyginus aber statt desselben den Diomedes nennt.
Spätere suchten die Angabe, dass Machaon einer von den Helden im
Rosse war, mit der anderen, dass er von Eurypylos getödtet wurde,
durch die Combination zu vermitteln, dass er bald nach dem Aussteigen
aus dem Rosse sein Leben verlor (vgl. Heyne's Bemerk. zu 263).

*) Thessandros o. Thersandros kommt bei Homer gar nicht vor. In den
Kyprien wurde wol ein Thersandros, Sohn des Polyneikes, erwähnt; aber
er wurde von Telephos, noch bevor die Griechen vor Troia gelangten,
getödtet. Auch Dictys (II 2) lässt den Thessandrus durch Telephus um-
kommen.

schaftlich eine Abtheilung Griechen befehligten.*) Ebenso würde in einem und demselben Verse Ulixes, der in der Sage gern mit dem Diomedes vereinigt wird, genannt werden; und auch Quintus nennt in der zweiten Gruppe zusammen gerade gerade O d y s s e u s, S t h e n e l o s, D i o m e d e s.

Aber freilich dass die Ueberlieferung der Vergilhandschriften und der Commentar des Servius übereinstimmend auf Thessandrus hinweist, und dass auch bei Hyginus Thessander genannt wird, erweckt Bedenken gegen eine Aenderung. Indessen könnte gerade die Autorität des Hyginus, der als Vergilerklärer bekannt war, Anlass gegeben haben zur Einführung des Thessandrus und Verdrängung des Tydides. Aber auch wenn wir bei Vergil den Thessandrus beibehalten, so muss man doch zugeben, dass die Nennung dieses verschollenen und nach der Sage schon vor dem troischen Kriege umgekommenen Mannes und die Auslassung des Diomedes ein Fehler ist, den Vergil bei genauerer Feile beseitigt haben würde.

Den Epeos nennt Vergil zuletzt. Daraus folgt nicht, dass derselbe zuletzt aus dem Rosse herausstieg. Ich bin in den „Vergilstudien" (S. 175 f.) von der Ansicht ausgegangen, dass nach der Darstellung Vergil's zuerst aus dem Pferde herausstieg die aus Machaon, Menelaos und Epeos bestehende Gruppe. Diese Ansicht muss ich auch jetzt noch aufrecht erhalten, und ich weise darauf hin, dass bei Quintus, Tryphiodoros und Tzetzes Epeios der l e t z t e ist beim Einsteigen ins Innere des Pferdes; naturgemäss war er also beim Aussteigen aus dem Pferde unter den ersten. Vgl. Quintus XII 329 ff.

---

*) Hom. B. 559 ff. Οἳ δ' Ἄργος τ' εἶχον, Τίρυνθά τε τειχιόεσσαν,

563   τῶν αὖθ' ἡγεμόνευε βοὴν ἀγαθὸς Διομήδης

564   καὶ Σθένελος Καπανῆος ἀγακλειτοῦ φίλος υἱός·

565   τοῖσι δ' ἅμ' Εὐρύαλος τρίτατος κίεν, ἰσόθεος φώς·

567   συμπάντων δ' ἡγεῖτο βοὴν ἀγαθὸς Διομήδης.

Vgl. Ilias IX 46 ff.   εἰ δὲ καὶ αὐτοί,

φευγόντων σὺν νηυσὶ φίλην ἐς πατρίδα γαῖαν·
νῶϊ δ', ἐγὼ Σθένελός τε, μαχησόμεθ', εἰσόκε τέκμωρ
Ἰλίου εὕρωμεν· σὺν γὰρ θεῷ εἰλήλουθμεν.

ἐν δέ σφιν πύματος κατεβήσατο δῖος Ἐπειός,
ὅς ῥα καὶ ἵππον ἔτευξεν· ἐπίστατο δ’ ᾧ ἐνὶ θυμῷ
ἠμὲν ἀνῷξαι κείνου πτύχας ἠδ’ ἐπερεῖσαι·
τοὔνεκα δὴ πάντων βῆ δεύτατος·

Tryphiod. 182 f.   ὕστατος αὖτε

τέχνης ἀγλαόμητις ἑῆς ἐπέβαινεν Ἐπειός.

Bei Vergil heisst es, dass die Helden beim Aussteigen aus
dem Pferde mit Hilfe eines Seiles sich niederliessen (demissum
lapsi per funem). Anders bei Quintus XIII 51 ff. νισσόμενοι κλί-
μακι κατὰ στίχας, ἅσπερ Ἐπειός | τεῦξεν ἀριστήεσσιν ἐϋσθενέεσσι
κέλευθα | ἵππον ἐσερχομένοισι καὶ ἐξ ἵπποιο κιοῦσιν. Vgl. Quintus
XII 332 f. εἴρυσε (näml. Epeios) δ’ εἴσω κλίμακας, ᾗ ἀνέβησαν.
Ohne Zweifel verdient hier Vergil’s Darstellung den Vorzug. Die
Treppen, von denen Quintus spricht, mussten einen bedeutenden
Raum im Inneren des Pferdes einnehmen; da es galt, auf ver-
hältnissmässig kleinem Raume möglichst viele Krieger unterzu-
bringen, so ist der Modus, den Vergil wählte, angemessener.

* *

Aen. II 424 ff. primusque Coroebus Penelei dextra divae armipotentis ad aram procumbit.

Pausan. X 27 1 ἀφίκετο μὲν
δὴ ἐπὶ τὸν Κασσάνδρας ὁ Κόροιβος γάμον, ἀπέθανε δὲ, ὡς
ὁ μὲν πλείων λόγος, ὑπὸ Νεοπτο-
λέμου· Λέσχεως δὲ ὑπὸ Διομή-
δους ἐποίησεν.

Qu. Sm. XIII 168 ff. καὶ τότε
Τυδέος υἱὸς ἀνὰ μόθον ἀν-
τιόωντα αἰχμητῆρα Κόροιβον,
ἀγανοῦ Μύγδονος υἷα, ἐγχείῃ
κοίλοιο διὰ στομάχοιο πέρησεν.

Ueber Coroebus findet sich in Heyne’s Ausgabe ein eigener
Excurs (Excurs X), in welchem noch andere Erwähnungen des
Coroebus verzeichnet sind. Heyne vermuthet „Euphorion Coroebo,
temerario forte in Achivos facto impetu, personam vecordis hominis
primum addidisse videtur, dum scilicet argumento ab aliis tra-
ctato novitatis gratiam conciliare studebat.“ Und etwas weiter
sagt Heyne: „Sed alterum, quod in Servio Euphorionem Virgilius

sequi traditur, grammatici commentum est; non enim vecordem
et stolidum exhibuit Coroebum; nec, nisi alia fuere in Euphorione,
quae expressa forte sunt a poeta, aliunde liquet, an Euphorionem
ante oculos habuerit Virgilius." Dass Euphorion der erste war,
der, wie Servius sagt, Coroebum stultum inducit, ist möglich;
keineswegs sind wir aber berechtigt, das Zeugniss des Servius,
dass Vergil dem Euphorion folgte, als ein nichtiges „commentum
grammatici" zu betrachten. Servius irrt nur darin, dass er die
Behauptung „quem et Vergilius sequitur" (welche er wohl älteren
Vergilerklärern entnahm) stützen wollte durch das Argument dans
ei 'dolus an virtus, quis in hoste requirat?" cum sit turpis dolo
quaesita victoria. Die letzten Worte des Servius enthalten eine
pedantisch rigorose und unberechtigt einseitige Bemerkung, die
natürlich abzulehnen ist. Und was die Begründung betrifft, welche
Servius für die Behauptung quem et Vergilius sequitur anführt
mit den Worten dans ei cet., so beruht dieselbe, wenn sie nicht
geradezu ein „commentum Servii" ist, vielleicht auf einem Missverständniss. Vielleicht hat Euphorion den von Coroebus den
Troern gemachten Vorschlag (387 ff.), die Rüstung der Griechen
anzulegen (der sich später als so unheilvoll erweisen sollte 410 ff.),
als eine Thorheit bezeichnet und irgend ein älterer Vergilerklärer wies darauf hin, dass Vergilius Euphorionem sequitur, indem er den Coroebus jenen unglücklichen Vorschlag
machen lässt. Servius aber, statt zu sagen „quem et Vergilius
sequitur, dans ei 'mutemus clipeos Danaumque insignia nobis
aptemus. dolus an virtus, quis in hoste requirat?' berücksichtigte
irrthümlich nur den zweiten Satz und bemühte sich dann, dies
durch die hier pedantische Bemerkung cum sit turpis dolo quaesita
victoria zu motiviren.

Keineswegs hat Euphorion, wie ich glaube, den Coroebus
als „vecordem et stolidum" darstellen wollen und keineswegs trägt
er die Schuld daran, dass der Name Κόροιβος später sprichwört-
lich zur Bezeichnung eines Dummkopfs*) gebraucht wurde. Wenn

---

*) Vgl. Hesychios: Κόροιβος· ἠλίθιος καὶ μῶρος. Ἐπὶ γὰρ τοῦ μωραίνοντος
ἔταττον τὸν Κόροιβον, ἀπὸ Κοροίβου τινὸς μώρου καὶ ἠλιθίου μετά-
γοντες, ὃν οἴονται τὸν Μύγδονος εἶναι παῖδα τοῦ Φρυγός. Suidas II 1

Servius sagt Coroebum stultum inducit Euphorion, so kann man
dies ausser dem schon hervorgehobenen Moment auch auf die
thörichte Verblendung des Coroebus beziehen, der auf die Worte
der Cassandra nicht achtete. Und eine solche Verblendung deutet
ja auch Vergil an mit den Worten infelix, qui non sponsae praecepta furentis audierit. Welche praecepta Vergil meinte, dies war
schon dem Servius unbekannt. Er stellte darüber wol eine Vermuthung auf „praecepta propter illud 'tunc etiam fatis aperit
Cassandra futuris' (246); aber diese an die Troer gerichtete Warnung kann natürlich hier nicht verstanden werden. Gewiss hat
Vergil praecepta gemeint, welche speciell dem Coroebus, als er
noch in den letzten Tagen nach Troia kam, galten, und den Sinn
dieser praecepta hat gewiss Heyne richtig angegeben in der Anmerkung zu 345 „ne communi Troianorum cladi ipse tamquam
pars accederet nec suas nuptias speraret." Diese Warnungen der
Cassandra und die Unfolgsamkeit und Verblendung des Coroebus
hat, wie ich annehme, Euphorion dargestellt und Vergil folgte
ihm hierin und er würde später bei genauerer Ausarbeitung dies
(wol nach Euphorion) ausgeführt haben; vorläufig schloss er
diese Darstellung mit dem unvollendeten Verse audierit, um
später noch darauf zurückzukommen. Dass Euphorion den Koroibos
in grausam satirischer Weise behandelt habe, dass er so der Ur-
heber des späteren Sprichwortes Κοροίβου ἠλιϑιώτερος wurde und
dass er es verschuldete, wenn Koroibos mit Margites in Parallele
gesetzt wurde, halte ich für absolut unwahrscheinlich. Das tragische
Schicksal des Koroibos war nur geeignet, Sympathie zu erwecken,
und es eignete sich durchaus nicht zu einer Karrikierung; und
wie man auch sonst über Euphorion urtheilen mag,*) so war er

---

p. 349: Κόροιβος, ὄνομα κύριον· καὶ μῶρός τις μετρῶν τὰ κύματα.
Ferner das Sprichwort Κοροίβου ἠλιϑιώτερος oder μωρότερος Κοροίβου.
Michael Apost. 10, 3 μωρότερος Κοροίβου· καὶ οὗτος ἀρχαῖος μῶρος
Vorher kommt vor μωρότερος Μορύχου. Auch an und für sich wird
Κόροιβος so gebraucht; vgl. Luk. Philops. 3, Amor. 53.

*) Die Urtheile über Euphorion lauten verschieden, und schon im Alterthum
ist dieselbe Verschiedenheit. Cicero Tusc. III 19 45 äussert sich nicht eben
günstig. Lukian (quomodo conscr. hist. 57) hebt die Weitläufigkeit und
Umständlichkeit Euphorions hervor: καίτοι ποιητής ὤν (näml. Ὅμηρος)

doch keineswegs ein ungeschickter Dichter, und man kann ihm nicht zutrauen, dass er dieses interessante und sympathische und zu ergreifender Darstellung geeignete Sujet etwa in der satirischen Weise eines Komödiendichters hätte behandeln sollen. Vielmehr muss man die unverkennbare Vorliebe Vergil's für den unglücklichen Coroebus nach meiner Meinung auf seinen Vorgänger Euphorion zurückführen, da durch die (freilich dürftige und verstümmelte) Notiz des Servius wenigstens das als bezeugt gelten kann, dass Vergil dem Euphorion folgte. Bei Euphorion mag Vergil auch die Angabe gefunden haben, dass Koroibos durch Peneleos fiel und da er sich in dieser Episode überhaupt an Euphorion anschloss, so folgte er ihm auch hierin gegenüber der verbreiteten Ueberlieferung (ὁ μὲν πλείων λόγος Paus.), nach welcher Koroibos von Neoptolemos getödtet wurde, und gegenüber der Angabe des Lesches, der die Tödtung des Koroibos dem Diomedes zuschrieb.

Nach meiner Vermuthung hat die auf Koroibos bezügliche Überlieferung im Laufe der Zeiten etwa folgende Modificationen erfahren. Ursprünglich war nur die Sage vorhanden, dass Koroibos noch in den letzten Tagen Troias den Troern zu Hilfe kam, getrieben von der Liebe zu Kassandra und hoffend, die Griechen zu besiegen und die Hand der Kassandra zu erhalten. Dies kam bei Lesches vor*) und derselbe bezeichnete vielleicht in bestimmter Weise diese doppelte Hoffnung des Koroibos als eine thörichte,

---

παραθεῖ τὸν Τάνταλον καὶ τὸν Ἰξίονα καὶ τὸν Τιτυὸν καὶ τοὺς ἄλλους. εἰ δὲ Παρθένιος ἢ Εὐφορίων ἢ Καλλίμαχος ἔλεγε, πόσοις ἂν οἴει ἔπεσι τὸ ὕδωρ ἄχρι πρὸς τὸ χεῖλος τοῦ Ταντάλου ἤγαγεν; Dass dagegen Vergil diesen Dichter schätzte, geht aus Bucol. X 50 hervor, wie schon Quintilian X 1 56 aus diesem Verse den Schluss zog quem nisi probasset Vergilius, idem nunquam certe 'conditorum Chalcidico versu carminum' fecisset in Bucolicis mentionem.

*) Das hiebei der homerische Othryoneus vorschwebte, ist sehr wahrscheinlich und es hat schon Heyne darauf hingewiesen. Bemerkenswerth ist wenigstens eine grosse Aehnlichkeit der Stelle bei Quintus (der wol dem Lesches folgte) und des homerischen Vorbildes. Vgl. Qu. Sm. XIII 174 ἵκανεν χθιζός ὑπὸ Πριάμοιο πόλιν und Hom. N 364 ὅς ῥα νέον.... εἰληλούθει. Qu. Sm. XIII 175 f. καὶ ὑπέσχετ' Ἀχαιοὺς Ἰλίου ἂψ ὤσαι und Hom. N 366 f. ὑπέσχετο δὲ μέγα ἔργον, ἐκ Τροίης ἀέκοντας ἀπωσέμεν υἷας Ἀχαιῶν.

welche nicht in Erfüllung gehen sollte, etwa durch ein nach homerischer Weise gebrauchtes νήπιος.*) Dies nahm Euphorion auf und fügte neue Züge hinzu, nämlich dass Kassandra dem Koroibos, als er nach Troia kam, Warnungen gab, die dieser nicht beachtete (Aen. II 345 f.) Zugleich fügte Euphorion aber noch einen anderen Zug hinzu, nämlich dass Koroibos den Troern in der Schreckensnacht den unglücklichen Rath gab, die Rüstung der Griechen anzulegen. Vergil folgte dem Euphorion. Später nun wurde das zweite Moment, nämlich die von Koroibos vorgeschlagene List, gierig aufgegriffen und ungebührlich ausgebeutet, um seine „Dummheit" zu beweisen. Man übersah dabei, dass der Plan des Koroibos von sehr gutem Erfolge hätte begleitet sein können, wie es denn wenigstens anfangs auch wirklich den Anschein hatte; man hielt sich nur an den unglücklichen Erfolg (410 ff. telis nostrorum obruimur oriturque miserrima caedes armorum facie et Graiarum errore iubarum) und spottete über die „dumme" List. So kamen die sprichwörtlichen Redeweisen über die Dummheit des Koroibos in Umlauf und man suchte später noch andere neue Beweise dafür zu ersinnen, wie jenes μετρῶν τά κύματα bei Suidas beweist. — Wie geschäftig die Sage hiebei verfährt und wie auch sonst vernünftige Männer hiebei zuweilen sich verleiten lassen, zeigt das Beispiel des Servius. Derselbe fand eine Bemerkung über die „stultitia Coroebi" vor und da er sonst keinen anderen Grund für dieselbe hatte, so legte er einen solchen in die Worte dolus an virtus, quis in hoste requirat und motivirte dies „cum sit turpis dolo quaesita victoria"·

III.

Ueber den Anfang und Schluss der Reden der Aeneis.

Zu Aen. IV 571 ff. wurde bemerkt, dass die Zahl der Beispiele, in denen in der Aeneis der Anfang einer Rede mit dem Versanfange nicht zusammenfällt, nicht gering ist. Ich habe, um

---

*) Vgl. z. B. Hom. Π 684 ff. Πάτροκλος . . . . μέγ' ἀάσθη· νήπιος· εἰ δὲ ἔπος Πηληϊάδαο φύλαξεν, ἦ τ' ἂν ὑπέκφυγε Κῆρα κακὴν μέλανος θανάτοιο. Einen späten Nachhall des vielleicht auch von Lesches ge-

diesen Punkt, der auch in anderer Hinsicht nicht ohne Interesse ist, vollkommen sicher zu stellen, sämmtliche Beispiele für das Zusammenfallen des Anfanges der Rede mit dem Versanfange und für das Gegentheil gesammelt und gebe hier die Uebersicht.

Im ersten Buche der Aeneis beginnen folgende Reden gleich mit dem Versanfang: I 65, 132, 198, 257, 326, 372, 387, 407, 437, 522, 561, 582, 615, 664, 731, *753**), also im Ganzen 16.

Das Gegentheil findet statt: I 37, 76, 94, 229, 321, 335, 459, 595, also in 8 Fällen.

Im zweiten Buche:

a) II 3, *69, 77,* 108, 116, 148, 154, 281, 289, 322, 324, 373, *387, 535,* 577, 594, 657, 675, 689, 701, 707, 776; also 22 Beispiele.

b) II 42, 348, *519,* 547, *638,* 733; also 6 Beispiele.

Im dritten Buche:

a) III 41, 85, 94 *103,* 154, 247, 265, 310, 315, 321, 359, 374, 475, 486, 493, 528, 613; also 17 Beispiele.

b) III 182, 539, 558, 599; demnach 4 Beispiele.

Im vierten Buche:

a) IV 9, 93, 114, 206, 223, 305, 333, 365, 416, 478, 536, 560, 634, 651, 659, 675; also 16 Beispiele.

b) IV 31, 107, 265, 573,**) *590,* 702 = 6 Beispiele.

Im fünften Buche.

a) V 13, 17, 45, 80, 162, 235, 304, 363, 383, 389, 410, 465, *474,* 484, 533, 548, *623,* 646, *670,* 687, 709, 724, 781, 800, 843, 848, 870 = 27 Beispiele.

---

brauchten $\nu\dot{\eta}\pi\iota\sigma\varsigma$ findet man bei Quintus gerade in der Erzählung von Koroibos XIII 173 f. $\varkappa\dot{\alpha}\pi\pi\varepsilon\sigma\varepsilon$ δ' $\dot{\varepsilon}\varsigma$ $\mu\dot{\varepsilon}\lambda\alpha\nu$ $\alpha\dot{\iota}\mu\alpha$ $\varkappa\alpha\dot{\iota}$ $\ddot{\alpha}\lambda\lambda\omega\nu$ $\ddot{\varepsilon}\vartheta\nu\varepsilon\alpha$ $\nu\varepsilon\varkappa\varrho\tilde{\omega}\nu$, $\nu\dot{\eta}\pi\iota\sigma\varsigma$· $\sigma\dot{\upsilon}\delta'$ $\dot{\alpha}\pi\dot{\sigma}\nu\eta\tau\sigma$ $\gamma\dot{\alpha}\mu\omega\nu$, $\tilde{\omega}\nu$ $\sigma\ddot{\upsilon}\nu\varepsilon\chi'$ $\tilde{\iota}\varkappa\alpha\nu\varepsilon\nu$.

*) Die cursiv gedruckten Zahlen bezeichnen solche Stellen, an denen in der Rede selbst noch ein eingeschobenes inquit oder ait oder exclamat oder überhaupt ein zur Rede selbst nicht gehöriges fremdes Element sich findet.

**) Ich zähle hier gleich die Stelle, welche zu diesem Excurse Anlass geboten hat, als ein unzweifelhaftes Beispiel mit.

b) V 26, 189, 348, 353, 394, *637,**) 741 = 7 Beispiele.

Im sechsten Buche:

a) VI 37, 56, 83, 187, 194, *318,* 322, 373, 388, 399, 456. 500, 539, 560, *629,* 669, 673, 687, 719, 724, 756, 854, 862, 868 = 24 Beispiele.

b) VI *45,* 51, 103, 125, 258, 341, 347, 509, 544, 562, 695. 713 = 12 Beispiele.

Im siebenten Buche:

a) VII 96, 124, 195, 213, 293, 331, 359, 421, 452, 545. *594* = 11 Beispiele.

b) VII *68, 120,* 259, 400, 436, 552 = 6 Beispiele.

Im achten Buche:

a) VIII 36, 71, 117, *122,* 127, 185, 314, *351,* 374, 395, *439,* 470, 560, 612 = 14 Beispiele.

b) VIII *112,* 154, 293,**) *362,* 499, 532 = 6 Beispiele.

Im neunten Buche:

a) IX 6, 18, 36, 51, 94, 114, 128, 199, 247, 257, 296, 320, *355,* 376, 390, 404, *422,* 427, 481, 598, 625, 641, 653, 741, 747 = 25 Beispiele.

b) IX 83, 184, 207, 219, 234, 281, 560, 634, 737, *781* = 10 Beispiele.

Im zehnten Buche:

a) X 6, 18, 104, 252, 279, 294, 333, 369, 421, 449, 460, 467, 481, *491,* 524, 531, 557, 581, 592, 597, 607, 622, 649, 668, 743, 773, 811, 825, 846, 861, 875, 900 = 32 Beispiele.

b) X 63, 228, 411, 599, 611, 628, 878, 897 = 8 Beispiele.

---

*) Es ist dies eine ganz kurze Mahnung der Cassandra, welche in die Rede der falschen Beroe (Iris) eingeschoben ist.

**) Diese Stelle hat die Eigenthümlichkeit, dass der Dichter nach dem indirecten Berichte über den Inhalt eines Theiles des Lobliedes auf Hercules (qui carmine laudes Herculeas et facta ferunt, ut — eliserit — disiecerit — pertulerit) plötzlich im V. 293 einen Theil des Lobliedes direct anführt (bis 302). Ein zweites Beispiel dieser Art findet sich bei Vergil nicht, wol aber einige bei Ovid (Her. XIX 41, Met. IV 14, VII 484), Tibull, Propertius, Statius, Claudianus; vgl. Forbiger zu d. St.

Im eilften Buche:

a) XI 14,[*]) *42, 96*, 108, 152, 243, 252, 302, 343, 378, *459, 463,* 483, 502, 508, 557, 686, 715, 732, 785, 823, 841, *855* = 23 Beispiele.

b) XI 124, 535, 705 = 3 Beispiele.

Im zwölften Buche:

a) XII 11, 19, 48, 56, 72, 142, *156,* 176, 197, 229, *259,* 296, 313, 359, *425,*[**]) 435, 565, 620, 632, 653, 676, 693, *777,* 793, 808, 830, 872, 889 = 28 Beispiele.

b) XII 95, 625, 894, *931,* 947 = 5 Beispiele.

Demnach bietet die Aeneis im Ganzen 255 Beispiele der ersten und 81 der zweiten Art. Die letzteren bilden somit fast den vierten Theil der Gesammtsumme 336 und verhalten sich zu den ersteren wie 1 : 3. Daraus ist am besten ersichtlich, dass es nicht im mindesten bedenklich ist, an der Stelle IV 573 die Rede erst mit ˙vigilate beginnen zu lassen.

Es unterscheidet sich in dieser Hinsicht Vergil von Homer und überhaupt das römische Epos von dem griechischen.

Unter den zahlreichen Reden der Ilias und Odyssee findet sich keine einzige, deren Anfang nicht mit dem Versanfang zusammenfiele. Dasselbe gilt von Hesiod, Apollonios Rhodios, Koluthos, Tryphiodoros, Musaios, Tzetzes. Auch in den Fragmenten der griechischen Epiker (Ed. Kinkel. Vol. I. 1877) findet sich keine Ausnahme. Bei Quintus Smyrnaeus ist die einzige Ausnahme XIV 602—604

> καί τις ἔφη· Τάχα τοῖον ἐπέχραεν ἀνδράσι χεῖμα,
> ὁππότε Δευκαλίωνος ἀθέσφατος ὑετὸς ἦλθεν,
> ποντώθη δ᾽ ἄρα γαῖα, βυθὸς δ᾽ ἐπεχεύατο πάντῃ.

Doch ist dies keine eigentliche Rede. Freilich Homer würde ohne Zweifel auch hier die Einleitung zu einem ganzen Verse erweitert

---

[*]) In dieser von V. 14 bis 28 reichenden Rede, welche V. 13 mit tum socios . . . sic incipiens hortatur ovantis eingeleitet ist, folgt V. 24 ein überflüssig eingeschobenes ait.

[**]) Hier ist der längere Ausdruck Iapyx conclamat primusque animos accendit in hostem eingeschoben.

haben. Vgl B 271 ὧδε δέ τις εἴπεσκεν ἰδὼν ἐς πλησίον ἄλλον oder β 324 ὧδε δέ τις εἴπεσκε νέων ὑπερηνορεόντων oder Π 178 ὧδε δέ τις εἴπεσκεν ἰδὼν εἰς οὐρανὸν εὐρὺν oder Ζ 459 καί ποτέ τις εἴπῃσιν, ἰδὼν κατὰ δάκρυ χέουσαν· Die homerische Stelle Ζ 479

καὶ ποτε τίς εἴπῃσι· Πατρὸς δ' ὅγε πολλὸν ἀμείνων

kann man nicht mitzählen, da hier nur ein kurzer Ausruf vorliegt.

Die bei Nonnos vorkommenden Ausnahmen sind alle von der Art, dass an den betreffenden Stellen keine eigentliche Rede vorkommt. Es sind dies folgende Stellen: I 129*), XV 389**), 405***), 416 (Πὰν νόμιος καὶ Φοῖβος ἀνίαχον 'αὐλὸς ἀλάσθω'), XVI 290 f.†), XXVII 49 ††), XXXV 49—53 (in einer längeren Rede), XXXIX 143 und 145 ff.†††), XLII 38 f. (τοῖον ἔπος

---

*) In der Rede der Europe findet sich in der zweiten Hälfte des zweiten Verses der kurze Zuruf ἀμείλιχε, φείδεο κούρης.

**)   καὶ δρύες ἐφθέγξαντο· 'τί σοι τόσον ἤλιτε βούτης; μήποτέ σοι Κυθέρεια, μὴ Ἄρτεμις ἵλαος εἴη'.

***) In einem Klagelied 402—405

βούτης καλὸς ὄλωλε, καλῇ δέ μιν ἔκτανε κούρῃ· καὶ Νύμφας ἀπάχησεν, ὀρειάδος οὐ κλύε πέτρης, οὐ πτελέης ἤκουσε καὶ οὐκ ᾐδέσσατο πεύκην λισσομένην 'μὴ πέμπε βέλος, μὴ κτεῖνε νομῆα'.

†)   ὑπὲρ δαπίδου δὲ χορεύων ἄμπελος σμαράγησεν "Υμὴν Ύμέναιε' λιγαίνων· 'Ἱμερόεις γάμος οὗτος' ὀρεστιὰς ἴαχε πεύκη.

††) In der Rede des Deriades

ἀλλ' ἐρέεις 'Κρονίωνος Ὀλύμπιον αἷμα κομίζω'.

†††) In der Rede des Aiakos heisst es 142 ff.

καὶ τις ἐνίψῃ νίκην ἡμετέρην δεδοκημένος 'ὡς ἐνὶ γαίῃ Ζεὺς ἑὸν υἷα γέραιρε, καὶ ἐν πελάγεσσι γεραίρει'.

Und sodann 145 ff.

ἄλλος ἀνὴρ λέξειεν Ἀχαιικός· εἰν ἐνὶ θεσμῷ Αἰακὸς Ἰνδοφόνος φυσίζοος· ἀμφότερον γάρ, τέμνων ἐχθρὰ κάρηνα καὶ αὔλακι καρπὸν ὀπάσσας χάρμα πόρεν Δήμητρι καὶ εὐφροσύνην Διονύσῳ.

βοόων φιλοκέρτομον 'ανέρας οἴνῳ εἰ κλονέει Διόνυσος, ἐγὼ πυρὶ Βάκχον ὀρίνω'), XLV 92*), 170 f.**), XLVII 433 f.***).

Wie sehr die griechischen Epiker darauf bedacht waren, den Beginn der Rede mit dem Versanfang zusammenfallen zu lassen, zeigt sich in vielen Fällen in dem Streben, die einleitende Formel so zu gestalten und durch Zusätze zu erweitern, damit der ganze Vers ausgefüllt würde und die Rede mit dem neuen Vers beginnen könnte. Ich führe hier einige Beispiele aus Homer, Nonnos, Quintus, Tzetzes an, wobei ich bemerke, dass die durch den Druck hervorgehobenen Worte nach meiner Meinung solche Zusätze sind, die nur zu der aus dem bezeichneten Grunde veranlassten Versausfüllung dienen und die der Dichter ohne diese Veranlassung nicht gebraucht hätte.

Homer *A* 35 f. πολλὰ δ' ἔπειτ' ἀπάνευθε κιὼν ἠρᾶθ' ὁ γεραιὸς
Ἀπόλλωνι ἄνακτι, τὸν ἠύκομος *τέκε Λητώ.*

A 73 ὅ σφιν ἐϋφρονέων ἀγορήσατο καὶ *μετέειπεν*

A 223f. Πηλείδης δ' ἐξαῦτις ἀταρτηροῖς ἐπέεσσιν
Ἀτρείδην προσέειπε, καὶ *οὔπω λῆγε χόλοιο*

E 756 Ζῆν' ὕπατον Κρονίδην ἐξείρετο καὶ *προσέειπεν*

H 94 f. ὀψὲ δὲ δὴ Μενέλαος ἀνίστατο καὶ *μετέειπεν,*
νείκει ὀνειδίζων, *μέγα δὲ στεναχίζετο θυμῷ*

H 276 ff. Ταλθύβιός τε καὶ Ἰδαῖος, πεπνυμένω ἄμφω·
μέσσῳ δ' ἀμφοτέρων σκῆπτρα σχέθον· *εἶπέ τε μῦθον*
κῆρυξ Ἰδαῖος, πεπνυμένα μήδεα εἰδώς†)

---

*) In der Rede des Pentheus
ἀλλ' ἐρέεις 'Γλαυκῶπις ἐς ἄρσενα δῆριν ἱκάνει
σύγγονον ἔγχος ἔχουσα καὶ ἀσπίδα Παλλὰς Ἀθήνη,
αἰγίδα καὶ σὺ τίταινε τεοῦ Κρονίδαο τοκῆος'.

**) In der Rede des Teiresias heisst es 169 ff.
καὶ σύ, τέκος, δολόεντα χόλον πεφύλαξο Λυαίου,
ἀλλ' ἐρέεις 'μεθέπω δέμας ἄλκιμον, ἀμφιέπω δὲ
φρικτὸν ὀδοντοφύτων αὐτόσπορον αἷμα Γιγάντων'.
δαιμονίην φύγε χεῖρα Γιγαντοφόνου Διονύσου κτλ.

***) In der Rede des Dionysos wiederum mit dem einleitenden ἀλλ' ἐρέεις
ἀλλ' ἐρέεις 'ναετῆρα πεδοσκαφέος λαβυρίνθου
δισσοφυῆ φοίνιξεν ὁμόζυγον ἀνέρα ταύρῳ'.

†) Wie sehr hier der Zusatz πεπνυμένα μήδεα εἰδώς überflüssig ist und wie sehr er nur dem erwähnten Zwecke dient, lehrt der Umstand, dass ja schon 276 πεπνυμένω ἄμφω steht, was auch auf Idaios geht.

I 432 f. ὀψὲ δὲ δή μετέειπε γέρων ἱππηλάτα Φοῖνιξ,

δάκρυ᾽ ἀναπρήσας· περὶ γὰρ δίε νηυσὶν

Ἀχαιῶν

K 81 Ἀτρείδην προσέειπε καὶ ἐξερεείνετο μύθῳ

K 390 τὸν δ᾽ ἠμείβετ᾽ ἔπειτα Δόλων· ὑπὸ δ᾽ ἔτρεμε γυῖα

Λ 345 f. τὸν δὲ ἰδὼν ῥίγησε βοὴν ἀγαθὸς Διομήδης,

αἶψα δ᾽ Ὀδυσσῆα προσεφώνεεν, ἐγγὺς ἐόντα.*)

Quintus Sm. XIII 271   καί ῥ᾽ ὀλοφυδνὸν ἄυσε, μέγ᾽ ἀχνυμένῃ

κέαρ ἔνδον

Ebenso Nonnos XXV 325, XXIX 325 ff., XXXIV 25 f..
XXXVIII 103 f., XLVII 426 ff., Tzetzes Homerica 341 f.

Die römischen Epiker wichen von dieser strengen Regel-
mässigkeit und Symmetrie der Griechen ab, und zwar nicht etwa
bloss erst Vergil (dem dann auch in dieser Hinsicht Valerius
Flaccus, Silius Italicus, Statius u. a. folgten); sondern schon
Ennius scheint nicht selten diese lebhaftere, von der strengen
Förmlichkeit der Griechen abweichende Einleitung der Rede gewählt zu haben. Die Form der erhaltenen Fragmente lässt freilich
keinen sicheren Schluss bezüglich des Zahlenverhältnisses zu; aber
es ist doch immerhin interessant zu sehen, dass in den Frag-
menten der Annales für das Zusammenfallen des Anfanges der
Rede mit dem Versanfange sich nur éin vollkommen sicheres
Beispiel findet, nämlich V. 38 (Vahl.), während für den zweiten
Fall drei Beispiele sich finden, V. 46, 115, 386. Ferner ist zu
bemerken, dass aus der Form der Fragmente sich noch mit
Wahrscheinlichkeit für den ersten Fall ausserdem zwei
Beispiele annehmen lassen, 122 und 256, für den zweiten éines,
nämlich 180.

* * *

---

*) Dieser Zusatz ist überflüssig. Man weiss schon aus dem früheren, dass
Odysseus in der Nähe des Diomedes war. Vgl. die Aufforderung des
Odysseus 313 ff. Τυδείδη . . . ἀλλ᾽ ἄγε δεῦρο, πέπον, παρ᾽ ἔμ᾽ ἵστασο·
δὴ γὰρ ἔλεγχος ἔσσεται, εἴ κεν νῆας ἕλῃ κορυθαίολος Ἕκτωρ. Vgl. auch
333 und 335.

Dieselbe Differenz zwischen dem griechischen und römischen Epos zeigt sich auch hinsichtlich des Schlusses der Rede. Bei den griechischen Epikern schliesst regelmässig die Rede erst mit dem Schlusse des Hexameters. Bei Homer findet sich hievon e i n e e i n z i g e Ausnahme, die aber noch obendrein von der Art ist, dass an der betreffenden Stelle eine schon früher mitgetheilte Rede abermals erscheint, und zwar das zweitemal in eine andere Rede eingeflochten. In Agamemnon's Rede *B* 56—75 ist nämlich auch die frühere Rede des Oneiros (23—34) mit einer Abkürzung aufgenommen. Die Abkürzung besteht darin, dass die Worte μηδέ σε λήθη — ἀνήη ausgelassen wurden. So schliesst freilich das zweitemal diese in eine andere Rede eingeflochtene Rede V. 70 mit dem vierten Fusse. Bei Hesiod, Apollonios Rhodios, Koluthos, Tryphiodoros, Musaios, Tzetzes findet sich keine Ausnahme. Bei Nonnos findet sich in einigen wenigen Fällen (nämlich dreimal) die Erscheinung, dass ein Ausruf oder ein kürzerer Ausspruch vor dem Versende seinen Abschluss findet. Diese Stellen sind ausser der schon oben angeführten XVI 290 f. noch XIII 485 und XV 346.

Es mögen hier die auf die Aeneis bezüglichen Daten folgen. Im e r s t e n Buche:

a) I 49, 75, 80, 101, 141, 207, 253, 296, 324, 334, 401, 409, 437, 463, 558, 578, 585, 630, 688, 735, 756 = 21 Beispiele.

b) I 370, 385, 610 = 3 Beispiele.

Im z w e i t e n Buche:

a) II 49, 72, 104, 144, 151, 194, 286, 295, 322, 335, 354, 375, 543, 587, 620, 649, 670, 678, 691, 704, 734, 789 = 22. Beispiele.

b) II 119, 391, 524, 550, *720**) = 5 Beispiele.

---

*) Die in dieser zweiten Sammlung cursiv gedruckten Ziffern bezeichnen solche Stellen, an denen der betreffende Vers vom Dichter nicht vollendet wurde. Solcher mit einem unvollständigen Verse schliessenden Reden gibt es im Ganzen 8. Man könnte nun freilich einwenden, dass diese Beispiele nicht mit Sicherheit zu der zweiten Kategorie gezählt werden können, weil diese Reden vielleicht mit dem Verschluss schliessen würden, wenn der Dichter diese Verse zum Abschluss gebracht hätte. Aber man kann sich leicht überzeugen, dass an allen diesen 8 Stellen der Schluss

Im dritten Buche:

a) III 46, 89, 98, 117, 171, 188, 257, 319, 343, 368, 462, 481, 491, 505, 529, 606, 654 = 17 Beispiele.

b) III 266, 312, 543, 560 = 4 Beispiele.

Im vierten Buche:

a) IV 29, 53, 104, 218, 237, 330, 387, 436, 498, 552, 629 640, 658, 662, 703 = 15 Beispiele.

b) IV 114, 127, 276, *361,* 570, 579, 684 = 7 Beispiele.

Im fünften Buche:

a) V 25, 31, 71, 83, 238, 314, 350, 356, 364, 393, 420, 476, 485, 538, 640, 652, 692, 718, 739, 742, 798, 846, 851, 871 = 24 Beispiele.

b) V 14, 164, 197, 385, 400, 467, 551, 638, 673, *815* = 10 Beispiele.

Im sechsten Buche:

a) VI 39, 97, 123, 189, 261, 320, 330, 346, 371, 381, 397, 466, 508, 534, 543, 546, 561, 627, 632, 671, 676, 694, 698, 718, 721, 751, 853, 859, 866 = 29 Beispiele.

b) VI 46, 53, 76, 155. 197, 407, 886 = 7 Beispiele.

Im siebenten Buche:

a) VII 70, 101, 127, 134, 211, 273, 322, 340, 372, 403, 434, 444, 551 = 13 Beispiele.

b) VII *248, 455,* 560, 599 = 4 Beispiele.

Im achten Buche:

a) VIII 65, 78, 114, 120, 123, 151, 174, 275, 302, 336, 358, 365, 386, 519, 540, 614 = 16 Beispiele.

b) VIII 404, 443, 503, 583 = 4 Beispiele.

Im neunten Buche:

a) IX 13, 92, 103, 158, 196, 206, 218, 245, 256, 302, 323, 356, 409, 430, 497, 620, 629, 635, 739, 742, 748, 787 = 22 Beispiele.

b) IX 22, 38, 52, 117, 221, 280, 292, 377, 392, 423, 561, 644, 656 = 13 Beispiele.

---

der Rede in natürlicher Weise erfolgt und dass man gar nichts mehr erwartet. Demnach habe ich diese Stellen zu der zweiten Kategorie gezogen.

Im zehnten Buche:

a) X 15, 95, 245, 255, 378, 423, 443, 463, 472, 481, 529, 534, 560, 598, 600, 610, 620, 627, 632, 650, 679. 866, 906 = 23 Beispiele.

b) X 62, 113, *284,* 298, 335, 451, 495, 583, 594, 744, 776, 812, 830, 856, *876,* 882, 898 = 17 Beispiele.

Im eilften Buche:

a) XI 28, 58, 119, 131, 181, 293, 295, 335, 444, 467, 485, 506, 519, 560, 594, 689, 708, 717, 740, 793, 857 = 21 Beispiele.

b) XI 98, *375,* 461, 827, 849 = 5 Beispiele.

Im zwölften Buche:

a) XII 17, 53, 63, 80, 100, 153, 194, 211, 237, 265, 296, 317, 361, 429, 440, 573, 621, 630, 649, 664, 680, 695, 779, 828, 840, 884, 893, 895, 949 = 29 Beispiele.

b) XII 45, 159, 806, 938 = 4 Beispiele.

Sonach bietet die Aeneis im Ganzen 252 Beispiele der ersten und 83 der zweiten Art. Auch hier ist das Verhältniss also nahezu dasselbe wie bezüglich des Anfangs der Reden. Die Beispiele der zweiten Art bilden fast den vierten Theil der Gesammtsumme 335.*)

IV.
Ueber die Wortsymmetrie in der Aeneis.

In den „Vergilstudien" (S. 34 ff.) habe ich hervorgehoben und durch Beispiele aus den drei ersten Büchern der Aeneis nachgewiesen, mit welchem Eifer Vergil auf eine symmetrische Gestaltung seiner Verse bedacht war. Die grosse Anzahl der dort angeführten Beispiele lieferte den besten Beweis dafür, dass wir

---

*) Oben (wo der Anfang der Reden berücksichtigt wurde) erscheint als Gesammtsumme 336. Dies Plus auf der einen und Minus auf der anderen Seite erklärt sich daraus, dass oben der Anfang der langen Erzählung des Aeneas II 3 mit aufgenommen ist, während in der zweiten Sammlung der dazu gehörige Schluss der Rede nicht verzeichnet erscheint; es müsste dies natürlich der Schluss der ganzen Erzählung des Aeneas III 715 sein.

in dieser symmetrischen Anordnung und in dem in manigfachen
Formen auftretenden Parallelismus nicht eine blosse Zufälligkeit
erblicken dürfen, sondern dass diese Erscheinungen gar sehr den
Charakter der Bewusstheit und Absichtlichkeit tragen. Es gereicht
mir zu grosser Befriedigung, dass mehrere Recensenten meines
Buches (so Schaper in den Jahrbüchern f. class. Phil. 1879 S. 467,
dann der ungenannte Verfasser einer gediegenen und sehr belehrenden Recension im Philol. Anzeiger Band X S. 176, und
F. Jasper in der Berliner Zeitschr. f. d. Gymnasialwesen XXXIV
S. 113) gerade diesen Punkt einer besonderen und wolwollenden
Aufmerksamkeit und Billigung gewürdigt haben. Die Sache erscheint mir so wichtig und es erschliesst sich uns hier ein durch
die Masse der Beispiele so überraschender Einblick in die technische Werkstätte des Dichters, dass eine vollständigere und er-
schöpfendere Zusammenstellung des in der Aeneis sich findenden
Materials, die ich jetzt zu bieten in der Lage bin, dadurch gerechtfertigt erscheinen wird.

A.

S. 35—38 der Vergilstudien habe ich bemerkt, dass bei
Vergil überaus oft an den beiden Versenden zwei Wörter stehen,
die einander irgendwie parallel sind, die zu einander irgendwie
in dem Verhältniss der Symmetrie stehen. Ich bezeichne diese
Erscheinung kurz und bildlich mit dem Ausdrucke „Sperrung“,
weil die beiden einander irgendwie entsprechenden Wörter den
ganzen Verskörper so zu sagen einschliessen und gewissermassen
als „Flügelwörter“ fungiren. Es sind hiebei folgende Kategorien
zu unterscheiden.

1. Die beiden an der Spitze und am Ende des Verses
stehenden und das Corpus des Verses einschliessenden Wörter
stehen syntaktisch in einem attributiven oder appositiven Verhältnisse zu einander.

a) Das näher bestimmende Wort steht an der Spitze des
Verses, das dadurch bestimmte Substantiv am Schlusse des
Verses.

α) Das näher bestimmende Wort (Substantiv, Adjectiv, Participium,*) Pronomen, Zahlwort) steht in demselben Casus wie das näher zu bestimmende Substantiv; z. B.

I 74 omnis ut tecum meritis pro talibus annos

So I 41, 91, 233, 265, 269, 337, 353, 368 = 9 Beispiele.

II 3, 168, 185, 202, 211, 297, 298, 308, 379, 416, 474, 516, 582 = 13 Beispiele.

III 26, 33, 73, 128, 162, 203, 241, 245, 257, 365, 382, 405, 517, 534, 565, 589 = 16 Beispiele.

IV 7, 10, 19, 60, 78, 92, 179, 408, 419, 462, 542, 553, 631, 701 = 14 Beispiele.

V 38, 46, 89 (mille — colores wie IV 701), 115, 116, 118, 134, 143, 161, 225, 269, 297, 342, 452, 492, 516, 626, 658, 816, 819 = 20 Beispiele.

VI 17, 28, 137, 141, 142, 243, 296, 301, 355, 464, 632, 705, 783, 877 = 14 Beispiele.

VII 62, 93, 127, 176, 183, 218, 322, 331, 359, 362, 396, 465, 488, 549, 613, 629, 708, 783, 792 = 19 Beispiele.

VIII 32, 58, 116, 207, 235, 280, 286, 300, 357, 526, 654, 690, 704 = 13 Beispiele.

IX 15, 121, 565, 730 = 4 Beispiele.

X 192, 212, 223, 245, 452, 484, 660, 846, 887, 908 = 10 Beispiele.

XI 74, 326 (bis denas — navis; bis denas gilt für éinen Ausdruck), 439, 449, 532, 563, 581, 583, 589, 700, 743, 760, 782, 817, 891 = 15 Beispiele.

XII 61, 80, 238, 272, 286, 386, 393, 484, 487, 808, 927 11 Beispiele.

Zusammen = 158 Beispiele.**)

---

*) Ich vereinige hier wie auch im folgenden alle Beispiele, welche ein mit einem Substantivum zusammenhangendes Participium aufweisen, mag dieses Participium ein streng attributives oder ein sogenanntes „appositives" (d. h. wie ich lieber sage, ein praedicatives Participium der näheren Bestimmung) sein.

**) Zu diesen Stellen könnte man eigentlich auch jene rechnen, an denen vor dem bestimmenden Worte noch et steht. Da dem et keine andere Stelle angewiesen werden konnte, so steht in diesen Fällen thatsächlich

β) Die nähere Bestimmung wird durch einen abhängigen Casus bezeichnet. So bloss in zwei Beispielen:

I 502 Latonae tacitum pertemptant gaudia pectus
IV 585 Tithoni croceum linquens Aurora cubile.

b) Die nähere Bestimmung steht am Ende des Verses, dagegen das zu bestimmende Substantiv oder Pronomen an der Spitze.

α) Uebereinstimmung im Casus, z. B.

I 189 ductoresque ipsos primum capita alta ferentis.

Ebenso noch I 471, 524, 664; II 371, 319; III 440, 467, 475, 528; IV 165, 482, 513, 608, 634; V 645; VI 81, 335, 428, 485, 797; VII 121, 349, 483; VIII 315, 333; IX 450, 462, 691; X 397, 787; XI 106, 441, 507; XII 98, 126, 305, 529 = 38 Stellen.

β) Ein Casus von dem anderen abhängig. So

I 326 nulla tuarum audita mihi neque visa sororum
VIII 401 quidquid in arte mea possum promittere curae.

2. Die beiden an der Spitze und am Ende des Verses gestellten Wörter stehen zu einander in prädicativem Verhältniss.

a) Die prädicative Bestimmung steht an der Spitze des Verses, z. B.

I 128 disiectam Aeneae toto videt aequore classem
I 445 egregiam et facilem victu per saecula gentem.

So noch I 533; V 213 (qualis spelunca subito commota columba),*) 273, 318, 344, 498, 502, 570; VI 42, 205, 659; IX 35, 111, 535; X 175; XI 68, 624; XII 337, 451 = 21 Beispiele.

b) Die prädicative Bestimmung steht am Ende des Verses, wie

IV 536 quos ego sim totiens iam dedignata maritos.

Ebenso noch I 15, 231, 289; III 329 und 570; IV 260; V 245, 718 = 9 Beispiele.

----

doch das Attribut soweit am Anfang, als es eben möglich war. So VII 366 et consanguineo totiens data dextera Turno, ferner VII 817; VIII 338, 380, 456, 702; IX 750; X 546 = also 8 Stellen.

*) Derselbe Fall, dass nämlich das den Vergleich einleitende qualis den Vers beginnt und das dazu gehörige Substantiv den Vers schliesst, findet sich noch fünfmal, nämlich V 273, VI 205, XI 68, 624, XII 451.

3. Die an den beiden Versenden vorkommenden Wörter stehen einander parallel. Dieser Parallelismus zeigt sich in manigfacher Gestalt.

a) Entsprechung der an der Spitze und am Ende des Verses gestellten Prädicate, wie

I 123 accipiunt inimicum imbrem rimisque fatiscunt.

Diese Stellung ist so überaus häufig, dass die Annahme der Absichtlichkeit gar nicht abgewiesen werden kann. Die hieher gehörigen Stellen sind:

I 123, 197, 264, 356, 389, 402, 462, 577, 588, 608, 622, 662, 747 $=$ 13 Beispiele.

II 1, 43, 68, 80, 85, 96, 107, 115, 120, 134, 200, 205, 243, 260, 267, 269, 329, 359, 378, 380, 423, 478, 483, 532, 537, 543, 564, 574, 586, 590, 636, 669, 672, 684, 688, 691, 700, 704, 706, 739, 744, 748, 755, 760, 774, 786, 804 $=$ 47 Beispiele.

III 63, 71, 72, 83, 115, 124, 140, 142, 188, 222, 227, 237, 258, 303, 308, 309, 315, 318, 320, 347, 370, 436, 446, 501, 514, 519, 526, 530, 574, 584, 592, 611, 625, 648, 669, 718 $=$ 36 Beispiele.

IV 68, 76, 135, 142, 177, 208, 210, 214,*) 220, 237, 238, 244, 284, 329, 331, 339, 374, 405, 407, 410, 506, 572, 646, 653 $=$ 24 Beispiele.

V 16, 44, 93, 103, 142, 147, 149, 177, 207, 234, 238, 292, 316, 326, 376, 429, 445, 464, 472, 484, 486, 526, 528, 611, 619, 697, 776, 794, 817 $=$ 29 Beispiele.

VI 54, 109, 111, 153, 157, 159, 210, 213,**) 219, 220, 331, 342, 407, 422, 439, 468, 506, 518 (ducebat — tenebat), 543, 559, 622, 634, 636, 710, 722, 744, 759, 850 $=$ 28 Beispiele.

VII 101, 119, 132, 211 (accipit — addit), 347, 353, 387, 489, 495, 526, 618, 698, 755, 777, 782 (exercebat — ruebat), 784 $=$ 16 Beispiele.

---

*) Die Entsprechung macht sich um so kräftiger geltend, wenn sie zugleich von der Alliteration unterstützt wird, wie hier reppulit — recepit.

**) Die Uebereinstimmung kommt hier, wie auch in vielen anderen Fällen, noch schärfer zur Geltung durch die Alliteration und zugleich durch den Gleichklang im Auslaute flebant — ferebant.

VIII 12, 78, 89, 100, 124, 145, 147, 165, 216, 218, 231, 250, 277, 305, 390, 450, 491, 507, 559, 584, 591, 592, 599, 607, 615, 619, 653, 695, 730 = 29 Beispiele.

IX 17, 39 (**condunt** — **conpleut**), 45, 58, 66, 113, 122, 166, 170, 233, 336, 338, 348, 369, 374, 408, 432, 434, 437, 449, 463, 466, 471, 487, 504, 524, 553, 555, 597, 663, 665, 667, 671, 682, 718 = 35 Beispiele.

X 101, 117, 147, 163, 196, 262, 293, 330, 387, 419, 530, 548, 623, 632, 644, 657, 686, 726, 731, 741, 767, 785, 788, 795 (**cedebat** — **trahebat**), 799 (**sustinuit** — **sequuntur**), 810, 820, 823, 836, 867 = 30 Beispiele.

XI 21, 47 (**mitteret** — **moneret**), 60, 99 (**tendebat** — **ferebat**), 107, 118, 132, 162, 176, 190 (**lustravere** — **dedere**), 315, 319, 322, 323 (**consideant** — **condant**), 329, 344, 346, 354, 356, 359, 418, 427, 470 (**deserit** — **differt**), 481, 524, 538, 542, 602, 606, 619, 665, 669, 683, 685, 699, 720, 742, 750, 752, 761, 784, 800 (**convertere** — **tulere**), 813, 825, 859, 902, 909, 914, 915 = 49 Beispiele.

XII 28 (**fas erat** — **canebant**), 55 (**flebat** — **tenebat**), 66, 85, 130, 133, 145, 153, 201 (**tango** — **testor**), 235, 242, 246, 256, 280, 288, 300, 378, 390 (**rescindant** — **remittant**), 428, 449, 467, 470, 512, 524, 536, 564, 575, 577, 628, 644, 654, 663, 683, 696 (**discessere** — **dedere**), 699, 724 (**concurrunt** — **conplet**), 748, 773, 780, 785, 787, 814, 822, 912 (**sufficiunt** — **sequuntur**), 916, 928, 944, 949 = 48 Beispiele.

Demnach zusammen 384 Beispiele.

b) Entsprechung der Subjecte oder überhaupt der Nominative, wie

II 164 Tydides sed enim scelerumque inventor Ulixes

III 3 Ilium et omnis humo fumat Neptunia Troia.

So I 493, 496, 606

II 164, 170, 201, 206, 290, 369, 493, 625, 639, 727

III 3, 15, 23, 80, 277, 363, 395

IV 262, 367, 668

V 5, 396, 602

VI 130, 139, 274, 279, 480, 552, 757, 763, 901

VII 1, 9, 28, 180, 486, 535, 590, 610, 637, 722, 742, 794

VIII 34, 134, 151, 242, 334 (fortuna — fatum), 466, 545, 586

IX 28 (Tyrrhidae — Turnus), 226, 293, 327, 648

X 169, 171, 211, 230, 306, 544, 605, 676, 737

XI 260, 382, 452, 527, 620, 759

XII 102, 284, 576, 607, 905.

Demnach zusammen 80 Beispiele.

c) Entsprechung der Objecte, wie

I 68 Ilium in Italiam portans victosque Penates

I 184 navem in conspectu nullam, tris litore cervos.

So I 68, 109, 176, 184, 209, 282, 309, 366, 426, 428, 510, 564, 611, 635, 651, 744, 750 (multa — multa, ein besonders schönes Beispiel, und zugleich eine Palillogie).

II 33, 293, 320, 406, 666.

III 133, 141, 191, 350, 366, 432 (Scyllam — saxa), 435 (unum — unum).

IV 55, 112 (Infinitive = Object), 172 (coniugium — culpam), 266, 588, 628.

V 101, 163, 248, 307, 617, 818, 839.

VI 19, 227, 334, 369, 631.

VII 256, 504, 664, 798, 804.

VIII 8, 93, 267, 284, 289, 295, 341, 435, 516, 571, 577, 708.

IX 43, 169, 173, 273, 317 (corpora — currus), 522.

X 78, 80, 652, 748, 838, 866.

XI 18, 86, 137, 333, 433, 575.

XII 2 (Infinitive), 223, 264, 376, 475, 584, 586, 596 (Infinitive), 795 (Infinitive).

Demnach zusammen 91 Beispiele.

d) Entsprechung von zwei parallel gesetzten Adjectiven, Participien, Zahlwörtern, wie z. B.

I 634 viginti tauros, magnorum horrentia centum

II 28 desertosque videre locos litusque relictum.

Dies findet sich I 53, 99, 624, 634.

II 28, 381 (attollentem — tumentem), 384, 568 (servantem — latentem), 570 (erranti — ferenti), 729, 771 (quaerenti — furenti).

III 120 (nigram Hiemi pecudem, Zephyris felicibus
albam), 678.

IV 401 (migrantis cernas totaque ex urbe ruentis).

V 108, 279 (nixantem — plicantem), 860, 865.

VI 435, 624, 657 (vescentis — canentis), 680, 758 (in-
lustris animas — ituras), 787.

VII 663 (Tyrrhenoque boves in flumine lavit Hiberas).

VIII 248, 620, 640, 669 (pendentem — trementem), 712
(pandentemque — vocantem).

IX 163, 329, 339, 628 (caudentem — ferentem), 678,
766, 783.

X 193 (linquentem — sequentem), 527 (caelati argenti.
sunt auri pondera facti), 723, 750, 826.

XI 101, 398, 812, 886 (defendentum — ruentum).

XII 100, 120 (velati — vincti), 410 (bellantum — cadentum),
559, 655 (deiecturum — daturum).

Demnach zusammen 51 Beispiele.

e) Andere Entsprechungen.

I 4 (vi superum — Iunonis ob iram), 51 (nimborum —
austris), 129 (fluctibus oppressos — caelique ruína), 288
(Iulius — Iulo), 311 (arboribus — umbris), 449 aere — aenis,
694 (floribus — umbra).

II 98 (criminibus — voces), 275 (Hectore — Achilli), 284
(funera — labores, beides von post abhängig), 314 (arma amens
capio; nec sat rationis in armis), 412 (armorum — iubarum),
512 (aedibus — axe).

III 30 (membra — sanguis), 81 (vittis — lauro), 302 (ante
urbem — ad undam), 378 (aequora — portu), 428 (delphinum
caudas utero commissa luporum, zugleich Chiasmus), 471 (remigium — armis), 573 (turbine — favilla).

IV 2 (volnus — igni), 48 (coniugio — armis), 64 (pectoribus — exta), 148 (fronde — auro), 175 (mobilitate — eundo).

274 (Ascanium — Iuli), 303 (orgia — Cithaeron), 582 (litora — aequor), 666 (ad atria — per urbem).

V 163 (litus ama et laevas stringat sine palmula cautes), 281 (vela facit tamen et plenis subit ostia velis), 413 (sanguine — cerebro), 562 (agmine — magistris), 745 (farre — acerra).

VI 152 (sedibus — sepulcro), 165 (acre — cantu), 167 (et lituo — et hasta), 404 (ad genitorem — ad umbras), 497 (auribus et truncas inhonesto volnere naris), 539 (nox ruit, Aenea, nos flendo ducimus horas).

VII 635 (vomeris — aratri), 640 (loricam induitur fidoque accingitur ense), 711 (Ereti — Mutuscae), 809 (gramina — aristas).

VIII 23 (sole repercussum aut radiantis imagine lunae), 54 (Pallantis proavi de nomine Pallanteum), 80 (remigio — armis), 413 (coniugis et possit parvos educere natos), 482 (imperio — armis).

IX 2 (Irim de caelo misit Saturnia Iuno), 70 (aggeribus — undis), 259 (Assaracique Larem et canae penetralia Vestae), 397 (fraude — tumultu), 615 (desidiae cordi, iuvat indulgere choreis).

X 237 (tela inter media atque ardentis Marte Latinos), 746 (somnus — noctem), 765 (stagna — undas), 814 (Dardanio — Lauso).

XI 38 (pectoribus — luctu), 114 (hospitia — armis), 126 (iustitiaene prius mirer belline laborum), 704 (consilio versare dolos ingressus et astu), 711 (ense pedes nudo puraque interrita parma).

XII 83 (Pilumno — Orithyia), 871 (unguibus ora soror foedans et pectora pugnis, zugleich Chiasmus).

Demnach 65 Beispiele.

B.

In den Vergilstudien S. 38 wurde hervorgehoben, dass der Parallelismus, der sich in der Stellung der einander irgendwie entsprechenden Wörter an den beiden Versenden zeigt, eine interessante Erweiterung über die engeren Gränzen éines Verses hinaus erfährt, wenn von den beiden einander entsprechenden

Wörtern das eine am Anfang des einen Verses und das zweite am Ende des nächstfolgenden Verses erscheint. Hier wird also ein grösseres Ganze von den beiden „Flügelwörtern" eingeschlossen.*) Die hieher gehörigen Beispiele will ich nur in zwei Kategorien anführen, von denen die erste die Entsprechung der Praedicate enthält, eine Entsprechung, die sich mit ganz besonderer Kraft geltend macht. In die zweite Kategorie stelle ich ohne weitere Unterscheidung alle übrigen Beispiele. Zugleich bemerke ich, dass ich die Beispiele der ersten Kategorie vollständig anführe, während ich aus der zweiten Kategorie nur einige Beispiele hervorhebe.

1. Entsprechung der Praedicate

I 490 f. (ducit — ardet), 613 f. (obstipuit — locuta est).

II 19 f. (includunt — complent), 130 f. (adsen**sere** — tu**lere**), 226 f. (diffugiunt — teguntur), 302 f. (excutior — adsto), 343 f. (venerat — ferebat), 565 f. (deser**uere** — **dedere**), 578 f. (aspiciet — videbit)**), 693 f. (intonuit — cucurrit), 769 f. (implevi — vocavi).

III 176 f. (corripio — libo), 243 f. (accipiunt — relinquunt), 347 f. (adgnoscitque — fundit), 493 f. (vivite — vocamur), 562 f. (contorsit — petivit).

IV 154 (transmittunt — relinquunt), 476 f. (exigit — serenat), 545 (inferar — iubebo), 605 (imple**ssemque** — dedi**ssem**).

V 78 f. (fundit — fatur), 92 (libavitque — liquit), 428 f. (abduxere — lacessunt), 437 (stat — exit), 862 (currit — fertur).

VI 202 f. (tollunt se — sidunt), 290 f. (corripit — offert), 524 (amovet — pandit), 593 (contorsit — adegit), 820 (accipiet — vocabit).

VII 110 f. (subiciunt — augent), 136 f. (inplicat — precatur), 158 f. (molitur — cingit), 419 (fit — offert), 491 f. (errabat — ferebat), 501 f. (successit — replebat).

---

*) Vgl. I 123 acci p i u n t inimicum imbrem rimisque fa t i s c u n t
und dagegen z. B.
II 130 f. adsensere omnes et, quae sibi quisque timebat,
unius in miseri exitium conversa tu l e r e.
**) Dies Beispiel entfällt aber, wenn Vers 579 unecht ist. Vgl. S. 28 ff.

VIII 26 f. (nox crat — habebat), 66 (dixit — reliquit), 155 f. (accipio — recordor), 231 f. (lustrat — resedit), 366 f. (dixit — locavit), 562 f. (stravi — misi), 665 f. (extuderat — addit).

IX 222 f. (succedunt — requirunt), 379 f. (obiciunt — coronant), 414 f. (volvitur — pulsat), 433 f. (volvitur — recumbit), 754 f. (sternit — pependit), 817 (accepit — remisit).

X 458 f. (ire als histor. Infin. — fatur), 634 f. (misit — petivit), 666 f. (respicit — tendit), 691 f. (concurrunt — instant), 777 f. (iecit — figit).

XI 120 f. (dixerat — ora tenebant), 500 f. (desiluit — fatur), 565 f. (dat — vellit), 796 f. (sterneret — videret), 818 f. (labitur reliquit), 821 f. (adloquitur — fatur).

XII 140 f. (praesidet — sacravit), 420 f. (fovit — fugit), 527 (fluctuat — itur), 678 f. (stat — videbis).

Demnach zusammen 62 Beispiele.

2. Andere Entsprechungen. So z. B. an folgenden 18 Stellen:

I 323 f. (succinctam — prementem), 375 f. (nos — vecsto).

III 295 f. (Priamiden Helenum Graias regnare per urbes coniugio Aeacidae Pyrrhi sceptrisque potitum), 656 f. (ipsum — petentem).

IV 143 f. (qualis ubi hibernam Lyciam Xanthique fluenta deserit ac Delum maternam invisit Apollo).

V 609 f. (illa viam celerans per mille coloribus arcum nulli visa cito decurrit tramite virgo). Sehr schön ist aber besonders der durch die chiastische Stellung bewirkte orbis orationis V 366 f.

> victori velatum auro vittisque iuvencum,
> ensem atque insignem galeam solatia victo

VI 335 f. (quos — virosque), 355 f. (tris Notus hibernas immensa per aequora noctes | vexit me violentus aqua; vix lumine quarto), 814 f. (Tullus — Ancus).

VII 812 f. (illam — euntem).

VIII 82 f. (candida per silvam cum fetu concolor albo |
procubuit viridique in litore conspicitur sus), 505 f. (ipse —
Tarchon).

X 324 f. (tu quoque, flaventem prima lanugine malas | dum
sequeris Clytium infelix, nova gaudia, Cydon), 522 (ille —
supplex).

XI 262 f. (Atrides Protei Menelaus adusque columnas ;
exulat, Actnaeos vidit Cyclopas Ulixes).

XII 473 f. (nigra velut magnas domini cum divitis aedes |
pervolat et pinnis alta atria lustrat hirundo), 901 f. (ille — heros).

C.

Auch auf den Parallelismus, der sich in der Stellung der
einander entsprechenden Wörter am Anfang oder am Ende von
zwei oder mehr auf einander folgenden Versen findet, habe ich
in den Vergilstudien S. 39 hingewiesen. Ich gebe nun hier eine
Sammlung der betreffenden Beispiele aus der Aeneis.

1. Parallelismus der am Anfang der Verse stehenden Wörter,

a) Parallelismus der Praedicate (oder überhaupt der Verbal-
formen), wie z. B.

I 187 f. constitit hic arcumque manu celerisque sagittas
corripuit, fidus quae tela gerebat Achates

II 235 ff. accingunt omnes operi pedibusque rotarum
subiciunt lapsus et stuppea vincula collo
intendunt.

I 31 f. (arcebat — errabant), 87 f. (insequitur — eripiunt),
116 ff. (volvitur — torquet — adparent), 159 ff. (est — efficit —
frangitur), 187 f. (constitit — corripuit), 201 f. (accestis — experti), 413 f. (cernere — molirive), 421 ff. (miratur — miratur
— iustant), 431 ff. (exercet — educunt — stipant), 515 f. (arde-
bant — dissimulant).

II 65 f. (accipe — disce), 234 ff. (dividimus — accingunt —
subiciunt — intendunt), 265 ff. (invadunt — caeduntur — accipiunt), 305 f. (incidit — sternit), 389 f. (mutemus — aptemus),
422 f. (adparent — adgnoscunt), 483 f. (adparet — adparent)

510 f. (circumdat — cingitur), 551 ff. (traxit — inplicuit — extulit), 632 f. (descendo — expedior), 683 f. (fundere — lambere).

III 198 ff. (involvere — abstulit — excutimur), 421 ff. (obsidet — sorbet — erigit), 607 f. (dixerat — haerebat), 652 f. (prospexi — addixi).

IV 141 f. (incedunt — infert), 144 f. (deserit — instaurat), 253 f. (constitit — misit), 300 f. (saevit — bacchatur), 338 f. (speravi — praetendi), 530 (solvitur — accipit).

V 40 f. (gratatur — excipit), 170 f. (radit — praeterit), 215 ff. (fertur — dat — radit), 237 (constituam — porriciam), 428 f. (abduxere — inmiscentque), 443 ff. (ostendit — extulit — praevidit), 750 f. (transscribunt — deponunt).

VI 34 f. (perlegerent — adforet), 179 f. (itur — procumbunt), 194 f. (este duces — dirigite), 216 f. (intexunt — constituunt), 248 f. (supponunt — suscipiunt), 293 f. (admoneat — inruat), 313 f. (stabant — tendebant), 365 f. (eripe — inice), 421 f. (obicit — corripit), 424 f. (occupat — evadit), 606 f. (accubat — exsurgit), 621 f. (vendidit — imposuit), 635 f. (occupat — spargit), 802 f. (fixerit — pacarit), 849 f. (orabunt — describent).

VII 109 f. (instituunt — subiciunt), 704 f. (misceri — urgueri).

VIII 109 f. (terrentur — consurgunt), 122 f. (egredere — adloquere), 217 f. (reddidit — mugiit), 364 f. (aude — finge), 449 f. (inpediunt — accipiunt), 530 f. (obstipuere — adgnovit), 551 f. (dantur — ducunt).

IX 16 f. (adgnovit — sustulit), 410 ff. (dixerat — conicit — et venit — frangitur — volvitur), 433 f. (volvitur — it), 436 f. (languescit — demisere), 493 f. (figite — conicite), 623 f. (**contendit — constitit**), 630 f. (audiit — intonuit), 664 ff. (it clamor — intendunt — sternitur — dant), 681 f. (consurgunt — attollunt), 718 f. (addidit — inmisit), 736 f. (**emicat — effatur**), 744 f. (intorquet — excepere — detorsit).

X 61 (redde — da), 152 f. (edocet — admonet), 207 f. (it — verberat), 233 f. (rupimus — quaerimus), 547 (**dixerat — crediderat**), 644 f. (inritat — instat — conicit), 725 f. (conspexit — gaudet), 730 f. (sternitur — tundit), 781 f. (sternitur aspicit), 892 ff. (tollit — verberat — inplicat).

XI 79 ff. (aggerat — addit — vinxerat), 220 f. (ingravat — testatur), 457 f. (consedere — dant), 473 f. praefodiunt — subvectant), 490 f. (fulgebatque — exsultatque), 499 f. (occurrit — desiluit), 548 ff. (spumabat — ruperat — tardatur), 561 f. (dixit — inmittit), 595 (dixit — insonuit), 709 f. (dixit — tradit), 745 f. (tollitur — convertere), 797 f. (adnuit — non dedit), 805 f. (concurrunt — suscipiunt), 858 f. (dixit — deprompsit).

. XII 183 ff. (cesserit — conveniet — cedet), 251 f. (arrexere — convertunt), 279 f. (corripiunt — procurrunt), 287 f. (infrenant — subiciunt), 299 f. (corripit — occupat), 326 f. (poscit — emicat), 417 f. (detulit — inficit), 446 f. (vidit . . . Turnus — videre Ausonii), 507 f. (excipit — transadigit), 563 f. (concurrit — deponunt), 590 f. (discurrunt — volvitur), 687 f. (fertur — exsultat), 712 ff. (invadunt Martem — dat gemitum — congeminant), 754 f. (haeret — increpuit). Zusammen 112 Beispiele.

b) Parallelismus anderer Wörter,*) wie z. B.

I 12 f.   Urbs antiqua fuit, Tyrii tenuere coloni,
           Karthago

II 40 f.   Primus ibi ante omnis magna comitante caterva
           Laocoon ardens summa decurrit ab arce

II 165 f. fatale adgressi sacrato avellere templo
           Palladium caesis summae custodibus arcis

I 2 f., 12 f., 198 f. (o socii — o passi graviora), 248 f. (Teucrorum — Troia), 265 f. (tertia dum Latio regnantem viderit aestas | ternaque transierint Rutulis hiberna subactis), 315 f.

---

*) Hier sind natürlich verschiedene Fälle zu unterscheiden. So ist I 12 f. das zweite Wort eine Apposition zu dem ersten, II 40 f. steht primus in praedicativer Beziehung zu Laokoon, II 165 f. ist das erste Wort das Attribut (und dieser Fall ist der bei weitem häufigste); zuweilen stehen die beiden Wörter bloss einander parallel, wie IV 289 f., oder sie stehen im Verhältnisse des Gegensatzes, wie V 163 f. u. s. w. — Hieher gehören natürlich auch jene Fälle, in welchen dasselbe Wort an der Spitze zweier auf einander folgenden Verse steht; ich führe aber diese Stellen, die zugleich Beispiele der Repetition bieten, an anderem Orte (näml. in der Abhandlung über die Alliteration) auf.

(virginis — Spartanae), 319 f., 415 f., 448 f. (aerea — aere), 532 f., 628 f. (me — iactatam).

II 40 f., 58 f. (pastores — Dardanidae), 77 f. (cuncta — vera), 160 f. (tu — Troia), 165 f. (fatale — Palladium), 183 f. (hanc — effigiem), 220 f., 364 f. (plurima — corpora), 370 f. (primus — Androgeos), 568 f. (servantem — Tyndarida).

III 75 ff. (quam — errantem — inmotam), 107 f. (maxumus unde pater — Teucrus), 164 ff. (terra — Oenotri — Italiam), 496 f., 537 f., 570 f., 643 f. (centum alii — infandi Cyclopes), 656 ff. (ipsum — pastorem — monstrum).

IV 71 f., 178 f. (illam — extremam), 189 f., 289 f. (classem aptent — arma parent), 349 f. (quae — invidia), 563 f., 617 f.

V 42 f. (postera — clara dies), 163 f. (litus — altum; Gegensatz), 256 f. (longaevi — custodes), 294 ff. (Nisus et Euryalus — Euryalus — Nisus — regius . . . Diores), 306 f. (Gnosia — spicula), 310 f. (primus — alter; Gegensatz), 390 f. (tantane — dona), 430 f. (ille — hic; Gegensatz), 543 f. (proxumus — extremus; Gegensatz), 546 f.

VI 25 f. (Pasiphae — Minotaurus), 105 f. (omnia — unum; Gegensatz), 237 f. (spelunca — scrupea), 390 f. (umbrarum — corpora viva; Gegensatz), 726 f., 769 f., 791 f., 826 f.

VII 59 f. (laurus — sacra), 187 ff. (ipse — succinctus — Picus), 404 f., 496 f. (ipse — Ascanius), 505 f., 595 f., 612 ff. (ipse — insignis — ipse), 616 f. (hoc — more), 668 ff. (ipse — indutus — horridus), 733 f. (nec tu — Oebale),*) 744 f. (et te — Ufens).

VIII 28 f. (cum pater — Aeneas), 74 f. (quo — fonte), 134 f., 166 f., 324 f. (aurea — saecula), 367 f., 489 f., 514 f., 594 f., 657 f., 687 f., 727 f.

---

*) Ich führe dies Beispiel und noch einige ähnliche (deren Zahl aber nicht erheblich ist) zugleich mit an, obzwar das correspondirende Wort nicht unmittelbar an der Spitze des Verses steht; aber es musste natürlich die Conjunction an die Spitze des Satzes (und hier zugleich auch des Verses) treten.

IX 176 f., 252 f. (quae — praemia), 263 f. (bina — pocula), 312 f., 381 f. (silva — horrida), 406 f. (si qua — dona), 530 f., 542 ff. (semineces — confixi — transfossi), 677 f.

X 132 f., 172 f., 217 f., 518 f., 584 f. (dicta volant Ligeri sed non et Troius heros | dicta parat contra), 721 f., 750 f. (Gegens.), 851 f.

XI 14 f. (maxuma res — quod superest = τὸ λοιπόν), 178 f., 218 f., 246 f., 291 f., 440 f., 445 f., 505 f. (me — tu, Gegens.), 578 f. (tela — et fundam), 676 f. (quot — tot), 762—765 (qua — hac : qua — hac, eine sehr bemerkenswerthe Symmetrie), 780 f., 850 f., 879 (qui — hos).

XII 58 f. (tu — te), 103 f. (mugitus — terrificos), 113 f., 192 f., 331 f. (qualis — sanguineus Mavors), 349 f., 509 f., 517 f., 579 f. (ipse — Aeneas), 618 f., 651 f., 721 f. (cornua — colla), 749 f. (inclusum — cervum), 777 f., 798 f. (aut ensem — ereptum), 862 f., 897 f., 930 f.

Zusammen 126 Beispiele.

2. Parallelismus der am Ende stehenden Wörter

a) Parallelismus der Praedicate, wie z. B.

II 124 f.   et mihi iam multi crudele canebant
        artificis scelus et taciti ventura videbant*)

I 142 f., 152 f., 211 ff. (nudant — figunt — ministrant), 247 ff. (locavit — fixit — quiescit), 255 f., 276 f. (condet — dicet), 280 f. (fatigat — fovebit), 356 ff. (retexit — suadet — recludit), 410 f., 518 f. (ibant — petebant), 625 f. (ferebat — volebat).**)

---

*) Hier wird ausserdem (wie auch noch in manchen anderen Fällen) der Parallelismus kräftig unterstützt durch den Reim; dazu kommt noch die Wiederkehr der Alliteration crudele canebant, ventura videbant, und endlich die regelmässige Entsprechung taciti = multi, ventura = crudele, videbant = canebant. Solche Beispiele zeigen, wie der Dichter die Gleichmässigkeit sowol in der Wortstellung als im Klang der Wörter liebte.

**) Dieser stärkere Reim (eine schwächere Assonanz findet sich überall) kommt unter diesen C 2 *a* angeführten Beispielen vierzehnmal vor, nämlich I 625 f., II 124 f., 456 f., IV 189 f., 256 f., 331 f., V 385 f., VI 468 f., VII 187 f., 653 f., VIII 396 f., 646 f., IX 182 f., XI 544 f.

II 77 (fatebor — neque . . . negabo), 124 f., 130 f., 139 f. (reposcent — piabunt), 374 f., 455 ff. (manebant — solebat — trahebat), 524 f. (recepit — locavit).

III 346 ff. (adfert — ducit — fundit), 596 f. ubi . . . vidit — haesit).

IV 189 f. (replebat — canebat), 238 f., 243 ff. (mittit — resignat — tranat — cernit), 256 f. (volabat — secabat), 329 f., 331 f. (tenebat — premebat), 358 f. (vidi — hausi), 362 ff. (tuetur — pererrat — profatur), 374 f., 405 ff. (trudunt — cogunt — fervet), 426 f., 595 f., 613 f., 655 f., 675 ff. (petebas — parabant), 678 ff. (vocasses — tulisset — vocavi — abessem).

V 1 f. (tenebat — secabat), 149 f. (volutant — resultant), 316 f., 368 f., 375 f., 385 f. (fremebant — iubebant), 441 f., 465 f., 586 f., 855 f.

VI 185 f., 379 f., 468 f. (ciebat — tenebat), 506 f., 518 f., 684 f., 812 f., 886 f.

VII 187 f. (sedebat — gerebat), 526 f., 578 f. (Infinitive), 653 f. (qui laetior esset — haud Mezentius esset), 754 f., 774 f. (recondit — relegat).

VIII 94 f., 170 f., 203 f., 213 f. (moveret — pararet), 281 f., 308 f., 359 f., 396 ff. (similis si cura fuisset, | tum quoque fas nobis Teucros armare fuisset; | nec pater omn. Tr. nec fata vetabant), 467 f., 646 ff. (iubebat — premebat — ruebant), 656 f. (canebat — tenebant).

IX 182 f. (ruebant — tenebant), 248 f., 250 f., 407 f. (auxi — fixi), 567 f., 600 f., 635 ff. (remittunt — sequuntur — tollunt).

X 213 f., 250 f., 256 f., 373 f., 460 f., 491 f. (referte — remitto), 613 f., 670 f., 854 f., 873 f.

XI 66 f., 70 f., 111 f., 140 f., 162 f., 344 f., 434 ff. (poscunt — obsto — fugit), 445 f. (agebant — movebat), 544 f. (petebat — premebant), 733 f. (venit — vertit), 906 f.

XII 11 f. (retractent — recusent), 30 f., 62 f., 77 f., 85 f., 104 f., 114 f., 147 f., 150 f., 324 f., 581 f. (Infinitive), 676 f., 762 ff. (instat — retexunt — petuntur — certant), 841 f. (retorsit — relinquit), 887 f.

Zusammen 114 Beispiele.

b) Parallelismus anderer Wörter, z. B.

I 9 f. quidve dolens regina deum tot volvere c a s u s
insignem pietate virum tot adire l a b o r e s*)

I 321 f. ac prior 'heus' inquit 'iuvenes, monstrate, m e a r u m
vidistis si quam hic errantem forte s o r o r u m

II 443 f. nituntur gradibus clipeosque ad tela s i n i s t r i s
protecti obiciunt, prensant fastigia d e x t r i s

I 9 f., 38 f., 71 f. 139 f., 146 f., 165 ff. (umbra — antrum
— saxo), 195 f. (Acestes — heros), 303 f. (quietum — benignam),
321 f. (mearum — sororum), 351 f. (aegram — amantem), 408 f.,
432 f. (mella — cellas), 592 f. (flavo — auro), 740 f. (Iopas —
Atlas).

II 98 f. (voces — arma), 213 f., 230 f., 337 f., 409 f.,
426 f., 443 f. (sinistris — dextris), 557 f. (truncus — corpus),
710 f. (Iulus — coniunx), 718 f., 772 f. (umbra Creusae —
imago), 783 f.

III 29 f., 78 f., 203 f. (tris . . . . s o l e s — totidem sine
sidere n o c t e s), 266 f. (funem — rudentis), 350 f., 356 f., 379 f.
(Parcae — Iuno), 426 ff. (virgo — pistrix — luporum), 458 f.,
516 f. (geminosque Triones — Oriona), 698 f.

IV 1 f. (cura — igni), 35 f., 160 f., 166 ff. (Iuno — aether
— Nymphae), 250 f., 318 f. (istam — mentem), 345 f., 443 f.
(altae — frondes), 598 (penatis — parentem).

V 30 f., 68 f. (sagittis — caestu), 96 f. (bidentis — iuvencos),
208 f. (contos — remos), 312 f., 570 f., 648 f., 685 f., 690 f.,
698 f. (omnes — carinae), 706 f. (ira - ordo).

VI 34 f. (Achates — sacerdos), 38 f. (iuvencos — bidentis),
169 f., 343 f., 450 f., 491 f. (pars vertere terga — pars tollere
vocem)**), 798 ff. (Caspia regna — Maeotia tellus — ostia
Nili), 847 f.

---

*) Der Effect dieses Parallelismus wird auch durch die doppelte Entspre-
chung t o t = tot, a d i r e = v o l v e r e erhöht.

**) Sehr bemerkenswerth ist hier auch die Uebereinstimmung p a r s = p a r s,
v e r t e r e = t o l l e r e, und ausserdem die chiastisch wiederkehrende Alliteration p v t = p t v.

VII 15 f., 40 f., 180 ff., 223 f. (uterque — orbis), 342 f., 390 f., 477 f. (pulcher — Iulus), 553 f., 566 f. (fragosus — torrens), 613 f., 685 f., 757 f. 789 f., 815 f.

VIII 16 f., 53 f., 110 f., 119 f., 201 f., 207 f. (quattuor ... tauros — avertit, totidem ... iuvencas)*), 330 f. (Thybris — Thybrim), 342 f., 473 f. (claudimur amni — circumsonat armis), 508 f. (saeclis effeta senectus — seraeque ad fortia vires), 639 f., 700 f., 702 f. (scissa gaudens vadit Discordia palla = cum sanguineo sequitur Bellona flagello, wo scissa = sanguineo, vadit = sequitur, Discordia = Bellona, palla = flagello), 705 f. (Indi — Sabaei).

IX 49 f. (albis — rubra), 75 f. (lumen — favillam), 110 f. (ingens — nimbus), 205 f. (istum — honorem), 244 (urbem — amnem), 285 f. (non Ilia tellus — non moenia regis Acestae), 493 f., 513 f. (omnis — casus), 544 f. (Helenor — Helenor), 626 f., 731 f., 802 f.

X 270 f. (flamma — ignis) und gleich darauf 272 f. (cometae — Sirius ardor), 429 f. (Etrusci — Teucri), 474 f. (hastam — ensem), 636 f., 659 f.

XI 128 f., 136 ff. (pinus — cedrum — ornos, eine Uebereinstimmung, deren Absichtlichkeit noch mehr dadurch hervortritt, dass 136 f. auch die an der Spitze der Verse stehenden Wörter fraxinus und robora einander entsprechen), 201 f. (partim — partim), 208 f. (vasti — agri), 237 f. (maxumus aevo — Latinus, wo maxumus aevo éin Begriff ist), 278 ff. (pugnas — bellum — malorum), 624 f. (pontus — unda), 648 f. (Amazon — Camilla), 660 f. (armis — curru), 666 f. (apertum — pectus), 737 f., 759 f., 787 f., 843 f. (in dumis coluisse Dianam — umero gessisse sagittas, wo auch coluisse = gessisse), 850 f. (bustum — tectum), 856 f., 904 f. (saltus ingressus apertos — silvaque evadit opaca, wo saltus = silva, ingressus = evadit, apertos = opaca).

---

*) Auch hier ist wieder bemerkenswerth die Uebereinstimmung praestanti corpore tauros = forma superante iuvencas.

XII 99 f. (crinis — madentis), 125 f., 178 f., 181 f., 306 f., 319 f., 400 f., 444 f. (campus — tellus), 507 f. (crudum — ensem), 544 f., 558 f. (urbem — quietam), 656 f., 716 f., 845 f., 903 f. (euntem — moventem), 926 f. (ictus — Turnus).

Zusammen 144 Beispiele.

V.
Ueber die Alliteration in der Aeneis.

Ein bisher viel zu wenig beachteter Punkt, dessen Einfluss auf die Poesie der Römer — insbesondere die epische — durchaus nicht gering angeschlagen werden darf, ist die Alliteration. Während der Einfluss der Alliteration auf die alte germanische Poesie*) allgemein bekannt ist und sowol bei der Exegese als auch bei der kritischen Feststellung des Textes die gebührende Berücksichtigung findet, kommt z. B. in den Vergilcommentaren im Ganzen nur sehr selten eine Hinweisung auf die Alliteration vor. Von den Vergilerklärern hat vielleicht verhältnissmässig am häufigsten Forbiger auf die Alliteration hingewiesen. Vgl. seinen Index rerum et verborum (IV) pag. 782 (4. Aufl.) s. v. Alliteratio und die Bemerkungen zu mehreren Stellen, wie z. B. Aen. III 183, V 866 u. a. Aber auch Forbiger hatte offenbar keine Ahnung davon, in welch grossartigem Umfange und mit welcher Vorliebe Vergil von der Alliteration Gebrauch gemacht hat. Was mich betrifft, so habe ich schon vor mehreren Jahren selbstständig, ohne die Vorarbeiten Anderer zu kennen, die Beobachtung gemacht, dass die Alliteration · bei Vergil eine sehr wichtige Rolle spielt, und einmal darauf aufmerksam geworden, forschte ich dem Gebrauch der Alliteration bei Vergil und in der römischen Poesie überhaupt genauer nach und gelangte hiedurch von der blossen

---

*) In der deutschen Poesie ist die Alliteration frühzeitig durch den Reim verdrängt worden; die Angelsachsen und skandinavischen Völker hielten an der alliterirenden Poesie länger fest. — Interessante Untersuchungen über die germanische Alliterationspoesie finden sich in Ferd. Vetter's Schrift „Zum Muspilli und zur germanischen Alliterationspoesie. Wien 1872."

Vermuthung und Ahnung zu der festen Ueberzeugung, dass
die Alliteration bei Vergil sowie auch bei zahlreichen anderen
römischen Dichtern (Naevius, Ennius, Plautus, Pacuvius, Attius,
Lucilius, Lucretius, Ovidius, Lucanus, Valerius Flaccus, Silius
Italicus u. a. und auch noch in späterer Zeit, z. B. bei Claudianus)
zwar kein für den Vers unentbehrliches, aber doch auch kein
durchaus zufälliges und unabsichtlich auftretendes, sondern vielmehr ein mit unverkennbarer Vorliebe aufgesuchtes und ange-
wandtes Element der Poesie ist.   Hiebei muss ich nun offen von
mir dasselbe bekennen, was auch Mähly (Neues Schweizerisches
Museum 1864, S. 207) gesteht.*) Auch ich wusste, dass die Alliteration der römischen Dichter hie und da gelegentlich erwähnt
wird, ebenso glaubte ich aber aus der verhältnissmässig geringen
Beachtung, welche von Seiten der Erklärer und Kritiker diesem
Gegenstande zu Theil ward, schliessen zu dürfen, dass bisher
niemand auf die überaus grosse Tragweite und auf den ausgedehnten Gebrauch der Alliteration in der römischen Poesie aufmerksam geworden war.   Zufällig erhielt ich nach der Veröffent-
lichung meiner Vergilstudien (1878) Kenntniss von der oben-
erwähnten interessanten und lehrreichen Abhandlung Mähly's und
durch diese wieder von der inhaltreichen und beachtenswerthen
Abhandlung Naeke's de alliteratione sermonis latini (Rhein. Mus.
1829, S. 324—418).   Bei Naeke (S. 325) fand ich auch ein Ver-
zeichniss der diesen Gegenstand betreffenden Literatur und später
erhielt ich noch von manchen anderen Abhandlungen (z. B. Schlüter,

---

*) „Was die neuere Grammatik — vorzugsweise der germanischen Sprachen
— mit einer dem Alterthum fremden Bezeichnung Alliteration nennt,
hatte schon seit längerer Zeit meine Aufmerksamkeit hingelenkt auf die
beiden classischen Sprachen; da, als ich mit wachsender Befriedigung
gesammelt, mit wachsender Ueberzeugung meine Notizen und Sammlungen geordnet hatte, bekam ich zufällig Kenntniss und Einsicht von
der Abhandlung Naeke's im rheinischen Museum 1829: „de alliteratione
sermonis latini", p. 324 seqq. Dass hie und da gelegentlich auch schon
von dieser eigenthümlichen Erscheinung die Rede gewesen war, wusste
ich wohl, aber dass sie in diesem Umfang, ex officio, auf classischem
Boden behandelt, ja, auch nur bemerkt worden war, war mir neu und
ich wollte schon meine Arbeit für überflüssig halten. Eine genaue Einsicht aber in Naeke's Aufsatz änderte meine Anschauung."

veterum Latinorum alliteratio cum nostratium alliteratione comparata, Monast. 1820, Cadenbach, de alliterationis apud Horatium
usu, Essen 1837) oder gelegentlichen Erwähnungen Kenntniss.*)
Ich werde einzelne Schriften der einschlägigen Literatur
später zu erwähnen Gelegenheit haben. Es wird aber, wie ich
hoffe, aus den folgenden Sammlungen und Erörterungen klar
werden, dass ungeachtet manigfacher Vorarbeiten Anderer meine
Abhandlung über die Alliteration in der Aeneis kein überflüs-
siges Unternehmen ist. Ich werde zunächst das bezügliche Material der Aeneis nach gewissen Kategorien geordnet bieten, sodann
an zahlreichen Beispielen nachweisen, dass die Beachtung der
Alliteration auch auf dem Gebiete der Textkritik und Exegese
eine wichtige Rolle zu spielen berufen ist, und endlich werde ich
in den Schlussbetrachtungen die Gründe auseinandersetzen, die
uns berechtigen, die Alliteration als ein wichtiges Element der
Poesie Vergils anzuerkennen; zugleich werde ich hiebei die Grundsätze, von denen ich mich bei der Sammlung der Alliterationsbeispiele leiten lasse, darlegen.

*   *   *

So wie bei Vergil sehr oft an den beiden Versenden zwei
Wörter stehen, die in syntaktischer Hinsicht zu einander
irgendwie in dem Verhältnisse der Symmetrie stehen (vgl. S. 275 ff.),
so findet sich auf dem Gebiete der Alliteration die analoge Erscheinung, dass die beiden den Vers einschliessenden Wörter mit
einander alliteriren. Die Beispiele, die sich in der Aeneis für
diese Erscheinung, die ich ebenfalls mit dem S. 275 gebrauchten
Ausdrucke „Sperrung" bezeichne, finden, sind folgende:

I 11 inpulerit. tantaene animis caelestibus irae
20 audierat, Tyrias olim quae verteret arces
39 quippe vetor fatis. Pallasne exurere classem
77 explorare labor; mihi iussa capessere fas est
84 incubuere mari totumque a sedibus imis
108 tris Notus abreptas in saxa latentia torquet

---

*) Naeke hebt a. a. O. von seinen Vorgängern als besonders beachtens-
werth hervor Ioannes Iovianus Pontanus und G. I. Vossius.

168 Nympharum domus. hic fessas non vincula navis*)
174 ac primum silici scintillam excudit Achates
186 a tergo et longum per vallis pascitur agmen
242 Antenor potuit mediis elapsus Achivis
303 corda volente deo; in primis regina quietum
319 venatrix dederatque comam diffundere ventis
389 perge modo atque hinc te reginae ad limina perfer**)
479 interea ad templum non aequae Palladis ibant
550 arvaque, Troianoque a sanguine clarus Acestes
551 quassatam ventis liceat subducere classem***)
654 maxuma natarum Priami, colloque monile
658 consilia, ut faciem mutatus et ora Cupido
693 Idaliae lucos, ubi mollis amaracus illum
724 crateras magnos statuunt et vina coronant
750 multa super Priamo rogitans, super Hectore multa

II 17 votum — vagatur, 68 constitit atque — agmina circumspexit, *80* finxit — finget, 167 corripuere — cruentis, 314 arma amens — armis, 339 addunt se socios — armis,

---

*) Die hier gesperrt gedruckten Zahlen bezeichnen solche Stellen, an denen ausser dieser Sperrung die Alliteration noch in anderer Weise sich geltend macht, wie hier non. Noch bemerkenswerther ist die Erscheinung, wenn die „Sperrung" zugleich mit dem Chiasmus verbunden ist, wie 174 a s s a. Auch diese Beispiele bezeichne ich hier durch gesperrt gedruckte Zahlen. Uebrigens bemerke ich, dass ich diese Beispiele, welche ausser der Sperrung noch eine andere Alliteration aufweisen, auch noch an anderer Stelle anführe, und zwar die Beispiele, welche auch noch den Chiasmus zeigen, in der Sammlung der Beispiele für chiastische Alliteration, die übrigen dagegen in der grossen Sammlung jener Stellen, die eine irgendwie bemerkenswerthe Alliteration enthalten.

**) Die hier fettgedruckten Zahlen bezeichnen solche Stellen, an denen die den Vers einschliessenden und mit einander alliterirenden Wörter zugleich auch in syntaktischer Hinsicht oder hinsichtlich des Sinnes mit einander in Beziehung stehen und an denen ferner die Alliteration auch noch anders sich geltend macht, wie z. B. 389 auch der Chiasmus vorkommt per a a per.

***) Die hier cursiv gedruckten Zahlen bezeichnen solche Stellen, an denen die den Vers einschliessenden und mit einander alliterirenden Wörter zugleich auch in syntaktischer Hinsicht oder hinsichtlich des Sinnes mit einander in Beziehung stehen.

360 urbis — cava circumvolat umbra, 376 dixit et extemplo
— enim — dabantur, 428 dis — Dymasque, 445 Dardanidae —
domorum, 456 saepius — solebat, 459 tela manu miseri —
Teucri, 491 instat — patria Pyrrhus nec — neque ipsi,
520 inpulit — cingi — quo — inquit, 540 at — Achilles,
635 antiquas — altos, *669* reddite — revisam, 700 adfatur —
sanctum sidus adorat, 751 per — periclis, 752 principio — portae

III 40 auditur — auris, 64 caeruleis — cupresso, *68* condimus
— ciemus, 75 quam — circum, *115* placemus — petamus,
139 arboribus lues — letifer annus, *171* Ausonias — arva,
174 velatas — videbar, 184 nunc — nostro, 225 at — adsunt,
231 instruimus — ignem, 252 praedixit — pando, 256 quam —
caedis, 274 mox — montis, 288 Aeneas — arma, 326 stirpis
— superbum, 327 servitio — secutus, 381 principio — propin-
quam, 429 praestat — Pachyni, *435* unum — unum, 443 insanam
— ima, 510 sortiti — sicco, 536 turriti — templum, 552 cernitur
— contra, *589* umentem — umbram, 615 paupere — profectus,
655 vix ea — erat — videmus, 675 at — altis, 693 Plemy-
rium — priores

IV 7 umentem — umbram, *15* si — sederet, *26* pallentis
— profundam, 109 si modo — memoras factum, fortuna sequatur, *172* coniugium — culpam, 185 stridens — dulci declinat — somno, 197 incendit animum — atque aggerat iras,
204 dicitur ante aras media — munera divom, 219 talibus —
tenentem, 234 Ascanio — arces, 248 Atlantis, cinctum — cui
— atris, 263 demissa — dives — Dido, 289 classem aptent —
ad — cogant, 291 dissimulent — Dido, 296 at — amantem,
309 quin — classem, 320 te — tyranni, 458 coniugis — colebat,
459 velleribus — festa fronde revinctum, 472 armatam — atris,
587 vidit — velis, 615 at — audacis — armis, 702 devolat
et — ego Diti, 703 sacrum — solvo

V 6 polluto — furens — femina possit, 8 ut — ulla,
36 adventum — Acestes, 45 Dardanidae — divom, 57 adsumus
amicos, 86 amplexus placide — per aras, 94 hoc — inceptos
— instaurat honores, 98 vinaque — vocabat, 122 Centauro —
Cloanthus, 123 caerulea — Cluenti, *133* ductores — decori,

135 nudatos — nitescit, 138 corda pavor pulsans — cupido,
187 **parte** prior, **partem** — premit — Pristis, 198 procumbunt — puppis, 203 interior spatioque subit Sergestus iniquo,
243 ad — alto, 252 intextus — Ida, 333 concidit — cruore,
375 talis prima — proelia tollit, 415 **dum** — dabat — nec
dum, 531 abnuit Aeneas — amplexus Acesten, 566 portat
primi, **567 alba** — arduus **albam,** 606(?) Irim — Iuno, 613 at
— sola secretae — acta, *633* nullane — nusquam, 655 ambiguae
— amorem, 665 incensas — ipsi, 674 quo — ciebat, 699 quattuor amissis — a — carinae, 700 at — Aeneas casu concussus acerbo, 703 oblitus — oras, 726 imperio — ignem, 785
non — nefandis, 836 contigerat — quiete, 846 ipse — paulisper
pro te tua — inibo, 850(?) Aenean credam, quid — auris.

VI 21 Cecropidae — quotannis, 54 conticuit — cucurrit,
66 praescia — posco, 69 **tum** — Triviae — templum, 77 at
Phoebi — patiens inmanis in antro, 124 talibus — tenebat,
133 quod si **tantus** — si **tanta** cupido, 203 sedibus — super
— sidunt, *213* flebant — ferebant, 345 qui — canebat, 379 pro-
digiis — piabunt, 391 corpora viva — vectare carina, 419 cui
— colla colubris, 446 crudelis — cernit, 471 quam si —
silex — stet — cautes, 490 ut videre virum — umbras, 507
nomen — nequivi, 513 namque — noctem, 532 attulerint —
actus, 549 moenia — muro, 560 quae — quibusve, 587 **quat-**
tuor hic invectus **equis et** — quassans, 602 quos super — silex
— **iam iam** — cadentique, 620 discite — divos, 626 ferrea —
formas, 642 pars — palaestris, 652 stant — soluti, **680** inclusas animas — ad — ituras, 695 ille — **tua** tristis imago,
721 corpora? quae — cupido, 727 mens — molem magno —
miscet, 814 Tullus — triumphis, 815 agmina — Ancus, 880 obvius
— hostem, *891* Laurentisque — Latini.

VII 33 adsuetae — alveo, 57 adiungi — amore, 88 pellibus
— stratis somnosque petivit, 89 multa modis — videt volitantia
miris, 99 nomen — astra — ab — nepotes, 147 crateras —
coronant, 159 castrorum — atque aggere cingit, 205 atque —
equidem — est — annis, 232 fama — facti, 237 praeferimus
— vittas — verba precantia, 262 divitis — deerit, 265 ad-

veniat — amicos, 291 deseruisse — dolore, 305 inmanem — iras, 379 quem — circum, 431 consedere — carinas, 446 at — oranti — occupat artus, 476 Allecto — Stygiis se — alis, 478 insidiis — Iulus, 480 obicit — noto naris — odore, 504 auxilium — agrestis, 522 Ascanio auxilium — apertis, 534 vocis — vitam, 539 armenta — aratris, 565 amsancti — atrum, 574 pastores — reportant, 623 ardet inexcita Ausonia atque inmobilis ante, *631* Ardea — Antemnae, 657 pulcher — paternum, 700 cum — canoros, 729 accola — asper, 738 **Sarrastis** — **Sarnus,** 779 cornipedes — currum, 791 **argumentum** — **Argus.**

VIII 7 **contemptor** — cogunt, 8 auxilia — agros, 48 Ascanius clari condet cognominis Albam, **58** adversum — superes subvectus — amnem, *63* stringentem — secantem, 86 Thybris ea — est — tumentem, 136 advehitur — Atlas, 178 accipit Aenean — acerno, 222 tum — timentem, 227 pendebat — postis, 236 hanc — ad amnem, 264 caelo — cadaver, 290 ut — urbes, 320 arma — et — exsul ademptis, *334* fortuna — fatum, 400 et — est, **401** quidquid — possum promitte recurae, 435 aegida — arma, 517 adsuescat — ab annis, 567 abstulit — animas — et — exuit armis, **704** Actius — arcum — Apollo, 710 fecerat Ignipotens — Iapyge ferri,

IX 17 sustulit et — est — secutus, 28 Tyrrhidae — Turnus, 38 hostis — omnis, *39* condunt — conplent, 73 tum — Turni, **127 ultro** animos — atque — **ultro,** 183 tum quoque communi — tenebant, 196 posse — muros — moenia Pallantea, 253 praemia posse — pulcherrima primum, *262* reddite — recepto, 316 exitio. passim — per herbam, *317* corpora — currus, 343 perfurit — multam — medio — plebem, 372 cum — laevo — limite cernunt, 400 eripere — medios moriturus — enses, 445 confossus — quievit, 449 accolet — habebit, 482 sera — solam, **501** Ilionei monitu — multum — Iuli, 508 qua — corona, 531 opportuna — omnes, 542 seminecces — secuta, 614 vobis — vestis, 638 aetheria — Apollo, 647 antiquum — Anchisae, 674 abietibus — aequos, 679 quales — circum, 681 consurgunt — quercus — caelo, 689 et — eodem, 698 coniecto — cornus, 699 aëra — altum, 811 ictibus, ingeminant — **et** — **et ipse.**

X 26 obsidione — iterum imminet hostis, 32 Italiam petiere — peccata — illos, 36 quid — exustas Erycino — classis, 57 tot — terrae, 68 Cassandrae — castra, *118* interea — instant, 138 accipit — auro, *140* volnera — veneno, 181 Astyr — armis, 195 ingentem — ille, 214 subsidio — salis — secabant, 231 nunc pelagi Nymphae — perfidus — nos, [278] **ultro** animos — atque — **ultro,** 376 mortales — manusque, 448 talibus — dictis — dicta tyranni, 462 cernat semineci sibi — cruenta, 474 at — hastam, 478 tandem — Turni, 498 caesa — cruenti, 629 mente — maneres, 647 tum — Turnus, 681 an — amens, 689 at — monitis Mezentius ardens, 739 ille — exspirans — es inulto, 762 at — hastam, 772 atque — spatium — satis hastae, 782 aspicit — Argos, 852 pulsus — solio sceptrisque paternis.

XI 110 pacem me — Martis — peremptis, 151 et via vix — voci — est; 156 primitiae — propinqui, 157 dura — deorum, 182 aurora — miseris mortalibus almam, 221 testatur — Turnum, 232 fatalem — ferri, 293 qua — ast **armis** concurrant **arma** cavete, *323* considant — condant, 340 seditione — superbum, 358 ipsum obtestemur — oremus — ipso, 360 quid — civis, 376 talibus — Turni, 384 argue tu — tot — acervos, 385 Teucrorum tua dextra dedit — tropaeis, *392* **pulsus** — **pulsum,** 407 artificis — acerbat, **426** rettulit — melius, multos — revisens, **427** lusit — locavit, **470** descrit — tristi turbatus tempore, differt, 509 quasve — quando, 521 hortatur — hostem, 523 armorumque dolis — densis — atrum, 559 **tela tenens** — testor, *581* multae — matres, *583* aeternum — amorem, 588 labere — Latinos, 635 semianimes — surgit, 648 at — Amazon, 687 advenit — armis, 693 lucent — laevo dependet parma lacerto, 694 Orsilochum — orbem, *700* Appenninicolae — Auni, 709 dixit, at — acrique accensa dolore, 722 consequitur — columbam, 726 observans oculis summo sedet — Olympo, 747 arma — ab hasta, 765 hac — habenas, 816 illa manu moriens telum trahit — inter, 824 conficit — circum, 867 Opis ad aetherium — aufertur Olympum, 871 tuta — et equis aversi ad — tendunt, *896* interea — in silvis saevissimus inplet, 907 agmine — absunt

XII 21 consulere — casus, *29* **victus** — **victus,** *42* prodiderim natam — nostra petentem, 44 **longaevi** — **longe,** 86 **pectora plausa cavis** — **colla comantia pectunt,** 95 **vociferans:** nunc — numquam — vocatus, **120 velati** — **verbena** — vincti, 121 **procedit** — **pilataque plenis,** 137 **Laurentum** — **Latini,** 142 **Nympha** — **nostro,** *146* **disce** — **dolorem,** 150 **Parcarum** — propinquat, 171 **attulit admovitque** — **aris,** *201* **tango** — **testor,** 208 **cum semel** — **silvis** — **stirpe recisum,** 219 **adiuvat** — **aram,** *243* **infectum** — **iniquam,** 269 **turbati cunei calefactaque corda tumultu,** 279 **corripiunt caecique** — **contra,** 303 **inpressoque** — **ipsum,** 314 **o** — **iras, ictum** — **omnes,** 337 **talis** — **Turnus,** 352 **adfecit** — **adspirat Achillis,** 365 **ac** — **alto,** 367 **qua** — **caelo,** 382 **abstulit** — **harenae,** *390* **rescindant** — **remittant,** 407 **crebrescit propiusque** — **pulvere caelum,** 433 **Ascanium** — **circum conplectitur armis,** 437 **defensum dabit** — **ducet,** *459* **Archetium** — **Achates,** 533 **provolvere** — **pulsu,** 617 **attulit** — **aura,** 642 **aspiceret** — **armis,** *655* **deiecturum** — **daturum,** *696* **discessere** — **dedere,** *706* **moenia** — **muros,** 724 **concurrunt clipeis** — **conplet,** *768* **servati** — **solebant,** 777 **Faune** — **ferrum,** **790 adsistunt** contra certamina — **anheli,** 836 **subsident** — **sacrorum,** 845 **dicuntur** — **Dirae,** 854 **Iuppiter** — **Iuturnae** — **iussit, 912 sufficiunt vires** — **vox** — **verba sequuntur,** 914 **successum dea dira** — **sensus,** 919 **cunctanti** — **coruscat,** 922 **tormento sic . saxa fremunt** — **fulmine tanti,** 929 **mons** — **remittunt,** 933 **tangere** — **tibi talis,** *942* **balteus** — **bullis.**

Im Ganzen sind dies 376 Beispiele, demnach fast 3·9%, von der Gesammtzahl der Verse der Aeneis (9896).

* * *

Sehr gross ist die Zahl solcher Verse bei Vergil, in denen zwei Wörterpaare mit einander alliteriren. Die hiebei möglichen Combinationen sind folgende:

1) auf je ein Wort des einen Paares folgt je ein Wort des zweiten Paares, also in der Form **a b a b**

2) oder auf die beiden ein Paar bildenden Wörter folgt das zweite Wörterpaar, also Form **a a b b**

3) oder die Stellung ist eine chiastische, nämlich **a b b a.**

1.
Form a b a b.*)

I 26 exciderant animo; manet alta mente repostum
  28 et genus invisum et rapti Ganymedis honores
  79 (?) concilias, tu das epulis accumbere divom
 114 ipsius ante oculos ingens a vertice pontus
 121 et qua vectus Abas, et qua grandaevus Aletes
 154 sic cunctus pelagi cecidit fragor, aequora postquam
 166 fronte sub adversa scopulis pendentibus antrum
 178 expediunt fessi rerum frugesque receptas
 179 et torrere parant flammis et frangere saxo
 184 navem in conspectu nullam, tris litore cervos
 193 corpora fundat humi et numerum cum navibus aequet
 213 litore aena locant alii flammasque ministrant
 231 quid meus Aeneas in te committere tantum
 233 cunctus ob Italiam terrarum clauditur orbis
 249 Troïa; nunc placida conpostus pace quiescit,
 268 additur — Ilus erat, dum res stetit Ilia regno
 281 consilia in melius referet mecumque fovebit
 315 virginis os habitumque gerens et virginis arma
 329 an Phoebi soror? an Nympharum sanguinis una?
 382 matre dea monstrante viam data fata secutus
 396 aut capere aut captis iam respectare videntur
 399 haud aliter puppesque tuae pubesque tuorum**)
 400 aut portum tenet aut pleno subit ostia velo
 427 hic portus alii effodiunt, hic alta theatri
 434 aut onera accipiunt venientum, aut agmine facto

---

*) Ich führe hier nur jene Beispiele an, welche streng der Form abab ent-
sprechen und in denen sich also die Alliteration nicht ausserdem noch
irgendwie geltend macht. Eigentlich liegt aber das Schema abab auch
solchen Beispielen zu Grunde, wie I 164 aequora tuta silent; tum silvis
scaena coruscis (d. i. = abab + b), oder 183, oder 232 quid Troes
potuere, quibus tot funera passis (Schema abcabc). Diese und andere
Beispiele führe ich jedoch an anderem Orte an.

**) Dies Beispiel zeigt deutlich, dass Vergil in seinem Streben nach Sym-
metrie und Gleichklang selbst der Kakophonie nicht ängstlich aus dem
Wege gieng.

435 ignavum fucos pecus a praesepibus arcent
459 constitit et lacrimans: Quis iam locus, inquit, Achate
529 non ea vis animo nec tanta superbia victis
562 solvite corde metum, Teucri, secludite curas
568 nec tam aversus equos Tyria sol iungit ab urbe
607 in freta dum fluvii current, dum montibus umbrae
730 a Belo soliti; tum facta silentia tectis
752 nunc quales Diomedis equi, nunc, quantus Achilles.

II 6 quorum — fui — quis — fando, 39 scinditur incertum
studia — contraria, 49 est — Danaos et dona, 54 si fata — si
— fuisset, 81 fando aliquod — forte — ad, 121 cui — parent,
quem poscat, 161 fidem si — feram, si, 178 ni repetant — numenque reducant, 189 vestra manus violasset — Minervae, 243
substitit atque — sonitum — arma, 277 squalentem — concretos
sanguine crinis, 286 voltus — cur — volnera cerno, 353 in-
censae; moriamur — in media, 357 caecos rabies catulique relicti,
375 Pergama — nunc primum — navibus, 404 crinibus a —
Cassandra adytisque, 432 testor — nec tela nec, 442 parietibus
scalae postesque sub, 470 ipsum primoque in — Pyrrhus, 496
sic aggeribus — spumeus amnis, 502 sanguine — ipse sacraverat
ignis, 509 (?) diu senior desueta, 556 Pergama, tot — populis
terrisque, 572 et — Danaum — et deserti, 573 praemetuens —
et patriae — Erinys, 702 di — servate domum, servate, 707
care pater, cervici inponere, 711 sit comes — servet — coniunx,
727 adverso glomerati — agmine Grai, 734 ardentis clipeos atque
— cerno, 741 amissam respexi animumve reflexi, 753 extuleram,
repeto — et — retro, 756 si forte — si forte.

III 35 Gradivumque patrem, Geticis — praesidet, 56 potitur
quid — pectora cogis, 84 saxo venerabar structa vetusto, 88
quem sequimur? quove — sedes, 176 corripio — stratis corpus
— supinas, 180 adgnovit prolem ambiguam — parentes, 185 et
saepe Hesperiam, saepe, 199 abstulit, ingeminant abruptis —
ignes, 242 neque vim — nec volnera, 257 ambesas — malis
absumere mensas, 302 ante urbem — ad undam, 310 verane —
facies, verus — adfers, 315 vivo equidem vitamque extrema,
320 deiecit voltum — demissa voce, 342 antiquam virtutem

animosque virilis, 347 adgnoscitque — laetusque ad limina,
382 ignare, paras invadere portus, 488 coniugis Hectoreae. cape
— extrema, 489 mihi sola mei super, 512 necdum orbem —
nox horis, 540 bello armantur — bellum armenta, 542 quadrupedes — frena — concordia ferre, 543 spes — pacis —
sancta precamur, 544 Palladis armisonae — prima accepit, 547
Iunoni Argivae iussos adolemus, 599 precibusque tulit: per —
testor, 621 nec — facilis nec adfabilis, 645 lunae — cornua
lumine conplent, 674 Italiae curvisque inmugiit — cavernis.

IV 11 quem — ferens, quam forti, 33 nec — natos — nec
— noris, 41 et — infreni — et inhospita, 47 quam — soror
— quae surgere, 54 incensum animum — inflammavit amore, 56
principio — adeunt pacemque — aras, 59 Iunoni — cui —
iugalia curae, 86 non — adsurgunt — non arma, 138 cui —
auro, crines — aurum, 144 deserit ac Delum — Apollo, 149
sonant — illo segnior ibat, 162 et Tyrii — et Troiana, 176
parva metu primo, mox, 177 ingrediturque — caput inter —
condit, 186 sedet custos — summi culmine, 283 quid agat?
quo — ambire, 286 partisque — varias perque — versat, 310
properas Aquilonibus — per altum, 333 pauca refert — plurima
fando, 358 detulit, ipse deum — in, 365 nec — diva — nec
Dardanus, 413 ire iterum in — iterum, 414 supplex animos
submittere amori, 422 te colere — tibi credere, 443 inter se —
it stridor, 447 adsiduis hinc atque hinc, 470 et solem — et —
se, 494 tu secreta — tecto — sub, 553 sic — insistit secumque
ita, 534 rursusne procos inrisa priores, 538 iussa — auxilio
iuvat ante, 572 corripit — somno corpus sociosque, 601 spargere? non socios, non, 641 sic ait — studio — anilem, 694
difficilisque obitus — demisit Olympo, 697 sed — ante — subitoque accensa, 700 croceis per caelum — pinnis, 704 sic — et
— secat — et.

V 7 triste per — Teucrorum pectora, 20 consurgunt —
atque — cogitur aer, 107 laeto conplebant litora coetu, 156
nunc Pristis — nunc — praeterit, 184 Sergesto Mnestheique —
superare — morantem, 207 consurgunt — magno clamore mo-
rantur, 225 solus — ipso superest in, 275 seminecem liquit saxo

lacerumque, 327 fere spatio — fessique sub, 378 quaeritur —
alius — quisquam — agmine, 380 ergo — putans excedere palma,
413 sanguine cernis — sparsoque — cerebro, 414 his — stetit;
his — suetus, 436 crebra manus — crepitant — malae, 462
et — animis Entellum — acerbis, 483 hanc — meliorem animam
— morte, 510 non valuit; nodos — vincula, 599 quo puer —
quo — pubes, 654 at matres — ancipites — malignis, 661
aras frondem ac — facesque, 697 implenturque super puppes,
semiusta, 701 nunc — ingentis, nunc illuc, 741 quo — ruis?
quo proripis, 798 si — peto, si — Parcae, 807 amnes — viam
atque evolvere, 812 mens — perstat mihi; pelle, 820 subsidunt
— tumidumque sub — tonanti, 833 princeps ante — Palinurus
agebat, 869 casuque animum concussus amici.

VI 32 conatus erat casus effingere, 41 viri, Teucros vocat
— templa, 93 causa — tanti coniunx — Teucris, 120 fretus
cithara fidibusque canoris, 127 atque dies — atri — Ditis,
142 sibi pulchra suum — Proserpina, 166 Hectoris — comes,
Hectora circum, 194 este — qua — est, cursumque, 207 croceo
— teretis circumdare truncos, 256 sub — mugire solum —
moveri, 281 vipereum crinem vittis — cruentis, 320 linquunt
— vada livida verrunt, 365 malis — tu mihi terram, 367 si
qua — si quam, 383 corde — tristi — cognomine terra, 388
quisquis — armatus qui — ad, 406 at ramum — aperit
ramum, 465 siste — ne subtrahe nostro, 479 hic illi — hic
inclutus, 489 at — proceres Agamemnoniaeque phalanges, 526
scilicet — magnum sperans — munus, 531 qui vivum casus —
vicissim, 553 vis — nulla virum, non, 625 si — centum sint
— centum, 689 nate — et notas — et, 694 quam — ne quid —
nocerent, 726 intus alit — infusa — artus, 829 attigerint,
quantas acies — ciebunt, 834 tuque prior, tu parce, 849 causas
melius caelique meatus, 861 egregium forma — et fulgentibus,
871 potens, Superi, propria — si, 878 heu pietas, heu prisca,
887 aëris — latis atque — lustrant.

VII 24 fugam — vada fervida vexit, 37 qui reges — quae
— rerum, 40 expediam — primae — exordia pugnae, 49 te,
Saturne — tu sanguinis, 75 accensa comas, accensa coronam,

219 **Iove** principium — **Iove** — pubes, 226 submovet — et si
— extenta, 236 **multi** nos — **multae**, ne, 269 **non** patrio —
non plurima, 282 de — quos daedala Circe, 324 Allecto dirarum
ab — dearum, 325 ciet tenebris, cui tristia, 346 dea caeruleis
— de crinibus, 414 nigra carpebat nocte quietem, 444 **bella** —
gerent — **bella gerenda,** 452 victa situ — veri — senectus,
489 pectebatque ferum puroque — fonte, 579 stirpem — Phry-
giam, se — pelli, 586 ille — rupes inmota resistit, 595 sacri-
lego pendetis sanguine poenas, 609 centum aerei claudunt —
aeternaque, 611 sedet patribus sententia pugnae, 635 **huc** —
honos, **huc** omnis, 659 collis — silva quem — sacerdos, 672
Catillusque acerque Coras, Argiva, 682 **quique** altum — **quique**
arva, 687 plumbi spargit, pars spicula, 715 qui — Fabarim —
quos frigida, 775 et nymphae Egeriae nemorique, 796 et Sa-
cranae — et — scuta.

VIII 3 **utque** acris — **utque** — arma, 21 partisque — varias
perque — versat, 130 quodque ab — coniunctus Atridis, 164
conpellare — **dextrae** coniungere **dextram,** 191 deiectae —
moles desertaque montis, 195 solis — radiis, semperque recenti,
285 ad cantus — altaria circum, 305 **consonat** — strepitu
collesque resultant, 310 facilisque oculos fert omnia, 344 **Parrhasio**
dictum **Panos** de, 376 **non** — auxilium — **non arma,** 385 qui
coeant — quae — clausis, 397 tum — fas — Teucros — fuisset,
409 cui tolerare colo — tenuique, 414 secus Ignipotens —
segnior illo, 442 **nunc** manibus — **nunc** — magistra, 447 ingentem clipeum informant — contra, 525 venit — ruere —
visa repente, 538 quas — mihi — quam multa, 544 laetus —
mactant lectas — more, 554 volat parvam — volgata per.
580 dum curae — dum incerta, 613 munera; ne mox — nate,
626 illic res Italas Romanorumque, 627 vatum ignarus venturique
inscius, 642 inde citae — in — quadrigae, 643 distulerant, at —
dictis Albane, 661 auro — quisque Alpina coruscant, 664 lani-
gerosque apices — lapsa ancilia, 692 Cycladas — **montis** concurrere **montibus,** 723 variae — **habitu** — vestis — armis.

IX 1 diversa penitus dum parte, 26 **dives** equum, **dives**
— et, 57 arma — **huc** — atque **huc,** 69 classem — lateri

castrorum — latebat, 132 terra — manibus, tot millia, 148
non — mihi — non mille, 170 explorant pontisque et propugnacula, 179 et — comes — Euryalus, quo, 212 te — velim,
tua vita, 230 castrorum et campi — et, 232 magnam, pretium-
que — morae — primus, 237 conticuere — insidiis conspeximus
ipsi, 238 patet — portae — proxuma ponto, 252 quae vobis,
quae — viri, 255 actutum — Aeneas atque — aevi, 261 vestris
pono — revocate parentem, 312 multa patri mandata — por-
tanda, 321 hac — ne — attollere nobis, 366 excedunt castris
et — capessunt, 376 viri, quae — viae, quive, 378 sed —
fugam — silvas — fidere, 471 stant maesti, simul — move-
bant, 497 quando aliter — crudelem abrumpere, 512 saxa quoque
— si qua, 513 possent tectam — perrumpere — tamen, 526
quas — ferro — quae funera, 601 quis deus — quae — de-
mentia, 616 et — manicas et — mitrae, 619 vos buxusque
vocat Berecyntia, 680 sive — Athesim seu — amoenum, 696
primum Antiphaten — primus agebat, 704 non iaculo, neque
— iaculo, 711 cadit, magnis quam — molibus, 724 vi — converso
cardine, 729 inrumpentem ultroque incluserit urbi, 734 adgnoscunt — invisam atque inmania, 748 effugies, neque enim —
nec, 749 sic — et sublatum — ensem, 793 telis — infensis —
territus ille, 816 in fluvium — ille — flavo.

X 18 o pater, o — potestas, 22 Marte — tegunt — moenia
Teucros, 23 intra portas — ipsis proelia, 42 super imperio —
speravimus ista, 44 Teucris quam — tua coniunx, 72 quis deus
— quae dura, 85 ignarus abest, ignarus — absit, 129 nec —
minor nec — Menestheo, 135 aut collo — aut capiti, 170 torvus
Abas — totum — armis, 226 pone dextra puppim — dorso,
247 ignara — puppim — illa per, 252 deum, cui Dindyma
cordi, 266 cum sonitu — clamore secundo, 275 laevo contristat
lumine caelum, 293 subito proram sociosque precatur, 295 ferte
rates — findite rostris, 308 segnis retinet — sed rapit, 309
totam — in Teucros — in, 326 Dardania stratus dextra, securus
364 Arcadas, insuetos acies inferre, 372 fidite — pedibus. ferro
— per, 427 pars — agmina, primus Abantem, 436 in patriam
—⸜ ipsos — passus, 442 solus — Pallanta — soli — Pallas,

468 est — famam extendere factis, 542 refert — tibi, rex — tropaeum, 547 aliquid — vimque adfore verbo, 557 nunc, metuende — non — mater, 568 tot — streperet — tot stringeret, 569 sic — Aeneas desaevit — aequore, 603 torrentis aquae — turbinis atri, 624 tolle fuga Turnum — fatis, 625 hactenus indulsisse — altior istis, 666 respicit ignarus rerum ingratusque, 675 accipio? quid ago? — quae, 676 mihi vos — miserescite venti, 695 cunctam — minas — caelique marisque, 773 dextra mihi deus — missile, 788 eripit — femine et — fervidus, 805 et agricola et — arce, 806 aut amnis — aut alti, 836 dependet galea — prato gravia, 839 multa — rogitat — multumque remittit.

XI 11 subligat — ensem — suspendit eburnum, 84 ipsos ferre -- inimicaque — figi, 86 pectora nunc — pugnis, nunc, 94 postquam omnis — processerat ordo, 172 tropaea — dat tua dextera, 173 tu — inmanis truncus in, 176 memores regi mandata referte, 188 circum accensos cincti — armis, 191 spargitur et — sparguntur et, 212 ossa — tepidoque onerabant — terrae, 214 praecipuus — longi pars — luctus, 231 ingenti luctu — ipse Latinus, 256 mitto ea — muris — exhausta, 281 patriis ad — portatis ab, 291 ambo animis, ambo — armis, 313 esse — certatum est corpore, 359 proprium regi patriaeque remittat, 373 sternamur campis — si qua, 457 avium piscosove amne Padusae, 462 corripuit — et — citus extulit, 486 cingitur ipse — certatim in, 505 me — prima manu — pericula, 506 muros subsiste — moenia serva, 532 interea superis in sedibus, 550 tardatur — oneri timet. omnia, 560 diva — quae — dubiis committitur, 567 non — ullae, non — urbes, 575 spiculaque ex — suspendit et, 586 cara mihi comitumque — mearum, 620 Troes agunt — turmas — Asilas, 641 ingentemque animis, ingentem — armis, 645 tremit duplicatque — transfixa dolore, 653 illa — quando in — recessit, 657 Italides, quas ipsa — Camilla, 659 quales Threiciae cum — Thermodontis, 664 quem — primum, quem postremum, 680 operit — ingens oris hiatus, 683 vertitur — et — vertice — est, 696 validam perque — viro perque, 706 fidis equo — fugam et, 757 aliter — Tiburtum — agmine Tar-

chon, 766 hos aditus — hos aditus, 789 **da** — **aboleri** dedecus
armis, 813 subiecit pavitantem — silvasque petivit, 830 **captum
leto** — **caput** — relinquens, 856 **huc** — **capias ut** — Camillae,
903 e conspectu exierat campumque

XII 13 **congredior.** fer — **concipe foedus**, 26 sublatis ape-
rire — **simul** — **animo**, 57 tangit — **spes tu** — senectae, 78
Teucros agat — **Teucrum arma**, 90 **Dauno** ignipotens deus ipse,
96 **meos** — adest — **maximus** Actor, 98 loricamque — valida
lacerare revolsam, 107 **minus** interea maternis — **in**, 125 mediis
in millibus ipsi, 127 **et** — Assaraci — **et** — Asilas, 138 extemplo — sic est — sororem, 143 ut — cunctis unam, quae-
cunque, 145 praetulerin — libens — parte locarim. 151 **non
pugnam** — **non possum**, 157 et — modus, eripe morti, 159
auctor ego audendi — exhortata, 176 esto — testis et — Terra,
179 **iam melior, iam** — Mavors, 180 cuncta tuo qui — torques,
225 cui — proavis — clarumque paternae, 240 ipsi Laurentes
— ipsique Latini, 256 proiecit fluvio penitusque — fugit, 264
vela dabit. vos — densate, 278 **pars** — manibus, **pars** missile,
294 Messapus teloque — multa trabali, 295 altus — ferit atque
— fatur, 313 quo ruitis? quaeve — repens, 318 **inter** voces —
inter — verba, 368 sic — quacumque — secat — cedunt, 393
suas artis, sua — Apollo, 430 ille avidus — incluserat auro,
439 et te — exempla tuorum, 502 **nunc Turnus** — **nunc Troius**,
508 costas et cratis — ensem, 547 Lyrnesi — solo Laurente
sepulcrum, 552 se — viri summa — vi, 576 scalae inproviso
subitusque — ignis, 578 alii — torquent — aethera telis, 586
arma ferunt alii — defendere, 597 **nusquam acies** — nulla
agmina, 615 **palantis** sequitur **paucos** — segnior, 674 turrim,
conpactis trabibus quam, 677 **quo deus** — **quo dura**, 694 **est** —
mea est; me, 727 **quem** — labor — quo — letum, 752 ille
autem insidiis — alta, 794 indigetem — **scis ipsa** — scire,
796 **quid struis** — qua spe, 809 **et Turnum et** terras, 810 **nec**
— solam nunc sede, 820 **pro** — obtestor, **pro** — tuorum, 898
linnes agro — litem — arvis, 909 nocte quies, nequiquam —
cursus, 917 **nec quo** — **nec qua.**

Im Ganzen sind dies 442 Beispiele, demnach fast 4·5 Proc. von der Gesammtzahl der Verse der Aeneis.

2.

Form a a b b.*)

I 40 Argivom atque — potuit — ponto, 47 et — et coniunx — cum, 60 sed — speluncis abdidit atris, 76 Aeolus haec contra — quid, 169 ulla — unco — alligat ancora, 197 dividit — dictis maerentia — mulcet, 216 exempta — epulis mensaeque remotae, 236 qui — qni terras — tenerent, 238 hoc — occasum Troiae tristisque, 250 caeli quibus aduuis arcem, 267 at — Ascanius, cui — cognomen, 274 gravis geminam partu — prolem, 302 iam iussa — ponunt — Poeni, 314 mater media sese — silva, 331 quo — quibus orbis — oris, 352 multa malus simulans — spe, 364 Pygmalionis — pelago — femina facti, 424 moliri — manibus subvolvere saxa, 481 tristes — tunsae pectora palmis, 488 principibus permixtum adgnovit Achivis, 527 nou nos — populare Penatis, 553 si — sociis — rege recepto, 582 nate — nunc — sententia surgit, 669 nota — nostro doluisti — dolore, 678 puer — parat, mea maxima, 691 at — Ascanio placidam per, 740 post — proceres. cithara crinitus, 753 age — a — hospes origine.

II 10 sed si — casus cognoscere, 51 in — inque — curvam compagibus, 62 seu — seu certae occumbere, 85 neci, nunc — lumine lugent, 102 omnis — ordine habetis Achivos, 124 mihi — multi crudele canebant, 160 modo — mancas servataque serves, 207 sanguineae superant — pars — pontum, 218 bis — bis collo — circum, 228 tum — tremefacta — per pectora, 288 graviter gemitus — de — ducens, 293 sacra suosque tibi — Troia, 361 quis — quis funera fando, 390 aptemus — an — quis — requirat, 423 adgnoscunt atque — sono — signant, 429 te tua plurima, Panthu, 433 vitavisse vices — fata fuissent, 498 fertur — furens cumulo camposque, 526 ecce — elapsus Pyrrhi — Polites, 661 teque tuosque iuvat — ianua, 688 extulit

*) Auch hier führe ich nur solche Beispiele an, welche streng dem Schema aabb entsprechen.

et caelo — cum, 713 est — egressis tumulus templumque, 731 evasisse viam — cum creber, 742 quam — Cereris sedemque sacratam, 747 Ascanium Anchisenque patrem — penatis, 754 observata sequor — lumine lustro, 788 me magna deum — detinet, 794 ventis volucrique simillima somno, 801 iamque iugis summae surgebat.

III 22 forte fuit — quo cornea, 29 terram tabo maculant, mihi, 33 ater — alterius sequitur — sanguis, 34 multa movens animo — agrestis, 78 feror — fessos — placidissima portu, 177 caelum cum — manus — munera, 191 vela — vastumque cava — currimus, 196 venti volvunt mare magnaque, 201 noctemque negat discernere caelo (?), 269 qua cursum ventusque — vocabat, 300 progredior portu — litora linquens, 307 arma amens — magnis — monstris, 309 labitur — longo — tandem tempore, 397 proxuma — perfunditur aequoris aestu, 444 fata — foliisque notas — nomina, 459 quo quemque — fugiasque ferasque, 576 erigit eructans — saxa sub, 611 atque animum praesenti pignore, 656 ipsum inter — mole moventem, 669 sensit — sonitum vocis vestigia.

IV 2 volnus — venis — caeco carpitur, 6 postera Phoebea lustrabat lampade, 10 novus — nostris successit sedibus, 37 alii — Africa terra triumphis, 83 incubat. illum absens absentem, 91 cara coniunx — famam — furori, 94 tuque — tuus; magnum memorabile, 118 in — ire parant — primos, 128 adnuit atque — risit — repertis, 141 incedunt, ipse ante alios, 142 se socium — atque agmina, 153 decurrere — de parte patentis, 205 multa — manibus supplex — supinis, 208 aspicis — an te — torques 233 super — sua — laude laborem, 285 atque animum nunc — nunc, 298 tuta timens — Fama furenti, 311 crudelis? quid — arva aliena, 368 quid — quae me — maiora, 376 furiis — feror — augur Apollo, 379 scilicet — Superis — cura quietos, 381 i — Italiam — pete — per, 382 spero — si — pia — possunt, 384 saepe — sequar — atris — absens, 395 multa — magnoque animum — amore, 400 frondentisque ferunt remos — robora, 438 fertque refertque soror. sed, 461 visa viri — terras — teneret, 499 silet — simul occupat ora, 504 pyra penetrali — sede sub, 579 dextra — dixit — eripit ensem, 581 ardor habet, rapiuntque ruuntque, 654 magna mei — ibit imago, 665 spumantem sparsasque — ad alta.

V 18 spondeat — sperem — contingere caelo, 23 vocat, vertamus — litora longe, 58 ergo — et — cuncti celebremus, 76 magna medius comitante caterva, 78 duo — duo sanguine sacro, 124 procul — pelago saxum spumantia, 154 tarda tenet. post — Pristis, 163 litus — laevas stringat sine, 169 ille inter — scopulosque sonantis, 175 praecipitem puppi — ab alta, 186 tota tamen — prior praeeunte, 199 subtrahiturque solum — anhelitus artus, 202 animi — ad saxa suburguet, 230 vitamque volunt pro — pacisci, 279 nixantem nodis seque — sua, 298 Salius simul — alter Acarnan, 311 alter Amazoniam pharetram plenamque, 312 quam circum amplectitur auro, 331 iuvenis iam victor — vestigia, 370 solus — solitus contendere contra, 381 Aeneae — ante pedes — plura, 425 paribus palmas amborum — armis, 431 membris — mole — tarda trementi, 451 clamor caelo — accurrit Acestes, 502 primaque per — stridente sagitta, 508 petens pariterque — telumque tetendit, 514 tela tenens — vota vocavit, 525 namque — nubibus arsit harundo, 546 custodem — comitemque inpubis Iuli, 547 Epytiden — et fidam — fatur, 548 age — Ascanio — puerile paratum, 584 adversi — alternosque orbibus orbes, 611 conspicit — concursum — litora lustrat, 621 cui — quondam nomen natique, 630 fines fraterni atque — Acestes, 664 Anchisae ad tumulum — theatri, 673 Ascanius — ante pedes proiecit, 698 robora; restinctus — omnis — omnes, 737 tum — tuum — dentur — disces, 739 et — equis — adflavit anhelis, 747 et — et — praecepta parentis, 767 ipsae — ipsi, quibus — quondam.

VI 3 pelago proras, tum — tenaci, 10 praesidet — procul secreta Sibyllae, 15 praepetibus pinnis — credere caelo, 42 excisum Euboicae — ingens — in, 62 Troiana tenus fuerit fortuna, 86 venisse volent — bella — bella, 96 tua te — sinet — salutis, 100 vera involvens — frena furenti, 117 precor — potes namque — nec, 187 nunc — nobis — aureus arbore, 240 tendere — talis — halitus atris, 262 effata furens antro — aperto, 265 et

— et — loca — late, 271 iter in — caelum condidit, 325 quam
cernis, inops inhumataque, 338 qui — cursu — sidera servat,
364 per — per spes surgentis, 384 iter inceptum peragunt —
— propinquant, 415 tandem trans — vatemque virumque, 455
demisit — dulcique adfatus amore, 464 tantum tibi — discessu
— dolorem, 506 magna Manis — voce vocavi, 533 an — an
— fortuna fatigat, 541 dextera — Ditis magni — moenia, 551
Tartareus — torquetque sonantia saxa, 572 anguis — agmina
saeva sororum, 578 patet — praeceps tantum tenditque, 583
corpora, qui manibus magnum, 615 quam — quae forma —
fortunave, 630 adceleremus, ait. Cyclopum — caminis, 666 quos
circumfusos sic — Sibylla, 683 fataque fortunasque — moresque,
manusque, 697 stant sale — da — dextram, 702 ventis volucrique simillima somno, 767 proxumus — Procas — gloria
gentis. 824 Decios Drusosque — saevumque securi, 832 ne —
ne animis adsuescite, 857 rem Romanam — turbante — tumultu.
892 quo quemque — fugiatque feratque.

VII 8 adspirant aurae — candida cursus, 21 pii paterentur
talia Troes, 25 rubescebat radiis — ab alto, 41 tu — tu. diva
dicam, 56 avis atavisque — quem — coniunx, 74 omnem orna-
tum — crepitante cremari 85 hinc Italiae — omnisque Oenotria,
87 cum — caesarum — sub — silenti, 106 ripae religavit ab
aggere, 141 caelo clarus ab alto, 148 postera — prima lustrabat
lampade, 197 quid — quae caussa — cuius, 212 dixerat —
dicta — sic — secutus, 254 veteris — volvit sub — sortem,
258 egregiam et — occupet orbem, 266 pars — pacis — tetigisse tyranni, 317 hac — atque socer — suorum, 326 iraeque
insidiaeque — crimina — cordi, 342 Latium — Laurentis tecta
tyranni, 349 ille inter — levia — lapsus, 370 externam — et
— dicere divos, 380 intenti — ille actus habena, 397 ipsa inter
— flagrantem fervida, 413 fortuna fuit. tectis — Turnus, 422
tua — transscribi sceptra, 429 age — armari pubem portisque,
498 dextrae — deus afuit actaque, 501 successitque — stabulis
questuque cruentus, 511 saeva — speculis — nacta nocendi,
531 ante aciem stridente sagitta, 551 undique ut — arma —
agros, 567 sonitum saxis — torto — torrens, 583 ilicet infandum

cuncti contra, 600 saepsit se — rerumque reliquit, 632 tegmina tuta cavant capitum, 712 qui — qui Rosea rura, 714 Casperiamque colunt Forulosque — flumen, 783 ipse inter primos praestanti, 799 Circaeumque — quis — Anxurus arvis, 808 illa — intactae segetis — summa.

VIII 2 extulit et — cornua cantu, 20 atque animum nunc — nunc, 51 Arcades — a Pallante profectum, 61 supplicibus supera votis — victor, 62 persolves — pleno quem — cernis, 65 mihi magna — celsis caput, 88 mitis — morem — placidaeque paludis, 143 non — neque prima per, 174 nobiscum — nunc sociorum adsuescite, 224 petit, pedibus — addidit alas, 256 Alcides animis — ipse — ignem, 259 in — incendia vana vomentem, 274 cingite — comas — pocula porgite, 278 sacer — scyphus. ocius omnes, 299 arduus arma tenens — te, 302 et — et — sacra secundo, 304 speluncam — spirantemque ignibus ipsum, 321 is — indocile ac — altis, 373 dictis diuinum adspirat amorem, 377 tuae — te, carissime coniunx, 382 ergo eadem supplex — sanctum, 411 addens. — ad lumina longo, 418 subter specus — Cyclopum — caminis, 419 antra Actuaea — incudibus ictus, 441 arma acri — viro — viribus, 486 manibusque manus — oribus ora, 510 natum — ni mixtus matre, 527 iterum — iterum — increpat ingens, 533 quem casum portenta — poscor, 543 excitat hesternumque — parvosque Penatis, 547 quorum — qui sese — sequantur, 556 metu — matres propiusque periclo, 561 qualis — cum primum — Praeneste, 614 aut acrem — proelia poscere, 635 Romam — raptas sine — Sabinas, 649 illum indignanti similem similemque, 650 aspiceres — auderet quia — Cocles, 672 sed — spumabant caerula cano, 678 Augustus agens Italos in, 700 tela tenent — medio — Mavors.

IX 3 audacem ad Turnum — tum, 21 palantisque polo stellas. sequor, 35 ab adversa conclamat — Caicus, 44 ergo etsi — manum — monstrat, 64 ex — et siccae sanguine, 66 iguescunt irae; duris dolor, 84 quod — cara parens — poscit, 103 secant spumantem pectore pontum, 137 fata — ferro sceleratam

exscindere, 152 ne — nec — caeca condemur, 175 excubat
exercetque — quod cuique, 187 mens — mihi — contenta
quiete, 188 cernis, quae Rutulos — rerum, 192 Aenean acciri
— populusque patresque, 210 sed si quis, quae, 239 interrupti
ignes, aterque ad, 266 cratera — quem dat — Dido, 270 ipsum
illum, clipeum cristasque, 285 mihi — miseram tenuit — tellus,
294 atque animum patriae — pietatis, 303 sic — simul exuit
ensem, 352 extremum et religatos rite, 424 ibat in Euryalum
— exterritus, 428 o — omnis, nihil — nec, 461 iam — iam
rebus — retectis, 490 quo — quae — artus avolsaque, 602
non — nec fandi fictor, 677 ipsi intus — ac — adstant, 714
miscent — maria — attolluntur harenae, 727 ast alios — recipitque ruentis, 736 emicat et — fraternae fervidus, 765 comitem
— confixa Phegea parma, 766 ignaros — in muris Martemque,
776 citharae cordi numerosque — nervis, 796 quidem — cupiens
potis — per.

X 14 tum — tum res rapuisse, 31 si sine — tua —
Troes, 43 fortuna fuit; vincant — vincere, 241 surge — socios
veniente vocari, 368 nunc — nunc — accendit amaris, 445 at
— abscessu iuvenis — iussa, 460 per patris — advena adisti,
503 Turno tempus erit — emptum, 524 per patrios — spes
surgentis, 548 crediderat caeloque — fortasse ferebat, 573 videre
— versi retroque ruentes, 581 non — nec currum cernis, 640
sine — sonum — effingit euntis, 655 qua — Clusinis — Osinius
oris, 677 in - in — volens vos, 682 crudum — costas exigat
ensem, 699 occupat os — poplite Palmum, 741 prospectant
paria atque — arva, 760 hinc — hinc — spectat Saturnia,
827 arma — habe tua, teque, 838 fovet fusus propexam —
pectore, 842 ingentem — ingenti volnere victum, 846 tantane
— tenuit vivendi — voluptas, 856 sed — simul — attollit —
aegrum, 868 membra manusque ambas — acutis, 873 atque —
Aenean — voce vocavit, 882 dona — dixit — intorsit in, 890
multa movens — erumpit et, 893 effusumque equitem super —
secutus, 894 inplicat — incumbit cernuus, 896 advolat Aeneas
— eripit ensem, 903 victis venia hostibus oro, 905 odia -- oro,
defende furorem.

XI 25 patriam peperere suo — supremis, 32 armiger ante
fuit — felicibus, 44 nostra neque — victor veherere, 46 discedens dederam, cum — conplexus, 111 equidem et vivis —
vellem, 124 orsa — o — ingens, ingentior, 143 funereas —
faces, lucet — longo, 174 esset — et — ab annis, 177 vitam
— invisam Pallante perempto, 258 supplicia — scelerum poenas
expendimus, 310 cetera qua rerum — ruina, 315 expediam et
— animos adhibete, 344 consulis — cuncti se scire, 364 tu tibi
— et esse, 381 tuto tibi — dum distinet, 433 agmen agens
equitum et, 446 certantes, castra Aeneas aciemque, 456 atque
alto — cum — catervae, 459 ait — arrepto tempore Turnus,
461 illi — in regna ruunt, 467 cetera, qua — mecum manus,
473 praefodiunt — portas — saxa sudesque, 495 adsuetus aquae
perfundi flumine, 497 luxurians luduntque — per — per, 502
sui — si — fiducia forti, 517 tu Tyrrhenum equitem — excipe,
519 Tiburtique — tu concipe curam, 537 ante alias. neque —
novus, 565 atque hastam — virgine victor, 630 reiecti — re-
spectant terga tegentes, 632 inplicuere inter — virum vir, 660
pulsant — pictis — Amazones armis, 669 mandit — moriensque
— volnere versat, 673 praecipites pariterque — addit Amastrum
728 suscitat — stimulis — inicit iras, 738 expectate — et
plenae pocula, 792 facta ferent — dira — dum, 798 non —
notos vocem vertere, 807 mixtoque metu — amplius hastae,
869 fugiunt — fugit acer Atinas, 895 praecipites primaeque
mori — moenibus.

XII 71 ardet — arma — adfatur Amatam, 76 placitura
— primum crastina caelo, 81 dicta dedit rapidusque — recessit,
97 te Turni — dextra — da, 116 campum — certamen magnae
— moenibus, 139 diva deam stagnis — sonoris, 164 solis —
specimen — it — in, 193 sollemne socer; mihi moenia, 284
tempestas telorum — ingruit imber, 290 Aulesten, avidus confundere foedus, 296 melior magnis data — divis, 316 me —
metus — foedera faxo, 327 emicat — et manibus molitur, 342
hunc — hunc — eminus, eminus, 345 vel — vel — praevertere
ventos, 397 maluit — mutas agitare — artis, 406 subvenit —
saevus — magis — magis, 438 mox — matura adoleverit

actas, 445 pulsuque pedum tremit — tellus, 462 caelum clamor versique vicissim, 474 pervolat — pinnis alta atria, 475 pabula parva legens — loquacibus, 483 voce vocat — oculos — hostem, 489 lenta, levis — praefixa — ferro, 500 quis — quis carmine caedes, 507 excipit — et — celerrima crudum, 524 sonitum spumosi amnes — aequora, 526 per proelia; nunc, nunc, 532 excutit effunditque solo — subter, 538 tua te, Graium — Cretheu(?), 575 dant — densaque — muros mole, 577 alii ad portas primosque, 587 inclusas — in pumice pastor, 589 illae intus — cerea castra, 598 infelix — in certamine credit, 601 multaque — maestum — effata furorem, 603 nodum — nectit ab alta, 618 commixtum clamorem arrectasque — auris, 637 quid — quae — spondet — salutem, 640 ingentem — ingenti volnere victum, 658 quos — quae — foedera flectat, 661 pro portis — acer Atinas, 716 cum — conversis inimica in, 730 et — exclamant Troes trepidique, 753 fugit refugitque vias — vividus, 757 circa — caelum tonat — tumultu, 759 nomine — notumque efflagitat ensem, 771 puro — possent concurrere campo, 780 dixit — dei — vota vocavit, 799 ereptum — et vim — victis, 808 quidem quia — mihi — magne, 822 component, cum . iam — iungent, 829 olli — hominum rerumque repertor, 835 est — erit; commixti corpore, 848 serpentum spiris — addidit alas, 850 adparent acuuntque metum mortalibus, 884 mihi Manisque deam demittat, 894 caput quassans — tua — terrent, 941 coeperat — cum adparuit alto, 943 Pallantis pueri, victum — volnere.

Im Ganzen 425 Beispiele, also fast 4·3 Proc. der Gesammtzahl der Verse der Aeneis.

3.

Form a b b a.*)

I 9 quidve dolens — deum — casus, 21 arcebat longe Latio — annos, 42 ipsa Iovis — iaculata — ignem, 52 Aeoliam venit

---

*) Ich führe hier nur solche Beispiele an, welche streng der einfachen Form abba entsprechen. Es gibt aber ausserdem noch eine Anzahl von Versen, deren Bau auch auf dem Princip der chiastischen Alliteration

— vasto — **Aeolus,** 83 porta — terras turbine perflant, 86
Africus — vastos volvunt ad, 134 miscere — tantas — tollere
moles, 174 ac — silici scintillam — Achates, 186 **a** — per —
pascitur agmen, 280 quae mare — metu caelumque, 311 arboribus clausam circum atque, 319 venatrix, dederat — diffundere
ventis, 368 taurino quantum — circumdare tergo, 369 vos qui
— quibus — venistis, 389 perge — atque — ad — perfer,
461 Priamus, sunt — sua praemia, 463 solve — feret — fama
salutem, 511 Teucrorumque alios, ater — turbo, 600 domo
socias — persolvere dignas, 674 meditor, ne — numine mutet,
687 dabit amplexus atque — dulcia, 717 petit **haec** — **haec**
pectore, 750 multa super — super — **multa.**

· II 7 **Myrmidonum Dolopumve** — duri miles, 26 longo
solvit se — luctu, 68 constitit atque — agmina circumspexit,
97 **hinc mihi** — mali — **hinc,** 99 ambiguas — quaerere con-
scius arma, 158 fas odisse — omnia ferre, 170 Danaum — vires,
aversa deae, 198 **non** — domuere decem, **non,** 232 ducendum
— sedes 'simulacrum — divae, 240 illa — mediaeque minans
inlabitur, 265 **a** Tenedo tacitae — amica, 274 mihi, qualis —
quantum mutatus, 282 quae tantae tenuere — quibus, 327 incensa Danai dominantur in, 339 addunt se socios — armis, 360
urbis — cava circumvolat umbra, 400 fida petunt; pars —
formidine, 445 Dardanidae — turris — tecta domorum, 459 tela
manu miseri — Teucri, 495 inmissi — late loca milite, 535
tibi **pro** — **pro** talibus, 553 extulit ac — abdidit ensem, 576
patriam — sceleratas sumere poenas, 594 **indomitas** — dolor
— iras, 599 circum errant — et — cura, 618 **sufficit** — deos
— Dardana suscitat, 634 atque — patriae perventum ad, 692
fatus — senior subitoque fragore, 697 signantem — longo limite

---

beruht, die aber der einfachen Form **abba** gegenüber ein Plus von Alliteration aufweisen. So z. B. I 477 lora tenens tamen; huic cervixque
comaeque trahuntur = **aabba,** oder II 328 arduus armatos mediis in
moenibus adstans, was auch = **aabba,** wobei jedoch noch im ersten
und zweiten Worte die kräftigere Alliteration **ar ar** statt **a a** erscheint.
Oder II 663 gnatum ante ora patris, patrem qui obtruncat ad aras =
abccbaa. Alle solche und ähnliche Beispiele verzeichne ich an
anderer Stelle.

sulcus, 700 adfaturque — sanctum sidus adorat, 712 vos —
animis advertite vestris, 733 prospiciens: nate — nate, propinquant, 746 quid — eversa vidi crudelius, 750 renovare omnis
omnemque reverti, 777 dulcis — non — numine divom.

III 4 diversa exsilia et desertas, 8 contrahimusque viros.
vix — inceperat, 11 et — fuit. feror exsul, 49 Polydorum —
quondam cum pondere, 58 populi — proceres primumque
parentem, 63 aggeritur tumulo tellus — arae, 104 Iovis magni
medio iacet, 139 arboribusque — lues — letifer annus, [230]
arboribus clausi circum atque, 317 te casus — coniuge tanto,
329 me famulo famulamque — transmisit, 408 hunc socii —
sacrorum, hunc, 422 sorbet — abruptum — rursusque sub,
431 semel — vasto vidisse sub, 432 Scyllam — caeruleis canibus
saxa, 507 unde iter Italiam — undis, 566 scopuli clamorem —
cava saxa, 633 per — mero — magna precati, 663 luminis
effossi fluidum lavit, 678 fratres caelo capita — ferentis, 698
exsupero — solum stagnantis Helori, 718 conticuit — factoque
— fine quievit.

IV 3 multa viri virtus — multusque, 38 alit: placitone
— pugnabis amori, 48 coniugio tali! Teucrum comitantibus, 55
spemque dedit dubiae — solvitque, 58 legiferae — Phoeboque
patrique Lyaeo, 60 dextra pateram pulcherrima Dido, 70 quam
— incautam — inter Cresia, 90 tali persensit peste teneri,
104 dotalisque tuae Tyrios — dextrae, 110 sed fatis — feror,
si, 115 ista — qua — quod instat, 185 stridens — dulci declinat
— somno, 203 amens animi — accensus amaro, 213 cuique loci
leges — conubia, 250 infusa tegit, tum flumina, 289 classem
aptent — ad — cogant, 317 quid — te — tibi quidquam,
318 dulce meum, miserere domus, 328 ante — suboles, si —
— aula, 335 promeritam — me meminisse pigebit, 336 dum
memor — mei, dum, 362 talia dicentem — dudum — tuetur,
380 neque te teneo neque, 436 mihi cum — cumulatam
morte, 451 taedet caeli convexa tueri, 459 velleribus — festa
fronde — revinctum, 479 mihi — eum — eo me, 488 quas
— ast aliis — curas, 509 stant — circum — crinis — sacerdos,
523 corpora — silvaeque — saeva quierunt, 563 illa dolos

dirumque — in, 604 quem metui moritura — castra, 611 accipite — meritumque malis advertite, 629 inprecor, arma armis
— ipsique, 637 veniat — tege tempora vitta, 702 devolat et —
ego Diti.

V 6 polluto — furens — femina possit, 9 occurrit —
undique — undique caelum, 27 cerno te tendere contra, 51
ego — si Syrtibus exsul, 74 puer — quos cetera pubes, 86
amplexus placide — per aras, 94 hoc — inceptos — instaurat
honores, 113 commissos medio canit, 138 corda pavor pulsans
— cupido 151 effugit ante alios — elabitur, 165 timens proram
pelagi detorquet, 194 non — prima peto — neque, 195 quamquam — sed superent, quibus, 241 pater — manu magna
Portunus, 261 apud — Simoenta sub — alto, 301 adsueti silvis
— senioris Acestae, 349 manent, pueri — palmam movet,
362 post — confecti cursus — peregit, 375 talis prima —
proelia tollit, 391 dona — nunc nobis deus, 420 et tu Troianos
exue, 463 finem inposuit pugnae fessumque, 466 non vires —
conversaque numina, 519 amissa solus — superabat Acestes,
587 facta pariter — pace feruntur, 597 Ascanius — cum cin-
geret Albam, 610 visa cito decurrit — virgo, 613 at — sola
secretae — acta, 657 cum — paribus per caelum, 678 saxa
petunt; piget — suosque, 710 erit — fortuna ferendo est, 724
mihi vita — vita manebat, 733 nate, meos — me — namque,
786 odiis — poenam — per omnem, 788 insequitur — sciat
illa, 789 ipse — tu testis in, 804 Aeneae — tui — Troia
Achilles, 809 Aenean nec — nec aequis, 816 deae permulsit
pectora dictis 832 cornua — ferunt — flamina classem.

VI 11 antrum — magnam — mentem animumque, 13
Triviae — atque aurea tecta, 18 primum terris tibi, Phoebe,
33 patriae cecidere — quin protinus, 46 tempus — deus —
deus — talia, 77 at — inmanis in antro, 136 accipe — pera-
genda prius — arbore, 141 auricomos quam qui — arbore,
172 demens — cantu — certamina divos, 174 inter saxa —
spumosa inmerserat, 220 fit — tum — toro defleta, 238 tuta
— nigro nemorumque tenebris, 245 summas carpens — cornua
saetas, 261 nunc animis — Aenea, nunc, 333 cernit — maestos

— mortis — carentis, 345 qui fore — finisque canebat, 355 Notus hibernas inmensa — noctes, 359 gens crudelis — cum — gravatum, 372 **talia** — coepit cum **talia**, 374 Stygias — aquas amnemque severum, 377 cape dicta — duri — casus, 380 statuent **tumulum** — **tumulo** sollemnia, 391 corpora viva — vectare carina, 402 licet patrui — Proserpina limen, 433 conciliumque vocat vitasque — crimina, 482 quos — omnis — ordine cernens, 490 ut videre virum — umbras, 507 nomen — arma — amice nequivi, 534 tristis sine sole — turbida, 560 **quae** — facies — effare, quibusve, 641 solemque suum, sua sidera, 676 superate iugum — iam — sistam, 680 inclusas animas — ad — ituras, 731 quantum **non noxia** corpora, 736 **omne malum miseris — omnes**, 742 infectum eluitur — exuritur igni, 759 dictis — te tua — docebo, 761 **proxuma** — lucis loca, primus, 764 quem — longaevo — Lavinia coniunx, 836 Capitolia ad alta Corintho, 837 aget currum caesis — Achivis, 850 describent — surgentia sidera dicent.

VII 9 **luna** — splendet — sub lumine, 14 tenuis percurrens **pectine telas**, 16 recusantum — sera sub — rudentum, 38 quis — antiquo — advena classem, 55 petit ante alios pulcherrimus, 60 sacra — multosque metu servata, 69 adventare — partis petere agmen, 88 **pellibus** — stratis somnosque petivit, 99 nomen — astra — ab — nepotes, 115 crusti patulis — parcere quadris, 123 repeto, Anchises — arcana reliquit, 159 castrorum — atque aggere cingit, 237 **praeferimus** — vittas — verba precantia, 252 picta movet — **movent Priameia**, 267 regi mea — mandata referte, 288 laetum Aenean — aethere longe, 302 **quid Syrtes** — Scylla — quid, 304 **pelagi** — mei. Mars perdere, 327 odit — pater Pluton, odere, 332 operam, ne noster honos, 366 totiens data dextera Turno, 378 torto volitans — verbere turbo, 438 **ne** — mihi — metus, nec, 446 **at** — oranti — occupat artus, 468 primis iuvenum — iubet — parari, 480 obicit — noto naris — odore, 481 cervum ardentes agerent; quae, 483 cervus erat — et cornibus, 559 locis — si — super — laborum, 597 supplicium votisque — venerabere seris, 681 Cacculus — legio late comitatur, 697 Cimini lacum lucosque Capenos, 700 cum — e — et — canoros, 711 manus omnis oliviferaeque Mutuscae, 735 Teleboum Capreas cum — teneret, 739 quique — atque arva Celemnae, 743 aerataeque micant — micat aereus, 784 vertitur — tenens — toto vertice, 797 saltus, Tiberine, tuos sacrumque, 802 quaerit iter — in — conditur.

VIII 22 aquae — labris — lumen aenis, 58 adversum — superes subvectus — amnem, 80 aptat, socios simul — armis, 113 ignotas temptare — tenditis, inquit, 138 Mercurius — quem candida Maia, 140 at — quicquam credimus, Atlas, 197 tristi pendebant pallida tabo, 230 infrendens, ter totum fervidus, 320 arma -- et — exsul ademptis, 332 amisit verum vetus Albula, 350 tum silvam saxumque tremebant, 387 dixerat — hinc — hinc diva, 396 quo — similis si cura, 401 quidquid — possum promittere curae, 410 inpositum — sopitos suscitat ignis, 549 aqua segnisque secundo — amni, 557 it — maior Martis — imago, 592 stant — muris matres — sequuntur, 599 cavi — nigra nemus — cingunt, 628 fecerat Ignipotens; illic — futurae, 639 post idem inter — posito, 654 templo Capitolia celsa tenebat, 666 Pilentis matres — mollibus — procul, 710 fecerat Ignipotens — Iapyge ferri, 711 contra — magno maerentem corpore.

IX 12 quid — nunc — nunc — currus, 22 arma — et — effatus ad, [29] vertitur — tenens — toto vertice, 85 pinea — mihi multos — per, 88 ego — cum classis egeret, 91 neu cursu quassatae — neu, 110 hic — oculis offulsit — ingens, 115 armate manus; maria ante, 127 ultro animos — atque — ultro, 134 si — Phryges prae se, 155 esse — decimum — distulit Hector, 160 cura — Messapo — moenia cingere, 161 septem — muros — milite servent, 169 tenent, nec non trepidi, 183 tum quoque communi — tenebant, 185 cuique deus — dira cupido, 196 posse — muros — moenia Pallantea, 213 raptum pugna pretiove redemptum, 225 laxabant curas — corda — laborum, 253 praemia posse — pulcherrima primum, 280 fides. contra quem — fatur, 316 exitio. passim — per herbam, 323 dabo — lato — limite ducam, 343 perfurit — multam — medio

— plebem, 346 sed magnum metuens se, 372 cum — laevo — limite cernunt, 377 quove tenetis — tendere contra, 400 eripere — medios moriturus — enses, 425 conclamat Nisus, nec — celare, 462 in arma — armis — ipse, 501 Ilionei monitu — multum — Iuli, 562 pendentem — magna muri — parte, 564 alta petens pedibus — armiger, 587 adducta circum caput — habena, 607 at patiens — parvoque adsueta, 634 i, verbis virtutem inlude, 642 dis genite — geniture deos, 687 ipso portae posuere in.

X 26 obsidione — iterum imminet hostis, 32 Italiam petiere — peccata — illos, 36 quid — exustas Erycino — classis, 103 posuere, premit placida — pontus, 179 parere — Alpheae ab — Pisae, 204 hinc quoque quingentos in, 232 praecipitis ferro — flammaque premebat, 242 in — clipeum cape — ipse, [278] ultro animos — atque — ultro, 280 in manibus Mars ipse, 299 Tarchon, socii consurgere tonsis, 303 inflicta — dorso dum — iniquo, 313 Aenean petit — perque aerea, 351 Idas pater — patria Ismara, 367 equos — rebus restat egenis, 403 te fugiens fratremque Tyren, 412 adversos seque — sua — arma, 418 senior leto — lumina solvit, 424 illa deus; dum — Imaona, 447 volvit obitque — omnia visu, 448 talibus — dictis — dicta tyranni, 462 cernat semineci sibi — cruenta, 508 haec — dies — dedit, haec, 522 astu subit — supervolat hasta, 679 quo neque — nec conscia, 689 at — monitis Mezentius ardens, 693 ille velut — vastum — in, 707 ac — morsu — montibus altis, 736 abiectum posito pede — hasta, 739 ille — exspirans — es, inulto, 743 ast de — divom — atque, 772 atque — spatium — satis hastae, 790 vidit, Lausus lacrimaeque — volutae, 820 concessit maesta — Manis corpusque, 841 at — socii — super arma, 852 pulsus — solio sceptrisque paternis.

XI 12 tum socios — stipata tegebat, 103 tumulo sineret succedere terrae, 113 nec — gente gero — nostra, 125 Troiane, quibus caelo te, 133 senos pepigere — pace sequestra, 182 Aurora — miseris mortalibus almam, 215 hic matres miseraeque — hic, 225 inter motus, medio in, 235 imperio accitos alta

intra, 336 tum — idem infensus — Turni, 351 castra fugae
fidens — caelum, 358 ipsum obtestemur — oremus — ipso, 374
quid — habes — aspice contra, 384 argue tu — tot — acervos,
393 tumidum qui crescere Thybrim, 396 ita — experti — et —
ingens, 411 si nullam nostris — spem, 424 ante tubam tremor
— artus, 426 rettulit — melius, multos — revisens, 434 quod
si — solum — certamina, 464 ait, et — equitem — armis,
523 armorumque dolis — densis — atrum, 525 angustaeque
ferunt faucés aditusque, 579 et — circum caput egit, 591 quicumque — violarit volnere corpus, 593 ego — cava — corpus
et, 631 tertia — postquam — proelia totas, 640 ille excussus —
Catillus Iollan, 666 Clytio primum patre, cuius, 678 ignotis et
equo — Iapyge, 725 at non — nullis — atque, 750 et vim
viribus exit, 752 aquila inplicuitque pedes atque, 754 horret
squamis — sibilat ore, 768 sacer Cybelae Chloreus — sacerdos,
783 cum tandem tempore capto, 848 quicumque — violavit
volnere corpus.

XII 24 aliae — Latio — Laurentibus arvis, 42 prodiderim
natam — nostra petentem, 95 vociferans: nunc — numquam
— vocatus, 104 terrificos ciet — cornua temptat, 106 ad pugnam
proludit harena, 110 socios maestique metum solatur, 175 pius
— stricto sic — precatur, 207 numquam fronde — fundet —
nec, 234 ad superos — se — aris, 241 sibi requiem — rebusque
salutem, 314 o — iras, ictum — omnes, 407 crebrescit propiusque
— pulvere caelum, 413 caulem foliis — flore comantem, 433
Ascanium — circum conplectitur armis, 519 pauperque — nec
nota petentem, 541 pectora — misero — mora profuit, 566 inceptum subitum — segnior ito, 592 intus saxa sonant — it,
626 prima viam victoria pandit, 632 adgnovi — prima per
artem, 668 et — agitatus amor et, 670 ardentis oculorum orbis
ad, 687 abruptum magno mons — actu, 692 significatque manu
— magno simul, 698 deserit et — et — deserit, 733 fuga
subsidio subeat, fugit, 745 atque hinc — hinc ardua, 758 ille
simul — simul increpat, 790 adsistunt contra certamina —
anheli 797 decuit violari volnere divum, 812 traheremque inimica
in — Teucros, 843 his actis aliud — ipse, 914 successumque

dea dira — sensus, 932 sorte tua — te si, 935 me, seu — spoliatum — mavis.

Also im Ganzen 399 Beispiele, demnach etwas mehr als 4 Proc. der Gesammtverszahl der Aeneis.

* * *

Sehr beliebt ist die Anwendung der Alliteration bei Wörtern, welche syntaktisch zusammenhangen oder hinsichtlich des Gedankens einander parallel stehen.

1.

Alliteration bei syntaktisch zusammenhangenden Wörtern.

I 35 spumas salis, 51 feta furentibus, 117 vorat — vortex, 123 inimicum imbrem, 124 magno — murmure, 141 clauso — carcere, 283 lustris labentibus, 290 vocabitur — votis, 330 leves — laborem, 354 modis — miris, 383 septem — supersunt, 384 ipse ignotus, 409 veras — voces, 414 molirive moram, 420 adversas — arces, 421 miratur molem — magalia, 441 lucus — laetissimus, 474 amissis — armis, 490 Amazonidum — agmina, 491 mediis — millibus, 521 placido — pectore, 525 infandos — ignis, 561 Dido — demissa, 608 polus — pascet, 623 casus — cognitus, 663 aligerum — Amorem, 680 sopitum somno, 681 sacrata sede, 686 laticemque Lyaeum, 707 limina laeta, 728 gravem gemmis, 735 coetum — celebrate.

II 14 ductores Danaum, 27 panduntur portae, 32 molem mirantur, 50 validis — viribus, 53 cavae — cavernae, 56 arx alta, 70 misero mihi, 72 poenas — poscunt, 135 limosoque lacu, 140 miserorum morte, 166 caesis — custodibus, 176 canit — Calchas, 179 curvis — carinis, 194 nostros — nepotes, 246 fatis — futuris, 248 delubra deum, 249 festa — fronde, 265 somno — sepultam, 266 portisque patentibus, 269 dono divom, 295 pererrato — ponto, 298 miscentur moenia, 331 magnis — Mycenis, 381 caerula colla, 382 Androgeos — abibat, 434 meruisse manu, 533 media — morte, 538 coram — cernere, 563 direpta domus, 594 indomitas — iras, 607 praeceptis parere, 738 coniunx — Creusa, 757 tectum — tenebant, 778 comitem — Creusam, 785 sedes — superbas.

III 27 ruptis radicibus, 63 tumulo tellus, 73 mari — medio,
82 Anchisen adgnovit amicum, 94 Dardanidae duri, 95 tulit
tellus, 102 veterum — virorum, 143 oraclum Ortygiae, 145 finem
— ferat, 162 Cretae — considere, 203 cacca caligine, 204 sine
sidere, 227 diripiuntque dapes, 238 delapsae — dedere, 241 ferro
foedare, 254 ibitis Italiam, 281 patrias — palaestras, 321 ante
alias, 361 praepetis — pinnae, 367 prima pericula, 379 prohibent
— Parcae, 394 mensarum morsus, 445 quaecumque — carmina,
452 sedemque — Sibyllae, 456 precibusque — poscas, 486 manuum
monumenta mearum, 487 Andromachae — amorem, 491 aequali
— aevo, 505 nostros — nepotes, 513 segnis strato surgit, 563
cuncta cohors, 573 fumantem — favilla, 575 avolsaque viscera,
584 quae — caussa, 589 umentemque — umbram, 624 manu
magna, 635 telo — terebramus, 678 fratres — ferentis, 692 Sicanio
— sinu, 694 Alpheum —, amnem, 703 arduus — Acragas, 708
tot tempestatibus, 710 amitto Anchisen, 712 multa — moneret.

IV 7 umentemque — umbram, 67 vivit — volnus, 74 media
— moenia, 75 ostentat opes, 120 nigrantem — nimbum, 122
caelum — ciebo, 131 retia rara, 160 magno misceri murmure,
224 Dardaniumque ducem, 226 defer — dicta, 243 Tartara tristia,
257 litus — Libyae, 269 terras — torquet, 281 ardet abire,
290 quae — causa, 315 mihi — miserae, 323 me moribundam,
344 posuissem Pergama, 354 capitisque — cari, 420 perferre —
potero, 430 facilemque fugam, 448 persentit pectore, 585 croceum
— cubile, 594 ferte — flammas, 607 opera omnia, 655 mea
moenia.

V 5 duri — dolores, 6 furens — femina, 32 petunt portus,
33 cita — classis, 69 crudo — caestu, 72 materna — myrto,
75 multis — millibus, 96 binas — bidentis, 111 palmae pretium,
132 loca — legunt, 151 ante alios, 201 optatum — honorem,
263 famuli — ferebant, 287 collibus — curvis, 344 veniens —
virtus, 368 vastis — viribus, 369 magnoque — murmure, 385
ducere dona, 440 circum castella, 462 animis — acerbis, 497
telum torsisti, 500 validis — viribus, 507 adducto — arcu, 516
nigra — nube, 522 oculis — obicitur, 529 attonitis — animis,
532 muneribus — magnis, 537 magno munere, 549 agmen habet,

603 celebrata — certamina, 608 multa movens, 641 infensum — ignem, 647 divini — decoris, 663 pictas — puppis, 684 infusaque flumina, 732 Averna — alta, 772 civili — quercu, 784 fatisque infracta, 806 millia multa, 811 meis manibus, 819 caeruleo curru, 835 mediam — metam, 863 promissisque patris, 864 scopulos Sirenum — subibat, 868 ratem — rexit.

VI 16 insuetum — iter, 26 Minotaurus — monumenta, 48 comptae — comae, 75 volent — ventis, 83 pelagi — periclis, 87 spumantem sanguine, 89 alius — Achilles, 125 sate sanguine, 171 cava — concha, 192 sedere solo, 193 adgnoscit aves, 204 auri — aura, 221 vestes, velamina, 226 conlapsi cineres, 244 invergit vina, 247 voce vocans, 262 antro — aperto, 269 domos Ditis, 280 Discordia demens, 285 multaque — monstra, 296 vastaque voragine, 352 tantum — timorem, 361 praedamque — putasset, 362 versantque — venti, 411 alias animas, 432 Minos — movet, 526 magnum — munus, 609 pulsatusve parens, 613 dominorum — dextras, 638 locos laetos, 654 quae cura, 672 responsum — reddidit, 755 venientum — voltus, 801 tantum telluris, 810 regis Romani, 822 ferent — facta, 848 vivos — voltus, 896 mittunt — Manes.

VII 14 tenuis — telas, 17 saetigerique sues, 77 totis — tectis, 90 varias — voces, 92 pater — petens, 163 exercentur equis, 170 centum — columnis, 180 Saturnusque senex, 192 tali — templo, 242 Tyrrhenum — Thybrim, 244 relliquias — receptas, 292 quassans caput, 337 funereasque — faces, 361 matris miseret, 393 ardor agit, 414 nigra — nocte, 442 falsa — formidine, 453 falsa formidine, 467 polluta pace, 475 animis audacibus, 487 soror — Silvia, 497 curvo — cornu, 509 quadrifidam quercum | cuneis — coactis, 537 Ausoniis — arvis, 542 primae — pugnae, 582 collecti coeunt, 599 funere felici, 643 conplerint campos, 661 mixta — mulier, 703 aeratas acies, 725 lucentemque (globum) Lunae, 758 Marsis — montibus, 760 liquidi — lacus, 761 proles pulcherrima, 766 patriasque — poenas, 778 templo Triviae, 780 monstris — marinis, 782 exercebat equos, 804 agmen agens, 810 mare — medium, 814 attonitis — animis.

VIII 90 iter inceptum, 96 secant — silvas, 121 percussus — Pallas, 129 Danaum — ductor, 134 primus pater, 153 lustrabat lumine, 158 Priamum — petentem, 199 magna — mole, 269 primusque Potitius, 281 primusque Potitius, 288 facta ferunt, 356 veterumque — virorum, 375 inimicis ignibus, 394 aeterno — amore, 412 castum — cubile, 436 squamis serpentum, 451 impositis incudibus, 511 partem patriae, 534 cecinit — creatrix, 537 quantae — caedes, 574 patrias — preces, 617 deae donis, 632 pendentis pueros, 714 triplici — triumpho.

IX 37 ferte — ferrum, 95 mortaline manu, 100 Dardaniumque ducem, 151 caesis — custodibus, 184 ardorem — addunt, 189 somno — soluti, 216 matri miserae, 217 multis — matribus, 236 somno — soluti, 257 sola salus, 333 sanguine singultantem, 348 multa — morte, 389 absentem — amicum, 450 praeda — potiti, 453 primis — peremptis, 456 spumanti sanguine, 460 croceum — cubile, 461 rebus — retectis, 463 aeratasque acies, 484 miserae matri, 591 feras — fugacis, 760 caedis — cupido.

X 3 sideream — sedem, 64 verbis volgare, 99 venturos — ventos, 112 fortunamque ferent, 193 sidera — sequentem, 194 comitatus classe catervas, 267 Rutulo regi, 378 pelagus — petemus, 394 Euandrius — ensis, 397 Arcadas accensos, 416 cerebro — cruento, 587 proiecto — pede, 598 hanc animam, 646 vertit vestigia, 761 media — millia, 767 caput — condit, 800 parma protectus, 814 Dardanio — ductori, 822 modis — miris, 824 patriae — pietatis, 829 miseram — mortem, 832 comptos — capillos, 850 alte — adactum, 866 dominos dignabere.

XI 21 segnisve — sententia, 67 sublimem stramine, 90 guttisque — grandibus, 130 murorum — moles, 131 saxaque subvectare, 198 saetigerosque sues, 229 alia arma, 230 pacem — petendum, 357 tantus — terror, 362 pacem — poscimus, 460 cogite concilium, 484 Phrygii praedonis, 490 alta — arce, 513 quaterent campos, 551 subito — sententia sedit, 552 forte ferebat, 554 silvestri subere, 581 multae — matres, 610 exhortantur equos, 665 quot corpora, 707 pugnaeque — pedestri, 708 ferat — fraudem, 718 pernicibus — plantis, 727 Tyrrhenum — Tarchonem, 730 variisque — vocibus, 761 fortuna facillima, 785 sancti — Soractis, 800 animos acris, 881 miseram — mortem.

XII 103 prima — proelia, 172 surgentem — solem, 212 firmabant — foedera, 248 agitabat aves, 249 agminis aligeri, 251 arrexere animos, 265 regem — raptum, 325 subita spe, 347 proles — praeclara, 473 domini — divitis, 521 inmissi — ignes, 604 quam cladem, 621 quisve — clamor, 680 furere — furorem, 750 puniceae — pinnae, 769 votas — vestes, 785 dea Daunia, 827 potens — propago, 900 qualia — corpora.

Also im Ganzen 378 Beispiele, demnach mehr als 3·7 Proc. der Gesammtverszahl der Aeneis.

2.

Alliteration bei parallelen Wörtern.

I 22 venturum — volvere, 23 metuens — memor, 61 molemque — montis, 70 diversos — dissice, 121 Abas — Aletes, 150 faces — furor, 200 und 201 Scyllaeam — sonantis — scopulos — saxa, 221 casum — crudelia (fata), 222 fata — fortemque — fortemque, 225 litoraque — latos (populos), 238 (occasum) Troiae tristisque (ruinas), 264 moresque — moenia, 329 soror — sanguinis, 333 vento — vastis (fluctibus), 390 reduces — relatam, 422 strepitumque — strata, 475 infelix — inpar, 489 acies — arma, 507 leges — laborem, 588 restitit — refulsit, 673 capere — cingere, 710 voltus — verba, 711 pallamque — pictum ·(velamen), 715 conplexu — colloque, 732 Tyriis — Troiaque profectis, 742 lunam — (solisque) labores, 747 Tyrii — Troesque.

II 23 sinus — statio, 28 locos — litusque, 38 terebrare — temptare, 73 conversi — conpressus, 86 comitem — consanguinitate (propinquum), 169 retro (sublapsa) referri, 191 Priami (imperio) Phrygibusque, 219 capite — cervicibus, 234 muros — moenia, 238 pueri — puellae, 253 conticuere — conplectitur, 296 vittas Vestamque, 321 trahit — tendit, 344 Priamo Phrygibusque, 351 adytis arisque, 426 procumbit, cadit, 445 turris — tecta, 497 exit — evicit, 531 oculos — ora, 558 caput — corpus, 572 Danaum — deserti (coniugis), 575 ignes — ira, 618 sufficit

— suscitat, 647 invisus — inutilis, 747 Ascanium Anchisenque, 765 crateres — captivaque vestis, 766 pueri — pavidae (matres).

III 4 diversa — desertas, 19 Dionaeae (matri) divisque, 30 quatit — coit, 54 (res) Agamemomnias — arma, 74 Nereidum (matri) — Neptuno, 77 coli — contemnere, 91 liminaque laurusque, 115 placemus — petamus, 170 refer — requiras (oder require)*), 172 visis — voce, 198 nimbi — nox, 223 partem praedamque, 224 exstruimus — epulamur, 242 vim — volnera, 264 magna — meritosque, 299 conpellare — cognoscere, 302 urbem — undam, 320 deiecit voltum — demissa voce, 328 Ledacam — Lacedaemonios, 351 adgnosco — amplector, 365 novum — nefas, 386 infernique (lacus) — insula, 444 notas — nomina, 459 fugiasque ferasque, 468 conum — cristasque comantis, 503 Epiro, Hesperia, 504 unam — utramque, 526 induit inplevitque, 528 terrae tempestatumque, 570 inmotus — ingens, 599 und 600 sidera — superos — spirabile (lumen)**), 614 Achemenides — Adamasto, 658 informe, ingens, 701 Camerina — campique (Geloi), 709 curae casusque.

IV 18 thalami taedaeque, 26 pallentis — profundam, 51 indulge — innecte, 72 silvas saltusque, 87 portusve — propugnacula, 111 Tyriis — Troiaque (profectis), 124 Dido dux, 162 Tyrii — Troiana iuventus, 165 Dido dux, 223 vade — voca, 236 Ausoniam — arva, 267 regni rerumque, 300 inops — incensa, 322 solem — sidera***), 326 destruat — ducat, 373 ciectum — egentem, 440 obstant — obstruit, 525 pecudes pictaeque (volucres), 626 face — ferroque, 636 pecudes — piacula, 672 examinis — exterrita, 690 attollens — adnixa, 695 animam — artus.

V 20 consurgunt — cogitur, 91 pateras — pocula, 112 argenti aurique, 143 remis rostrisque, 193 mari Maleaeque, 304 accipite — advertite, 364 adsit — attollat, 442 arte — adsultibus, 450 Teucri — Trinacria (pubes), 453 tardatus — territus, 473 superans — superbus, 505 intremuit — timuit, 521 artemque — arcumque, 530 Trinacrii Teucrique, 546 custodem — comitemque,

---

*) Vgl. meine Vergilstudien.
**) Vgl. S. 69 f.
***) So nach meiner Conjectur. Vgl. S. 104.

555 Trinacriae — Troiaeque, 560 tres — ternique, 591 inde-
prensus — inremeabilis, 599 puer — pubes, 632 patria —
Penates, 649 voltus vocisque, 659 attonitae — actaeque, 670 quis
— quo, 712 cape consiliis — coniunge, 742 quem — quis, 744
Pergameum — penetralia, 745 pio — plena, 753 remosque rudentisque, 758 indicitque — dat, 790 molem — maria, 839 dimovit
— dispulit.

VI 25 Pasiphae — prolesque, 102 cessit — quierunt, 148
vincere — convellere, 151 petis — pendes, 152 sedibus —
sepulcro, 224 dona, dapes, 230 rore — ramo, 256 mugire —
moveri, 287 Briareus — belua, 307 pueri — puellae, 317 miratus
— motusque, 319 quidve — quo, 323 stagna — Stygiamque
(paludem), 375 adspicies — adibis, 378 longe lateque, 420 melle
— medicatis (frugibus), 426 voces vagitus, 445 Phaedram Pro-
crimque, 538 admonuit — adfata (est), 575 sedeat — servet,
593 faces — fumea (lumina), 615 forma — fortunave, 617 sedet
— sedebit, 670 quae — quis, 680 inclusas — ituras, 682 numerum — nepotes, 692 quam — quanta, 724 caelum — camposque
(liquentis), 742 eluitur — exuritur, 775 Castrumque — Coramque,
811 parvis — paupere, 824 Decios Drusosque, 838 Argos Agamem-
noniasque (Mycenas), 858 sistet — sternet.

VII 16 recusantum — rudentum, 79 fama fatisque, 114 manu
malisque, 133 pateras (libate) — precibusque (vocate), 156 festinant — feruntur, 160 turris — tecta, 173 accipere — attollere,
211 accipit — altaribus addit, 284 donis dictisque, 285 redeunt
— reportant, 326 iraeque insidiaeque, 386 maius — maiorem,
449 cunctantem — quaerentem, 460 toro tectisque, 524 stipitibus
— sudibusve, 538 quinque — quina, 555 talia — talis, 626 levis
— lucida, 628 signaque — sonitusque, 631 Ardea — Antemnae,
645 meministis — memorare (potestis), 651 domitor debellatorque,
675 Homolen Othrymque, 686 clipei currusve, 695 Fescenninas
(acies) — Faliscos, 710 cohors — Quirites, 726 qui — quos,
745 fama — felicibus (armis), 749 convectare — vivere, 764
pinguis — placabilis, 805 colo calathisve.

VIII 17 regi — regi, 38 Laurenti — Latinis, 39 certa —
certi, 45 alba — albi, 73 accipite — arcete, 111 vetat — volat,

152 os oculosque, 155 accipio adgnoscoque, 156 vocem — voltumque, 191 deiectae*) — deserta, 244 reseret — recludat, 263 abstractaeque — abiurataeque, 326 deterior — decolor, 334 fortuna — fatum, 350 silvam saxumque, 354 concuteret — cieret, 463 sedem — secreta, 471 res – regna, 506 misit mandatque, 514 spes — solatia, 521 Aeneas Anchisiades — Achates, 581 sola — sera, 586 Aeneas — Achates, 592 stant — sequuntur, 690 remis rostrisque, 717 laetitia ludisque, 728 indomiti — indignatus, 731 famamque — fata.

IX 27 primas — postrema, 68 excutiat — effundat, 175 excubat exercetque, 226 ductores — delecta, 228 quid — quisve, 260 fortuna fidesque, 265 tripodas — talenta, 273 corpora captivosque, 290 solare — succurre, 313 discerpunt — donant, 322 custodi — consule, 330 armigerumque — aurigamque, 341 molle — mutumque metu, 345 vigilantem — videntem, 354 caede — cupidine, 429 caelum — conscia (sidera), 436 languescit — lassove (collo demisere), 487 produxi pressive, 532 expugnare — evertere, 604 deferimus — duramus, 611 viris — vigorem, 767 Alcandrum Haliumque.

X 135 collo — capiti, 169 leves — letifer, 186 Cinyra — comitate Cupavo, 277 praecipere — pellere, 320 manus — Melampus, 329 septem — septenaque, 501 fati (sortisque) futurae, 507 dolor — decus, 527 argenti — auri, 562 fortemque — fulvumque.

XI 65 virgis — vimine, 101 velati — veniamque (rogantes), 107 venia — verbis, 121 oculos — ora, 192 clamorque — clangorque, 254 sollicitat suadetque, 260 (Euboicae) cautes — Caphereus, 270 coniugium — Calydona, 323 considant — condant, 358 ipsum obtestemur — oremus ab ipso, 372 inhumata infletaque, 401 turbare — extollere, 431 Latio — Laurentibus (agris), 550 tardatur — timet, 598 Etruscique (duces) equitumque exercitus, 652 arcus — arma, 656 Tullaque — Tarpeia, 758 exemplum eventumque, 764 redit — reportat, 777 tunicas — tegmina, 795 dedit — dispersit, 853 sistit — speculatur, 873 sustentare —

---

*) Die Alliteration zeugt für *deiectae* gegen *disiectae*.

sistere, 887 oculos — ora, 889 caeca — concita, 890 portas —
postis, 894 stipitibus — sudibusque, 905 exsuperat — evadit, 912
pugnas — proelia.

XII 8 frangit — fremit, 11 nulla — nihil, 15 sedeant spec-
tentque, 132 turris — tecta, 167 clipeo — caelestibus (armis),
181 Fontisque Fluviosque, 201 tango — testor, 336 Iraeque Insidiaeque, 435 virtutem — verumque (laborem), 513 Talon
Tanaimque, 563 scuta — spicula, 681 dixit — dedit, 709 coiisse
— cernere, 734 ignotum — inermem. 764 levia — ludicra 788
armis animisque, 824 Troas — Teucrosque, 833 victusque volensque.

Demnach im Ganzen 315 Beispiele, d. i. etwas über 3 Proc.
der Gesammtverszahl der Aeneis.

* * *

Eine der Zahl und der Bedeutung nach sehr ansehnliche
Gruppe unter den Alliterationsweisen bei Vergil bilden jene Beispiele, welche die Alliteration der zwei letzten Worte des
Verses darbieten. Ich führe diese Beispiele in 9 Kategorien an, von
denen die erste 277, die zweite 128, die dritte 163, die vierte 52, die
fünfte 7, die sechste 12, die siebente 8, die achte 7, die neunte
86 Beispiele zählt. Die Summe ist also 740, demnach fast 7·5 Proc.
der Gesammtverszahl der Aeneis. In einigen vereinzelten Fällen
(wie z. B. I 55 bei murmure montis, wo auch noch in dem vorausgehenden magno die Alliteration sich zeigt) haben manche Erklärer auf die Alliteration hingewiesen. Es ist dies jedoch durchaus
keine so seltene Erscheinung, als es nach den zerstreut vorkommenden Bemerkungen der Erklärer scheinen könnte, sondern die
Sammlung der bezüglichen Beispiele zeigt, mit welchem Eifer
Vergil von diesem den Vers so schön abschliessenden und ab-
rundenden Mittel Gebrauch machte. In sehr vielen Fällen kann
man leicht die Wahrnehmung machen, dass diese durch die Alliteration ausgezeichneten Schlussworte des Verses auch für den
Gedanken sehr bedeutsam sind, und es liegt die Vermuthung nahe,
dass der Dichter gern und absichtlich diese Alliterationsweise
eben zum Zwecke nachdrücklicher Hervorhebung des Gedankens
anwandte. Vgl. z. B. I 152 arrectisque auribus adstant, 364 (dux)
femina facti, 660 inplicet ignem (vgl. auch incendat), II 85 lumine

lugent, 396 (vadimus . . . haud) numine nostro, 754 lumine lustro, III 280 (celebramus) litora ludis, IV 359 (vocemque his) auribus hausi u. a. Ich unterscheide in der Alliteration der zwei Schlussworte des Verses folgende Fälle:

1. Die Arsis des fünften und sechsten Fusses wird durch die Alliteration ausgezeichnet, wie z. B. I 55 murmure montis, 60 abdidit atris. Gewöhnlich wird in diesem Falle sowol der fünfte als der sechste Fuss durch je ein Wort gebildet. Zuweilen besteht aber der fünfte Fuss aus einem zweisylbigen oder in Folge der Elision zweisylbig zu lesenden Worte in Verbindung mit einem einsylbigen Worte (Praeposition oder die Conjunction èt), das sich an das vorausgehende Wort in der Aussprache eng anlehnt.

α) I 52 Aeolus antro, 55 murmure montis, 56 Aeolus arce, 60 abdidit atris, 152 auribus adstant, 176 fomite flammam, 245 murmure montis, 250 adnuis arcem, 294 inpius intus*), 364 femina facti, 481 pectora palmis, 517 litore linquant, 567 pectora Poeni, 660 inplicet ignem, 706 pocula ponant.

II 9 sidera somnos, 46 machina muros, 85 lumine lugent, 105 quaerere caussas, 237 machina muros, 303 auribus adsto, 361 funera fando, 396 numine nostro, 429 plurima Panthu, 561 volucre vidi, 754 lumine lustro, 775 demere dictis.

III 153 demere dictis, 159 moenia magnis, 260 amplius armis, 280 litora ludis, 300 litora linquens, 333 credita cessit**), 336 addidit arcem, 343 excitat Hector, 360 sidera sentis, 397 aequoris aestu, 451 carmina curat, 616 limina linquunt.

IV 81 sidera somnos, 210 murmura miscent, 245 turbida tranat, 294 ocius omnes, 359 auribus hausi, 372 aspicit aequis, 446 Tartara tendit, 499 occupat ora, 579 eripit ensem, 669 hostibus omnis, 673 pectora pugnis.

V 21 tendere tantum, 23 litora longe, 70 praemia palmae, 78 sanguine sacro, 145 carcere currus, 153 pondere pinus, 208

---

*) Die stärkere Alliteration (nämlich die Alliteration von zwei oder mehreren Lauten, sowie von Diphthongen) wird hier durch den Druck hervorgehoben.
**) Nach meiner Conjectur; vgl. S. 55.

cuspide contos, 269 tempora taenis, 292 praemia ponit, 308 **praemia primi**, 358 optumus olli, 363 pectore praesens, 397 inprobus iste, 444 **vertice velox**, 445 corpore cessit, 479 cornua caestus, 486 praemia ponit, 567 arduus albam, 584 **orbibus orbis**, 611 litora lustrat, 754 **vivida virtus**, 828 ocius omnis.

VI 15 credere caelo, 17 adstitit arce, 20 pendere poenas, 78 pectore possit, 240 habitus atris, 303 corpora cymba, 338 sidera servat, 412 accipit alveo, 463 credere quivi, 516 attulit alvo, 537 talia tempus, 708 candida circum, 734 carcere caeco, 762 sanguine surget, 763 postuma proles, 767 gloria gentis, 833 vertite viris.

VII 8 candida cursus, 21 talia Troes, 108 arboris altae, 258 occupet orbem, 355 inplicat ignem, 370 **dicere divos**, 486 credita campi, 516 audiit amnis, 561 anguibus alas, 624 arduus altis, 644 **arserit armis**, 648 agminaque armat, 662 attigit arva, 683 roscida rivis, 799 Anxurus arvis.

VIII 2 cornua cantu, 28 aetheris axe, 35 demere dictis, 224 addidit alas, 258 aestuat atra, 278 ocius omnes, 304 ignibus ipsum, 317 **parcere parto**, 393 **conscia coniunx**, 411 lumina longo, 430 alitis austri, 448 **orbibus orbis**, 456 culmine cantus, 486 **oribus ora**, 527 **increpat ingens**, 607 corpora curant, 672 caerula cano.

IX 30 amnibus altus, 42 credere campo, 62 inprobus ira, 89 **anxius angit**, 103 pectore pontum, 104 flumina fratris, 190 percipe porro, 209 aspicit aequis, 238 proxuma ponto, 303 exuit ensem, 399 audeat armis, 496 Tartara telo, 506 vellere vallum, 515 inminet ingens, 563 corpore cycnum, 706 taurea terga, 709 intonat ingens, 722 corpore cernit, 743 cortice crudo.

X 5 incipit ipse, 95 iurgia iactas, 102 arduus aether, 113 flumina fratris, 209 caerula concha, 243 ambiit auro, 249 inscius ipse, 345 corpore Clausus, 369 fortia facta, 458 adiuvet ausum, 642 somnia sensus, 661 proelia poscit, 682 exigat ensem, 699 poplite Palmum, 725 cornua cervum, 755 mutua Mavors, 815 exigit ensem, 842 volnere victum, 879 perdere posses, 896 eripit ensem, 903 hostibus oro.

XI 78 praemia pugnae, 93 **Arcades armis**, 95 addidit alto, 265 litore Locros, 283 credita quantus, 303 tempore tali, 330 foedera firment, 350 Troia temptat, 356 foedere firmes, 366 **funera fusi**, 386 **vivida virtus**, 395 **Arcadas armis**, 459 tempore Turnus, 490 aureus arce, 519 concipe curam, 565 **virgine victor**, 646 funera ferro, 669 volnere versat, 705 femina forti, 720 sanguine sumit, 728 inicit iras, 731 proelia pulsos, 807 amplius hastae, 810 abdidit altos, 814 abstulit Arruns, 835 Arcades alae.

XII 50 **debile dextra**, 70 virgine voltus, 76 crastina caelo, 89 cornua cristae, 181 aetheris alti, 214 **viscera vivis**, 281 **Arcades armis**, 284 ingruit imber, 293 advolat hasta, 316 foedera faxo, 343 Imbrasus ipse, 369 impetus ipsum, 388 proxuma poscit, 404 forcipe ferrum, 440 **excitet Hector**, 481 obvius orbis, 500 carmine caedes, 536 tempora torquet, 551 Arcades alae, 584 pandere portas, 587 pumice pastor, 589 cerea castra, 606 cetera circum, 640 volnere victum, 658 foedera flectat, 772 impetus illam, 825 **vertere vestem**, 838 sanguine surget, 848 addidit alas, 871 pectora pugnis, 891 contrahe quidquid, 926 incidit ictus, 949 sanguine sumit.

β) Der fünfte Fuss wird gebildet durch ein zweisylbiges Wort und eine einsylbige Praeposition oder Conjunction: I 331 **orbis in oris**, 743 imber et ignes, II 325 Ilium et ingens, III 70 auster in altum, V 698 **omnis et omnes**, 764 auster in altum, 861 ales ad auras, VI 64 Ilium et ingens, 436 aethere in alto, 865 instar in ipso, VII 25 aether ab alto, 152 ordine ab omni, 551 arma per agros, VIII 256 ipse per ignem, 535 arma per auras, X 198 Ocnus ab oris, XI 721 **ales ab alto**, XII 247 ales in aethra, 938 acer in armis.

γ) Das vorletzte Wort ist ein viersylbiges zusammengesetztes, dessen erste Sylbe zum vierten Fusse gehört: I 97 occumbere campis(?), 562 secludite curas(?), II 271 effundere fletus, 507 convolsaque vidit, 712 advertite vestris, III 31 convellere vimen, 201 discernere caelo, 261 exposcere pacem, 583 inmania monstra(?), 673 **exterrita tellus**, IV 19 succumbere culpae(?), V 496 confundere foedus, VI 165 accendere cantu(?), VII 294 occumbere campis(?), 300 **opponere ponto**, 722 conterrita tellus, 807 prae-

vertere ventos, VIII 677 effulgere fluctus, IX 20 discedere caelum,
328 depellere pestem, X 382 discrimina costis, 669 expendere
poenas, 694 expostaque ponto (?), XII 290 confundere foedus,
345 praevertere ventos, 414 incognita capris, 771 concurrere
campo.*)

δ) Einzelne andere Fälle: V 372 corpore qui se, VII 310
numina non sunt, 708 et tribus et gens, IX 67 quae via clausos.

Anmerkung. Hier kann man auch noch jenen Fall anreihen, wenn zwar das vorletzte Wort zweisylbig und das letzte
dreisylbig ist, jedoch so, dass von dem letzten (zusammengesetzten) Worte die erste Sylbe zum fünften Fuss als zweite Thesis
gehört: I 662 **cura recursat**, II 312 lata relucent, II 595 cura
recessit, VI 751 velle reverti, VIII 460 terga retorqueus, XII 129
quisque recessit, 889 Turne retractas. Ganz singulär XII 449
tremefacta refugit. Vgl. als Analogie die Beispiele unter 3, Anmerkung, S. 342.

2. Die Arsis und die zweite Thesis des fünften Fusses enthält die Alliteration.

α) Das vorletzte Wort ist an und für sich oder durch Elision
zweisylbig. das letzte dreisylbig: I 75 prole parentem, 107 aestus
arenis, 394 ales aperto, 471 caede cruentus, 553 **rege recepto**;
II 34 fata ferebant, 201 sorte sacerdos, 433 fata fuissent, 543
regna remisit, 771 fine furenti, 780 aequor arandum; III 160 linque
laborem, 235 **gente gerendum**, 495 aequor arandum, 610 multa
moratus, 656 **mole moventem**; IV 5 cura quietem, 8 sana sororem,
37 terra triumphis, 214 **regna recepit**, 233 **laude laborem**, 273
laude laborem, 298 Fama furorem, 376 augur Apollo, 379 cura
quietos, 460 verba vocatis, 633 ater habebat, 634 siste sororem,
649 mente morata, 654 ibit imago; V 115 classe carinae, 180
rupe resedit, 190 sorte suprema, 202 saxa suburguet, 206 prora
pependit, 234 **vota vocasset**, 298 alter Acarnan, 416 sparsa
senectus, 418 auctor Acestes, 431 tarda trementi, 514 **vota vocavit**,
525 **arsit arundo**, 582 tela tulere, 590 signa sequendi, 866 saxa
sonabant; VI 9 altus Apollo, 100 frena furenti, 129 aequus amavit,

*) Dies Beispiel gehört auch zugleich zu 3 *β α'*.

145 rite repertum, 316 arcet arena, 358 tuta tenebam, 419 colla colubris, 467 torva tuentem, 506 voce vocavi, 557 saeva sonare, 572 saeva sororum, 859 capta Quirino; VII 116 inquit Iulus, 164 lenta lacertis, 243 parva prioris, 342 tecta tyranni, 380 actus habena, 394 colla comasque, 443 templa tueri, 454 sede sororum, 471 vota vocavit, 511 nacta nocendi; VIII 27 altus habebat, 52 signa secuti, 244 regna recludat, 259 vana vomentem, 275 vina volentes, 302 sacra secundo, 336 auctor Apollo, 342 acer asylum, 426 parte polita, 603 tuta tenebant, 671 ibat imago, 712 veste vocantem; IX 11 armat agrestis, 90 posse parentem, 131 altera adempta est, 154 pube Pelasga, 394 signa sequentum; X 100 prima potestas, 194 classe catervas, 217 cura quietem, 258 signa sequuntur, 411 acer Halaesus, 460 advena adisti, 614 namque negares, 654 ponte parato, 724 forte fugacem, 784 terga tribusque, 837 aeger anhelans, 873 voce vocavit, 875 altus Apollo; XI 73 laeta laborum, 118 dextra dedisset, 447 tecta tumultu, 473 saxa sudesque, 552 forte ferebat, 612 acer Aconteus, 630 terga tegentes, 670 alter habenas, 673 addit Amastrum, 786 ardor acervo, 869 acer Atinas; XII 88 aptat habendo, 405 auctor Apollo, 450 agmen aperto, 457 quisque coactis, 506 multa morantem, 638 voce vocantem, 661 acer Atinas, 780 vota vocavit.

β) Das vorletzte Wort ist ein dreisylbiges zusammengesetztes; der erste Theil der Zusammensetzung gehört zum vierten Fusse: II 292 defensa fuissent, 542 exsangue sepulcro, III 476 erepte ruinis, VI 555 succincta cruenta, VII 113 adegit edendi, 295 incensa cremavit, VIII 489 infanda furentem, X 196 immane minatur, 905 defende furorem, XII 601 effata furorem, 647 adversa voluntas, 904 inmane moventem.

3. Die erste Alliterationssylbe ist die Thesis des vierten Fusses, die zweite entweder die zweite Thesis des fünften oder die Arsis des sechsten Fusses.

α) I 144 adnixus acuto, 207 servate secundis, 321 monstrate mearum, 426 sanctumque senatum, 451 sperare salutem, 458 ambobus Achillen, 488 adgnovit Achivis, 663 adfatur Amorem, 690 incedit Iuli; II 124 crudele canebant, 125 ventura videbant, 354 sperare salutem, 597 coniunxne Creusa, 636 primumque petebam, 651 con-

iunxque Creusa, 742 sedemque sacratam; III 17 ingressus iniquis, 58 primumque parentem, 82 adgnovit amicum, 183 Cassandra canebat, 253 ventisque vocatis, 324 captiva cubile, 468
cristasque comantis, 525 cratera corona, 529 spirate secundi, 530
portusque patescit, 609 fortuna fateri; IV 29 servetque sepulcro,
203 accensus amaro, 238 parere parabat, 303 clamore Cithaeron,
432 regnumque relinquat, 464 praedicta priorum, 531 rursusque
resurgens, 562 spirare secundos, 598 portare Penatis, 603 fortuna
fuisset, 670 flammaeque furentes; V 211 ventisque vocatis, 213
commota columba, 451 accurrit Acestes, 452 attollit amicum,
469 crassumque cruorem, 502 stridente sagitta, 508 telumque
tetendit, 531 amplexus Acesten, 540 adpellat Acesten, 546 inpubis
Iuli, 642 conixa coruscat, 710 fortuna ferendo est, 739 adflavit
anhelis, 746 arcessit Acesten, 747 praecepta parentis, 753 remosque rudentisque, 813 accedet Averni; VI 10 secreta Sibyllae, 114
sortemque senectae, 160 sermone serebant, 191 venere volantes,
200 servare sequentum, 224 congesta cremantur, 277 Letumque
Labosque, 382 pulsusque parumper, 396 traxitque trementem,
415 vatemque virumque, 455 adfatus amore est, 533 fortuna
fatigat, 683 moresque manusque, 728 vitaeque volantum, 819
saevasque secures, 824 saevumque securi, 843 parvoque potentem,
844 Serrane serentem, 857 turbante tumultu, 898 emittit eburna;
VII 91 adfatur Avernis, 190 versumque venenis, 350 fallitque
furentem, 482 accendit agrestis, 501 questuque cruentus, 531 stridente sagitta; VIII 51 Pallante profectum, 126 adfatur amicis,
163 ardebat amore, 210 versisque viarum, 282 flammasque ferebant, 373 adspirat amorem, 531 promissa parentis, 543 parvosque
Penatis; IX 41 fortuna fuisset, 97 permissa potestas, 198 adfatur
amicum, 223 regemque requirunt, 260 fortuna fidesque est, 289
perferre parentis, 363 pugnaque potiti, 380 custode coronant, 397
turbante tumultu, 452 Rhamnete reperto, 539 retroque residunt,
635 responsa remittunt, 660 sensere sonantem, 693 praebere
patentis; X 122 cinxere corona, 304 fluctusque fatigat, 332 adfatur Achaten, 352 accurrit Halaesus, 368 accendit amaris, 466
adfatur amicis, 502 sublata secundis, 533 Pallante perempto, 548
fortasse ferebat, 555 truncumque tepentem, 573 retroque ruentes,

578 fervore furentis, 591 adfatur amaris, 640 effingit cuntis, 900 mortemque minaris; XI 13 hortatur ovantis, 45 promissa parenti, 152 promissa parenti, 177 Pallante perempto, 240 responsa reposcit, 348 mortemque minetur, 475 cinxere corona, 480 deiecta decoros, 531 insedit iniquis, 535 crudele Camilla, 574 armavit acuto, 782 ardebat amore, 803 perlata papillam, 860 curvata coirent; XII 71 adfatur Amatam, 100 murraque madentis, 134 Albanus habetur, 326 saltuque superbus, 352 adspirat Achillis, 418 spargitque salubris, 462 versique vicissim, 479 ostentat ovantem, 673 turrimque tenebat, 726 diversa duorum, 761 terretque trementis, 787 radice revellit, 829 rerumque repertor, 875 terrete timentem.

In allen diesen Beispielen ist sowol das vorletzte als auch das letzte Wort dreisylbig*), und in allen ist die erste Sylbe des vorletzten Wortes die lange Thesis des vierten Fusses; es ist somit das vorletzte Wort ein Antibacchius, das letzte ein Bacchius. — Diesen 146 Beispielen gegenüber stehen in der ganzen Aeneis nur vier Beispiele, in denen das vorletzte Wort die Form eines Amphibrachys hat, nämlich II 380 repente refugit, 465 repente ruinam, VII 27 repente resedit und IX 753 cruenta cerebro.

An diese Beispiele reihen sich nun noch folgende zwei an, X 259 pugnaeque parent se und 802 tectusque tenet se; das Reflexivpronomen lehnt sich an das vorausgehende Verbum eng an und verschmilzt mit demselben in der Aussprache zu einem Ganzen.

β) Das vorletzte Wort ist ein viersylbiges**), das letzte ein zweisylbiges; die erste Sylbe des vorletzten Wortes, auf welcher die Alliteration ruht, ist gewöhnlich die lange Thesis des vierten

---

*) In den drei Beispielen V 710 fortuna ferendo est, VI 455 adfatus amore est, IX 260 fortuna fidesque est verschmilzt das est mit dem vorausgehenden dreisylbigen Worte in der Aussprache zufolge der Elision eng zu einem Ganzen. — Das vorletzte Wort ist häufig (nämlich in 42 — und wenn man X 259 und 802 gleich mitrechnet — in 44 unter 150, beziehungsweise 152 Fällen) ein zweisylbiges Wort mit angehängtem que. Einmal, nämlich II 597 coniunxne.

**) Ausnahmsweise auch ein dreisylbiges in Verbindung mit einem an dasselbe sich anlehnenden einsylbigen: V 372 Averna per alta, VII 856 attollit in aegrum, XI 428 Aetolus et Arpi.

Fusses, selten die kurze zweite Thesis; die zweite alliterirende
Sylbe ist die Arsis des sechsten Fusses.

α') I 424 subvolvere saxa, 505 testudine templi, 582 sententia surgit; II 76 formidine fatur, 160 servataque serves, 348
fortissima frustra, 414 acerrimus Aiax, 680 mirabile monstrum;
III 26 mirabile monstrum, 128 certamine clamor, 212 Phinoia
postquam, 291 abscondimus arces, 334 cognomine campos, 541
succedere sueti, 612 formidine fatur, 638 ulciscimur umbras;
IV 77 convivia quaerit, 266 uxorius urbem, 341 couponere curas,
351 humentibus umbris, 482 ardentibus aptum (ebenso VI 797,
XI 202), 493 accingier artis; V 18 contingere caelo, 66 certamina classis, 69 committere caestu, 92 innoxius imo, 144 certamine campum, 291 contendere cursu, 370 contendere contra,
389 fortissime frustra; VI 155 obmutuit ore, 184 accingitur armis,
280 Discordia demens, 290 formidine ferrum, 574 custodia qualis,
632 deponere dona, 648 pulcherrima proles, 770 acceperit Albam,
797 ardentibus aptum; VII 111 agrestibus augent, 211 altaribus
addit; VIII 81 mirabile monstrum, 253 caligine caeca, 369 amplectitur alis, 377 carissime coniunx, 419 incudibus ictus, 655
argenteus anser, 685 Antonius armis; IX 74 accingitur atris, 120
mirabile monstrum, 176 acerrimus armis, 191 sententia surgat,
253 pulcherrima primum, 408 fastigia fixi, 474 adlabitur auris;
X 292 adlabitur aestu, 579 adparuit hasta, 631 formidine falsa,
637 mirabile monstrum; XI 34 Troianaque turba, 187 caligine
caelum, 202 ardentibus aptum, 250 attraxerit Arpos, 502 fiducia
forti, 551 sententia sedit; XII 61 certamine casus, 226 acerrimus
armis, 487 contraria curae, 555 adverteret agmen, 598 certamine
credit, 612 acceperit ante, 739 Volcania ventum est, 759 efflagitat
ensem, 941 adparuit alto.

β') Diesen 74 Beispielen stehen bloss 23 gegenüber, in
welchen die erste Sylbe des vorletzten viersylbigen Wortes kurz
ist, nämlich I 167 sedilia saxo, 665 Typhoia temnis, II 102 habetis
Achivos, 794 simillima somno, III 112 silentia sacris, 442 sonantia
silvis, IV 194 cupidine captos, V 199 anhelitus artus, 408 volumina versat, 432 = 199, VI 274 cubilia Curae, 551 sonantia
saxa, 674 recentia rivis, 702 simillima somno, 704 sonantia silvae,

VII 189 cupidine coniunx, IX 684 Aquiculus armis, 814 anhelitus artus (wie V 199 und 432), X 655 Osinius oris, XI 660
Amazones armis, 753 volumina versat; XII 507 celerrima crudum,
516 Apollinis agris.

Anmerkung. An die 3, β, α' aufgezählten Beispiele kann
man noch jenen Fall anreihen, wenn zwar das vorletzte und letzte
Wort dreisylbig ist, von dem letzten (zusammengesetzten) Worte
jedoch die erste Sylbe zum fünften Fusse (als zweite Thesis) gehört: I 216 und 722 mensaeque remotae, II 28 litusque relictum,
IV 452 lucemque relinquat, V 316 limenque relinquunt, VII 285
pacemque reportant, X 855 lucemque relinquo, XI 149 Pallanta
reposto (?), XII 2 promissa reposci, 429 maiora remittit, 747
cursumque recursant. Vgl. als Analogie die Beispiele oben unter 1,
Anmerkung S. 337.

4. Das vorletzte Wort ist ein viersylbiges ($\smile\smile - \smile$); die
ersten zwei Sylben desselben gehören als erste und zweite Thesis
zum vierten Fusse. Das letzte Wort ist dreisylbig ($\smile - \frown$):

I 289 Orientis onustum, 527 populare Penatis, 686 laticemque Lyaeum, 701 Cereremque canistris, 733 meminisse minores;
II 40 comitante caterva (ebenso II 370, V 76), 60 aperiret Achivis.
370 comitante caterva, 476 agitator Achillis, 504 spoliisque superbi,
517 simulacra sedebant, 717 patriosque Penatis; III 129 proavos-
que petamus, 148 Phrygiique Penates, 275 aperitur Apollo, 405
adopertus amictu, 486 monumenta mearum, 502 populosque pro-
pinquos, 603 petiisse Penatis; IV 581 rapiuntque ruuntque, 682
populumque patresque; V 76 comitante caterva, 169 scopulosque
sonantis, 174 sociumque salutis, 548 puerile paratum, 694 tonitruque tremescunt; VI 616 radiisque rotarum; VII 74 crepitante
cremari. 266 tetigisse tyranni, 372 mediaeque Mycenae; VIII 88
placidaeque paludis, 202 spoliisque superbus, 405 placidumque
petivit, 556 propiusque periclo; IX 192 populusque patresque,
334 Lamyrumque Lamumque, 390 regione reliqui, 727 recipitque
ruentis; X 186 comitate Cupavo, 241 veniente vocari, 256 revoluta ruebat, 610 patiensque pericli; XI 47 metuensque moneret,
337 agitabat amaris, 498 comitante Camilla, 547 Amasenus abun-

daus, 627 **revoluta resorbens**, 689 cecidisse Camillae, 695 **sequi-**
turque sequentem, 898 cecidisse Camillam; XII 263 penitusque
profundo, 544 potuere phalanges.

5. Dagegen ist nur in seltenen Fällen das vorletzte Wort
ein fünfsylbiges ($\smile\smile-\smile\smile$) und das letzte ein zweisylbiges.
Die ersten zwei Sylben des vorletzten Wortes gehören auch hier
als erste und zweite Thesis zum vierten Fusse: I 391 **aquilonibus**
actam, II 154 **violabile vestrum**, III 78 **placidissima portu**, VI 732
moribundaque membra, XI 200 **semiustaque servant**, 354 **violentia**
vincat, XII 438 **adoleverit aetas.** ,

6. Die Alliteration des vorletzten Wortes ruht auf der Arsis
des vierten Fusses und die Alliteration des letzten Wortes

α) auf der Arsis des sechsten Fusses: III 430 und V 131
circumflectere cursus, X 770 **inperterritus ille**,

β) auf der ersten Thesis des fünften Fusses: III 680 **coni-**
ferae cyparissi,

γ) auf der zweiten Thesis des fünften Fusses: II 83 **pro-**
ditione Pelasgi, IV 565 **praecipitare potestas**, V 34 **advertuntur**
arenae, VI 839 **armipotentis Achilli**, VIII 211 **occultabat opaco**,
IX 714 **attolluntur arenae**, X 1 und XII 791 **omnipotentis Olympi.**

7. Nicht eben häufig, aber offenbar kräftig ist die Alliteration, wenn von den zwei alliterirenden Schlusswörtern das zweite
einsylbig ist. Bekanntlich suchten die Dichter überhaupt durch
die Setzung einsylbiger Wörter am Schluss des Hexameters einen
gewissen Effect zu erzielen. Dieser wird nun noch erhöht, wenn
die Alliteration hinzutritt. Das kräftigste hieher gehörige Beispiel
ist das dem Ennius (Fragm. Ann. 313) entlehnte **restituis rem**
VI 846. Die übrigen Beispiele (in welchen die erste Alliteration
auf der zweiten Thesis des fünften Fusses ruht) sind X 107 **secat**
spem, 361 **viro vir**, ebenso 734 **viro vir**, 771 **sua stat**, 843 **mali**
mens, 864 **viam vis**, XI 632 **virum vir.**

8. Schwächer ist die Alliteration, die auf der Arsis des
sechsten und auf der ersten Thesis des fünften Fusses ruht: III 42
tibi Troia, V 628 **mare magnum**, VI 278 **mala mentis**, IX 288
tua testis, 302 **tua Tarchon**, XII 646 **mihi Manes**, 933 **tibi talis.**

9. Eine ziemlich häufige Erscheinung ist es, dass von den zwei alliterirenden Schlusswörtern das erste eine einsylbige Praeposition (oder Conjunction)*) ist, welche die zweite Thesis des fünften Fusses ist. Wenn auch diese Alliteration schwach ist, so glaube ich doch, dass auch hier die Alliteration eine absichtliche ist. Die hieher gehörigen Beispiele sind:

I 110 und ebenso 160, 297 ab alto; II 2 ab alto, 41 ab arce, 81 ad auris, 87 ab annis, 119 ad auris, 202 ad aras, 259 ad auras, 425 ad aram, 624 in ignis, 654 in isdem, 663 ad aras, 699 ad auras; III 93 ad auris, 239 ab alta, 332 ad aras; IV 62 ad aras, 574 ab alto, 661 ab alto, 665 ad alta; V 12 ab alta, 19 ab atro, 175 ab alta, 332 in ipso, 489 ab alto, 511 ab alto, 542 ab alto, 838 ab astris; VI 16 ad Arctos, 128 ad auras, 310 ab alto, 318 ad amnem, 554 ad auras, 561 ad auris, 581 in imo, 761 ad auras, 865 in ipso; VII 25 ab alto, 141 ab alto, 166 ad auris, 245 ad aras, 286 ab Argis, 305 in iras, 445 in iras, 466 ad auras, 674 ab alto, 704 ab alto; VIII 1 ab arce, 85 ad aram, 106 ad aras, 114 an arma, 115 ab alta, 236 ad amnem, 423 ab alto, 461 ab alto, 517 ab annis, 541 ab alto; IX 80 in Ida, 125 ab alto, 145 in ignis, 235 ab annis, 352 ibi ignem, 395 ad auris, 417 ab aure, 641 ad astra, 644 ab alto; X 28 ab Arpis, 46 ab armis, 126 ab alta, 355 in ipso, 454 ab alta, 515 in ipsis, 779 ab Argis; XI 98 ad altos, 174 ab annis, 301 ab alto, 364 et esse, 409 in isto, 747 ab hasta, 853 ab alto; XII 298 ab ara, 603 ab alta, 703 ad auras, 844 ab armis.

Eine Betrachtung dieser 86 Beispiele zeigt, dass so gewöhnlich die Praepositionen ab (44mal), ad (27mal), in (12mal) gebraucht erscheinen. Die Wörtchen an, et, ibi (elidirt) kommen so je einmal vor. Ferner ist zu bemerken, dass die grosse Mehrzahl dieser Beispiele durch gewisse feste Formeln gebildet wird, welche dem Dichter einen bequemen Versschluss boten. So kommt die Wendung ab alto nicht weniger als 21mal vor, bildet also den vierten Theil sämmtlicher Beispiele. Dazu kommen noch 7 Bei-

---

*) Einmal (IX 352) kommt so ein elidirtes ibi vor.

spiele des Schlusses a b a l t a vor. Ausserdem kommt vor z. B.
a d a r a s und a d a r a m 8mal, a d a u r a s 7mal, a d a u r i s 6mal,
a b a n u i s 4mal.

∗ [∗] ∗

In den vorausgehenden Sammlungen habe ich die Beispiele
für e i n z e l n e bemerkenswerthe Erscheinungen, welche bei dem
Alliterationsgebrauche Vergils zu Tage treten, nach Gruppen geordnet angeführt. Obzwar nun schon die Gesammtsumme dieser
bereits angeführten Beispiele eine bedeutende ist, so halte ich es
doch für zweckmässig, in einer übersichtlichen H a u p t s a m m-
l u n g s ä m m t l i c h e Fälle, in denen nach meinem Dafürhalten
von Vergil in der Aeneis die Alliteration in absichtlicher und bewusster Weise angewandt wurde, zusammenzustellen, da ich der
Meinung bin, dass die imponirend grosse Zahl dieser Fälle am
besten geeignet ist, jeden etwaigen Zweifel zu beseitigen. In der
folgenden zusammenfassenden Sammlung erscheinen alle bisher in
den obigen Specialsammlungen angeführten Beispiele nochmals mit
aufgenommen. Und zwar bezeichnet eine cursiv gedruckte Ziffer
o h n e H i n z u f ü g u n g d e r a l l i t e r i r e n d e n W ö r t e r, dass
der betreffende Vers schon in irgend einer der früher gegebenen
Specialsammlungen angeführt wurde. Sind dagegen der cursiv gedruckten Verszahl die alliterirenden Wörter hinzugefügt, so soll
damit bezeichnet werden, dass die betreffende Stelle früher noch
nicht angeführt wurde, und dass die an derselben sich zeigende
Alliteration bemerkenswerth ist. Die fettgedruckten Zahlen bezeichnen solche Stellen, die zwar schon früher wegen irgend einer
speciellen Alliterationserscheinung angeführt wurden, die jedoch
ausserdem auch noch in irgend einer anderen Hinsicht die Alliteration aufweisen, z. B. I 55, welche Stelle schon S. 334 wegen
der Alliteration der beiden Schlusswörter vorkommt. Was die
übrigen Stellen betrifft, deren Verszahl mit gewöhnlichen Ziffern
bezeichnet ist, so bemerke ich, dass solche Stellen, an denen die
alliterirenden Wörter ausdrücklich hinzugesetzt werden, eine nach
meiner Meinung beachtenswerthere Alliteration enthalten, als die-

jenigen, welche bloss mit der Ziffer ohne Hinzufügung der alliterirenden Wörter bezeichnet sind. Das Zeichen (w) bedeutet die Wiederholung eines Wortes, das Zeichen (z) bezeichnet ein Compositum, dessen einfaches Grundwort die Alliteration zeigt. Endlich bemerke ich, dass ich in der folgenden Sammlung in der Regel die Alliteration nicht durch fetten Druck der Alliterationslaute kenntlich mache; nur ausnahmsweise wird eine besonders kräftige oder irgendwie besonders bemerkenswerthe Alliteration durch fetten Druck der betreffenden Buchstaben ausgezeichnet.

I 1 2 (?) 3 (w) 4 superum saevae, 5 6 7 **Albanique** — atque altae, 8 Musa, mihi causas memora, quo, 9 10 (z) *11* 12 Tyrii tenuere, 14 ostia — opum, 18 si — fata sinant — tum tenditque fovetque (a b a c c b), 19 *20* 22 *23 24* prima quod ad — pro caris — Argis (a b c a b c), 25 (?) *26* 27 (??) *28* 30 *31 35* 36 37 (z) *39 40* 41 *42* 43 (z) 44 (z) 46 (z) *47* 49 (?) *51 52* **55** illi indignantes magno — murmure montis **56** circum claustra — celsa — Aeolus arce, 57 tenens — temperat *60* **61** metuens molemque — montis, 62 63 (w) 66 (w) 68 Ilium in Italiam portans — Penatis, *69* vim ventis, *70* diversos — dissice, 71 72 74 **75** exigat et pulchra — prole parentem, 76 77 78 (w) *79 81* cavum conversa cuspide, 82 inpulit in — ac venti velut agmine (a a b c c b), *83 84 86* 87 (z), 94 95 96 *97* (z) 99 (w) *100* Sarpedon, ubi — Simois — sub undis. 101 virum — volvit, *103* velum **adversa** ferit fluctusque **ad** (a b a c c b), *106* **his** — dehiscens (z), **107** fluctus aperit, furit aestus arenis, 108 *110* 112 atque aggere — arenae, *114* 113 puppim — pronusque, 116 in — illam — ibidem, *117 119* tabulaeque — Troia, 120 (w) *121* 122 laxis laterum, *123* **124** magno misceri murmure, 125, 127, *128* **Aeneae** — **aequore**, 132, *134* 135 quos — conponere, 136 post mihi — poena commissa (z), 138 *139* sed — sorte — ille inmania saxa, 140 *141 144* 145 detrudunt (z) — tridenti, 146 (w), 147 (z), 148 149 seditio saevitque, *150* **152** conspexere (z), silent adrectisque auribus adstant, *154* 157 159 longo locus, *160* obiectu — omnis ab alto, *161* sinus scindit sese, 162 (w), *163 164* tuta silent, tum silvis scaena, *166 167* **168** Nympharum — non — navis *169* 171, *174* 175 *176* 177 Cererem corruptam —

Cerealia *178 179 181* prospectum — pelago petit, 182 vento vi-
deat, *183* aut Capyn aut celsis — arma Caici, *184 186* 187 constitit — celerisque, 191 telis — turbam, 192 (z), *193 194* portum
petit — partitur, 195 *197* 198 199 dabit deus *200* Scyllaeam —
sonantis, 201 scopulos — saxa, 203 mittite — meminisse, 204 (w),
206 regna resurgere, *207* 209 spem — simulat, 212 frusta — figunt,
213 214 victu revocant (z) vires, 215 (z) *216* exempta — epulis
mensaeque remotae (z), 217 socios sermone, 218 *219* extrema —
exaudire, 220 *221 222* fata — fortemque — fortemque, 223 *225*
226 Libyae — lumina *231 232* quid Troes potuere, quibus tot —
passis (a a c a b c), 233 *236 238* 239 fatis — fata, 242 243 Illy-
ricos — intima, *245 246* proruptum — pelago premit, *249 250*
251 infandum — iram, 253 *254* 257 metu — manent inmota (z),
159 sublimemque — sidera, 260 261 263 *264* 266 *267 268 269*
magnos — mensibus, 271 multa — muniet, 272 *274 275* lupae
— laetus, 277 278 (w), *280* 281 282 Romanos, rerum, *283 284*
285, 288, *289 290 292* cana **Fides** — cum fratre **Quirinus**, 293
dabunt, dirae, *294* 295 saeva sedens super arma — aenis, 296
297 298 (w), 299 300 arceret — aëra, 301 alarum ac — adstitit,
302 303 304 accipit — animum, *305* pius — per — plurima, 306
lux — locosque, 308 309 310 classem — convexo — cavata, *311
314 315* 317 (z), 318 *319* 320 nuda — nodoque, *321* 322 324 cursum clamore, 325 (w) 326 327 virgo — voltus, *329 330 331 333*
334 335 341 (w) 342 sed summa sequar, 344 magno miserae, 345
347 348 *349* ante aras atque auri — amore, 350 *352 353* ipsa
sed in somnis inhumati — imago, *354* 357 (z), *358* viae veteris,
359 argenti — auri, *361* conveniunt, quibus — crudele, 362 *363*
auro — **avari,** *364 368 369 370* **quove tenetis iter? Quaerenti**
talibus ille (ab c ab c), 372 o — prima repetens (z) — origine pergam, 373 374 375 376 (z) *378* pius — **Penatis,** *382 383 384 385*
pulsus — plura, 387 quisquis — credo — caelestibus, 388 (z)
389 390 391 393 aspice — agmine, *394* aetheria — ales aperto,
395 turbabat — terras, 398 coetu cinxere — cantusque, *399 400*
401 ducit, dirige, 405 *407* quid — totiens, crudelis tu quoque,
408 (w) *409* 411 413 cernere ne quis — neu quis contingere
(a b c b c a), *414* 415 sublimis — sedesque, 416 suas — Sabaeo,

417 arae — halant, 418, 419 **420** adversasque adspectat — arces, *421* miratur molem — magalia, *422 424 426 427* 431 433 *434 435 436* 440 medios miscetque, *441* 442 445 447 449 450 (z) *451 452 453 458* Atridas — ambobus Achillen, *459* 460 *461* 462 mentem mortalia, *463 464* 468 curru cristatus, 469 470 primo — prodita, *471* 472 ardentisque avertit, **474** alia — amissis — armis, *475 477 478 479* 480 *481* 485 *486* ut — ut currus — utque — corpus, *488 489 490 491 493* viris — virgo, 494 495 500 (w) 502 (z) 503 (w) *505* 506 saepta armis solioque alte subnixa resedit (a b a b a a), *507* 509 *511 512* 513 (w) 515 517 quae — classem, quo litore linquant, 518 *520* coram — copia, *521* 522 *524 525* 526 parce pio — propius, *527* 528 venimus — vertere *529* 530 *531* antiqua — armis atque, 533 535 (z) 536 537 perque — superante salo perque — saxa 539 (w) 540 permittit patria — prohibemur, 541 543 545 (w) *546* 548 549 *550 551* 552 silvis — stringere, *553* 554 lacti Latiumque, *555* 557 Sicaniae saltem sedesque, 558 advecti — Acesten, *561 562 563* **res** — **regni**, 565 (w) *566 567 568* 569 573 *574* 577 578 579 animum arrecti — Achates, *581 582* 584 585 (z) 586 587 *588* 589 591 *593* 594 *595* coram, quem quaeritis, *600* 601 603 (w) 605 te tam — tulerunt, 606 tanti talem, *607* **608** 612 (w) 615 616 618 620 621 (w) *622* vastabat — victor, **623** 624 626 628 630 mali miseris, 631 632 (z) 635 640 *641* 642 644 amor — ad — Achaten, 645 *646* cari — cura *647* 649 651 652 *654* 656 657 (w) *658* 659 **660** incendat — **inplicet ignem**, 661 *662* **663** aligerum — adfatur Amorem, *664* meae — mea magna, *665* tela Typhoïa temnis 666 *668* iactetur — Iunonis, *669 671* vocibus — **vereor** — **vertant**, 672 cessabit cardine, *673* 674 675 676 677 *678* 679 **680** sopitum somno super, **681** super — sacrata sede, 683 684 (w) *686 687* 688 689 *690* exuit et gressu gaudens incedit Iuli (aa bb cc), *691 692 693* 695 699 (w) *700 701 703* quinquaginta — **quibus**, 704 **penum** — **Penatis**, *706 707* 709 (w) *710 711 712* 713 Phoenissa — pariter puero, *715 717* 718 719 miserae — memor, 720 Acidaliae — abolere, 721 (z) *723 724 725 726* lychni laquearibus, 727 flammis funalia, 728 *730 732 733 734* Bacchus — bona, *735 736* laticum libavit, **738** increpitans; ille inpiger, 739 pateram — pleno — proluit, *740 742* **743** unde —

et — unde imber et ignes (a b a c b c), *745 747 750* 751 752
753 754 755 756.

II 1 omnes — ora, *2 3* regina — renovare, *6 7 9* suadent-
que — sidera somnos *10* 13 fracti — fatisque, *14 17* 19 22 23
26 27 28 29(w) *30 32 34* sive — seu — sic fata ferebant, *35*
melior — menti, 36 *38 39 40 41* **ardens** — ab **arce**, 42 44
dona — dolis Danaum, *45 46* 47 48 error; equo, *49 50 51 52*(z)
53 54 55 56 60 61 62(w) *64* circumfusa — certantque — capto 65
67 *68* 69(w) *70 72* **73** quo — **conversi** — **conpressus**, 75 76
77 78 *80 81 83 84* **insontem infando indicio**, 85 *86 87* pauper —
arma pater primis — ab annis (a b aa bb), *88* **regno** — **regumque**,
89 90 92 tenebris — trahebam, 93 **insontis indignabar**, 94 *96 99*
100(z) *102* 103 *104 105 107* prosequitur pavitans — ficto pectore
fatur, 111 112 113 114 116 119 *121 124 125* 127(z) 130 133(w)
134 *135 136* delitui, dum — darent — dedissent, 138 139(z) *140*
142 146 150 151(w) 152 153 *154* vos — violabile vestrum, 155
156 157(z) *158 159* **tegunt**; teneor, *160 161* 163 164 165 *166
167 168 169 170* 171 172 173 174 *176* 177 *178 179* 180 patrias — petiere, 181 parant — pelagoque, 182 183 pro Palladio,
pro, 185(z) 187 *189 191* 192(w) 193 *194 196* credita — captique — coactis, 197(w) *198 199* maius miseris multoque 200(z)
201 202 203 204 **horresco** — **or**bibus, 205 207 209 sonitus spumante salo, *210 211* 213 petunt — primum parva, 215 miseros
morsu *218 219* 221 vittas — veneno, 222 223 224(z) 225 delubra — dracones, 227(w) *228* 229(z) 230 231(z) *232 234 235*
omnes operi, 236 subiciunt — stuppea, *237 238 239 240* 241
o — o divom domus Ilium — incluta (aa bb cc), 242 *243 244 245*
sacrata sistimus, *246 248 249* 252 253 254 255 256 petens —
puppis 257 *259* 260, 261 duces — dirus, 263 *264* et — et —
Epeos, *265 266 267* accipiunt — atque agmina, 268 *269* 270
ecce — **Hec**tor, *271* 272 273 274 275 276 277 278 280 281(w)
282 283 285 *286 287 288 289 290* habet — alta a, *291* sat patriae Priamoque datum; si Pergama dextra (a b b c a b c), 292(w)
293 294 (cape — comites — quaere), *295 296 298* 299(w) 300
302 **303** adscensu — atque adrectis auribus adsto, *304* flamma
furentibus, 306 sternit — sternit sata laeta — labores, 307 308

sonitum saxi, 310 Deiphobi dedit, *312 313* **314** arma amens —
armis, *316* 317 319 *321* 322 323 *325 327 328* arduus armatos
mediis — moenibus adstans, 330 (z) **331** millia — magnis — Mycenis, 332 334 parata — primi proelia, 336 *337* in flammas et
in — feror — Erinys (a b c a b c), 338 *339* 343 *344* 345 (z) 347
348 350 351 352 *353 354* salus — sperare salutem, 355 animis —
additus, 356 *357* 358 exspectant (z) siccis, per — per, 359 *360*
361 quis cladem — quis funera fando, *362* lacrimis — labores,
363 364 plurima perque — passim, 365 366 *367* **victis** — virtus,
368 369 *370* 371 372 *375* **376** dixit et extemplo — enim — dabantur, 378 379 *380 381 382* 385 (z) 386 387 *390* 391 393 394 (w)
396 397 398 399 *400* 402 fas — fidere, 403 passis Priameïa, *404*
405 ad — ardentia, 408 iniecit — in, 409 consequimur cuncti —
incurrimus (z) *411* obruimur oriturque, 412 *414* 415 *418* Eurus
equis; stridunt silvae saevitque *424 425* dextra vivae armipotentis
ad aram 426 (z) *428 429 432 433 434* 435 (w) 437 438 *442 444*
protecti — prensant, *445 446* culmina convellunt — quando —
cernunt, 448 *450* obsedere (z) — has servant agmine, *452* viros
vimque — victis, 454 *456 457* ad — avo — Astyanacta, *459 460*
stantem summisque sub, 461 462 (w) 463 *465 466 467* aut alii
subeunt, nec saxa nec (a a b c b c), *469* 470 471 *472* terra tumidum — tegebat 473 nunc — novus — nitidusque 474 (z) 475 *476*
477 armiger Automedon, 478 (z) 479 480 481 (z) 483 384 487
488 489 490 **491** instat — patria Pyrrhus; nec — neque ipsi
(a b b c c a), *493 494* via vi *495 496 497 498* 501 *502* 504 505
506 forsitan — fuerint — fatu, **507** urbis uti captae casum convolsaque vidit (a a b b b c c), *509* 510 (z) *512* aedibus — aetheris
axe, *514* 515 516 *517* 519 *520* 521 522 523 524 *525* sese — sacra
longaevum — sede locavit 526 527 Priami per — per, 528 530 (w)
531 532 533 534 535 536 quo — caelo — quae — curet 537
538 539 fecisti — foedasti funere, *540* 541 *542* supplicis — exsangue (z) sepulcro, *543* **reddidit** — meque — mea regna remisit,
544 sic — senior — inbelle sine ictu, 547 549 550 552 comam —
coruscum *553 554* finis — fatorum, *556 558* 559 (z) *561 563 564*
respicio (?) — quae sit — circum copia *565* **deseruere** — defessi,
568 servantem — secreta — sede, 570 571 *572* 573 *574* abdi-

derat sese atque aris — sedebat, *575 576* 577 *582* non — namque — nullum — nomen, 585 extinxisse — tamen et(z) 586(z) 588 furiata — ferebar, 589 590 591 592 *594 595* quid — quonam — cura recessit, *596 597* 599 600 *602* 603 604 *606 607* 610 muros magnoque emota(z) 612 613 *616 618 619* fugam finemque, 620, 621 *624 625* 626 627 629 630 *632* descendo — ducente deo *634 635* 636(w) *639* sanguis — solidaeque suo stant, 641 *642* servassent sedes; satis — superque, 643 644(w) *645* ipse manens *) mortem inveniam; miserebitur *647* 648 649(z) 650 *651* contra — coniunxque Creusa, *654* inceptoque — in isdem, 655 mortemque miserrimus, 656 657 659 660 *661 662* Priami — Pyrrhus, *663* ante ora patris, patrem — obtruncat ad aras (a b c c b a a) 664(w) 665(w) 667 *668* arma, viri — arma; vocat — victos (a b a b b), *669* 670 671(z) *673* conplexa — coniunx, *674* parvumque patri, *676* sin aliquam — sumptis spem — armis, 677 678 679 *680* 681 682 684 686 *687* at — Anchises — ad, *688* 691 *692* 693 694 695 *696* cernimus — claram se condere silva, 697 698 lucem — late — loca, 699 700 *701 702* 703(w) *704* 705 707 708 709 quo — cumque cadent — commune, *711 712 713* 714 *717* 718 722(z) 723 724 725 727 728(w) *730 731 732 733 734* 735 *736* 737 *738 739 740 741 742* 746 *747 748* commendo — curva — recondo(z), *750 751 752 753 754* 755 simul — silentia, *756* si forte — si forte, *757 758* ilicet ignis, 759 760 761 *765* 766 769 770 ingeminans iterumque iterumque, *771* 772 773 774(z) 775 776 insano — indulgere, 777 778 779 *780* 781 *783* res — regnumque — regia, 784 *785* 787 788 790 dicta dedit, 791 *792* conatus — collo — circum, 793(z) *794* 795 796 797(z) *801 802* ducebatque diem Danaique.

III 1 *2* **superis** — **superbum**, *4 6* **molimur montibus**, 7 8 *10* litora — patriae lacrimans portusque relinquo(z), *11* 13 14 *16* fortuna fuit; feror, 17 18 *19 22* 24(z) *26 27* 29 30 31 33 *34 35 38* adgredior — adversae — arenae, 40 **auditur** — ad **auris**, *42* parce pias — manus — me tibi Troia (a a b b c c), 44(w) 45(z) 48(z) *49* 50(z) 53 *54* 55 omne — obtruncat, *56* 57 58 59

---

*) So statt m a n u nach meiner Conjectur. Vgl. S. 41.

62 63 64 65 *67* sanguinis — sacri — sepulcro, *68 69* prima —
pelago placatique, *70 72 73 74 75* 76 77 78 79 80(w) **82** Anchisen adgnoscit amicum, *84 85* da — domum, da, 86(w) 87 *88*
89 *90 91 92* mons circum — mugire — cortina reclusis(z), *94*
95 96 97 *98* nati natorum — nascentur, *100* cuncti, quae —
quaerunt, 101(z), **102** veterum volvens — virorum, *104 106* urbes
— uberrima, *107* rite — recordor, 111 cultrix Cybelae Cory-
bantiaque, *112* 114 *115* 117 118 meritos — mactavit, *119* taurum
— taurum tibi, 121 122 123(z) 124 portus pelagoque, 126 *127*
Cycladas — crebris — concita, *128 129* 130 131 132 *134* amare
— arcemque attollere, 135 *137* 138 *139* 140 141 *143* 144 **145**
fessis finem — ferat, 148 149 mecum — mediisque, 150 151 152
153 154 156 155 157 *159 160* longumque — linque laborem,
161 *162* 163 *164* antiqua — armis atque, 166 dixisse ducis de,
168 169 *170 171 172* 173 *174* 175 *176* 177 *180 183* **casus Cas-**
sandra canebat, *184 185* 187 crederet — quem — Cassandra,
188 191 192 193(w) 194 *196 198 199* 200 cursu — caecis, *201*
202 *203 204 205* terra — attollere(z) tandem, 206 209 210 *211*
insulae Ionio in, *212* 213 215 *216* virginei **volucrum voltus** —
ventris, 217 proluvies — pallida, 221 222 *223 224 225 226* quatiunt clangoribus, *227* **228** *229 [230]* 231 232 **caeli caecisque,**
233 *235* 237 238 *239 241 242* 243 *245* praecelsa(z) consedit —
Celaeno, 246 *247* bellum — boum, 249 250 251 *252 253* **254**
ibitis Italiam — intrare, *256 257 259* sociis subita — sanguis,
260 animi — amplius armis, **261** precibusque — exposcere(z)
pacem, 262 sive dea seu sint dirae, 263 **pater** — **passis** —
palmis, *264* 265(w) 266 *268* 271 273(z) *274 275* 276 277 prora
— puppes, 278 *280 281 285* aquilonibus asperat, 286 cavo
clipeum, *288* 289 *291* protinus aerias Phaeacum abscondimus
arces, 295 296 **299** compellare — casus cognoscere, *300 301 302*
306 *307 309* 310(w) *312* Hector — est — effudit et, *315 316*
317 320 321 322 324 326 327 328 329 330 332 *333 334* 335(w)
336 337 qui cursum — quae, 340 *341* puero — parentis, *342*
343 et — et excitat Hector, 344 *347* 349 *351* 352 353 356(w)
357 358 *360 361 364 365 367* 368 372 373 374 375 *376* volvit-
que vices — vertitur, 377 378 *379* 380 *381 382 383 386 387*

388 tibi — tu — teneto, 389 *390* ingens inventa sub ilicibus sus, 392 (w) 393 *394 395* 396 *397* 398 *402* parva Philoctetae — Petelia, *403* transmissae — trans, 405 *406* inter ignis in, 407 occurrat — omina, *408* 410 *412* laeva tibi tellus — longo laeva, *414 415* valet — vetustas, 417 venit — vi, 418 420 422 424 425 *426* prima — pulchro pectore, *427* pube — postrema — pistrix, 428 caudas — commissa, *429 430* cessantem — circumflectere cursus, *431 432* 433 *434* 435 (w) 436 (w) 437 primum prece, 439 supplicibus supera — sic, 441 *442 443 444 445* 446 447 *448* verum — verso — cum cardine ventus, 449 *451 452* 453 454 *455* vela vocet possisque sinus inplere (z) secundos (a a b c b c), *456 457* vocemque volens, 458 *459 462* age — factis fer ad aethera, 464 468 conum — cristasque comantis, 469 sunt — sua, 470 (w) *471* supplet, socios simul, 473 fieret — ferenti, 474 *476* 477 478 479 pars — procul — pandit, 485 486 manuum — monumenta mearum, *487 488 489 490* sic oculos, sic — sic ora, *491* 493 felices — fortuna, 494 *495* 498 500 (w) 501 *502 503 504 505* 506 provehimur pelago, *507 510 511 512* 513 segnis strato surgit, *514* atque auribus aera, 515 *518* cuncta — caelo constare, 519 520 viam — velorum, 522 523 (w), 524 socii — salutant, *525 526 528 529* ferte viam vento facilem — spirate secundi (a b b a c c), *530* 531 532 *534* salsa spumant, *536* 538 campum — candore, 539 pater — portas, *540 541* sed — succedere sueti, *542 543 544 545* ante aras — amictu, 547 551 *552* 554 555 pelagi pulsataque, 556 *557* atque aestu — arenae, *559* 560 (z) 562 *563* 564 caelum curvato, 565 (z) *566* 567 *570 573 575* (z) *576 577* gemitu glomerat, *578* 579 ingentemque insuper, 582 (z) *583 584* 585 586 587 nimbo nox, 588 postera — primo, *589 590* cum subito — silvis — confecta suprema, 593 inluvies inmissaque, 594 595 597 *599 600 601* tollite — Teucri — terras, 602 *603* 604 605 (z) 606 (w) 607 (w) *608* qui sit — quo sanguine cretus, 609 *610 611 612 614 615 616* 617 *618* deseruere; domus — dapibusque, *619* intus — ingens; ipse arduus altaque, 620 *621 622* visceribus — vescitur, *623* duo de numero cum corpora nostro (a a b c c b), 624 manu magna medio, *625* ad saxum sanieque adspersa (z), *627* trepidi tremerent, 630 631 *633 634* una undique, *635* 636 *638 639* fugite — fugite — funem, 641 qualis quantusque cavo, 642 *643* centum alii curva — habitant ad, 644(?) *645* 646 648 650 rami — radicibus, 651 652 *654 655 656 657* pastorem Polyphemum — petentem, *658* 662 663 *664* gemitu graditurque, 666(z) 667 *669* 670 672 *673 674 675* 676 *678 679* concilium — quales cum — celso, *680* quercus — coniferae cyparissi, 682 acer agit, *683* 686 687 690 *692 693 695 698* 699 *701 703 704* moenia, magnanimum, 706 *708 709 710 712* 713(z), 714 715 717 *718.*

IV *2 3 5 6 7 8* sic — sana sororem, *9* soror — suspensam insomnia(z), *10 11* 12 13 14 *15* 16 vinclo vellem, 17 *18 19*(z) *20* fatebor — fata, 21 22 *23* veteris vestigia, 25 adigat — ad, *26* 27 28 *29* abstulit — habeat secum servetque sepulcro, 30 *33 34* cinerem — credis curare, 36(w) *37 38* 39 quorum consederis, *40* Gaetulae — genus, *41* 45 46 cursum — carinas, 47 *48 51* 52 *54 55 56* 57 mactant — more, *58 59 60* 61 candentis — cornua, *62* aut ante — ad aras, 63 diem donis, 65 66 mollis — medullas, 67 69 qualis coniecta cerva, 70 72 73 lateri letalis, *74 75* 76 77 78 *79* exposcit(z) pendetque, *81 82 83 84* gremio — genitoris, *86 87 88* parant, pendent, *89* murorum — machina, *90 91* 93 *94 95* dolo divom — duorum, 96 97 *98* quis — quo — certamine, *99* potius pacem — pactosque, *101* ardet amans, 102 populum paribusque, *104* 105 107 **109** si modo — memoras factum, fortuna sequatur, *110 111* 112 *113* tu — tibi — temptare, 114 *115* 116 118 119 extulerit(z) Titan radiisque retexerit(z), *120 122 124 128 129 130* iubare — iuventus, *131* 134 *135* stat sonipes — frena ferox spumantia, 138 140(w) *141 142 144 148* fronde — fingens, *149 150* egregio — enitet, 151 *153 154* cursu campos atque agmina cervi, *156* at — Ascanius — acri, 157(w) *158* inter inertia, **160** magno misceri murmure, *161* incipit, insequitur, *162* 163 164 *165 166* prima — pronuba, 169(w) 170 *172 175* viget viresque, *176 177 178* illam — ira inritata, *179* extremam — Encelado, *180* progenuit pedibus — pernicibus, *181* cui, quot — corpore, *183* tot — totidem — sonant, tot subrigit, *185 186 187* turribus — territat, 188 189(z) *192* dignetur — **Dido,** 193 *194* **197** incenditque animum — atque aggerat iras,

202 *203* amens animi — accensus amaro, **204 dicitur** ante aras
media — munera **divom,** *205* 206 (z) *207* Lenaeum libat, *208*
209 *210* 211 *212 213 214* **reppulit** — **regna recepit,** 215 216
Maeonia mentum mitra — madentem, *218* ferimus famamque
fovemus, *219* 220 *222* **tum** — **Mercurium adloquitur ac talia**
mandat (a b c c a b), *223 224 226* 227 229 *233 234 235* **quid**
struit — **qua spe inimica in** (a b a b c c), *236 237* naviget — est
— nostri nuntius esto, *238* **patris** — **parere parabat,** 239 *240*
sublimem — sive — supra, 241 *243* 244 (z) *245 246* apicem —
ardua, 247 *248* **Atlantis,** cinctum adsidue cui — **atris,** 249 piniferum — pulsatur, 250 252 253 constitit — corpore, 254 quae
circum — circum, *257* 259 *260* 262 *263* demissa — dives —
Dido, 264 **tenui telas,** *266 267* 268 *269 271* quid struis — qua
spe — **teris** — **terris** (a b a b c c), 272 *273* 274 surgentem —
spes, *275* respice — regnum — Romanaque, 277 278 et — ex —
evanuit, *279* at — Aeneas adspectu — amens, *281* 283 *285 286*
288 Sergestumque — Serestum, *289 290* 291 *294 296* 297 praesensit — prima, *298 299* classem cursumque, *300* 301 302 Thyias
— trieterica, *303* 306 *307* nec — noster — nec — data dextera,
309 310 311 314 *315* 316 (w) 317 *318 320* 321 322 *323* 324
325 moror — mea — moenia, *326* 327 *328* 329 331 332 333
334 enumerare (z) — numquam — negabo, *335 336* 337 338 340
341 344 347 amor — arces, *349* quae tandem — Teucros considere terra, 350 est et — extera, *351* 353 *354* 355 356 357
358 *359* 360 361 sponte sequor, *362 365 368* 369 num fletu —
nostro, num flexit, *371 372* haec — aspicit aequis, *373* 375 amissam
— a morte, *376* 377 (w) *379 380 381 382* 383 *384* 385 anima —
artus, 387 388 *389* avertit — aufert (?), 390 multa metu — multa,
394 **cupit** — **curas,** *395* 397 *399* 402 formicae farris, 403 (z)
404 405 convectant calle, 407 opere omnis, *408* quis tibi tum —
cernenti talia, 409 litora — late, *412* inprobe (z) — quid —
pectora cogis, *413 414 417* convenere (z) vocat — carbasus,
418 (z) 419 *420 422 424* soror, atque — supplex adfare superbum,
425 428 mea dicta — duras demittere (z) 429 **430** facilemque
fugam — ferentis, 431 *432 434* dum mea me — doceat — dolere,
436 437 (w), *438* 439 **aut** — **audit,** *440* 441 ac velut annoso

validam cum — quercum (a b a b c c), 442 (w) *443 444* consternunt
— concusso, 446 tantum — Tartara tendit, *447 448 449* mens
inmota (z) manet, 450 tum — infelix (z) fatis exterrita (z), 451
452 455 vertere vina, 456 457 *458 459 460* voces — verba
vocantis, *461* 462 culminibus — carmine, *464* **praeterea** — **prae-**
dicta **priorum**, 466 *467* sola sibi, semper, 468 Tyrios — terra,
469 veluti — videt, *470 471* **Agamemnonius** — **agitatus**, *472*
475 **mori** — **modumque**, 477 spem — serenat, *478* germana —
gratare, 479 481 ultimus — ubi, *482* axem — ardentibus aptum,
483 mihi Massylae — monstrata, 484 Hesperidum — epulas, 485
sacros servabat, 486 spargens — soporiferumque 487 se — promittit (z) solvere mentes, 488 489 *490* movet Manis, mugire, 492
testor — te — tuumque, 493 494 *498* **monumenta** — **monstrat-**
que, *499* 500 502 *504* 505 ingenti — ilice, *507 509* 510 *511*
512 513 515 *517* mola manibusque, 518 vinclis — veste, 520
522 523 525 526 quaeque lacus late liquidos quaeque, 527 somno
— sub — silenti, *[528]* 529 530 *531 533 534* 537 *538* 540 sinet
— superbis, 541 543 544 545 (z) *546* ventis — vela, *547* morere
— merita, 548 (w) *549* oneras — obicis hosti, 551 552 servata —
Sychaeo, 554 celsa — certus, 555 rebus — rite, 557 559 (w) 560
561 quae — circum — cernis, *562 563 565* praeceps — praecipitare potestas, 566 turbari trabibus, *567* faces — fervere —
flammis, 568 569 *570 572 573* **vigilate viri**, *574 575* festinare
fugam — funis, *576* stimulat, sequimur — sancte, 577 imperioque
iterum, *579 580* fulmineum — ferit — ferro, *581 582* litora —
latet, *585 587* 588 589 pectus percussa, 591 592 expedient — ex,
594 595 (w) *596* infelix — inpia, 597 decuit — dabat — dextra,
598 patrios — portare Penatis, 599 601 spargere, non socios, non
— absumere (z), 602 *603* fuerat fortuna; fuisset, *604* 605 foros
flammis, *607* 608 curarum — conscia, *609* ululata — urbes, *610*
et dirae — et `li — Elissae, *611* 612 preces — portus, 613 **615**
at — audacis — armis, *617* inploret — indigna, 618 (?) 620 622
624 625 (z) *626* 628 (w) *629* 630 631 *632* breviter Barcen, 633
antiqua — ater habebat, *634 636 637* 638 sacra — Stygio, *641*
642 644 (z) *645* interiora — inrumpit, 646 *649 651* dulces —
dum — deusque, 652 accipite hanc animam, 653 *654 655* 657 (w)

658 *660* sed — sic, sic — sub, *661 663 664* coulapsam — comites — cruore, *665 669 670* 671 (w) *672 673* 674 675 *676 677* quid — querar, comitemne, 678 679 *682 684* abluam et extremus si — super halitus errat (a b b c c a b), *686* 687 689 *690 691 694 695 696* nam — nec — merita nec morte, *697 700* 702 *703 704 705* ventos vita.

V 2 atros aquilone, 4 conlucent — quae — accenderit (z), *5 6 7 8 9* 10 caeruleus — caput, *12* 13 quianam — cinxerunt, *14* pater — paras, 15 (z?) 17 *18 19* transversa (z) — vespere ab atro, *20* 21 nec nos obniti (z) nec tendere tantum, *22* sufficimus; superat — sequamur, 23 *24* fida — fraterna, *25* si modo rite memor servata remetior, 26 pius — poscere, 27 28 viam velis, 30 *32 33 34* 35 miratus — montis, *36* 38 Crimiso conceptum, 39 *40* gratatur — gaza, 41 42 postera — primo, 43 44 *45* 49 50 *51* 52 mari — Mycenae, 54 56 (w) *57 58* 59 *61* bina boum, 62 numero — navis, *63* et — epulis et quos colit, 65 extulerit (z) radiisque retexerit (z), *66* prima citae — ponam certamina classis, *67* quique — cursu valet — qui viribus, 69 crudo — committere caestu, 70 71 ore — omnes, 72 73 (w) *74 75 76 78* 79 flores — fatur, 80 salve, sancte — salvete, *82* finis — fataliaque, 83 84 adytis — anguis ab, 85 (w) *86* 87 89 (z) 90 *91 92 94 96* 97 totque — totidem — terga, *98 99* Anchisae magni Manisque Acheronte remissos (z), *100* et — quae cuique est copia, 102 aëna — alii, *103* veribus — viscera, 104 (z) 106 *107 108* pars — parati, *111 112* 113 commissos (z) medio canit, 114 *115* quattuor — classe carinae, 116 agit acri, *117* mox — Mnestheus — Memmi, 118 (w), *121* Sergestusque — Sergia, 122 *123 124* 125 tumidis — tunditur, 126 condunt — Cori, 127 (z) 130 (z) *131 132 133 135* 136 (z) *137* exspectant signum exsultantiaque, · *138* 140 (z) *143 144* 145 corripuere — carcere currus, 147 pronique — pendent, 148 fremituque — faventum, 149 vocemque — volutant, 150 colles clamore, *151* 152 *153 154 156* 158 sulcant — salsa, 160 Gyas — gurgite, 162 dexter — dirige, *163* 164 altum alii, *165* timens proram pelagi detorquet (z), *167* cum clamore — et ecce Cloanthum, 168 tergo -- tenentem, *169* 170 iter — interior, 171 tenet — tuba, *174* sui sociumque salutis, *175*, 176 (w) 179 madidaque — Menoetes, *180* summa — scopuli siccaque — rupe

resedit (z), 181 (w), 182 rident revomentem, 183 *184* 185 *186* **187**
parte prior, partem — premit — Pristis, 189 (w), *190* socii —
sorte suprema, *193 194 195 198 199 201 202* **203** interior spatioque subit Sergestus iniquo, 204 205 concussae cautes, *206 207
208* 210 *211* 212 prona petit — pelago — apérto (?), *213* qualis
spelunca subito commota columba, 214 domus — dulces, 215
plausumque — pinnis, 217 *218* sic — sic — secat, 219 illam —
impetus ipse, 221 vadis — vocantem, *223* inde — ipsamque iu-
genti, *224* consequitur; cedit quoniam, 225 227 228 (z) 229 *230*
231 (w) 233 *234 235* quibus — quorum — curro, 236 laetus — litore,
237 238 fluctus — fundam, 240 Phorcique — Panopeaque, *241 242
243 245* victorem — voce, 245 (z) 250 251 Maeandro — Meliboea,
252 253 cervos cursuque, *254* acer, anhelanti — ab, 257 custodes
— canum, ·*260* **Demoleo detraxerat**, *261* ˙*262* donat — decus,
263 267 argento — atque aspera, 268 omnes opibusque, *269 270*
saevo — scopulo — vix — revolsus (z), 271 273 *275 278* arduus
attollens, *279* 280 tali — tarda, 281 (w) 283 servatam — sociosque, *284* olli — operum, *285* **genus** — geminique, **287** campum,
quem collibus — curvis, *289* circus erat, quo — multis cum
millibus heros (a b a c a c b), 290 (z) consessu — exstructoque
resedit, *291* qui — contendere cursu, **292** pretiis — praemia
ponit, 296 pio pueri, *298 299* alter ab Arcadio, 300 *301 302* (z)
304 accipite — animis — advertite, *305* nemo — numero —
non, 306 levato lucida, *308* 310 *311 312 314* Argolica hac —
abito, *316 317* **similes, simul** — signant, 318 319 320 (w) 321
Salius, spatio, 323 324 (w) 325 326 (z) elapsus — relinquat, *327*
329 infelix (z) — forte, 330 fusus — madefecerat (z), *331 332*
tenuit titubata solo, sed — in ipso (a a b b c c), *333* 334 (w), *335*
sese — Salio — surgens, 337 emicat Euryalus et, 338 prima —
plausuque, 339 *340* 341 342 ereptumque (z) — reddi, *344* 346
palmae — praemia, 348 vestra — vobis, *349 350* 352 353 **354**
miseret — munera, *355* digna dabis, 358 359 360 *362 363 364*
365 pugnae proponit, *366* victori velatum — vittisque, *368 369
370 372 374 375 378* 379 *380* 381 *382* tum — taurum — tenet,
383 384 (w) *385 389 390* tantane tam — tolli, *391* 393 394 395
396 frigentque effetae (z), **397** quae quondam — quaque inprobus

iste, 398 fidens — foret, *399* pretio — pulchroque, 400 donn —
deinde, 401 *402* proiecit — proelia, 403 intendere (z) — tergo,
407 (w) *408* illuc vinclorum immensa volumina versat, 409 410
quid — quis caestus, 411 *412* **germanus** — **gerebat**, *413 414*
415 dum — dabat — necdum, *416* 417 *418* pio — Aeneae,
probat auctor Acestes, 419 *420 422* magnos membrorum — magna,
423 *425 428* abduxere — ardua ab, *429* inmiscentque (z) manus
manibus, *430* melior motu, *431 432* 433 viri — voluera, 435 *436*
437 *440* 441 (w) *442* 443 **444** ille ictum venientem — vertice
velox, 445 celerique — corpore cessit, *446* Entellus vires —
ventum effudit et, 447 gravis graviterque, *448* concidit — quondam
cava concidit, 449 **450** consurgunt (z) studiis Teucri — Trinacria,
451 452 aequaevumque ab — attollit amicum, *453* 454 acrior ad
— ac, *455* **vires** — **virtus**, *456* ardens agit aequore, *457* nunc
— ingeminans ictus, nunc ille, *458* nec mora nec requies (z);
quam multa — nimbi, 459 culminibus crepitant, 461 pater —
procedere, *462 463* 465 *466 467* deo. Dixitque — diremit, *468*
aequales — **aegra**, *469* caput crassumque cruorem, 473 475 *478*
donum — durosque reducta (z), *479* 480 *483* 485 **celeri certare,**
486 487 manu malum, 488 *489* 493 494 viridi — evinctus (z),
495 **496** qui quondam confundere (z) foedus, *497 500* 501 pro —
depromunt (z) — pharetris, *502* 504 adversique — arbore, **505**
intremuit (z) — timuitque exterrita (z), **507** acer — adducto arcu,
508 509 ast — avem, *510 511 512* illa Notos atque atra — in
nubila (a b c c a b), *514 516* 518 fixamque refert (z), *519 520* qui
tamen aërias telum contorsit — auras (a b c b a c), *521 522 525*
527 consumpta (z) — caelo ceu saepe, 528 transcurrunt (z) crinemque, *529 530* 531 abnuit Aeneas — amplexus Acesten, *532* 535
536 *537 540* ante — adpellat Acesten, *542* quamvis — avem
caelo — ab alto, 545 *546 547 548 549* 550 avo — armis, 551
dic — decedere, *552* populum et — esse patentis, 553 **pueri**
pariterque — **parentum,** 554 equis — euntes, *555 556* **coma** —
corona, 557 **ferunt praefixa** (z) — **ferro,** 558 pars — pharetras
— pectore, 559 collum circulus, **560** tres — turmae ternique,
561 seni — secuti, *562* **partito** — **paribusque,** *564* Priamus —
Polite, 565 *566* **567** alba — arduus albam, *568* alter Atys —

Atii, *569* parvus — pueroque puer, 571 572 575 plausu pavidos, 577 omnem — oculosque, 580 *582 583* inde alios ineunt cursus aliosque recursus (z) (a b a c b c), *584* 585 *586* nunc — nudant, nunc, 587 588 *590 591* 595 Libycumque — luduntque, *596* cursus — certamina, *597 599 602* Troiaque — Troianum, *603 604* Fortuna fidem, 607 *608* 609 celerans — coloribus, *610 611 613 614 615* flentes — fessis, 617 618 *621* 622 mediam — matribus, 623 625 infelix (z) — Fortuna, *627 628* emensae (z) — mare magnum, *630* 631 quis — civibus, *632 633* 634 635 *641 642* 644 645 Pyrgo — Priami, 646 (w) **647** Dorycli — divini — decoris, **649** voltus vocisque — vel, 650 dudum — digressa, 651ᵎ 652 munere — meritos, *654 655 657* 658 *659 661* **663** per — pictas — puppis, 664 665 667 **670** quis — quo — quo, *671* cives — castra, 672 vestras — vester, *673 674 675* accelerat simul Aeneas, simul agmina, 676 *677 678* 679 680 idcirco — incendia, 683 *684* 685 687 omnipotens — exosus (z), 690 692 mereor, demitte (z) — dextra, *693* ediderat — effusis, *694* tempestas — tonitruque tremiscunt, 696 *697* inplenturque (z) super puppes, semiusta, *698 699* **700** at — Aeneas casu concussus acerbo, *701* 702 Siculisne resideret (z), *703 704* 709 trahunt retrahuntque, *710* 711 Dardanius divinae, **712** cape consiliis — coniunge, 713 qui — quos, 714 pertaesum (z) — tuarum, 715 longaevosque (?) ac — aequore, 716 718 appellabunt — Acestam, 722 dehinc — delapsa, 724 *726* 728 pare — pulcherrima, *730* defer in Italiam — dura atque aspera (a b b a c c), 731 Debellanda — Ditis, **732** accede — Averna alta, *733 734* Tartara — tristes, *735* concilia — colo — casta, 737 *739 740* fugit — fumus, 741 (w) 742 (w) *743* sopitos suscitat, *744 745 746 747* 748 **753** robora — remosque rudentisque, *754* 755 *758* indicit (z) — dat, 759 vicina — vertice, *761* ac lucus late — additur Anchiseo, **764** adspirans — Auster in altum, 765 767 768 769 fugae perferre (z), 770 Aeneas — amicis, 771 consanguineo — commendat, 772 *775* stans procul — prora pateram — salsos, 776 fluctus — fundit, 777 prosequitur — puppi, 783 (w) *784 785 786* 788 insequitur (z) — sciat illa, 789 790 793 794 exussit — et — subegit (z), *797* tibi, licet Laurentem attingere (z) Thybrim, 798 800 fas — fidere, 802 compressi — caelique, 803 terris — testor, 804, *806 807 809 810* cava — cuperem cum, **811** meis manibus — moenia, *812 813 816* 817 818 frena feris — effundit (z), *819 820* 821 aequor aquis — aethere, 822 comitum — cite, 825 tenet Thetis, *828* 829 attolli (z) — intendi (z), 830 *831 832 833 834* agmen, ad — alii cursum contendere, *835 836* *837, 838* levis aetheriis delapsus (z) ab astris, *839* 840 te, Palinure petens, tibi — tristia portans (a b b a a b), 841 843 844 845 fessosque — furare, **846** ipse — paulisper pro te tua — inibo (a b b c c a), 849 *850* 851 caeli — deceptus (z), 852 dicta dabat, 853 amittebat — astra, *854* rarum — rore, *855* soporatum Stygia super, 858 puppis parte, 860 socios — saepe, **861** se sustulit ales ad auras, *862 863* **864** adeo scopulos Sirenum advecta subibat, **866** sale saxa sonabant, 867 amisso (z) — magistro, *868 869* 870 caelo — confise, 871.

VI 2 *3 5* praetexunt puppes — manus emicat (z) *9* at — Aeneas arces — altus Apollo, *10 11 13* 14 fama — fugiens, *15 16* *17 18 20* 21 22 stat — sortibus, *25 26* 27 28 magnum — miseratus, 29 Daedalus — dolos, 30 caeca — quoque, 31 *32 33* 34 35 37 *40 41 42* 43 (w) 44 45 *46* 47 (v) *48* 50 51 propiore — precesque, 52 *54* 55 preces — pectore, 57 Dardana — direxti, *59* tot — te penitusque repostas (z) *62* 63 Pergameae — parcere, **64** Dique deaeque omnes — obstitit Ilium et ingens (a a b b c c), *66* **69** tum — Triviae — templum, 70 71 magna manent, *75 76* **oro** — **ore**, **77** at Phoebi — patiens inmanis in antro, *78* 80 fera — fingitque, 82 sponte sua — responsa (z) *83* 85 *86* 87 88 non — nec — nec, *89* 90 92 (w) 93 95 *96* 99 ambages antroque, *100* 101 *102 105* praecepi atque animo — ante peregi, 108 conspectum cari, 112 meum — maria — mecum, *114* 115 *117 120* 122 totiens — Thesea, *123 124 125* 126 Anchisiade — Averno, *127* 128 *129 130* aut ardens evexit (z) ad aethera virtus, 132 Cocytosque — circumvenit, 133 quod si tantus — si tanta cupido (a b c b c a), 134 (w) 135 insano — indulgere, *136* 139 claudunt convallibus, *140 141 142* *143 145* 147 *148 151 152* sedibus — suis — sepulcro, 153 pecudes — prima piacula, 154 *155* 158 159 comes — curis, *160* **sese** — **sermone serebant**, 161 quem — quod corpus, 162 *163* venere, vident, 164 **165** ciere — accendere (z) cantu, *166* 167 (w) 168

vita victor, 170 socium — secutus, *171 172* 173 exceptum (z) —
credere, *174* 175 circum clamore, 176 praecipue pius, 177 festinant
flentes, 178 congerere — cadoque — certant, *179* itur in antiquam
silvam, stabula alta (a a b c c b), *180* procumbunt piceae, sonat
icta securibus ilex (a a b c b c), *181* fraxineae — fissile, 184, 185
187 188 ostendat — omnia, 190 *191* viri — venere volantes, *192*
193 194 195 dirigite — dives, 196 dubiis — defice, 197 198
quae — quo, 199 pascentes -- prodire, *200* 201 202 liquidum-
que — lapsae, **203** sedibus — super — sidunt, *204 205 206 207*
210 212 minus — Misenum, *213* 214 220 221 223 ministerium —
more, *224 225 226* conlapsi cineres — quievit, 228 cado — Cory-
naeus, 229 ter — circumtulit (z) *230* 231 viros — verba, 234
monte — Misenus, 236 propere — praecepta, *238 240 241* faucibus effundens (z) — ferebat, *244 245 246* ignibus inponit, *247,*
248 cultros — cruorem, 249 atri — agnam, 250 matri — magnae-
que, 255 *256 257* ululare — umbram, 258 **procul** — **procul** —
profani, 260 *261 262 265* 266 (w) 268 *269 270* **lunam** — luce,
271 272 abstulit atra, 273 *274 276* et Metus et malesuada —
Egestas, *277 278 280 281* 283 sedem Somnia, 284 ferunt foliisque,
285 286 foribus stabulant Scyllaeque biformes (z) 287 *290* 291
292 comes — corpore, *294* frustra ferro, 295 *296* 297 aestuat
atque — arenam, 298, 300 canities inculta (z) *303 304* **senior,**
sed — senectus, 305 ripas — ruebat, 306 viri — vita, *307 310*
aut ad — ab alto, 311 aves — annus, 312 *315* navita — nunc
— nunc, *316* ast alios — **arcet arena,** *317 318* ait — quid —
concursus ad amnem, *319 320* 321 *323 325* 327 ripas — rauca,
328 [*329*] 332 *333* 334 Leucaspim — Lyciae, 335 ventosa —
vectos, *336 338* 339 exciderat — effusus, 340 multa maestum,
342 **medioque** — **mersit,** 343 344 animum — Apollo, *345* 348
349 (z) 340 **cui** — **custos cursusque,** 351 *352 355 356* vexit —
violentus — vix, 357 summa sublimis, *358* terrae — tuta tenebam,
359 360 *361 362 364* 365 *366* potes, portusque, *367* 368 369
370 da dextram misero — tecum me tolle (a a b c b c), 371 372
373 *374 375 376 377 378 379 380 382 383 384* 385 ut — unda,
386 387 *388 390* Somni — soporae, *391 396 397* dominam Ditis
— deducere, *402* 403 404 (w) 405 *406 407* **tumida** — **tum,** 409

virgae — **visum,** 410 puppim — propinquat, *411 412 415* 418
419 cui vates — videns — **colla colubris,** *420* 423 totoque —
extenditur (z) 424 425 ripam inremeabilis (z) *426 427 428 429*
abstulit atra — acerbo, *431* sine sorte — sine — sedes, *432 433*
434 *435* peperere — perosi, *436* animas — aethere in alto, 437
pauperiem — perferre, 440 442 *443* secreti (z) celant colles —
circum, 444 *445 446* 448 comes — quondam — Caeneus, *449* 453,
454 aut videt aut vidisse putat per (a b a b c c), *455 457* extinctam
— extrema, 458 459 supernos — si — sub, *462 463 464 465* 466
467 talibus Aeneas ardentem — torva tuentem, 468 lenibat — la-
crimasque, 470 magis — movetur, **471** quam si — silex — stet
cautes, 473 umbriferum — ubi, 474 475 casu concussus, 476 lacrimis longe, 477 *479* 480 *482* 483 ingemuit (z) Glaucumque, 485(w)
487 488 *489 490* 491 492 493 498 500 502 503 *504* procubuisse (z)
super confusae stragis, 505 *506 507* 508 509 511 sed me — mea
et scelus exitiale (a b b c a c), 512 mersere malis — monumenta
513 514 nosti — nimium — necesse, 515 *516* Pergama — armatum
peditem — attulit alvo, 520 524 *526* 527 528 *530* pio — poenas
— reposco (z) 531 *532 533 534* 536 **537** traherent — talia tempus,
538 539 *541* 542 543 544 saevi — sacerdos, 546 (w) 547 verbo
vestigia, *548* respicit — subito sub — rupe sinistra, 549 *550* **ambit**
— **amnis,** *551 552* **adversa** — **adamante,** 553 *555* sedens —
succincta, *557* 558 *560* 561 563 sceleratum insistere (z) *565* deum
poenas docuit perque — duxit, 566 Rhadamanthus — regna, 568
571 Tisiphone — torvosque, *572* 573 stridentes — sacrae, *574*
panduntur portae. Cernis, custodia qualis, *575* 576 inmanis hia-
tibus, *577* saevior intus — sedem; tum Tartarus ipse (a b a c c b)
578 579 *580* Terrae, Titania, *581* **fulmine** — **fundo,** *583 587 588*
per — populus — per, *589* ovans — honorem, 590 591 *593* 595
Tityon, Terrae, 596 cernere — cui — corpus, *600* **requies** — re-
natis, **602** quos super — silex iam iam — cadentique (a b b c c a)
603 adsimilis — altis, 604 *606* manibus — mensas, 607 608 in-
visi (z) — **vita,** *609* 611 partem posuere, *612* quique — adulterium
caesi quique arma, *613 615 616 617 620* 621 *622* fixit — refixit,
623 invasit (z) — **vetitosque,** 624 (w) *625 626 627* poenarum per-
currere — possim, 628 dicta dedit, 629 *630* 631 632 praecepta —

deponere (z) 633 635 636 637 *638* 640 largior — lumine, *641*
642 643 ludo — luctantur, *644* pars pedibus plaudunt, *647* iamque
eadem — iam pectine pulsat eburno (a b a c c b), *648* 649 650 *652*
653 per campum pascuntur — quae — currum, *654 655* pascere
equos, eadem — repostos (z) 659 660 patriam pugnando — passi,
661 662 *664* memores — merendo, *666* 667 Musaeum — medium,
668 hunc habet atque humeris — altis, *670* (w) *672 674* riparum-
que — recentia. rivis, *675 676* 678 desuper — dehinc, 679 at
pater Anchises penitus convalle (z) virenti (a b a b c c), *680* 681
682 683 685 686 687 688 *689* 691 *692 694 695* ille — tu —
tua tristis imago, *697* 699 700 conatus — collo — circum, *702*
703 *704* seclusum — sonantia silvae, 705 placidas — praenatat,
707 ac — apes aestate, *708* 713 animae — altera, 715 latices —
longa 717 718 *719* pater, anne aliquas ad — putandum, 720 **721**
corpora quae — cupido, 722 723 *724 725 726 727* mens — molem
— magno — miscet, 728 729 marmoreo — monstra, *730* ollis —
origo, *731 732 734* 735 quin — cum lumine — reliquit (z) *736*
737 pestes penitusque, *738* multa — modis — miris, 739 ergo
exercentur, 740 expendunt (z) — panduntur, *741* suspensae ad
ventos; aliis sub — vasto (a b c b a c), *742* 743 744 745 746
labem — relinquit (z) *747* aetherium sensum atque aurai simplicis,
749 *750 751* 753 *754* omnis — ordine, *755* 756 757 gloria —
gente, *758* illustris — nostrumque in nomen ituras, 759 expediam
dictis et te tua — docebo (a b a c c b) *761 762 763 764* 765 (w)
767 768 et — et Numitor et — nomine, 769 *770* 771 772 civili
— quercu, *775 776* tum nomina — nunc sunt sine nomine terrae
(a b b c c b a) 777 779 viden — vertice, *789* suo superum — signat,
781 illa incluta, 783 786 centum conplexa, 787 (w) *788* geminas —
acies, hanc aspice gentem, 791 (w) 792 793 794 796 *797* axem —
ardentibus aptum, 800 *801* 806 807 aut — **Au**sonia 808 *810*
811 812 813 *814 815* 816 *819* 820 *821* poenam pulchra pro, *820*
824 827 828 *829 830* aggeribus — Alpinis atque arce, *832 833*
validas — viscera vertite vires, *834 836 837 838 839* Aeaciden —
armipotentis Achilli, *840* Troiae, **templa** — **temerata**, *841* quis
te — Cato, tacitum — te, Cosse (a b a b b a) *842* Gracchi genus —
geminos, *843 844* sulco, **Serrane**, **serentem**, *845* fessum — Fabii,

846 847 *848 849 850 851* regere — Romane, 852 pacisque inponere (z) 8:3 854 Anchises atque — addit, 856 *857 858 859 861*
862 *863* quis — qui — comitatur, 864 *865* qui — circa comitum,
quantum instar — in ipso (a a a a b b b) 866 869 871 872 873 876
877 *878* 879 *880* 881 883 887 889 *891 892* 893 894 *896* 897
ubi — unaque, 898 899 *901* prora — puppes.

VII 1 *3* nunc **servat honos sedem ossaque nomen** (a b c b c a),
4 Hesperia — si — est ea — signant, 5 *6* aggere couposito (z)
— **postquam** (z) **alta quierunt** (a b c c b a b) *8 9* 12 resonat (z) —
superbis, *14* 15 *16 17* 19 20 *21* 22 *23* ventis — vela, *24 25* 27
28 lento luctantur, 29 Aeneas — aequore, *33 37 38 39 40 41 42*
acies actosque animis, *43* Tyrrhenamque — totamque, 44 45 maius
— moveo, 46 placidas — pace, *48* Picus pater — parentem, *49*
50 filius — fato, *52* sola — servabat — sedes, 53 54 *55* Ausonia,
petit ante alios pulcherrimus, *56 57 60 61* quam pater — primas
cum conderet, 64 densae — dictu, 66 68 *69* 70 71 adolet —
altaria, 73 conprendere crinibus, *74 75 76* fumida — fulvo, 77
78 **79** fore **fama fatisque**, 80 82 83 84 sonat saevamque, *85* 86
87 88 *89* multa modis — videt volitantia miris, 90 *91 92* 95 96
97 *99* 100 101 vertique — videbunt, 103 *106 107* primique —
pulcher, *108* 110 *111 113* exiguam — adegit (z) edendi, *114 115
116* 117 118 (w) 119 *123 125* coget — consumere, 126 127 *128*
130 131 (w) 132 *133* 135 effatus (z) frondenti, 136 inplicat (z) —
primamque, 138 (w) 140 *141* pater omnipotens (z) — caelo clarus
ab alto (a a b b c c), 142 145 *147 148* 149 (w), 151 fluvium —
fortis, *152* 155 pacemque exposcere (z), *156* 158 locum — litore,
159 160 162 *163 164* aut acris — arcus aut lenta lacertis (a b b a c c),
165 contorquent cursuque, 167 ingentis ignota in, 168 advenisse (z)
viros; ille intra — vocari, *170 173* 174 175 176 177 etiam —
effigies ex, 179 *180* 181 adstabant aliique ab, 182 patriam pugnando — passi 183 *184* captivi — **currus curva**eque, *185* et
cristae capitum et claustra, 186 clipeique carinis, 189 quem capta
cupidine coniunx, 190 virga versumque venenis, 391 Circe — coloribus, *192 193* sede sedens Teucros — sese — tecta, 194 placido
prior, *195* dicite, Dardanidae, neque enim nescimus et (a a b c b c),
196 auditique advertitis aequore, *197* quid — quae caussa —

cuius, 198 vada — vexit, 199 (w) 200 multa mari, 202 (w) 204
205 207 *208* Samon — Samothracia, 210 solio stellantis, **211** accipit — altaribus addit, *212* 213 Fauni — fluctibus, 214 subegit
— succedere, 216 217 *219 220* gaudet — gente, *221* 223 *224*
225 *226* 227 228 vasta — vecti, 231 *232* 234 *235* sive — seu —
est expertus et, *236 237* 238 240 241, *242 243* praeterea — parva
prioris, *244 245* Anchises auro — ad aras, 247 sceptrumque sacer-
que, 249 dictis defixa, *250* obtutu — ora, 252 253 *254* 256 por-
tendi — paribusque, *258* 261 *262* 264 *265 266 267* 268 *269* 270
272 ferant — fata 273 (w) *274* effatus equos — eligit, 276 omnibus
— ordine, 278 pectoribus — pendent, 279 (w) 280 281 282 *284*
285 286 *288* 289 290 (w) *291 292 294 295* num capti — capi,
num incensa (z) cremavit, 296 (w) 299 *300* profugis — **opponere** (z)
ponto, *302 304 305* inmanem — in iras, 306 *307* 309 (w) 310
312 314 inmota (z) manet, *315* at trahere atque — tantis — addere, 316 *317 321* **partus** — **Paris**, 322 323 dicta dedit, *324*
325 326 327 328 329 330 *332 336* **versare** — **verbera**, **337** funere-
asque inferre (z) faces, 339 *342 344* Teucrum Turnique, 345 curae-
que — coquebant, *346* 347 *349* 350 353 *355 356* percepit pectore.
357 mollius — matrum — more, *359* datur ducenda, *360* genitor
gnataeque, *361 362* perfidus, alta petens abducta — praedo, *363*
Phrygius penetrat — pastor, *365* quid tua — quid cura — tuorum,
366 367 **gener** — **gente**, 368 *370* 371 prima — repetatur (z)
372 374 videt — viscera, *376* **infelix ingentibus** *378 379 380 381*
spatiis, stupet — supera, *382* manus mirata, 384 385 silvas simu-
lato, **386** maius adorta (z) nefas (z) maioremque orsa furorem
(a b c a b c), 387 388 thalamum — Teucris taedasque, 390 391 (w)
392 fama — furiisque, *393 394* deseruere domos — dant colla
comasque, 395 ast aliae — aethera, 396 *397 399* **torquens** —
torvumque, 400 401 402 materni — remordet (z) 403 404 (w)
405 Allecto — agit, 406 408 409 *412* avis — nunc magnum
manet Ardea nomen (a b c c a b), *413 414 415* faciem — furialia,
417 418 420 oculos — offert, 421 422 *423 425* i — ingratis —
inrise, 426 *429* 430 *431* 433 434 435 437 438 440 sed — victa
situ verique — senectus, 441 *442 443* tibi — effigies et templa
tueri, *441 445 446 448* tantaque — facies — tum flammea tor-

quens, *449* 450 *452 453 454* ad — adsum — ab sede sororum,
456 457 fumantis fixit, *458* olli — ossaque, 459 **460** arma amens
— arma toro tectisque, 461 saevit — scelerata, 462 *465* atque
alte — amnis, *462* volat vapor ater ad auras, *467* 468 469
tutari — detrudere (z) *471* dicta dedit divosque — vota vocavit,
474 (w) *475 476* 477 *478 479 480 481 482* animos accendit agrestis,
483 485 486 custodia credita campi, 487 *489* 490 manum — mensaeque, 492 *494* commovere canes, fluvio cum fonte, 496 *497
498* 499 (w) *501* 502 imploranti (z) — replebat (z), *503* Silvia prima
soror palmis percussa, *504 506* 507 **509** quadrifidam quercum
cuneis — coactis, *510* scindebat — spirans — securi, *511* 512
513 canit — cornuque recurvo (z), 515 silvae insonuere (z), **516**
audiit — longe lacus, audiit amnis, 517 518 pressere — pectora,
519 520 dira dedit, 521 *522 523* acies — agresti, *524 525* ancipiti
— atraque, 526 strictis seges, 527 530 *531* 533 *534* 535 corpora
— circa, *537 538* (w) *539* 540 *541 542* 543 caeli conversa, 544
victrix — voce, 545 547 respersi (z) sanguine, 549 *550* accendam
animos — amore, *551* 552 553 *555* (w) 556 557 *559* **561** autem
attollit — anguibus alas, 562 563 564 *565 566* urget utrimque, *567
568* specus — saevi spiracula, 570 573 *574* 577 578 *579* 580
581 *582 583* 584 perverso — poscunt, 585 certatim — circum-
stant, *586* 589 scopuli — spumea, 590 fremunt laterique inlisa (z)
refunditur (z), 592 *594* frangimur — fatis — ferimurque, *595 596*
miseri. Te, Turno — te triste manebit, *597* 598 *599 600* 601
603 colit, cum prima movent — proelia Martem (a a b c b c), 605
606 607 608 *609 611* 612 Quirinali — cinctuque, 613 reserat (z)
stridentia, *614* pugnas — pubes, 615 conspirant cornua, *618* ab-
stinuit — aversusque, 619 620 621 **623** ardet inexcita Ausonia
atque inmobilis ante (a b a a b a), **624 pars** pedes — **parat** —
pars arduus altis, *626* 627 subiguntque — secures, *628* 630 tela
— Tiburque, *631 632 633 634* levis — lento, *635* 636 cessit —
recoquunt (z), 637 638 tectis trepidus, 639 cogit — clipeumque,
642 qui — quae quemque, *643* **644** alma — **arserit armis, 645**
et **meministis** enim — et **memorare**, 646 *648 651* 655 post —
palma per, *657* 658 *659 661 662* 663 666 668 670 *672* 673
674 680 *681 682 683* 684 685 *686 687 692* 693 694 agmina

— arma, *695 696* habent **arces** — **arva**, *697 699* ceu quondam nivei — nubila cycni, 700 701 amnis — Asia, 702 pulsa palus, *704* aëriam — ab alto, 706 707 **agmen agens** — ipse agminis instar, 708 (w) 709 per — postquam — partem, *710 711 712 714 715* 717 infaustum interluit, 718 719 721 aut — aut — arvis, **722** scuta sonant pulsuque pedum conterrita (z) tellus (a a b b c c), *725 726* (w) 728 *729* 732 *735 736 737 738 739 740* maliferae — moenia, *741* Teutonico — torquere, *742* quis capitum — cortex, *743* 744 montosae misere, *745 749* 751 *753* generi — graviter, *754* spargere qui somnos cantuque — solebat, 755 *758* 759 (w) *760 761 762 763* eductum Egeriae, *764* 765 *766* 767 turbatis distractus (z), 768 769 770 774 *775 776* solus — in silvis Italis ignobilis, 777 versoque — Virbius (oder Verbius?), 778 *779 780 781 782 783 784* 785 786 efflantem (z) faucibus, 787 tam — fremens et tristibus effera flammis (a b c a c b), 788 789 790 (w) *791* 794 agmina — Argivaque, *796 797 799* 801 *802* 803 advenit (z) Volsca, *804 805* **807** pati — pedum praevertere ventos, 808 *810* 813 miratur matrum, *814* 816 817.

VIII 1 *2 3* 4 turbati — tumultu, 7 *8* 9 10 11 12 inferre (z) — fatis, *14* **late Latio**, *15* quid struat — quem, si — sequatur, *17* 18 19 *20 21 22 23* repercussum — radiantis, 24 26 *27* **alituum** — **altus** habebat, 28 29 tristi turbatus, 30 *32* 33 visus — velabat, 34 carbasus — crinis, *35* 36 *38* 39 (w) 40 terrere — tumor, *43* ingens inventa sub ilicibus sus, *45* 46 **48** Ascanius clari condet cognominis Albam, *49* incerta cano — qua — quod instat, 50 victor — adverte (z), *51 52* qui — comites, qui signa secuti, *54* Pallantis proavi — Pallanteum, 57 ripis — recto, *58* 59 *61 62* persolves — sum, pleno quem — cernis, 63 *64* caeruleus — caelo, *65* 66 dixit, deinde, *68* surgit — spectans — solis, 70 71 (w) 72 *73* 74 76 (w) 78 *80* aptat, socios simul instruit (z) armis, *81 82* candida — cum — concolor, 83 procubuit (z) — conspicitur, 84 (w) *85 86 88 89* aequor aquis — abesset, *90 91* **uncta** — **undae**, *96* 97 98 *99* *101* **proras** — **propinquant**, *104* 105 *106 111* 112 et — e — quae caussa subegit (z), 113 114 *115* 116 paciferaeque — praetendit, 117 120 Dardaniae — duces, *121* 122 123 125 luco — relinquunt (z), 126 128 *129 130* 131 132 *134 136* 138 139 *140*

141 *142* sic — amborum scindit se sanguine ab, *143 144* tempta-
menta tui — me, me — meumque, 146 147 148 149 (w) *150*
fidem fortia, 151 *152 153* 154 *155 156 158* 161 (w) *163* Anchises.
Mihi meus — ardebat amore, *164* 166 167 discedens — dedit,
169 ergo et — est, 170 174 175 dicta, dapes, 177 **178** accipit
Aenean — acerno, 180 183 *184* 185 186 (w) 187 vana — veterumque, *190 191* 192 *193 195* 196 foribusque adfixa (z), *197 199* 200
201 *202 203* Alcides aderat — hac — agebat, 207 *210 211* 212
213 *213* Amphitryonides armenta abitumque, 216 colles clamore,
217 vocem vastoque, 218 *219* Alcidae — exarserat (z) atro, 221
aërii — ardua, 222 *223* oculi — ocior, *224 225* inclusit — inmane, 227 228 animis aderat, 230 231 *233* stabat — silex —
saxis, 234 speluncae — insurgens (z), 235 dirarum — domus, *236*
237 238 *239* inpulit, inpulsu — intonat, 240 ripae refluitque, 241
242 243 **244** reseret — regna recludat, *245* invisa — inmane,
246 iumisso (z) — Manes, 247 248 inclusum — insueta, 249 252
faucibus — fumum, *253 256* 257 **258** agit — aestuat atra, *259*
260 corripit — conplexus, *261 263 264* 265 protrahitur — ex-
pleri (z), *266* voltum villosaque, *269* 271 *274 275* vocate — vina
volentes, *278 279* laeti libant, *281 282* 283 *285 288* 289 monstra
manu, *290* 294 *296* te — tremuere — te, 298 nec te — non
terruit — Typhoeus, 299 300 301 decus — divis, *302 303* carminibus celebrant — Caci, *304 305* 307 309 *310* 311 314 *316* quis
neque — neque cultus — nec, *317 318 320 321 322* legesque
— Latiumque, *325* saecula; sic placida populos — pace, **326**
deterior donec — decolor, 327 (w) 329 *332 333* pulsum patria
pelagique, *334 336* 337 *340* fatidicae — futuros, *342* 343 *344*
345 nec non — nemus, 346 locum — letum, 348 olim — horrida,
349 *350 352* deus incertum — habitat deus; Arcades ipsum
(a b c a c b), 353 *354* 355 **356** veterumque vides — virorum, 357
hanc — hanc — arcem, 359 360 362 *364* hospes — opes, *369*
370 371 *373 375 376* 377 379 *382* ergo eadem supplex — et
sanctum, 383 384 385 386 *387* 390 391 *393 394 395* quid caussas
— cessit, *396 397* 398 (w) *399* stare — alios Priamum superesse
per annos (a b c a c b), *400 401* 402 fieri ferro, 403 animaeque
— absiste, 404 viribus — verba, *405 408* curriculo expulerat (z)

— cum — primum, *409 410 411 412* 413 possit parvos, *414* 415
stratis — surgit, *418 419* 422 (w) *423 426* 428 *429* tris — torti
— tris, **430** addiderant — alitis austri, 434 (w) *435 436* 437
439 cuncta — coeptosque, 440 *441 442* 443 praecipitate — plura,
444 ocius omnes, 446 volnificus — vasta, 447 *448* 449 450 *451*
452 454 pater — properat, 455 *456* 458 459 *460 461 463* 464
memor — muneris, 465 minus — matutinus, 466 *471 472* nobis
— **nomine,** 476 478 hinc — incolitur, 479 urbis — ubi, 481
483 (w) 485 *486 487* tormenti — taboque, 488, *489* fessi — infanda (z) furentem, 492 ille inter — in, 494 ergo — Etruria, *495*
500 veterum **virtusque virum,** 501 merita — Mezentius, 503 ex-
ternos — Etrusca, *506* 507 castris — capessam, *508* sed —
saeclisque — senectus, *509* invidet inperium, *510 511* 513 *514*
515 *516* militiam — Martis **517** adsuescat — ab annis, 519 *521*
522 523 *525* 526 Tyrrhenusque tubae, *527* 528 529 530 animis
alii, *531* 532 (w) *533 534 535 537 538* 539 virum — volves, 540
541 dicta dedit, solio se — ab alto, 542 *543 544* 545 (w) *547*
548 praestantis — pars — prona, *549 551* Teucris Tyrrhena,
553 pellis — praefulgens, *554 556 557* 558 Euandrus — euntis,
561 562 stravi scutorumque, 563 565 566 ter — tum tamen, **567**
abstulit — animas — et — exuit armis, 568 569 570 *574 576*
visurus — vivo — venturus, 579 (w) *580 581* 582 583 *584* fundebat, famuli — ferebant, 585 exierat — equitatus, *586 587* inde
alii — proceres, ipse agmine Pallas (a b c a b c), 588 589 ubi —
unda, *590* ante alios astrorum, 591 sacrum — resolvit (z), *592*
595 armati — agmine, *596* **quadrupedante — quatit,** *599 600*
Silvano — sacrasse, 601 *603* Tarcho — Tyrrheni tuta tenebant,
604 castra celsoque — colle, 605 legio — latis, **607** et equos et
corpora curant, 612 perfecta — promissa, *613 614* 616 *617* 619
621 622 qualis cum caerula, 623 625 *626 627 628* 629 *630* **fecerat**
— **fetam,** 631 procubuisse (z) — circum, *632* 633 *635 636* consessu caveae — Circensibus, 637 subitoque — consurgere (z), 638
639 640 **armati** — ante **aram,** *642 643 644* viri — viscera, *645*
silvam — sparsi — sanguine, *649 650 653* 654 Romuleoque
recens — regia, *655* atque — auratis — argenteus anser, 657
aderant arcemque, 658 defensi — dono, 659 aurea — atque aurea,

660 lucent — lactea, *661 664 666* 668 (w) *671* inter — ibat imago, *672* 673 *674* aequora — aestumque, 675 *677* fervere — effulgere (z) fluctus, 678 *679* patribus populoque, Penatibus, 680 *681* vomunt — vertice, 682 *683* arduus agmen agens, *685* 689 ruere — reductis, *690 691* petunt, pelago, *692* 693 *694* flamma ferrum, 695 nova Neptunia, 697 699 (w) *700* 703 sanguineo sequitur, **704** Actius — arcum — Apollo, 705 706 (w) *707* videbatur ventis — vocatis, 708 (w) 709 *710 711 712 714* 715 716 *717* 718 (w) 719 723 728 *730* ignarus imagine, *731*.

IX *1 3 4* sacrata — sedebat, 7 8 (w) *9 11 12* 15 16 *17* 18 19 *20 21 22 24* orans oneravitque, *26 27 28* [29], **30** septem surgens sedatis amnibus altus, 31 *32* cum — campis — condidit, 33 *34 35 36* quis — cives, caligine, *37 38 39 41* **42** neu — auderent aciem neu credere campo (a b b a c c), 43 *44* 45 portas — praecepta, 47 48 49 51 *52* en, ait; et — attorquens emittit — auras (a b a b a b), *53 54* socii — sequuntur, 56 (w) *57* 58 aditumque — avia, 61 **62** exercent, ille — et inprobus ira, *64 66* 67 qua — quae — clausos, *68 69* 71 invadit — incendia, 72 flagranti fervidus, *73 74* atque — accingitur atris, 75 focos — fert fumida, 76 77 *79* prisca fides facto — fama perennis, *80 81* pelagi petere — parabat, *84 85* 86 88 *89 ,90* solve — precibus sine posse parentem, *91* 93 94 **95** mortaline manu — inmortale (z), 96 *97* 98 defunctae (z) finem, *100* 101 102 *103 104* 105 106 107 108 *110* 111 113 114 trepidate — Teucri, *115* 116 *119* Delphinumque — demersis, *120* 121 *122* facies — feruntur, 124 *125* 126 127 129 130 *131 132* 133 ferunt — fatalia, *134 137* fata — ferro sceleratam exscindere (z), *140* 141 penitus — perosos, 142 femineum — fiducia, 144 *145* 146 *148* 149 opus — omnes, 150 [*151*] *152* 153 *154 155* 156 adeo — acta, 157 *158* procurate — pugnam — parari, *160 161* 162 163 *164* 165 vino — vertunt, 166 conlucent — custodia, 168 *169 170* 172 *173* rectores — rerum, 174 *175 176* 177 179 180 181 183 *184 185* 186 *187 188 189* **190** procubuere — late loca. percipe porro, *191 192* 193 exposcunt (z) — reportent (z), 194 posco, promittunt, 195 *196 198* ardentem adfatur amicum, 199 200 202 terrorem — Troiaeque, 203 204 205 (w) 206 208 *209 210* 211 *212 213* 214 *216 217*

218 magni — moenia, *219* nequiquam uectis, 220 221 *222* succedunt servantque — statione, *223 225 226* 227 regni — rebus.
228 229 230 231 alacres admittier, *232* 233 *235 236* 237 **238**
patet — portae — proxuma ponto, *239* 242 243 244 vidimus —
vallibus, 245 adsiduo — amnem, 246 annis — atque animi —
Aletes, 247 249 **talis** — tam — tulistis, 251 amborum — atque,
252 quae vobis, quae — viri, *253* praemia posse — pulcherrima
primum, 254 di — dabunt, *255 256* meriti — immemor (z), *257 258
260* 261 vestris pono — revocate (z) parentem, *262 263* argento
— atque aspera, 264 *265 266 267 269 270* 271 *273 274* 276 277
comitem casus conplector, 279 (w) *280* 283 284 genetrix — **gente,**
285 286 288 *289 290* 291 *295* 297 *299* 300 per — per — pater,
301 reduci rebusque, 302 *303* 304 305 atque habilem — aptarat,
309 primorum — portas, *310 311* **ante annos** animumque, *312
313 316 317* 319 *321 322 323 324* sic — simul — superbum,
325 adgreditur — altis, 326 proflabat pectore, 327 (w) *328* potuit
depellere (z) pestem, *329* tris iuxta — temere — tela iacentis.
330 333 334 terra torique — nec non **Lamyrumque Lamumque**
(a a b b c c), 338 **ludum** — lucemque, 339 inpastus (z) — plena —
per, **341** molle — mutumque metu, 342 *343 345 346* 347 *348 350*
refert (z) — furto fervidus, 351 *352 353 354* 355 *356* 361 *363*
post — pugnaque potiti, 364 *366* 367 368 369 372 373 374 375
376 **viri;** quae caussa **viae,** quive, 377 *378* 380 hinc atque hinc
— abitum custode coronant (a b a b c c), 382 387 *388* **Albani** —
alta — habebat, *389 390 391* rursus — revolvens, 392 393 observata (z) — silentibus, *394* **audit** — audit strepitus — signa sequentum, 395 397 **399** quid — qua — quibus audeat armis, *400*
(wo natürlich enses zu lesen ist), 401 pulchram properet per,
402 adducto — hastile, 403 404 (w) 406 *408 410* conixus corpore,
412 *413* frangitur — fisso, *414* **volvitur** — vomens, *417* aliud —
ab aure, 418 trepidant — Tago — tempus, *419* traiectoque —
tepefacta, 421 auctorem — ardens, 422 *424 425 426 427 428
429* 431 dicta dabat, 432 costas — candida, *434* cruor — cervix
conlapsa recumbit (z), *436* 437 439 (w) *440* quem circum — hinc
comminus — hinc, *443* adverso — animam abstulit, 445 448 *449
450* 451 flentes — ferebant, 452 *453 454* 456 *458* Messapi —

multo, *460 461 462 463* 465 466 capita — clamore, *469* aciem — amni, 470 tenent — turribus, *471 472* nota nimis, *473* pavidam — pinnata, 474 476 477 infelix(z) — femineo, *478* comam — amens atque agmina cursu, *479* prima petit, non illa — non illa, *480 481 482 483 484 486* 487 488 *490* 491 *492 493*(w) 495 *496* 497 *499* it — infractae, *500* illam incendentem — Idaeus, *501 503* tuba terribili, *504* increpuit(z) — clamor caelumque, *505* accelerant acta, *506* 507 aditum — adscendere, *508 509 510 512 513 515* 517 Rutulos — resolvit, *518* curant caeco contendere, 519 *522* fumiferos infert(z), 525 Calliope — canenti, *526* 527 *528* [530] et meministis enim — et memorare, *531 532 533 536* flammam adfixit(z), 538 turbati trepidare, *539 540* partem, quae peste caret, tum pondere turris (a b a b c a c), *542 544* veniunt vix, 545 *547* 549 *550* hinc acies atque hinc acies adstare, 551 *553* 554 *555* tela — tendit, *556* 557 arma — altaque, 559 *560* victor — evadere(z), *561 562* **563** qualis — aut — aut candenti corpore cycnum, *564 565* 568 *569 572*(w) 573(w) *575* et Sagarim et summis stantem, *576* **Privernum** — **primo**, *578* alis adlapsa, *579 581* **Arcentis** — **armis**, 585 pinguis — placabilis — Palici, 587 *589 591* 592 *593 595* is — ante aciem — atque indigna, *597 599* *600* *601* *602* 603 *604* *605* venatu invigilant(z), *607* *608*(w) 610 terga — tarda, *611* 613 conportare(z) — praedas, *614 615* **cordi** — **choreis**, *616* *617*(w) *618* Didyma — dat, *619* 621 dictis — dira, 622 *623* diversaque — ducens, *625 626* tibi — tua templa, 627 ante aras aurata, *628* candentem — caput cum, 629 **petat** — **pedibus**, 632 stridens — sagitta, 633 **caput** — **cava**, *634 635* Rutulis — responsa remittunt, 636 637 *638* *640* *641 642* 643 sub — resident(z), 644 *645* 647 *648* armiger ante fuit fidusque ad, *649* Ascanio — addidit — Apollo, *651* et — albos et saeva sonoribus arma, *652* atque — ardentem — adfatur, *653 654* oppetiisse(z) — primam hanc — Apollo, 656 657 *658* et — ex — evanuit, 659 deum — divinaque, *660 661* 662 663 animas — aperta, 664 *665* acris arcus amentaque, 666 sternitur — solum telis, tum scuta, *667* 671 *674* 677 *678* armati — cristis capita alta corusci, *679 680 681* consurgunt — quercus — caelo, *684 685* **Marus** — **Mavortius**, *686 687* 688 increscunt — irae,

689 690 (w) 691 *693* portas praebere patentis, *694* inceptum —
inmani — ira, *696 698 699* 700 abit — atri, 701 fixo ferrum,
702 tum Meropem atque — manu, tum — Aphidnum (a b c b a c),
703 ardentem — animisque, *704* 705 *706 709 711* 713 prona —
penitusque, *714* 715 *716* **Inarime** inperiis **inposta,** 717 718 addidit
— acris, 719 Teucris — Timorem, *720* conveniunt, quoniam — copia,
722 723 quo — qui casus, *724 727 728 729 730* inmanem — inter
inertia, 731 *733* **micantia** — **mittit,** 734 735 *736 738* 740 sub-
ridens sedato, *743* 744 747 vi — versat, *748 749* 750 ferro — frontem, 751 inpubisque inmani, *753* **artus** atque **arma** cruenta cerebro,
754 *755* umero — utroque, 756 757 continuo — cura, 760 762 *765*
766 767 769 771 772 et Clytium Aeoliden et amicum Crethea
(a b c a c b), *775* Crethea — comitem, cui carmina, *776* 777 781 (w)
782 quos alios muros, quae — moenia habetis (a b c a c b), 783 **unus**
— **undique,** 787 788 accensi — agmine, 789 consistunt — paulatim
excedere (z) pugna, 790 peterc — partem, *793 794* asper, acerba
tuens, retro redit — terga (a a b c c b), 796 800 confusa (z) fuga,
801 805 808 809 saxis solida, *811* 812 813 *814* flumen agit, fessos
— aeger anhelitus artus, 815 *816* 817 812 laetum — abluta (z)

X *1 3 5* 6 caelicolae — quianam, 9 (w) 10 sequi — suasit,
11 adveniet — arcessite, 12 13 magnum atque Alpes inmittit (z)
apertas, *14* 15 placitum — conponite (z), *18* 19 quid — quod —
queamus, 22 *23* 25 *26 27 28* atque iterum in — Aetolis — ab
Arpis, 30 **mortalia demoror** (z), *31 32* 33 34 quae — cur —
quisquam, 35 *36* 38 *39* **Manis** — **manebat,** *40* sors rerum, movet
— superis inmissa (z) repente (a b c a c b), *42 43 44 46* 48 50 (z),
51 est Amathus, est — atque alta, 52 Idaliaeque — inglorius,
57 59 satius — insedisse (z) supremos, 60 *61* redde — revolvere,
62 *63* acta — alta, *64* 66 *68* 69 vitam — ventis, 70 (w) 72 74
75 76 (w) 77 face — ferre, *78* arva aliena — premere atque
avertere praedas, *80* pacem — praefigere puppibus, 82 viro —
ventos, 83 classem convertere, 84 *85* (w), 87 88 fluxas — fundo,
89 90 quae caussa — consurgere, *91* foedera — furto, 92 94 **95**
iustis — **iurgia** iactas, 97 98 *99 100* pater omnipotens (z) —
prima **potestas,** *101* dicente deum domus, *102 103* posuere, premit
placida — pontus, *104* accipite — animis atque, 105 *107* quae

cuique — **quam** quisque secat spem, 110 111 *112* **113** fata —
flumina fratris, 114 115 *116* finis faudi, 117 *118* 119 120 121
122 123 124 125 *126* et Clarus et — comitantur ab alta, *127*
conixus corpore, *129* 132 133 134 **135** aut collo — aut capiti —
quale, 137 lucet — cervix cui lactea crinis, *138* *140* 143 *145*
Capys — Campanae, 146 illi inter sese, 148 149(w) 150(w) 151
163 admonet(z) inmiscetque(z) — mora, *154* foedusque ferit —
fati, 155 classem conscendit, 158 159 164 165 *166* **aerata** —
aequora, *167* quo mille manus — qui moenia Clusi, *168* quique
— Cosas, quis, *169* *170* *171* agmen — aurato — Apolline, 174
insula, inexhaustis, 175 *176* cui pecudum — caeli cui — parent,
177(w) *178* acie atque — hastis, *179* 180 *181* 183 **186** Cinyra —
comitate Cupavo, *191* maestum musa, *193* **194** comitatus classe
catervas, *195* *196* 197 *198* 199 *200* muros matrisque — Mantua,
202(w) *204* 206 207 *208* **verberat** adsurgens(z), spumant vada —
verso, *209* 211 *212* spumea semifero sub, **214** subsidio — salis
— secabant, *215* caelo concesserat — curru, *217* 219 *220* occurrit
(z) comitum — quas — Cybele, *221* numen — Nymphasque e
navibus esse, *223* prius — prorae, 224 *225* quarum quae —
Cymodocea, *226* 229 *230* **231** nunc pelagi Nymphae — perfidus
— nos, *232* 233 **234** faciem — refecit(z), *235* et dedit esse deas
aevumque agitare (a b a b c c), 236 237 238 240 *241* *242* **243** in-
victum Ignipotens — ambiit auro, *246* dixerat — dextra discedens, *247* 248(w) **249** inde — celerant cursus — inscius ipse,
250 Tros Anchisiades, animos tamen — tollit, 251(z) *252* *254* tu
— pugnae princeps, tu — propinquas, *256* *258* sociis — signa
sequantur, *259* atque animos aptent armis pugnaeque parent, 260
261 celsa — clipeum cum, 262 263 *265* *266* 267 *270* ardet apex
capiti cristisque a, 271 vastos — vomit, 272 non secus — si
quando nocte cometae (a b b c a c), 273 *274* **morbos** — **morta**-
libus, *275* 277 278 *280* 281 *282* ultro — undam, 285 286 287
288 **pontibus exponi**t(z), 291 *292* *293* *295* 296 299 301 302
303 *304* *306* fragmina — fluitantia, *307* retrahitque — relabens,
308 *309* 313 *314* **auro** — **haurit** apertum, 316 317 *320* 323
325 Clytium — Cydon, *326* *327* iuvenum — iaceres, 328 *329*(w)
330 *332* alma — Aeneas adfatur Achaten, 334 335 *336* volans —

transverberat(z), 338(w) **345** Curibus — corpore Clausus, 346
347 348 *349* 350 *351 352* 354 *355* nunc — nunc illi — in ipso,
358 non ipsi inter — non nubila, non, 359 obnixa omnia, *360*
aliter — acies aciesque, *361* 362 *364* 366 *367 368* **369** fugitis
— fortia facta, 370 371 *372* 373 via — virum, *374* Pallanta —
patria — reposcit(z), 375 *376* 377 *378* 382 intorto(z) — telo,
384 ossibus — occupat, 386 incautum(z) crudeli, 387 *393* dura
dedit — discrimina, *394* 395 *397* 399 400 *403* 404 caedit —
calcibus, 405 406 inmittit — incendia, 409(z) *411 412* 414 dextram — deripit, *416* 417 cavens — celarat, *418 420* Pallas petit
— precatus, *422* 423 *424* 425 infelix — inermum, *427* 429(w)
431 432 433 *435* **forma** — **fortu**na, *436 438* mox — manent
maiore, 439 441 socios — desistere(z), 442(w) *445* 446 *447 448*
451 454 *455* procul — proelia, 456 457 *458* 459 *460 461* Alcide
— adsis, *462* 464 *466* 467 *468* 470(z), 471 472(z), 473 *474* 476
surgunt — summa, *478* 479 ferro praefixum(z), 480 481 *482* at
— tot — terga, tot aeris, 483 484 vibranti — transverberat(z),
485 pectus perforat, 487 488 489 491 492 493(w) 495 pressit
pede, 497 *498 499* quae Clonus — caelaverat, *501 502* servare —
sublata secundis, *503* 504 506 referunt(z) — frequentes, *507 508*
511 512 513 514 ardens — agit, *515* 516 omnia — oculis, 517
518 519 inferias — inmolet, 520 perfundat(z) — flammas, 521
inde — infensam, *522* 523 *524* 525 526 *527* 529 dabit discrimina, 530 *531* argenti atque auri memoras — multa, 532 *533*
prior — Pallante perempto, 534(w) 535 fatus — reflexa(z), 536
537 539 *540* quem congressus — campo, 541 inmolat ingentique,
542 544 Marsorum montibus, *547 548* 551 *552* obvius — obtulit,
553 ingens — inpedit, 555 dicere deturbat(z) terrae truncumque
tepentem, 556 *557* 560 piscesque inpasti(z), *561 562* 564 565
qualis, centum cui, 566 567 *568 569* sic — Aeneas desaevit(z)
— aequore, *573* 575 interea — infert, 576(w), 577 equos —
ensem, 578 *579* inruit adversaque ingens adparuit hasta, *581* 583
586 pronus pendens, *587 588* aptat se pugnae, subit — hasta per
(a b c b a c), 589 fulgentis — perforat(z), 590 excussus(z) curru,
591 Aeneas — adfatur amaris, 593 vanae vertere, 597 per te,
per - te talem — parentes (a b a b b a), *598 600* dicta dabas —

fratrem — desere frater, *603* 604 *606* Iunonem — Iuppiter, *607*
germana — gratissima, *610 611* cui — quid — coniunx, *612* tua
tristia — timentem, *613* quae quondam — quamque. *614* non —
namque negares, 616 *617* pereat — pio — poenas, 618 619 620
manu multisque, 623 *624 625* 627 putas — pascis, 628 *629 631*
feror — formidine falsa, 633 dicta dedit, 634 636 *637* 639 *640*
641 fama — figuras, **612** sopitos — somnia sensus, *643* at —
ante acies, 644, 645 instat (z) — stridentemque, *646 647* 648 650
651 652 *653* celsi coniuncta crepidine, *654* expositis (z) stabat
scalis et ponte parato, *655* 657 658 660 **661** autem Aeneas absentem — proelia poscit, *662* multa — demittit (z) — Morti, 663
664 *665* **Turnum** — turbo, *666 669* 670 (w), 672 manus — me
meaque, 673 *675 676 677* 678 *679* 680 (w) *681 682* 684 685 (w) *687*
688 *689* 691 *693 694* expostaque (z) ponto, *695* 696 ipsa inmota, 698
699 700 succiso — segnem sinit, 702 703 705 (w) 706 occubat —
ora, 707 708 actus aper — annos, 710 711 infremuitque (z) ferox,
716 717 ille — inpavidus — in, 718 dentibus — decutit, 719 721
722 purpureum pinnis — pactae, *723* inpastus (z) stabula alta —
saepe peragrans (z), *724* **725** conspexit capream — cornua cervum,
727 incumbens — inproba, 730 Acron — atram, 731 733 *734*
735 *736* 738 socii — secuti, *739* 740 longum laetabere, *741* 742
743 744 dicens eduxit (z), 745 748 Parthenium — praedurum
(Orsen), 750 *751* peditem pedes — processerat, 752 753 (w) *755*
756 (w) *757* victores victique, neque — nota neque. 758 in —
iram — inanem, 760 *761* 762 763 764 *765* stagna — scindens,
umero supereminet undas, *767* 770 ire — inperterritus ille, *771*
hostem magnanimum opperiens — mole sua stat (a b a b c c), 772
773 *775* 777 778 779 Antoren — ab Argis, 782 783 *784 785*
788 789 graviter genitoris, *790* 793 *794* ille — inutilis inque
ligatus, 795 798 799 sustinuit; socii — sequuntur, *800* 801 telaque
— proturbant (z), *802 805 806* 807 809 810 (w) 811 812 813 exsultat (z) — saevae, *814 815* 817 818 819 *820 821* vero — voltum
vidit, *822 824* 825 *826* dabit — dignum, 827 *828* et cineri —
qua est ea cura, *829* 830 cadis, increpat (z), 831 *832 834* lymphis
— levabat, *835* arboris adclinis, *836* dependet (z) galea — prato
gravia, *837 838 839* 840 *841 842* 843 845 *846 848* genui — ge-

nitor, *849* morte — misero mihi, *850 852* 853 *855 856* 857 vis
— volnere, *858* deiectus — duci — decus, 859(w) 861(w) 862
viximus — victor, *864 866* 867 *868* 869 870 871 *872 873* 874
875 877 *879* 880(w) *882 883* aliud — atque aliud, 884 *886* tela
— ter — Troius, *888* tot traxisse — tot — taedet, *890* 891 *892
893 894 895* clamore incendunt(z) caelum, *896* 897(w) *900 901*
nullum — nefas, nec, 902 *903 905 906* consortem — concede, 908.

XI 4 vota — victor, 7 *9* telaque trunca — thoraca, *11 12
13 15* superest — sunt spolia — superbo, *16* manibusque meis
Mezentius, 17 *18* arma parate animis — spe praesumite, *21* 22
23 24 *25* 26 28 abstulit atra — acerbo, 29 30 31 servabat senior
32 33 34 35 36 37 38 maestoque inmugit(z), 40 43 invidit(z) —
videres, *44 45 46* 47 mitteret — magnum — metuensque moneret,
50 51 53 infelix(z) — funus, 55 58 61 *62* lacrimis — luctus,
65 67 69(w) *70* cui neque — nec — recessit(z), 71 *73* 74 *75*
77 arsurasque — amictu, **78** praeterea — praemia pugnae, 80
81 82 *84* 85 *86* 87 89 *90* 91 92 *93 94* **95** Aeneas — addidit
alto, 96 97 *98 101 102* corpora — campos ferro quae fusa, *103
104* certamen — cassis, 106 *107 110* pacem me exanimis et
Martis — peremptis, *111* 112 *113* 116(w), *118* vixet — vitam
deus — dextra dedisset, 119 *121* 122 *124 125 130 131* 132
omnes — ore, *133* 136 137 cuneis — cedrum, 140(w) 142 *143*
149 **151** et via vix — voci — est, *152* Palla — promissa parenti,
153 154 *155* praedulce decus primo — posset, *156 157 160* vivendo
vici, 161 163 164(w) *165* sors — senectae, 166 inmatura(z)
manebat, 167 170(w) 171(w) *172 173 174* 175 Turne — Teucros,
176 177 vitam — invisam(z) Pallante perempto, 178 179 *181* fas,
sed — perferre(z) sub, *182 183* 184(w) *185* constituere — corpora quisque, *187* conditur — caligine caelum, *188 191* **192** caelo
clamorque — clangorque, *195* frenaque ferventisque, *197* multa —
circa mactantur corpora Morti, *198* 199 *200* spectant socios semiustaque servant, 201 *202* 203 204 *207* cetera confusaeque — caedis,
208 nec numero nec, *209* certatim crebris conlucent, 211 *212
214 215* 216 pectora — puerique parentibus, *218* 219 220 *221
222* 224 225 226 228 *229 230 231 232* 233 *235* 236 237 238
240 241 242 243 *245* contigimusque — qua concidit, *248* **coram**

copia, 249 *250* qui — quae caussa attraxerit Arpos, *253 254 256* 257 *258* supplicia — scelerum poenas expendimus (z), *259* miseranda manus — Minervae, *260* 261 262 *264* regna — referam, **265** Libycone — litore Locros, 266 267 268 *270 272 274 276* cum — caelestia corpora, 277 Veneris violavi volnere, 278 (w) *280* memini — malorum, *281* 282 **283** contulimus — credite quantus, 284 clipeum adsurgat, quo turbine torqueat hastam (a b a c c b), 285 *286* 288 *291* ambo animis, ambo — armis, 292 pietate prior, **293** qua — ast armis concurrant arma cavete (a b b a b a), *294* responsa simul — sint, rex — regis, 295 296 298 *300 301* 302 *303 304* cogere concilium, cum, 305 *306* invictisque (z) viris, 307 *308* spem si — adscitis Aetolum habuistis — armis, *309* spes sibi quisque; sed — quam, *310 311* oculos — omnia, 312 *313* 314 *315 316* antiquus ager — amni, *317* super — Sicanos, 319 320 plaga pinea, 321 *323* 324 328 329 **330** ferant — foedera firment, *332* placet pacisque — praetendere, 335 consulite — succurrite (z), *336 337* 338 *340* 342 343 *344 345* fortuna ferat, *346* fandi flatusque, *348* mihi mortemque minetur, 349 *350* 351 353 *354 356* 357 *358 359 360 361 362 363 364* 365 **366** pone animos — pulsus abi — **funera fusi** (a b a b c c), 368 (w) *369* concipis — cordi, *370* aude atque adversum fidens fer, *371* **contingat** — **con**iunx, 372 373 *374 376* 378 379 *381 383* tona — tibi — timoris, *384 385* Teucrorum tua dextra dedit — tropaeis, *386* 388 *389* imus in adversos? quid cessas? an (a a b c c b), 390 *392 393 394* **395** atque — Arcadas armis, *396 397* mille — misi, 399 capiti cane, *401* 403 405 406 *407* 408 *409* 410 *411* 412 si — sumus — semel, *413* funditus — fortuna, *415* 416 417 *418* moriens — momordit, 419 (w) *422* sanguine — sunt — sua, 423 *424 425* multa — mutabilis, *426 427* 428 429 *431* 432 est et — egregia, *433 434* 436 437 438 440 441 *442* devovi (z) — vocat — vocet, 443 **444 445** *446 447* 449 450 453 (w) 454 *456 457 458* sonitum — stagna, *459* 460 461 462 *463* **Vol**use — **Vol**scorum, *464* 465 cum fratre Coras — diffundite (z) campis, *467* 468 469 *470* deserit — tristi turbatus tempore differt, 471 incusat (z), qui — acceperit (z), 472 *473* 474 *475* 477 478 **magna matrum**, *480* 481 templum ture, *484 485*

pronum sterne solo portisque — sub, *486* 487 488 489 *490* 491
494 *495* adsuetus aquae perfundi (z) — flumine, 496 arrectis — alte,
497 *498* cui — comitante Camilla, 500 *501* terram defluxit (z) —
tum talia fatur, *502* 503 *505* *506* 507 oculos horrenda, 508 decus
— dicere, *509* 511 fama fidem, 512 exploratores, equitum, *513*
514 *517* 518 *519* 520 *521* 522? curvo anfractu (z) — adcommoda
(z) — fraudi, *523* *524* urguet utrimque, *525* *526* super in speculis summoque in, 529 sive instare (z) — saxa, *531* *532* 533
535 536 *537* 538 540 cum excederet (z), 541 *543* Casmillae —
Camillam, 544 sinu prae se portans — petebat, 545 546 **volita-**
bant — **Volsci,** *547* 548 *549* ille innare — infantis, *550* *551*
552 *554* *555* atque habilem — hastae, 556 557 558 pater —
prima per, **559** **tela** tenens — **testor,** *560* 562 563 564 *565* 566
567 569 *570* 573 pedum primis — plantis, *574* 575 *576* pro —
pro — pallae, 577 *578* tela — tum tenera — torsit, *579* *581*
583 584 585 *586* 587 *588* *591* 592 *593* *595* dixit — levis —
delapsa (z), 596 597 **598** Etruscique — equitumque exercitus, 599
600 601 (w) *602* ager — **armis** — ardent, 603 604 et cum —
— Coras et — Camillae, *605* adversi — adparent hastasque, *607*
adventusque — ardescit, *608* iamque — iactum, *609* **substiterat,**
subito, *610* 611 *612* adversis — **acer** Aconteus, 613 conixi incurrunt (z), 615 (w) 619 *620* *621* propinquabant portis, 622 624
qualis — procurrens (z) — pontus, *625* scopulosque superiacit,
626 spumeus — sinu, *627* rapidus retro atque aestu revoluta
resorbens, *628* litusque — labente relinquit (z), *630* *631* *632* 633
(w) 634 *635* *636* **Orsilochus** — **horrebat,** 638 arduus altaque,
640 ille excussus — Catillus Iollan, *641* 643 *644* **arma** patet —
hasta per **armos,** *645* *646* 647 pulchramque petunt per, *648* 649
651 dextra — indefessa (z), **652** aureus — **arcus** — **arma,** *653*
illa — quando in — recessit (z), *655* circum — comites, *656* *657*
658 bonas bellique, *659* *660* *661* seu circum — seu cum se —
curru (a b a b a b), *664* *665* *666* 667 adversi — abiete, 668 cadit
— cruentam, *669* *670* 672 *673* 674 *676* 677 *678* *680* 682 *683*
684 686 *687* *689* 691 692 **693** lucent — laevo dependet (z) parma
lacerto, *694* *695* *696* *698* congeminat — calido — cerebro, *700*
701 **fallere fata,** *705* *706* 707 *708* **709** dixit, at — acrique

accensa dolore, *711* pedes — puraque — parma, 712 713 fugax
aufertur (z), *714* quadrupedumque citum ferrata calce fatigat,
717 fraus — fallaci perferet (z), *718 720* **721** accipiter saxo sacer
ales ab **alto**, *722 725* **726** observans oculis summo sedet —
Olympo, 727 728 729 caedes cedentiaque, *730 731* 732 733 734
agit atque — agmina, 735 736 737 *738 739* 740 *741* effatus
equum in medios, moriturus et ipse (a a b c c a b), 743 dereptum-
que — dextra, *745* caelum clamor cunctique, 747 749 *750 752
753* saucius — serpens sinuosa volumina versat, *754 755* 757
758 761 762 763 *764 765 766* hos aditus — hos aditus (w), 767
768 769 770 *774* aureus — arcus — aurea, *775* cassida —
croceam chlamydemque — crepantis, 776 777 779 781 caeca —
incauta (z), 782 *783* 784 *785* summe — sancti — Soractis, *786*
quem primi colimus, cui pineus ardor acervo (a b a a b c c), 787
pascitur — pietate per, *788* premimus — pruna, *789* 792 793
794 *795* 796 797 *798 799* missa manu, *800* 801 *803* 804 alte —
acta, *805* concurrunt — comites, 806 *807* 808 credere — occurrere (z), 809 **810** avius abdidit altos, 812 *813 814* **816** illa manu
moriens telum trahit — inter (a b b c c a), 817 *818* labitur —
labuntur — leto, *819 820 821* adloquitur — ante alias quae —
Camillae, 822 *823* **hactenus**, Acca — acerbum, 824 825 *828*
terram — fluens, tum frigida toto, 829 corpore — colla, *830* 833
835 837 sedet summis spectatque, 839 multatam morte, 840 841 (z)
843 desertae — dumis — Dianam, 845 846 847 *848 849* morte —
merita — monte, 852 **853** sistit — Arruntem — speculatur ab
alto, *854* 855 **diversus** — dirige, *856* 857 *860* 863 864 *865* **ex-**
spirantem — **extrema**, 866 **867** Opis ad aetherium — aufertur
Olympum, 868 *869 870* disiectique duces desolatique, **871** tuta
— et equis aversi ad — tendunt, *873*, 874 **laxos** — languentibus
875 **quadrupedumque** cursu **quatit** — campum, 876 *877* pulvis
et e — percussae pectora, 878 *879* qui cursu portas primi —
patentis, *881* 882 883 884 (w) *885* **orantis, oriturque**, *886* armis
aditus — arma, *887* 888 *889 890* 891 892 893 *894 895* **896** interea — in silvis saevissimus inplet, *898 899* ingruere infensos,
900 *901* 903 *905* 906 *907* 908 909 910 Aenean adgnovit — armis,
911 *912 915* considunt castris.

XII 2 promissa reposci(z), 3 *4* attollitque animos — arvis,
5 venantum volnere, *8 10* tum — adfatur — atque ita turbidus
infit (abbcac), *11 13* 14 *15 16* ferro crimen commune refellam*(z)*,
17 cedat — coniunx, 20 *21* 22(w) 23 multa manu, nec non
aurumque animusque (aabbcc), *24* 25 *26* 27 29 *32* qui — casus,
quae, 33 *35* victi — vix, 36 *37 38* si — socios sum, 39 *40 42*
43 respice res, *44* 45 dividit — dictis, 46 magis — medendo
47 *48* quam pro me curam — precor — pro me, 49 deponas (z)
letumque — pro — laude pacisci, *50 51* spargimus — sequitur
— sanguis, *56 57* 59(w) 60 manum committere(z), *61* qui —
cumque — certamine casus, 62 *64* lacrimis Lavinia, 65 flagrantis
perfusa(z), 66 calefacta — cucurrit, 67 68 *70 71* ardet — arma
— adfatur Amatam, 72(w) 74 *76* 77 rotis -- rubebit, 78 *80* quae-
ratur coniunx — campo, *81* 83 decus dedit, *84* qui candore —
cursibus, 86 pectora plausa cavis — colla comantia pectunt
(aabbba), 87 *88* 89 ensemque clipeumque et — cornua cristae,
90 92 *93* aedibus adstabat, validam vi — hastam, *94 95 96* hasta
meos — adest — maxumus Actor, 97 *98* 99 *100 101* agitur —
ardentis ab, 102 *103 104* 106 aut — ad pugnam proludit arena,
107 108 *110* 111 regique — responsa, 113 summos spargebat,
115 equi — elatis — efflant, *116 119* fontemque — ferebant,
120 velati — verbena — vincti, 121 procedit — pilataque plenis,
124 *125* 127 128 *129* signo spatia — sua quisque recessit(z),
132 133 obsedere(z), alii — sublimibus adstant(z), *134* at —
Albanus habetur, 135 neque nomen — nec, 136 aspectabat —
ambas, *137 138 139* 140 *142 143* ut — cunctis unam, quaecum-
que(z), *145 146* 147 pati Parcaeque, *148* Turnum — tua — texi,
150 151 152 153 155 pectus percussit, *157* 158 *159* 160 161
162 quadriiugo — curru, cui — circum, *164 167* 168 169 170
171 attulit admovitque — aris, *172* 173 fruges — ferro, 174
pecudum paterisque, *175 176* 177 propter — potui perferre, 178(w)
179 180 181 182 185 *186* referent(z) ferrove — regna, 187 188(w)
189 190 *192* sacra deosque dabo; socer arma — habeto (abbacc),
193 195 sic — sequitur sic, 196 suspiciens — sidera, *199* deum
— duri — Ditis, 200 foedera fulmine, *201* 202 *203* quo — cumque cadent — vis — volentem, 206(w) *207* 208 semel — silvis

— stirpe, 209 caret — comas, *210* **arbos** — **artificis**, *212 214
216* vero — videri, *217* misceri motu, *219* 221 222 223 volgi
variare, 224 acies — adsimulata, *225 226 230* animam — an —
aequi, *231 233 234* 235 fama — feretur, 236 **patria** — **parere**,
237 cogemur, qui — consedimus, *239* magis atque magis —
agmina murmur, 240 *241 243 244* aliud — adiungit — **alto**,
245 246 247 248 249 250 pedibus — inprobus (z), *251* 252 convertunt clamore, *254* vi victus, 255 pondere — praedamque, *256*
259 (w) *260* accipio adgnoscoque deos; me, me duce (a a b c c b),
261 *263* populat, petet — penitusque profundo, *264 265* 266 telum
contorsit (z), 267 268 secat, simul — simul, **269 turbati** cunei
calefactaque corda **tumultu**, 270 forte — fratrum, *271* corpora
constiterant contra, quos — crearat, 272 *275 276* transadigit (z)
— fulvaque effundit (z) arena, *277* at — animosa — accensaque,
278 **279** corripiunt caecique — quos — contra, **281** Agyllinique
— **Arcades armis**, 282 amor — habet, 283 toto turbida, *284
285* focosque ferunt, fugit, *286* referens (z) infecto (z) foedere, 287
288 subiciunt — equos et strictis ensibus, 289 (w) *290* 291 ruit
— recedens, 292 **293** in — inque — advolat hasta, *294 295 296*
297 concurrunt — calentia, 298 ambustum — ab ara, *300* occupat
os — olli, 301 super — secutus, 302 caesariem — corripit, *303*
305 pastorem primaque — per, *306* sequens — superinminet (z),
ille securi, 307 mediam mentumque, *309* olli — oculos, 311 312
313 315 conpositae — concurrere, **316** me — atque auferte metus
— foedera faxo, 317 *318 319* ecce — stridens alis adlapsa sagitta
est, 320 (w) 321 324 *325 326* atque arma simul saltuque superbus,
327 328 virum volitans, *331* qualis — cum — concitus, 333 *336
337* 338 339 *340* cruor calcatur, *342* **343** Imbrasidas — Imbrasus
ipse, *345* 346 *347* 348 avum — animo, *349* qui quondam castra,
350 Pelidae pretium — poscere, *351* **352** adfecit — adspirat
Achillis, *353* **procul** — **prospexit**, 354 levi — longum, 356 357
358 359 360 *361* **ferro** — **ferunt**, *362* comitem — coniecta
cuspide, 364 *365* 366 insonat (z) — sequiturque, 367 qua — incubuere — caelo, *368 369 370* cristam adverso curru quatit aura,
372 373 dextra detorsit, *377* ille — clipeo obiecto conversus in
hostem (a b c b a c), *379* 380 381 *382* 383 384 *385* comes castris

— cruentum, *389 388* lato — latebras, *390* 391 aderat — ante
alios, *392* acri quondam cui captus amore, *393 394* citharamque
— celerisque (sagittas), *395* depositi (z) proferret (z) fata parentis,
397 398 399 400 401 senior succinctus, *402* multa manu medica
Phoebique potentibus, 403 (w) *404 405 406 407 408* stare —
— subeuntque — spicula, 409 411 indigno (z) — dolore, 412 *413*
414 incognita (z) capris, 416 *418* 420 lympha longaevus, *422* stetit
— sanguis, *423* secuta — sagitta, 425 426 animos accendit, 427 (w)
429 maior agit — atque — ad maiora remittit (z), *430* 431 (w)
432 lateri — lorica, *433 435* **437** defensum dabit — ducet, *438*
439 **440** et — Aeneas et avunculus excitet Hector, 441 443 *444*
turba — castris, tum caeco — campus, *445 446* vidit ab adverso
venientis aggere, *448* ossa — omnis, *449 450* atrum — agmen
aperto, 451 *452* mare — medium, miseris, 454 stragemque satis,
455 volant — venti, *457* agmen agit — cuncis — quisque coactis,
458 adglomerant (z) — gravem, *459* 461 telum — torserat, *462*
463 465 (w) 466 *468* metu mentem, *469* media — Metiscum, *470*
excutit et longe lapsum — relinquit (z), *472 473* 474 475 476 (w)
477 stagna sonat, similis, *478* obit omnia, *479* iamque hic —
iamque hic ostentat ovantem, *481 482 483* 485 totiens — retorsit (z),
486 *487 489* **lenta**, levis — praefixa (z) — ferro, 490 *491* 492
494 497 500 501 *502 505* **Rutulum** — ruentis, *506 507 508*
509 510 512 *513* 514 maestum mittit, *516* 517 518 *519 521* 522
523 524 525 526 527 528 *529* atavos — avorum antiqua, 531
532 533 535 **536** telumque — tempora torquet, 538 *541 542* 543
terram — **tergo**, *544 546 547 548* adeo — acies, 550 *551 552*
553 (w) *554 555* ut ad — urbique adverteret agmen, *558* huc
atque huc acies — aspicit, *559* immunem — impune (quietam),
561 Sergestum — Serestum, *562* tumulumque capit, quo cetera
Teucrum, *563* 565 *566* 568 569 571 velit — victus, 572 *573* ferte
faces propere foedusque reposcite (z) flammis, 574 *575 576* 577
578 579 *584* 585 *586* 587 588 apes — amaro, *589* 591 *592* 593
594 *596* incessi — ignis, *597 598* 599 *600* caussam clamat
crimenque caputque, *601* 602 *603 604 605* filia — floros, *606*
608 infelix (z) — fama, 609 demittunt (z) mentes, 611 *612* 613
614 615 616 *617 618* 620 *621 622* sic ait — adductisque amens

subsistit habenis, 624 625 *626* 628 629 manu mittamus, 630 nec
numero — nec, *632* 633 634 *637 638* vidi — meos me voce
vocantem, 639 *640* 641 *642* 643 *644* dextra — Drancis dicta,
645 **terga** — Turnum — **terra**, *646* mori miserum — mihi
Manes, 648 ad — anima atque, *650* ea — erat — ecce, *651* spumante **Saces** — **sagitta**, *653* Turne — te suprema salus —
tuorum, *655* 657 *658 661 663* stant — strictisque seges, 666
Turnus — obtutu tacito, 667 *668* 669 ut — umbrae, *670* 671
673 674 676 *677 678* stat conferre — Aeneae, stat, quidquid
acerbi, *680 681* 682 (w) 683 rapido — rumpit, 684 685 avolsum (z)
vento. 686 *687* 688 690 *691 692* 694 695 *696* 697 698 *699*
omnis, opera omnia, 701 quantus Athos aut quantus — aut —
coruscis, 702 703 attollens — Appenninus ad auras, 704 (w) 705
706 709 710 712 713 715 *716* 717 incurrunt (z) — cessere, *718*
metu **mutum mussantque**, 719 (w) *720* illi inter sese multa vi
volnera miscent (a a b b c d d c), **724** concurrunt clipeis — conplet,
726 727 728 *730 731* arrectaeque amborum acies, at, 732 *733
734* 735 praecipitem — prima — proelia, *738* diu dum terga
dabant — Teucri, *739 740* 741 742 *743* huc, inde huc incertos
inplicat, *745 747* 748 *750* 751 752 *753 754 755* increpuit malis
morsuque elusus inani est, *757 758 759* 760 *761 762 763 764*
765 *766* forte — Fauno foliis, *768 769 770* sed stirpem — sacrum,
771 772 774 voluitque — convellere (z), 775 *776 777 778* 779
780 781 782 viribus — valuit, 783 785 787 accessit — alta ab
radice revellit, 788 *789 790 791 793* quae — coniunx — quid,
794 796 797 798 **ensem** — **enim**, *799 801* te tantus edat tacitam
— et, 802 803 *805* deformare domum, 807 *808 809 810 811 812*
813 fateor — fratri, *814* **pro** — **pro**bavi, *815* non ut tela tamen,
non ut contenderet (z), *817* **super**stitio **super**is, *819* et — equidem
— exosa, 820 (w) *821 822 823 824* **825** vocem — viros — vertere
vestem, *826* sit — sint — saecula, *827 828* occidit occideritque,
829 832 frustra — furorem, **833** vis — me victusque volensque
remitto (z), 835 *836 837* omnis — ore, *838* 839 (w) *843 844 845*
847 **partu paribusque**, 848 849 solium saevique, *850* 852 853
854 Iuppiter — Iuturnae — iussit, 855 *856* non secus — nervo
— nubem — sagitta, 858 859 celeris incognita (z), *860* talis se

sata — tulit terrasque, *861* acies — atque agmina, *863* quae
quondam — culminibus. 864 sedens serum, *865 866 869* at —
adgnovit — alas, 870 *871 872* te tua, Turne, 873 *874* morer —
possum me opponere (z) monstro, *875* 876 877 878 pro —
reponit (z), 879 881 882 *884* 885 caput — contexit, 887 contra —
coruscat, 888 889 *890* cursu — certandum — cominus, *891 892*
sive animis sive **arte** — ardua, *893* clausumque cava te condere
terra, *894* 895 897 *898* 899 *900* 901 trepida torquebat, 902 cursu
concitus, *903* sed neque currentem se nec cognoscit *904* **manu** —
in**mani** moventem, *905* genua — gelidus, *906* ipse viri vacuum —
inane volutus, 907 (w) *909* 910 velle videmur, 911 non — non —
notae, **912** sufficiunt vires — vox — verba sequuntur, *913* viam
virtute, *914* 915 vertuntur varii, 916 telumque — tremescit,
917 (w) *919* **922** tormento sic saxa fremunt — fulmine tanti
(a b b c c a), 925 *926 929* mons — remittunt (z), *932 935* tangere
— tibi talis, 935 936 *938* 940 (w) *941 942 943 944* 946 947
948 (w) *949* 951 fervidus — frigore.

Nach der vorstehenden Sammlung ergibt sich bezüglich der
Zahl der Alliterationsbeispiele folgendes Resultat: I. Buch 528
Beispiele, II. Buch 588, III. Buch 516, IV. Buch 517, V. Buch
630, VI. Buch 648, VII. Buch 594, VIII. Buch 508, IX. Buch
599, X. Buch 647, XI. Buch 679, XII. Buch 724. Demnach sind
in der Aeneis im Ganzen 7178 Verse, in welchen die Alliteration
sich zeigt, also $72\frac{1}{2}$ Procent der Gesammtsumme der Verse. Ich
bin nun freilich weit davon entfernt, zu behaupten, dass in allen
diesen Versen die Alliteration eine vom Dichter beabsichtigte ist.
Aber wenn man auch eine gewisse Anzahl dieser Beispiele als
mehr oder minder unsicher beseitigt, so bleibt doch eine überaus
grosse Anzahl von Versen (nach einer approximativen Berechnung
etwa $\frac{2}{3}$ Proc. von der Gesammtsumme von 9896 Versen), für
welche die Absicht des Dichters mit Evidenz oder wenigstens mit
Wahrscheinlichkeit anzunehmen ist.

* * *

Der ausgedehnte Gebrauch, den, wie aus den vorausge-schickten Sammlungen hervorgeht, Vergil von der Alliteration ge-macht hat, ist eine Erscheinung, die schon an und für sich lebhaftes Interesse zu erregen geeignet ist. Ein erhöhtes Interesse gewinnt aber die Alliteration dadurch, dass dieselbe auch in praktischer Hinsicht nicht selten als ein willkommenes Hilfsmittel der Kritik und Exegese sich bewährt. Die Vergilkritik hat auf dies Moment bisher nur in spärlichen und ganz vereinzelten Fällen Rücksicht genommen, ja viele Kritiker haben mit Ver-kennung der Intention des Dichters Conjecturen aufgestellt, durch welche die Alliteration zerstört wird. Ich gebe im folgenden eine Sammlung von Beispielen, durch welche ich die Wichtigkeit der Alliteration auf dem Gebiete der Textkritik anschaulich machen will. Obzwar diese Sammlung durchaus keinen Anspruch auf Voll-ständigkeit macht, so ist dieselbe doch ziemlich reichhaltig (sie enthält 223 Beispiele), und es ergibt sich aus derselben zur Ge-nüge, dass das Alliterationsprincip als ein fruchtbares und be-achtenswerthes Hilfsmittel der Vergilkritik betrachtet werden darf. In exegetischer Hinsicht aber kann der Vergilerklärer in vielen Fällen, wo die vom Dichter gebrauchte Ausdrucksweise unge-wöhnlich, gesucht und gekünstelt ist und mitunter hart an die Gränze der Möglichkeit streift, darauf hinweisen, dass der Grund davon in dem Streben des Dichters die Alliteration durchzuführen, zu suchen ist. Ich lasse auch hiefür eine Sammlung von Bei-spielen folgen, die jedoch noch weit weniger als die erste auf Vollständigkeit Anspruch macht; ich hebe vielmehr aus der über-aus grossen Menge von Beispielen, die sich anführen lassen, nur eine verhältnissmässig sehr geringe Zahl (80) hervor.

I 117 torquet agens circum, et rapidus **vorat** aequore **vortex**. Das handschriftlich wolbezeugte *vortex* (Ribbeck: „VORTEX *Rγbc,* *testatur Plinius apud Charisium* VERTEX *M"),* welches Ribbeck und Ladewig aufgenommen haben, empfiehlt sich durch die k r ä f-t i g e Alliteration **vor**.

I 216 Die im Cod. Alb. vorkommende Variante mensaeque relictae hat Peerlkamp gebilligt. Es ist dies eine unrichtige Conjectur, durch welche die vom Dichter gewiss beabsichtigte Alliteration mensaeque remotae zerstört wird. Durch die Composition wird die Alliteration nicht gehindert.

I 268 additur (Ilus erat, dum res stetit Ilia regno). Heyne hielt diesen ganzen Vers oder wenigstens die Worte Ilus — regno für eine Interpolation. Vgl. dagegen Wagner's Bemerkung. Die Alliteration Ilus — Ilia, res — regno spricht zu Gunsten der Ueberlieferung.

I 420. Auch adversasque aspectat . . . arces gibt eine Alliteration, aber besser ist adversasque adspectat . . . arces und im vorausgehenden Verse adscendebant.

I 426 iura magistratusque legunt sanctumque senatum. Dieser von Servius erklärte, von den meisten neueren Kritikern verdächtigte Vers weist die bei Vergil so beliebte Alliteration der letzten zwei Worte auf.

I 427 hic portus alii effodiunt; hinc alta theatris | fundamenta locant alii, immanisque columnas | rupibus excidunt, scaenis decora alta futuris. — Für alta im Verse 427 spricht alii. Freilich ist auch 429 der Schluss alta futuris. Doch vgl. bezüglich solcher Wiederholungen Forbiger's Note. Ribbeck nahm aus *F lata* auf und meinte irrthümlich, dass vielleicht auch Servius mit den Worten „hinc futura magnitudo cognoscitur" auf *lata* hinweise. Aber je grösser das Gebäude werden soll, desto tiefer müssen die Fundamente gelegt werden.

I 486 ut spolia, ut currus, utque ipsum corpus amici. Durch die kräftige Repetition und Alliteration (vgl. ausserdem auch currus — corpus) wird *utque* geschützt gegenüber der Lescart *atque* (Claudius Sacerdos II 4, August. gramm. 1992 P.)

I 519 orantes veniam. Servius zu X 31 citirt *orantes pacem*. *Pacem* würde freilich mit *petebant* alliteriren, aber ich glaube, dass der Dichter hier die Alliteration und den Gleichklang mit *veniant* im vorausgehenden Verse beabsichtigte.

II 1 conticuere omnes intentique ora tenebant. Der Vers ist durch Alliteration ausgezeichnet. Falsch ist bei Claudius Sacerdos *arrecti* statt *intenti*.

II 73 quo gemitu conversi animi conpressus et omnis. Liest man conpressus (nicht compressus), so ist die Alliteration dieser zwei parallelen Wörter kräftiger.

II 90 Die durch *M γ 2 a 2, b in ras., c*, auch durch Velius Longius, Donatus, Servius bezeugte Leseart *pellacis* wird durch die Alliteration postquam pellacis empfohlen.

II 253 conticuere — conplectitur (*P a b*).

II 303. Dieser Vers bietet ein sehr bemerkenswerthes Beispiel der Alliteration, deren Kraft erhöht wird, wenn man liest adscensu supero atque adrectis auribus adsto (nicht ascensu, arrectis, asto). Die Alliteration zeigt sich auch in adscensu supero — adsto; kurz es ist ein überaus malerischer Vers, in welchem der Dichter auf recht sinnliche Weise die bange und gespannte Aufmerksamkeit bezeichnen wollte.

II 356 atra in nebula, quos inproba (nicht improba) ventris. Vgl. auch inde im vorausgehenden Verse.

II 362 lacrimis aequare labores ist echt und nicht *dolorem* (Macrobius Sat. V 1 10) oder *dolores* (Orosius II 18).

II 367 quondam etiam victis redit in praecordia virtus ist richtig und nicht *sanguis* (Priscian φ). Die Alliteration setzt sich in victores (368) fort.

II 448 ist alta der Leseart illa vorzuziehen wegen der Alliteration mit auratas.

II 498 fertur in arva furens cumulo camposque per omnis. Dawesius conjicirte (misc. crit. 11) *ruens* statt *furens* wegen des im nächsten Verse stehenden *furentem.*

II 517 divom amplexae simulacra sedebant ist die richtige Leseart. Die Leseart *tenebant,* die die Alliteration zerstört, ist auch sonst offenbar unpassend.

II 588 furiata mente ferebar ist richtig gegenüber Serv. Fuld. *loquebar* und Cass. *loquebatur.*

II 662 iamque aderit multo Priami de sanguine Pyrrhus. Durch die Leseart im Venetus *multo maculatus sanguine* geht die Alliteration verloren.

II 673 Mit Rücksicht auf coniunx empfiehlt sich conplexa.

II 758 vento empfiehlt sich wegen des folgenden volvitur. Die Variante *tecti* ist veranlasst durch 302 und vielleicht auch durch das im Verse 757 stehende *tectum*.

II 771 Unzweifelhaft echt ist sine fine furenti (nicht ruenti). Vgl. S. 44.

II 776 quid tantum insano iuvat indulgere dolori, und nicht *labori*, welches in *b m* steht und bei Arusianus Messius 234 L, ferner bei Servius zu Aen. II 343, V 21, Bucol. IX 43, Georg. I 481.

III 82 veterem Anchisen adgnovit amicum. Die Variante *cognovit* ist entschieden zu verwerfen.

III 108 Teucrus Rhoeteas primum est advectus ad oras. Die im Cod. *M* sich findende und dem Sinne mehr angemessene Praepos. *ad* (vgl. Wagner's Bemerkung) verdient auch wegen der Alliteration den Vorzug vor *in*.

III 210 Ribbeck: „EXCIPIVNT *F G P γ a 2 b 2 c m* ACCIPIVNT *M* . . xepiunt a 1 . . cipiunt b 1." *II* hat accipiunt. Besser ist dem Sinne nach (vgl. Ladewig's Bemerkung) und zugleich wegen der Worte servatum *ex* undis im vorausgehenden Verse *excipiunt*.

III 226 quatiunt clangoribus alas (nicht plangoribus, was „nonnulli Pieriani" bieten). Sehr energisch tritt die Alliteration auf an der von Servius angeführten Parallelstelle: Plautus in Querulo de anseribus 'Cuncti alas quatiunt diris cum clangoribus'.

III 263 „ĒT *M* At *a 2 Prisciani* 892 ω, 870 *Sangall.*" Ribbeck. Besser wäre at pater Anchises. *Et* ist vielleicht aus 266 eingedrungen.

III 320 Ribbeck: „uoltum *γ* VVLTVM *F M P a b c*". Auch *II* uultū. Es ist zu lesen *voltum;* denn d i e s e Gelegenheit, durch kräftige Alliteration einen Effect zu erzielen, liess Vergil gewiss nicht unbenutzt: deiecit voltum et demissa voce locuta est. Man beachte auch den Parallelismus der Begriffe deiecit — demissa und voltum — voce.

III 330 schreibt Ribbeck (und Conington) mit Unrecht ast illum ereptae magno flammatus amore (ᵐflamatus *γ*); es ist in diesem Vers eine doppelte Alliteration ast — amore und illum — inflammatus.

Auch IV 54 ist zu lesen his dictis incensum (Ribb. impenso) animum inflammavit (Ribbeck flammavit) amore.

III 383 longa procul longis via dividit invia terris (nicht sera statt longa nach Schol. Lucan. VII 479).

III 417 una foret: venit medio vi pontus et undis (nicht ingens statt undis nach Seneca Nat. Qu. VI 30 1). Es ist vielleicht auch 416 utraque tellus (utraque opp. una) und 418 urbes nicht ohne Absicht.

III 526 induit inplevitque (nicht implevitque; inplevitque PG, auch II).

III 527 Ribbeck schreibt 527 stans prima in puppi (statt des gewöhnlichen celsa). Da die Alliteration in dieser ganzen Partie sorgfältig durchgeführt ist, würde auch ich mich für prima entscheiden. Vgl. 523 Italiam. Italiam (und ebenso 524), 524 socii — salutant, 525 cratera corona, 526 induit inplevitque, 528 terrae tempestatumque, 529 ferte viam vento facilem et spirate secundi (wo die Alliteration mächtig sich aufdrängt), 530 portusque patescit u. s. w.

III 553 Aulonis arces (gegen Caulonis) ist vielleicht beachtenswerth. Vgl. Servius, Acron zu Hor. Carm. 1 16, auch Strabon VI 180, Steph. Byz. 370, Hor. Carm. II 6 18 und die Erkl. zu d. St.

III 570 portus ab accessu ventorum inmotus et ingens. Peerlkamp cj. undis statt ingens. Auch mir gefällt ingens hier nicht; aber durch die Alliteration ist es geschützt, und Vergil hat das Wort der Alliteration zu liebe gesetzt.

· III 600 spirabile lumen. Dass dies ein wichtiges Beispiel für den Einfluss der Alliteration auf die Wahl der Ausdrücke ist, wurde S. 69 f. gezeigt.

III 605 in — inmergite (nicht immergite) und ebenso III 617 inmemores — in antro (nicht immemores).

III 619 intus opaca ingens. ipse arduus altaque pulsat. Peerlkamp pinguis statt intus. Die Construction ist allerdings un-

gewöhnlich, aber die unverkennbare Absicht, die Alliteration durchzuführen, lässt solche Conjecturen bedenklich erscheinen.

III 622 visceribus miserorum et sanguine vescitur atro (nicht
pascitur); vgl. vielleicht auch 621 visu und 623 vidi.

III 625 ad saxum sanieque adspersa (nicht exspersa) natarent. Ferner III 627 trepidi (nicht tepidi) tremerent. Vgl. über
beides S. 70 f.

IV 25 ist unzweifelhaft richtig adigat me fulmine ad umbras
(nicht abigat, was Ribbeck nach Fχ aufnahm).

IV 58 ist richtig legiferae — Lyaco gegenüber der Variante
frugiferae.

IV 68 uritur; vgl. den Anfang des nächsten Verses urbe.
Die Variante labitur ist übrigens auch sonst unpassend.

IV 109 si modo quod memoras factum fortuna sequatur.
Vonk schlug pactum für factum vor. Aber obzwar factum an und
für sich betrachtet auffällt, so ist auch hier anzuerkennen, dass
Vergil der Alliteration zu liebe dies Wort setzte.

IV 127 f. non adversata petenti adnuit. Die alte Variante
aversata (vgl. Servius: legitur et aversata) ist abzulehnen.

IV 176 parva metu primo, mox sese attollit in auras. Die
Conjecturen ortu (Goens) oder venit (Peerlkamp) sind zu verwerfen.
Die Alliteration ist in der ganzen Schilderung der Fama mit
grosser Sorgfalt durchgeführt. Vgl. 175 viget viresque, 177 in-
greditur — inter, caput — condit, 178 illam — ira irritata
deorum, 179 extremam — Enceladoque, 180 progenuit pedibus —
pernicibus, 181 cui quot — corpore, 183 tot — totidem — tot
und ausserdem sonant — subrigit, 185 stridens nec dulci declinat
lumina somno (ein bemerkenswerthes Beispiel s d d s), 186 luce
sedet custos aut summi culmine tecti (s c s c; vielleicht ist auch
185 lumina und 186 luce beabsichtigt), 187 turribus — territat usw.

IV 204 dicitur ante aras media inter munera divom. Dass
munera vor dem handschriftlichen numina entschieden den Vorzug
verdient, habe ich S. 86 nachzuweisen gesucht.

IV 240 sublimem — sive aequora supra (und nicht iuxta
nach Macrob. Sat. V 6 11).

IV 285 atque animum (und nicht utque nach Heinsius).

IV 358 detulit; ipse deum manifesto in lumine vidi. Das in einigen Handschriften fehlende *in* wird durch Alliteration und vielleicht auch durch 359 intrantem geschützt.

IV 374 excepi et (vgl. auch 373 *eiectum* — egentem) ist richtig und nicht Priscian's *suscepi*.

IV 460 voces et verba vocantis eine kräftige Alliteration, die durch die Variante *gemitus* statt *voces* (Serv. Aen. XII 638) gestört würde. Mit welchem Eifer Vergil in dieser Partie der Alliteration huldigte, ist leicht ersichtlich. Vgl. z. B. 459 velleribus — festa fronde revinctum (v f f v), 461 visa viri — terras — teneret, 462 culminibus — carmine, 464 praeterea — praedicta — priorum u. s. w. Dass in den drei aufeinander folgenden Versen 459—461 v alliterirt, ist schwerlich zufällig.

IV 464 priorum ist richtig, und nicht piorum. Vgl. S. 134.

IV 490 movet manis mugire, nicht *ciet*. Ribbeck: „MOVET^{CI} MANIS *P* MOVITAMNIS, *m. rec. sup.* CIETMANES, *F* ciet manef *γ a b, Isidorus.*"

IV 564 ist zu lesen certa mori, variosque irarum concitat aestus, und nicht varioque ir. fluctuat aestu.

IV 704 sic ait et dextra crinem secat (nicht *tulit* nach Longob. Pierii).

V 96 caedit binas de more bidentis. Ribbeck: „CAEDIT BINAS *M:* cf. 61. 77 CAEDITQ. BINAS *R* CAEDITQVINAS *P V γ a b c m, Nonius: testatur Servius Aen.* V 78." Auch *II* hat quinas. Dies würde zwar mit *caedit* alliteriren, aber besser ist die Alliteration nach der Lesart binas bidentes, welche übrigens ja auch durch Parallelstellen als die richtige sich erweist. *Caedit quinas* ist vielleicht durch Missverständniss aus CAEDITQ. BINAS (*R*) entstanden.

V 181 f. illum et labentem Teucri et risere natantem | et salsos rident revomentem pectore fluctus. Die Wiederholung *risere* — *rident* ist nicht anstössig, sondern man muss von dergleichen Dingen urtheilen, dass Vergil sie mit grossem Eifer suchte. Uebrigens beziehen sich ja die Ausdrücke *risere* — *rident* auf verschiedene Zeiten und sind ganz richtig.

V 212 **prona** petit **maria** et **pelago** decurrit aperto, nicht *caelo* statt *pelago* nach Quintilian VII 9 10.

V 226 „ADNIXVS *MR,* Nonii exempl.: cf. I 144 III 208 IV 583 atnixuſ b ENIXVS Pγ“ Ribbeck. Man nimmt *adnixus* auf; aber *enixus* ist wegen der Alliteration *et* summis beachtenswerth.

V 358 **optimus olli.** Die archaistische Form ist hier durch die Alliteration (und zwar durch eine besonders beliebte Art derselben; vgl. S. 44) geschützt.

V 451 **accurrit Acestes** (nicht occurrit, wie in γ1c und auch in *Π*). Dieselbe Alliteration ist auch im nächstfolgenden Verse **attollit amicum.**

V 457 nunc **dextra** ingeminans ictus, nunc ille sinistra. So ist entschieden zu lesen und nicht natürlich nunc deinde sinistra nach *Mm.*

V 486 unterliegt es keinem Zweifel, dass zu lesen ist invitat qui forte velint, et praemia ponit nach *M R V b c* und auch *Π.* Ribbeck hat nach *Pγ* dicit aufgenommen.

V 649 quis **voltus vocisque** sonus. **Voltus** empfiehlt sich wegen **vocis** auch gegen die hdschr. Ueberlieferung.

V 663 transtra **per et** remos **et** pictas abiete **puppis.** Schrader vermuthete *factas* oder *tectas* statt *pictas.* Aber die Alliteration der auch dem Sinne nach zusammengehörigen Wörter **pictas puppis** darf nicht verkannt werden.

VI 105 omnia **praecepi** atque **animo** mecum ante (Seneca Epist. 76 33 falsch *ipse*) peregi. Ob nicht auch statt *praecepi* das nicht schlecht beglaubigte percepi (vgl. **percepi — peregi**) aufgenommen zu werden verdient?

VI 120 Threicia fretus cithara fidibusque **canoris,** nicht *sonoris* nach Schol. Hor. Carm. IV 3 23.

VI 165 Servius: „Martemque accendere cantu: hemistichium hoc dicitur addidisse, dum Augusto hunc sextum librum recitaret; nam ante hemistichium fecerat dicendo *aere ciere viros,* postea in praesentia Augusti ex abundantia intellectus addidit subito: Martemque accendere cantu“. Vgl. auch Donatus vita Verg. 12 49. Wie der Dichter bei der Ergänzung des früher unvollständig gelassenen Verses auf die Alliteration Bedacht nahm, zeigt dies Beispiel deutlich (ciere — accendere cantu).

VI 195 **dirigite** — dives (dirigite nach *M γ 2 b c* und auch *II*); Ribbeck schreibt *derigite* nach *P R γ 1*.

VI 276 **et Metus et malesuada** Fames **et** turpis Egestas wäre besser als ac t. *Eg. Et* statt ac bei Claudius Sacerdos I 142.

VI 308 **inpositi** (vgl. innuptaeque puellae 307) nach *P γ b;* auch *II* hat inpositiq.

VI 443 secreti celant calles et murten circum. Schrader's Conjectur secretae celant valles ist unnöthig.

VI 475 casu concussus iniquo nach *M P γ b*, nicht *percussus* nach *R c II*.

VI 498 vix adeo adguovit pavitantem ac dira tegentem. *Adgnovit*, ist zu lesen und nicht *agnovit* nach *F R b c*, ebenso ac nach *M P II*, nicht *et* nach F R γ b c.

VI 505 tunc egomet tumulum Rhoeteo in litore inanem. „LITORE F R^{IN} LITORE P^{in} ..litore γ INLITORE M b in littore c m." *II* hat inlitore, was ich wegen der Alliteration vorziehe.

VI 520 tunc me confectum curis somnoque gravatum | infelix habuit thalamus. Die Conjectur Schrader's *choreis* oder *thiasis* (statt curis), welche bei einigen Kritikern Zustimmung fand, ist nicht zu billigen, da Deiphobus schwerlich choreis confectus war. Unter curis sind die Sorgen und Anstrengungen der früheren Tage gemeint. Jetzt glaubte Deiphobus seinem seit längerer Zeit von Sorgen und Anstrengungen müden Körper Ruhe gönnen zu können.

VI 523 ff. egregia interea coniunx arma omnia tectis | emovet et fidum capiti subduxerat ensem. Ribbeck: „AMOVET F 2 M EMOVET F 1 R γ c m ET^A MOVET P." *II* hat *emouet*. Wegen der Alliteration halte ich *emovet* für wahrscheinlicher. Das Wort ist ein Lieblingsausdruck des Livius, dessen Sprachgebrauch sich ja in so vielen Punkten an den Vergil's anlehnt. *Emoveo* kommt in derselben Bedeutung wie hier auch VI 382 vor, in anderer Bedeutung II 493 und 610. *Amoveo* kommt bei Vergil gar nicht vor.

VI 547 **tantum effatus et in verbo vestigia torsit.** Ribbeck: „torſit al preſſit γ PRESSIT ut 197 *M R.*" *Π* hat torsit. Dass *torsit* passender ist, hat Wagner nachgewiesen. Es empfiehlt sich aber auch darum, weil dadurch die bei Vergil beliebte Alliteration des ersten und letzten Wortes im Verse hergestellt wird.

VI 607 **exsurgitque facem attollens atque intonat ore.** „IN-TONAT *F M R b c,* int. onat γ 2 INCREPAT *P et ut vid γ 1.*" Ribbeck. *Π* hat intonat, was stärker, gewählter und wegen der Alliteration besser ist.

VI 647 **iamque eadem digitis, iam pectine pulsat eburno.** Die Conjectur Markland's *fidem* (für *eadem*), welche mehrere Kritiker lebhaft gebilligt haben, zerstört die eine von den drei Alliterationen dieses Verses.

VI 683 **fataque fortunasque virum moresque manusque.** Peerlkamp's Conjectur *animosque* (für manusque) ist geradezu als schlecht zu bezeichnen. Wenn Peerlkamp bezweifelte, ob *manus* bedeuten könne fortia facinora, so ist darauf zu erwidern, dass diese Bedeutung hier gar nicht angenommen zu werden braucht. Manus sind die Hände, welche tapfere Thaten verrichten werden, gerade so wie arma zuweilen Waffenthaten bezeichnet. Sodann ist aber gerade diese Stelle eines der eclatantesten Beispiele dafür, wie Vergil die Alliteration und symmetrische Anordnung zur Geltung zu bringen bemüht war. Wir haben hier sechs Objecte des Verbum recensebat, welche zu drei Paaren verbunden sind. Jedes dieser Paare wird durch die Alliteration zusammengehalten und jedes Paar enthält auch ein doppeltes *que* (omnemque ... numerum carosque nepotes | fataque fortunasque | moresque manusque). Die beiden letzten Paare schliessen in symmetrischer Weise *virum* ein. Dass da von einem Zufall nicht die Rede sein kann, leuchtet wol ein.

VI 725 **lucentemque globum lunae Titaniaque astra.** *M* hat ᴸᵁᶜINGENTEM. Lucentem lunae ist aber eine beabsichtigte Alliteration. Vgl. übrigens auch schon im vorausgehenden Verse die Einleitung dieser Alliteration, näml. liquentis.

VI 726 spiritus intus alit totamque infusa per artus. Statt infusa hat cod. Leid. und Probus *effusa*, was natürlich zu verwerfen ist.

VI 730 igneus est ollis vigor et caelestis origo. Die archaistische Form ollis hat der Dichter hier nicht aus purer Laune gewählt, sondern der wirksamen Alliteration ollis — origo zu liebe.

VI 806 et dubitamus adhuc virtute extendere vires. So ist zu lesen und nicht mit *M b II* virtutem extendere factis. Der immerhin seltsame und gezwungene Ausdruck verdankt seinen Ursprung dem Streben nach Alliteration.

VI 824 quin Decios Drusosque procul saevumque securi. Durch die Lesart von *R* und Schol. Iuven. VIII 254 Brutosque geht die beabsichtigte Alliteration verloren. Auch hier tritt die Alliteration in dieser ganzen Partie so bedeutsam hervor, dass sie nicht zu verkennen ist. Vgl. 836 Capitolia — Corintho, 837 aget — Achivis, currum — caesis, 838 Argos — Agamemnonias, 839 armipotentis Achilli, 840 Troiae templa — temerata, 841 Cato — Cosse (ausserdem te — tacitum — te), 842 Gracchi genus — geminos, 843 parvoque potentem, 844 sulco Serrane serentem, 845 fessum (nicht gressum nach R) Fabii, 846 restituis rem (nach Enn. Ann. IX, fr. 8).

VI 859 tertiaque arma patri suspendet capta Quirino. Markland conjicirte *rapta* statt *capta*, was gegen die Alliteration verstösst. Vgl. übrigens Ribbeck's Bemerkung.

VII 18 saevire klingt absichtlich an das Anfangswort des vorausgehenden Verses *saetigeri* an. Ribbeck's Verdacht und seine Conjectur *mugire* ist unbegründet.

VII 77 involvi ac totis Volcanum spargere tectis. Die Alliteration beweist hier für Volcanum und gegen Vulcanum (*P γ b c*).

VII 84 sonat (nicht manat nach Schol. Hor. carm. I 7 12) saevamque.

VII 119 eripuit pater et stupefactus numine pressit. *Et* nach *R* ist wenigstens beachtenswerth. Die Herausgeber schreiben *ac*. Man könnte auch arripuit pater ac mit Burmann schreiben.

VII 125 accisis coget dapibus consumere mensas (nicht ambesis nach R, was aus III 257 eingedrungen ist).

VII 281 semine — spirantis. Die Lescart *F* FLAGRANTIS (von der Ribbeck sagt „fortasse praeferendum: cf. ge. II 140") ist nicht zu beachten.

VII 360 o genitor, nec te miseret gnataeque tuique. *Gnatae* ist entschieden besser als *natae,* weil durch jene Form der Zusammenhang mit *genitor* schärfer hervortritt und dadurch zugleich auch die Unnatürlichkeit des Benehmens des Latinus.

VII 370 dissidet, externam reor et sic dicere divos. *Dicere* ist die echte Lescart und nicht *poscere.*

VII 412 dictus avis — et nunc magnum manet Ardea nomen. Die Leseart tenet (MĀNET *M* TENET *R* 'retinet quidem nomen adhuc' schol. Veron.) ist zu verwerfen.

VII 429 f. quare age et armari pubem portisque moveri | laetus in arma para, et Phrygios qui flumine pulchro. Ribbeck: „IUBE *M, Servii Aen.* I 35 *exempl.* PARA *F R γ b c.*" Auch *Π* para. Die Annahme, dass die jedenfalls sehr merkwürdige Leseart *para* aus 468 eingedrungen ist, hat gar keine Wahrscheinlichkeit. Ich glaube, dass man a priori berechtigt ist, *iube* durch das Streben alter Kritiker, die hier die gewöhnliche Construction herstellen wollten, zu erklären. Es fragt sich nur, ob sich *para* hier sprachlich rechtfertigen lässt. Ich nehme an, dass nach Analogie des activen Infinitivs bei *paro* (z. B. Caes. B. C. I 83 munitiones institutas parat perficere) von Vergil hier der Alliteration zu liebe (para — Phrygios — pulchro; vgl. auch im vorausgehenden Verse pubem portisque) auch die passive Infinitivconstruction (= para, ut armetur pubes portisque moveatur) gewagt wurde. Kann man vielleicht auch darauf hinweisen, dass *imperare* (das ja nur ein Compositum von *parare* ist) mit dem passiven Accusativ cum infinitivo verbunden wird, Caes. B. G. V 1 3?

VII 514 Tartaream intendit (nicht incendit nach *M 2 R Menag. pr. Bigot.*) vocem, qua protinus omne.

VII 515 intremuit nemus et silvae intonuere profundae. Intremuit, wodurch eine schöne Entsprechung mit intonuere erzielt wird, ist durch Nonius und Arusianus bezeugt. Intonuere findet sich in *c m,* auch in *II.* Ich ziehe diese Alliteration intremuit — intonuere der anderen silvae insonuere vor.

VII 528 primo — ponto halte ich für richtig gegen die Lescart vento.

VII 533 volnus (nicht vulnus) wahrscheinlich wegen vocis im Verse 534.

VII 612 ipse Quirinali trabea cinctuque Gabino (nicht Sabino). Ich glaube, dass auch **g** eine (schwächere) Alliteration mit **c**, **q** bildet.

VII 638 f. hic galeam tectis **trepidus** rapit, ille **trementis** ad iuga cogit equos. Ribbeck: „frementes *c, item (sed f in ras.) b* TREMENTIS *M* trementi *γ* TREMENTIS *F R*.“ Das durch die Alliteration empfohlene *trementis* wurde von denjenigen in *frementis* verändert, welche das Zittern der Rosse als Zeichen der Furcht unpassend fanden. Aber das Zittern ist nicht immer eine Folge der Furcht, sondern es kann auch ein Zeichen der Erregung und Ungeduld sein. Wichtig ist, dass in der Schilderung des Schlachtrosses Georg. III 83 f. dasselbe Wort gebraucht wird: tum, si qua sonum procul arma dedere, stare loco nescit, micat auribus et **tremit artus** (natürlich nicht aus feiger Furcht, sondern in Folge der Erregung und ungeduldigen Kampfbegier). So zeigt es sich auch hier, dass bei genauerer Erwägung die Alliteration zu Ehren kommt.

VII 699 nivei liquida inter nubila cycni ist besser beglaubigt und auch angemessener als *inter flumina.* Vgl. Forbiger's Bemerkung.

VII 722 scuta sonant pulsuque pedum conterrita tellus. Die Varianten *cursuque* (für pulsuque) und *tremit excita tellus* (für conterrita tellus) sind abzuweisen.

VII 736 f. patriis sed non et filius arvis | contentus late iam tum dicione **tenebat**, so nach *M P γ* (tenebat) und *II.* Dass 735 *teneret* steht, stört gar nicht. Im Verse 737 hat der Dichter durch die Entgegensetzung patriis arvis non contentus und late dicione tenebat einen Effect beabsichtigt.

VII 777 Es verdient erwogen zu werden, ob nicht hier nach γ 1 und 762 nach R Verbius statt Virbius zu lesen ist. Vgl. versoque — Verbius. *Verbius* liesse sich auch dadurch empfehlen, dass es an *verbena* anklingt, welches Wort auch ein Heilkraut bezeichnet; vgl. 769 Paeoniis revocatum herbis.

VIII 57 ipse ego te ripis et recto (nicht *tecto* nach Menag. pr., auch nicht *certo* nach Peerlkamp's Conjectur) flumine ducam.

VIII 61 nach den besten Handschriften supplicibus supera votis (nicht donis) mihi victor honorem.

VIII 65 In der Erklärung dieser Stelle schliesse ich mich an Servius und Gossrau an, möchte aber hiebei zugleich noch weiterer Erwägung es anheimstellen, ob nicht zu lesen ist hic mihi certa (so nach Pγ 1 statt magna) domus, celsis caput urbibus exit.

VIII 90 ergo inter inceptum celerant rumore secundo (celerant hat auch Π), nicht peragunt nach Rγ 2, *Macrobius, Nonius.*

VIII 156 et vocem Anchisae magni voltumque (nicht vultumque) recordor. Bemerkenswerth ist, dass alle drei Objecte des Verbum recordor mit v alliteriren (vgl. 155 verba).

VIII 191 deiectae procul ut moles desertaque montis. Deiectae (R) empfiehlt sich wegen der genauen Entsprechung mit desertaque. Von Seiten des Sinnes lässt sich gegen deiectae nichts einwenden. Es würde freilich etwas anderes bezeichnen als disiectae, nämlich dass von oben her moles weithin herabgestürzt sind; vgl. scopuli ingentem traxere ruinam.

VIII 197 ora virum tristi pendebant pallida tabo (nicht squalida nach Med. m. 1 und Bentley zu Luc. II 165).

VIII 242 f. regia, et umbrosae penitus patuere cavernae: non secus ac si qua penitus vi terra dehiscens. Schrader conjicirte 242 *late* statt *penitus.* Dadurch geht die Alliteration verloren. Im nächsten Verse ist übrigens *penitus* nicht etwa aus Nachlässigkeit, sondern mit Absicht, wiederholt.

VIII 313 tum rex (nicht *pater* nach Isidorus XV 1 55 und Servius Aen. VI 773) Euandrus, Romanae conditor arcis. Anders 558 tum pater Euandrus dextram complexus euntis.

VIII 326 **deterior donec** paulatim ac **decolor** actas (nicht discolor nach *b*).

VIII 357 **hanc** Ianus pater, **hanc** Saturnus condidit arcem (nicht urbem nach *M 2 R*).

VIII 362 ·ut ventum ad sedes, 'haec' inquit 'limina victor (nicht *nobis*, was in *b* sich findet).

VIII 405 optatos dedit amplexus **placidumque** (nicht notumque nach Nonius 366 27) petivit.

VIII 509 **invidet inperium** (so *M c*) oder invidet imperium?

VIII 529 per sudum rutilare vident et pulsa **sonare** (so nach *P R c*, in *γ* steht sonare, al tonare).

VIII 660 virgatis **lucent** (nicht fulgent nach *c*) sagulis, tum lactea colla.

VIII 672 aurea, sed fluctu spumabant **caerula cano** (abzuweisen sind die Varianten aequora und ponto).

VIII 698 ist Hoffmann's Conjectur (Ztschft f. d. öst. Gymn. 1853 S. 887) amnigenumque (statt omnigenumque) deum monstra et latrator Anubis sehr wahrscheinlich. Hoffmann vergleicht Auson. Mos. 116 und Val. Fl. V 585.

VIII 711 **contra** autem **magno maerentem corpore** Nilum. Eine Aenderung des maerentem (vgl. Ribbeck) wäre unnötig und unberechtigt.

IX 22 **et sic effatus**. Auch hier sind Aenderungen unnötig.

IX 39 **condunt** se Teucri portas et moenia **conplent** (nach *F M R γ c*, ebenso *II*).

IX 80 **in Ida**, nicht ab Ida nach Serv. Aen. II 804. Vgl. S. 344.

IX 120 **mirabile monstrum** (nicht dictu nach *R*).

IX 155. esse **putent** (vgl. am Schlusse des vorausgehenden Verses **pube Pelasga**) nach *M R γ 2 b c* (*in ras.*) und nach *II* ziehe ich der Leseart esse ferunt vor.

IX 199 mene igitur **socium summis** adiungere rebus, nicht tantis nach Macrobius.

IX 237 ist entschieden zu lesen **conticuere**; locum insidiis **conspeximus** ipsi, und nicht procubuere. — Ebenso IX 244

vidimus obscuris primam sub vallibus (nicht moenibus nach P ² γ
jedoch ist in γ angemerkt al subuallibγ) urbem.

IX 270 vielleicht besser ipsum illum, clipeum cristasque
comantis (comantis nach R gegenüber der gewöhnlichen Leseart
rubentis).

IX 327 rex idem et regi Turno gratissimus augur. Schrader
conjicirte *dux* statt *rex*, indem er die Absichtlichkeit der Wiederholung verkannte.

IX 348 condidit adsurgenti et multa a morte recepit. Cor-
nutus las die Alliteration nicht merkend nocte. Die Conjectur
a m o r t e werde ich an anderem Orte begründen.

IX 400 eripere? an sese medios moriturus in enses. So ist
zu lesen, und nicht *in hostis*. Vgl. Servius: „quidam *in enses* legunt
et melius hoc putant quam *in hostes*."

IX 495 magne (nicht summe nach Serv. Aen. II 645) pater
divom, miserere.

IX 623 ist contendit nach *M R b* und *Π* vorzuziehen wegen
des folgenden Versanfanges constitit. Dagegen *P γ c* intendit.

IX 632 bieten die Handschriften theils adducta, theils adlapsa (*P γ*), theils elapsa (*c m*, so auch *Π*). Durch die Alliteration
effugit — elapsa und durch den Sinn wird *elapsa* empfohlen.

IX 651 et crinis albos et saeva sonoribus arma. Albos ist
die echte Leseart, und nicht flavos *R, m. rec. in ras. c.*

IX 685 et praeceps animi Marus et Mavortius Haemon.
Marus (das auch in *Π* sich findet) hat Wagner lect. Verg. 338
unter Vergleichung von Inschriften (inscr. Neap. Mommsen 718,
Grut. p. 334, 6, Muratori 1767, 14) vertheidigt. Auch die von
Ribbeck angeführten Stellen Silius Ital. VI 74, 98, 136 sind wichtig.
Es ist sehr wahrscheinlich, dass Silius in seiner Erzählung von
M a r u s den Vergil vor Augen hatte, da bei Silius die Eigenschaft,
die Vergil mit praeceps animi bezeichnet, sehr bedeutsam hervortritt. Vgl. z. B. VI 137 f. verum superavit honores omnes hasta
meos. So sieht man auch hier, dass durch das Gesetz der Alliteration andere Gründe in wünschenswerther Weise ergänzt werden.

IX 716 Inarime Iovis inperiis (?) inposta (nicht imposta)
Typhoeo.

IX 722 Pandarus ut fuso germanum corpore cernit (so auch
Π), und nicht *vidit* nach *P γ c*.

IX 747 et non hoc telum, mea quod vi dextera versat (nicht
librat nach *P γ c*). Vgl. Servius: „Versat, librat, iactat, et est
Ennianum: Versat mucronem."

IX 816 in fluvium dedit; ille suo cum gurgite flavo, nicht
cum gurgite vasto nach P c γ (in γ übrigens uafto, al flauo).

X 69 vitam committere ventis (nicht Teucris nach γ 2).

X 100 tum pater omnipotens, rerum cui prima potestas.
Prima nach *M J R*, während *P b c m γ 1* und *Π summa* haben.

X 153 admonet admiscetque(?) preces. Charisius 250 ad-
miscet, die Vergilhandschriften haben inmiscet oder immiscet.

X 231 nunc pelagi nymphae, classis tua. perfidus ut nos
(nicht fervidus nach Schrader's Conjectur).

X 237 tela inter media atque ardentis Marte Latinos.
Andere Lescart *horrentis* statt *ardentis*.

X 349 fronte ferit terram, nicht premit nach *P γ 1*.

X 352 accurrit Halaesus, nicht occurrit nach *b c 2* und *Π*.

X 486 Von den drei Lescarten de corpore, de volnere, de
pectore wird durch die Alliteration empfohlen ille rapit calidum
frustra de corpore telum.

X 524 per patrios manis et spes surgentis Iuli, nicht spes
heredis Iuli (nach *P* in ras., γ 1).

X 555 dicere deturbat terrae truncumque tepentem. Die
Alliteration ist hier in kräftiger Weise durchgeführt; die Lescart
des Macrobius reliquit (statt tepentem) ist zu verwerfen.

X 587 proiecto (nicht traiecto nach *M*) dum pede laevo.

X 660 avolsamque (nicht avulsamque nach *M P2 γ 2 b c*)
rapit revoluta per aequora navem.

X 682 induat et crudum (nicht durum nach *R*) per costas
exigat ensem.

X 727 visceribus super incumbens, lavit inproba taeter.
Ribbeck: „INCUMBENS *M, Prisciani exempl.*, ut V 858 accubenf,
suprascr. al incūbenf γ accumbenf (ac *in ras.*) *b* ACCVMBENS
P R c m, Macrobii exempl." *Π* hat das richtige incumbens.

404

X 758 di Iovis in tectis iram (nicht casum nach Macrob. Sat. V 16 24) miserantur inanem.

X 815 ist sehr zu berücksichtigen die Variante lina, die durch den gewöhnlicheren Ausdruck fila verdrängt wurde. Die Alliteration parcae lina legunt: validum namque exigit ensem ist hier entscheidend. Ribbeck: „FILA *M R, Nonius, schol. Hor.* fil. a (*erasa* i) c fila (fil *in ras.*) b fila (al lina *in mg.*) γ LINA *P.*"

X 875 sic pater ille deum faciat, sic altus Apollo. So ist zu lesen und nicht sanctus (Charisii Neap.) oder magnus (Charis. excerpta Paris).

XI 95 substitit Aeneas gemituque haec addidit (nicht edidit nach *R*) alto.

XI 236 Ribbeck: „FLVVNT *R γ* c, *Servii Regin. (in Par. deest hoc scholion)* FLVVNT *P* fluunt (fl *in ras.*) b RUUNT *M*, Servii φ: cf. XII 443." Ich trage kein Bedenken, wegen der Alliteration zu schreiben olli convenere ruuntque ad regia plenis. Ladewig bemerkt mit Recht, dass *ruunt* die Eile der Gerufenen bezeichnet. Wenn Wagner die Einwendung erhob „ruunt non satis convenit dignitati principum virorum in curiam convenientium", so mag eben ein solches Bedenken schon in alter Zeit zu der Aenderung des echten ruunt Anlass gegeben haben. Aber in kritischen Augenblicken eilt auch der bejahrte und gesetzte Mann.

XI 248 postquam congressi et coram data copia fandi. So nach *R*. Die Herausgeber lesen nach den übrigen Codd. *introgressi*. Aber davon, dass die Abgesandten der Latiner in das Haus eintraten, ist hier keine weitere Erwähnung. Dagegen scheint es nach den Worten ille urbem Argyripam . . . condebat, dass die Abgesandten mit Diomedes draussen im Freien zusammentrafen, wo Diomedes bei der Gründung der Stadt seine Befehle gab und seine Anordnungen traf. Demnach scheint die durch die Alliteration empfohlene Lescart auch hier die richtige zu sein. Allerdings kommt derselbe Vers mit *introgressi* I 520 vor, wo *introgressi* ganz passend ist. Aber warum hätte der Dichter an dem formelhaften Vers nicht nach Bedürfniss eine kleine Aenderung anbringen dürfen? Beispiele solcher Aenderungen bei der Wiederholung von Versen finden sich ja bei Vergil auch sonst.

XI 259 vel Priamo miseranda manus: scit triste Minervae. Ribbeck: „MANUS $MR\gamma 2 b c$ DAMVS (DAM *in ras.*) P . amuf $\gamma 1$ domus χ, schol. Lucani." Manus ist natürlich das richtige.

XI 304 cogere concilium, cum muros obsidet hostis. Ich halte die in $Mb\, m\, c\, 2$ und H vorkommende Leseart *obsidet* (gegen *adsidet*) für die richtige.

XI 356 des, pater, et pacem hanc aeterno foedere firmes.
Die Leseart von R und M (IVNGAS $\overset{\text{FIRMES}}{}$) ist, da durch dieselbe die bei Vergil so beliebte Schlussalliteration hergestellt wird, anzunehmen; dieselbe ist auch wegen 363 besser.

XI 427 lusit et in solido rursus Fortuna locavit. Peerlkamp's Conjectur iuvit ist nicht etwa bloss unnötig, sondern auch unrichtig.

XI 463 tu, Voluse, armari Volscorum edice maniplos. So ist zu schreiben, nicht *Vulscorum* nach $M c$. Ebenso 546 et circumfuso volitabant milite Volsci, nicht *Vulsci*.

XI 501 ad terram defluxit equis; tum talia fatur, nicht desiluit nach $P\gamma 1$.

XI 552 telum immane manu valida quod forte ferebat. M hat G$\overset{\text{r}}{\text{E}}$REBAT. Hier hat Ladewig auf die Alliteration hingewiesen. Mir erscheint es ganz unglaublich, dass der Dichter hier der sich förmlich aufdrängenden Alliteration hätte ausweichen sollen. Auch ist der von Ladewig mit Rücksicht auf den Sprachgebrauch zu Gunsten des ferebat geltend gemachte Grund nicht unerheblich.

XI 566 gramineo donum Triviae de caespite tollit. Ribbeck: „tollit, al uellit γ TOLLIT P."

XI 567 non illum tectis ullae, non moenibus urbes | accepere. Die durch das Streben nach Symmetrie veranlasste und durch die Alliteration ullae — urbes geschützte Ueberlieferung ist aufrechtzuerhalten gegen die Conjectur von Axt und Peerlkamp *villae*. Diese Conjectur ist ‘nur s c h e i n b a r bestechend; wenn man genauer zusieht, so ist ja der Ausdruck *villae tectis accepere* nicht eben glücklich. Uebrigens kommt v i l l a bei Vergil bloss ein einzigesmal, nämlich Bucol. I 82, vor.

XI 587 verum age, quandoquidem fatis urgetur acerbis, nicht iniquis.

XI 595 dixit; at illa levis caeli delapsa per auras. DEMISSA *P R γ c* dimissa *bm*, dilapsa *Π*.

XI 602 horret ager campique armis sublimibus ardent, nicht hastis nach *P γ*.

XI 605 adversi campo adparent hastasque reductis. Adparent nach *M*.

XI 607 adventusque virum fremitusque ardescit equorum. Hoffmann conjicirte adventuque virum fremitus crudescit.

XI 639 f. volneris (nicht vulneris nach *M P R γ b c*) — volvitur.

XI 645 acta tremit (nicht fremit nach *γ 1* oder premit nach *b*) duplicatque virum transfixa dolore.

XI 708 Ribbeck: „FRAVDEM *R*, in ras. *b* FRÁVDEM *M* laudem, *in mg. m. 2 1* fraudem *c* . LAVDEM (L *in ras.*) *P* laudem *γ*, *si recte enotavi, quamquam* poenam *Heinsius se legisse dicit.* poena *χ 'haec est vera et antiqua lectio ut* fraudem, *non* laudem *legas . . . nam* fraudem *veteres* poenam *vocabant'* Servius." In *II* laudē und daneben uel fraudē. Es ist zu lesen ventosa ferat cui gloria fraudem.

XI 730 variisque instigat vocibus alas (nicht iras nach *P γ*). Vgl. 729 agmina.

XI 757 haud aliter praedam Tiburtum ex agmine Tarchon (nicht raptam nach Serv. Aen. VIII 9).

XI 773 vielleicht spicula torquebat Lycio Cortynia (nach *M γ*) cornu. Die Herausgeber schreiben Gortynia.

XI 774 aureus ex umeris erat (so *M b*, nicht sonat nach *γ c*) arcus et aurea vati.

XI 786 quem primi (nicht *Hirpini* nach Peerlkamp's Conjectur) colimus, quoi pineus ardor acervo.

XI 788 ist überliefert cultores multa premimus vestigia pruna. Die Conjectur Villebrune's *victores* wird durch die Alliteration (victores — vestigia) und durch Silius Ital. V 180 empfohlen.

XI 793 pulsa (nicht *lapsa* nach Peerlkamp's Conjectur) cadat, patrias.

XI 818 labitur exsanguis, labuntur frigida leto (nicht *telo,* was als Variante Servius anführt).

XI 890 arietat in portas (nicht muros nach Marius Plotius 301 G.) et duros obice postis.

XI 910 et saevum Aenean adgnovit Turnus in armis (agnovit *M c П,* CONSPEXIT *P γ*).

XII 74 neque enim Turno mora libera mortis (nicht Martis, wie in einigen geringeren Handschriften steht, offenbar veranlasst durch Martis im V. 73).

XII 98 loricamque — lacerare (Burmann vermuthete *tenebrare,* d. i. vielleicht *terebrare*).

XII 102 scintillae absistunt, oculis micat acribus ignis. Der seltsame Ausdruck *absistunt* (wofür nicht *exsistunt* nach R zu schreiben ist) erklärt sich durch das Streben nach Alliteration.

XII 104 terrificos ciet atque irasci in cornua temptat (nicht discit nach *b*).

XII 126 ductores auro volitant ostroque decori. Decori nach *P R γ b e m* und *II.* Superbi zerstört die Alliteration.

XII 133 obsedere, alii portis sublimibus adstant, nicht *instant* nach *R.*

XII 161 interea (nicht mit Donatus, Charisius, Diomedes *continuo*) reges, ingenti mole Latinus.

XII 176 Man liest vocanti nach *P R,* weil man das in anderen Handschriften (so auch in *II*) überlieferte precanti für eine durch precatur (175) veranlasste Corruptel hält. Aber Vergil kann absichtlich precanti wiederholt haben.

XII 219 ff. adiuvat incessu tacito progressus et aram | suppliciter venerans demisso lumine Turnus | pubentesque genae et iuvenali in corpore pallor. Auch ich glaube, dass es vergebliche Mühe wäre, die handschriftliche Ueberlieferung *pubentesque* durch irgend eine gesuchte Erklärung zu rechtfertigen. Doch möchte ich auch nicht die Leseart einiger untergeordneten Handschriften *tabentesque,* durch welche auf die Alliteration mit pallor verzichtet wird, annehmen, sondern ich glaube, dass mit geringer Aenderung des Genetivus singularis p u b e n t i s q u e g e n a e herzustellen ist, so dass zu *pallor* die beiden coordinirten Bestimmungen *pubentisque genae* und *iuvenali in corpore* gehören. Der Singular g e n a ist wol selten; aber er ist möglich (vgl. die Lexica und ferner auch den Singular m a l a bei Horaz Carm. II 19 23 f. Rhoetum retorsisti leonis unguibus h o r r i b i l i q u e m a l a) und es empfiehlt sich die Conjectur *pubentisque genae* aus mehreren Gründen, und zwar weil es 1. so möglich wird, die Alliteration pubentis und pallor zu erhalten; 2. weil pubentis als Epitheton von genae sehr gut mit dem Epitheton iuvenali von corpore übereinstimmt; 3. weil die Entstehung der Corruptel eine sehr leicht begreifliche ist.

XII 227 vielleicht in medias dat sese acies haut inscia (so Mentel. pr. und Menag pr.) rerum. Vgl. zu XII 648.

XII 244 his aliud maius Iuturna adiungit et alto. Peerlkamp nahm daran Anstoss, dass der Juturna diese Macht zugeschrieben wird und conjicirte Saturnia iungit. Aber mit Recht bemerken die Erklärer, dass Juturna hier im Auftrage der Juno handelt. Dabei ist aber auch die schöne Alliteration Iuturna adiungit nicht zu übersehen.

XII 285 Durch Hoffmann's Conjectur *terunt* statt *ferunt* wird die Alliteration focosque ferunt. fugit beeinträchtigt. Auch hier ist wiederum in der ganzen Partie die Alliteration mit grosser Sorgfalt durchgeführt. Vgl. 284 ingruit imber, 286 referens infecto foedere, 287 currus — corpora, 288 subiciunt in equos et strictis ensibus adsunt, 289 regem regisque, 290 Aulesten, avidus confundere foedus u. s. w.

XII 332 sanguineus Mavors clupeo increpat (nicht intonat nach *M R c*).

XII 343 Imbrasidas, Glaucum atque Laden, quos Imbrasus ipse. So ist zu lesen, nicht Embrasidas nach *P R c* und Embrasus nach *P R y c 1*.

XII 353 hunc procul ut campo Turnus prospexit (nicht conspexit nach *b c*) aperto.

XII 638 vidi oculos ante ipse meos me voce vocantem. In *γ* ist statt *vocantem* als verschiedene Leseart verzeichnet das unmetrische *clamantem*.

XII 648 sancta ad vos anima atque istius inscia culpae. Alle guten Handschriften haben *inscia*, so *M P R b c m f*, auch *H*, ferner infcia γ 2 infciuf γ 1. Es widerspricht einem anerkannten Grundsatze der Kritik, wenn man statt i u s c i a das von *Menag. alt.* und *Goth. tert.* dargebotene n e s c i a aufnimmt. Wodurch sollte denn jemand veranlasst worden sein, statt nescia zu schreiben inscia? Dagegen begreift man die umgekehrte Erscheinung sehr wol. Bei der Leseart *inscia* erschien das vorausgehende *istius* unmetrisch und darum besserte man *istius̄ nescia*. Ich glaube, dass Wagner (Qu. V. XI, 3 und XII, 10) die Ueberlieferung genügend gerechtfertigt hat durch die Annahme, dass nach *anima* ein Hiatus und keine Elision stattfindet, und somit istius $= - \smile \smile$. Aber auch wenn diese Annahme aufgegeben werden müsste, was ich nicht für nothwendig halte, so würde ich keineswegs die nur scheinbar einfache, in Wirklichkeit aber höchst unwahrscheinliche Conjectur *nescia* annehmen, sondern vielmehr die von Lachmann (Lucr. 76) aufgestellte sancta ad vos anima, atque a n i m a istius inscia culpae.

XII 720 illi inter sese multa vi volnera miscent. Es ist dies einer von jenen Versen, in denen j e d e s Wort der Alliteration unterworfen ist. Abzuweisen ist die in einigen Handschriften, auch in *H* (prelia) vorkommende Leseart *proelia*.

XII 779 quos contra Aeneadae bello fecere profanos. Neben bello bietet γ auch ferro als Variante (bello, al ferro), und auch in einigen anderen gewöhnlich minder berücksichtigten Handschriften findet sich f e r r o, nämlich in Zulich. und zwei Rottend. Hier bemerkt auch Ribbeck, dass ferro „alliteratione commendatur."

XII 835 utque est nomen erit; commixti corpore (nicht sanguine nach *R*) tantum.

XII 865 ob ora (nach *R b, Arusianus und Servius Aen.* I 233), nicht in ora (*M. Goth. tert.*) oder ad ora (*P c γ*).

XII 898 limes agro (nicht erat nach Isidor. orig. XVIII 15 4) positus, litem ut discerneret arvis.

XII 899 vix illud lecti bis sex cervice subirent (nicht levarent *Leid.* oder moverent *Goth. tert.*).

XII 916 cunctaturque metu telumque instare tremescit. Das in *R M γ c* vorkommende und auch durch Ausonius cent. nupt. 92 bezeugte *telumque* ist unbedingt der anderen Leseart vorzuziehen. Vgl. 887 und 919.

* * *

Es mögen nun einige Beispiele folgen, welche die Wichtigkeit des Alliterationsprincipes für die Exegese zeigen sollen.

Das Verbum *inpulerit* I 11 ist ungewöhnlich gebraucht in der Verbindung mit tot volvere casus, tot adire labores, da *impellere* sowol nach seiner ursprünglichen Bedeutung, wie nach dem Sprachgebrauch „antreiben, bewegen", nicht aber „zwingen" (cogere, adigere) bedeutet. Bei *impellere* wird sonst die freie Entschliessung zu etwas, von welcher hier keine Rede ist, nicht ausgeschlossen; vgl. z. B. II 519 quae mens tam dira — inpulit his cingi telis? Gewiss hat hier das Bestreben, die Alliteration anzuwenden (inpulerit — irae), eingewirkt. Vielleicht hat der Dichter auch den alliterirenden Gleichklang im A n l a u t e der zwei Verse (insignem — inpulerit) beabsichtigt.

Der Zusatz *rerum* zu *fessi* (I 178) erklärt sich aus der Alliteration (rerum — receptas), ebenso die Praeposition ob I 233 cunctus ob Italiam terrarum clauditur orbis. An letzterer Stelle wird *ob* von manchen Erklärern unrichtig in dem Sinne von *propter* (= propter Italiae aditum, ne ad Italiam accedunt) genommen. Aber in d i e s e m Sinne würden die Worte quibus propter Italiam cunctus terrarum clauditur orbis unrichtig sein, wie schon Nauck bemerkt hat. Juno, geleitet von der Absicht die Troer von Italien fernzuhalten, verschloss ihnen nicht die ganze Welt, sondern sie hätte es sehr gern gesehen, wenn sie anderswo (in Libyen) sich niedergelassen hätten. *Ob* ist hier streng local zu nehmen und zwar in ähnlichem Sinne wie in der Phrase *ob oculos versari;* die ganze Welt v o r Italien war den Troern verschlossen.

I 254 ist durch die Wahl der alterthümlichen Form *olli* die Alliteration olli — hominum (h hindert die Alliteration nicht) ermöglicht. So scheint Vergil auch noch an e i n i g e n anderen Stellen diese alterthümliche Form der Alliteration zu liebe gewählt zu haben, z. B. V 284 olli — operum, V 358 optumus olli (eine kräftige Alliteration!), VII 458 olli — ossaque, VI 730 ollis — origo, X 745 und XII 309 olli — oculos. Auch XI 120 möchte ich mit dem Cod. Pal. olli obstipuere gegen die gewöhnliche Leseart illi vorziehen. Dagegen hat der Dichter VIII 452, wo das archaistische *olli* sonst sehr angemessen wäre, illi (wegen inter) vorgezogen.

I 264 sind die beiden parallelen Ausdrücke *mores* und *moenia* durch die Alliteration verbunden; der seltene Ausdruck *mores* aber statt des erwarteten *leges* oder *iura* ist eben durch das Streben nach Alliteration veranlasst.

Ein sehr merkwürdiges Beispiel der Alliteration und zugleich des Gleichklanges ist I 399 **puppesque tuae pubesque tuorum**. Der im Grunde genommen seltsame Ausdruck *pubesque tuorum* ist durch die Vorliebe für die Alliteration veranlasst. Ebenso der verschieden erklärte Ausdruck I 721 vivo — praevertere amore, den Peerlkamp sogar als eine Interpolation ausscheiden wollte. und desgleichen I 738 *increpitans*. Natürlich ist an der letzten Stelle durchaus nicht an ein wirkliches Schelten zu denken; es ist nur ein lautes Zurufen gemeint und hiefür ist mit Rücksicht auf ille inpiger der kräftige, aber in diesem Sinne ungewöhnliche Ausdruck increpitans gewählt.

Aus dem zweiten Buche führe ich als Beispiele an 75 quidve ferat; memoret, quae sit fiducia capto, 88 dum stabat **regno** incolumis **regum**que vigebat conciliis, 582 Dardanium totiens sudarit sanguine litus (vgl. S. 34 Anm.), 784 **p**arta tibi; lacrimas dilectae **p**elle Creusae. Aus dem dritten Buche 134 hortor amare focos arcemque attollere tectis*), 210 **S**trophades Graio **st**ant nomine dictae**), 275 **a**peritur **A**pollo, 560 spirabile lumen

---

*) Ich verstehe den Ausdruck arcem attollere tectis ebenso, wie Ladewig-Schaper; aber jedenfalls muss man zugeben, dass derselbe gekünstelt ist. Vielleicht hat der Dichter ausser der Alliteration amare — arcem attollere auch noch die zweite attollere tectis beabsichtigt.

**) Ich kann die gesuchte Erklärung Ladewig's „obwol die Inseln Strophades heissen, stehen sie doch fest" nicht billigen. *Stant dictae* steht für *sunt dictae.* Auch dieser letztere Ausdruck würde eine Alliteration (Strophades — sunt) bieten, der Dichter zog aber die kräftigere Alliteration Strophades — stant vor.

(vgl. S. 69 f.). 669 sensit et ad sonitum vocis vestigia torsit (vgl. S. 72), 674 curvisque inmugiit Aetna cavernis*), 715 digressum — deus, 717 docebat (wegen divom).

Dass der gewählte Ausdruck iubare exorto IV 130 der Alliteration (iuventus) zu liebe steht**), und ebenso in dem gleich darauf folgenden Verse retia rara, kann man wol mit Entschiedenheit behaupten, ohne einen Widerspruch befürchten zu müssen; man merkt hier die Absicht sehr deutlich. Auch der Ausdruck fingens IV 148 erklärt sich aus derselben Absicht (fronde premit crinem), ebenso das Verbum dicitur IV 204 dicitur ante aras media inter munera divom.***) Wenn Forbiger bemerkt „non opus est, ut quaeramus, cur hic non ipse rem narret Vergilius, sed alios inducat eam referentes. Solum enim orationis variandae studium eum videtur movisse, quae etiam Coningtonis est sententia", so braucht man sich mit dieser Auskunft nicht zu begnügen; die Berücksichtigung der Vorliebe Vergil's für die Alliteration wirft auf dies immerhin seltsame *dicitur* ein neues Licht, zumal da die Alliteration dicitur — divom eine kräftige ist und auch durch die Gleichheit der Quantität unterstützt wird.

Aus dem fünften Buche hebe ich hervor 40 gratatur reduces et gaza laetus agresti, 125 quod tumidis submersum tunditur olim, 613 at procul in sola secretae Troades acta (wo sich das seltene acta durch die Alliteration erklärt), 677 diffugiunt silvasque et sicubi concava furtim, 822 tum variae comitum facies, inmania cete. Aus dem sechsten Buche 462 loca senta situ, 683 fataque fortunasque virum moresque manusque†), 849 orabunt

---

*) Da *curvus* hier doch wol nur „hohl" bedeuten kann (vgl. II 748), so ist dies Epitheton an und für sich hier vollkommen überflüssig und dient wol nur der Alliteration.

**) Vgl. mit dieser schönen und kräftigen Alliteration z. B. XII 854 Iuppiter inque omen Iuturnae occurrere iussit.

***) Vgl. übrigens über die Durchführung der Alliteration in diesem Verse Seite 86.

†) *Manus* wird hier von den Erklärern metonymisch in der Bedeutung „Heldenthaten" genommen. Peerlkamp und Dietsch bezweifelten die Zulässigkeit dieser Bedeutung und ersterer conjicirte animosque, durch welche Conjectur er sowie durch viele andere unachtsam die Alliteration zerstörte. Es darf hier keinem Zweifel unterliegen, dass der Dichter die

causas melius caelique meatus describent. Aus dem siebenten
Buche 336 atque odiis versare domos, tu verbera tectis func-
reasque inferre faces, 440 sed te victa situ verique effeta
senectus und 452 en ego victa situ, quam veri effeta senectus,
568 hic specus horrendum et saevi spiracula Ditis. Aus dem
achten Buche 64 caeruleus Thybris, caelo gratissimus amnis *),
96 viridisque secant placido aequore silvas, 674 aequora verre-
bant caudis aestumque secabant **). Aus dem neunten Buche
4 sacrata valle sedebat, 24 multa deos orans oneravitque aethera
votis ***), 89 nunc sollicitam timor anxius angit †), 272 f. lectis-
sima matrum corpora captivosque dabit, 301 reduci rebusque
secundis ††), 500 illam incendentem luctus Idaeus et Actor (der
gesuchte Ausdruck incendere luctus ist durch das Streben, die
Alliteration durchzuführen, bedingt), 665 intendunt acris arcus
amentaque torquent †††). Aus dem zehnten Buche 11 adveniet
iustum pugnae, ne arcessite, tempus, 103 tum Zephyri posuere,
premit placida aequora pontus, 116 hic finis fandi, 149 regem
adit et regi memorat (diese unnöthige, nicht übliche und streng
genommen auch nicht sehr gefällige Wiederholung hat ihren

---

einander parallel stehenden Wörter fataque fortunasque und moresque
manusque nicht bloss durch que — que, sondern auch durch die Alliteration verbinden wollte. Vgl. übrigens S. 396.

*) Man darf hier wol eine absichtliche Beziehung des Wortes *caelo* auf
caeruleus annehmen und voraussetzen, dass der Dichter des etymologi-
schen Zusammenhanges dieser beiden Wörter sich klar bewusst war.

**) Statt *mare* oder *undas* oder eines ähnlichen Ausdruckes ist hier der
Alliteration zu liebe *aestum* gesetzt.

***) Die zweite Hälfte des Verses ist dem Sinne nach nicht nöthig.

†) Durch das eigentlich überflüssige *anxius* wird eine kräftige Alliteration
und ein euphonischer Versschluss bewirkt. Diejenigen, welche an die
Stelle von *angit* das Verbum *urguet* setzten, verkannten ganz und gar
Vergil's Vorliebe für einen derartigen malerischen Gleichklang. Uebrigens
folgte Vergil hier dem Lucretius, der III 993 anxius angor am Schlusse
des Verses setzte.

††) Da man *rebusque secundis* doch wol nur auf Euryalus beziehen kann
(= tibi rebus secundis utenti) und nicht auf die Troer, so ist dieser
Zusatz neben *reduci* überflüssig; er dient aber der Alliteration.

†††) Man erwartet als Object von *torquent* nicht *amenta*, sondern *hastas*.
Allerdings ist auch *amenta torquent* nicht sinnlos und nicht unzulässig,
aber doch jedenfalls ungewöhnlich.

Grund in der Alliteration), 191 maestum musa solatur amorem, 208 verberat adsurgens, spumant vada marmore verso (von vertere, nicht verrere), 211 frons hominem praefert, in pristim desinit alvus, 314 per tunicam squalentem auro latus haurit apertum, 665 cum Turnum medio interea fert aequore turbo, 838 colla fovet fusus propexam in pectore barbam*). Aus dem eilften Buche 104 nullum cum victis certamen et aethere cassis, 346 det libertatem fandi flatusque remittat. Aus dem zwölften Buche 119 fontemque ignemque ferebant, 389 ense secent lato volnus telique latebras rescindant penitus seseque in bella remittant, 437 defensum dabit et magna inter praemia ducet, 559 inmunem tanti belli atque inpune quietam, 596 incessi muros, ignis ad tecta volare, 687 fertur in abruptum magno mons inprobus actu, 718 stat pecus omne metu mutum mussantque iuvencae, 733 ni fuga subsidio subeat; fugit ocior Euro, 805 deformare domum, 817 una superstitio superis quae reddita divis**).

Besonders zeigen aber solche Stellen, wie VI 204, X 107 und 805, XII 829, dass der Dichter, um die Alliteration durchzuführen, bis zur äussersten Gränze des Zulässigen gieng. An der ersten Stelle discolor unde auri per ramos aura refulsit ist *auri aura* kühn gesagt und offenbar eine Neuerung Vergil's, die keiner von den Schriftstellern des goldenen und silbernen Zeitalters angenommen hat. Peerlkamp bezweifelte freilich die Möglichkeit dieses Ausdrucks und wollte discolor unde auro per ramos virga refulsit gelesen wissen, da er auf die Vorliebe des Dichters für die Alliteration gar keine Rücksicht nahm. Vergil hat nach Analogie ähnlicher Metaphern, welche auf der Uebertragung von Ausdrücken aus der Sphäre eines Sinnes in die Sphäre eines anderen Sinnes beruhen, aura von dem zitternden Schimmer, den das Gold

---

*) Das hier ungewöhnliche *fovet*, sowie auch die ungewöhnliche Construction *fusus barbam* dient der Alliteration. Ich bin überzeugt, dass auch propexam — pectore ein beabsichtigter Gleichklang ist.

**) Kühn und ungewöhnlich steht hier *superstitio* statt des erwarteten *religio* (bindender Schwur), aber durch die Wahl dieses Ausdruckes ist die überaus kräftige Alliteration superstitio superis ermöglicht worden.

ausstrahlte, gesagt, und er that dies lediglich darum, um eine
kräftige Alliteration durchzuführen. — Noch kühner ist an der
zweiten Stelle der Ausdruck quam quisque secat spem. Die Echtheit der Ueberlieferung lässt sich füglich nicht bezweifeln, aber
der Ausdruck ist so seltsam (man erwartet etwa tenet spem),
dass zahlreiche und ganz von einander verschiedene Erklärungen
aufgestellt worden sind. Ich stimme jenen Erklärern zu, welche
an ein vom Durchschneiden der Meeresfläche entlehntes Bild
denken; aber man muss jedenfalls gestehen, dass dieser Ausdruck
an die äusserste Gränze des Möglichen anstreift. — Auch X 805
omnis et agricola et tuta latet arce viator aut amnis ripis aut
alti fornice saxi ist der Ausdruck *arx* in dem Sinne einer
schützenden Zufluchtsstätte zwar theoretisch möglich, aber doch
nach dem Sprachgebrauch auffallend. — Dasselbe ist auch von
dem auf Juppiter bezüglichen Ausdrucke hominum **rerumque**
repertor XII 829 zu sagen.

* * *

Die ursprüngliche Bestimmung der Alliteration ist wol nicht
so sehr in der Förderung der Euphonie zu suchen, als vielmehr
hauptsächlich in dem Streben, die Zusammengehörigkeit
der durch die Alliteration ausgezeichneten Wörter durch ein sinn-
liches Mittel darzustellen. In der That kann man schon a priori
leicht zugeben, dass für die Bezeichnung der inneren Zusammengehörigkeit die Wahl des Gleichklanges — und zwar entweder
im Anlaut (Alliteration) oder im Auslaut (Reim) — ein ange-
messenes Symbol ist, weil der Schluss, dass das äusserlich gleiche
oder ähnliche auch innerlich zusammengehört, ein sehr natürlicher
ist. Diese, wie ich glaube, ursprüngliche Bestimmung der Alliteration und des Reimes zeigt sich besonders im Deutschen sehr
pracgnant in zahlreichen Verbindungen, wie z. B. einerseits: in
Bausch und Bogen, Feuer und Flamme, Gift und Galle, Haus
und Hof, Haut und Haar, Kind und Kegel, Land und Leute,
Leib und Leben, mit Mann und Maus, bei Nacht und Nebel,
singen und sagen, über Stock und Stein, Wind und Wetter,
zittern und zagen — andererseits z. B.: Dach und Fach, Gut

und Blut, Handel und Wandel, Hülle und Fülle, leben und weben, mit Sack und Pack, Stein und Bein, auf Weg und Steg. Verbindungen, die den erstgenannten ähnlich sind, finden sich in erheblicher Anzahl auch im Latein; vgl. ferro flammaque, oleum et operam pendere, templum tescumque (in einer alten Religionsformel bei Varro), in manu mancipioque, luctu atque lamentis, forte fortuna, locus lautiaque (mehrmals bei Livius, z. B. XXVIII, 38 locus inde lautiaque legatis praeberi iussa), ora oculique, nec vola nec vestigium apparet (Varro bei Non. 416, 19). Vgl. Mähly, Neues Schweiz. Museum 1864, S. 215.

Nicht selten wurden solche Verbindungen auch gebraucht, um der Ausdrucksweise das Gepräge der Nachdrücklichkeit oder Feierlichkeit zu geben. Bekanntlich werden, um einen Begriff möglichst erschöpfend und mit Nachdruck zu bezeichnen, in jeder Sprache oft zwei dem Sinne nach verwandte Wörter verbunden, z. B. relinquere ac deserere (Plaut. Most. 1 3 45 reliquit deseruitque me), rogo te oroque, gaudeo vehementerque laetor, excitare atque inflammare, clam furtim, volens propitius. Dass nun hiebei nicht selten auch noch die Alliteration den Zweck wesentlich fördernd eingriff, zeigen Beispiele, wie: frank und frei, los und ledig, haben und halten; im Latein: maria et montes polliceri, pestis perniciesque, lacrum laesumque, rebus prolixis atque prosperis (Cato bei Gell. VII 3), purus putus, fundere et fugare, pudet pigetque. Aber auch hier war, glaube ich, der ursprüngliche Anlass zur Wahl der Alliteration das Streben, die Zusammengehörigkeit energisch zu bezeichnen.

Dass auch Vergil häufig die Alliteration zur Bezeichnung der Zusammengehörigkeit gebraucht hat, zeigen Beispiele wie III 223 partem praedamque, 444 notas — nomina, IV 72 silvas saltusque, VI 683 fataque fortunasque virum moresque manusque. Zahlreiche solche Beispiele kann man herausheben aus der S. 329 bis 333 gegebenen Sammlung.

Im Verse hatte die Alliteration, wie ich glaube, ursprünglich denselben Zweck, nämlich den, als Bindemittel zu dienen. Diese Bestimmung der Alliteration ist namentlich ersichtlich in der germanischen Poesie in dem Falle, wenn die beiden ein

Paar bildenden Verse durch die Alliteration zusammengehalten
werden *), wie im Hildebrandlied:

Hadubrant gimâlta	Hiltibrantes sunu.
mit gêrû scal man	gēba infâhan,
ort widar orte.	du bist dir, altêr Hûn,
ummet spâhêr;	spenis mih
mit dinem uuortun, uuili mih	dînû spêrû uuêrpan.**)

Dass auch die Römer ursprünglich im volksthümlichen Saturnius die Alliteration zu dem Zwecke gebrauchten, um wichtige
Wörter des Verses dadurch auszuzeichnen und sie als Theile desselben Verses kenntlich zu machen und so dem Verse selbst Halt
zu geben, kann man wol a priori und theoretisch als Hypothese
aufstellen. Dagegen denke ich nicht daran, zu behaupten, dass
die römischen Kunstdichter Livius Andronicus und Naevius die
Alliteration mit der bewussten Absicht, den saturnischen Vers
auf diese Weise zu binden, gebrauchten.***) Aber das behaupte

---

*) Dass auch der Reim in der Poesie ursprünglich keinen anderen Zweck
hatte, als den, die Verse zu einem Ganzen zu verbinden, ist natürlich.
Beispiele des Reimes finden sich auch im griechischen und lateinischen
Hexameter, und zwar nicht so selten, als manche annehmen. Was Vergil
betrifft, so ist bei ihm der Reim innerhalb des Hexameters gar oft zu
finden. Vgl. Aen. II 47 inspectura — venturaque, 53 insonuere — dedere,
313 clamorque — clangorque, III 36 secundarent — levarent, 303 libabat
— vocabat, 540 armantur — minantur. Ein merkwürdiges Beispiel des
Reims bietet der bekannte homerische Vers ἔσπετε νῦν μοι μοῦσαι,
Ὀλύμπια δώματ' ἔχουσαι, was nicht etwa eine unwillkürliche, aus Nachlässigkeit hervorgegangene Zulassung des „verpönten“ Reimes ist; vielmehr hat der Dichter gar sehr absichtlich diesen Gleichklang innerhalb
desselben Verses angewandt, um dadurch auch die innere Zusammengehörigkeit anschaulich zu machen.

**) Für die Alliteration gelten in der germanischen Poesie alle anlautenden
Vocale als gleich, so hier im dritten Verspaar ort und altêr.

***) Allerdings finden sich unter den Fragmenten des Livius und Naevius
manche, welche die Alliteration in beiden Hälften des Saturniers zeigen,
z. B. Liv. Andron.: virúm mihí Caména — insece vérsútum, Naevius
Bell. Pun. I 2 (Vahl.) postquám avés aspéxit — ín templo Ánchísa,
I 3 res dívas édicit — praédicit cástus, I 8 deúm regís fratrem
Neptúnum régnatórem, II 2 manúsque súsum ad caélum — sústulit suás
rex, II 16 prima íncédit Céreris — Próserpiná puer, III 1 scópas atque
— ságmina súmpsérunt, VI 2 supérbitér contémptim cónterít legiónes

ich, dass die ältesten römischen Dichter Andronicus, Naevius und ebenso Plautus, Ennius u. a, welche die Alliteration schon als eine volksthümliche Weise vorfanden, dieselbe durchaus nicht verschmähten, sondern vielmehr oft und gern anwandten, ohne jedoch dieselbe für ein unumgängliches Erforderniss des Verses zu halten.*) Und was die alliterirenden Wörter betrifft, so sind es zwar oft solche, die für den Gedanken wichtig sind oder die der Construction oder dem Sinne nach zusammengehören**); aber nicht selten findet sich die Alliteration auch bei Wörtern, die für den Gedanken von untergeordneter Bedeutung sind oder in keinem inneren Zusammenhang stehen.

* * *

Vergil fand die Alliteration als ein häufig gebrauchtes Mittel bei den früheren Dichtern vor und er folgte ihrem Beispiel gern und mit Geschmack.

Und so finden sich bei Naevius noch ziemlich viele solcher Beispiele; aber da dies nicht überall beobachtet wird, so haben Livius Andronicus und Naevius die Alliteration nicht mehr als wesentliches Bindemittel der beiden Hälften des Saturniers betrachtet.

*) Eine gewisse Analogie hiezu bietet die mittelhochdeutsche Poesie. In der mittelhochdeutschen Poesie hat die Alliteration ihre Bedeutung für den Vers eingebüsst, aber dennoch findet sich namentlich bei einzelnen Dichtern, wie bei Gottfried von Strassburg, Konrad von Würzburg, eine bewusste und beabsichtigte Alliteration recht oft; vgl. z. B. Trist. 1514 leit oder laster ûferstê, 1522 leit und liep, übel und guot, 1899 jaehe und jehende wære, Troj. 9673 geflozzen und gefloezet, 12540 verschrôten und zerschrenzen. Doch glaube ich, dass die Alliteration in der römischen Dichtung eine verhältnissmässig viel grössere Rolle spielt als in der mittelhochdeutschen Poesie. Die Analogie besteht eben nur darin, dass in der römischen wie in der mittelhochdeutschen Dichtung die Alliteration nicht für nothwendig gehalten wurde, dass sie aber oft als ein willkommener Schmuck zur Verwendung kam.

**) Vgl. z. B. bei Livius virum — versutum, bei Naevius Bell. Pun. I 2 (Vahl.) aves aspexit Anchisa, ebd. 6 eórum sectám secúntur multi mortales, ebd. II 1 fortuna fecerat, bei Ennius Ann. 17 (Vahl.) Priamus — Pelasgo, 22 dia dearum, 33 accipe daque fidem foedusque feri bene firmum, 81 auspicio augurioque, bei Vergil Aen. VII 14 tenuis percurrens pectine telas, 16 recusantum — rudentum, 17 saetigerique sues, 23 ventis vela, 25 rubescebat radiis u. a.

Dass Livius Andronicus die Alliteration häufig anwandte, geht aus den Fragmenten seiner Gedichte deutlich hervor. Etwa die Hälfte der Fragmente der Odyssia zeigt die Alliteration in bestimmter Weise (z. B. virum — versutum, daps — dies, macerat — mare), wobei noch zu bedenken ist, dass manche Fragmente nur Bruchtheile des Verses enthalten und in einigen ausserdem die Ueberlieferung unsicher ist.

Was die Fragmente aus den Dramen des Livius betrifft, so sind von den in Ribbeck's Sammlung vorkommenden 41 Versen 9 unvollständige in Abzug zu bringen. Von den übrig bleibenden 32 Versen zeigen 17 die Alliteration; darunter ist besonders bemerkenswerth 3 accensa et praeda per participes acquiter, 9 litat laudem lubens, 18 conflugae cubi conventu campum totum inumigant, 19 etiam minitas? mitte ea quae tua sunt magis quam mea.

Ebenso klar zu Tage liegt die Alliteration in den Fragmenten des Naevius. Von den in Vahlen's Sammlung der Fragmente des Bellum Punicum enthaltenen 73 Versen sind vorerst 25 unvollständige Verse, welche keinen sicheren Schluss bezüglich des Vorkommens der Alliteration gestatten, abzuziehen. Von den übrig bleibenden 48 zeigen 31 die Alliteration; darunter sind besonders bemerkenswerth z. B. aus dem ersten Buche II 1 aves aspexit — Anchisa, III divas edicit, praedicit, VI sectam secuntur multi mortales, VIII 2 regis — regnatorem; aus dem zweiten Buche II 1 susum — sustulit suas, VI prima incedit Cereris Proserpina puer; aus dem dritten Buche II scopas — sagmina sumpserunt, III 2 exerciti — expeditionem; aus dem vierten Buche III advenit, auspicat auspicium; aus dem sechsten II contemptim conterit; dann ex inc. libr. II domum decoremque ditem, III 2 sudantes — sedentes, V onerariae onustae.

Unter den Fragmenten der Dramen des Naevius finden sich 12 unvollständige Verse. Von den übrigbleibenden 53 vollständigen Versen zeigen eine evidente oder wenigstens wahrscheinliche Alliteration 33. Darunter sind besonders bemerkenswerth Vers 7 me memini manum, 9 quin, ut quisque est meritus, praesens pretium pro factis ferat, 17 laetus sum laudari me abs te, pater, a laudato viro, 19 passo velod vicinum, Aquilo,

med in portum fer foras, 20 tuos qui celsos terminos tutant,
31 lino linquant lumina, 37 dic quo pacto eum potiti: pugnan
an dolis, 38 atque animi acrem acrimoniam, 39 cave sis tuam
contendas iram contra cum ira Liberi, 46 pallis patagiis crocotis
malacis mortalibus, 47 mortem meant, 48 ut videam Volcani
opera haec flammis fieri flora, 49 proinde huc Dryante regem
prognatum patre. — Man ersieht aus diesen Proben deutlich,
dass die Alliteration bei Naevius eine wichtige Rolle spielte.

Dass die Alliteration bei Plautus eine wichtige Rolle spiele,
wird allgemein zugegeben und kann auch gar nicht bezweifelt
werden angesichts solcher und so zahlreicher Beispiele, wie Capt.
IV 1 2 maximas opimitates opiparasque offers mihi, Bacch.
I 1 64 tu facito opsonatum nobis sit opulentum opsonium, Trin.
IV 4 4 cave — cottabi crebri crepent, Amph. I 1 306 raso
capite calvos capiam pileum, Mil. gl. II 2 71 comminiscere
cedodum callidum consilium cito, Mil. I 1 10 fortem atque fortu-
natum in forma regia, Trin. IV 1 2 laetus lubens laudes ago,
Bacch. II 3 47 lembus ille mihi laedit latus, ebd. IV 9 9 o patria,
o Pergamum, o Priame, periisti senex, Mil. III 1 129 huic homini
dignumst divitias esse et diu vitam dari, Trin. II 4 89 di divites
sunt, deos decent opulentiae, Rud. III 3 23 f. miserae ubi venit
in mentem | mihi mortis metus membra occupat, Capt. IV 3 3 ff.
quanta pernis pestis veniet, quanta labes larido, | quanta sumini
absumedo, quanta callo calamitas, | quanta laniis lassitudo*),
ebd. III 5 3 sator sartorque scelerum et messor maxume, Curc.
I 3 37 servos sermonem serat, Mil. II 1 69 facetis fabricis et
doctis dolis. Eine sehr grosse, mehrere Hunderte von Beispielen
aus den Komoedien des Plautus (und Terentius) enthaltende Sammlung findet sich bei Naeke a. a. O. pag. 334—379; ebenso führt
Mähly S. 231 ff. eine stattliche Anzahl von besonders kräftigen
Alliterationsbeispielen des Plautus an. Auch die Erklärer des
Plautus haben auf den Gebrauch, den Plautus von der Alliteration

---

*) Diese Stelle mit ihren regelmässig gepaarten Alliterationen ist eines der
merkwürdigsten Beispiele bei Plautus; die über allen Zweifel erhabene
Absichtlichkeit tritt um so stärker auf, als der Dichter der Alliteration
zu liebe das Wort absumedo neu gebildet hat.

und den anderen auf dem Princip des Gleichklanges beruhenden
rhythmischen Mitteln (Assonanz, Reim) macht, geachtet; namentlich
hat Lorenz in der Ausgabe des Miles gloriosus die plautinische
Alliteration zum Gegenstand einer ausführlicheren Untersuchung
gemacht und auf die Wichtigkeit und umfassende Anwendung
derselben hingewiesen. Noch weiter gieng Richard Klotz, der in
der Abhandlung „zur Alliteration und Symmetrie bei Titus Maccius
Plautus" (Programm des Zittauer Johanneums, Ostern 1876) den
Beweis führen wollte, dass der Gebrauch der Alliteration bei
Plautus ein viel ausgedehnterer sei, als Lorenz annahm. Klotz
wollte an dem ersten Acte des Miles gloriosus darthun, dass für
die meisten von den 78 Versen dieser Partie das Gesetz gelte,
dass entweder in einem Verse zwei, drei oder mehrere Wörter
mit gleicher Alliteration vorhanden sind, oder dass in je zwei unmittelbar neben einander stehenden Versen drei- oder mehrmals
der gleiche Anlaut wiederkehrt. Im folgenden erweiterte Klotz
diese Behauptung dahin, dass man sehr geneigt sein müsse, die
Frage, ob der erste Act des plautinischen Miles aus lauter alliterirenden Versen besteht, zu bejahen.*) Dass die Alliteration nicht
bloss bei Plautus, sondern bei den römischen Dichtern überhaupt
eine viel sorgfältigere Beachtung verdient, als sie bisher gefunden
hat, kann niemand mit grösserer Bereitwilligkeit anerkennen als
ich; aber trotzdem finde ich, dass Klotz in seinen Behauptungen
zu weit geht, und dass die Art und Weise, wie er diese Behauptungen im einzelnen durchführen will, oft zweifelhaft, zuweilen
sehr bedenklich ist. So nimmt er z. B. 53 uno ictu occideras
„eine Alliteration mit verschiedenen Vokalen" an, was wol für die
altdeutsche Poesie gilt, was aber für die römische Dichtung anzunehmen gewagt und unberechtigt ist. Ebenso unberechtigt ist es,
wenn Klotz in **difflavisti** (17) und **folia** (18) eine beabsichtigte,

---

*) Eine strenge und wol zu strenge Beurtheilung hat Klotz's Abhandlung
bei Lorenz (Philol. Anzeiger VIII 292 ff.) gefunden. Vgl. die heftige Ent-
gegnung von Klotz im Zittauer Gymnasialprogramm 1877. Die Redaction
des philol. Anzeigers hat sodann (IX 278 ff.) eine zweite im Ganzen an-
erkennende, von F. B. verfasste Anzeige der Klotz'schen Abhandlung
veröffentlicht und hiebei in einer Anmerkung darauf hingewiesen, dass
eben die Ansichten auf diesem Gebiete noch sehr auseinander gehen.

freilich „nicht gerade gelungene" Alliteration annimmt. Gerade bei
der Annahme der Alliteration in zwei neben einander stehenden
Versen muss man mit grosser Behutsamkeit verfahren; die angebliche Alliteration difflavisti — folia in zwei verschiedenen Versen
ist nicht nur „nicht gerade gelungen," sondern sie konnte überhaupt von niemandem aufgefasst werden, und demnach konnte sie
der Dichter auch nicht beabsichtigen. Ueberhaupt ist auf diesem
unsicheren Gebiete, auf welchem Absichtliches und Zufälliges von
einander zu scheiden schwer und oft unmöglich ist, grosse Vorsicht zu empfehlen, um eine ohne Zweifel gute Sache durch über-
eilte Combinationen nicht zu compromittiren. Besonders muss ich
gegen das von Klotz aufgestelte „G e s e t z" geltend machen, dass
die Annahme dieses „Gesetzes" und die Voraussetzung, dass
Plautus „auf diese Weise eine festere Verbindung der einzelnen
Verstheile erreichen wollte"*) schon von vornherein darum als
bedenklich erscheint, weil Klotz z w e i v e r s c h i e d e n e „Gesetze"
aufzustellen sich gezwungen sieht, um seine Hypothese durchzuführen; er nimmt ja an, dass Plautus ausser der innerhalb eines
und desselben Verses sich geltend machenden Alliteration auch
noch die Alliteration in zwei neben einander stehenden Versen
wählte. Hätte aber Plautus wirklich die Alliteration als gesetz-
mässiges Bindemittel des Verses betrachtet, so hätte er dies Bindemittel überall und natürlich immer innerhalb desselben Verses
anwenden müssen. Dazu kommt, dass Klotz, der sein Gesetz schon
in der von ihm gewählten Partie nicht v o l l s t ä n d i g d u r c h-
f ü h r e n konnte, auch in vielen anderen plautinischen Partien
dasselbe nicht durchführen könnte.

Von besonderer Wichtigkeit für die Alliterationsfrage bei
Vergil sind aber die Fragmente des Ennius, da gerade der Einfluss dieses Dichters auf Vergil's Epos besonders hoch anzu-

---

*) Vgl. meine Auseinandersetzung S. 416 f. Was Klotz für Plautus annimmt,
habe ich a. a. O. als u r s p r ü n g l i c h e Bestimmung der Alliteration bezeichnet und ich bin zu dieser Ansicht gelangt noch bevor ich die mir
vom Verfasser mit freundlicher Bereitwilligkeit zugeschickte Programm-
abhandlung kennen lernte. Ich war sehr erfreut darüber, dass ich theilweise mit Klotz zusammentreffe und constatire hier ausdrücklich die
Priorität dieses Gelehrten.

schlagen ist. Ich habe für die Alliteration bei Ennius eine vollständige Sammlung angelegt und bin hiebei zu folgenden Resultaten gelangt.

Die in directer Form überlieferten Verse und Verstheile habe ich in drei Kategorien eingetheilt. Zur ersten Classe gehören Verse und Verstheile, in denen die Alliteration mit Evidenz oder wenigstens mit Wahrscheinlichkeit als eine beabsichtigte bezeichnet werden kann. In die zweite Classe gehören vollständige Verse, die *a)* keine Alliteration zeigen oder *b)* in denen die Alliteration vielleicht nur eine zufällige und unbeabsichtigte ist. Es ist aber möglich, dass auch hier manche Alliteration absichtlich ist. Die dritte Classe bilden Verse, die keine Alliteration zeigen, die aber unvollständig sind. Diese Beispiele müssen für sich genommen werden und es ist nicht zulässig, sie zur Classe 2 *a)* zu rechnen, da es ja möglich ist, dass die vollständigen Verse die Alliteration hatten. Ich habe gefunden, dass von den 611 Versen der Annales bei Vahlen 358 (also 58·4%) zur ersten Classe gehören, 122 (also 19·6%) zur zweiten und 131 (also 22%) zur dritten Classe. Und zwar ist das Verhältniss nach den einzelnen Büchern des Epos folgendes:

	1. Classe	2. Classe	3. Classe
I. Buch	85	17	19
II. „	12	6	7
III. „	10	7	—
IV. „	6	—	1
V. „	4	3	—
VI. „	25	12	6
VII. „	30	12	7
VIII. „	19	8	5
IX. „	15	4	12
X. „	17	4	4
XI. „	6	2	2
XII. „	2	1	—
XIII. „	6	1	—
XIV. „	9	2	1
XV. „	4	1	—

	1. Classe	2. Classe	3. Classe
XVI. Buch	15	5	5
XVII. „	7	—	4
XVIII. „	6	5	2
Ungewisse Bücher	80	32	57

Was die Fragmente der Tragoedien des Ennius betrifft, so bin ich auf Grund einer vollständigen Sammlung zu dem Resultate gelangt, dass von den 448 Versen bei Vahlen zur ersten Classe 296 (also 66%) gehören, zur zweiten Classe 83, zur dritten 69.

Ich kann mit Rücksicht auf die Beschränktheit des mir noch zu Gebote stehenden Raumes die Details dieser Sammlungen hier nicht mittheilen, wodurch sich allerdings die eben angeführten Resultate der Controlle der Leser entziehen; indessen glaube ich die Versicherung geben zu können, dass ich bemüht war möglichst genau zu verfahren. Es sei mir gestattet, wenigstens mit einigen Beispielen der Annales zu illustriren, bei welchen Alliterationen ich eine e v i d e n t e und bei welchen wenigstens eine w a h r - s c h e i n l i c h e Absichtlichkeit annehme. E v i d e n t ist die Absicht des Dichters z. B. Ann. 9 quae cava corpore caeruleo cortina receptat, 33 accipe daque fidem foedusque feri bene firmum, 36 anus attulit artubus, 49 nec sese dedit in conspectum corde cupitus, 74 hinc campos celeri passu permensa parumper, 80 curantes magna cum cura tum cupientes, 102 astu non vi sum summam servare decet rem, 109 nam vi depugnare sues stolidi soliti sunt, 113 o Tite tute Tati tibi tanta tiranne tulisti, 154 postquam defessi sunt stare et spargere sese, 195 fraxinus frangitur atque abies consternitur alta, 196 pinus proceras pervortunt, 207 dono ducite doque volentibus cum magnis dis, 211 orator sine pace redit regique refert rem, 212 ast animo superant atque aspera prima, 277 rem repetunt regnumque petunt, vadunt solida vi, 278 Poeni suos soliti dis sacrificare puellos, 280 Marsa manus Peligna cohors Vestina virum vis, 311 Africa terribili tremit horrida terra tumultu, 318 factumque facit frux, 344 sicut si quando vinclis venatica velox, 360 nec cum capta capi nec cum combusta cremari, 410 spero, si speres quicquam prodesse potis sunt, 412 si luci si nox si mox si iam data sit frux, 452 at tuba terribili sonitu taratantara dixit, 477 Volcanum ventus vegebat, 478 Brundusium pulcro praecinctum praepete portus, 508 cumque caput caderet, carmen tuba sola peregit, 536 avorsabuntur semper vos vostraque volta, 557 silvarum saltus latebras lamasque lutosas, 559 premitur pede pes atque armis arma teruntur, ebenso 63 81 83 96 177 203 279 301 308 312 332 345 375 407 441 443 462 473 475 476 485 524 550 und an vielen anderen Stellen. Schon die hier angeführten Verse (54) repraesentiren 9% der Gesammtsumme.

Mit Wahrscheinlichkeit (zum Theil mit hoher Wahrscheinlichkeit, die an Evidenz gränzt) kann man eine beabsichtigte Alliteration annehmen Ann. 1 Musae quae pedibus magnum pulsatis Olimpum, 4 clara cluebunt (ein blosses Bruchtheil des Verses!), 19 fata docet fari divinum, 24 quam prisci casci populi, 50 quamquam multa manus ad caeli caerula templa, 78 potitur ratus Romulus praedam, 117 o pater o genitor o sanguen dis oriundum, 193 incedunt arbusta per alta, securibus caedunt (man beachte hier auch den Reim des ersten und letzten Wortes), 269 Poeni stipendia pendunt (zu beachten ist auch die Parechesis), 274 haut doctis dictis certantes sed maledictis, 396 concidit et sonitum simul insuper arma dederunt. Dasselbe gilt von Ann. 3 29 44 52 55 66 70 79 85 126 200 215 235 236 249 262 287 298 302 307 310 315 336 338 352 363 370 377 388 389 400 403 413 440 446 459 493 494 507 526 527 545 554 602 604 und vielen anderen Stellen. Schon die hier angeführten Verse (56) bilden wiederum 9% der Gesammtsumme.

Ziemlich häufig ist bei Ennius die Alliteration der zwei Schlusswörter (vgl. S. 333 ff.); dieselbe kommt vor Ann. 16 22 45 48 *49* 51 66 *81* 94 99 143 157 161 169 181 184 198 208 242 243 248 258 *280* 282 283 286 291 313 343 358 359 386 402 408 431 480 481 535 548 576 582 589, also an 42 Stellen, demnach fast 7% der Gesammtsumme. Die cursiv gedruckten Zahlen bezeichnen Verse, die auch schon oben angeführt worden sind.

Auch bei der Betrachtung der Fragmente der übrigen Dichtungen des Ennius gelangt man zu ähnlichen Resultaten.

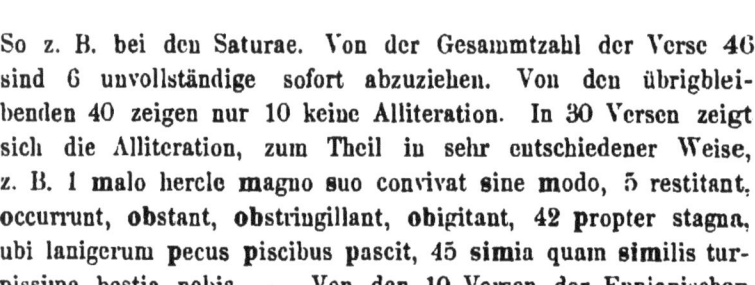

So z. B. bei den Saturae. Von der Gesammtzahl der Verse 46 sind 6 unvollständige sofort abzuziehen. Von den übrigbleibenden 40 zeigen nur 10 keine Alliteration. In 30 Versen zeigt sich die Alliteration, zum Theil in sehr entschiedener Weise, z. B. 1 malo hercle magno suo convivat sine modo, 5 restitant, occurrunt, obstant, obstringillant, obigitant, 42 propter stagna, ubi lanigerum pecus piscibus pascit, 45 simia quam similis turpissima bestia nobis. — Von den 10 Versen der Eunianischen Epigramme ist nur ein einziger ohne Alliteration. Besonders hervorzuheben ist 3 nemo me dacrumis*) decoret nec funera fletu, 4 volito vivus per ora virum.

Dass Ennius durch Anwendung der Alliteration einen Effect erzielen wollte, wird auch durch den Umstand bestätigt, dass er auch andere effectvolle Mittel, welche auf der Gleichheit des Klanges beruhen, nicht verschmähte. Vgl. z. B. 24 prisci casci, 34 Albai longai, 104 confrictique oleo lentati et ad arma parati, 107 maerentes flentes lacrimantes commiscrantes, 109 stolidi soliti, 125 f. Volturnalem Palatualem Furrinalem | Floralemque Falacrem et Pomonalem fecit, 174 cives Romani tunc facti sunt Campani 188 bellipotentes sunt magis quam sapientipotentes, 193 incedunt — caedunt, 197 silvai frondosai, 201 non cauponantes bellum sed belligerantes, 274 277 rem repetunt regnumque petunt, 310 navibus explebant sese terrasque replebant, 412.

Bei Pacuvius zeigen von 425 Versen mehr als 200 die Alliteration sehr deutlich, darunter besonders z. B. 11 13 flammeo vapore torrens terrae fetum exusserit, 22 qui viget, vescatur armis, ut percipiat praemium, 39 46 53 quas famulitas vis egestas fama formido pavor, 77 flucti flacciscunt, silescunt venti, mollitur

---

*) Ich stimme nämlich ganz mit Mähly überein, der S. 226 f. sagt: „Ich vermuthe, dass der Dichter nicht erst am Ende des Verses den alliterirenden Charakter eintreten liess, sondern schon früher, dass aber eine spätere Zeit, vielleicht schon Cicero, die alterthümliche Form, die hier in Betracht kommt, sei es verschmähte, sei es vernachlässigte . . . . Die Form dacruma brauchte wenigstens Naevius, nach dem Zeugniss des Festus, und zwar „öfter“; warum sollte der alterthümelnde Ennius dieselbe nicht auch hervorgezogen haben, um einen Effect damit zu erreichen?“

mare, 79 atque, ut promeruit, pater mihi patriam populavit
meam, 80 cives, antiqui amici maiorum meum, 82 85 86 hoc
vide, circum supraque quod complexu continet, 99 112 di mone-
rint meliora atque amentiam averruncassint tuam, 118 aut hic est
aut hic adfore actutum autumo, 144 piget paternum nomen, mater-
num pudet, 164 186 currum liquit: clamide contorta astu clupeat
braccium, 246 lassitudinemque minuam manuum mollitudine,
276 lapit cor cura, aerumna corpus conficit, 293 320 periere Danai,
plera pars pessum datast, 324 nam Teucrum regi sapsa res resti-
biliet, 330 333 rapide retro citroque percito aestu praecipitem
ratem, 363 terra exalat auram ad auroram umidam, 377 385
397 angues ingentes alites iuncti iugo.

In noch höherem Masse, als Pacuvius, scheint Accius von
der Alliteration Gebrauch gemacht zu haben. Nach der von mir
angelegten Sammlung weisen 393 Verse dieses Dichters (unter 697)
eine evidente oder wenigstens wahrscheinliche Alliteration auf,
also mehr als 56%. Diese Zahl erhöht sich aber noch wesentlich,
wenn man bedenkt, dass in der oben nach Ribbeck angegebenen
Gesammtverszahl 697 sich 89 unvollständige Verse, meist nur
kleine Bruchstücke eines Verses, finden. Werden diese von der
Gesammtverszahl in Abzug gebracht, so ergeben sich für die
Alliteration bei Accius fast 65% Beispiele. Darunter sind besonders hervorzuheben z. B. 9 perfacile patior, pertinacem nil moror,
16 tua honestitudo Danaos decepit diu, 22 32 deum regnator
nocte caeca caelum e conspectu abstulit, 36 cur me miseram
iuridet, magnis compotem et multis malis, 83 85 an malad
aetate mavis male mulcari exemplis omnibus, 109 multi iniquo,
mulier, animo sibi mala auxere in malis, 110 127 [deae]
Minervae donum armipotenti abeuntes Danai dicant, 150 in quo
salutis spes supremas sibi habet summa exerciti, 167 utinam
unicam mi antistitam Arquitenens suam, 198 iterum Thyestes
Atreum adtractatum advenit, 200 maior mihi moles maius
miscendumst malum, 201 qui illius acerbum cor contundam et
comprimam, 223 sed quid tonitru turbida torvo, 229 f. ipsus
hortatur me frater, ut meos malis miser | manderem natos, 268
271 passimque praeda pecua, 288 et nonne Argivos fremere

428

bellum et velle vim vulgum vides, 296 sapimus animo, fruimur
anima: sine animo anima est debilis, 297 apud abundantem antiquam amnem, 304 age age amolire, amitte, cave vestem attigas,
314 319 fulgentium armum armatus ardorem obtui, 322 Scaman-
driam undam salso sanctam obtexi sanguine, 323 atque acervos
alta in amni corpore explevi hostico, 325 primores procerum
provocavit, 364 393 prae se undas volvit, vortices vi suscitat,
394 ruit prolapsa, pelagus respargit, reflat, 414 nisi ut astu in-
genium lingua laudem et dictis lactem lenibus, 415 exul inter
hostis, exspes expers, 429 434 436 cum obviamst adque advorsum
aptus, alter in promptu occupat, 437 438 rapere raudus — grande
et grave, 445 pro se quisque cum corona clarum conestat caput,
453 nunc si me matrem mansues misericordia, 460 erat istuc
virile, ferre advorsam fortunam facul, 461 468 478 nec furno
faxo fruges frendas torridas, 509 517 eius serpentis squamae
squalido auro et purpura | praetextae, 520 parva prodite patria,
552 e viperino morsu venae viscerum, 573 crepitu clangente
cachinnat, 591 num pariter videor patriis vesci praemiis, 592
egredere exi ecfer te, elimina urbe, 595 desertum abiectum
afflictum exanimum expectorant, 630 mons mollibat mare, 635
magnam molem minuam.

Dass bei Lucretius die Alliteration eine wichtige Rolle spielt,
lehrt eine auch nur oberflächliche Betrachtung. Ueberhaupt gibt
es vor Vergil wol keinen einzigen Dichter, bei welchem man nicht
in der Lage wäre, die beabsichtigte Alliteration nachzuweisen,
vorausgesetzt dass sich wenigstens eine einigermassen erhebliche
Anzahl von Versen von ihm erhalten hat. Ja auch da, wo nur
spärliche Fragmente eines Dichters erhalten sind, lässt sich
wenigstens meist dasselbe nachweisen. So haben sich beispielsweise
aus den Tragoedien des C. Iulius Caesar Strabo bloss 3 Verse erhalten
(vgl. bei Ribbeck S. 227 f.), von denen der dritte flammeam per
aetram late fervidam ferri facem eine beabsichtigte Alliteration
in sehr entschiedener Weise zeigt. Aber auch für die beiden
anderen Verse (cum capita viridi lauro velare imperant | pro-
phetae sancti casta qui purant sacra) ist wol mit Wahrscheinlichkeit eine absichtliche Alliteration anzunehmen.

Für ganz besonders bemerkenswerth und wichtig hält Mähly
(a. a. O. S. 234) den Umstand, dass Lucilius „trotz seiner litera-
rischen Opposition gegen alle Schnörkel und Zierrathen des Ausdrucks, dennoch von der nun einmal eingebürgerten, traditionell
feststehenden Alliteration sich nicht hat freimachen können oder
wollen." Gellius N. A. XVIII 8 sagt: Ὁμοιοτέλευτα et ἰσοκατάληκτα
et πάρισα et ὁμοιόπτωτα ceteraque huiusmodi scitamenta, quae
isti ἀπειρόκαλοι, qui se Isocratios videri volunt, in conlocandis
verbis inmodice faciunt et rancide, quam sint insubida et inertia
et puerilia, facetissime hercle significat in quinto saturarum Lucilius. Nam ubi est cum amico conquestus, quod ad se aegrotum
non viseret, haec ibidem addit festiviter

quo me habeam pacto, tametsi non quaeri', docebo,
quando in eo numero mansti, quo in maxima nunc est
pars hominum — — — — — — — — — — —
ut periisse velis, quem visere nolueris, cum
debueris. hoc nolueris et debueris te
si minu' delectat, quod τεχνίον Eisocratiumst
ληρῶδεςque simul totum ac συμμειρακιῶδες,
non operam perdo.

Dass Lucilius die Alliteration nicht verschmähte, zeigt Mähly
an 27 Beispielen aus den Saturae dieses Dichters. Ich habe auch
aus den Fragmenten des Lucilius eine Sammlung der Alliterationsbeispiele angelegt und bin zu dem Resultate gelangt, dass eine
absichtliche Alliteration sich bei diesem Dichter ungleich
seltener als bei Naevius, Plautus, Ennius, Pacuvius, Accius, Vergilius
findet, und man muss wol annehmen, dass Lucilius auch auf die
Alliteration verhältnissmässig ein viel geringeres Gewicht legt;
aber allerdings kann man den Umstand, dass auch dieser Dichter,
der Wortkünsteleien verschmähte, doch der Alliteration nicht ab-
hold war, sondern dieselbe in einer nicht unerheblichen Anzahl
von Fällen anwandte, für eine bemerkenswerthe Bestätigung der
grossen und allgemeinen Verbreitung der Alliteration halten.

* * *

Wenn wir nun auch für Vergil*) eine ausgedehnte Anwendung der Alliteration annehmen, so vindiciren wir ihm damit, wie aus dem Vorhergehenden ersichtlich ist, keine isolirte Stellung, sondern wir nehmen nur an, dass er einer allgemein verbreiteten und üblichen Weise folgte.**) Und dass Vergil wirklich mit bewusster Absicht dem Alliterationsgebrauche huldigte, muss ja in überaus zahlreichen Fällen als eine bewiesene und unbestreitbare Thatsache betrachtet werden; so z. B. I 55 magno cum murmure montis, 61 metuens molemque et montis, 81 cavum conversa cuspide, 124 magno misceri murmure, 164 aequora tuta silent; tum silvis scaena coruscis, III 82 183; V 866 (vgl. über diese letzten drei Stellen die Anmerkung unter dem Texte). Zahlreiche solche Beispiele kann man aus den oben (S. 346) gegebenen Sammlungen herausheben und ebenso aus der weiter unten folgenden Sammlung, in welcher Beispiele eines besonders kräftigen Auftretens der Alliteration verzeichnet sind. Auch der Fall kommt zuweilen bei Vergil vor, dass alle Wörter eines Verses an der Alliteration participiren, z. B. XI 714 quadrupedemque citum ferrata calce fatigat, 786 quem primi colimus, cui pineus ardor acervo, XII 573 ferte faces propere foedusque reposcite flammis, 622 sic ait adductisque amens subsistit habenis, 720 illi inter sese multa vi volnera miscent. Auch kommen namentlich jene Stellen hier in Betracht, an denen der Dichter gewisse Ausdrücke und Wendungen offenbar nur der Alliteration zu liebe gebraucht hat (vgl. S. 410 ff.). Auf Grund der zahlreichen Stellen

---

*) Ich beschränke mich in dieser ganzen Darstellung auf die Aeneis. Ich kann aber auf Grund der auch für die Bucolica und Georgica von mir angelegten Sammlung behaupten, dass Vergil auch in diesen Gedichten die Alliteration in umfassender Weise angewandt hat, wovon man sich leicht und sofort überzeugen kann.

**) Es ist sehr zu verwundern, dass die alten Erklärer und Grammatiker auf die Alliteration bei Vergil so wenig Rücksicht nahmen; aber dass sie nicht ganz unbeachtet blieb, dafür spricht Serv. Aen. III 183, wo zu den Worten casus Cassandra canebat bemerkt wird: „haec compositio iam vitiosa est: quae maioribus placuit, ut Anchisen agnovit amicum (III 82) et sale saxa sonabant" (V 866). Servius wusste also wenigstens so viel, dass die „maiores" an der Alliteration Gefallen fanden und also dieselbe absichtlich anwandten.

aber, an denen die Absichtlichkeit der Alliteration evident ist, können wir auch für solche Fälle, in denen die Alliteration factisch vorkommt, jedoch weniger kräftig ist, bewusste Absicht annehmen, zumal da man dabei immer dessen eingedenk sein muss, dass Vergil die Vorliebe der Römer für die Alliteration kannte. Ferner muss man auch für Vergil, wenn auch in geringerem Grade, das annehmen, was oben (S. 426) von Ennius gesagt wurde, dass er auch andere Mittel, den Vers gefällig, abgerundet und rhythmisch zu gestalten, nicht verschmähte, sondern eifrig aufsuchte, so den Reim (vgl. S. 417) und die symmetrische Anordnung der Wörter (S. 274 ff.). Hält man sich alle diese Momente gegenwärtig, so wird man gegen die Ansicht, welche die factische Alliteration bei Vergil in den meisten Fällen auch als eine beabsichtigte anerkennt, weniger skeptisch sich verhalten.

Wenn man nun aber ungeachtet aller dieser Gründe doch im Gegensatze zu diesem von mir eingenommenen und empfohlenen Standpunkt nur für eine Minderzahl von Versen der Aeneis, und zwar für solche, in denen eben die Absicht des Dichters sich schlechterdings nicht ignoriren lässt, die Annahme einer bewussten und absichtlichen Alliteration gelten lassen und betreffs der übrigen Verse meinen sollte, dass die in denselben factisch vorkommende Alliteration für eine zufällige Erscheinung zu halten sei: so muss ich allerdings zugestehen, dass mitunter auch der Glaube an das Walten des Zufalls nicht als unzulässig betrachtet werden kann, und ich habe bereits oben (S. 386) ausdrücklich erklärt, dass man bei der Frage nach der Absichtlichkeit der Alliteration manche Vergilverse, in welchen die Alliteration factisch sich zeigt, den Alliterationsgegnern preisgeben kann. Um aber den Glauben, dass der blinde Zufall bei Vergil in so überaus grossem Umfange waltete, zu erschüttern, habe ich verschiedene Wahrscheinlichkeitsproben unternommen. Unter anderem habe ich zahlreiche spätere in lateinischen Hexametern abgefasste Gedichte, für welche die Anwendung absichtlicher Alliteration in einem einigermassen nennenswerthen Umfange nicht anzunehmen ist, mit der Absicht, die Zahl der in ihnen factisch vorkommenden

Alliterationsbeispiele zu constatiren, untersucht, z. B. des Dracontius „opus de raptu Helenae" (ed. Frid. de Duhn, Lips. 1873),
die in Zingerle's Beiträgen zur Geschichte der Philologie, I. Theil
vorkommenden hexametrischen carmina latina saec. XV. et XVI.
u. a. Stets bin ich hiebei zu folgenden Resultaten gelangt:

1. Obzwar sich gelegentlich in diesen Gedichten factische
Alliterationen, und mitunter nicht eben wenige, finden, so ist
doch ihre Zahl verhältnissmässig bedeutend geringer als in der
Aeneis. Dabei ist auch noch in Erwägung zu ziehen, dass viele
Alliterationsbeispiele gerade in solchen Ausdrücken sich finden,
welche Reminiscenzen aus Vergil, Ovid und anderen Dichtern
des römischen Alterthums sind. Diese Alliterationsbeispiele gehören also eigentlich gar nicht dem Nachahmer an, sondern jenen
alten Dichtern.

2. Noch wichtiger aber und von entscheidender Bedeutung
ist der Umstand, dass sich in diesen Gedichten verhältnissmässig
sehr wenige Beispiele finden, welche sich zur Seite stellen
liessen jenen Vergilbeispielen, in welchen eine kräftige Alliteration sich zeigt. In der Helena des Dracontius, welches Gedicht
an Umfang dem ersten oder achten Buche der Aeneis nicht sehr
nachsteht (655 Verse gegen 756 und 731), findet sich kein einziges Alliterationsbeispiel, dass sich vergleichen liesse z. B. mit
Aen. 1 55 illi indignantes magno cum murmure montis, 124
magno misceri murmure, 152 adrectisque auribus adstant, 420
adversasque adspectat arces, 671 vocibus; et vereor que se
Iunonia vertant, VIII 43 litoreis ingens inventa sub ilicibus
sus, 48 Ascanius clari condet cognominis Albam (im ganzen
Vers ist hier die Alliteration durchgeführt), 163 Anchises, mihi
mens iuvenali ardebat amore, 214 Amphitryoniades armenta
abitumque pararet, 325 saecula; sic placida populos in pace
regebat, 603 haud procul hinc Tarcho et Tyrrheni tuta tenebant,
683 arduus agmen agens. Bei Dracontius ist wol die stärkste
Alliteration 6 materiem generis sobolis spem pignora prolis (wo
jedoch pignora prolis eine Reminiscenz aus Ovid ist).

Auch folgender Umstand ist sehr geeignet, den Unterschied
klar zu machen. In der Aeneis finden sich im Ganzen 277 Bei-

spiele einer derartigen Schlussalliteration wie I 55 murmure montis (vgl. S. 333) also fast 3%, der Gesammtzahl der Verse der Aeneis, in dem erwähnten Gedichte des Dracontius 8, nämlich 6 pignora prolis, 9 portio patris, 174 passio praestat, 200 iudice iudex, 245 litora linquunt, 296 Ilios ingens, 485 admovet aurum, 506 appetat ardens, demnach nicht ganz 1·2 Proc., wobei noch zu bemerken ist, dass einige dieser clausulae ältere Reminiscenzen sind.*) — In dem bei Zingerle pag. 11—17 abgedruckten Gedichte des Paulus Amaltheus „de ludo Troiano" cct. kommt eine derartige Schlussalliteration ein einzigesmal vor, nämlich 86 currere contra, bei einer Anzahl von 151 Versen, also nicht ganz 0·7 Proc. In dem ebendaselbst pag. 49—59 abgedruckten Gedichte des Q. Aemilianus Cimbriacus (aus welchem Zingerle im Ganzem 210 Verse mittheilt) findet sich zweimal (36 und 203) munera Martis, dann 546 plurima possem und 624 gloria gentis, also 1·9 Proc.; zieht man aber die Reminiscenz munera Martis (Ovid Rem. A. 153) und gloria gentis (Verg. Aen. VI 767, Ovid Met. XII 525) ab, so bleibt nur 1 Beispiel, also nicht ganz 0·5 Proc. — In dem ebendaselbst pag. 125—139 abgedruckten Gedichte des Johannes Mathias Tiberinus „de bello, strage et obitu bellipotentis Caroli Burgundiae ducis" (es sind 2 Gesänge, zusammen 380 Verse) findet sich I 36 gloria gentis, 98 pectore princeps, II 70 cognita crescat, 74 lumine lustrans, 110 munera mittunt, 130 proxima ponto, also nicht ganz 1·6 Proc.; ziehen wir jedoch auch hier die Reminiscenzen gloria gentis, ferner lumine lustrans (Aen. II 754) und proxima ponto (Aen. IX 238) ab, so bleiben nur 3 dem Dichter zukommende Beispiele, also nicht ganz 0·8 Proc.

Auch andere Vergleichungen haben immer wieder zu einem ähnlichen Resultate geführt. Obzwar nämlich auch bei Dichtern, bei denen die absichtliche Anwendung der Alliteration nicht in erheblichem Masse, sondern höchstens gelegentlich hie und da angenommen werden kann, die factische Alliteration nicht eben selten vorkommt, so lässt sich doch zwischen diesen Dichtern und Vergil oder anderen römischen Dichtern, die ebenfalls die

*) Vgl. z. B. Aen. III 300 litora linquens.

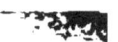

Alliteration mit bewusster Absicht cultivirten, auch nicht eine
entfernte Parallele annehmen. So sehr behauptet die Alliteration
Vergil's sowol in quantitativer als auch (und dies ganz besonders)
in qualitativer Hinsicht ein ganz entschiedenes und grossartiges
Uebergewicht. Kurz, ich bin auch durch diese Vergleichungen in
der Ueberzeugung bestärkt worden, dass man für Vergil's Alliteration nicht den Zufall als einen einigermassen ausreichenden
Erklärungsgrund annehmen kann, sondern dass für Vergil dem
Zufall nur eine ganz untergeordnete Rolle angewiesen werden kann.

Trotz seiner Vorliebe für die Alliteration verfuhr aber Vergil
doch bei der Anwendung derselben mit feinem Tacte und in mass-
voller Weise. Es ergibt sich dies schon aus dem Umstande, dass
sich bei ihm die Alliteration ungeachtet ihrer grossen Verbreitung
doch nirgends unangenehm aufdrängt und dass sie überhaupt verhältnissmässig wenig bemerkt und beachtet worden ist. Selbst in
solchen Versen, in denen alle oder die meisten Wörter der Alliteration unterworfen sind, tritt sie doch nicht in so zudringlicher
Weise auf, wie in gar manchen Versen des Plautus (z. B. Most. II
1 5 mali moeroris montem maxumum — modo, Rud. III 3 23 f.
miserae ubi venit in mentem | mihi mortis, metus membra
occupat edepol) und Ennius (z. B. in dem berüchtigten o Tite cet.,
oder Ann. 211 orator sine pace redit regique refert rem, 360
nec cum capta capi nec cum combusta cremari, 478 Brundusium pulcro praecinctum praepete portust, Trag. 338 sed virum
virtute vera vivere animatum addecet). Von der Alliteration
Vergil's gilt in vollem Masse, was Jak. Grimm von der Alliteration im Vergleiche zu dem Endreim sagt; „sie ist eine zartere
und edlere Pflanze, welche durch ihre freiere Stellung . . . . einen
geringeren sinnlichen Reiz erregt und . . . . minder in die äusseren
Sinne fallend der metrischen Bewegung selbstständig sich an-
schmiegt." Vgl. Mähly a. a. O. S. 210 f., der eben auch diesen
Ausspruch Grimm's citirt.

* * *

Bezüglich der Grundsätze, von denen ich mich bei der Sammlung der Alliterationsbeispiele habe leiten lassen, muss ich an

diesem Orte, da der Umfang des Buches die ursprünglich beabsichtigte Gränze schon erheblich überschreitet, nur mit den noth-
wendigsten Andeutungen mich begnügen.

I.

Im Gebrauche der Alliteration sind verschiedene Grade der
Stärke zu unterscheiden, und zwar hängt dies ab *A)* von der Zahl
der alliterirenden Wörter, *B)* von der Zahl der das Alliterations-
element bildenden Laute, *C)* von der Stellung der alliterirenden
Wörter und *D)* oft auch von der Gleichheit oder Verschiedenheit der Quantität der Vocale.

A) Was die Zahl der alliterirenden Wörter betrifft, so ist
es an sich klar, dass, wenn drei oder noch mehr Wörter eines
Verses denselben Anlaut haben, die Alliteration kräftiger sein
muss als bei dem Minimum, wenn nämlich bloss zwei Wörter
alliteriren. Die älteren Dichter, besonders Plautus und Ennius,
haben hierin nicht immer ein schickliches Mass bewahrt und ihre
Alliteration drängt sich dem Ohr oft in förmlich lästiger Weise
auf (vgl. S. 434). Vergil dagegen verstand es die Alliteration in
einer feineren und minder zudringlichen Weise zu gebrauchen.
Doch ist auch bei ihm ein erheblicher und leicht fühlbarer Unterschied zwischen I 55 magno — murmure montis, 680 sopitum
somno super, II 84 insontem infando indicio, 418 stridunt silvae
saevitque, IV 160 magno misceri murmure, VI 316 ast alios —
arcet arena, X 725 conspexit capream — cornua cervum, und
andererseits I 4 superum saevae, 57 tenens — temperat, 149
seditio saevitque u. s. w.

B) Was die Zahl der Alliterationslaute betrifft, so herrscht
hier eine grosse Manigfaltigkeit. Die schwächste Alliteration ist,
wenn bloss ein einziger Laut, sei es ein Vocal oder ein Consonant, alliterirt. Stärker ist die Alliteration, wenn der alliterirende
Anlaut aus zwei oder mehreren Consonanten besteht oder ein
Diphthong ist. Noch stärker ist die Alliteration, wenn sie auf
einen ganzen eine Sylbe bildenden Lautcomplex sich bezieht oder
sogar auch noch in die folgende Sylbe hineinreicht. Für diese Erscheinung gebrauchen manche die nicht unpassend nach Analogie

des Ausdrucks „Alliteration" gebildete Bezeichnung „Assyllabation".
Ich glaube ferner consequent zu verfahren, wenn ich auch die
Wiederholung eines Wortstammes in verschiedenen Formen (z. B.
in verschiedenen Casus) und die Wiederholung derselben Wort-
form von demselben Standpunkte auffasse, nämlich als höchste
Potenz der Alliteration, die man nach Analogie der Ausdrücke
„Alliteration, Assyllabation" etwa mit dem Terminus „Adverba-
tion"*) bezeichnen könnte. Allerdings kann man diese letztere
Erscheinung auch von einem anderen Gesichtspunkte aus auffassen,
nämlich von dem einer allgemeineren, durch den Gleichklang sich
manifestirenden Symmetrie; ich glaube, wie gesagt, consequent
zu verfahren, wenn ich diese Beispiele der Wiederholung von
Wortstämmen und Wortformen (die in der Sammlung meist durch
die Hinzufügung des Zeichens (w) kenntlich gemacht sind)**),
hier aufnehme. — Ich unterscheide also hier, um die Sache durch
concrete Beispiele zu veranschaulichen, folgende Classen:

  a) Es alliterirt bloss éin Laut

   α) ein Consonant, z. B. I 124 magno misceri murmure
   β) ein Vocal, z. B. I 112 atque aggere — arenae,

  b) Es alliterirt ein Doppellaut

   α) zwei Consonanten, z. B. I 470 primo — prodita, III 210
    Strophades — stant
   β) ein vocalischer Doppellaut, z. B. IV 439 aut — audit.
    Gewöhnlich ist freilich in diesem Falle der Diphthong
    zugleich für sich eine Sylbe (wie auch hier schon audit),
    so dass diese Beispiele in die folgende Kategorie (*c*, *β*)
    gehören.

  c) Assyllabation, und zwar
   α) die Sylbe besteht aus einem blossen Vocal
   β) aus einem Diphthong, III 40 auditur — auris

---

*) Verbum hier natürlich in der allgemeinen Bedeutung „Wort". Sonst
könnte man die Wiederholung der Nominalstämme und Nominalformen
mit dem speciellen Ausdrucke „Annomination" bezeichnen, welcher Ausdruck freilich gewöhnlich in anderem Sinne gebraucht wird.

**) Allerdings nicht immer; so habe ich da, wo die betreffenden Wörter
selbst ausgeschrieben wurden, dies Zeichen nicht gesetzt; z. B. I 466
ut — ut — utque.

γ) Vocal + Consonant, I 7 **Albanique** — **altae**

δ) Consonant + Vocal, I 520 **coram data copia** fandi, II 159 **tegunt, tencor**

ε) zwei Consonanten + Vocal, III 627 **trepidi tremerent**

ζ) Consonant + Vocal + Consonant, IV 271 **teris** otia **terris**, VII 336 **versare** — **verbera**

η) der alliterirende Lautcomplex reicht über den Umfang einer Sylbe hinaus,*) z. B. V 553 **pariterque** — **parentum**, III 2 **Superis** — **superbum**, X 757 **victores victique**, XII 86 **pectora** — **pectunt**.

Anmerkung 1. Nicht selten findet sich eine stärkere und schwächere Alliteration vereinigt, wie z. B. I 7 **Albanique** — **atque altae**, 164 **silent** — **silvis scacna**, V 866 **sale saxa** sonabant. So ist I 7 ein Beispiel für eine dreimalige Alliteration von **a** (Albanique — atque altae), zugleich aber für eine zweimalige Alliteration des stärkeren Alliterationselementes **al** (Albanique — altae).

Anmerkung 2. In Betreff der stärkeren unter *b α*, dann *c* (*γ, δ, ε, ζ, η*) erwähnten Alliteration gebe ich hier eine Zusammenstellung der bemerkenswerthesten Lautcomplexe, die in der Aeneis vorkommen

I 7 al, 106 his, 118 vor, 164 sil, 219 ex, 272 mu, 520 co, 563 re, 660 in, 671 ver, 680 so, 703 qui, 704 pen, 715 co

II 41 ar, 53 cav, 73 con, 84 in (dreimal), 88 reg, 93 in, 159 te, 204 or, 270 cc, 328 ar, 362 la, 367 vi, 425 ar, 452 vi (dreimal), 507 ca, 543 re, 552 co, 565 de, 568 se (dreimal), 651 con, 673 con, 674 pa, 776 in, 783 re, 792 co

III 2 super, 6 mo, 19 di, 100 quae, 145 fc, 170 re, 183 ca, cas, 211 in, 216 vol, 232 cac, 263 pa (dreimal), 343 cc, 386 in, 390 in, su, 437 pr, 439 sup, 448 ve, ver, 457 vo, 468 co, 538 ca,

---

*) Sehr oft kommt der Fall vor, dass das eine der alliterirenden Wörter zu dieser Abtheilung (*η*) gehört, das andere dagegen zu *γ* oder *ζ*. Vgl für den einen Fall z. B. V 164 **altum** (*c, γ*) **alii** (*c, η*), für den anderen sehr häufigen Fall z. B. I 117 **vorat** (*η*) — **vortex** (*c, ζ*), III 439 **supplicibus supera**, IV 498 **monumenta** — **monstratque**, V 412 **germanus** — **gerebat**.

579 in, 593 iu, 619 in, 625 sa, 627 tre, 634 un, 639 fu, 650 ra, 701 cam

IV 20 fat, 23 ve, 29 ab, se, 130 iu, 158 in, 161 in, 166 pr, 175 vi, 192 di, 203 am, 214 re, 238 pa (dreimal), 240 su, 248 at, 263 di, 264 te, 271 ter, 288 ser, 297 pr, 369 fl, 394 cu, 444 con, 446 ta, 464 pr (drcimal), 471 ag, 475 mo, 498 mon, 546 ve, 554 ce, 565 pr, 573 vi, 592 ex, 596 in, 597 dec, 617 in, 645 in

V 14 pa, 22 su, 80 sa, 108 par, 121 serg, 125 tu, 126 co, 137 ex, 149 vo, 164 al, 168 te, 187 pr, 190 so, 193 ma, 260 de, 280 ta, 285 ge, 292 pr, 317 si, sim, 402 pr, 412 ger, 444 ve (dreimal), 455 vir, 469 cr, 485 ce, 487 ma, 553 par, 556 co, 557 fcr, 561 se, 562 par, 586 nu, 722 de, 740 fu, 775 pr, 803 te

VI 51 pr, 71 ma, 76 or, 82 sp, 135 in, 160 se, ser, 168 vi, 195 di, 204 aur, 212 mi, 236 pr, 250 ma, 258 pro, 270 lu, 292 co, 304 se, 316 ar, 323 st, 335 ve, 342 mc, 350 cu, 357 su, 362 ve, 366 po, 390 so, 407 tum, 409 vi, 419 col, 420 me, 457 ex, 547 ve, 550 am, 552 ad, 581 fu, 600 re, 643 lu, 664 me, 674 ri, 678 de, 737 pe, 840 tem, 844 ser

VII 3 se, 23 ve, 42 ac, 48 pa, 76 fu, 79 fa, 184 cur, 208 Samo, 214 su, 243 pr, 278 pe, 321 par, 336 ver, 356 pe, 367 gen, 374 vi, 376 in, 385 si, 394 co, 399 tor, 425 in, 471 vo, 568 sp, 582 co, 603 pr, 614 pu, 624 par, 634 le, 644 ar, 645 mem, 696 ar, 707 ac, 717 in

VIII 4 tu, 14 lat, 27 al, 43 in, 64 cae, 91 un, 101 pro, 178 ac, 223 oc, 225 in, 239 in, 244 re, 245 in, 248 in, 326 de, 472 no, 500 vir, 507 ca, 509 in, 548 pr, 576 vi, 596 qua, 630 te, 640 ar, 644 vi, 683 ag, 691 pe

IX 71 in, 74 at, 81 pe, 119 de, 173 re, 227 re, 253 pr, 284 gen, 301 rc, 311 an (dreimal), 334 Lam, 338 lu, 376 vi, 388 al, 414 vo, 436 la, 505 ac, 507 ad, 525 ca, 555 te, 576 pr, 581 ar, 611 vi, 615 cor, 621 di, 629 pe, 633 ca, 635 rc, 685 ma, 694 in, 716 in, 730 in, 733 mi, 751 in, 753 ar, 783 un

X 30 mor, 39 man, 61 rc, 78 pr, 95 iu, 100 pot, 103 po, 145 ca, 169 le, 174 in, 208 ver, 223 pr, 235 dc, 249 in, 254 pr, 274 mor, 288 pon, 307 rc, 314 aur, 373 vi, 406 in, 414 dc, 425 in, 435 for, 455 pr, 476 su, 485 pc, 519 in, 521 in, 541 in,

552 ob, 553 iu, 555 te, 575 in, 579 in, 606 iu, 642 so, 646 ve, 665 tur, 727 in, 757 vict, 862 vic, 906 con

XI 15 super, 78 prae, 118 vi, de, 155 pr, 192 cla, 245 con, 248 co, 366 fu, 371 con, 395 ar, 397 mi, 399 ca, 418 mor, 425 mu, 463 vol, 478 ma, 546 vol, 549 in, 559 te, 602 ar, 605 ad, 609 sub, 612 ac, 686 or, 644 arm, 652 ar, 701 fa, 721 al, 734 ag, 743 de, 788 pr, 823 ac (dreimal), 829 co, 849 mo, 855 di, 865 ex, 874 la, 875 qua, 885 or, 896 in, 899 lu

XII 43 re, 45 di, 64 la, 71 ar, 83 de, 86 pect, 120 ve, 147 pa, 148 tu, 210 ar, 236 pa, 244 al, 254 vi, 263 pe, 269 tu, 271 con, 281 ar, 307 me, 315 con, 352 ad, 353 pro, 361 fer, 373 de, 389 lat, 440 cc, 457 ac, 468 me, 469 me, 485 to, · 489 le, 505 ru, 543 ter, 561 ser, 645 ter, 651 sa, 653 tu, 663 st, 718 mu, 724 con, 735 pr (dreimal), 743 in, 798 en, 814 pro, 817 super, 825 ve, 833 vi, 847 par, 864 se, 872 tu, 874 mo, 892 ar, 904 man, 905 ge, 913 vi

d) Wiederholung

α) desselben Wortstammes, I 341 longa — longae, 408 dextrae — dextram, 503 talis — talem, 621 Beli — Belus, 657 novas — nova,

β) derselben Wortform. Eines der wichtigsten Beispiele (für *α* und *β* zugleich) ist X 360 f. haud aliter Troianae **acies aciesque** Latinae | concurrunt, haeret **pede pes** densusque **viro vir.** I 565 quis — quis, 709 mirantur — mirantur, 743 unde — unde, II 394 hoc — hoc, 435 Iphitus — Iphitus, 636 primum — primum, III 80 rex — rex. Am häufigsten findet sich diese Wiederholung bei den Conjunctionen et — et (z. B. I 3 63 66 146), nec — nec (z. B. I 278, II 197), aut — aut, seu — seu (II 62), bei Adverbien iam — iam (I 120 699), simul (I 513), hinc — hinc (I 162 500), sic — sic (I 325), bei Praepositionen, wie per — per (I 204, II 664), sub — sub (II 227).

C) Auch die Stellung der alliterirenden Wörter bewirkt einen Unterschied in der Stärke der Alliteration. So ist es wol als unzweifelhaft zu betrachten, dass die Alliteration sich ganz besonders kräftig geltend macht, wenn sie in den zwei Schlusswörtern des Verses auftritt, wie XI 93 Arcades armis oder III 235 gente gerendum (vgl. S. 333 ff.). Auch durch die „Sperrung" und durch den Chiasmus wird die Kraft der Alliteration erhöht. — Ferner unterliegt es keinem Zweifel, dass die Alliteration in der Arsis bedeutsamer hervortritt als in der Thesis. So ist, um bei den eben angeführten zwei Beispielen zu bleiben, Arcades armis kräftiger als gente gerendum.

D) In Betreff der Verschiedenheit der Quantität vgl. II. S. 440 f.

II.

Durch die Verschiedenheit der Quantität wird die Alliteration nicht zerstört. Ich nehme ohne Bedenken die Alliteration an I 553 rēge rēcepto, III 656 mōle mŏventem, IV 238 patris magni pārere părabat, 654 ībit ĭmago, V 234 vōta vŏcasset, VI 846 rĕstituis rēm, XII 353 prŏcul — prōspexit, 389 lāto — lătebras u. s. w. Der lange Vocal gilt ja etymologisch und metrisch einem doppelten kurzen gleich; demnach kann, wenn ein kurzer Vocal mit einem langen alliterirt, die Sache so aufgefasst werden, dass die erste in der Länge enthaltene Kürze mit dem kurzen Vocal alliterirt, also z. B. mōle mŏventem = mŏole mŏventem. Es sind auch hier verschiedene Stärkegrade der Alliteration anzunehmen, nämlich

a) die stärkste Alliteration, wenn eine Uebereinstimmung in der natürlichen Quantität der Vocale stattfindet; z. B. III 627 trĕpidi trĕmerent, IV 130 iŭbare — iŭventus, V 260 Dēmoleo dētraxerat, VI 76 ōro — ōre,

b) eine minder genaue, also auch minder starke Alliteration findet statt, wenn der Vocal in einem Worte von Natur lang, in dem anderen von Natur kurz, aber durch Position lang ist; z. B. II 568 servantem (Positionslänge) — sēcreta — sĕde, V 455 vīres — vir̆tus (Pos.).

c) Noch ungenauer ist die Alliteration, wenn in einem Worte der Vocal kurz, in dem anderen von Natur lang ist; z. B. IV 238 pārere părabat, 394 cŭpit — cūras. Ein geringerer Grad von

Ungenauigkeit dagegen findet statt, wenn die Länge eine Positionslänge ist, z. B. III 235 gente (gĕ, aber durch Position lang) gĕrendum, VI 316 arcet (ă, aber durch Pos. lang) ārena.

Dass Vergil auch einen kurzen Vocal mit einem langen in das Verhältniss der Alliteration zu setzen beabsichtigte, zeigen klar solche Beispiele, wie IV 238 pārere părabat, XII 389 lāto — lătebras.

III.

Die Zusammensetzung hindert die Alliteration nicht. Das zusammengesetzte Wort gilt behufs der Alliteration für zwei einfache. In vielen Fällen haben wir ja noch in der Möglichkeit der Trennung der beiden Elemente den Beweis für ihre Selbstständigkeit. Vgl. Fest. p. 190 ob vos sacro (= vos obsecro), ebd. 309 sub vos placo, transque dato, endoque plorato, Verg. Aen. X 794 inque ligatus, IX 288 inque salutatam linquo, VI 62 hac Troiana tenus fuerit fortuna secuta. Vgl. ferner die häufige Trennung bei cumque (z. B. Aen. XII 203 quo res cumque cadent) und per (Corssen Ausspr. II², 397). — In der germanischen Poesie ist ebenfalls die Zusammensetzung kein Hinderniss für die Alliteration. Vgl. Hildebrandlied 7 Hiltibraht gimahalta | her uuas hêrôro man, Heliand 7, 9 that he uuord godes | uuendean biginna. Ich nehme die Alliteration nicht bloss für den Fall an, wenn bei der Trennung die beiden Bestandtheile wirklich übliche und selbstständig bestehende Wörter sind, sondern auch wenn der eine oder andere Theil als selbstständiges Wort in der betreffenden Form nicht vorkommt. Abgesehen von der Analogie, die in dieser Hinsicht die altdeutsche Poesie bietet, verweise ich darauf, dass auch im Latein gar manche Verse diese Annahme als vollkommen berechtigt erscheinen lassen; so z. B. Enn. Ann. 9 quae cava corpore caeruleo cortina receptat. Es unterliegt hier wol keinem Zweifel, dass Ennius die Alliteration in allen Wörtern des Verses ausnahmslos durchführen wollte. Aehnliche Beispiele, die hier als beweisend betrachtet werden können, sind Ann. 531 contremuit templum magnum Iovis altitonantis, Plaut. Capt. 901 quanta sumini absumedo. Aus der oben gegebenen Sammlung kann man

viele ähnliche Vergilstellen herausheben. So ist doch wol X 30 mortalia demoror arma nicht zufällig, sondern beabsichtigt. Vgl. IX 434 cruor — cervix conlapsa recumbit, X 100 pater omnipotens, rerum cui prima potestas, 288 pontibus exponit, XI 628 litusque vado labente relinquit u. v. a.

IV.

Auf den Hauch h habe ich in meiner Sammlung keine Rücksicht genommen; ich glaube, dass bei der Alliterationsfrage lediglich der auf h folgende Vocal oder Diphthong in Betracht kommt. Also z. B. VIII 478 haud procul hinc saxo incolitur fundata vetusto alliterirt nicht haud — hinc, sondern hinc — incolitur; II 204 alliterirt horresco — orbibus (oder eigentlich horresco — orbibus), 270 ecce — Hector. Ein besonders wichtiges Beispiel, welches beweist, dass h die sonstige Alliteration nicht hindert, scheint mir X 314 auro — haurit zu sein. Für entscheidend halte ich aber den Umstand, dass h auch in prosodischer Hinsicht nicht als Consonant mitzählt und dass es die Elision nicht hindert. Man bedenke auch das Schwanken zwischen harundo und arundo, harena und arena, haruspex und aruspex. Vgl. Corssen Ausspr. I² 107: „So viel erhellt also, dass schon in der Augusteischen Zeit und früher h ein sehr flüchtiger unsteter Laut war, den man bald sprach und hörte, bald nicht, und dass die tüchtigsten Grammatiker der Augusteischen Zeit wie Verrius Flaccus, Terentius Varro und Nigidius in diesem Schwanken keinen sicheren Halt mehr fanden für die Orthographie."

V.

Dass für die Alliteration c und q vollkommen gleichwerthig ist, bedarf keines Beweises, und es hat auch Mähly dies ohne Bedenken angenommen. Natürlich ist die Alliteration c q schwächer als qu qu.

Vielleicht hätte ich auch die Alliteration von g mit c, q annehmen sollen. Man könnte hiefür folgende Gründe geltend machen:

a) Die gutturale Media g ist nachweislich oft aus der Tenuis c (k) durch Erweichung entstanden (Corssen, Ausspr. I² 77). Es gab sogar eine Zeit „wo die gutturale Media und Tenuis im Latein so ähnlich klangen, dass die Schrift nicht mehr für nöthig hielt sie verschieden zu bezeichnen" (Corssen, a. a. O.). Zuweilen finden sich sogar gleichzeitig neben einander beide Laute, so: vicesimus und vigesimus, Cnossus und Gnossus (*Κνωσσός*).

b) In manchen Versen scheint die Annahme, dass g mit c alliterirt, nahe zu liegen; so z. B. bei Ennius Ann. 315 ergo plusque magisque viri nunc **gloria** **claret**, Verg. Aen. XI 773 spicula torquebat Lycio **Gortynia** **cornu**, XII 538 **Graium** — **Cretheu**, 651 **Saces** — **sagitta**.

Indessen habe ich es nicht gewagt, solche Beispiele in die Sammlung aufzunehmen.

VI.

Da zur Zeit Vergil's ae noch als Diphthong gesprochen wurde (vgl. über das Verhältniss von ai, ae, ē Corssen Ausspr. 1^2 695), so nehme ich an, dass auch ae mit a alliterirt, gerade so wie ich auch die Alliteration von au und a annehme. Man muss eben auch hier eine stärkere Alliteration (**ae ae**, **au au**, z. B. VIII 674 **aequora** — **aestumque**, IV 439 **aut** — **audit**) und eine schwächere (**ae a**, **au a**, z. B. I 56 **Aeolus** **arce**, IV 376 **augur** **Apollo**) unterscheiden. Natürlich folgt daraus, dass auch ae mit au (d. i. eigentlich a mit a) alliterirt. Auch hier wird die Annahme der absichtlichen Alliteration von **ae a**, **au a** in vielen concreten Fällen ganz nahe gelegt; vgl. z. B. den feierlichen Widmungsvers III 288 **Aeneas** **haec** de Danais victoribus **arma**.

* * *

Zum Schlusse noch einige besondere Bemerkungen.

1. Die Frage, ob Vergil zuweilen auch über die engere Gränze eines Verses hinaus die Alliteration gebrauchte, bin ich geneigt in bejahendem Sinne zu beantworten; es finden sich nämlich bei ihm sowol in der Aeneis als auch in seinen anderen Gedichten gar zu viele Beispiele dessen, dass der in einem Verse angeschlagene Ton auch in dem folgenden Verse oder in den folgenden Versen wiederklingt, als dass man diese Erscheinung für etwas zufälliges halten könnte. Dasselbe ist übrigens von

besonneren Forschern auch für die germanische Poesie angenommen worden. So theilt Vetter (zum Muspilli, S. 61) mit, dass
Wackernagel seine Zuhörer beim Lesen auf dieses Anklingen und
Widerklingen als eine besondere Liebhaberei des Heliand aufmerksam machte; z. B.

> 11 18 allarô kuningô kraftigôst, | kuman uuard the mâreo
> mahtig an mannô lioht | sô is êr managan dag.
> 10 17 al te huldi godes | hêlagna gêst,
> gôdlîkan gumon | and that sie godes giskapu.

Hiefür führt Vetter a. a. O. S. 60 ff. viele Beispiele an. Ich habe
auch für diese Erscheinung eine sehr grosse Anzahl von Beispielen
aus der Aeneis gesammelt und hebe hier einige aus der zweiten
Hälfte heraus; so

> VII 294 f.   num Sigeis occumbere campis,
> num capti potuere capi? num incensa cremavit
> 315 f. at trahere atque moras tantis licet addere rebus,
> at licet amborum populos exscindere regum.
> 328 f. Tartareae monstrum: tot sese vertit in ora,
> tam saevae facies, tot pullulat atra colubris.
> VIII 200 f. attulit et nobis aliquando optantibus aetas
> auxilium adventumque dei.
> 219 ff. hic vero Alcidae furiis exarserat atro
> felle dolor, rapit arma manu nodisque gravatum
> robur et aërii cursu petit ardua montis.*)

---

*) Die drei Verse 219—221 bilden ein Ganzes für sich und es scheint der
Dichter die Zusammengehörigkeit dieser Verse durch dieselbe Alliteration bezeichnet zu haben; insbesondere ist es wol nicht zufällig, dass
in jedem dieser drei Verse ein mit ar anlautendes und zugleich für den
Sinn bedeutsames Wort sich findet (exarserat, arma, ardua). Dafür,
dass Vergil absichtlich in zwei auf einander folgenden Versen dasselbe
Wort setzte, offenbar darum, um die Zusammenhörigkeit des Gedankens
zu bezeichnen, finden sich zuweilen gar auffallende Beispiele, so
> VII 242 f.   et umbrosae penitus patuere cavernae,
> non secus ac si qua penitus vi terra dehiscens
Man darf hier nicht an eine Corruptel, auch nicht an Nachlässigkeit des
Dichters denken; er hat vielmehr in entschieden absichtlicher Weise
penitus beidemal genau an derselben Stelle im Verse gesetzt; die Zu-

233 f. stabat acuta silex, praecisis undique saxis
speluncae dorso insurgens, altissima visu
322 f. conposuit legesque dedit Latiumque vocari
maluit, his quoniam latuisset tutus in oris

2. Im Anschluss an das eben Gesagte ist auch die ebenfalls
sehr oft bei Vergil vorkommende Erscheinung zu erwähnen, dass
zwei und auch mehr auf einander folgende Verse mit demselben
Anlaut beginnen. Den Anlass zu dieser Untersuchung gab mir
Ribbeck's Bemerkung zu Aen. VII 17 f.

saetigerique sues atque in praesepibus ursi
saevire ac formae magnorum ululare luporum.

Ribbeck bemerkt: „Literis s a c in huius praecedentisque versus
initio redeuntibus inductus possit quispiam de corruptela cogitare
et m u g i r e verbum commendare, quod cum r u d i t u et u l u l a t u
bestiarum nescio an etiam aptius componatur." Es ist aber auch
hier nicht an eine Corruptel zu denken, auch darf man den Dichter
nicht der Unachtsamkeit zeihen, dass er eine kakophonische Gleichheit des Versanlautes nicht vermied, sondern man muss hierin
vielmehr Berechnung und Absicht des Dichters anerkennen.*)
Ribbeck hätte zur Unterstützung seiner Ansicht auch darauf sich
berufen können, dass im Vers 20 wiederum d e a s a c v a vorkommt. Wenn man aber die grosse Masse ähnlicher Beispiele
vergleicht, wenn man erwägt, wie sehr der Dichter solche auf
dem Princip der Symmetrie und der lautlichen Gleichheit oder
Aehnlichkeit beruhenden Mittel liebte, so wird man auch hierin
die Absicht des Dichters anzuerkennen geneigt sein. — Was den

---

sammengehörigkeit der Apodosis und Protasis wird so in sehr anschau-
licher Weise bezeichnet. Ein anderes ähnliches Beispiel ist
VII 271 f. hanc aram luco statuit, quae Maxuma semper
dicetur nobis et erit quae maxuma semper.

*) Uebrigens sagt Spartianus (Geta 5): „Familiare illi fuit has quaestiones
grammaticis proponere, ut dicerent, singula animalia quomodo vocem
emitterent: veluti agni balant, porcelli grunniunt, palumbes minuriunt,
ursi saeviunt, ranae coaxant, equi hinniunt, asini rudunt, tauri
mugiunt. Sic etiam dices hirundines fritinnire, corvos crocitare, turtures
gemere, lupos ululare, canes nictare, latrare, gunnire, birrire, ringere
u. s. w.

gleichen Versanlaut **saetigeri** und **saevire** betrifft, so kann man dies als ein Analogon der oben (S. 285 ff.) besprochenen Erscheinung betrachten. Sowie Vergil in seinem Streben nach symmetrischer Darstellung es liebte, einander irgendwie entsprechende Wörter am Anfang von zwei oder mehr auf einander folgenden Versen zu setzen,*) so gebrauchte er zu einem ähnlichen Zwecke auch die Alliteration, und zwar so häufig, dass sich auch hier die Ueberzeugung aufdrängt, man habe es nicht mit einem blossen Zufall zu thun. Als besonders bemerkenswerthe Beispiele führe ich an III 694 ff. (Ortygiam — occultas — ore), IV 279—282 (at — arrectae — ardet — attonitus), 293 f. (temptaturum — tempora), 644 f. (interfusa — interiora), V 282 f. (Sergestum — servatam), VI 80 f. (os — ostia). Ausserdem vergleiche man aber eine grosse Anzahl anderer, die ich hier aus den ersten sechs Büchern der Aeneis anführe:

I 10 f. 111 f. 147 f. 171 ff. 187 f. 231 f. 265 f. (tertia — terna) 337 f. 421 f. (miratur — miratur) 431 f. 448 f. 467 f. 569 f. 664 f. 751 f.

II 2 f. 19 f. 45 f. 137 f. 157 f. 187 f. 269 f. 304 f. 332 f. 422 f. (adparent — adgnoscunt) 483 f. 510 f. 513 f. 616 676

III 222 f. 341 f. 437 f. 465 f. 566 f. 622 f. 713 ff. (hos — hic — hinc)

IV 10 f. 141 f. (incedunt — infert) 182 f. 247 f. 307 f. 369 f. 510 f. 598 f. 675 f. 690 f.

V 73 f. 184 f. 203 f. 288 f. 433 f. 475 f. 486 f. 552 f. 567 f. 712 f. 730 f. (defer — debellanda) 814 f. (unus — unum)

VI 18 f. 32 f. 215 f. 248 f. 306 f. 613 f. 661 f. 700 f. 740 f. 773 f. 779 ff. 841 f.

3. Von den Vocalen erscheint am häufigsten als alliterirender Anlaut **a**, seltener **e** und **i**, am seltensten **o**, **u**; von den Consonanten erscheinen am häufigsten **c** (**q**), **m**, **p**, **r**, **s**, **t**; etwas seltener **d**, **f**, **l**, **n**, **v**, am seltensten und im Ganzen nur in wenigen Fällen **g** und **b**. Es steht diese Erscheinung in Ueber-

---

*) Vgl. z. B. II 235 ff. accingunt omnes operi pedibusque rotarum
subiciunt lapsus et stuppea vincula collo
intendunt.

einstimmung mit der Zahl der Wörter, die das Lexikon jedem Buchstaben zuweist. So ist bekanntlich im Latein der häufigste vocalische Anlaut a, der seltenste o und u, der häufigste consonantische Anlaut ist c (q), m, p, r, s, t, der seltenste b, g, und dasselbe Verhältniss macht sich in der Alliteration geltend. Für b habe ich mir nur folgende Beispiele notirt: I 734 Bacchus — bona, III 247 bellum — boum, IV 632 breviter Barcen, V 61 bina boum, IX 619 buxusque — Berecyntia, XI 658 bonas bellique, XII 942 balteus — bullis.

4. Die Alliteration tritt nicht in allen Partien der Aeneis (und dasselbe gilt auch von den anderen Gedichten Vergil's) in gleich intensiver Weise auf. Man kann aber die Behauptung aufstellen, dass Vergil die Alliteration gerade in denjenigen Partien, die er ganz besonders sorgfältig ausgearbeitet zu haben scheint, in hervorragender Weise berücksichtigte und durchführte. Dies gilt von vielen glänzenden Schilderungen der Aeneis. Man vergleiche in dieser Hinsicht z. B. I 51—61 (Behausung des Aeolus), 159—169 (Schilderung des Hafens), II 201 ff. (Laocoonscene), 356 ff. (eine Kampfschilderung), 490 ff. (ebenfalls eine Kampfscene), III 412 ff. (Scylla und Charybdis), 616 ff. (Polyphem's Grausamkeit), IV 175 (Schilderung der Fama) u. v. a. Dass schon Ennius gerade in Schilderungen der Alliteration eine besondere Pflege zuwandte, lehren viele Beispiele seiner Fragmente; so z. B. Ann. 193 ff.

> incedunt arbusta per alta, securibus caedunt,
> percellunt magnas quercus, exciditur ilex,
> fraxinus frangitur atque abies consternitur alta,
> pinus proceras pervortunt: omne sonabat
> arbustum fremitu silvai frondosai.

Vgl. damit die Nachahmung Vergil's VI 179 ff.

> itur in antiquam silvam, stabula alta ferarum,
> procumbunt piceae, sonat icta securibus ilex,
> fraxineaeque trabes cuneis et fissile robur
> scinditur

Nachträge.

Ich hatte ursprünglich die Absicht, auch noch eine erhebliche Anzahl von Stellen aus dem V. VI. VII. VIII. IX. Buche zu behandeln. Die Rücksicht auf den Umfang des Buches jedoch zwang mich davon abzusehen und die Besprechung dieser Stellen einer späteren Schrift vorzubehalten (vgl. die Bemerkung S. 402, wo zu IX 348 die Conjectur multa a morte erwähnt wird). Ich kann jedoch nicht umhin, hier wenigstens meine Emendation zu IX 449 mitzutheilen, deren Richtigkeit wol nicht bezweifelt werden kann. In den Versen dum domus Aeneae Capitoli immobile saxum | accolet imperiumque pater Romanus habebit haben die Worte pater Romanus drei Erklärungen (1. der capitolinische Jupiter, 2. Augustus, 3. civis Romanus) gefunden, die sämmtlich unmöglich sind. Es ist zu lesen: imperiumque patrum Romanus habebit = so lange der Römer das Reich der Väter behaupten wird. Mit dem collectiven Gebrauche von Romanus vgl. z. B. Hor. Carm. III 6 2, Epod. VII 6, AP 54. — Ich habe diese Emendation ungeachtet sorgfältigen Nachsuchens nirgends verzeichnet gefunden; sie ist jedoch so naheliegend, dass es gar nicht zu verwundern wäre, wenn sie doch jemand irgendwo schon aufgestellt hätte. Es gereicht mir zu grosser Befriedigung, mittheilen zu können, dass auch mein Collega Prof. Linker, dem ich diese Conjectur unter mehreren anderen mittheilte, auf dieselbe Emendation kam und dieselbe in seinem Handexemplar der Aeneis angemerkt fand.*)

---

*) So eben theilt mir jedoch Prof. Linker mit, dass er es jetzt vorziehe, pater R. beizubehalten und zu erklären „ein römischer Herrscher". Ich halte dennoch patrum für richtig.

Zu S. 55. Mit dem hier vermutheten credita vgl. Aen. VII
487 cui regia parent armenta et late custodia credita campi.
Zu S. 63. Die beiden S. 63 angeführten Parallelstellen Aen.
V 310 und VII 276 ff. hat schon Klouček (a. a. O. S. 4) angeführt und ausserdem auch VIII 551—553 dantur equi Teucris
Tyrrhena petentibus arva; | ducunt exsortem Aeneae, quem
fulva leonis | pellis obit totum praefulgens unguibus
aureis.

Zu S. 88. Vgl. R. Wöhler, über den Einfluss des Lukrez
auf die Dichter der Augusteischen Zeit.

Zu S. 89. In Betreff des an dieser Stelle vermutheten tortus
(cum fulmine torto) vgl. Aen. VII 378 ceu quondam torto volitans sub verbere turbo cet.

Zu S. 96. Zu den hier für se agere angeführten Parallelstellen füge hinzu Sil. XIV 390 lento se robore agebat, XVI 440
interea metis . . . agebat sese Panchates.

Zu S. 96. Bezüglich der Wiederholung Atlantis — Atlantis
vgl. noch folgende Parallelen: Georg. I 245 f. Arctos, | Arctos
Oceani metuentis aequore tingui; ebd. IV 321 mater, Cyrene
mater; Aen. X 180 f. sequitur pulcherrimus Astyr, | Astyr
equo fidens; ebd. 200 f. qui muros matrisque dedit tibi, Mantua
nomen, Mantua, dives avis; XII 89 f. ensemque — ensem,
quem Dauno ignipotens deus ipse parenti fecerat, 896 f. saxum
circumspicit ingens, saxum antiquum. Sil. It. VIII 148 f. haec
dicens ensem media in praecordia adegit, ensem Dardanii
quaesitum in pignus amoris. Tryphiod. 448 f. εἰλακίνη δ' ἐπίδημος
ἔην καὶ ἀμήχανος ὕβρις, ὕβρις ἐλαφρίζουσα μέθην λυσήνορος
οἴνου.

Zu S. 149. In Betreff des Ausdruckes si quod — numen
vgl. Aen. VII 225 audiit et si quem tellus extrema refuso | sub-
movet Oceano et si quem extenta plagarum | quattuor in medio
dirimit plaga Solis iniqui (si quem = is, quem).

Zu S. 198. Vgl. mit der hier besprochenen Stelle Sil. It.
II 422 f. ipsa pyram super ingentem stans saucia Dido | man-
dabat Tyriis ultricia bella futuris.

Sprachlicher Index.

452

meditari in proelia S. 19.
munera Aen. IV 203, nicht numina S. 85.

nautae, cum contemptu gesagt
S. 168.
nil agere, Bedeutung S. 167 A.
nox silens S. 152; nox Bedeutung S. 156.
numen in collectivem Sinne S. 17.

ocius wie ϑᾶσσον statt des Positivs S. 100.
olli statt illi der Alliteration
wegen gewählt S. 410 f.
orare, Bedeutung S. 129.
Oratio obliqua vom Dichter
vermieden S. 122.
ossa, Bedeutung S. 108 f.

parare, Construction S. 308.
Participium perf. zur Bezeichnung des Particip. praes. pass.
S. 161 f.
patrius = patris S. 57.
pectus, Vergil's Lieblingsausdruck
S. 173.
perferre, Bedeutung S. 121.
permittere, Bedeutung S. 204.
Plural des Verbs in der Soldaten-
sprache S. 9; Plural des Verbs
bei vulgo S. 192.
portare, Bedeutung S. 194 f.
praecipitare Gebrauch S.
183.
prius = potius S. 39.
procul, relative Bedeutung dieses
Wortes S. 47 ff.
profundus, Bedeutung S. 78.

prohibere, defendere, Construction S. 113.
Pronomina demonstrativa, ihr
subjectiv willkürlicher Gebrauch
S. 48.
prosequi angenommene Bedeutung S.6; prosequi und persequi in den Handschriften verwechselt S. 7.
que — que, beim relat. Pronomen
S. 150 f.; bezeichnet enge Zusammengehörigkeit S. 189 f.
quid tum? Bedeutung S. 165.
quo magis, Gebrauch S. 131.

reponere, Bedeutung S. 116.
resignare, Bedeutung S. 93,
Construction S. 94.
Romanus collectiv S. 448.
rumpere, passender bildlicher
Ausdruck S. 172.

saevus, saevire, vom Sturme gebraucht S. 158 A.
seducere, Construction S. 113.
si quis statt qui, wie εἴτις statt
ὅστις S. 149 und 449.
solvere wie hom. λύειν gebraucht
S. 154.
spes von der Befürchtung gebraucht S. 135.
spirabile lumen S. 69.
stare, Bedeutung S. 164.
sub, Gebrauch S. 152.
Subject, erst im zweiten von
zwei parallelen Sätzen bezeichnet
S. 10, S. 84; Wechsel der Subjecte S. 159.
super c. abl. = in Betreff S. 21.

Sachlicher Index.

Verzeichniss

der behandelten Stellen der Aeneis.

462

INHALT.